證券投資信託及顧問法理論與實務

The Theory and Practice of Securities Investment
Trust and Consulting Act

郭土木｜著

2020年9月14日初版

五南圖書出版公司 印行

序

　　余從事公職凡 25 年，期間自民國 86 年至 94 年擔任證券投資信託及顧問業務相關監理之工作，在這將近 8 年之歲月裡，職守橫跨財政部證期會與行政院金管會之證券投資信託與顧問組副組長與組長，任內承蒙長官之領導與同仁之同心協力，在證券投資信託及顧問業務之建設與發展史上，無論是經營版圖之開拓或監理法治之建立，皆恪遵承先啓後繼往開來之職責，無不殫精竭慮為證券投資信託及顧問服務產業樹立可長可久之根基，其中包括證券投資信託基金從原來只限於股票型、債券型與平衡型等三種型態開放至目前與國際同步之態樣，境外基金之化暗為明納入合法之管理，以及開放私募基金管道等。遙想當年與同仁一起奮鬥時，曾一再鼓勵組內同仁在國際化之前提下，國外證券投資信託及顧問業務可進行運作之業務，在監理法治周全完整之基礎上，應努力爭取相關業務之合法與合理開放，期待能為證券投資信託及顧問業務之發展開更創嶄新的里程。

　　隨著國際與國內金融競爭環境之進步，為考量資產管理服務之專業性，及提升及整合我國資產管理法制之目的，民國 90 年作者擔任組長時提議訂定證券投資信託及顧問法，並授權證券投資信託暨顧問業同業公會委託賴源河老師領導之團隊，集合專家學者與同業共同研擬草案，經過無數次磋商討論始完成定稿，作者帶領組內同仁在長官指導下，一再折衷並整合各界之意見，在立法院討論僅花三個月之審議即迅速完成立法，其後之 19 個子法亦一氣呵成順利完成，為證券投資信託及顧問法制建設寫下可歌可頌之歷程。證券投資信託及顧問法之立法與法制規範之完備，字裡行間融合了作者與長官同仁的革命情感及心血結晶，故在退休轉任學校教職後，與同學朝夕相處研究討

論之餘，所念茲在茲者即希望能編纂一本證券投資信託及顧問法制之
專論，以一償職志與宿願。

　　本書共 40 餘萬字，除部分改編及更新自長年以來發表及累積之
文章外，其餘各章為最近幾年陸續完成之研究與撰擬，在歷經與輔
仁、東吳大學法律研究所博、碩士生同學不斷的共同討論下次第完
成，雖稱不上嘔心瀝血之作，但確已竭盡心力完成，於此對於同學之
參與並提供可貴之意見特致謝忱，同時也感謝輔仁大學法研所碩士班
張博淳律師不辭勞苦之校對。本書承蒙輔仁法學編列為叢書，非常感
謝兩位外審委員之斧正與肯定，並已依賜示調整修正，本書之付梓殷
切期盼能有助益於各界之參考，然學植有限疏漏難免，尚期前輩先進
不吝惠予與賜正指教。

郭土木　謹序於

天主教輔仁大學　法律學院
樹德樓　院長室
2020 年 7 月 4 日

目　錄

第一章

緒　論

第一節　前　言

　　無論法人或自然人在擁有資產後須面對理財之問題，有些人偏好以現金方式保存，由於無存放機構或投資標的倒閉或虧損之風險自屬穩當，但無利息與資本增值利得，隨著物價波動及貨幣貶值等因素影響後其所得就相對有貶抑之問題，就以房地產及股票飆漲為例，未持有是類資產者，在所得重分配後其欲以原來現金追逐房地產及股票將有所困難。因此在取得資產後必須適當管理個人之財富運用作最佳規劃，妥善且合理地配置資產，做最有效的運用，其中包括以金融機構之存款或將資金貸與他人等方式，資金供給者可因而獲得相對的利息收入，可是相對的也負擔金融機構倒閉或呆帳之風險；其次為投資（investment），傳統法律上之概念，投資是以錢賺錢並未有勞力之參與[1]，現行投資概念涵蓋降低損失之避險（hedge）[2]，然投資存在著報酬與風險相伴隨之特性，可能獲利無窮亦可能血本無歸，如何作最大效率之資產運用以獲取最大之利潤規劃，為當今專家理財時代之最重要課題。

　　可用以投資理財之標的，包括：黃金、股票、債券、共同基金、外幣、農林、漁牧、水產現貨與期貨交易契約、貴金屬、金融衍生工具、房

1　證券法上之證券及投資，係指資本或金錢之挹注，透過契約或計畫意圖取得因該資本或金錢之運用所獲取之收入或利益。並歸納出具備下列四項要件：一、必須有金錢的投資（investment of money）；二、資金必須投資於一個共同事業（common enterprise）；三、投資人有獲利之期望（expectation of profit）；四、利潤之有無，全然來自於他人的努力（solely from the efforts of others）。參見戴銘昇，美國證券法規上「證券」之重要判斷原則，證券期貨月刊，第 24 卷第 12 期，2006 年 12 月 1 日，頁 33-37。

2　郭土木，證券交易法論著選輯（增修再版），2016 年 7 月 21 日，作者自版，頁 4-11。

地產、土地、古董、藝術品、紅酒等，在面對各式各樣之投資標的時，如何加以巧妙運用選擇最好投資組合（investment portfolio），端視投資者如何蒐集資訊掌握時機進行投資，而在各種投資標的中，有價證券（securities）為最具代表性之投資工具，在資產證券化、證券大眾化的機制轉化之下，透過有價證券發揮積沙成塔的集資效果，這也是成就了現代資本市場繁榮發達的主要元素之一，有價證券用以表彰證明或創設各種財產價值或權利，為各種產業與資產的化身，代表著各種產業之績效與價值，然有價證券種類繁多，縱切面之產業類股涵蓋水泥、食品、塑膠、紡織、電機、電器電纜、化學、生技醫療、玻璃、造紙、鋼鐵、橡膠、汽車、半導體、電腦周邊、光電、通信網路、電子零件與電子通路、資訊服務、航運、觀光、受益證券等，橫切面之產業分布領域除國內、外區域外，又可區分各個主要及次要市場，基於投資風險分散雞蛋不放在同一籃子之原則，資產合理之配置為投資品質之良窳與績效優劣之關鍵，因此專家理財之需求應運而生。

尤其在科技與金融環境急遽變遷的現行投資理財市場上，金融商品不斷創新（innovation），資產管理國際化（internationalize）及理財知識專業化，精確的投資決策與判斷往往是致勝獲利先決條件，專業之諮詢顧問與操作運用提供投資者最好之投資理財服務扮演證券市場之重要功能，證券投資顧問事業（Securities Investment Consulting Enterprise, SICE）為對有價證券、證券相關商品之投資或交易有關事項提供專業之分析意見或推介建議者；證券投資信託（Securities Investment Trust Enterprise, SITE）為募集或私募證券投資信託基金發行受益憑證，從事於有價證券及證券相關商品之投資或交易者。證券投資信託及顧問在分工上越來越細、越專業，其影響市場之秩序與投資人權益益形重要，故各國對於證券投資信託及顧問業務之進行皆朝向以合理的規範與監理，使證券投資信託及顧問業務法令制度日益完備。

第二節　證券投資信託及顧問業務概況

　　證券投資信託及顧問事業，為專業之資產管理業務，提供投資人對於有價證券投資之諮詢，與投資理財之專業資訊及判斷，而我國證券投資信託及投資顧問法制，於民國 57 年制定證券交易法初始，參考美、日立法例，於第 18 條訂定證券投資信託事業及證券投資顧問事業之核准及管理之立法授權規定，惟由於證券市場之發展尚未臻成熟，並未有正式之運作，於此安置證券投資信託及顧問事業設立與監理之法律基礎，其能開展未來是項業務之發展。民國 72 年為考量引進外資繁榮國內證券市場，依據該第 18 條後段之規定授權訂定「證券投資信託事業管理規則」及「證券投資顧問事業管理規則」，以開放投信及投顧事業之設立，另同年 5 月 11 日於證券交易法增訂第 18 條之 1 及第 18 條之 2，除就證券相關服務事業之財務業務管理及違規之處分依據準用證券商監理之規定外，同時就證券投資信託事業募集之證券投資信託基金獨立性部分，授權訂定證券投資信託基金管理辦法。嗣於 89 年 7 月 19 日再增訂第 18 條之 3，開放以委任之法律關係從事全權委託代客操作業務。然因早期投信及投顧事業之發展尚處於萌芽階段，法制規範較不完備，對於以證券交易法第 18 條之 1、第 18 條之 2 及第 18 條之 3 等規定授權訂定之子法規範人民權利義務之情形，在法律位階上受有挑戰，其適法性與妥當性亦常遭受質疑。因此參考美國 1940 年投資公司法與投資顧問法，以單獨立法之方式為主管機關與業者、投資人共同努力之目標[3]。

　　隨著我國證券市場之發展日趨健全，投信及投顧事業在市場上的地位益形重要。截至 93 年 5 月主管機關制定證券投資信託及顧問法之際，我國證券投資信託事業之設立計有 45 家，其所募集之證券投資信託基金已

---

[3] 期貨交易法於 86 年 3 月 26 日訂定時，參考證券交易法之立法體例，於第 82 條第 1 項及第 3 項規定，經營期貨信託事業、期貨經理事業、期貨顧問事業或其他期貨服務事業，須經主管機關之許可並發給許可證照，始得營業。期貨服務事業之設置標準及管理規則，由主管機關定之。可惜主管機關於 93 年制定證券投資信託及顧問法時並未將期貨信託事業、期貨經理事業、期貨顧問事業一併納入統籌立法。

有 477 支,基金總規模合計達新臺幣(以下同)2 兆 5,000 億元,受益人人數高達 164 萬多人;而證券投資顧問事業亦已達 210 家之多,委託投信、投顧事業從事全權委託之簽約客戶數計 500 多戶,契約總金額計 4,000 餘億元[4],顯見證券投資信託事業以及證券投資顧問事業在當時已成為國內投資人之重要投資管道與財富管理之方式;另行政程序法的施行及大法官會議對法律保留原則及授權明確性的要求日益嚴格,除憲法第 23 條、中央法規標準法第 5 條、行政程序法第 4 條明文揭示外,司法院釋字第 394 號、第 395 號及第 522 號解釋,金融監理法規有多次被宣告違憲之情形,再加上證券投資信託、顧問及其他相關服務事業在運作與監理之過程中,常涉及民、刑事與行政責任,更需要有明確之遵循依據,因此在保障投資大眾之權益,促進投信及投顧業務的健全發展前提下,投信、投顧業務與證券資產管理法制之建立,及證券投資信託及投資顧問法之制定,依當時金融業務發展之環境與法治國之要求實屬刻不容緩之課題。

第三節　外國有關證券投資信託及顧問法制之立法體例

我國證券投資信託及顧問法制從民國 57 年所制定之證券交易法第 18 條之時代,即參考美日等國之立法與制度,依其設立許可之條件、財務業務之管理、負責人與從業人員之登記與監督皆有嚴格之規範,在證券投資信託及顧問監理之法制體例上,有統合證券發行、交易及證券服務業規定為單一立法之架構者,例如新加坡原規定之證券暨期貨條例及我國在 2004 年證券投資信託及顧問法立法前之體例;有獨立立法之模式者,如

---

[4] 截至 2020 年 4 月底止,我國證券投資信託事業之設立計有 39 家,其所募集之證券投資信託基金已有 989 檔,基金總規模合計達新臺幣 39,273.59 億元,受益人人數高達 2,246,967 人;境內基金及代客操作資產總額 59,346 億元;境外基金共核准 41 家總代理人、67 家境外基金機構、1,007 檔境外基金,國內投資人持有金額共計新臺幣 30,381.22 億元;其中委託投信、投顧事業從事全權委託之簽約客戶數計 732 戶,契約總金額計 19,540 億元。證券投資顧問事業專業 84 家,兼營者有 75 家。參見證券暨期貨市場 109 年 4 月份重要指標,參閱網站:https://www.sfb.gov.tw/ch/home.jsp?id,上網時間:2020/07/01。

美國 1940 投資公司法與投資顧問法，另日本之投資法人法亦同。為方便
比較分析，以下擬就美國、日本、英國及中國大陸之立法體例及法制架
構，加以簡要敘述如下，至於詳細之規範內容則留待以後各章作進一步之
介紹與探討。

第一項　美國之監理立法體例

　　美國以 1940 年「投資公司法」（the Investment Company Act of 1940）
及「投資顧問法」（the Investment Advisers Act of 1940）作為證券投資信
託及證券投資顧問等資產管理業務之規範。為保護投資人及確保投資公司
能在資本形成中扮演重要的角色，美國 1940 年投資公司法架構了綿密的
規範體系以規範投資公司活動。當然，美國 1933 年證券法及 1934 年證券
交易法有關「公開」及「申報」的規定於投資公司仍然有其適用。至於對
投資公司提供顧問服務之投資顧問事業，則主要由美國 1940 年投資顧問
法加以規範[5]。而美國證管會（the Securities and Exchange Commission）則
是執行此等法律的獨立主管機關。

　　投資公司具有「分散投資」、「專業管理」及「提供參與國際資本市
場之機會」等優點，惟仍有資產保管及經營管理人利益輸送等不誠信情事
等風險，因此，投資公司法設計相關規範以監控此等風險，諸如：投資公
司必須有其確定之目標、形式及經營團隊；利益衝突之防止；基金資產之
保護；要求設置最低人數之獨立董事建立監控經營階層之機制等。至於投
資顧問法，除對投資顧問為定義外，更有豁免註冊之規範及相關義務規

---

[5] 1940 年投資顧問法之後有多次之修正，包括 1996 年投資顧問法經國家證券市場改善法案
　　（National Securities Markets Improvement Act）之修正，另 2010 年所制定的 Dodd-Frank 華爾
　　街改革和消費者保護法案（Dodd-Frank Wall Street Reform and Consumer Protection Act）修
　　正，則提高投資顧問應向證管會註冊之標準，將管理資產規模自原本的 2,500 萬美元提高至
　　1 億美元，並且新增「中等規模投資顧問」（mid-sized advisor）其相關之規定如下：
　　(1)中等規模投資顧問係指管理資產規模介於 0.25 億至 1 億美元間之投資顧問。
　　(2)中等規模投資顧問應向其主營業處所所在地之州證券主管機關註冊。
　　(3)中等規模證券投資顧問應受州證券主管機關之檢查。

定，如：公開義務、書冊及紀錄保存義務、提供合適意見之義務、最佳執行交易等義務，並對廣告活動及相關行為為限制規定。

第二項　日本之監理立法體例

日本於 1998 年修正證券投資信託法，除就既有之證券投資信託制度有大幅修正外，並引進「證券投資法人」制度，法律名稱亦因而改為「證券投資信託暨證券投資信託法人法」，由原先 59 條大幅增加至 253 條。該法延續日本金融大改革政策及平成 6 年金融改革法之精神，秉持自由、公平、全球化之基本改革方向，除參考美國 1940 年投資公司法創設公司型證券投資信託基金制度外，亦增設私募型證券投資信託基金制度；廢除「投信公司專營制」，修正證券交易法第 34 條，開放證券公司得兼營投信及投顧業務；並允許日本公司型投信得複委託其他投信公司、全權委託操作之投顧公司或與日本投信或投顧公司相當之外國公司，代其進行資金之操作及管理，變革幅度甚鉅。其重大之修正如下：修正證券投資信託之定義、證券投資信託委託業改採認可制、容許兼業經營、修正資訊揭露、客戶資產保全、資產委外運用等規範；創設證券投資法人制度，並規範證券投資法人之定義、設立登記、業務、投資單位、機關及資產維持等事項，而該法於 2001 年已整合為投資法人法，就有價證券之投資信託及顧問業務與其他資產之管理作功能性之規範。

第三項　英國之監理立法體例

英國法上有關投信及投顧之事業屬於其 1986 年金融服務法（the Financial Services Act 1986）之規範對象，而英國王室已於 2000 年 6 月給予新法金融服務及市場法（the Financial Services and Markets Act 2000，FSMA）王室之同意，並已於 2001 年 11 月生效，取代原先之金融服務

法，而金融服務法將被廢止[6]。2007 年下半年由美國次級房貸問題所引發的全球金融風暴，重創各國金融體系與實體經濟，也導致英國北岩銀行的擠兌事件。而英格蘭銀行、財政部及金融服務管理局（Financial Services Authority, FSA）的三方監理架構，無法及時因應危機，更突顯英國金融監理體制的許多問題。英國於 2012 年底通過金融服務法（Financial Services Act 2012），自 2013 年 4 月 1 起停止由英格蘭銀行、財政部及金融服務管理局（FSA）共同負責之監理架構，並裁撤金融服務管理局，由英格蘭銀行主導英國金融監理業務[7]。

　　英國對於證券投資信託之制度有採公司制，亦有採類似我國契約型之共同基金，換言之，我國目前投信之主要業務為英國所稱之「共同投資計畫」（collective investment scheme)，而通常共同投資計畫有三種類型：單位信託（unit trusts scheme）、開放型投資公司（open-ended investment company）及經認可計畫（recognised scheme）。其中第一種即我國所謂之「開放型基金」，第二種為目前考慮採取之「開放型投資公司」，第三種是針對外國共同投資計畫在英國境內發行買賣時之規範。至於我國另一種 「封閉型基金」在英國係以投資信託公司（investment trust company）之型態出現。該法規範內容包括：關於投資事業之成立、授權與取消授權、行政指示、調查、行銷限制、司法監督、共同投資計畫之行為能力、單位持有人會議、投資計畫之存續、及管理人與委託人之職責等規定。

6　英國金融服務及市場法（FSMA）。概要整部 FSMA 共分為 30 篇、433 個條文和 22 個附件，其第 2 條開宗明義即揭櫫該法有四大目標：（1）市場信心（market confidence）；（2）公眾意識（public awareness）；（3）消費者保護（protection of consumers）；（4）抑制金融犯罪（reduction of financial crime）。另外，整部 FSMA 主要之特質為：（1）橫向整合前述之九部縱向規範之業法；（2）從服務提供主體之業的概念轉移到以交易行為之功能面為重心；（3）調和規範以增進商品、服務、組織型態自由化；（4）強化金融監理和消費者保護。另外，FSMA 尚有為數眾多的行政命令和行政指導，概分為六大類的編纂蒐集於法規手冊（Handbook），包括高標準原則規定（High Level Standards）、經營標準（Business Standards）、法規程序（Regulatory Processes）、補償（Redress）、特定金融服務業之要求（Specialist Sourcebooks）、專業機構指導原則（Special Guides）等。參見郭土木，我國金融法規整合之芻議，企業與金融法制：余雪明大法官榮退論文集，2009 年 1 月 1 日，頁 396。
7　林男鍂，英國金融監理制度之改革，中央銀行出國考察報告，2013 年 12 月 13 日，頁 1-2。

第四項　中國大陸之監理立法體例

中國大陸已於 2003 年制定證券投資基金法[8]，將共同基金、產業基金、創投基金、代客理財基金等公募與私募基金合併成為投資基金業，與金融、保險、證券等行業進行分業管理。其規範之特色係考量為了與證券業進行分業管理，特規定投資基金業的主管機關是國務院基金監督管理機構。基金託管機構不是單純的保管功能，並負責監督基金運作是否符合公開說明書或契約的規定，是否從事不合法之投資行為等。強調基金管理機構的公司治理結構，包括規定獨立董事的席次、獨立董事的資格、獨立董事的強化功能等。強調民事賠償功能，希望這項功能可以防範基金管理機構進行詐欺或類似行為。為降低投資者對基金鉅額贖回或連續鉅額贖回對股市的影響，同時明訂每個交易日被贖回的上限為基金總額的百分之十；並允許基金管理機構可以用基金管理公司的名義向金融機構進行短期融通。此外，投資基金業必須設置自律團體，業者強制加入自律團體並必須遵守自律團體的規定；為充分保障投資者，並要求設立基金人大會等。

至於證券投資顧問及證券資產管理業務，並未設專業之證券投資顧問事業，而係由證券公司依法經營，包括證券投資諮詢業務，由證券公司為證券、期貨投資人提供分析、預測或建議，甚至為單一客戶辦理定項資產管理、為多個客戶辦理集合資產管理及為客戶辦理特定目的之專項資產管理等服務[9]。

第四節　我國證券投資信託及顧問法制定與歷史沿革

證券投資及信託法之立法草案於 90 年 2 月 23 日由主管機關正式函請證券投資信託暨顧問商業同業公會，專案委託賴教授源河主持證券投資信

8　2003 年 10 月 28 日通過，2012 年 12 月 28 日及 2015 年 4 月 24 日修訂。

9　葉林，證券法教程，法律出版社，2014 年 2 月，頁 214-215。

託暨證券投資顧問法制規範方向及法案內容委託研究計畫，研究小組由多位學者專家所組成。自 90 年 2 月 23 日起至同年 11 月 6 日止，研究小組內部共舉辦十二次會議，由小組成員分別報告外國投信投顧之立法制度（包括美國、日本、英國及中國大陸），並逐條討論草案內容。其間，該小組成員及公會業者代表於 90 年 8 月 27 日親自至原財政部證期會簡報「投資信託暨投資顧問法」法制架構及重要內容。公會並於 90 年 10 月 31 日邀集投信投顧業者召開「投資信託暨投資顧問法」草案討論會。經彙整各方意見後，研究小組於 90 年 11 月 16 日完成「投資信託暨投資顧問法」草案暨研究報告初稿，經公會轉報主管機關。

針對所報草案，原財政部證期會亦完成相關立法原則之研討，並逐條審議草案條文內容，於 91 年 6 月 19 日呈報財政部。此外，為期能博採周諮，自 91 年 7 月初起至 92 年 1 月底止，財政部邀請中央銀行、法務部、經建會、金融局、信託業公會、投信投顧公會及相關學者專家等，在原財政部召開六次研商「證券投資信託及顧問法」（草案）會議，並於 92 年 4 月 18 日將草案陳報行政院審議。

行政院由胡政務委員勝正主持，於 92 年 5 月 20 日、5 月 27 日、6 月 17 日、6 月 26 日、7 月 22 日、8 月 21 日、9 月 9 日、10 月 7 日、10 月 30 日及 93 年 2 月 27 日密集召開十次審查會議後，提於 93 年 3 月 3 日行政院第 2,880 次院會通過，並於同年 3 月 5 日將草案送請立法院審議。

本案經列為立法院第五屆第五會期優先審議通過法案後，立法院財政委員會由黃召集委員健庭主持，於 93 年 4 月 12 日、5 月 6 日及 5 月 26 日至 27 日召開三次全體委員會議審議，獲得委員之鼎力支持完成一讀審查，委員會經同意不經朝野協商逕付二讀。

93 年 6 月 8 日立法院程序委員會通過將「證券投資信託及顧問法」（草案）提於 93 年 6 月 10 日、6 月 11 日之第五屆第五會期院會討論，議程排定為第十八案，獲得各黨團之支持，故順利於 93 年 6 月 11 日（院會之最後一天）21 時三讀通過，該法於同年月 30 日經總統明令公布，行政院並依第 124 條規定，發布於同年 11 月 1 日正式實施，完成立法程序

與發布施行之程序，為我國證券投資信託及顧問業務之健全發展開創嶄新的里程[10]。本法之所以能在送請立法院審議後在短短三個月內順利完成立法，主要得力於法律條文規定明確，興利與監理兼顧，主管機關、業者與投資人目標一致努力共同創造三贏之結果。

第一項　證券投資信託及顧問法施行前之法律狀況

在證券投資信託及顧問法發布施行前，在我國資產管理服務事業中，關於證券投資信託事業及證券投資顧問事業之行為管理、組織架構與人員配置，係依證券交易法第 18 條、第 18 條之 2、第 18 條之 3 授權行政院及財政部分別訂定「證券投資信託事業管理規則」、「證券投資顧問事業管理規則」、「證券投資信託基金管理辦法」及「全權委託投資業務管理辦法」等行政命令加以規範。

惟因我國早期資產管理法制延續傳統分業立法方式，依事業別分由不同法令規範，諸如：信託業依信託業法及其授權訂定之共同信託基金管理辦法募集共同信託基金；期貨投資信託事業、期貨經理事業、期貨顧問事業或其他期貨服務事業依期貨交易法及其授權訂定之管理辦法募集期貨信託基金、經理期貨交易或為其他期貨服務業務；都市更新投資信託公司依都市更新條例及其授權訂定之都市更新投資信託公司設置監督及管理辦法與都市更新投資信託基金募集運用及管理辦法募集都市更新投資信託基金；創業投資事業依促進產業升級條例募集創業投資資金等。前開資產管理事業亦分屬跨部會不同主管機關職掌，諸如：金融局、證期會、經濟部等，並涉及證券、期貨、金融、信託、創投等諸多產業既有業務之重組，牽連層面深遠，洵非短期內得以完成整合規範之立法工程。

---

[10] 配合證券投資信託及顧問法業於 93 年 11 月 1 日施行，依據該法第 121 條規定，自施行之日起，證券交易法第 18 條所定證券投資信託事業及證券投資顧問事業之規定，及第 18 條之 2 與第 18 條之 3 規定，不再適用，故證券交易法前開規定於 95 年 1 月 11 日修正時爰予刪除之。

　　為考量資產管理服務之專業性，及為進一步有效統合資產管理法制之目的，經參考外國立法例採統合立法之形式，並預留將來增訂其他各種基金商品或業務之規範空間，爰採分段立法方式，於現階段暫以證券投資信託與證券投資顧問為主要規範架構，兼採開放業務之兼營、引進新種類之基金商品、及擴大基金投資標的之方式，以預留未來增列其他投資信託、顧問業務及新種基金商品之空間，同時也考量管轄權分別隸屬於不同單位，統合之工作尚須逐步進行，故先就有價證券有關之領域為規範，故將法案名稱訂為證券投資信託及顧問法，希望能以漸進方式，達成整合資產管理法制之遠程立法方向，未來再考量資產管理法或類似英國及日本之金融服務法，以促進我國資產管理服務業之規模與發展。

第二項　證券投資信託及顧問法之規範架構與立法重點

　　我國資產管理服務事業中關於證券投資信託事業及證券投資顧問事業業務之運作，包括組織架構、財務業務之管理與人員配置等，目前係依證券交易法第 18 條、第 18 條之 2、第 18 條之 3 授權由行政院及財政部分別訂定「證券投資信託事業管理規則」、「證券投資顧問事業管理規則」、「證券投資信託基金管理辦法」及「證券投資顧問事業證券投資信託事業經營全權委託投資業務管理辦法」等行政命令加以規範，此乃鑑於民國 57 年證券交易法立法當時我國證券市場客觀環境尚處萌芽階段，故僅以簡便之規定作立法授權以為規範。惟依憲法第 23 條、中央法規標準法第 5 條及行政程序法第 4 條所揭櫫「法律保留及依法行政之原則」，關於人民權利義務事項應由法律或法律明確授權之行政命令規定，復以截至 91 年 4 月底止擬訂立法草案當時，國內證券投資信託公司已募集 333 支基金，總淨資產價值合計達新臺幣 2 兆 322 億 8,900 萬元，為證券市場主要之機構投資人之一，具有一定經濟規模；且投資人因信賴專業資產管理公司之投資判斷，申購證券投資信託基金者亦持續增加中，受益人人數更

高達 194 萬人之多。職此,為健全資產管理服務事業之發展,保護投資人之權益,我國僅以行政命令規範證券投資信託及證券投資顧問,其適法性及妥當性不無商榷之處。準此,旬有將現行之法規命令提升至法律位階,並以專法規範之必要。

又為促進金融商品創新,使現行證券投資信託事業及證券投資顧問事業得與國內外其他資產管理事業公平競爭,俾利我國資產管理業務朝現代化、國際化與自由化之方向發展,爰參考美國「1940 年投資公司法」、「1940 年投資顧問法」、「金融服務現代化法」、日本 1988 年公布施行之「有關證券投資信託及證券投資法人之法律」、英國「2000 年金融服務暨市場法」等外國立法例,修正分業經營主義,容許跨業兼營以擴大業務範圍;並擴大基金商品種類及投資標的範圍,使業者得引進新種類基金商品;另增列基金得以「私募」方式募集之相關規定;此外對於在我國境外成立之基金其在我國境內之募集、私募、銷售或推介顧問,明定應經主管機關即證期會之核准,以統一主管機關事權;又基於信託募集共同信託基金投資有價證券與證券投資信託基金同樣具有公開募集、集合運用之特質,與證券投資信託基金之性質相同,爰明定信託業募集發行共同信託基金以投資有價證券為目的者,應依本法規定申請兼營證券投資信託業務。

本法並參照日本證券投資信託法制關於基金管理者與基金保管者間係立於信託關係之法制架構設計,考量國際制度之整合性,明定證券投資信託契約係由證券投資信託事業為委託人,基金保管機構為受託人,投資人為受益人之信託契約,以釐清證券投資信託之法律關係。另為貫徹證券投資信託之獨立性,爰有賦予其訴訟上當事人能力之必要。此外並明定證券投資信託事業及基金保管機構應負忠實義務、相關當事人之權利義務及受益人會議之召集與職掌以保障投資人之權益。

鑑於自律機構之角色及功能日趨重要,藉由同業公會自律功能之發揮,除能將低主管機關規範監督成本、及時因應現行市場變化需求,並可將商業道德及倫理範疇具體納入規範。此外,現行就業者之強制入會、行為規範、業務檢查與指導及其他協助管理等自律事項,均有以法律訂定或

授權訂定之需要，爰參照證券交易法第四章及期貨交易法第五章之規定，賦予同業公會法律依據之立法方式，於本法訂定自律機構專章。

　　復以資產管理首重投資人權益之保護，本法除於相關章節分別明定資訊公開、利害衝突之禁止、防火牆之設置與關係人交易之限制等規定外，參照日本證券投資顧問業法第 17 條規定，增列「冷卻期間制度」（Cooling-off），使投資人得於收受證券投資顧問契約時起十日內，以書面方式單方解除契約；另參考消費者保護法施行細則第 11 條之規定，明定證券投資顧問事業及證券投資信託事業與客戶簽訂全權委託投資契約前，應有七日以上之期間，供客戶審閱全部條款內容[11]。

　　證券投資信託及顧問法之制定整合原依證券交易法及依其授權規定之證券投資信託事業管理規則、證券投資顧問事業管理規則、證券投資信託基金管理辦法、證券投資顧問事業證券投資信託事業經營全權委託投資業務管理辦法、定型化證券投資信託契約等各項法令與同業公會之自律規範，分為總則、證券投資信託基金、全權委託投資業務、證券投資信託及顧問事業、自律機構、行政監督、罰則及附則等八章，計 124 條規定。

　　又基於證券投資信託及顧問法授權訂定之子法，計有證券投資顧問事業管理規則、證券投資信託事業管理規則、證券投資信託基金管理辦法、境外基金管理辦法、證券投資信託事業募集證券投資信託基金處理準則、證券投資信託事業募集證券投資信託基金公開說明書應行記載事項準則、證券投資信託事業私募證券投資信託基金投資說明書應行記載事項準則、證券投資信託基金受益人會議準則、證券投資信託事業證券投資顧問事業經營全權委託投資業務管理辦法、證券投資信託及顧問事業互相兼營與兼營他事業或由他事業兼營之利益衝突防範辦法、證券投資信託暨顧問商業同業公會管理規則、證券投資信託暨顧問商業同業公會非會員理事及監事遴選辦法、證券投資顧問事業負責人與業務人員管理規則、證券投資信託事業負責人與業務人員管理規則，並包括證券投資信託暨顧問商業同業公

11　前開立法總草案說明為 92 年 4 月 18 日呈報行政院之內容。

會之相關自律規範等規定，其管理法令規範子法部分多達二十多個，茲就
證券投資信託及顧問法相關內容之重點簡要說明如次：

一、立法目的、適用順序及主管機關

證券投資信託及顧問法第 1 條揭櫫制定之目的，分別為「健全證券投
資信託及顧問業務之經營之發展」、「增進資產管理服務市場之整合管
理」及「保障投資」，並明定「本法未規定者，適用證券交易法之規
定」，至於第 2 條則明定本法之主管機關為財政部證券暨期貨管理委員
會。但因行政院金融監督管理委員會已訂於 93 年 7 月 1 日起正式運作，
本法之主管機關將已由行政院概括明令其他金融相關法令，對於未列舉調
整主管機關名稱者一併統籌變更為「行政院金融監督管理委員會」[12]。

二、釐清法律用語定義，明定業務項目、範圍及法律關係

原在證券交易法第 18 條至第 18 條之 3 之規定下，證券投資信託及顧
問之監督管理係由業務主體之證券投資信託及顧問事業為中心，次第完成
行為之規範，新制定之證券投資信託及顧問法第 3 條及第 4 條則針對「證
券投資信託」、「證券投資信託事業」與其經營之業務種類、「證券投資
顧問」、「證券投資顧問事業」與其經營之業務種類」之內容及其定義予
以明訂，一改以往體例，改以業務行為為基礎，並於第 5 條針對本法其他
用詞，諸如：「證券投資信託契約」、「基金保管機構」、「受益人」、
「證券投資信託基金」、「受益憑證」、「境外基金」、「證券投資顧問
契約」、「有價證券」、「證券相關商品」、「全權委託投資業務」、

---

[12] 在金檢一元化政策下，行政院金融監督管理委員會於 2004 年 7 月 1 日正式成立運作，定位
　　 為獨立機關，2012 年 6 月 25 日行政院院臺規字第 1010134960 號公告證券交易法第 3 條等相
　　 關金融法令所列屬「行政院金融監督管理委員會」之權責事項，因金融監督管理已由獨立機
　　 關調整為首長制之部會機關，因此自 2012 年 7 月 1 日起改由「金融監督管理委員會」管
　　 轄。

「全權委託保管機構」及「委託投資資產」等加以定義，同時藉此釐清證券投資信託法律關係，將之界定為「特別法上之信託關係」。

三、釐清擴大基金商品之種類

依證券投資信託及顧問法第 14 條規定授權主管機關訂定證券投資信託公司得募集或私募證券投資信託基金之種類，如涉及證券相關商品以外項目，應先會商相關目的事業主管機關之同意，由主管機關視未來產業之發展趨勢，決定是否進一步開放基金商品種類，達成基金之產品線更加完整，投信業之經營更加彈性，投資人之選擇更加多樣化之目的。

鑑於公司型投資信託早屬美國及英國廣泛實施之投資信託型態，日本亦已經修法引進，是為能與其他國家金融商品整合及接軌，且基於金融商品多元化及增加投資人資產運用選擇機會，我國似有引進之必要。惟因公司型基金，我國原依公司法之規定即可成立投資公司，雖操作與公司型投資信託不同，由公司之執行機關擔任，與公司型之共同基金必須再委由其他資產管理之顧問公司負責管理運用有所差別，但因就股份之發行以籌集投資運用之資金（Pool）則屬一致，且牽涉證券交易法、公司法等有關投資人會議、董監事責任、業務範圍、有價證券發行、資產保管公司等有關規範之修正或補充，尚待相關事權主管機關之整合會商[13]，非短期可畢其功，故未一併考量列入立法範圍，但可列為未來遠程之立法方向。

四、放寬事業互相經營限制

為順應世界潮流，且配合未來資產管理事業設立，金融事業合併或跨業經營朝向大型集團化之趨勢，並使證券投資信託事業或證券投資顧問事業，得與國內外其他資產管理事業（如信託業）公平競爭，本法第 3 條、

---

[13] 例如：都市更新投資信託基金、移民基金、不動產證券化之不動產投資信託基金（Real Estate Investment Trust，REIT）等之募集運用及管理就與內政部業務相關。

第 4 條及第 6 條除明定投信、投顧事業之業務項目、業務經營之特許外，更明定投信、投顧事業經主管機關核准得互相兼營、或兼營他事業；同時也考量跨業經營為國際發展之趨勢，故於第 66 條明定開放證券商、期貨信託事業、期貨顧問事業、期貨經理事業或其他相關事業，於取得許可後得兼營投信、投顧事業，以利業者擴大業務範圍，因應未來市場發展需求。

另為避免證券投資信託事業與證券投資顧問事業間或與其他事業之互相經營，發生利害衝突或損害受益人、客戶權益之行為（又稱防火牆規範，Firewall Regulations），經參考當時之金融控股公司法第 43 條、證券投資信託管理規則第 24 條，都市更新投資信託公司設置監督及管理辦法第 26 條等規定，於本法第 94 條就負責人及職員之兼任及行為規範、資訊流用、營業設備或營業場所之共同，或為廣告、公開說明會及其他營業促銷活動等行為，授權主管機關訂定辦法為適當規範，以預防兼營業務間可能造成之利害衝突危險。

五、明定基金保管機構之權利義務

為避免利益衝突，防範可能監守自盜之弊端，本法明定操作者與保管者必須區隔，故設有獨立之保管機構，並於第 5 條第 2 款明確定義基金保管機構為證券投資信託契約之受託人，依證券投資信託事業之運用指示及本法之規定負責基金之保管處分。為保護投資人權益，並於第 7 條、第 條、第 9 條及第 23 條特別明定基金保管機構之權利義務，諸如：善良管理人之注意、忠實、保密義務、禁止虛偽行為、詐欺行為或其他足致他人誤信之行為及損害賠償責任、報告主管機關及通知投信事業改善之義務，同時於第 40 條、第 41 條及第 48 條規定賦予召集受益人會議、執行受益人會議決議、擔任基金清算人之權利，對於違反相關規定者，則於第 115 條明定主管機關得為停止執行基金保管業務一個月以上二年以下之處分。

六、擴大證券投資信託基金投資標的範圍

　　為配合金融商品創新，增加投資人選擇機會，以契合市場發展需求，並利業者投資、發行或管理他種投資商品，本法於第 3 條明定證券投資信託所從事之投資，包括「有價證券」、「證券相關商品」（指證券投資信託事業運用證券投資信託基金從事避險操作，經證期會核定准予交易之證券相關金融商品；且除證期會另有規定外，受有不得投資未上市、未上櫃股票或其他受益憑證等限制）及「其他經主管機管核准之項目」；此外，第 14 條規定基金投資範圍及標的限制，由主管機關定之，使主管機關得因應不同階段、不同面向之投資需求，逐步開放基金之投資標的範圍。

七、引進私募型態基金制度

　　證券投資信託基金除了一般投資大眾申購外，包括政府機構、公司法人等機構投資人或具專門知識、經驗或資力之人，亦會要求就特殊金融商品提供服務，以因應少數投資人多樣化及個別化之資產投資運用需求，並藉由向特定人「私募」之方式，達成減少資訊公開程度、節省成本及迅速完成籌資程序之集資功能，使證券投資信託基金之募集、發行及投資、操作更為靈活機動。本法在不妨礙投資人權益下，於第 3 條之業務項目規範中同時引進私募型基金制度，並採用「低度管理」之原則，諸如：事後申報制、免除公告受益權單位之淨資產價值等；另為防止有心人士規避關於公募型基金之規範，假私募之名行公募之實，除規定私募基金之應募人總數不得超過 35 人外，並於第 32 條及第 34 條第 1 項明定受益憑證以記名式為限，但得以無實體方式發行，且授權主管機關以命令訂定其轉讓方式及應遵守之限制，以達防弊之效。

八、擴大證券投資顧問事業之業務範圍及引進冷卻期間制度

證券投資信託及顧問法除於第 4 條定義證券投資顧問，使其得提供分析意見或推介建議之標的除有價證券外，並將業務範圍擴及「證券相關商品」及「其他經主管機關核准項目」，例如有價證券相關之期貨或衍生性商品之顧問等。此外，更於第 66 條規定擴大投顧業務之範圍及於「其他經主管機關核准之有關業務」，以及放寬兼業兼營之限制等。本法於第 83 條規定參酌日本立法例，引進「冷卻期間制度」，即證券投資顧問事業之客戶得於收受書面契約之日起七日內，以書面終止契約，證券投資顧問事業僅得請求終止契約前所提供服務之報酬，不得請求損害賠償或違約金，賦予投資人單面解除契約之權利。

九、全權委託投資業務之規範

證券投資信託及顧問法對於全權委託投資業務之規範重點，包括：第 5 條規定引進信託法律關係，即全權委託投資資產之投資運用及保管得以信託方式為之；於第 65 條規定，明定信託業兼營全權委託投資業務併受本法規範，以杜爭議；於第 56 條規定放寬全權委託投資標的及投資範圍之限制，得投資證券相關商品或經主管機關核准之商品；於第 52 條規定增設委託投資資產由客戶自行保管之例外規定，允許以信託關係之受託人為代客操作時，得自行保管；並明定債權人對營業保證金有優先受清償之權；於第 59 條統一規定代客操作原則上禁止績效報酬之規定。

十、明定保護投資人之相關規定

資產管理法制與證券管理之首要目的乃投資人權益之保護，如法制架構無從保障投資人之權益，將使投資大眾難以信賴整體資產管理制度而為投資行為，不僅將損害資產管理制度擬達成之經濟目的，對資產管理之績

效、營運、管理更將有所影響。本法乃沿襲我國與國外法制關於資產暨證券管理之一貫基本架構，除於第 1 條明定「保障投資」之立法目的外，並分別於本法各章節定有關於「資訊揭露」（Disclosure）與「防止利益衝突」（Conflict-of-interest）等規定，明定主管機關之行政監督及檢查權，違反本規定之刑事、行政處罰規定，並明定民事損害賠償請求權及其他規範。

　　本法鑑於有價證券投資管理之特質，為高誠信、高專業之服務行業，故明定證券投資信託事業證券投資顧問事業、基金保管機構、全權委託保管機構及其董事、監察人、經理人及受僱人，應以善良管理人之注意義務，本誠實信用原則執行業務，且不得有虛偽行為、詐欺行為或其他足致他人誤信之行為，對於受益人或客戶之資料應保守秘密。另為加強對投資大眾權益之保障，本法並參酌消費者保護法及公平交易法等規定，明定違反本法規定應負損害賠償責任之人，法院得依被害人之請求，分就故意或重大過失所致之損害，酌定賠償額三倍或二倍以下之懲罰性賠償。此外，藉由「公開揭露資訊」及「防止利益衝突」等方式，保障投資人權益。前者如：於第 15 條明定應交付公開說明書；於第 100 條明定基金月報及年報之編制應遵循之事項；於第 81 條明定重大影響受益人權益事項之申報義務；於第 20 條規定相關文件之備置與查詢。其他如於第 94 條規定利益衝突之防火牆規範之設置；第 10 條明定證券投資信託基金運用之限制；第 77 條至第 79 條有關基金經理公司或經理人對於關係人交易應遵守之規定等。

十一、明定主管機關行政監督及檢查權

　　有關檢查權之規定除依金融監督管理委員會組織法第 5 條之規定[14]，

---

[14] 金融監督管理委員會組織法第 5 條第 1 項規定為檢查權，本會及所屬機關辦理金融檢查，於必要時，得要求金融機構及其關係人與公開發行公司提示有關帳簿、文件及電子資料檔等資料，或通知被檢查者到達指定辦公處所備詢。同法第 4 項規定為準司法調查權，明定本會及

主管機關有專案之檢查權外,為保障投資人權益並使主管機關得以發揮監督機制,證券投資信託及顧問法訂有相關規定,例如於第 63 條明定事業或業務經營應經主管機關之許可;於第 80 條第 1 項明定投信事業及基金信用評等機制之建立;於第 52 條第 1 項及第 80 條第 2 項明定營業保證金之提存;於第 45 條明定證券投資信託契約終止之情形;於第 96 條及第 97 條明定命令強制移轉及違反規定時主管機關得對違反者予以糾正權或對事業及從業人員違法行為之處分之權限定等。

十二、明定刑事、行政處罰及民事損害賠償請求權之規定

證券投資信託及顧問法第七章訂立「罰則」專章,於第 105 條至第 110 條明定相關刑事處罰規定,並於第 111 條至第 114 條訂有行政處罰及相關民事損害賠償請求權等規定。

十三、明定自律機構之法律地位

原中華民國證券投資信託暨顧問商業同業公會之組織架構與功能,並未在證券交易法中做規定,而除依商業團體法之規定加以規定及運作,鑑於自律團體之角色及功能日趨重要,本法於第五章明定「自律機構」專章,並於第 84 條規範同業公會之設置法源依據;於第 88 條明定公會之任務及權限,同時於第 89 條規定自律公約及違反自律規範之處置及申覆辦法,另本法亦參考證券交易法第四章對於證券商業同業公會之規範,於第 92 條明定有關主管機關之管理監督事項等。其中,為強化自律功能,明定賦予同業公會之任務,包括:1.檢查會員是否遵守法律及自律規範;2.對於業務經營顯然不善,重大損害投資人權益之會員,得協調其他會員協

所屬機關對涉有金融犯罪嫌疑之案件,得敘明事由,報請檢察官許可,向該管法院聲請核發搜索票後,會同司法警察,進入疑為藏置帳簿、文件、電子資料檔等資料或證物之處所,實施搜索;搜索時非上述人員不得參與。經搜索獲得有關資料或證物,統由參加搜索人員,會同攜回本會及所屬機關,依法處理。

助處理該會員之業務；3.管理破產會員之財產；4.對違反法令之會員得予以停權、課予違約金、警告、命其限期改善等處置，或要求會員對其從業人員暫停執行業務之處置；5.對違反法令規定之會員為撤銷或暫停會員資格之處置。另為避免同業公會之處置不當或過當，影響會員及其從業人員之權利，本法除明定同業公會應訂定違規處置申覆辦法外，並要求同業公會之處置若涉及撤銷、暫停會員資格或要求會員對其從業人員暫停執行業務者，應報請主管機關備查；主管機關如認為同業公會之處置不當，得命同業公會變更決議，使公權力得以適當介入。

十四、將境外基金納入管理

境外基金提供國人投資選擇機會，並促成投信業者之經驗累積與競爭性之成長，於金融市場之國際化誠有需要，國人購買海外基金之金額亦日趨龐大，截至立法當時，投顧向主管機關核備之海外基金已高達 851 支。但原海外基金之銷售，乃藉由下列二方式：

（一）銀行指定用途信託資金帳戶之輔導

依銀行法第 110 條規定，信託投資公司得經營由公司確定用途之信託資金。而該等業務是否得以投資國外有價證券，經中央銀行以 79 年 12 月 3 日台央外字第（參）02346 號函，准予辦理信託投資公司為指定用途信託資金投資國外有價證券業務。國外有價證券乃包括基金。此為多數國人投資海外基金之管道[15]。

---

[15] 中央銀行前於 1985 年 12 月發函臺灣銀行、中央信託局及中國國際商業銀行，自 75 年元月起開辦「指定用途資金投資國外有價證券業務」，而中央銀行於 2003 年 7 月 23 日訂定「銀行業辦理外匯業務管理辦法」，而中央銀行外匯局 2005 年 10 月 3 日依據「銀行業辦理外匯業務管理辦法」第 14 條規定而發布，該函明確係釋示金融機構辦理特定金錢信託投資國外有價證券之種類及範圍，嗣後由於境外結構型商品（連動債）產生之爭議問題，迄至 2009 年 6 月 15 日因配合信託業法第 4 條及第 18 條之 1 而刪除第 14 條第 2 項規定。參見臺灣臺北地方法院 99 年度金字第 15 號民事判決。

（二）投顧推介

即投顧依辦理外國有價證券投資顧問業務應行注意事項，先與國外證券投資機構建立合作關係，次對符合一定資格的海外基金，由投顧公司向主管機關核備，投資人透過投顧公司推薦，直接向國外基金公司購買。

以上二方式，雖各有其現行規範之依據，然常見投顧或銀行有對不特定人散發投資資料或召開投資說明會等，其實質上為銷售之行為。同時為「代銷」及「銷售」是否能居於客觀地位，向客戶真正推介良好的海外基金，亦有利益衝突的問題。此外，對不特定人銷售之方式亦可能牽涉募集之行為，有違反證券交易法第 22 條之虞，致生行為人應負第 175 條刑責之爭議。而上述二方式之管理機關分為中央銀行、金融局及證期會，並非一致，故本法第 16 條乃參考外國立法例，將有關從事或代理募集、銷售、投資顧問境外基金之行為納入管理。為統一事權，凡從事或代理境外基金之募集、銷售、投資顧問等行為者皆為本法規範之對象。此外，證券商依證券商管理規則第 36 條及證券商受託買賣外國有價證券管理規則等規定，得為受託買賣有價證券並向特定客戶辦理推介，倘證券商並無銷售之行為，僅為單純推介或受託買賣，則不在本條規範意旨內。至於有關在中華民國境內得從事或代理募集、銷售、投資顧問境外基金之種類、投資或交易範圍與其限制、申請或申報程序及其他應遵行事項之辦法，則授權主管機關訂定管理辦法，使海外基金與國內基金得公平競爭，並保障投資人。本法並明定證券投資信託事業、證券投資顧問事業、證券商、境外基金發行者與其指定之機構及其他經主管機關指定之機構，得在中華民國境內從事或代理境外基金之募集、銷售、投資顧問等業務；其資格條件、申請或申報程序、從事業務之項目及其他應遵行事項之辦法，亦授權由主管機關定之。

第三項　證券投資信託及顧問法之落實與執行

　　證券投資信託及顧問法通過後，就法規面而言，將給予投信、投顧業者之經營管理極大之彈性，在前述基礎下，主管機關既已提供投信、投顧業者良好之經營環境，在法規面上給予最大之協助，致力於與國際接軌，剩下的，業者自己的努力就非常重要了。業者應加強本身之研發能力與管理能力，不斷地推出能夠滿足投資人之基金或其他商品，若能提供投資人即時、完整、可信賴的金融服務，將較容易獲致經營上之「綜效」（Synergy），才能夠生存，並進一步與國際競爭。目前市場上所存在之基金商品大同小異，其原因往往係因業者基於市場之風潮，一窩蜂地發行差異性極小之基金，而未考量本身之利基所在，體認投資人之需求而推出適當之商品，使得市場競爭激烈，利潤亦低，長久以來，將使客戶流失，並喪失競爭能力。未來，業者必須加強研發與管理能力，發行與眾不同之基金商品，創造出商品與眾不同之附加價值或服務，才能夠在同質性高的市場中脫穎而出。

　　「證券投資信託及顧問法」完成立法後，對於主管機關而言，將得以落實「依法行政」之原則，依法律之授權強化對市場之整合管理，並進一步保障投資；對市場而言，依「業務從寬、財務從嚴」之原則，將使法令規範符合國際水準及慣例，有助於金融商品之創新，達成推動臺灣成為亞太資產管理中心之目的；對業者而言，將有助於業者以完整之產品線，提供多元化之資產管理服務，使其業務範圍更加擴大，經營管理更具彈性，產品推出更具效率；對投資人而言，將使投資理財之選擇更多樣化，投資人之權益亦更有保障。

第五節　證券投資信託及顧問法之修正

　　證券投資信託及顧問法於 93 年 6 月 30 日經總統明令公布，於同年 11 月 1 日施行迄今，期間就主管機關已從財政部轉隸屬於行政院金融監

督管理委員會，再由獨立機關之行政院金融監督管理委員會改制為部會內閣機關首長制之金融監督管理委員會，然負責執行監督之單位仍屬證期會或證期局，至於證券投資信託及顧問法在面對金融創新之環境下，新的金融商品如基金之型態與投資標的屢有增加，新的參與業者如跨業兼營亦有擴大，由於傳統金融監理就業者之准入採行許可制，金融商品採正面表列之方式，為因應金融業務創新與國際化競爭態勢之需求，適度放寬私募基金應募人人數、簡化投信事業投資作業流程及鬆綁全權委託業務之操作限制，並強化相關人員之監理規定，亦作部分條文之修正，其他就配合 104 年 12 月 30 日修正刑法增訂第五章之一「沒收」之規定，證券投資信託及顧問法有關刑事責任相關條文亦作相對之調整。但整體證券投資信託及顧問業之運作體制變動不大，期間證券投資信託及顧問法之增修除新增監理沙盒（regulatory sandbox）試驗制度及特別侵占背信規定外，其於變動幅度仍小，以下擬就最近四次之修正提出說明。

第一項　配合民法總則編及其施行法增列輔助宣告制之修正

民法總則編及其施行法，於 97 年 5 月 23 日修正增列「輔助宣告」制，就精神障礙或其他心智缺陷未達應為「監護宣告」程度，僅為能力顯有不足者之「輔助宣告」制度，法院對於監護之聲請，認為未達監護宣告之程度者，得依規定為輔助之宣告[16]，受輔助之宣告者之法律行為能力受

---

16 民法第 15 條之 1 第 1 項規定：「對於因精神障礙或其他心智缺陷，致其為意思表示或受意思表示，或辨識其意思表示效果之能力，顯有不足者，法院得因本人、配偶、四親等內之親屬、最近一年有同居事實之其他親屬、檢察官、主管機關或社會福利機構之聲請，為輔助之宣告。」民法第 15 條之 2 規定：「受輔助宣告之人為下列行為時，應經輔助人同意。但純獲法律上利益，或依其年齡及身分、日常生活所必需者，不在此限：一、為獨資、合夥營業或為法人之負責人。二、為消費借貸、消費寄託、保證、贈與或信託。三、為訴訟行為。四、為和解、調解、處理或簽訂仲裁契約。五、為不動產、船舶、航空器、汽車或其他重要財產之處分、設定負擔、買賣、租賃或借貸。六、為遺產分割、遺贈、拋棄繼承權或其他相關權利。七、法院依前條聲請權人或輔助人之聲請，所指定之其他行為。第七十八條至第八

限制，為保護投資人權益，增訂受輔助宣告未經撤銷者，不得充任證券投資信託事業與證券投資顧問事業之發起人、負責人及業務人員，於 99 年 1 月 13 日修正證券投資信託及顧問法第 68 條、第 69 條修正有關負責人與從業人員之消極資格要件。

第二項　配合主管機關改制之修正

為配合我國金融監理架構調整，原隸屬於「財政部」之「證券暨期貨管理委員會」已於民國 93 年 7 月 1 日行政院金融監督管理委員會組織法實施後，改隸屬於「行政院金融監督管理委員會」，並更名為「證券期貨局」，基於落實我國採取一元化之跨業合併監理模式，證券投資信託及顧問法第 2 條原規定本法所稱主管機關，為財政部證券暨期貨管理委員會於 99 年 6 月 9 日配合修正行政院金融監督管理委員會。又為配合行政院組織改造，行政院金融監督管理委員會將由獨立機關改制為部會內閣機關首長制之金融監督管理委員會。100 年 6 月 29 日修正公布「金融監督管理委員會組織法」，於 101 年 7 月 1 日，依組織法正式更名為「金融監督管理委員會」，證券投資信託及顧問法第 2 條之規定於 104 年 2 月 4 日才配合修正更正現行機關名稱為金融監督管理委員會，以符合名實。

第三項　鼓勵金融創新產品與服務增訂監理沙盒試驗制度

為鼓勵金融科技創新（FinTech），使未為正式許可之業者可突破現行法規的阻礙或困難，提供金融科技研發試驗之安全環境，方便業者在低度監理空間，測試其創新商品、服務或商業模式，不會立即受到現行法規的制約，並能在風險可控情形下，驗證該科技在金融服務上的可行性及成效，行政院參考英國、新加坡及澳洲之立法規定，於 106 年 5 月 4 日通過

十三條規定，於未依前項規定得輔助人同意之情形，準用之。」

了金融科技發展與創新實驗條例，通稱為金融監理沙盒（Financial Regulatory Sandbox），並於同年 12 月 29 日經立法院三讀通過[17]。為使證券投資信託、證券投資顧問相關業務能配合實施，於 107 年 1 月 31 日通過增訂證券投資信託及顧問法第 6 條之 1，於第 1 項明定：「為促進普惠金融及金融科技發展，不限於證券投資信託事業及證券投資顧問事業，得依金融科技發展與創新實驗條例申請辦理證券投資信託、證券投資顧問及全權委託投資業務創新實驗。」使未為正式許可之業者得參與證券投資信託、證券投資顧問及全權委託投資相關業務之創新實驗，同時於第 2 項作豁免相關規定，明定：「前項之創新實驗，於主管機關核准辦理之期間及範圍內，得不適用本法之規定。」並於第 3 項規定主管機關應參酌創新實驗之辦理情形，檢討本法及相關金融法規之妥適性作更為開放之措施。

第四項　鬆綁簡化與健全證券投資信託及顧問業務運作之修正

在國際金融業務競爭之環境下，為提升國內資產管理業競爭力，107 年 1 月 31 日修正證券投資信託及顧問法放寬私募基金應募人人數、簡化投信事業投資作業流程及鬆綁全權委託業務之操作限制，並強化業者與相關人員之監理規定，其修正重點如下：

一、為提升私募受益憑證之彈性，放寬私募基金應募人人數（修正條文第 11 條）。

鑑於基金私募應募人數之限制過低，將使基金規模難以成長，所收取之經理費及保管費時有無法支應基金運作之最低成本，且使保管銀行及海外次保管銀行承作私募基金意願低落，影響基金操作效率，為提升證券投資信託事業私募受益憑證之彈性及操作效率，擴大證券投資信託事業管理規模，爰參考美國投資公司法第 3 條將 100 人以下之私募基金豁免須註冊

登記投資公司之規範，以及期貨信託基金管理辦法第 13 條第 2 項有關期貨信託事業對符主管機關所定條件者募集期貨信託基金（即私募）人數不得超過 99 人之規定，為期一致，爰於第 2 項私募證券投資信託基金人數從不得超過 35 人放寬至 99 人。

　　二、投信事業及投顧事業依法規以自己名義為投資人取得之資產，應與該事業之自有財產分別獨立；該自有財產所負債務，債權人不得對前揭資產為任何請求或行使其他權利，並配合增訂相關罰責（修正條文第 16 條之 1 及第 111 條）。

　　為明確規定證券投資信託事業或證券投資顧問事業依法規以自己名義為投資人取得之資產獨立性，同時為配合依據證券投資信託事業募集證券投資信託基金處理準則第 24 條第 1 項規定，開放證券投資信託事業或證券投資顧問事業因業務所需以自己名義為投資人申購基金，爰參酌第 51 條第 2 項規定，增訂第 16 條之 1 第 1 項，明定其與證券投資信託事業或證券投資顧問事業之自有財產，應分別獨立。並考量排除強制執行法執行名義之相關規定，於第 2 項明定自有財產所負債務之債權人不得對第一項之資產為任何之請求或行使其他權利，以保障投資人資產之安全。至於違反者之處罰，增列於第 110 條第 4 款規定，可處新臺幣 60 萬元以上 300 萬元以下罰鍰，並責令限期改善；屆期不改善者，得按次處二倍至五倍罰鍰至改善為止。

　　三、為使投信事業投資作業流程更為簡化，刪除投資或交易應撰寫制式書面報告之規定，並修正投資或交易流程由投信事業內部控制制度規範（修正條文第 17 條）。

　　證券投資信託及顧問法第 17 條第 1 項原規定：「證券投資信託事業運用證券投資信託基金投資或交易，應依據其分析報告作成決定，交付執行時應作成紀錄，並按月提出檢討報告，其分析報告與決定應有合理基礎及根據。」第 2 項及第 3 項原規定：「前項分析報告、決定、執行紀錄及檢討報告，均應以書面為之，並保存一定期限。前項書面之格式、應記載事項及保存期限，由主管機關定之。」就分析報告、決定、執行紀錄及檢

討報告，均應以書面為之，規定過於僵化且與國際上之運作體制不符，為使證券投資信託事業投資作業流程更為簡化，爰刪除第 1 項及第 2 項證券投資信託事業投資或交易應撰寫書面報告及第 3 項制式書面格式應記載事項之規定，並於第 2 項規定分析、決定、執行及檢討之方式，由證券投資信託事業內部控制制度規範及相關控制作業應留存紀錄並保存一定期限，由業者以內控內稽之方式加以管理。

四、對於符合一定條件之全權委託投資業務之客戶，放寬得不適用應將資產委託保管及簽訂契約等有關規範（修正條文第 62 條）。

有關軟錢歸屬之約定（soft dollar），鑑於實務上運用委託投資資產買賣標的除有價證券外，尚含其相關商品或其他經主管機關規定得投資或交易之項目，且買賣證券相關商品之交易對手包括期貨經紀商，及相關交易對手亦可能退還手續費或給付其他利益，均應作為客戶買賣成本之減少，爰修正第 62 條第 3 項一併納入，對於運用委託投資資產買賣有價證券、證券相關商品或其他經主管機關規定得投資或交易項目者，所收取證券商、期貨經紀商或其他交易對手退還之手續費或給付之其他利益，應作為客戶買賣成本之減少。

另考量境外基金等專業投資機構有自己之保管機構，且具充分金融商品專業知識或交易經驗，具有洽定全權委託投資相關事宜之能力，為符合其個別需求，爰對於符合一定條件之全權委託投資客戶，放寬為得不適用客戶應將資產全權委託保管機構保管或信託移轉予保管機構、客戶應與保管機構簽訂委任或信託契約、證券投資信託事業或證券投資顧問事業與客戶簽訂全權委託投資契約前應辦理事項、退還之交易手續費或給付之其他利益應作為客戶買賣成本之減少、應每月定期編製客戶資產交易紀錄及現況報告書送達客戶、淨資產價值減損之通知等相關規範，爰增訂第 62 條第 7 項明定：「全權委託投資業務之客戶符合主管機關所定條件者，證券投資信託事業或證券投資顧問事業得與該客戶自行約定委託投資資產之保管、契約簽訂前應辦理事項及帳務處理等事項，不適用有關由客戶與保管機構簽訂委任或信託契約之規定。」

五、參考證券交易法、銀行法及刑法等規定，明定投信事業及投顧事業相關人員從事違背職務之行為之相關刑事責任（修正條文第 105 條之 1）。

　　證券投資信託事業或證券投資顧問事業管理之資產屬於投資大眾，為維護市場秩序及投資人權益，參考證券交易法第 171 條第 1 項第 3 款、銀行法第 125 條及刑法第 336 條、第 342 條等特別背信罪、掏空資產罪之規定，增訂第 105 條之 1 明定證券投資信託事業、證券投資顧問事業之董事、監察人、經理人或受僱人，意圖為自己或第三人不法之利益，或損害證券投資信託基金資產、委託投資資產之利益，而為違背其職務之行為，致生損害於證券投資信託基金資產、委託投資資產或其他利益者，處三年以上十年以下有期徒刑，得併科新臺幣 1,000 萬元以上 2 億元以下罰金。其因犯罪獲取之財物或財產上利益金額達新臺幣 1 億元以上者，處七年以上有期徒刑，得併科新臺幣 2,500 萬元以上 5 億元以下罰金。並處罰未遂犯。至於犯罪後自首，如自動繳交全部犯罪所得者，減輕或免除其刑；並因而查獲其他正犯或共犯者，免除其刑。在偵查中自白，如自動繳交全部犯罪所得者，減輕其刑；並因而查獲其他正犯或共犯者，減輕或免除其刑。

第五項　配合刑法沒收專章制定之修正

　　配合法務部 104 年 12 月 30 修正公布之刑法增訂第五章之一「沒收」，明定沒收為刑罰及保安處分以外之法律效果，具有獨立性，而非從刑。沒收之範圍擴大至犯罪行為人所有之犯罪所得，並及於犯罪行為人以外之自然人、法人或非法人團體，且因事實上或法律上原因未能追訴犯罪行為人之犯罪或判決有罪者，亦得單獨宣告沒收。另依 105 年 6 月 22 日修正公布之刑法施行法第 10 條之 3 規定，上開刑法修正條文自 105 年 7 月 1 日施行；該日前施行之其他法律關於沒收、追徵、追繳、抵償之規定，不再適用。證券投資信託及顧問法第 105 條、第 108 條於 107 年 1

月 31 日配合修正及刪除有關沒收、追徵、抵償之規定。其主要內容如下：

一、第 105 條第 3 項之修正

（一）依刑法第 38 條之 1 第 4 項規定，犯罪所得包括「違法行為所得，其變得之物或財產上利益及其孳息」，其範圍較原規定完整，爰將「因犯罪所得財物或財產上利益」修正為「犯罪所得」。

（二）第 3 項規定沒收前應發還之對象有被害人及第三人，較刑法第 38 條之 1 第 5 項之範圍廣，如刪除回歸適用刑法，原規定之「第三人」恐僅能依刑事訴訟法第 473 條規定，於沒收之裁判確定後一年內提出聲請發還或給付，保障較為不利，爰仍予維持明定。

（三）另第三項之沒收對象不問屬於犯罪行為人與否，較刑法沒收新制範圍更廣，如回歸適用刑法，尚須具備一定條件方得沒收屬於犯罪行為人以外之自然人、法人或非法人團體之財物，將無法達到嚇阻犯罪之目的，爰宜予維持明定。

（四）又刑法修正刪除追繳及抵償之規定，統一替代沒收之執行方式為追徵，並依沒收標的之不同，分別於第 38 條第 4 項及第 38 條之 1 第 3 項為追徵之規定，爰刪除後段規定，回歸適用刑法相關規定。

二、第 108 條第 3 項之修正

第 108 條第 3 項原規定，犯前二項之罪者，所收受之財物沒收之；如全部或一部不能沒收時，追徵其價額或以其財產抵償之。104 年 12 月 30 日修正施行刑法施行法第 10 條之 3 第 2 項規定，刑法修正施行日前制定之其他法律關於沒收之規定，不再適用。該規定立法意旨在於此次刑法已整體修正沒收規定，自應回歸刑法一體適用，105 年 7 月 1 日刑法沒收修正之施行日前所制定之其他法律關於沒收之規定，已無獨立存在之必要。

依修正後刑法第 38 條之 1 第 4 項規定，犯罪所得包括違法行為所得、其變得之物或財產上利益及其孳息，原第 3 項所定「所收受之財物」範圍較為狹隘；另刑法修正後，追徵為全部或一部不能沒收之執行方式，已無抵償之規定，爰配合刪除原第 3 項，回歸適用刑法相關規定。

第六節　證券投資信託及顧問法之法律定位與適用

　　證券投資信託及顧問事業之法令規範與實務運作準繩，從依附於證券交易法少數幾條文授權下，散見於相關之法規命令、行政規則、自律規範及契約之規定，到整合為一致之法源依據，取得明確與完整之法律規範體系，法制架構已趨於完備，然證券投資信託及顧問事業之業務為榮市場之重要環節，其運作與投資人相互間之金融活動及其他金融機構之往來息息相關，因此在法律適用上無可避免會涉及其他法律領域而面臨法律適用競合之問題，證券投資信託及顧問法第 1 條揭櫫立法目的在為健全證券投資信託及顧問業務之經營與發展，增進資產管理服務市場之整合管理，並保障投資[18]。同時也規定本法未規定者，適用證券交易法之規定。為使法律適用順序臻於明確，明定本法未規定之事項，適用證券交易法之規定；立法理由進一步說明證券交易法未規定者，則依該法第 2 條之規定，適用公司法及其他有關法律之規定。

　　又有價證券為重要之金融資產工具與商品，涉及有價證券募集、私募、發行與交易之行為與事業主體間之活動，在當今之金融實務與經濟環境下實屬不可或缺，其中與證券投資信託及顧問業務重疊競合更屬常見，例如信託業之信託資產管理以共同基金方式經營[19]、信託財產管理以全權

---

[18] 違反證券投資信託及顧問法禁止及強制規定者，司法實務上多數見解肯定其屬禁止及防止侵害他人權益之法律，為民法第 184 條第 2 項所規定保護他人之法律。行為人違反該條項規定致他人受損害者，被害人得據以向行為人請求損害賠償。參見臺灣高等法院 107 年 7 月 4 日 107 年度上易字第 168 號民事判決、臺灣士林地方法院 107 年 1 月 5 日 106 年度訴字第 491 號民事判決、臺灣高等法院 106 年 3 月 15 日 105 年度金上字第 4 號民事判決。

[19] 信託業法第 8 條規定：「本法稱共同信託基金，指信託業就一定之投資標的，以發行受益證

委託方式經營管理[20]、金融資產證券化[21]、不動產證券化[22]、都市更新條例[23]與入出國及移民法[24]等相關法律規範，對於有關共同基金與相關金融資產之募集、私募、買賣、推介顧問、銷售等皆與證券投資信託基金或投

券或記帳方式向不特定多數人募集，並為該不特定多數人之利益而運用之信託資金。設立共同信託基金以投資證券交易法第六條之有價證券為目的，其符合一定條件者，應依證券投資信託及顧問法有關規定辦理。」另依證券投資信託事業設置標準第 15 條規定：「信託業募集發行共同信託基金投資於證券交易法第六條之有價證券占共同信託基金募集發行額度百分之五十以上或可投資於證券交易法第六條之有價證券達新臺幣十億元以上者，應依本法規定先申請兼營證券投資信託業務，始得募集之。但募集發行貨幣市場共同信託基金，不在此限。」

[20] 信託業法第 18 條第 1 項及第 2 項規定：「各信託業得經營之業務種類，應報請主管機關核定；其有變更者，亦同。其業務涉及外匯之經營者，應經中央銀行同意。其業務之經營涉及信託業得全權決定運用標的，且將信託財產運用於證券交易法第六條規定之有價證券或期貨交易法第三條規定之期貨時，其符合一定條件者，並應向主管機關申請兼營證券投資顧問業務。」另依證券投資信託事業證券投資顧問事業經營全權委託投資業務管理辦法第 2 條第 5 項規定：「所稱一定條件，指信託業單獨管理運用或集合管理運用之信託財產涉及運用於證券交易法第六條之有價證券達新臺幣一千萬元以上者。」

[21] 金融資產證券化條例第 4 條第 1 項第 3 款規定：「證券化：指創始機構依本條例之規定，將資產信託與受託機構或讓與特殊目的之公司，由受託機構或特殊目的之公司以該資產為基礎，發行受益證券或資產基礎證券，以獲取資金之行為。」依條例規定發行之有價證券包括受益證券（MBS）及資產基礎證券（ABS）。郭土木，金融管理法規（下），2006 年 7 月，三民書局，頁 558-564。

[22] 不動產證券化條例第 4 條第 1 項第 4 款規定，證券化係指受託機構依本條例之規定成立不動產投資信託或不動產資產信託，向不特定人募集發行或向特定人私募交付受益證券，以獲取資金之行為。依條例規定發行之有價證券包括不動產證券化標的可分為不動產資產信託（Real Estate Assets Trusts, REATs）及不動產投資信託（Real Estate Investment Trusts, REITs）等二大類。「不動產資產信託」是指委託人將不動產移轉給受託機構，再由受託機構發行受益證券向大眾募集資金，以從事不動產開發。「不動產投資信託」則是先發行受益證券向大眾募集資金，再將所募集資金投資不動產、不動產證券或不動產抵押債憑證等標的，再分配收益予投資者。郭土木，金融管理法規（下），2006 年 7 月，三民書局，頁 568-569。

[23] 都市更新投資信託公司設置監督及管理辦法係於 88 年 5 月 14 日依都市更新條例第 50 條第 2 項規定訂定發布。因 108 年 1 月 30 日總統華總一義字第 10800010381 號令修正公布都市更新條例，刪除本辦法之授權依據，爰依中央法規標準法第 21 條第 3 款規定廢止本辦法。廢止後回歸證券投資信託基金或信託業共同基金之相關規定辦理。

[24] 入出國及移民法第 56 條第 4 項規定：「移民業務機構對第一項各款業務之廣告，其內容應經入出國及移民署指定之移民團體審閱確認，並賦予審閱確認字號，始得散布、播送或刊登。但國外移民基金諮詢、仲介之廣告，得逐案送移民公會團體審閱確認，再轉報入出國及移民署核定後，始得為之；其屬證券交易法所定有價證券者，入出國及移民署應會商證券主管機關同意後核定之。」

資顧問業務相當密切，因此在法律競合或發生規範衝突時如何有效解決適
用之爭議問題，亦顯示其重要性，以下擬就證券投資信託及顧問業務規範
提出幾則解決適用爭議之原則，俾能有助於各界參考。

一、依功能性規範之原則就證券投資信託及顧問業務事項應定位為特別法

　　普通法與特別法係以法律效力所及的範圍為區分標準，特別法對於特
定的人、事、時、地、物等事項作特別規定。普通法與特別法若相競合時
依特別法優於普通法適用，然特別法與普通法為相對性之概念，通常係普
通法已立法後再以另行規定的形式重複規範為特別法，對於同一規範對象
有二以上法律規定同時存在與規範範圍交錯關係，而且該二以上法律規
範，必須對其規範對象具有同一性關係，此種同一性包括「規範同一
性」，即不同法律形式之規定內容完全一致，其次需有「評價對象同一
性」，即不同法律形式所適用之行為對象完全一致[25]。為提高有價證券資
產管理與監理效能，建立公平之業務競爭基礎。並避免監理套例及法規套
利之情形，使同一業務行為應適用同一法律受相同之法令規範，因此就證
券投資信託及顧問業務監督管理事項，應將證券投資信託及顧問法定位成
特別法，優先於證券交易法、信託業法、金融資產證券化 、不動產證券
化、都市更新條例與入出國及移民法等相關法律之適用。

二、定位不清之法律適用關係應明文釐清其順位

　　證券投資信託及顧問法 93 年 6 月 30 日立法當時於第 121 條之規定，
自本法施行之日起，證券交易法第 18 條及第 18 條之 1 所定證券投資信託
事業及證券投資顧問事業之規定，及第 18 條之 2 與第 18 條之 3 規定，不
再適用。直接明定法律之適用關係，惟較可惜者，就證券投資信託及顧問

25　郭土木，證券交易法論著選輯，2011 年 2 月 3 日，自版，頁 548-549。

法與其他法律規定交錯的地方並未進一步檢討，為避免法律競合致生法律適用之疑義，及考量增修廢止其他法律規定之浩繁工程，可參考證券投資信託及顧問法第 121 條之規定體例，明定銀行法、信託業法、金融控股公司法、票券金融管理法、信用合作社法、證券交易法、期貨交易法、保險法等相關法律與證券投資信託及顧問法規範同一事項之條文逐條列舉，明定自特定施行之日起，不再適用，以落日條款之方式解決法律定性之爭議，至於萬一有漏未列舉者再輔以特別法之定位，於總則章明定各該業務行為之監督管理，本法未規定者，適用銀行法、信託業法、金融控股公司法、票券金融管理法、信用合作社法、證券交易法、期貨交易法、保險法、管理外匯條例及其他法律之概括適用規定[26]。

三、整合衍生性金融商品與有價證券之範圍並納入合理監督管理

美國在二十一世紀之初歷經政府貸款寬鬆政策之後，金融機構透過買進次級房貸轉賣給大型券商，再由券商包裝發售以房貸作擔保的不動產抵押擔保證券（MBS），並包裝 MBS、就學貸款及各種之金融商品，設計出各種抵押債務債券（CDO）等複雜之衍生性金融商品，這些衍生性金融商品經信用評等公司的評等加持，使人以為是高評等、高收益、風險分散的商品，遂於初級或次級市場轉售予投資銀行、退休基金、避險基金、政府基金、校務基金等機構投資人甚或一般之散戶投資人，然在 2008 年 9 月 15 日美國排名前五大投資銀行之雷曼兄弟控股公司（Lehman Brothers Holding Inc.）依美國聯邦法典（U.S. Code）第十一章之規定向美國紐約州南區破產法院聲請破產保護，導致購買該集團連動債之投資人血本無歸。美國政府於 2010 年 7 月 21 日簽署之 Dodd-Frank 華爾街改革和消費者保護法案（Dodd-Frank Wall Street Reform and Consumer Protection

---

[26] 郭土木，我國金融法規整合之芻議，企業與金融法制：余雪明大法官榮退論文集，2009 年 1 月 1 日，頁 398。

Act），該法案強化對衍生性金融商品、私募基金的監理為改革與立法重
點之一，日本與韓國亦就有價證券之衍生性金融商品整合納入有價證券之
規範，因此核定有價證券相關衍生性金融商品為有價證券之範圍，並對信
託業、證券商及保險業為受託投資、受託買賣或為投資型保險標的等金融
商品為一致性之規範，期建立單一監理機制及相關配套措施，以利相關業
者遵循及加強對投資人之保護[27]。

27　郭土木，臺灣境外衍生性金融商品准入與監理架構之探討──以境外結構型商品為中心，香
　　港大學國際學術研討會報告，2013 年 4 月 13 日，頁 12-13。

第二章

證券投資信託及
顧問之立法例比較

第一節 前 言

　　有關證券投資信託及顧問法律之制定，縱觀國外之立法體例，美國自 1933 年之證券法（Federal Securities Act）、1934 年聯邦證券交易法（Federal Securities and Exchane Act）與 1940 年之投資公司法案（Investment Company Act）與投資顧問法（Investment Advisers Act）以來，由於其經濟與金融之發展執世界之牛耳，其法規制度亦為其他國家參考與模仿對象，隨著全球各個經濟領域之發展與證券金融市場之起飛，各國對於與證券市場息息相關之法令制度逐漸建立，用以補足規範整體市場運作之基礎，我國證券交易法原於 57 年 4 月 30 日制定公布之初，雖已於第 18 條規定經營證券投資信託事業、證券投資顧問事業、證券金融事業等證券相關服務事業，應經主管機關之核准，並就其有關管理、監督事項，授權行政院訂定之依據規定。然我國投信事業之實際設立與相關法規建制，係緣起經濟奇蹟發展之際須引進僑外資，於 72 年間為配合執行行政院核定之「引進僑外資投資證券計畫」第一階段間接投資政策而開 啟[1]，所以從證券交易法第 18 條奠定開放之依據後，次第進行證券交易法第

---

[1]　依據行政院 71 年核定之「引進僑外資投資證券計畫」，我國引進僑外投資證券之步驟分為三階段：（一）先採取僑外資間接投資證券之方式；（二）准許僑外專業投資機構直接投資證券；（三）全面開放僑外資直接投資證券。所謂間接投資證券之方式，即以在國外募集共同基金，再由國內成立共同基金對接之組合基金（fund of fund）方式進行。詳參王巧雲，證券投資信託及顧問法制發展史與演變，證券暨期貨月刊，第 29 卷第 11 期，2011 年 11 月 16 日，頁 24-31。

18 條之 1、第 18 條之 2、第 18 條之 3 及相關法令之增修，及至市場規模與參與之投資人達到相當之規模，在專業化、技術化及法制國之要求下完成單獨立法，此乃時勢所趨之必然現象。

然伴隨當今金融體系之發達與金融競爭環境之驅使，為追求綜效之跨業經營方式、金融創新金融商品定位越來越模糊，與金融科技越來越發達之情況，金融業務之監理包括證券投資信託事業、證券投資顧問事業等資產管理事項，監理法令規章又有逐漸整合之趨勢，所謂合久必分與分久必合，晚近英國之金融服務法、日本之金融商品交易法、韓國之資本市場整合法皆有朝向統合立法之趨勢，我國在證券資產管理規模包括境內外基金、私募基金及全權委託投資業務的總管理資產已達新臺幣 8 兆元之際，證券、期貨、衍生性商品等資產管理之法律制度將面臨再檢視之情境，金融業混業經營、策略聯盟之合作推廣與共同行銷方式為避免法規與監理套利亦將重新思考與定位，在全球金融競爭之環境下，為求知己知彼，本章擬就證券投資信託及顧問法制之外國立法例加以介紹，並與我國規範作分析比較，期能歸納出我國未來發展之參考。

第二節　美國1940年投資公司法與投資顧問法之規定[2]

美國以 1940 年「投資公司法」及「投資顧問法」作為證券投資信託及證券投資顧問等資產管理業務之規範。為保護投資人及確保投資公司能在資本形成中扮演重要的角色，美國 1940 年投資公司法建立了以專業證券投資之相關活動。當然，美國 1933 年證券法及 1934 年證券交易法有關「公開」及「申報」的規定於投資公司仍然有其適用。至於對投資公司提供顧問服務之投資顧問事業，則主要由美國 1940 年投資顧問法加以規範。而美國證管會（the Securities and Exchange Commission）則是執行此

---

[2]　郭土木、朱德芳、黃詩婷合著，我國證券投資顧問事業業務範圍擴大之研究，中華民國證券投資信託及顧問商業同業公會委託研究案，2014 年 8 月，頁 25-35。

等法律的獨立主管機關。

　　投資公司具有「分散投資」、「專業管理」及「提供參與國際資本市場之機會」等優點，惟仍有資產保管及經營管理人利益輸送等不誠信情事之風險，因此，投資公司法設計相關規範以監控此等風險，諸如：投資公司必須有其確定之目標、型式及經營團隊；利益衝突之防止；基金資產之保護；要求設置最低人數之獨立董事建立監控經營階層之機制等。至於投資顧問法，除對投資顧問為定義外，更有豁免註冊之規範及相關義務規定，如：公開義務、書冊及紀錄保存義務、提供合適意見之義務、最佳執行交易等義務，並對廣告活動及相關行為為限制規定。

第一項　美國 1940 年投資公司法之規定

　　美國於 1929 年華爾街股票崩盤後，政府為了保護投資者，並維持公平有序的證券市場以鼓勵資金的自由流動，在 1934 年設立美國「證券交易委員會」（Security Exchange Commission，以下簡稱 SEC）管理美國證券市場，以恢復投資人對於美國證券市場之信心[3]。在同一時期，美國國會通過了 1933 年證券法（Securities Act of 1933）、1940 年投資公司法（Investment Company Act of 1940）、與 1940 年投資顧問法（Investment Advisors Act of 1940），主要使證券交易行為透明化，且讓政府可以更有效監督證券市場。美國 1940 年投資公司法（Investment Company Act of 1940，以下簡稱 ICA）所規範的公司型態相當廣。公司、合夥、信託、基金、法人（不以成立為限制）等團體皆為 ICA 所規範之對象[4]。從 ICA 其立法目的可知，投資公司之規範，其主要著重於投資公司與所屬職員是否遵守迴避利益衝突與其所當盡之注意義務。投資公司所提供給投資者之證

---

[3]　U.S. Security and Exchange Commission, The Investor's Advocate: How the SEC Protects Investors, Maintains Market Integrity, and Facilitates Capital Formation, available at: http://www.sec.gov/about/whatwedo.shtml#.U-Q8TYCSzfY.

[4]　ICA Sec. 2 (a)(8).

券資訊是否準確與投資公司本身之財務狀況，亦為 ICA 所規範之重點[5]。投資公司所投資之證券種類，涵蓋範圍極廣[6]，其可投資之證券種類則非法規著墨之重點。

一、投資公司之定義

在 ICA 第 3 條規定何謂美國投資公司，然而此定義卻相當的廣泛。ICA 定義下之投資公司，取決於任何發行者（issuer）是否有下列行為：（一）從事或宣稱自己即將進行證券之投資、轉投資，或是交易為主之事業[7]；（二）從事或宣稱自己即將發行分期付款面值型之證券或已經發行但是尚未完全給付完分期付款面值型之證券[8]；（三）從事或宣稱自己即將進行投資、轉投資、擁有、持有、交易投資證券，且其投資證券之總資產超過發行者未合併財務報表總資產額（不包含政府證券與現金）之百分之四十[9]。

由 ICA 法規可歸納，認定投資公司之主要方法，有主觀與客觀兩種方法。主觀方法，以發行者主觀認定其從事證券相關投資交易業務為基準。客觀方法，以發行者確實從事證券投資相關業務或分析投資證券占有發行者總資產額之百分比為基準。

兩種認定方法中，客觀方法下的總資產額占有比例，有擴大投資公司定義的效果。因為在此認定下，發行者容易因自己擁有或持有投資證券的百分比過高，而成為 ICA 定義下之投資公司。公司一旦被 SEC 認定為 ICA 法規下之投資公司，則必須遵守 ICA 所有規定。有時公司本身所從事之產業可能與金融業完全無關，但因併購之關係，導致投資證券百分比

5　ICA Sec. 1 (b).

6　ICA Sec. 2 (36).

7　ICA Sec. 3 (a)(1)(A).

8　ICA Sec. 3 (a)(1)(B).

9　ICA Sec. 3 (a)(1)(C).

攀升，進而被 SEC 認定為是 ICA 定義下之投資公司[10]。因此，ICA 定義之投資公司，非僅以具體執業範圍為其認定標準，亦可以因發行者之總資產額之投資證券占有比例超過 40 而被認定為是投資公司。

二、投資公司（Investment Companies）種類

ICA 就投資公司分下列三種型態：面值型之證券公司、單位投資信託、與管理公司。以下就這三種公司進行簡單敘述。

（一）面值型之證券公司（Face amount certificate companies）

面值型之證券公司為發行或宣稱自己即將發行分期付款面值型之證券。若投資公司已經發行但是尚未完全給付完畢分期付款面值型之證券，此種公司也包含在面值型之證券公司定義中[11]。

分期付款面值型之證券為發行人與購買者所訂定之契約。其契約內容以購買者給付特定分期款項，向發行人購買證券。此證券明文記載到期日與到期時所給付之總金額。此種證券通常也有未到到期日之給付額。若證券上沒有到期日之給付總額，則不被認為是分期付款面值型之證券[12]。

必須注意的是，此種證券之發行人因為非銀行或政府機關，所以並沒有銀行擔保或政府擔保之保障。因此，ICA 針對面值型之證券公司，設有最低資產限制之限制，其公司最低資產額度必須至少為總發行證券之百分之八十[13]。

---

[10] See Securities and Exchange Commission v. Fifth Avenue Coach Lines, Inc, 435 F. 3d 510 (1970).

[11] ICA Sec. 4 (1).

[12] Robert H. Rosenblum, Investment Company Determination Under the 1940 Act (2203), Chapter 4: Issuers Engaged in the Business of Issuing Face-Amount Certificates of the Installment Type-Section 3 (a)(1)(B).

[13] See ICA Sec. 28. See also, Robert H. Rosenblum, Investment Company Determination Under the 1940 Act (2203), Chapter 4: Issuers Engaged in the Business of Issuing Face-Amount Certificates of the Installment Type-Section 3 (a)(1)(B), § 4.5 The Availability of 1940 Act Exceptions and Exemptions to Face-Amount Certificate Companies.

　　面值型之證券公司曾經在二十世紀初在美國證券交易市場上盛行，但是隨著美國稅法改制，使得這種型態的證券不再享受以往之稅法上之優惠，導致此種投資公司型態逐漸沒落[14]。

（二）單位投資信託（Unit investment trust）

1.單位投資信託之成立之要件

　　投資公司若具有下列三個要件，即可成立單位投資信託：

（1）由信託契約（trust indenture）、託管契約（contract of custodianship）、代理契約（contract of agency），或其他類似契約所產生之公司[15]。

（2）沒有董事會[16]。

（3）只有發行可以贖回之證券（redeemable securities），且這種可贖回之證券代表著特定證券中不可分割之利益，但是並不包含表決權信託[17]。

2.單位投資信託營運方法

　　單位投資信託普遍會進行一次性的公開發行，而且僅就特定限量單位進行發行。在單位投資信託成立之時，已經預先設立信託終止日期，惟信託期限依其投資性質長短不一。舉例來說，若單位投資信託為投資債券之信託，則其信託終止日期與債券存續期間同長。信託在成立之時因為已有固定之投資組合（investment portfolio），所以在信託期限內，信託不會積極的交易或是大幅更動其投資組合，而且信託沒有董事會或投資顧問等操控者。當單位投資信託終止時，信託內之證券即被拍賣，且所有營收將

---

[14] 全美目前僅有 Ameriprise Financial 與 SBM Financial Group 兩家較大之投資公司仍發行分期付款面值型之證券。See Peter Luckoff, Mutual Funds Performance and Performance Persistence: The Impact of Funds Flows and Manager Changes, 2011.

[15] ICA Sec. 4 (2)(A).

[16] ICA Sec. 4 (2)(B).

[17] ICA Sec. 4 (2)(C).

分給所有投資者[18]。

（三）管理公司（Management Companies）

　　管理公司之定義，為所有非面值型之證券公司或單位投資信託之投資公司[19]。管理公司又分為兩種相互對應之公司種類。第一種相對應的管理公司為開放型公司（open-end company）與封閉型公司（close-end company）。第二種相對應的管理公司為分散型公司（diversified company）與非分散型公司（non-diversified company）[20]。以下就這兩種公司進行簡介。

1.開放型公司與封閉型公司

　　（1）開放型公司（open-end company）：管理公司為待售可贖回證券之公司或是為已發行可贖回證券之公司[21]。

　　（2）封閉型公司（close-end company）：只要不是非開放型公司，即為封閉型公司[22]。

2.分散型公司與非分散型公司

　　（1）分散型公司（diversified company）：管理公司之投資組合，若符合下列兩個要求，即為分散型公司：第一，管理公司百分之七十五以上皆以現金、政府證券、其他投資公司之證券之組合所構成；第二，其他單一發行證券者之證券價值，不可以超過管理公司百分之五之總資產額，且其具有投票權之證券，不能超過管理公司之百分之十[23]。

18　United States Security and Exchange Commission, Unit Investment Trusts (UITs), available at: http://www.sec.gov/answers/uit.htm (last visited Aug. 13, 2014).

19　ICA Sec. 4 (3).

20　ICA Sec. 5.

21　ICA Sec. 5 (a)(1).

22　ICA Sec. 5 (a)(2).

23　ICA Sec. 5 (b)(1).

（2）非分散型公司（non-diversified company）：只要不是分散型公司，即為非分散型公司[24]。

第二項　美國 1940 年投資顧問法之規定[25]

美國投資顧問法（Investment Advisers Act，以下簡稱 IAA）與美國投資公司法於同一時間通過。IA 所規範主要以投資顧問之揭露（disclosure）與登記（registration）義務為主，並非著重於確定投資顧問之執業範圍。SEC 官員在提及 IAA 時，不時會以「原則性」（principal-based）之法規稱呼它[26]。美國法院在判例中，則認定 IAA 之主要功能為一部「登記與反詐欺」之法律[27]。

二、美國投資顧問法下投資顧問之定義

在 IAA 規範下，投資顧問主要指任何以顧問之身分，直接或間接利用出版或是書寫之方式，提供他人證券投資與買賣資訊之人[28]。除此之外，因提供證券分析與報告而獲得酬勞者，亦被認定為投資顧問，但下列八種人為例外：（一）向投資公司提出投資建議之銀行；（二）進行與其職業相關行為之律師、會計師、工程師或老師；（三）任何沒有抽取佣金之經紀人與交易員且僅因原本職業之關聯提供服務者；（四）報紙、新聞雜誌或是金融新聞之出版者；（五）給予意見者，只給予美國國債有關之建議；（六）全美皆曉之信用認證機構；（七）家庭辦公室；（八）SEC

24　ICA Sec. 5 (b)(2).

25　郭土木、朱德芳、黃詩婷合著，我國證券投資顧問事業業務範圍擴大之研究，中華民國證券投資信託及顧問商業同業公會委託研究案，2014 年 8 月，頁 25-35。

26　Barry P. Barbash & Jai Massari, The Investment Advisor Act of 1940: Regulation by Accretion, 39 Rutgers L. J. 628, 627.

27　Goldstein v. SEC, 451 F.3d 873, 876 (D.C. Cir. 2006).

28　IAA Sec. 202 (11).

所規定之其他例外[29]。

　　除了定義之外，IAA 主要針對投資顧問之條文規定，以投資顧問之登記（registration of investment advisers）、投資顧問年度與其他報告（annual and other reports）、防止不當使用非公開資料（prevention of misuse of nonpublic information）、投資顧問契約（investment advisory contract）、已登記之投資顧問禁止之交易（prohibited transactions by registered investment advisors）、排除條款（exemptions）、重大事實之誤述（material misstatements）、與普遍禁止之行為（general prohibitions）為主。法規另有針對有關 SEC 可進行之法規之執行（enforcement of title）、公開公告（publicity）、法規、法條與命令（rules, regulations, and orders）、公聽會（hearing）進行規範。

三、美國投資顧問法登記之條件

　　美國投資顧問登記之地點，依照投資顧問所管理之總資產額而有所不同，直接影響投資顧問者是否需要在 SEC 或是州政府管轄證券相關機關之登記。投資顧問所管理之總資產額算法，主要以其長時間管理與監督之證券組合（securities portfolio）之市場價值[30]。

　　依照 2010 年通過的 Dodd-Frank Act，若投資顧問所管理之總資產額（assets under management）超過 1 億 5,000 萬美元，則投資顧問必須要向 SEC 登記[31]。投資顧問除在 SEC 之登記設有標準外，在州政府相關金融單位是否需要登記也設有標準。投資顧問所管理之總資產額一旦超過 2,500 萬美金，或在投資公司擔任顧問，則必須在州政府下之金融主管機構進行

---

[29]　IAA Sec. 202 (11).

[30]　IAA Sec. 203A (3).

[31]　Securities and Exchange Commission, Exemptions for Advisors to Capital Venture Capital Funds, Private Funds Advisors with less than 150 million in assets under management, http://www.sec.gov/rules/final/2011/ia-3222.pdf.

登記[32]。

　　投資顧問除登記外，亦有法規下訂定之義務。投資顧問必須替客戶維持年度報告，而其報告內容必須包含所有管理資產之總額、衡量風險之方法、所進行之交易與投資之立場、政策估量與基金表現、所持有資產種類，還有任何其他與交易有關之考量[33]。

四、美國投資顧問法之從業範圍

　　美國投資顧問公司為資產管理業重要之環節，其得從事之業務範圍，除以有償方法直接或間接給予顧客有關投資、買賣有價證券之相關建議之外[34]，投資顧問亦有管理資產之能力[35]。實務上投資顧問公司常為公司型共同基金（mutual funds）之發起人，共同基金公司之成立僅為一導管體，不負責共同基金之真正操盤，而由該公共同基金公司再委託投資顧問公司為資產之管理者，一般而言，證券投資顧問事業得提供之服務內容可包含下列業務[36]：

1. 共同基金操盤。
2. 個人退休基金、個人退休帳戶（retirement & Individual Retirement Account, IRA）。
3. 期貨（trading）。
4. 股票（stocks）。

---

[32]　IAA Sec. 203 (c)(1) and Sec. 203A (1).

[33]　IAA Sec. 204 (b)(3)(A).

[34]　IAA Sec. 202 (11).

[35]　IAA Sec. 203A.

[36]　投資顧問所從事之業務，取自以美國 2014 年 J.D. Power 投資者排行最佳全方位投資服務公司（Best Full-Service Investment Firms Ranked by Investors: J.D. Power 2014）之前十名公司業務內容。這 10 家公司分別為：Fidelity Investments, Edward Jones, Charles Schwab, Raymond James, Ameriprise Financial, Merrill Lynch, RBC Wealth Management, UBS, Northwestern Mutual, and Wells Fargo Advisors. See Best Full-Service Investment Firms Ranked By Investors: J.D. Power 2014, Apr. 10, 2014, available at: http://www.thinkadvisor.com/2014/04/10/best-full-service-investment-firms-ranked-by-inves (last visited Sep. 16, 2014).

5. 固定收入債券（fixed income & bonds）。

6. 開放式指數基金（Exchange Traded Funds, ETFs）。

7. 期權（options）。

8. 金融帳戶管理（managed account）。

9. 529 大學存款帳戶（529 college savings plans）。

10. 保險（insurance）。

11. 年金（annuities）。

12. 信託（trust）。

13. 稅務（tax）。

14. 全球投資（global investing）。

投資顧問可從事之業務進行範圍，取決於其由美國金融業監管局（Financial Industry Regulatory Authority，以下簡稱 FIRA）所考取之證照。投資顧問必須通過統一投資顧問法考試（Uniform Adviser Law Examination，又稱 Series 65）才會取得最基本投資顧問資格[37]。通過此考試之投資顧問，僅可進行投資產品之建議，而不能進行資產管理。

若投資顧問欲進行資產管理，則必須通過 FIRA 針對特定金融產品之代理人所設立之考試[38]。FIRA 針對下列金融商品，設立代理人資格考試：

1. 投資公司產品／變額契約產品（investment company products/variable contracts product）[39]。

2. 一般有價證券（general securities）[40]。

---

[37] Series 65 考試全長三個小時，考試內容為美國證券法規與其他與投資顧有關之議題。FIRA Registration and Examination Requirements, available at: http://www.finra.org/industry/compliance/registration/qualificationsexams/qualifications/p011051。

[38] FIRA Registration and Examination Requirements, available at: http://www.finra.org/industry/compliance/registration/qualificationsexams/qualifications/p011051.

[39] Investment Company Products/Variable Contracts Limited Representative – (Series 6) – 100 multiple choice questions; 2 hours and 15 minutes testing time. The description of products covered by this registration fall under the Series 26 description.

[40] General Securities Representative – (Series 7) – 250 multiple choice questions - administered in two

3. 直接參與項目（direct participation programs）[41]。

4. 登記權期（registered options）[42]。

5. 市政證券（municipal securities）[43]。

6. 股票交易（equity trading）[44]。

7. 公司有價證券（corporate securities）[45]。

8. 政府有價證券（government securities）[46]。

---

parts of 125 questions each; 3 hours testing time for each part. This registration qualifies a candidate for the solicitation, purchase, and/or sale of all securities products, including corporate securities, municipal securities, municipal fund securities, options, direct participation programs, investment company products, and variable contracts.

[41] Direct Participation Programs Limited Representative – (Series 22) – 100 multiple choice questions; 2 hours and 30 minutes testing time. The description of the products covered by this registration fall under the Series 39 description.

[42] Registered Options Representative – (Series 42) – 50 multiple choice questions; 1 hour and 30 minutes testing time. Questions on handling option accounts, equity, debt, foreign currency, and index options are on each test. This registration requires a concurrent registration as a Corporate Securities Limited Representative (Series 62). The Series 62 co-requisite is necessary to demonstrate functional understanding of the securities products underlying the option contract.

[43] Municipal Securities Representative – (Series 52) – 115 multiple choice questions; 3-1/2 hours testing time. In addition to municipal securities, municipal fund securities (e.g., 529 College Savings Plans, Local Government Investment Pools (LGIPs)) and municipal markets, this examination covers U.S. government, federal agency, and other financial instruments, economic activity, government policy, the behavior of interest rates, and applicable federal securities laws and regulations.

[44] Equity Trader Limited Representative – (Series 55) – 100 multiple choice questions; 3 hours testing time. Registered representatives in this category may trade equity and convertible debt securities on a principal or agency basis. The Series 7 (including the foreign modules) or the Series 62 is the prerequisite to the Series 55.

[45] Corporate Securities Limited Representative – (Series 62) – 115 multiple choice questions; 2 hours and 30 minutes testing time. This examination qualifies an individual as a representative for the sale of public offerings and/or private placements of corporate stocks, corporate bonds, rights, warrants, real estate investment trusts, collateralized mortgage obligations, and securities of closed-end companies registered pursuant to the Investment Company Act of 1940, repos and certificates of accrual on corporate securities; securities traders; corporate financing; and, ETFs.

[46] Government Securities Limited Representative – (Series 72) – 100 multiple choice questions; 3 hours testing time. Registered representatives in this limited category of registration are permitted to transact a member's business in Treasury securities, government agency securities, and mortgage-backed securities.

9. 投資金融業務（investment banking）[47]。

10.招募私有有價證券（private securities offerings）[48]。

11.期貨商品（commodity futures）[49]。

投資顧問在通過 FIRA 代理人考試後，若欲成為主管，則必須通過 FIRA 針對各金融商品管理或監督人員之資格考試[50]。至於投資顧問想要從事有關稅務與保險之業務，則必須符合保險與稅務有關之條件。

第三節　日本之管理規範

日本於 1998 年修正證券投資信託法，除就既有之證券投資信託制度有大幅修正外，並引進「證券投資法人」制度，法律名稱亦因而改為「證券投資信託暨證券投資信託法人法」，由原先 59 條大幅增加至 253 條。該法延續日本金融大改革政策及平成 6 年金融改革法之精神，秉持自由、公平、全球化之基本改革方向，除參考美國 1940 年投資公司法創設公司型證券投資信託基金制度外，亦增設私募型證券投資信託基金制度；廢除「投信公司專營制」，修正證券交易法第 34 條，開放證券公司得擔任兼營投信及投顧業務；並允許日本公司型投信得複委託其他投信公司、全權

---

[47] Limited Representative-Investment Banking – (Series 79) – 175 multiple choice questions; 5 hours testing time. This examination qualifies an individual to advise on or facilitate debt or equity offerings through a private placement or public offering or to advise or facilitate mergers or acquisitions, tender offers, financial restructurings, asset sales, divestitures or other corporate reorganizations or business combination transactions.

[48] Limited Representative-Private Securities Offerings Representative – (Series 82) – 100 multiple choice questions; 2 hours and 30 minutes testing time. This examination qualifies an individual for the sale of private placement securities as part of a primary offering.

[49] National Commodity Futures Examination – (Series 3) – 120 multiple choice questions; 2 hours and 30 minutes testing time. This examination is required for registration by the National Futures Association.

[50] FIRA 管理與監督人員證照考試包含下列人員：Registered Options Principal, General Securities Sales Supervisor, General Securities Principal-Sales Supervisor Module, General Securities Principal, Financial and Operations Principal, Introducing Broker/Dealer Financial and Operations Principal, Direct Participation Programs Limited Principal, Municipal Fund Securities Principal, Municipal Securities Principal, Government Securities Principal.

委託操作之投顧公司或與日本投信或投顧公司相當之外國公司，代其進行資金之操作及管理，變革幅度甚鉅。其重大之修正如下：修正證券投資信託之定義、證券投資信託委託業改採認可制、容許兼業經營、修正資訊揭露、客戶資產保全、資產委外運用等規範；創設證券投資法人制度，並規範證券投資法人之定義、設立登記、業務、投資單位、機關及資產維持等事項，而該法於 2001 年已整合為投資法人法，就有價證券之投資信託及顧問業務與其他資產之管理作功能性之規範。

日本於 2006 年 6 月 14 日頒布「金融商品交易法」，該法之制定係因應金融商品呈現多元化的發展趨勢，為架構順應金融國際化潮流和結構變化的新型金融制度，以避免因不同型態新型金融商品的產生，制定特別之法律或為個別規定之修正，導致性質上相同或類似之金融商品，因適用不同之法律，而有差異規範的法規套利與監理套利之不合理現象。因此建立一橫跨各種型態金融商品之整合性規範，期於保護投資人之同時，也能因應各種不同需求的金融商品之發展[51]。配合該法之實施日本原擬研議之金融服務法之理念，乃將所有金融商品橫向性的交易方面、業者方面、市場方面的規則，均予以整合，將銀行法、保險法、證券交易法等整合為一部金融服務市場法。惟日本金融主管機關研議各業法之整合可能性，鑑於金融機構相關法令整合的困難度極高，金融商品交易法雖為一部範圍更為廣泛，得以涵蓋整體資本市場之規範，並以證券交易法、金融期貨交易法、投資信託及投資法人法、投資顧問業法等，甚至銀行法、信託業法、保險業法等法律中相關的投資服務規範，統合納入該其中。但投資信託及投資法人法、銀行法和保險法僅作配合修正，同時廢止投資顧問業法（有価証券に係る投資顧問業の規制等に関する法律）[52]。

---

[51]　陳茵琦，日本金融管理法制改革新趨勢—日本金融商品交易法簡介與啟發，證券暨期貨月刊，第 24 卷第 8 期，2006 年 8 月 16 日，頁 44-48。

[52]　金融商品交易法制定之後，以下法規因該法之制定被廢止：
　　　1.金融期貨交易法。
　　　2.投資顧問業法（有価証券に係る投資顧問業の規制等に関する法律）。
　　　3.抵押擔保證券業法（抵当証券業の規制等に関する法律）。

第四節　英國之管理規範

英國法上有關投信及投顧之事業屬於其 1986 年金融服務法（the Financial Services Act 1986）之規範對象，而英國王室已於 2000 年 6 月對新法金融服務及市場法（the Financial Services and Markets Act 2000, FSMA）之立法同意，並已於 2001 年 11 月生效，同年 12 月 1 日正式施行，取代原先之金融服務法，而金融服務法則被廢止，FSMA 之監理模式原為建立更具效率之金融管理體系，在「金融監理一元化」的構想下，英國將原本金融體系之九大管理機關整合為單一之管理機關，並制定一個整合外匯、銀行、保險、證券及期貨的法律，為規範英國金融證券市場之主要法規。在 2008 年全球金融海嘯發生後，英國政府檢討海嘯發生前，中央銀行、財政部及 FSA 等，並未致力於發展審慎監理的工具，來衡量整體市場的曝險程度，且財政部門對於系統風險所製造的損害，尚無法及時提出特殊有效的解決方案，因此大幅修改金融監理組織架構，於 2012 年底前完成改制，FSA 於 2012 年停止運作[53]，並將其職權拆分予 3 個機構：

一、央行成為監管金融系統風險並迅速反映之單一責任機構

由英格蘭銀行（央行）新設的金融政策委員會（Financial Policy Committee, FPC），負責市場和金融穩定性的執行，類似於貨幣政策委員會（MPC）方式，FPC 還將公布金融穩定報告。FPC 掌握總體審慎政策

---

4. 外國證券業法（外国証券業者に関する法律）。

此外，包括證券交易法、銀行法、保險業法、信託業法、不動產特定共同事業法、商品交易所法等 89 個金融相關的法律，也配合進行修訂。

[53] 英國對金融市場之管理，在 FSMA 授權 FSA 可視市場與管理之需要訂定各類「指引」（Guidelines）為市場之細部規範（Rules），各類指引統稱為「手冊」（The Handbook）。在不違反 FSMA 的前提下，FSA 對各類指引之增訂修改權可謂極具彈性。於新的監理架構下，原 FSA 手冊之規範效力仍續予保留，轉由 PRA 與 FCA 執行。

工具（可能工具包括：根據經濟實力得出的，或用於控制某類貸款的資本要求、槓桿限制措施、前瞻性損失準備、抵押品要求、信貸控制措施、準備金要求等），FPC 將負責找出金融系統潛在問題並採取行動以保護經濟。

二、設立新的審慎監理主管機關

審慎監理局（Prudential Regulatory Authority, PRA）負責對英國 金融業進行日常監管（day-to-day supervision），並負責制定重要審慎規範等職責，包括制定各別銀行的資本及流動性標準。與 FSA 採取原則性監理（principle-based）不同，PRA 監理方法著重於評價判斷（judgement-focused），以引導商業模式禁得起挑戰，並可立即辨認風險，且迅速採取行動以維持金融穩定。FSA 原關鍵職能也將移至審慎監管局（PRA），審慎監管局將代表 FPC 實施政策調整。

三、設立獨立消費者保護與市場規範機構

由新成立的金融行為管理局（Financial Conduct Authority, FCA）為獨立專責機構，負責消費者保護的職能，並以更嚴格的標準規範金融服務業執行業務之行為，制定強制性規定以強化對金融服務業的信心與透明度。基於行政與司法分立原則，司法部則另成立經濟犯罪司（economic crime agency）負責打擊經濟犯罪。英國監理原則雖由「原則性監理」轉為「評價判斷監理」，強調辨別風險與預防風險，但其商業行為相關規範原則上並無變動。在 FSMA 法律架構下，金融服務公司業務橫跨證券、衍生性商品、集合投資（資產管理）以及顧問（含全權委託帳戶管理）等。

四、配合歐盟 MiFID 跨國金融之修法要求公布「MiFID 指引」

為落實歐盟 MiFID 之相關要求，英國 FSA 與財政部共同合作，於 2007 年 5 月公布「MiFID 核准與通知指引」（MiFID Permissions and Notifications Guide），以因應 2007 年 11 月 1 日起會員國應全面適用 MiFID 標準之要求。FSA 為此修改「商業行為準則」（conduct of business），以符合歐盟依客戶分類規範不同程度之資訊透明責任，以及開放投資公司業者跨國服務歐盟護照（passporting on cross-border service basis）之衝擊。

五、證券投資之共同投資計畫

英國對於證券投資信託之制度有採公司制，採契約型之共同基金，換言之，即英國所稱之「共同投資計畫」（collective investment scheme），而通常共同投資計畫有三種類型：單位信託（unit trusts scheme）、開放型投資公司（open-ended investment company），及經認可計畫（recognised scheme）。其中第一種即所謂之「開放型基金」，第二種為「開放型投資公司」，第三種是針對外國共同投資計畫在英國境內發行買賣時之規範。至於「封閉型基金」在英國係以投資信託公司（investment trust company）之型態出現。該法規範內容包括：關於投資事業之成立、授權與取消授權、行政指示、調查、行銷限制、司法監督、共同投資計畫之行為能力、單位持有人會議、投資計畫之存續、及管理人與委託人之職責等規定。

第五節　中國大陸之管理規範

中國大陸已於 2003 年制定證券投資基金法，於 2012 年 12 月 28 日及

2015 年 4 月 24 日進行兩次修訂[54]，共計十五章 155 條，規範內容包括基金管理人、基金托管人、基金的運作方式和組織、基金的公開募集、基金份額的交易、申購與贖回、投資與信息披露、基金合同的變更、終止與基金財產清算、基金份額持有人權利行使、非公開募集基金、基金服務機構、自律機構、監督管理與法律責任等。將共同基金、產業基金、創投基金、代客理財基金等公募與私募基金合併成為投資基金業，與金融、保險、證券等行業進行分業管理。其規範之特色係考量為了與證券業進行分業管理，特規定投資基金業的主管機關是國務院基金監督管理機構。基金託管機構不是單純的保管功能，並負責監督基金運作是否符合公開說明書或契約的規定，是否從事不合法之投資行為等。強調基金管理機構的公司治理結構，包括規定獨立董事的席次、獨立董事的資格、獨立董事的強化功能等。強調民事賠償功能，希望這項功能可以防範基金管理機構進行詐欺或類似行為。為降低投資者對基金鉅額贖回或連續鉅額贖回對股市的影響，同時明訂每個交易日被贖回的上限為基金總額的百分之十；並允許基金管理機構可以用基金管理公司的名義向金融機構進行短期融通。此外，投資基金業必須設置自律團體，業者強制加入自律團體並必須遵守自律團體的規定，為充分保障投資者，並要求設立基金人大會等[55]。

　　至於證券投資顧問及證券資產管理業務，並未設專業之證券投資顧問事業，而係由證券公司依法經營，包括證券投資諮詢業務，由證券公司為證券、期貨投資人提供分析、預測或建議，甚至為單一客戶辦理定項資產管理、為多個客戶辦理集合資產管理及為客戶辦理特定目的之專項資產管理等服務[56]。大陸對與證券投資顧問業務之規範主要涉及在規範性文件之中，其中有 1997 年經國務院批准證券委發布的「證券、期貨投資諮詢管理暫行辦法」，1998 年中國證券監督管理委員會發布的「證券、期貨投

---

[54] 2003 年 10 月 28 日通過，2012 年 12 月 28 日及 2015 年 4 月 24 日修訂。

[55] 何永堅，中華人民共和國證券投資基金法解讀，2013 年 2 月，中國法制出版社，頁 9-12；郭鋒、陳夏，證券投資基金法導論，2008 年 8 月，法律出版社，頁 34-36。

[56] 葉林，證券法教程，2014 年 2 月，法律出版社，頁 214-215。

資諮詢管理暫行辦法實施細則」，以及由中國證券監督管理委員會 2010年公布，2011 年開始施行的「證券投資顧問業務暫行規定」。

前開發文主體皆為證券監督管理委員會，因此只能列入規範性文件範疇，並不應做法律法規視之。同樣，在證券法中，關於投資顧問業務的規範寥寥，僅在第八章證券交易服務機構中規定了相關內容，其中第 157 條規定了證券投資諮詢機構的設立規則，第 158 條規定了業務人員從業資格，第 159 條規定業務行為之禁止性規定，第 160 條規定了費用收取規定，第 161 條為相關罰則規定。由於大陸尚未有正式期貨交易法之制定[57]，因此關於期貨投資顧問的相關法律亦散見於其他規範性文件中，茲說明如下。

一、投資顧問業務之定義

關於投資顧問業務之定義，依「證券投資顧問業務暫行規定」第 2 條規定：「所稱證券投資顧問業務，是證券投資諮詢業務的一種基本形式，指證券公司、證券投資諮詢機構接受客戶委託，按照約定，向客戶提供涉及證券及證券相關產品的投資建議服務，輔助客戶作出投資決策，並直接或者間接獲取經濟利益的經營活動。投資建議服務內容包括投資的品種選擇、投資組合以及理財規劃建議等。」因此，在證券投資顧問機構接受用戶委託發布訊息，作出投資決策者，只要直接、間接受有利益，則屬於此類。

二、準入

依「證券投資顧問業務暫行規定」第 7 條規定：「向客戶提供證券投資顧問服務的人員，應當具有證券投資諮詢執業資格，並在中國證券業協

---

[57] 楊日興、方星海，加快期貨法立法，工商時報，2018 年 9 月 10 日，參閱網站：https://m.ctee.com.tw/focus/dlcj/，上網時間：2019/02/28。

會註冊登記為證券投資顧問。證券投資顧問不得同時註冊為證券分析師。」另依「證券、期貨投資諮詢管理暫行辦法」第 12 條規定：「從事證券、期貨投資諮詢業務的人員，必須取得證券、期貨投資諮詢從業資格並加入一家有從業資格的證券、期貨投資諮詢機構後，方可從事證券、期貨投資諮詢業務。任何人未取得證券、期貨投資諮詢從業資格的，或者取得證券、期貨投資諮詢從業資格，但是未在證券、期貨投資諮詢機構工作的，不得從事證券、期貨投資諮詢業務。」[58]

三、業務管理

根據「證券投資顧問業務暫行規定」第 6 條規定：「中國證監會及其派出機構依法對證券公司、證券投資諮詢機構從事證券投資顧問業務實行監督管理。中國證券業協會對證券公司、證券投資諮詢機構從事證券投資顧問業務實行自律管理，並依據有關法律、行政法規和本規定，制定相關執業規範和行為準則。」該規定對研究報告、投資建議風險提示、回訪機制、投訴方式、費用收取等，則規定於該規定第 17 到 23 條[59]。

第六節　我國與各國立法例之比較

我國有關證券投資信託及顧問管理之法令制度，由證券交易法第 18 條之規定開始，透過子法與行政規則次第完成規範之體系，再歸結制定完整之證券投資信託及顧問法，然從英國、日本與韓國之立法例，又有朝整合其他資產管理法之趨勢，因此為建立健全、穩定、符合潮流之金融環境，提高監理效能及避免法規套利，仍宜分階段逐步統合有關資產管理之各業法，落實資產監理一元化制度，其理由如下：

---

[58] 郭土木、楊培侃、邱晨，將非屬證券投資顧問事業之從業人員於傳播媒體從事證券投資分析活動納入金管會法規規範之可行性動納入金管會法規規範之可行性，中華民國證券投資信託暨顧問商業同業公會委託研究報告，2016 年 1 月 31 日，頁 113-119。

[59] 同前註。

一、國外之立法例而言世界各國金融法規改革工程，英國 2000 年制定金融市場暨服務法（FSMA）、美國 1999 年制定金融服務現代化法（Gramm-Leach-Bliley Act of 1999）、日本 2006 年 6 月制定金融商品交易法、韓國 2006 年 7 月制定資本市場整合法除訂定 433 條之較為原則性規定之條文外，大量以授權訂定子法（hand book）之方式來具體補充法律之構成要件。經參酌日本金融商品交易法、韓國資本市場整合法則同時各廢止 4 部與 6 部之法律，並牽動 89 部與 106 部法律之修正，其動員人力物力之廣與用心之精細，可謂傾全國之力促成，我國為符合國際金融業務競爭與立法之趨勢，宜將證券與期貨及其他資產管理整合成特別法以克服此一困境。

二、為考量立法時程，就法律之整合採階段性、漸進式之立法，逐步全面整合金融法規。同時為避免各業法規寬嚴有別造成立足點不公平、保障水準不一，及考量功能性規範之需要，應將整合之法律定位為各業法之特別法，始能達到整合之效果。

三、就證券投資信託及顧問法條文與各業法規範有無重疊及是否有整合必要者，可予以歸類分析成四大類：第 1 類各業法尚無規範，且需要整合者，由於此類規範各業法中尚無規範，證券投資信託及顧問法條文給予開放及管理之授權法律依據，不生法規競合問題，應直接適用證券投資信託及顧問法條文，證券投資信託及顧問法條文與各業法適用優先劣後之順位問題。第 2 類各業法均有規範，但規範不一致，需要整合者，此類規定與各業法將發生法規競合情形，證券投資信託及顧問法條文為避免法律套利之空間，爰予以整合規範，應定位成各業法之特別法，優先適用之，例證券投資信託及顧問法條文有關金融與其他產業分離原則之規定。第 3 類各業法部分有規範，但規範不一致，需要整合者，此類規定乃給予開放及管理之授權依據，以及避免法律套利的空間，與各業法亦發生法規競合情形，同第二類規定，應定位為各業法之特別法，優先適用之。

四、為避免法律競合致生法律適用之疑義，及考量增修廢止其他法律規定

之浩繁工程，因此依證券投資信託及顧問法第 121 條之規定，銀行
法、信託業法、金融控股公司法、票券金融管理法、信用合作社法、
證券交易法、期貨交易法、保險法等相關法律與本法規範同一事項之
條文逐條列舉，明定不再適用日期，以落日條款之方式解決法律定性
之爭議，至於有漏未列舉者再輔以特別法之定位，於總則章明定其他
金融服務業有關資產管理事項之監督管理，依本法之規定；本法未規
定者，適用銀行法、信託業法、金融控股公司法、票券金融管理法、
信用合作社法、證券交易法、期貨交易法、保險法、管理外匯條例及
其他法律之概括適用規定[60]。

---

[60] 郭土木，我國金融法規整合之芻議，企業與金融法制：余雪明大法官榮退論文集，2009 年 1
月，頁381 以下。

第三章

證券投資顧問事業
之設立與監督管理

第一節　前　言

　　證券投資顧問事業（Securities Investment Consulting Enterprise, SICE）為從事有價證券相關顧問業務（Advisor）之業者，顧問為提供專業諮詢之資產服務與管理行為，尤其在專家理財時代，投資行為須面對各有其專業領域之可能風險與選擇判斷，鑑於個人時間、資力與專業能力可能之不足，借重專業之顧問越顯得其重要性，證券投資顧問為資產管理業務之重要環節，包括對有價證券、證券相關商品或其他經主管機關核准項目之投資或交易有關事項，提供專業之分析意見或推介建議。由於證券投資顧問業務涉及證券市場之秩序與投資人之權益甚鉅，因此法律明定為應經許可之事業並加以適當之規範與監理，我國證券投資信託及顧問法第 4 條第 1 項規定：「證券投資顧問，指直接或間接自委任人或第三人取得報酬，對有價證券、證券相關商品或其他經主管機關核准項目之投資或交易有關事項，提供分析意見或推介建議。」同條第 3 項規定證券投資顧問事業得經營業務為：「證券投資顧問業務、全權委託投資業務及其他經主管機關核准之有關業務。」為基於委任、信託或其他契約關係從事業務之行為，同時證券投資信託及顧問法於第 63 條第 1 項及第 2 項進一步明定，證券投資顧問事業及其分支機構應經主管機關許可，並核發營業執照後始得營業，否則應負相關之刑事責任[1]。

---

[1] 依證券投資信託及顧問法第 107 條第 1 款規定：「有下列情事之一者，處五年以下有期徒刑，併科新臺幣一百萬元以上五千萬元以下罰金：一、依未經主管機關許可，經營證券投資

　　自民國 73 年 11 月 8 日主管機關核發第一家證券投資顧問公司的營業執照後，證券投資顧問之許可證照陸續核發，其巔峰時期在 90 年 11 月 22 日，總計有 225 家證券投資顧問公司取得許可執照加入營業。此後隨著市場之發展證券投資顧問公司家數常有增減，尤其國內證券市場自民國 79 年及 86 年我國股票集中交易市場的加權指數皆衝破 12,000 多點及成交量超過新臺幣 3,000 億元，證券投資顧問事業的設立家數亦隨著與日俱增，然自民國 94 年以來由於市場之競爭與業務發展之不易，證券投資顧問公司之家數已經迅速遞減至民國 103 年 8 月只剩 95 家[2]，在跨業兼營與合法業者、非法業者界線不清之金融競爭環境下，現行證券投資顧問公司之家數至民國 108 年 1 月有專業經營者 82 家，另有銀行、證券商及期貨商兼營者 75 家[3]。

　　證券投資顧問事業其依據法令得經營之業務種類，包括一般傳統之證券投資顧問業務、境外基金顧問銷售業務、全權委託投資業務，及其他經主管機關核准之有關業務等。境外基金顧問銷售及全權委託投資業務部分限於篇幅擬於後述再加以分析探討，本章為期能深入了解我國現行證券投資顧問業務之全貌，及在實務運作下適用法令上可能衍生之爭議，擬依目前我國證券投資顧問事業之業務經營項目、設立與從業人員管理等架構，加以分析探討，為求與國際監理接軌，本章並擬進一步透過與國外證券投資顧問事業之規範作比較，期能提供未來法令規範修正之參考。

第二節　證券投資顧問事業之業務項目

　　有價證券投資及金融商品之交易存在有報酬及風險，尤其面對證券與金融商品日益推陳出新的時代，投資人與金融業務往來通常是報酬率越高

信託業務、證券投資顧問業務、全權委託投資業務或其他應經主管機關核准之業務……。」

[2]　郭土木、朱德芳、黃詩婷合著，我國證券投資顧問事業業務範圍擴大之研究，中華民國證券投資信託及顧問商業同業公會委託研究案，2014 年 8 月，頁 6。

[3]　參見金管會證期局網站：https://www.sfb.gov.tw/ch/，上網時間：2019/02/28。

風險相對越高，投資人對於投資行為往往受限於時間、專業知識與經驗，無法作有效之分析與判斷，因此需要借助於專家提供相關之諮詢與意見，越成熟之證券、期貨或其他金融商品市場越顯專家與顧問業務之必要，證券投資顧問事業為引導投資人作理性投資與資產管理運用，並使投資人有可供諮商或提供專業建議之管道，投資人在取得專業之投資資訊以為投資理財判斷並將資金運用或投資於金融產品，可適度降低投資風險發揮投資效益，爭取最大之投資與運用報酬。證券、期貨或其他金融商品市場之交易往往跨越國家領域，在自由化及國際化之競爭環境下，為釐清及了解證券投資顧問事業之業務範疇，以下擬就美國、澳洲、歐盟、英國、盧森堡、新加坡及香港等各國家地區相關立法例及實務運作整理介紹，然後再進一步探討我國現行證券投資信託及顧問法之業務範圍與應有輪廓。

第一項　外國之立法例

一、美國 1940 年投資顧問法之業務範圍

　　美國 1940 年投資顧問法規定投資顧問公司其得從事之業務範圍，除以有償方法直接或間接給予顧客有關投資、買賣有價證券之相關建議之外[4]，投資顧問亦有管理資產之能力[5]，實務上，投資顧問公司常為公司型共同基金（mutual funds）之發起人，而共同基金公司之成立僅為一導管體，不負責共同基金之真正操盤。真正操盤由該公司共同基金公司再委託投資顧問公司為資產進行管理，一般而言，證券投資顧問事業得提供之服務內容可包含共同基金（mutual funds）、個人退休基金、個人退休帳戶（retirement & Individual Retirement Account, IRA）、期貨（futures）、股票（stocks）、固定收入債券（fixed income & bonds）、開放式指數基金（Exchange Traded Funds, ETFs）、期權（options）、金融帳戶管理

4　IAA, Sec. 202 (11).

5　IAA, Sec. 203A.

（managed account）、529 大學存款帳戶（529 college savings plans）、保險 （insurance）、年金（annuities）、信託（trust）、稅務（tax）、全球投資（global investing）。另投資顧問可從事之業務範圍，雖依照投資顧問所持有之證照為主。但若取得保險代理人資格與報稅服務資格，亦可提供保險與稅務相關之服務[6]。

二、澳洲金融顧問與財務策劃師之規定

澳洲的 2001 年公司法（Corporations Act 2001）為金融與公司規範之重要依據。其中對於金融顧問（financial advisor）與財務理財師（financial planner）之業務與金融服務有詳盡之規定[7]。

（一）金融顧問

在澳洲公司法中，金融顧問（financial advisor）之金融服務業務行為範圍包括提供金融產品建議（provide financial product advice）、進行金融產品相關之交易（deal in a financial product）、為金融產品創造市場（make a market for a financial product）、操作登記基金（operate a registered scheme）、提供信託服務（provide a custodial or depository service）、其他受「金融服務」法規規範之行為（engage in conduct of a kind prescribed by regulations made for the purpose of this paragraph）。

而所謂「金融產品」，在澳洲公司法的規範下，又有廣義定義與特定定義之分。廣義定義之金融產品，是以任何金融投資（financial investment）、財務風險管理（financial risk management），或非現金支付（non-cash payments）所產生之產品皆為金融產品。但除廣義定義之金融

---

[6]　郭土木、朱德芳、黃詩婷合著，我國證券投資顧問事業業務範圍擴大之研究，中華民國證券投資信託及顧問商業同業公會委託研究案，2014 年 8 月，頁 39。

[7]　郭土木、朱德芳、黃詩婷合著，我國證券投資顧問事業業務範圍擴大之研究，中華民國證券投資信託及顧問商業同業公會委託研究案，2014 年 8 月，頁 41-46。

產品外，澳洲公司法亦特別列舉下列產品，定義其為金融產品包括證券（security）、登記基金之權益（interest in a registered scheme）、衍生產品（a derivative）、保險契約（a contract of insurance）、退休金帳戶之權益（a superannuation interest）、退休存款帳戶（an retirement savings account, RSA）、首購房屋存款帳號（an first home saver account, FHSA）、存款接收機構（any deposit taking facility）、政府所發行之無擔保債券、股票或債券（a debenture, stock or bond issued or proposed to be issued by a government）、外幣兌換契約（a foreign exchange contract）、保證金貸款機構（a margin lending facility）、其他法規認定為金融產品等。

另有關澳洲金融顧問（financial adviser）可提供的金融服務與金融產品，在 2010 年澳洲政府開始推行「未來金融顧問改革」（Future of Financial Advice Reforms），其改革主要著重於在增修澳洲公司法有關金融顧問之規定，以增加消費者對金融服務業之信任。因此，在澳洲 2012 年公司法「未來金融顧問改革」之增修條文中，針對財務顧問進行更深入之規範，其法規於 2013 年 7 月 1 日正式施行，其加重規範部分分為下列三個大項：

1. 金融顧問從投資與退休基金所獲取之佣金（advisor payments from investment and superannuation products）：在修法之前，金融顧問可從所投資產品與退休金相關產品抽取佣金。在修法後，金融顧問不可以從金融產品供應者收取佣金。

2. 客戶為尊（client first）：在修法前，金融顧問對其客戶沒有為其獲取對大利益（best interest）之法律義務。修法後，金融顧問所提供之建議，必須以客戶利益為出發點。若有財務顧問違反此義務，則為客戶提出申訴之理由。

3. 持續服務之要求（ongoing service）：在修法之前，金融顧問沒有義務告訴客戶每年必須繳之費用明細。修法後，金融顧問必須每年寄送繳交費用之明細給客戶，且金融顧問每兩年就必須與客戶

確定其顧問關係是否仍繼續存在。若客戶明確的以「不」回應或是沒有回應，則客戶不能繼續與金融顧問進行諮詢。

（二）財務理財師

澳洲的財務理財師（financial planner）在澳洲公司法規上並無明文規定其執業範圍，但是澳洲財務理財師協會（Financial Planning Association of Australia）針對財務理財師之主要業務，除進行財務顧問之外，亦有從事稅務服務代理（Tax Agent Services）之服務。因此，財務理財師除受上述財務顧問法規之拘束，若有向客戶提供稅務服務代理之業務，亦受到2009年稅法代理服務法（Tax Agent Services Act 2009, TASA）、2009年稅務代理服務條例（Tax Agent Service Regulations 2009）、與2013年稅法修正條文（Tax Law Amendment Act 2013）之約束。

進行稅務服務代理之財務理財師若有收費，則從2014年7月1日開始，需在稅務從業委員會（Tax Practitioners Board）進行登記方可從事稅務相關工作。稅務從業委員會針對財務理財師，設有特殊政策，主要針對稅法定義下的財務顧問範圍進行闡述（what is tax (financial) service），並且就其專業責任保險之要求（professional indemnity insurance requirements）與進修教育訓練（continuing Education）有所要求。

三、歐盟證券投資顧問業務之規範

歐盟於1993年起適用投資服務指令（Investment Services Directive, ISD），然為使在歐洲經濟上占有極重要地位的投資服務產業注入新的競爭力，經全體會員國於2004年4月通過新的金融市場工具指令（Markets in Financial Instruments Directive, MiFID），開啟了歐洲全面投資服務和金融市場監管制度，內容包含投資公司組織、功能的調整和改進，MiFID有關投資顧問業務之主要規範以投資公司為MiFID對象，MiFID第1條就開宗明義規定，該指令應適用於投資公司與受規範市場，特別以專篇

（Title II）對投資公司核准與營運條件做詳細的規範，其前言第 3 項指出由於投資者越來越依賴針對他人的建議，應當將投資顧問服務作為一項需要獲得核准方可經營的投資服務。

2011 年 10 月 20 日，歐盟委員會發布金融工具市場指令修正案（Markets in Financial Instruments Directive, MiFID II），新指令旨在修訂、補充、完善原有指令規則。MiFID II 的核心目的在於確保所有有組織的交易在受規制的交易場所進行（regulated markets）、多邊交易設施（Multilateral Trading Facilities, MTFs）和有組織交易設施（Organised Trading Facilities, OTFs）進行。經過委員會、理事會和議會之間的激烈討論後，修訂後的指令已於 2014 年 4 月 15 日通過，並將於 2016 年底生效。

MiFID 主要目的是增加競爭，提高對投資者的保障和歐盟護照制度；MiFID II 目的在解決 2008 年金融危機引發的問題，使得金融市場更有效率、彈性、透明，並提高對投資者的保障，以及解決 G20 國家在這些問題所作出的承諾。

MiFID 以及 MiFID II 第 5 條均規定，會員國應規定任何以營業為目的，提供投資服務或活動（investment services or activities）者應經許可始得為之。MiFID 與 MiFID II 的附錄一（Annex I）A 部分（Section A）則規範了前述投資服務與活動，其中，即包括了投資顧問（investment advice）業務；B 部分（Section B）則規定附隨活動（ancillary services）；C 部分（Section C）則規定金融工具（financial instruments），例如股票、債券、基金，以及衍生性金融商品等，甚至投資型之保險商品亦包括在內[8]，IMD II 前言第 36 項指出，由於客戶越來

---

[8] 保險商品原不在 MiFID 與 MiFID II 所規範之金融工具內，惟有鑑於投資型保單（insurance-based investment product）經常被投資人視為是 MiFID 金融工具之替代選擇，且此類商品較為複雜，投資人對其風險、成本與商品常有誤解之情況，故 MiFID II 前言第 87 項特別指出，投資型保險商品亦適用部分 MiFID II 下有關保護投資人之條款，但考量保險商品市場之架構與商品屬性與其他金融工具仍有所不同，關於保險商品銷售之整體規範，仍應留由歐盟保險仲介指令（The Insurance Mediation Directive, IMD）管轄。

依賴個人化之商品推薦，故有必要針對「提供建議（advice）」為定義。IMD II 第 2(9)條規定，建議係指提供客戶建議，無論係基於客戶之要求，或公司之主動推介之行為皆包括在內[9]。

（一）MiFID 與 MiFID II 下之投資服務與活動

MiFID 以及 MiFID II 第 5 條均規定，會員國應規定任何以營業為目的，提供投資服務或活動者應經許可始得為之。其內容如下：

1. 投資服務與活動

（1）接收與傳送與一種或多種金融工具有關的指令（reception and transmission of orders in relation to one or more financial instruments）。

（2）受客戶委託執行指令（execution of orders on behalf of clients）。

（3）自營交易（dealing on own account）。

（4）投資組合管理（rortfolio management）。

（5）投資顧問（investment advice）。

（6）以包銷方式進行金融工具的承銷和（或）銷售（underwriting of financial instruments and/or placing of financial instruments on a firm commitment basis）。

（7）以包銷外的其他方式進行金融工具銷售（placing of financial instruments without a firm commitment basis）。

（8）運營多邊交易機構（operation of Multilateral Trading Facilities）[10]。

---

[9] advice means the provision of a recommendation to a customer, either upon their requires or at the initiative of the insurance undertaking or the insurance intermediary.

[10] MiFID II 對於 MiFID 前述所規定的投資服務與活動基本上沒有改變，只有將第（8）點運營多邊交易設施（MTF）一分為二，改為（8）運營多邊交易機構（Operation of an MTF），以及（9）運營組織化交易機構（Operation of an OTF）。

2. B 部分（Section B）附隨活動（ancillary services）

（1）為客戶進行金融商品之保管與行政管理，包括寄託和現金／擔保品管理等服務（safekeeping and administration of financial instruments for the account of clients, including custodianship and related services such as cash/collateral management）。

（2）投資公司參加交易的，可以向投資者提供授信或貸款，使其能夠發展一種或多種金融工具的交易（granting credits or loans to an investor to allow him to carry out a transaction in one or more financial instruments, where the firm granting the credit or loan is involved in the transaction）。

（3）為企業工與資本結構、行業戰略和相關事項有關的顧問服務以及與企業兼併和收購有關的諮詢和服務（advice to undertakings on capital structure, industrial strategy and related matters and advice and services relating to mergers and the purchase of undertakings）。

（4）與提供投資服務有關的外匯服務（foreign exchange services where these are connected to the provision of investment services）。

（5）與金融工具交易有關的投資研究和財務分析或其他形式的一般建議（investment research and financial analysis or other forms of general recommendation relating to transactions in financial instruments）。

（6）與承銷有關的服務（services related to underwriting）。

（7）附錄一第 A 節或第 B 節所列出的類型，並與第 C 節第 5 項、第 6 項、第 7 項和第 10 項所列的，且涉及提供投資或輔助服務的衍生品基礎標的有關的各類投資服務、活動及輔助服務[11]。

---

[11] Investment services and activities as well as ancillary services of the type included under Section A or B of Annex 1 related to the underlying of the derivatives included under Section C – 5, 6, 7 and 10 - where these are connected to the provision of investment or ancillary services.

（二）MiFID 與 MiFID II 規範下之金融工具

MiFID 與 MiFID II 的附錄一 C 部分規範了 MiFID 規範下的金融工具（financial Instruments）：

1. 可轉讓證券（transferable securities）。
2. 貨幣市場工具（money-market instruments）。
3. 集合投資計畫單位（units in collective investment undertakings）。
4. 與證券、貨幣、利率或收益率，或可以實物或現金方式結算的其他衍生品工具、金融指數或金融計量有關的選擇權、期貨、交換、遠期利率協議和其他衍生商品合約[12]。
5. 與必須以現金結算或可以經一方選擇（非因違約或其他終止事件）以現金結算的商品有關的選擇權、期貨、交換、遠期利率協議和其他衍生商品合約[13]。
6. 與可以實物方式結算的商品有關的選擇權、期貨、交換、遠期利率協議和其他衍生商品合約，前提是這些是在受監管市場和（或）多邊交易設施中交易的商品[14]。
7. 可以實物方式結算的、第 C 節第 6 項所述之外的、沒有商業用途、具有其他衍生品金融工具特徵（涉及例如是否通過認可的清算所結算和清算，是否應定期追加保證金）的商品有關的選擇權、期貨、交換、遠期利率協議和其他衍生商品合約[15]。

---

[12] Options, futures, swaps, forward rate agreements and any other derivative contracts relating to securities, currencies, interest rates or yields, or other derivatives instruments, financial indices or financial measures which may be settled physically or in cash.

[13] Options, futures, swaps, forward rate agreements and any other derivative contracts relating to commodities that must be settled in cash or may be settled in cash at the option of one of the parties (otherwise than by reason of a default or other termination event).

[14] Options, futures, swaps, and any other derivative contract relating to commodities that can be physically settled provided that they are traded on a regulated market and/or an MTF.

[15] Options, futures, swaps, forwards and any other derivative contracts relating to commodities, that can be physically settled not otherwise mentioned in C.6 and not being for commercial purposes, which have the characteristics of other derivative financial instruments, having regard to whether, inter alia,

8. 轉移信用風險的衍生工具（derivative instruments for the transfer of credit risk）。

9. 金融差價合約（financial contracts for differences）。

10.與氣候變遷、運費費率、溫室氣體排放、通貨膨脹率或其他官方經濟統計數字有關的、必須以現金結算或經一方選擇（非因違約或其他終止事件）可以現金結算的選擇權、期貨、交換、遠期利率協議和其他衍生商品合約，以及任何與本節所述之外的資產、權利、義務、指數和計量有關的、具有其他衍生品金融工具特徵的其他衍生品合約[16]。

11.MiFID II 擴大了 C 部分金融工具之範圍，包括 OTF 交易的衍生性金融商品，以及符合歐盟指令 Directive 2003/87/EC 之碳排放交易系統之碳排放配額（emission allowances）。

四、英國證券投資顧問業務之立法例

英國法令對於證券投資顧問業務亦為應受監理之範疇，其主管機關為金融行為監理總署（The Financial Conduct Authority, FCA）[17]。投資顧問

---

they are cleared and settled through recognised clearing houses or are subject to regular margin calls.

16 Options, futures, swaps, forward rate agreements and any other derivative contracts relating to climatic variables, freight rates, emission allowances or inflation rates or other official economic statistics that must be settled in cash or may be settled in cash at the option of one of the parties (otherwise than by reason of a default or other termination event), as well as any other derivative contracts relating to assets, rights, obligations, indices and measures not otherwise mentioned in this Section, which have the characteristics of other derivative financial instruments, having regard to whether, inter alia, they are traded on a regulated market or an MTF, are cleared and settled through recognised clearing houses or are subject to regular margin calls.

17 依 2012 年金融服務法（The Financial Services Act 2012, FSA）之規定，英國的金融監理機關由原本的英國財政部（MOF）、央行英格蘭銀行（BOE）以及金融監理總署（FSA）三方監理體系，改為準雙峰模式，即英格蘭銀行下設金融政策委員會（Financial Policy Committee, FPC），負責監控與應對系統風險；新設審慎監理總署（Prudential Regulation Authority, PRA），負責存款機構、保險公司，以及大型投資公司的審慎監理；新設金融行為監理總署（The Financial Conduct Authority, FCA），負責監理各類金融機構的業務行為，同時進行除受 FRA 審慎監理以外的其他金融機構的審慎監理，例如投資顧問公司等。因此若為存款機

事業得提供服務建議的金融商品包括股票、債券、基金、衍生性金融商品，以及人壽保險類商品。至於稅務顧問服務，在英國法下為非受監管業務，雖然任何人均得為之，但市場運作上，大多係由律師、會計師等專門職業與技術人員提供相關服務，並受相關自律組織與規範之拘束。其主要法規架構如下。

（一）法令架構

1. 2000 年金融市場暨服務法（The Financial Market and Service Act 2000, FSMA）及其附則

英國法下，投資顧問業務之主要規範為「2000 年金融市場暨服務法」（The Financial Market and Service Act 2000），其中與本研究有關者為「附則 2」（Schedule 2），該附則並進一步規範金融市場暨服務法下「監管業務」（regulated activities）之定義與範圍。

2. 2012 年金融服務法（The Financial Services Act 2012）及其附則

2012 年英國國會通過金融服務法（The Financial Services Act 2012），補充與修正 2000 年金融市場暨服務法。其最大的變革，在於改變英國金融監理的主管機關與架構，另外也擴大了受監管業務之範圍。

3. 英國財政部頒布的相關指令

依法律的授權下，英國財政部頒布與金融業規範有關之指令，包括：（1）「金融服務與市場法（受監管業務）指令」（The Financial Services and Markets Act 2000 (Regulated Activities) Order 2001, The Regulated Activities Order）；（2）「金融服務與市場法（設立門檻）指令」（The Financial Services and Markets Act 2000 (Threshold Conditions) Order 2013）。

構、保險公司，以及大型投資公司，將同時受到 FRA 與 FCA 的雙重監理（dual-regulated firms），其餘金融機構則由 FCA 進行審慎監理與行為監理。

4. FSC 手冊

　　主管機關在其權限範圍內亦制定一系列之規則（rules）與指引（guidance），並以手冊（handbook）之形式發布。FCA 在其權限範圍內，亦發布相關手冊，進一步闡釋前述法律與指令。以下表列 FCA 手冊所涉及之主題包括最高準則（high level standards）、審慎監理標準（prudential standards）、業務準則（business standards）、主管機關之監理規則（regulatory processes）、賠償規範（redress）、特殊金融業準則（specialist sourcebooks）與上市、公開說明書與資訊揭露規範（listing, prospectus and disclosures rules）等。

（二）英國金融服務法規範之受監管業務

1. 英國 2000 年金融服務法第 19 條

　　依英國 2000 年金融服務暨市場法第 19 條規定，任何人從事「受監管業務」（regulated activities）均應經主管機關之許可[18]。

2. 英國 2000 年金融服務法第 22 條與附則 2（Schedule 2）受監管業務

　　依同法第 22 條與附則 2（Schedule 2）受監管業務之定義與範圍係指藉由營業方式執行，且符合與特定種類之投資（an investment of a specified kind）有關[19]；或其執行與任何種類之財產有關之業務[20]。2012

---

[18] FSMA §19 (The general prohibition.) ("(1) No person may carry on a regulated activity in the United Kingdom, or purport to do so, unless he is— (a) an authorised person; or (b) an exempt person.").

[19] 何謂「投資」（investment）依英國法令規範如下：
　　1.依 FMSA 附則 2（Schedule 2）第二部分（Part II）
　　　（1）有價證券（securities）。
　　　（2）與債有關之金融商品（instruments creating or acknowledging indebtedness）。
　　　（3）政府或公共有價證券（government and public securities）。
　　　（4）認購權（instruments giving entitlement to investments）。
　　　（5）表彰權益證書（certificates representing securities）。
　　　（6）集合投資計畫之單位（units in collective investment schemes）。
　　　（7）選擇權（options）。
　　　（8）期貨（futures）。
　　　（9）差價契約（contracts for differences）。

年金融服務法（FSA）擴大了受監管業務之範圍，新增第 22(1A) 條，規定「受監管業務」（regulated activities）亦包括特定種類之業務，係藉由營業方式執行，且符合與某人財務狀況之資訊有關的業務（information about a person's financial standing），或特定金融指數之建立（the setting of a specified benchmark）[21]。FMSA 附則 2（Schedule 2）進一步規定所謂「受監管業務」，包括以下項目：

（1）作為本人或代理人進行投資交易（dealing in investments）。

（2）安排投資交易（arranging deals in investments）。

（3）吸收存款（deposit taking）。

（4）管理投資（managing investments）。

（10）保險契約（contracts of insurance）。
（11）勞依茲再保險之參與（participation in Lloyd's syndicates）。
（12）存款（deposits）。
（13）土地抵押貸款（loans secured on land）。
（14）與土地有關的其他財務安排（other finance arrangements involving land）。
（15）與投資有關之權利或利益（rights in investments）。
2. 2012 年金融服務法修正 FMSA 附則 2（Schedule 2）第二部分（Part II）「投資」（investment）項下新增以下內容：
（1）寄託契約（contracts for hire of goods）。
（2）提供個人信用徵信服務（providing credit reference services）。
（3）提供個人信用資料服務（providing credit information services）。
（4）提供有關建立金融指數所需之資訊（providing information relating to the setting of benchmarks）。
（5）管理金融指數之建立（administration relating to the setting of benchmarks）。
（6）決定或發布金融指數或相關資訊（determining or publishing benchmark or publishing connected information）。

[20] FSMA §22 (The classes of activity and categories of investment.) ("(1) An activity is a regulated activity for the purposes of this Act if it is an activity of a specified kind which is carried on by way of business and — (a) relates to an investment of a specified kind; or (b) in the case of an activity of a kind which is also specified for the purposes of this paragraph, is carried on in relation to property of any kind."

[21] FSA §7 (Extension of scope of regulation) ("(1) In section 22 of FSMA 2000 (the classes of activity and categories of investment) — (a) after subsection (1) insert— "(1A) An activity is also a regulated activity for the purposes of this Act if it is an activity of a specified kind which is carried on by way of business and relates to — (a) information about a person's financial standing, or (b) the setting of a specified benchmark.")

（5）投資顧問（investment advice）。

（6）發行集合投資計畫（establishing collective investment schemes）。

（7）以電子方式發送交易指令（using computer-based systems for giving investment instructions）。

（三）英國金融服務法投資顧問業務之定義與業務項目

依 FMSA 附則 2 之定義，所謂「投資顧問（investment advice）業務」，係指提供、給予或同意提供任何人（giving or offering or agreeing to give advice to persons on），有關買賣、認購、承銷投資之建議（buying, selling, subscribing for or underwriting an investment），或（or）行使任何涉及取得、處分、承銷或轉換投資權利之建議（exercising any right conferred by an investment to acquire, dispose of, underwrite or convert an investment）[22]。英國財政部頒布之「金融服務與市場法（受監管業務）指令」（The Financial Services and Markets Act 2000 (Regulated Activities) Order 2001, The Regulated Activities Order），亦針對前述 FSMA 第 22 條下所稱「特定業務」（specified activities）為進一步闡釋。其中第 53 條以下係針對「投資顧問業務」（Advising on investments）進行說明。認為投資顧問係指，建議係針對投資人或潛在投資人，或該等人之代理人為之，且針對其以下行為所為之建議（無論該人為本人或代理人）：

1. 有關買賣、認購、承銷投資特定有價證券（security）或以契約為基礎之投資（contractually based investment）的建議[23]。

2. 行使任何涉及取得、處分、承銷或轉換前述投資權利之建議[24]。

---

[22] FSMA Schedule 2, §7 Giving or offering or agreeing to give advice to persons on — (a) buying, selling, subscribing for or underwriting an investment; or (b) exercising any right conferred by an investment to acquire, dispose of, underwrite or convert an investment.

[23] 所謂「以契約為基礎之投資」（contractually base investment），依 The Regulated Activities Order 第 3(1) 條之規定，係指基於合格保險契約所享有之權利、選擇權、期貨、差價契約或生前契約，以及任何因前述投資所生之權利或利益。

[24] The Regulated Activities Order §53. Advising a person is a specified kind of activity if the advice

（四）英國金融服務法排除適用投資顧問業務之項目

英國財政部頒布之金融服務與市場法（受監管業務）指令第 54 條與第 55 條則規定了兩種不屬於金融服務與市場法下所監管之投資顧問行為。

1. 於報紙或電視等媒體所為之投資建議

指令第 54 條規定倘投資建議係於報紙、期刊、雜誌、其他定期性刊物、經常性的新聞或資訊之更新服務，或廣播、電視，且綜合觀察整體，以及廣告或宣傳內容，該行為之主要目的為：（1）並非在提供第 53 條針對特定投資之顧問服務；（2）並未引導或使他人買賣、認購、承銷有價證券或以契約為基礎之投資，則非屬第 53 條所稱之投資建議[25]，從事前述非屬受監管的投資建議業者，可以向主管機關申請認證（certificate）[26]。

---

is — (a) given to the person in his capacity as an investor or potential investor, or in his capacity as agent for an investor or a potential investor; and (b) advice on the merits of his doing any of the following (whether as principal or agent) — (i) buying, selling, subscribing for or underwriting a particular investment which is a security or a contractually based investment, or (ii) exercising any right conferred by such an investment to buy, sell, subscribe for or underwrite such an investment.

[25] The Regulated Activities Order §54. (1) There is excluded from article 53 the giving of advice in writing or other legible form if the advice is contained in a newspaper, journal, magazine, or other periodical publication, or is given by way of a service comprising regularly updated news or information, if the principal purpose of the publication or service, taken as a whole and including any advertisements or other promotional material contained in it, is neither — (a) that of giving advice of a kind mentioned in article 53; nor (b) that of leading or enabling persons to buy, sell, subscribe for or underwrite securities or contractually based investments. (2) There is also excluded from article 53 the giving of advice in any service consisting of the broadcast or transmission of television or radio programmes, if the principal purpose of the service, taken as a whole and including any advertisements or other promotional material contained in it, is neither of those mentioned in paragraph (1)(a) and (b).

[26] The Regulated Activities Order §54. (3) The Authority may, on the application of the proprietor of any such publication or service as is mentioned in paragraph (1) or (2), certify that it is of the nature described in that paragraph, and may revoke any such certificate if it considers that it is no longer justified. (4) A certificate given under paragraph (3) and not revoked is conclusive evidence of the matters certified.

2. 其他排除適用之情況

依照指令第 66 條基於受託人身分、第 67 條執行其他非屬受監管業務之專業或業務，所提供之必要的投資建議、第 68 條基於執行與貨物買賣或服務提供所為之投資建議、第 69 條基於提供同一集團或合資公司成員所為之投資意見等情況下所提供的投資顧問建議，均非屬第 53 條所稱之受監管的投資建議。至於稅務顧問服務（tax advise），則不屬於金融暨市場服務法下的受監管業務，然 FCA 於監理投資顧問業時，亦會關注業者執行非監管業務之情況，以強化投資人之保護[27]，倘基於稅務規劃之目的而為受監管類的特定投資建議時，則仍應依照前述規定取得主管機關之許可後，始得為之。

五、新加坡證券投資顧問業務之立法例

新加坡對於證券及期貨業務之管理，該國主管機關金融管理局通過制定證券及期貨法（Securities and Futures Act）及財務顧問法（Financial Adviser Act），而規範證券投信投顧業務相關監理規定則以財務顧問法為主。財務顧問法主要立法目的在規範金融服務業務員的行為準則、訂定相關金融業務員的資格，並建構相關監理規則[28]。以下就新加坡財務顧問法下有關證券投資顧問業務之規定加以介紹：

（一）規範主體與資格

財務顧問法所規範之對象僅限於「財務顧問」（financial adviser）。在判斷何人符合財務顧問之條件，主要以該行為人所為之業務行為為判斷標準。財務顧問法所規範之業務，指涉及所有下列業務之行為：

---

[27] Rachael Revesz, FCA to review firms' non-regulated activities, http://citywire.co.uk/new-model-adviser/fca-to-review-firms-non-regulated-activities/a687697 (last visited Mar. 3, 2019).

[28] 「財務顧問法」體系上可分為 10 個主要專章，即「總則」、「金融業務及顧問代表」、「業務行為」、「選任及代表」、「帳目與審計」、「機關職權」、「監理與偵查」、「外國金融機關之協力義務」、「業務罪責」、「申訴」、「其他事項」。

1. 任何投資商品（investment product）之建議[29]，但不包括提供企業金融投資之建議。

2. 任何投資分析或建議，並包含投資商品。

3. 任何集體投資行為，包括單位投資信託。

4. 與人身保險（政策）有關之契約行為。

（二）財務顧問與財務規劃者之區別

　　財務顧問法下所規範之財務顧問，僅以從事該法下所定之業務行為為限。此規範方法，有意區分「財務顧問」與「財務規劃者」（financial planner）兩者之業務內容。兩者區分之方法，需要兼顧從業內容，與所提供之服務是否具有反覆性為認定標準。如果從業者執行之業務為財務顧問法下所明定之業務內容，則必須進一步取得新加坡金融管理局（Monetary Authority of Singapore, MAS）所發放之金融業務之執照，方能以財務顧問執行該種業務。除此之外，財務顧問所提供之服務必須具備「持續性」、「經常性」、「繼續性」（systematically, regularly and in a continuous manner），因此業務若僅提供單次性的諮詢（one-off basis），且並無反覆經常提供相關服務，則就算從事財務顧問法下之業務，則因無反覆持續性的提供服務，不屬於財務顧問法下所稱之財務顧問[30]。

---

[29] 所謂「投資商品」，意指：（1）新加坡證券及期貨法下，有關資本市場上所揭示之服務（證券、遠期契約、外匯交易或相關在外匯槓桿上之交易）；（2）任何人身保險上之交易；（3）有關收益增值產品之交易；（4）其他新加坡專法下所稱之投資產品。

[30] 詳見，新加坡金融監管委員會（MAS）所頒布的建議性報告。See, "FINANCIAL ADVISERS ACT (CAP 110) ["FAA"] FINANCIAL ADVISERS REGULATIONS 2002 ["FAR"] FREQUENTLY ASKED QUESTIONS", Monetary Authority of Singapore (MAS) published, 2013; Available at: http://www.mas.gov.sg/Regulations-and-Financial-Stability/Regulations-Guidance-and-Licensing/Financial-Advisers/FAQs/2013/FAQs-on-FAA-FAR-Ntcs-Gdlns.aspx. (last visited Mar. 11, 2019).

六、香港證券投資顧問業務之立法例

（一）主要法規架構與主管機關

香港政府為提供澈底有效及現代化之證券暨期貨市場監管制度，自 1996 年起將管理證券及期貨業者之 9 項條例及部分公司條例內容，綜合與更新為「證券及期貨條例」[31]，該項條例於 1999 年 7 月提交立法局審議，2002 年 3 月 13 日獲立法局通過，並已於 2003 年 4 月 1 日正式生效，而實施該條例所需的 40 項附屬法例均已訂立。

證券及期貨條例（香港法例第 571 章），共計 400 餘條。內容涵蓋「內幕交易條例」、「公司法」、「公司條例」、「交易及結算（合併）條例」、「交易所合併條例」、「刑事公正法」、「披露權益條例」、「金融市場法」、「金融服務法」、「保障投資者條例」、「破產保障條例」、「商品條例」、「結算所條例」、「槓桿外匯條例」、「證券條例」及「證監會條例」之重要規定。

香港證券市場主要監管機構為證券及期貨事務監察委員會（下稱證監會）[32]，為獨立的法定組織，負責執行市場法律與條例，促進並推動市場發展；香港交易及結算所有限公司（Hong Kong Exchanges and Clearing Limited，下稱香港交易所）[33]負責營運香港的證券及衍生產品市場以及兩

---

[31] 證券及期貨條例引進多項新的監管措施，以確保市場是公平有序及具透明度，藉以更新及精簡及合理化現有的監管規定；並提高對投資者權益的保障，重要措施可分為以下幾類：（1）證監會的效率及透明度；（2）打擊市場失當行為；（3）綜合對仲介人的監管；（4）幫助投資者保障自身利益；（5）對來自市場及投資者的新要求作出回應；（6）新保障。

[32] 證券及期貨條例第 571 章第 II 部證券及期貨事務監察委員會、第 571 章第 II 部第 1 分部證監會、第 571 章第 3 條證券及期貨事務監察委員會、第 571 章第 4 條證監會的規管目標、第 571 章第 5 條證監會的職能及權力：「（1）證監會的職能是在合理地切實可行的範圍內——（a）採取該會認為適當的步驟，以維持和促進證券期貨業的公平性、效率、競爭力、透明度及秩序；……。」

[33] 香港的證券市場主要包括了香港聯合交易所、香港期貨交易所，而結算公司則有香港中央結算有限公司，聯交所期權結算所有限公司，香港期貨交易結算有限公司，證券市場的主管機關則為香港證券及期貨事務監察委員會。2000 年 3 月 6 將會員制之香港聯合交易所、香港期貨交易所，以及香港中央結算有限公司、期權結算公司及期貨結算公司等三家結算所進行合

個市場的結算所，並負擔上市公司監管之責任[34]。

（二）香港證券及期貨條例之規範範圍

1. 證券及期貨條例第 571 章附表 5 第 1 部受規管活動

經營一項或多項受規管之證券或期貨相關業務，只需申領一個牌照，依牌照所許可業務種類，從事該類別的受規管活動，按證券及期貨條例第116 條規定，任何於香港從事前述九類受規管活動之法團均需向證監會申領牌照，於香港法例中稱為「持牌法團」[35]。證券及期貨條例針對證券及期貨相關業務區分為 9 類「受規管活動」應取得許可，這九類受規管活動分別為：

（1）第 1 類證券交易[36]。

併，並歸併在單一之控股公司香港交易及結算所有限公司（Hong Kong Exchanges and Clearing Limited）之下。實施合併後，香港聯合交易所和香港期貨交易所及香港中央結算有限公司成為控股公司的全資附屬公司，而聯交所期權結算有限公司及香港期貨交易結算有限公司則分別是聯交所及期交所的全資附屬公司。

[34] 第 571 章第 III 部第 2 分部交易所公司、第 571 章第 19 條交易所公司的認可、第 571 章第 20 可在認可證券市場及認可期貨市場進行的交易、第 571 章第 21 條認可交易所的責任：「（1）認可交易所有責任確保－（a）在合理地切實可行的範圍內－（i）（就營辦證券市場的認可交易所而言）在該市場或透過該交易所的設施買賣證券；或（ii）（就營辦期貨市場的認可交易所而言）在該市場或透過該交易所的設施買賣期貨合約，是在有秩序、信息靈通和公平的市場中進行的；及（b）審慎管理與其業務及營運有關聯的風險。（2）認可交易所在履行第（1）款所指的責任時，須－（a）以維護公眾利益為原則而行事，尤其須顧及投資大眾的利益；及（b）確保一旦公眾利益與該交易所的利益有衝突時，優先照顧公眾利益。（3）認可交易所須按照在第 23 條下訂立並根據第 24 條獲批准的規章運作其設施。（4）認可交易所須制定及實施適當的程序以確保其交易所參與者遵守該交易所的規章。（5）認可交易所如察覺有以下情況，須立即通知證監會－……。」

[35] 依據由證券及期貨條例授權制定之「證券及期貨－財政資源規則」第 2 條釋義之規定：所謂「證券交易商」（securities dealer）原則上即係指從事第 1 類受規管活動獲發牌的持牌法團。「中介人」一詞指根據該條例第 116 或 117 條經證監會發牌成為「持牌法團」的法團，或根據該條例第 119 條獲證監會註冊成為「註冊機構」的機構。

[36] 證券及期貨條例附表 5：受規管活動第 2 部：「證券交易」（dealing in securities）就任何人而言，指該人與另一人訂立或要約與另一人訂立協議，或誘使或企圖誘使另一人訂立或要約訂立協議，而（a）目的是或旨在取得、處置、認購或包銷證券；或（b）該等協議的目的或佯稱目的是使任何一方從證券的收益或參照證券價值的波動獲得利潤。

（2）第 2 類期貨合約交易[37]。

（3）第 3 類槓桿式外匯交易[38]。

（4）第 4 類就證券提供意見[39]。

（5）第 5 類就期貨合約提供意見[40]。

（6）第 6 類就機構融資提供意見[41]。

---

[37] 證券及期貨條例附表 5：受規管活動第 2 部：「期貨合約交易」（dealing in futures contracts）就任何人而言，指該人（a）為訂立、取得或處置期貨合約而與另一人訂立或要約與另一人訂立協議；（b）誘使或企圖誘使另一人訂立或要約訂立期貨合約；或（c）誘使或企圖誘使另一人取得或處置期貨合約。

[38] 證券及期貨條例附表 5：受規管活動第 2 部：「槓桿式外匯交易」（leveraged foreign exchange contract）指以下任何作為（a）訂立或要約訂立槓桿式外匯交易合約，或誘使或企圖誘使他人訂立或要約訂立槓桿式外匯交易合約；（b）提供任何財務通融，以利便進行外匯交易或（a）段提述的作為；或（c）與另一人訂立或要約與另一人訂立一項為訂立合約而作出的安排，或誘使或企圖誘使某人與另一人訂立一項為訂立合約而作出的安排（不論該項安排是否在酌情決定的基礎上訂立），以利便進行（a）或（b）段提述的作為。外匯交易（foreign exchange trading）指訂立或要約訂立任何合約或安排，或誘使或企圖誘使他人訂立或要約訂立任何合約或安排，而某人藉該合約或安排承諾－（a）與另一人兌換貨幣；（b）將某數額的外幣交付另一人；或（c）將某數額的外幣存入另一人的帳戶內，但不包括為槓桿式外匯交易的定義中第（i）至（xv）段所描述的合約或安排或為建議的該等合約或安排作出的作為，亦不包括在與該等段落所描述的合約或安排或與建議的該等合約或安排有關連的情況下作出的作為。

[39] 證券及期貨條例附表 5：受規管活動第 2 部：「就證券提供意見」指（a）就以下各項提供意見（i）應否取得或處置證券；（ii）應取得或處置哪些證券；（iii）應於何時取得或處置證券；或（iv）應按哪些條款或條件取得或處置證券；或（b）發出分析或報告，而目的是為利便該等分析或報告的受眾就以下各項作出決定（i）是否取得或處置證券；（ii）須取得或處置哪些證券；（iii）於何時取得或處置證券；或（iv）按哪些條款或條件取得或處置證券。

[40] 證券及期貨條例附表 5：受規管活動第 2 部：「就期貨合約提供意見」（advising on futures contracts）指（a）就以下各項提供意見（i）應否訂立期貨合約；（ii）應訂立哪些期貨合約；（iii）應於何時訂立期貨合約；或（iv）應按哪些條款或條件訂立期貨合約；或（b）發出分析或報告，而目的是為利便該等分析或報告的受眾就以下各項作出決定（i）是否訂立期貨合約；（ii）須訂立哪些期貨合約；（iii）於何時訂立期貨合約；或（iv）按哪些條款或條件訂立期貨合約。

[41] 證券及期貨條例附表 5：受規管活動第 2 部：「就機構融資提供意見」指（a）對根據本條例第 23 或 36 條訂立的關於管限證券上市的規章或規則及根據本條例第 399（2）（a）或（b）條刊登或發表的守則的遵守問題或就該等規章、規則或守則提供意見；（b）提供關於以下各項的意見（i）處置證券而將之轉予公眾的要約；（ii）從公眾取得證券的要約；或（iii）接受第（i）或（ii）節提述的任何要約，但以意見是普遍地提供予證券或某類別證券的持有人為限；或（c）向上市法團、公眾公司或該法團或公司的附屬公司，或向該法團、公司或附

（7）第 7 類提供自動化交易服務[42]。

（8）第 8 類提供證券保證金融資[43]。

（9）第 9 類提供資產管理[44]。

（10）第 10 類提供信貸評級服務[45]。

2.投資顧問業務有關之受規管之活動

前述投資顧問業務有關之受規管之活動，包括第 4 類就證券提供意見、第 5 類就期貨合約提供意見、第 6 類就機構融資提供意見，以及第 9 類提供資產管理。

屬公司的高級人員或股東提供關於機構重組而在證券方面（包括發行、撤銷或更改附於任何證券的權利）的意見。

[42]　證券及期貨條例附表 5：受規管活動第 2 部：「自動化交易服務」（automated trading services）指透過並非由認可交易所或認可結算所提供的電子設施而提供的服務，而藉該項服務（a）買賣任何證券或期貨合約的要約經常以某種方式被提出或接受，而按照已確立的方法（包括證券市場或期貨市場一般採用的方法），以該種方式提出或接受該等要約構成具約束力的交易或導致具約束力的交易產生；（b）人與人之間經常互相介紹或認識，從而洽商或完成任何證券或期貨合約的買賣，或在有他們將會以某種方式洽商或完成任何證券或期貨合約的買賣的合理期望的情況下經常互相介紹或認識，而按照已確立的方法（包括證券市場或期貨市場一般採用的方法），以該種方式洽商或完成該等買賣構成具約束力的交易或導致具約束力的交易產生；或（c）符合以下說明的交易得以更替、結算、交收或獲得擔保（i）（a）段提述的；（ii）由（b）段提述的活動而產生的；或（iii）在證券市場或期貨市場或在該等市場的規則的規限下完成的。

[43]　證券及期貨條例附表 5：受規管活動第 2 部：「證券保證金融資」指提供財務通融，以利便（a）取得在任何證券市場（不論是認可證券市場或香港以外地方的任何其他證券市場）上市的證券；及（b）（如適用的話）繼續持有該等證券。

[44]　證券及期貨條例附表 5：受規管活動第 2 部：資產管理指（a）房地產投資計畫管理；或（b）證券或期貨合約管理；證監會訂立之關於《證券及期貨條例》附表 5 的建議修訂的諮詢文件 Consultation paper on proposed amendments to Schedule 5 to the Securities and Futures Ordinance：「本公告修訂《證券及期貨條例》（第 571 章）附表 5 第 2 部，修訂內容如下—（b）將「資產管理」的定義修訂爲「證券或期貨合約管理」，並引進新的「地產投資計畫管理」的定義。這兩類投資管理構成重新介定的「資產管理」。

[45]　證券及期貨條例附表 5：受規管活動第 2 部：「信貸評級」（credit ratings）指主要就（a）任何不屬個人的人；（b）債務證券；（c）優先證券；或（d）任何提供信貸協議，的信用可靠性以已界定的評級系統表達的意見；有關監管持牌法團日常工作程序的細節，載於由證監會另行發表題爲「對中介人的監管方針」的文件。

（1）證券提供意見

依據證券及期貨條例附表 5：受規管活動第 2 部之規定，所謂「就證券提供意見」係指就應否取得或處置證券、應取得或處置哪些證券、應於何時取得或處置證券、應按哪些條款或條件取得或處置證券；其次為發出分析或報告，而目的是為利便該等分析或報告的受眾就是否取得或處置證券、須取得或處置哪些證券、於何時取得或處置證券、按哪些條款或條件取得或處置證券等之各項作出決定。然依證券及期貨條例附表 5：受規管活動第 2 部規定，在特定情況下所提供之意見或發出之分析報告，不屬於前述第 4 類就證券提供意見之範圍，例如任何法人純粹向其任何全額出資的子公司、持有其所有已發行股份的控股公司，或該控股公司的其他全額出資子公司提供上述意見或發出上述分析或報告[46]。

（2）期貨交易提供意見

受規管之活動第 5 類就期貨合約提供意見，係依據證券及期貨條例附

---

[46] 證券及期貨條例附表 5：受規管活動第 2 部規定，下列情況所提供之意見或發出之分析報告，不屬於就證券提供意見－A. 任何法人純粹向其任何全額出資的子公司、持有其所有已發行股份的控股公司，或該控股公司的其他全額出資子公司提供上述意見或發出上述分析或報告；B. 領有第 1 類執照人士完全因進行該類活動而附帶提供上述意見或發出上述分析或報告；C. 已就第 1 類受規管活動註冊的認可金融機構完全因進行該類活動而附帶提供上述意見或發出上述分析或報告；D. 任何符合以下說明之個人－I. 名列於金融管理專員根據「銀行業條例」（第 155 章）第 20 條備存的紀錄冊並顯示為就第 1 類受規管活動受聘於就該類活動獲註冊的認可金融機構者；及 II. 完全因進行該類活動而附帶提供上述意見或發出上述分析或報告者；D. 1 任何符合以下說明的人－ I. 就第 9 類受規管活動獲發牌或獲註冊者；II. 為另一人提供管理在集體投資計畫下的證券投資組合的服務者；及 III. 純粹為提供 ii 節描述之服務而提供上述意見或發出上述分析或報告者；E. 律師完全因在「法律執業者條例」（第 159 章）所指的香港律師行或外地律師行以律師身分執業而附帶提供上述意見，或發出上述分析或報告作為他所提供的意見的一部分；F. 大律師完全因以大律師身分執業而附帶提供上述意見，或發出上述分析或報告作為他所提供的意見的一部分；G. 會計師完全因在「專業會計師條例」（第 50 章）所指的執業單位以專業會計師身分執業而附帶提供上述意見，或發出上述分析或報告作為他所提供的意見的一部分；H. 根據「受託人條例」（第 29 章）第 VIII 部註冊之信託公司完全因履行註冊信託公司職責而附帶提供上述意見或發出上述分析或報告；或 I. 任何人經由－I. 普遍地提供予公眾閱覽的報章、雜誌、書籍或其他刊物提供上述意見或發出上述分析或報告；或 II. 供公眾接收（無論是否需付費）的電視廣播或無線電廣播提供上述意見或發出上述分析或報告，但如所提供的上述意見符合「就機構融資提供意見」定義，則「就證券提供意見」不包括提供該等意見。

表 5：受規管活動第 2 部之規定，所謂「就期貨合約提供意見」係指就應否訂立期貨合約、應訂立哪些期貨合約、應於何時訂立期貨合約；或應按哪些條款或條件訂立期貨合約等提供意見。或發出分析或報告，而目的是為利便該等分析或報告的接受大眾就是否訂立期貨合約、須訂立哪些期貨合約、於何時訂立期貨合約；或按哪些條款或條件訂立期貨合約等各項作出決定。

（3）提供意見之金融商品範圍

在香港法下，獲得證券及期貨條例第 4 類、第 5 類第 9 類許可之金融機構，可就證券與期貨商品進行投資建議，而證券與期貨所涵蓋之範圍很廣，除股票、債券外，尚包括基金與結構性商品。此外，投資型保單亦屬於證券及期貨條例下證券之一種，故取得第 4 類許可之金融機構可對此類商品提供意見，至於對其他種類之保險契約提供意見，依照香港法之規定，必須經保險主管機關——保險業監理處之許可後，始得為之。

第二項　我國證券投資顧問業務項目

參酌國外之立法例與運作實務，我國證券投資顧問事業之業務內容，從早期在證券交易法規範時期，蛻變至證券投資信託及顧問法之規範，在業務項目上仍以解盤、分析與諮詢建議、講習與出版等業務為主，雖嗣後在專家理財規劃上開放代客操作與境外基金銷售等相關業務，惟相較於其他國家或地區仍屬保守，再加上合法與非法業者界限不清，以致合法業者業務受制肘，未經許可之企管顧問、財務顧問及其他各種型態之顧問充斥，造成劣幣逐良幣之情形，允宜作合理之調整。以下擬就我國證券投資顧問業務項目作進一步之敘述。

一、有價證券投資之分析諮詢業務

有價證券投資顧問業務之本質，現行證券及投資顧問法之定義為直接

或間接受投資人或委任人之委託，對有價證券或與證券相關商品之投資或交易等有關事項，依據蒐集之資訊加以分析整合以提供專業之推介建議或意見，並收取報酬之業務行為，現行證券投資顧問事業以從事此一定義範圍為主要業務，就涉及證券投資顧問業務者尚可依其所提供之專業諮詢顧問方式及對象區分，包括為金融證券集團內部提供專業資訊與分析意見者，例如為所屬集團或其證券經紀商客戶、自營部門等提供投資分析意見及建議者，另亦有以提供一般自然人客戶之專業分析建議與意見者，實務上以招收會員在廣播電視（包括有線或無線電視臺）、網路或其他媒體製播股市投資分析與解盤節目之證券投資顧問行為者，即較屬於此一類型之證券投資顧問業務。

　　國內外證券金融集團因其本身所從事業務的關係，原本便需投入人力從事證券與金融市場的資訊蒐集與研究分析，在經濟規模的考量下，目前國內外較具規模的證券金融集團，往往申請轉投資設立證券投資顧問公司，其研究成果除可供母公司及相關關係企業自行使用外，尚能對其他投資人或法人機構提供顧問諮詢服務，在行為態樣上與證券商所屬從業人員之分析解盤行為係提供客戶之附隨業務，依規定不得再另行收受報酬仍有所區隔。

　　另一種提供一般投資人之投資顧問型態，尤其自我國開放有線電視台後，使得諸多業者得以藉由電視媒體從事相關業務推廣行為，而證券投資顧問公司便屬其中之一者，證券投資顧問公司製播的理財節目普遍在各種有線及無線頻道上，證券投資顧問公司於廣播電視或電台租用時段，製播股市分析節目，使與證券期貨市場之廣播電視節目深入各個階層家庭，由於廣告效果無遠弗屆，廣播電視製播節目，從事投資理財活動，並於節目中作投資分析與建議，希望藉此吸引投資者加入該公司為會員，增加其顧問費收入。另外為避免業者之誇大吹噓造成炒作、詐欺或對投資人之誤導，主管機關在管理規範上一再從嚴規範，例如規定不得於有價證券集中交易市場或櫃檯買賣成交系統交易時間及前後一小時內，在廣播或電視傳播媒體，對不特定人就個別有價證券之買賣進行推介或勸誘。類此規定自

然會同時影響其經營之活動範圍。也因此對於未取得主管機關許可之業者或個人若無相類似行為之禁止規範，除競爭之不公平外，將危害投資人權益與市場秩序。

二、分析建議解盤與出版之業務

我國憲法第 11 條規定人民有言論、講學、著作及出版之自由，關於有價證券投資資訊出版業，乃依報章、雜誌、新聞通訊等各種出版刊物、情報媒體以提供含有投資建議之投資資訊業務為主者。依大法官釋字第 634 號解釋理由書：「言論自由為民主憲政之基礎。廣播電視係人民表達思想與言論之重要媒體，可藉以反映公意強化民主，啟迪新知，促進文化、道德、經濟等各方面之發展，其以廣播及電視方式表達言論之自由，為憲法第十一條所保障之範圍。惟廣播電視無遠弗屆，對於社會具有廣大而深遠之影響。故享有傳播之自由者，應基於自律觀念善盡其社會責任，不得有濫用自由情事。其有藉傳播媒體妨害善良風俗、破壞社會安寧、危害國家利益或侵害他人權利等情形者，國家自得依法予以限制。」證券投資顧問公司定期的向一般大眾發行報紙、新聞雜誌、商業、財經刊物等出版品，性質上為對於市場上各種金融商品提供該商品之客觀資訊，該項言論有助於消費大眾之合理經濟抉擇。對於此種金融商品客觀資訊之提供如係為促進合法交易活動，其內容又非虛偽不實或不致產生誤導作用者，其所具有資訊提供、意見形成進而自我實現之功能，與其他事務領域之言論並無二致，應屬憲法言論自由保障之範圍。

民國 88 年 1 月 25 日廢除前之出版法，將出版品定義為用機械印版或化學方法所印製而供出售或散布之文、圖畫，並將發音片視為出版品。出版品包括新聞紙類、雜誌、書籍及其他出版品。就證券投資之相關出版行為而言，於法制上，依民國 72 年制定之投顧管理規則第 5 條第 3 款規定，凡收受報酬而發行有關有價證券之出版品者，且應經主管機關之核

准，始得為投顧事業而發行有關證券投資之出版品[47]。惟於民國 93 年新制定之證券投資信託及顧問法後，依該法第 4 條第 3 項規定之立法理由，將「發行有關證券投資之出版品」，認屬同條第 3 項第 1 款之證券投資顧問事業業務範圍內，故不另列舉明定之。因此依證券投資信託及顧問第 4 條第 3 項之文義解釋，證券投資顧問公司所定期發行有關證券及期貨投資之出版品，仍應受證券投信託及顧問法之規制。

我國證券市場的投資人結構上，投資人大部分的比例仍是以本國自然人為主，在其對於市場資訊的判斷能力低弱，容易受小道消息甚至不實傳聞而影響其投資意願的情形下，有必要將投資顧問公司定期向一般大眾發行報紙、新聞雜誌、商業、財經刊物等出版品之方式提供分析意見或推介建議，認定屬於證券投資顧問的一種，而受證券投資信託及顧問之規範，俾提升並健全該事業之專業性，亦使主管機關得實際進行監督管理，以保障投資，發展國民經濟。

證券投資顧問事業利用各種傳播媒介物，將證券投資相關研究、分析或報告、推介建議等資訊傳達於大眾，例如有價證券之相關刊物與有價證券投資之講習。主管機關依證券投資信託及顧問法對證券投資顧問事業之經濟活動予以管制，有認為將相對限制其於憲法上所保障之言論自由與職業自由，故提出釋憲。司法院於民國 96 年 11 月 16 日作成大法官釋字第 634 號解釋，就證券投資顧問事業之管理與言論自由間之平衡作出解釋。

依司法院釋字第 634 號大法官會議解釋，對於證券交易法第 18 條第 1 項原規定應經主管機關核准之證券投資顧問事業，其業務範圍依該規定之立法目的及憲法保障言論自由之意旨，並不包括僅提供一般性之證券投資資訊，而非以直接或間接從事個別有價證券價值分析或推介建議為目的之證券投資講習。民國 89 年 10 月 9 日修正發布之證券投資顧問事業管理規則（已停止適用）第 5 條第 1 項第 4 款規定，於此範圍內，與憲法保障

---

[47] 另依原財政部（77）台財證（三）1335 號函釋：「投顧事業對於證券市場之研究作成研究報告，並將之出售予國內外之投資人，應屬投顧事業管理規則第 5 條第 3 款所規定之發行有關證券投資之出版品業務範圍。」

人民職業自由及言論自由之意旨尚無牴觸，肯認收受報酬從事個別有價證券價值分析或推介建議為目的之證券投資講習應由合法業者依規定辦理之必要。

三、其他經主管機關核准之相關業務

我國於民國 89 年 7 月 19 日修訂證券交易法第 15 條對於證券商業務之開放時，業已注意世界各國證券業務得經營業務之項目及範圍，因地區國家或時間之關係而有所不同，為擴大我國證券業得經營業務之範圍，及因應我國證券市場自由化、國際化與競爭環境之需要，有必要概括規定相關業務之項目，以避免掛一漏萬，爰增訂「及其他經主管機關核准之相關業務」之概括規定，然就其他證券服務業亦面臨同樣之挑戰，因此無論是93 年 6 月 30 日前依證券交易法第 18 條第 2 項授權訂定之證券投資顧問事業管理規則，或之後發布之證券投資信託及顧問法，皆明文規定證券投資顧問事業經營之業務包括經主管機關核准之有關業務，以為彈性機動開放證券投資顧問事業之經營空間。惟此規定之經主管機關核准之有關業務[48]，在解釋上應包括應經許可與不須經許可之業務項目，對於應經許可項目之業務部分，可能涉及其他目的事業主管機關與其管轄之核心業務，固須該業務所屬目的事業主管機關之同意，但對於無須經其他目的事業主管機關許可之業務項目，宜持較開放之態度，以避免經主管機關核准才得經營反而構成阻礙與限縮，現行主管機關開放之有關業務可分述如下。

（一）從事或代理募集、銷售、投資顧問境外基金業務

為鼓勵國內投資人建立正確投資理財觀念，我國自民國 76 年開放證券投資顧問事業得對經核准的外國有價證券提供顧問服務（目前申請核准者皆為共同基金），希望藉由投顧事業的專業投資理財能力，提供國內投

---

[48] 例如依證券投資顧問事業管理規則第 21 條規定，經營外國有價證券投資顧問業務，並檢具相關文件，向主管機關申請核准。

資人正確而且專業的投資顧問諮詢，使得投資外國基金的權益能受到較充分的保障。民國 93 年證券投資信託及顧問法立法通過後於第 16 條第 3 項及第 4 項明定證券投資信託事業、證券投資顧問事業、證券商、境外基金發行者與其指定之機構及其他經主管機關指定之機構，得在中華民國境內從事或代理募集、銷售、投資顧問境外基金。截至 107 年 12 月境外基金檔數總計 1,035 檔，國人持有境外基金總金額新臺幣 31,855.94 億元[49]。證券投資顧問事業可擔任總代理人及銷售機構從事或代理募集、銷售、投資顧問之業務，向國內投資人提供境外基金相關服務業務。

（二）從事全權委託投資事業

　　證券投資顧問事業為資產管理之重要環節，依規定得從事全權委託投資經營（Discretionary）業務，所謂全權委託投資經營，一般稱之為代客操作，係指受託人接受委託人之委託，就委託自己之資產運用有關投資事項，包括買入、賣出或投資對象之種類、數量、價格等概括授權受託人代為決定之業務行為，而所謂之業務行為是否必須收受報酬，從設立公司以營利本質而言，報酬是維持業務支出之成本及維護客戶提供服務之對價，應屬營業業務行為之基本要件，至於其報酬之多寡、方式等當依法令及當事人之約定，證券投資信託及顧問法第 5 條第 10 款及證券投資信託事業證券投資顧問事業經營全權委託投資業務管理辦法第 2 條第 1 項定義全權委託投資業務，指證券投資信託事業或證券投資顧問事業，對客戶委任交付或信託移轉之委託投資資產，就有價證券、證券相關商品或其他經主管機關核准項目之投資或交易為價值分析、投資判斷，並基於該投資判斷，為客戶執行投資或交易之業務。包括基於客戶之授權，依指示之範圍作最合適最有效率之投資組合（Portfolio）與運用。由於全權委託之代客操作為依據較大額度資金投資人，依其特殊需求所設計之個別委託，授與受託

---

[49] 參見金管會證期局，證券暨期貨市場 108 年 1 月份重要指標，參閱網站：https://www.sfb.gov.tw/ch/home.jsp?id=，上網時間：2019/03/11。

人相當裁量之決定空間，以客戶或受託人名義從事為投資人之投資量身訂做運作，與共同基金是透過發行受益憑證募集基金，籌集小額投資人之資金，並以基金專戶名義從事投資之方式有所不同。

（三）接受外國資產管理機構委任提供行政協助服務業務

主管機關依據證券投資信託及顧問法第 4 條第 3 項第 3 款規定，開放證券投資顧問事業得申請接受外國資產管理機構委任，提供行政協助服務業務內容包括：

1. 引介外國資產管理機構與我國 OBU/OSU 業者聯繫、陪同拜訪及協助辦理金融商品上架與內部教育訓練。
2. 協助遞送、收受往返文件，包含代 OBU/OSU 詢問產品資訊、溝通、跨時區聯絡、電話或視訊會議及其他意見傳遞或相關行政事項之協助。

（四）兼營其他證券期貨等金融業務

1. 兼營證券投資信託事業：證券投資顧問事業符合主管機關所定之條件並取得許可者，得兼營證券投資信託事業。
2. 兼營證券商、期貨信託事業、期貨顧問事業、期貨經理事業或其他相關事業：證券投資顧問事業取得主管機關許可者，得兼營證券商、期貨信託事業、期貨顧問事業、期貨經理事業或其他相關事業取得主管機關許可之業務。

第三節　證券投資顧問事業之業務與憲法保障言論自由權

證券投資顧問係指直接或間接自委任人或第三人取得報酬，對有價證券、證券相關商品或其他經主管機關核准項目之投資或交易有關事項，提供分析意見或推介建議。未經主管機關許可，經營證券投資顧問業務，可

處五年以下有期徒刑。在報章雜誌或公開演講，蒐集分析或提供政經相關資料以作投資大眾投資判斷與建議，是否屬於法令規範與監理之範圍，實務上有經主管機關移送偵辦，並經法院以違反證券交易法第 18 條第 1 項等之規定判決有罪確定之案例，其是否有牴觸憲法第 11 條保障人民言論自由權之疑義，經大法官釋字第 634 號之解釋在案[50]。

第一項　大法官釋字第 634 號之解釋緣由與內容

本案源於王○貴未獲主管機關核准，自民國 90 年 11 月間起，在財訊快報等報紙上刊登「史托克操盤手特訓班」之廣告，以每二月為一期收取新臺幣 10 萬元之代價，招攬投資大眾參加其所舉辦有關證券投資之講習課程，並在臺北市開課提供證券交易市場分析資料以作有價證券價值分析及投資判斷建議，而從事證券投資顧問服務之業務，經臺灣臺北地方法院 92 年度簡上字第 333 號判決有罪確定，以違反證券交易法第 175 條規定（現行證券投資信託及顧問法第 107 條）處以刑事責任，聲請人認為證券交易法第 18 條第 1 項、證券投資顧問事業管理規則第 2 條、第 5 條第 1 項第 4 款之規定，發生有牴觸憲法上「法律保留原則」暨「法律明確性原則」以及憲法第 11 條保障人民表現自由權、第 15 條保障人民工作權之疑義，依法聲請解釋。民國 96 年 11 月 16 日司法院大法官會議，解釋認為民國 77 年 1 月 29 日修正公布之證券交易法第 18 條第 1 項原規定應經主管機關核准之證券投資顧問事業，其業務範圍依該規定之立法目的及憲法保障言論自由之意旨，並不包括僅提供一般性之證券投資資訊，而非以直接或間接從事個別有價證券價值分析或推介建議為目的之證券投資講習。89 年 10 月 9 日修正發布之證券投資顧問事業管理規則（已停止適用，現行證券投資信託及顧問法及其授權規定）第 5 條第 1 項第 4 款規定，於此範圍內，與憲法保障人民職業自由及言論自由之意旨尚無牴觸。

---

[50] 大法官釋字第 634 號解釋，參閱網站：https://www.judicial.gov.tw/jcc/zh-tw/，上網時間：2020/07/01。

　　本號大法官解釋認為收取報酬，招攬投資大眾參加其所舉辦有關證券投資之講習課程，並開課提供證券交易市場分析資料以作有價證券價值分析及投資判斷建議，而從事證券投資顧問服務之業務，為證券投資顧問事業之業務範疇，肯認未經許可取得主管機關之許可證照經營或從事此一行為者科以刑事責任之正當性與合憲性，但另一方面對於僅提供一般性之證券投資資訊，而非以直接或間接從事個別有價證券價值分析或推介建議為目的之證券投資講習等，則認為屬於言論與出版自由之領域。惟非以直接或間接從事個別有價證券價值分析或推介建議為目的之證券投資相關活動，雖大法官會議解釋將其歸納於言論與出版自由之範圍，可無須取得主管機關之許可，但非謂各該非屬證券投資顧問事業之業者或從業人員於講習或傳播媒體從事證券投資分析活動時，可完全豁免於主管機關對於許可業者應遵循法規之規範，此乃主管機關規範受許可業者之法令，除對經許可業者之行政管理外，尚包括對市場秩序之維護與投資人權益之保障等多面向之整體考量，大部分之管理規範結合與涵蓋民、刑及行政責任，準此，所謂言論與出版自由仍以合法之範圍為範圍，非法之行為依然要受規範，例如其涉及誇大不實、操縱及詐欺等不法行為，還是要有相當之管制與承擔相關之法律責任，否則不僅劣幣逐良幣，更讓證券市場之秩序與投資人之權益隨時可能處於危害毀敗之中。

第二項　大法官釋字第 634 號解釋之影響與因應

　　前開司法院大法官會議釋字第 634 號解釋，認為證券投資信託及顧問法第 4 條第 1 項將證券投資顧問定義為直接或間接自委任人或第三人取得報酬，對有價證券、證券相關商品或其他經主管機關核准項目之投資或交易有關事項，提供分析意見或推介建議，未設有例外排除或豁免規定，導致於管理投顧事業之同時，對人民言論自由與職業自由之基本權利產生過度干預之虞，因此明確解釋投資顧問不包括「提供一般性之證券投資資訊，而非以直接或間接從事個別有價證券價值分析或推介建議為目的之證

券投資講習」，主要在考量言論、出版與講學自由之界線[51]。

　　惟此號解釋文認為提供服務之內容屬一般性且非針對個別有價證券者，不應包括於證券投資顧問事業定義範圍，然一般性且非針對個別有價證券者之概念抽象，在實際認定上確有相當困難之處，就此大法官解釋之相關部分，美國在相關案例中有提出以投資建議者或出版商是否享有個人利益或利害關係（personal gain or interest）或是否提供「個人化服務」作為判斷標準[52]，亦即以投資建議者與客戶間之關係而非服務內容來區分，並排除任何律師、會計師、工程師或教師，就顧問之服務僅係附帶於（incidental to）其專業服務者等例外情形，因此大法官會議解釋公布後，主管機關宜就「一般性」且「非以直接或間接從事個別有價證券價值分析或推介建議為目的」範圍作界定，同時亦宜參考英、美及其他國家之立法例，檢討在合理範圍排除證券投資顧問事業取得許可證照之適用[53]。

　　為符合前述大法官釋字第 634 號解釋之意旨，應明確釐清非法從事證券投資顧問業務與憲法言論自由保障之分際，尤其是對於「一般性之證券投資資訊」與「以直接或間接從事個別有價證券價值分析或推介建議為目的」作具體定義，從解釋文觀之，「一般性之證券投資資訊」同時「非屬以直接或間接從事個別有價證券價值分析或推介建議為目的」才在不需申請設立證券投資顧問事業許可之範圍，非屬「一般性之證券投資資訊」同時非屬以「直接或間接從事個別有價證券價值分析或推介建議為目的」；非屬「一般性之證券投資資訊」而且屬「以直接或間接從事個別有價證券價值分析或推介建議為目的」；屬「一般性之證券投資資訊」同時屬「以

---

[51] 有學者認為臺灣法就投顧事業之定義過於廣泛，且未設有除外規定，實有必要參考外國立法例擬訂一套完整的除外規定，以免對人民言論自由與職業自由形成過度之干預。參見張心悌，證券投資顧問事業之定義－兼論大法官會議釋字第六三四號解釋，月旦民商法雜誌，第 19 期，2008 年 3 月，頁 168-178。

[52] Securities and Exchange Commission v. Wall St. Transcript Corp., 422 F.2d 1371 (1970).

[53] 參見范瑞華，從美英二國就投顧事業之監管情形看我國司法院大法官釋字第 634 號解釋對投顧事業之影響，中華民國證券投資信託暨顧問商業同業公會，SITCA 國際動態 9707，參閱網站：http://www.sitca.org.tw/#tab4，上網時間：2019/03/09。

直接或間接從事個別有價證券價值分析或推介建議為目的」，此三種型態皆係應申請設立證券投資顧問事業取得專業許可之範圍[54]。

　　至於所謂之一般性證券投資資訊範圍，由於法令並無規定，應如何作明確之界定有其困難度，資訊（information）是反應事實與提供判斷之內容，對於證券投資相關資料事實之描述與判斷之提供，有些是既成且公開的資料，例如臺灣證券交易所或櫃檯買賣中心提供之交易資訊、基本市況報導、上市櫃公司於股市觀測站、證券期貨資料雲服務平台、網路資訊商店之盤後資訊及指數資訊與買賣日報表、公開揭露之財務業務資料，甚至是報章雜誌媒體或網路等提供之資料，就以臺灣證券交易所或櫃檯買賣中心提供之資訊，尚包括有關的證券統計資料、證交資料月刊、證券統計資料、上市櫃證券概況等，證券投資資訊只是單純之引述未加加工，應屬一般性證券投資資訊範圍，若有加以改造加工或添附相關之資料，例如就臺灣證券交易所或櫃檯買賣中心提供之交易資訊加工為投資 K 線圖，或以此作為技術分析，自已非屬一般性證券投資資訊，因此一般性證券投資資訊應可界定在對不特定人公開任何人皆可無償取得之資訊，且該資訊未經加工或改造者[55]。

　　司法實務上之見解，認為證券投資顧問、期貨顧問事業所為業務之內容，係指攸關構成導致投資決策過程中之活動而關於提供有關證券、期貨之顧問內容部分，則只要顧問內容或報告本身與特定證券、期貨商品相關即屬之，是就市場趨勢之分析、以統計數字或歷史資料提供顧問（不包括僅提供未經篩選之資料，而為客觀事實之報導）、提供如何選用投資顧問之意見、提供關於投資證券、期貨之優點，而非建議投資其他非證券之財務工具、提供一系列證券名單以供客戶從中選擇，即使該顧問並未在名單作特別之推薦，均可認屬提供有關證券、期貨之顧問型態，自應受證券投

---

[54] 參見郭土木、楊培侃、邱晨，將非屬證券投資顧問事業之從業人員於傳播媒體從事證券投資分析活動納入金管會法規規範之可行性，中華民國證券投資信託暨顧問商業同業公會委託研究案，2016 年 1 月 31 日，頁 159-165。

[55] 同前註。

資信託及顧問法第 63 條第 1 項、期貨交易法第 82 條第 1 項之規範[56]。與前述加以改造加工或添附相關之資料，並非所謂一般性證券投資或期貨交易資訊範圍，因此應屬證券與期貨顧問法令規範之範疇。

　　另實務上認為就未經核准經營證券投資顧問業務之人（包含自然人和法人），縱然所轉給客戶之專家意見或建議，係取自於合法之業者，無論為非法截取或依約而有，亦不管有無加以編輯、分類、改稿、刪修，既不能改變其本身並非合法獲准之身分條件，其外部收費、給訊息之非法作為，當受非難，無解免刑責之餘地，不容將該內、外部關係予以混淆[57]。

第四節　證券投資顧問事業之程序與設立條件

　　證券投資顧問事業各國皆界定為應經許可之行業，美國 1940 年投資顧問法為了避免其涵蓋範圍過廣導致與立法意旨不符，該法明文規定得排除於投資顧問事業許可適用之範圍，於第 202 條第 a 項第 11 款後段規定，豁免許可之申請[58]。我國雖有大法官釋字第 634 號解釋之補充言論自

---

[56] 臺灣新北地方法院 105 年金訴字第 25 號刑事裁判書。

[57] 最高法院 100 年度台上字第 6943 號刑事判決、101 年度台上字第 2990 號刑事判決、臺灣士林地方法院 104 年度金訴字第 2 號刑事判決。

[58] 美國得豁免證券投資顧問事業許可之範圍如下：一、銀行與銀行控股公司投資顧問服務係由銀行中一個明確且獨立的部門完成時，則該部門並非銀行而爲認定爲投資顧問，並豁免許可；二、律師、會計師、工程師或教師提供投資顧問服務僅附帶於其專業服務者，由於律師、會計師、工程師或教師，就顧問之服務僅係附帶於（incidental to）其專業服務者，可豁免許可；三、證券經紀商或自營商所提供之證券提供之投資顧問服務僅係附帶於其業務行爲，且就該服務未收取特別報酬者，可豁免許可；四、善意出版商、任何善意（bona fide）的報紙、雜誌或一般且定期出版之商業或財務刊物之出版商；五、政府證券及豁免證券之投資顧問，有關美國政府之直接義務，或由美國政府就其本金或利息負有保證義務之證券，或經財政部依據 1934 年證券交易法第 3 條第 a 項第 12 款指定屬於豁免證券，且係由與美國政府有直接或間接利益的公司所發行或保證之證券。其提供投資顧問服務者，可豁免許可；六、信用評等機構，任何受證券交易法第 3 條第 a 項第 12 款所規範之國家認定之信用評等機構。除非該信用評等機構涉及爲了買入、賣出或持有該投資建議，或是持有該建議之證券的全部或一半以上，則不得除外於投資顧問之規定；七、家族辦公室，家族辦公室係指專爲超級富有的家庭提供全方位財富管理和家族服務，其目的在與使其資產得以長期發展，符合家族的預期和期望，並使其資產能夠順利地進行跨代傳承和保值增值的機構。且有以下情事者，得排除於投資顧問定義範圍之外：（一）僅對家族客戶（family clients）提供建議；

由之範圍與界限，惟現行實務規範仍欠缺豁免之規定，實有參考美國立法例作明確除外規定之必要。至於銀行、信託業及證券商等兼營證券投資顧問事業之情形依各該法令條件規定辦理。以下擬進一步說明我國許可申請之程序與條件。

第一項　設立之程序

由於證券投資顧問事業屬於證券期貨相關服務事業之一種[59]，為金融服務業之一環[60]，金融服務業之設立事涉金融市場秩序與金融消費者權益之保護，各國皆採行正面表列與許可主義，必須符合主管機關規定之資格條件，申請經審核符合規定於核准及發給營業許可證照（approval and certificate of license）後使得營業。鑑於傳統之證券投資顧問事業業務範圍較為單純，為因應服務客戶與競爭環境之需要，證券投資信託及顧問法為

（二）全為家族客戶所有，且受家族成員（family members）與（或）某些家族企業控制；（三）未對外宣稱其投資顧問身分；八、政府與從屬部門，1940 年投資顧問法第 202 條第 b 項規定，投資顧問法不適用於美國聯邦政府、州政府，以及其從屬之部門、單位、或其機構、機關、官員及其代表行使公權力之人；九、非美國之顧問符合特殊豁免情形者，非美國籍之投資顧問並非當然除外於投資顧問法定義下之投資顧問，即使是非美國籍之人士向美國人提供投資意見者亦須遵守之，並且原則上須依法註冊；十、其他證管會以法規、規則或命令規定之非屬投資顧問者。詳參高筱茹，我國證券投資顧問監理法律問題之探討，輔仁大學財經法律研究所碩士論文，2018 年 5 月，頁 35-42。

59 證券投資信託及顧問法業於 2004 年 11 月 1 日施行，原證券交易法第 18 條規定：「經營證券投資信託事業、證券金融事業、證券投資顧問事業、證券集中保管事業或其他證券服務事業，應經主管機關之核准。前項事業之管理、監督事項，由行政院以命令定之。」依據該法第 121 條規定，自施行之日起，證券交易法第 18 條所定證券投資信託事業及證券投資顧問事業之規定，及第 18 條之 2 與第 18 條之 3 規定，不再適用。證券交易法 2006 年 1 月 11 日修正時，刪除證券投資信託事業及證券投資顧問事業之規定，改隸依證券投資信託及顧問法規範。

60 金融監督管理委員會組織法第 2 條第 1 項及第 2 項規定，本會主管金融市場及金融服務業之發展、監督、管理及檢查業務。前項所稱金融市場包括銀行市場、票券市場、證券市場、期貨及金融衍生商品市場、保險市場及其清算系統等；所稱金融服務業包括金融控股公司、金融重建基金、中央存款保險公司、銀行業、證券業、期貨業、保險業、電子金融交易業及其他金融服務業；但金融支付系統，由中央銀行主管。其第 3 項第 2 款規定，證券業係指證券交易所、證券櫃檯買賣中心、證券商、證券投資信託事業、證券金融事業、證券投資顧問事業、證券集中保管事業、都市更新投資信託事業與其他證券服務業之業務及機構。

擴大證券投資顧問事業業務範圍，就證券投資信託事業及證券投資顧問事業在符合主管機關所定之條件並取得許可情況下，得互相兼營。同時在跨業兼營整合之前提下，賦與證券投資信託事業或證券投資顧問事業經主管機關核准者，得兼營其他事業。另在業務種類上亦允許證券商、期貨信託事業、期貨顧問事業、期貨經理事業或其他相關事業於取得主管機關許可者，得兼營證券投資信託事業或證券投資顧問事業[61]。

　　許可主義之特徵在於符合規定之資格條件並不必然可取得許可證照，主管機關尚可衡酌市場胃納與客觀之競爭環境等因素，裁量是否發給許可證照。而申請許可之條件除經營理念之外，主要涵蓋資本額、場地設備及依規定適足適任之負責人與從業人員。金融服務業之設立程序在許可主義之原則下通常分成三個階段，第一階段為籌設許可，經主管機關依發起人申請之籌設營業計畫書件，審核其經營理念與規劃後予以許可，營業計畫包括業務經營之原、內部組織分工、人員招募與訓練、場地設備概況及一定期間之財務狀況預估；籌設過程包括訂定章程草案、找尋志同道合之發起人[62]，取得籌設許可後繳交股款，然後進行第二階段之辦理公司登記取得法人格選任負責人之董、監事及經理人，再進行聘雇相關從業人人員。第三階段於準備可開始營業之條件下申請營業許可證照，故應自籌設許可之日起 6 個月內完成公司設立登記，並依規定檢具相關文件，申請核發營業執照[63]。

第二項　設立之條件

　　證券投資顧問事業依前述分析，其業務項目區分傳統之顧問業務、代客操作與其他經主管機關核准之業務，因此在設立及營業之條件上亦有所

---

[61] 依證券投資信託及顧問法第 66 條第 1 項至第 3 項。
[62] 金融服務業依現行規定除少數之種類如銀行之設立得採行募集設立外，就公司資本額之形成一般皆要求以發起設立之方式。
[63] 依證券投資顧問事業設置標準第 8 條規定。

不同，尤其就資本額之要求存在顯著之差異，以下擬加以進一步敘述。

一、傳統證券投資顧問事業之設立條件

（一）資本額

資本額為營運之基礎，證券投資顧問事業為服務業之一環，且為專家提供相關之經驗與知識之服務，其主要為人的智慧支付，理論上並不需太多之資本額，然為考量與客戶糾紛發生時之保障，現行證券投資顧問事業設置標準規定證券投資顧問事業之組織，以股份有限公司為限，其實收資本額不得少於新臺幣 2,000 萬元。並規定採發起設立，就最低實收資本額應由發起人於發起時一次認足[64]。

另證券經紀商或期貨經紀商申請兼營證券投資顧問事業辦理證券投資顧問業務，僅需最近期經會計師查核簽證之財務報告每股淨值不低於面額者即可[65]；證券投資信託事業及其分支機構亦得申請兼營證券投資顧問業務，在程序與申請條件上，準用證券經紀商或期貨經紀商申請兼營證券投資顧問事業辦理證券投資顧問業務之規定[66]。信託業申請兼營證券投資顧問業務者，應以機構名義為之，無須再指撥專用營運資金[67]。

證券投資顧問事業申請經營全權委託投資業務，應具備之實收資本額需達新臺幣 5,000 萬元；已兼營期貨顧問業務之證券投資顧問事業申請或同時申請經營全權委託投資業務及兼營期貨顧問業務者，其實收資本額應達新臺幣 7,000 萬元[68]。證券投資顧問事業申請以信託方式經營全權委託

---

[64] 依證券投資信託及顧問法第 67 條及證券投資顧問事業設置標準第 5 條規定。

[65] 依證券投資顧問事業設置標準第 10 條及第 11 條規定。

[66] 依證券投資顧問事業設置標準第 30 條第 3 項及第 4 項規定，證券投資信託事業兼營證券投資顧問業務者，準用第 11 條至第 13 條規定。

[67] 依現行規定信託業係由銀行所兼營，信託業在申請兼營證券投資顧問事業，證券投資顧問事業設置標準第 23 條規定。

[68] 依證券投資信託事業證券投資顧問事業經營全權委託投資業務管理辦法第 5 條第 1 項第 1 款及第 2 項之規定。

投資業務，其實收資本額不得低於本業所定金額外需加計新臺幣 5,000 萬元；已兼營或同時申請兼營期貨經理事業者，實收資本額不得低於期貨經理事業設置標準第 15 條所定最低實收資本額（期貨經理事業之實收資本額不得少於新臺幣 1 億元）加計新臺幣 5,000 萬元。證券投資顧問事業兼營期貨經理事業者，其實收資本額應符合不得低於按期貨經理事業之所定最低指撥專用營運資金金額（不得少於新臺幣 1 億元）外，需加計證券投資信託事業證券投資顧問事業經營全權委託投資業務所定最低實收資本額之合計數（新臺幣 5,000 萬元）。

（二）適足適任之負責人與從業人員

證券投資顧問事業為法人，其營運基礎包括對外從事法律行為與業務之推動，必須有自然人之代表參與，在籌設過程為發起人擔任職務上負責人，於公司成立後選任董事為當然負責人，並依規定選任監察人與委任經理人；至於營運條件應至少設置投資研究、財務會計部門，配置適足、適任之經理人、部門主管及業務人員，並應符合證券投資顧問事業負責人與業務人員管理規則所定之資格條件。

1. 消極資格要件

證券投資信託及顧問業務為金融服務之重要環節，在經營上具有高度專業性與風險性，並與客戶之權益息息相關，為高度誠信之事業，其良窳與金融秩序及整體經濟發展影響甚鉅，因此證券投資信託及顧問法要求其董事、監察人、經理人等之負責人、從業人員及受僱人，應依法令及契約之規定，以善良管理人之注意義務及忠實義務，本誠實信用原則執行業務[69]，以保障投資安全與客戶權益。為貫徹健全證券投資信託與及顧問業務之經營與發展，保障投資人權益及交易安全之本旨，證券投資信託及顧問法除規範證券投資信託事業及證券投資顧問事業之發起人、負責人及業

---

[69] 依證券投資信託及顧問法第 7 條規定。

務人員之積極資格條件外，並明定對於信譽不佳或有事實證明從事或涉及
其他不誠信或不正當之活動者不得充任而充任發起人、負責人及業務人
員，此乃消極資格要件之規定，規範之要點在於不得有前科或不良紀
錄[70]。

　　為防患負責人、業務人員與客戶間之利益衝突，並基於內部控制制度

---

[70] 依證券投資信託及顧問法第 68 條規定：「有下列情事之一者，不得充任證券投資信託事業
與證券投資顧問事業之發起人、負責人及業務人員；其已充任負責人或業務人員者，解任
之，不得充任董事、監察人或經理人者，並由主管機關函請公司登記主管機關撤銷或廢止其
登記：
一、曾犯組織犯罪防制條例規定之罪，經有罪判決確定，尚未執行完畢，或執行完畢、緩刑
　　期滿或赦免後尚未逾五年。
二、曾犯詐欺、背信或侵占罪，經宣告有期徒刑一年以上之刑確定，尚未執行完畢，或執行
　　完畢、緩刑期滿或赦免後尚未逾二年。
三、曾犯公務或業務侵占罪，經宣告有期徒刑以上之刑確定，尚未執行完畢，或執行完畢、
　　緩刑期滿或赦免後尚未逾二年。
四、違反證券交易法或本法規定，經有罪判決確定，尚未執行完畢，或執行完畢、緩刑期滿
　　或赦免後尚未逾三年。
五、違反銀行法第二十九條第一項規定經營收受存款、受託經理信託資金、公眾財產或辦理
　　國內外匯兌業務，經宣告有期徒刑以上之刑確定，尚未執行完畢，或執行完畢、緩刑期
　　滿或赦免後尚未逾三年。
六、違反信託業法第三十三條規定辦理信託業務，經宣告有期徒刑以上之刑確定，尚未執行
　　完畢，或執行完畢、緩刑期滿或赦免後尚未逾三年。
七、受破產之宣告，尚未復權，或曾任法人宣告破產時之董事、監察人、經理人或與其地位
　　相等之人，其破產終結尚未逾三年或調協未履行。
八、使用票據經拒絕往來尚未恢復往來。
九、無行為能力、限制行為能力或受輔助宣告尚未撤銷。
十、受證券交易法第五十六條或第六十六條第二款之處分，或受本法第一百零三條第二款或
　　第一百零四條解除職務之處分，尚未逾三年。
十一、曾擔任證券商、證券投資信託事業或證券投資顧問事業之董事、監察人，而於任職期
　　　間，該事業受證券交易法第六十六條第三款或第四款之處分，或受本法第一百零三條
　　　第四款或第五款停業或廢止營業許可之處分，尚未逾一年。
十二、受期貨交易法第一百條第一項第二款或第一百零一條第一項撤換或解除職務之處分，
　　　尚未逾五年。
十三、經查明接受他人利用其名義充任證券投資信託事業及證券投資顧問事業發起人、董
　　　事、監察人、經理人或業務人員。
十四、有事實證明從事或涉及其他不誠信或不正當之活動，顯示其不適合從事證券投資信託
　　　及證券投資顧問業務。
發起人及董事、監察人為法人者，其代表人或指定代表行使職務時，準用前項規定。」

與內部稽核之落實，證券投資顧問事業之總經理不得兼為全權委託專責部門主管、全權委託投資經理人或全權委託期貨交易業務之交易決定人員。他業兼營證券投資顧問業務或全權委託投資業務，依法應設置專責部門者，其專責部門之部門主管及業務人員，除符法令規定外，不得辦理專責部門以外之業務，或由非登錄專責部門主管或業務人員兼辦。他業兼營全權委託投資業務者，其辦理投資或交易決策之業務人員得兼任私募證券投資信託基金、對符合一定資格條件之人募集期貨信託基金或全權委託期貨交易業務之投資或交易決策人員[71]。

2. 積極資格要件

為提升服務之品質與保障投資人之權益，法令要求證券投資顧問事業負責人與業務人員應具備一定素質，因此要求有學經歷之資格要件，甚至要符合測驗合格或一定時數訓練之條件，由於服務之對象與內容有所差異，所以證券投資顧問事業負責人與業務人員管理規則區分業務人員、內部稽核及法令遵循之業務人員、法令遵循主管、部門主管及分支機構經理人、從事全權委託投資業務之投資經理人、總經理等不同層級與程度之規定[72]，其中對於證券投資顧問事業於各種傳播媒體從事證券投資分析之人員，應具備參加公會委託機構舉辦之證券投資分析人員測驗合格者，或在外國取得證券分析師資格，具有二年以上實際經驗，經同業公會委託機構舉辦之證券投資信託及顧問事業業務員之法規測驗合格，並經同業公會認可者[73]，乃考量對市場秩序及投資人權益影響較大，有特別加以規定之必要。

---

[71] 此純為人利調配與經營成本之考量，與功能性規範之基礎及利益衝突防患之精神不符。參見證券投資顧問事業負責人與業務人員管理規則第 7 條第 1 項至第 3 項規定。

[72] 參見證券投資顧問事業負責人與業務人員管理規則第 3 條至第 5 條之 3 之規定。

[73] 參見證券投資顧問事業負責人與業務人員管理規則第 4 條之規定。

（三）場地設備

　　證券投資顧問事業之營業處所由於與特定客戶間之往來，尚非不特定人進出之場所，並無限制須具備以商場等高標準之條件，僅一般辦公室之場所即可，惟必須有獨立之出入門戶，且未與其他單位或事業共用營業處所。至於資訊取得之設備，例如從事外國有價證券之顧問業務，需具有即時取得符合所申請顧問外國有價證券範圍資訊傳輸設備之租用或使用契約[74]，該國際資訊網路之提供等則視其業務之需要備置，主管機關就場地設備是否符合設立之規定，由同業公會審查並出具查合格之證明文件。

第五節　證券投資顧問事業之財務業務管理

　　證券投資顧問事業除兼營其他主管機關核准之業務項目外，主要在經營提供客戶分析意見或推介之建議，主要業務為專業人員提供專業之服務，屬服務業之範圍，因此不須有較高額度之資本要求，惟證券投資顧問事業與客戶間基於顧問與委任之契約之關係存在，投資人為就投資買賣有價證券或其他金融商品之決策，而與證券投資顧問事業簽訂委任契約，以取得證券投資有關事項之研究分析意見或推介建議，該委任契約實務上認為兩造主體分別為「投資人」與「證券投資顧問股份有限公司」，其內容為提供諮詢顧問服務供投資人投資有價證券之參考，就客戶而言，其最終目的則為獲取與相當金錢利益之訊息後再行用於投資之用，其行為與一般所稱消費係指不再用於生產之概念未盡相符，故有認為投資人即非屬消費者保護法第 2 條第 1 款所稱之「消費者」，從而無消費者保護法相關規定之適用[75]。至於學理或實務認為民法上之定型化契約得類推適用或法律整

---

[74] 中華民國證券商業同業公會證券商受託買賣外國有價證券營業處所場地及設備標準第 4 條規定。

[75] 原行政院消費者保護委員會 93 年 10 月 13 日消保法字第 0930003053 號函復金融監督管理委員會，援引 84 年 4 月 6 日台 84 消保法字第 00285 號函、85 年 2 月 14 日台 85 消保法字第 00206 號函，以「消費者：指以消費交易為目的而為交易、使用商品或接受服務者」、「消費關係：係指消費者與企業經營者就商品或服務所發生之關係」，分別為消費者保護法第 2

體類推而適用消費者保護法相關規定，則屬另一問題[76]。雖然證券投顧問服務非屬消費者保護法之保護範圍，惟其服務可能造成對於投資人之損害並不亞於一般消費商品，例如透過電訊系統或傳播媒體提供之資訊有誤導之情事，因此對於客戶權益仍有加以保護之需要，因此就單純之顧問業務法令亦要求在財務業務管理上應遵循相當之監理規範。包括應訂定書面證券投資顧問定型化契約，載明雙方權利義務者[77]。其契約範本，法律明定由同業公會擬訂，報經主管機關核定[78]，且參照消費者保護法第 11 條之 1 為維護消費者知的權利，使其於訂立定型化契約前，有充分了解定型化契約條款之審閱期間機會，客戶得自收受書面契約之日起七日內，以書面終止契約[79]。又考量證券投資顧問事業提供之服務可能造成投資人權益之損害，現行法令明定相關之財務、業務管理配套措施，可分述如下。

條第 1 款、第 3 款所明定；故認為「消費者保護法所稱之消費，並非純粹經濟學理論上的一種概念，而是事實生活上之一種消費行為，其意義包括：消費係為達成生活上目的之行為，凡基於求生存、便利或舒適之生活目的，在食衣住行育樂方面所為滿足人類慾望之行為……故消費者保護法所稱之消費，係指不再用於生產情形下之最終消費而言」。

[76] 行政院消保會於 96 年消保法專案研究小組第 54 次會議決議，認為金融商品如屬純投資型，即不適用消保法；如非屬純投資型，則可適用消保法。另 99 年台北地院 99 年重訴字第 133 號民事判決，趙子榮法官參考詹森林教授見解認為民眾投資金融商品跟購買西裝、房屋、汽車等交易一樣具有高度類似性，應適用消保法。惟臺灣高等法院臺南分院 99 上易字第 157 號民事判決否認此一見解。詳參陳肇鴻，連動債糾紛之司法實踐——2009 至 2010 年間相關判決之研究.，中央研究院法學期刊，第 10 期，2012 年 3 月，頁 208。

[77] 金管會於民國 93 年金融服務法草案第 6 條，原擬「本法所稱客戶，指金融商品銷售相對人、受益人或其他接受金融服務業提供服務之人」。對保護之對象擴及所有金融機構服務之對象，然民國 99 年將該草案摘要整併後之金融消費者保護法，乃鑑於當時雷曼連動債造成之散戶投資人損失與爭議問題之解決，故將保護對象限縮為一般之金融消費者，對於專業投資機構及符合一定財力或專業能力之自然人或法人，則不在規範之範圍。然該法第 4 條規定所稱金融消費者，涵蓋接受金融服務業提供金融商品或服務者，因此接受證券投資顧問之服務亦在適用之範圍。

[78] 證券投資信託及顧問法第 83 條、證券投資顧問事業管理規則第 10 條第 3 項第 11 款規定。

[79] 消費者保護法第 11 條之 1 第 1 項則規定，企業經營者與消費者訂立定型化契約前，應有 30 日以內之合理期間，供消費者審閱全部條款內容。

第一項　財務管理

一、提存營業保證金

　　證券投資顧問事業應於辦理公司登記後，向得辦理保管業務之金融機構提存營業保證金新臺幣 500 萬元[80]。營業保證金在擔保因業務產生之債權，債權人對於該營業保證金具有債權之優先受償權[81]。

二、資金運用之限制

　　證券投資顧問事業之資金依其業務之性質及為避免從事過度之投資，現行法令有嚴格之限制[82]，包括不得貸與他人、購置非營業用之不動產或移作他項用途；非屬經營業務所需者，其資金運用以國內之銀行存款、購買國內政府債券或金融債券、購買國內之國庫券、可轉讓銀行定期存單或商業票據、購買符合主管機關規定條件及一定比率之證券投資信託基金受益憑證[83]及其他經主管機關核准之用途[84]。其自有資金得轉投資對象

---

[80] 證券投資顧問事業管理規則第 7 條。

[81] 營業或許可事業之設立保證金本質上的債權優先受償性，惟法令並未限制扣押、假扣押之聲請，為發揮其保障交易安全之功能，宜對一般債權人之強制執行科以適當之限制，所以在執行順位上，似以對其財產執行已無效果時為妥，方能權衡並兼顧有優先受償權之債權人及一般債權人。郭土木，期貨交易管理法規（增修再版），2017 年 3 月 23 日，自版，頁 2665-268。

[82] 證券投資顧問事業管理規則第 6 條規定。

[83] 金融監督管理委員會 106 年 10 月 16 日金管證投字第 1060029911 號令，規定證券投資顧問事業之資金投資證券投資信託事業於國內募集之證券投資信託基金、對不特定人募集之期貨信託基金及境外基金總金額，不得超過證券投資顧問事業最近期經會計師查核簽證財務報告之淨值之百分之四十；投資每一證券投資信託基金、期貨信託基金或境外基金總金額，不得超過該證券投資信託基金、期貨信託基金或境外基金（如該境外基金有多種級別，則依該境外基金全球基金規模為準）淨資產價值之百分之十。投資後如因公司淨值或被投資基金之淨資產價值變動，以致未符規定時，證券投資顧問事業得不需立即處分，惟嗣後只得賣出，不得再行買入，以調整至符合規定。

[84] 金融監督管理委員會 103 年 8 月 21 日金管證投字第 1030028247 號令，明定得於我國之外匯指定銀行開設外幣存款帳戶持有外幣，其總額度不得超過公司資本淨值之 30%，並不得有影響新臺幣匯率穩定之行為。

如下[85]：

（一）投資於本國保險代理人公司或保險經紀人公司。

（二）投資於金融科技產業，包括金融資訊服務公司、行動支付業、第三
　　　方支付業。

（三）擔任境外基金總代理人者，得投資於臺灣集中保管結算所股份有限
　　　公司及財團法人中華民國證券櫃檯買賣中心轉投資成立從事基金網
　　　路銷售業務之公司。

三、依規定編製公告財務報表

　　證券投資顧問事業財務報告之編製，應依規定及一般公認會計原則公
告並向主管機關申報經會計師查核簽證、董事會通過及監察人承認之年度
財務報告。其每股淨值低於面額者，應於一年內改善，連續二年仍未改善
者[86]，限制其於傳播媒體從事證券投資分析活動[87]。

第二項　業務管理

　　證券投資顧問業務與市場秩序及投資人權益息息相關，美國 1940 年
投資顧問法亦有反詐欺條款之規定，其第 206 條規定投資顧問事業以郵件
或其他跨州商務工具等手段，不得直接或間接從事下列違法行為：包括：
1. 利用手段、方法、計謀等方式對現有客戶或潛在客戶行詐欺之事；2.
從事任何客戶或潛在客戶之詐欺或詐騙之交易、執業或業務流程；3. 於
交易完成前，未事先以書面向客戶說明自己以何種身份從事交易行為，且
未取得客戶對於該交易行為所為之同意下，明知並以本人之身分為自己計
算，向客戶出售或購買證券，或以客戶以外第三人之經紀商身分，為客戶

85　金融監督管理委員會 106 年 1 月 3 日金管證投字第 10500413843 號令。

86　金融監督管理委員會 101 年 9 月 24 日金管證投字第 1010039237 號函。

87　證券投資顧問事業管理規則第 8 條規定。

計算，而出售或購買任何證券。因此投資顧問事業對其客戶負有善意、誠信及完全且充分公開所有重要事實，以及避免誤導客戶之義務[88]。另歐盟金融市場工具指令（Markets in Financial Instruments Directive, MiFID）第19 條亦規定，投資公司向客戶提供投資服務或輔助服務時，應該從客戶之最佳利益出發，誠實、公平、專業從事業務行為。

我國現行證券投資信託及顧問法及相關規定，參考國外之立法與我國證券市場之特性，對證券投資顧問業務之進行有嚴格之規範，包括消極方面禁止虛偽、隱匿、詐欺及其他使人誤信之行為，與積極方面必須以善良管理人之注意程度提供相關服務，同時更應善盡忠實義務、誠信原則、勤勉原則、管理謹慎原則及專業原則，現行證券投資信託及顧問法與相關之法令規範可分述如下[89]。

一、依契約履行保護客戶之義務

證券投資顧問事業因委任契約關係而得知客戶之財產狀況及其他個人情況，應依個人資料保護法之規定有保守秘密之義務。為避免紛爭除非依規定取得全權委託投資業務許可，否則不得收受客戶資金或代理從事證券投資行為，亦不得與客戶保證獲利或為證券投資損益分擔之約定[90]。

---

[88] 第 206 條適用於所有符合 1940 年投資顧問法定義下之投資顧問，即任何法人或自然人，以獲取報酬為目的，以直接或竟由出版品、著作等方式，提供有價證券分析，或投資、購買、銷售證券適合性之建議；或發行有價證券之分析、報告，並且以之為營業者皆屬之，並且，不論其是否已向證管會註冊為投資顧問皆有反詐欺條款之適用。

[89] 依證券投資信託及顧問法第 70 條規定，證券投資信託事業及證券投資顧問事業從事廣告、公開說明會及其他營業活動，其限制、取締、禁止或其他應遵行事項之規則，由主管機關定之。其中所稱「從事廣告、公開說明書」，最高行政法院 105 年 3 月 3 日 105 年度判字第99 號判決，認為僅係「其他營業活動」之例示，是主管機關訂定之證券投資顧問事業管理規則中關於監督、管理證券投資顧問事業所為之限制、禁止或其他應遵行事項，均屬證券投資信託及顧問法第 70 條授權之範疇。亦即就投顧法及管理規則整體所表現之關聯意義，應可判斷舉凡管理規則有關證券投資顧問事業營業相關活動不得為之行為態樣，均屬依證券投資信託及顧問法第70 條規定之授權訂定。因此得依證券投資信託及顧問法第 111 條第 8 款規定，逕對違規者裁處罰鍰。

[90] 證券投資顧問事業管理規則第 10 條第 3 項第 8 款及第 13 條第 2 項第 3 款之規定。

二、從事與客戶權益相衝突之行為

　　為防範利益衝突，證券投資顧問事業不得買賣該事業推介予投資人相同之有價證券，或其他意圖利用對客戶之投資研究分析建議、發行之出版品或舉辦之講習，謀求自己、其他客戶或第三人利益之行為。

三、危害及擾亂交易市場秩序之行為

　　為維護市場之公平與公正，證券投資顧問事業不得以任何方式向客戶傳送無合理分析基礎或根據之建議買賣訊息擾亂交易市場秩序。包括於公開場所或廣播、電視以外之傳播媒體，對不特定人就個別有價證券未來之價位作研判預測，或未列合理研判分析依據對個別有價證券之買賣進行推介，或藉卜筮或怪力亂神等方式，為投資人作投資分析。甚並不得以文字、圖畫、演說或他法鼓動或誘使他人拒絕履行證券投資買賣之交割義務、為抗爭等行為[91]。

四、廣告與公開說明會及其他營業活動應遵循之規範

　　由於廣告與公開說明會等公開營業活動真堆不特定人或特定之社會大眾，可能存在誤導投資人或操縱市場行情之情形，因此除前開法令規定外，尚有其他應遵循[92]：

（一）於傳播媒體提供證券投資分析節目，須符合法令規定資格條件之分析人員。

（二）為招攬客戶，以詐術或其他不正當方式，誘使投資人參加證券投資分析活動。

（三）對所提供證券投資服務之績效、內容或方法無任何證據時，於廣告中表示較其他業者為優。

---

[91] 證券投資顧問事業管理規則第 13 條第 2 項第 11 款、12 款、第 14 款及第 15 款之規定。
[92] 證券投資顧問事業管理規則第 14 條之規定。

（四）於廣告中僅揭示對公司本身有利之事項，或有其他過度宣傳之內容。

（五）節目廣告化，於傳播媒體從事投資分析之同時，有招攬客戶之廣告行為。

（六）於有價證券集中交易市場或櫃檯買賣成交系統交易時間及前後一小時內，即開盤前一小時內、盤中或收盤後一小時之時間內在廣播或電視傳播媒體，對不特定人就個別有價證券之買賣進行推介或勸誘。

（七）於開盤前一小時內、盤中或收盤後一小時之時間以外，在廣播或電視媒體，未列合理研判分析依據，對不特定人就個別有價證券之產業或公司財務、業務資訊提供分析意見，或就個別有價證券之買賣進行推介。

（八）對證券市場之行情研判、市場分析及產業趨勢，未列合理研判依據。

（九）以主力外圍、集團炒作、內線消息或其他不正當或違反法令之內容，作為招攬之訴求及推介個別有價證券之依據。

（十）引用各種推薦書、感謝函、過去績效或其他易使人認為確可獲利之類似文字或表示。

第三項　負責人與從業人員之管理

　　證券投資顧問事業為法人，法人乃非自然人而基於法律之承認，與自然人同一視為具有法律上之人格，可為權利義務之主體者。惟對法人何以能取得獨立之人格，享有各種能力（權利能力、意思能力、行為能力及侵權行為能力），其本質為何？學說尚可歸納為法人擬制說，以法人之得為權利義務之主體，乃法律之所擬制，其本身並有實體之存在。其次為法人否認說，以法人為抽象擬制而來，非有實體存在，應無獨立人格之可言。

其三為法人實在說法人有其實體的存在，非由擬制而來[93]。依民法立法理由之說明：「謹按自來關於法人本質之學說雖多，然不外實在之團體。其與自然人異者，以法人非自然之生物，乃社會之組織體也。故以法人為實在之團體。」係採法人實在說之組織體說[94]。

　　然法人之組織體其從事之法律行為必須由自然人代表或代理為之，因此對於證券投資顧問事業之負責人、業務人員及其他受僱人執行業務，基於法令或契約規定事業不得為之行為，自亦不得為之，方能達到規範之效果。至於證券投資顧問事業之負責人、業務人員及其他受僱人，於從事業務之行為涉及民事責任者，包括契約與各種債權債務發生之原因，其責任如何分配與承擔，例如侵害客戶權益之情事，依民法第 188 條規定有連帶賠償責任、舉證免責及衡平責任之規定[95]，公司法第 23 條第 2 項規定公司負責人對於公司業務之執行，如有違反法令致他人受有損害時，對他人應與公司負連帶賠償之責。民法與公司法規定之連帶賠償責任涉及「執行職務」與「業務之執行」之認定，受僱人「執行職務」之認定標準，實務上有以僱用人之主觀意思說、受僱人之主觀意思說、行為外觀之客觀說、限制客觀說、內在關連說等，王澤鑑教授參考德國通說，採「內在關連」作為判斷標準，認為：「凡以僱用人所委辦之職務具有通常合理關連之行為，通常為僱用人所能預見，可事先防範、計算其可能損害，並內化為經營成本，予以分散者，即屬於執行職務。」[96]

---

[93] 實在說有可分為：1.有機體說，將法人視同自然人，為具有意思之有機體。人具有二種意思：一為個人意思，一為共同意思，共同意思相結合，成為團體意思；2.組織體說，以法人為適於為權利義務主體之組織體，即具備法律所要求之一定的組織者，其所表示之意思，乃法律所認定之意思；3.社會作用說，認為法人之所以為權利義務之主體者，乃為經營其獨特的社會作用之故。因此，法人之存在。實有其適於為權利義務主體之社會價值。

[94] 參見中華民國民法制定史料彙編，司法行政部，頁 267。

[95] 民法第 188 條規定，受僱人因執行職務，不法侵害他人之權利者，由僱用人與行為人連帶負損害賠償責任。但選任受僱人及監督其職務之執行，已盡相當之注意或縱加以相當之注意而仍不免發生損害者，僱用人不負賠償責任。如被害人依前項但書之規定，不能受損害賠償時，法院因其聲請，得斟酌僱用人與被害人之經濟狀況，令僱用人為全部或一部之損害賠償。僱用人賠償損害時，對於為侵權行為之受僱人，有求償權。

[96] 王澤鑑，侵權行為法，2009 年 7 月，頁 537。詳參邱聰智、姚志明、郭土木、陳惟龍合著，

　　就投信投顧業相關判決，法院對於受僱人之侵權行為，有認為係單純之個人犯罪行為，亦有認為該盜賣行為與其執行職務有內在關連性，承認僱主應連帶負責者。對受僱人之行為是否屬於「執行職務」之一部分，亦即執行職務之概念究竟僅指職務本身或是及於「濫用職務或利用職務上之機會，及與執行職務之時間或處所有密切關係之行為」之認定，有否定說與肯定說之看法[97]，惟證券投資信託及顧問法第 71 條第 2 項規定，就證券投資信託事業、證券投資顧問事業之負責人、業務人員及其他受僱人，於從事業務之行為涉及民事責任者，推定為該事業授權範圍內之行為。由於推定尚非擬制，得舉反證推翻，因此如同民法第 188 條第 1 項但書之規定，該事業若能就選任受僱人及監督其職務之執行，已盡相當之注意或縱加以相當之注意而仍不免發生損害者，僱用人不負賠償責任，將回歸到民法第 188 條之適用。

第六節　違規之處罰

　　證券投資顧問事業或其附責人與從業人違反法律或行政命令之規定，包括不履行應作為（action）或誡命不應為（ommison action）行為之義務者，應受到主管機關行政處分之懲罰，現行證券投資信託及顧問法參照證券交易法第 56 條、第 65 條及第 66 條之立法體例[98]，對違規案件之行政處分，依責任之歸屬，可分為對公司之行政處分及對負責人與從業人員之行政處分兩種，於此擬就法律之規定及其衍生之附隨效果等，分別進一步加以討論。

　　證券、期貨及投信顧業為其業務人員負擔民法第 188 條連帶賠償責任之合理性研究，財團法人中華民國證券暨期貨市場發展基金會委託研究，2013 年 8 月，頁 15-24。

[97] 邱聰智、姚志明、郭土木、陳惟龍合著，證券、期貨及投信顧業為其業務人員負擔民法第 188 條連帶賠償責任之合理性研究，財團法人中華民國證券暨期貨市場發展基金會委託研究，2013 年 8 月，頁 245-247。

[98] 郭土木，證券交易法論著選輯（增修再版），2016 年 7 月 21 日，頁 232-238。

第一項　對證券公司之處分

一、糾正處分

依證券投資信託及顧問法第 102 條規定：「主管機關於審查證券投資信託事業、證券投資顧問事業、基金保管機構及全權委託保管機構所申報之財務、業務報告及其他相關資料，或於檢查其財務、業務狀況時，發現有不符合法令規定之事項，除得予以糾正外，並得依法處罰之。」糾正在於促請被糾正者，即時改善或限期改善不符合規定之事項，一般而言被糾正者於改善後亦無須函報改善之狀況，並未產生直接或間接之法律效果，所以不認為其屬於行政法上之所謂行政處分。

二、裁處罰

依證券投資信託及顧問法第 103 條規定：「主管機關對證券投資信託事業或證券投資顧問事業違反本法或依本法所發布之命令者，除依本法處罰外，並得視情節之輕重，為下列處分：一、警告。二、命令該事業解除其董事、監察人或經理人職務。三、對該事業二年以下停止其全部或一部之募集或私募證券投資信託基金或新增受託業務。四、對公司或分支機構就其所營業務之全部或一部為六個月以下之停業。五、對公司或分支機構營業許可之廢止。六、其他必要之處置。」對於依本法發布之命令者，亦同樣可依本條為行政處分，而所謂依本法所發布之命令者，即所謂行政委任立法授權頒布之行政命令，本條規定之警告，其行政處分則勿庸置疑，一般而言，是針對違規情節尚屬輕微者予以告誡，至於命令解除董事、監察人或經理人之職務者，除對公司因有監督不周之情形外，對於董、監事、經理人或受僱人個人部分之違規，則為依本法第 103 條規定，其依本條第 1 款、第 2 款處分之結果，可能影響到公司業務之推行，包括不得申請設置分支機構，或申請增加業務種類；同時對於受解除職務之董事、監

察人或經理人，依同法第 68 條第 1 項第 10 款及第 11 款之規定，在 3 年
以內，不得充任董事、監察人或經理人，其已充任者，應解任之。

三、行政罰鍰

證券投資信託及顧問法對於法人違反相關規定亦得處以罰鍰，依同法
第 111 條及第 113 條規定，係以法人作為處罰對象者，包括違反主管機關
依第 70 條所定證券投資顧問事業管理規則之有關限制、禁止規定者。惟
應注意行政罰法規定一行為違反數個行政法上義務規定而應處罰鍰者，依
法定罰鍰額最高之規定裁處。但裁處之額度，不得低於各該規定之罰鍰最
低額。前項違反行政法上義務行為，除應處罰鍰外，另有沒入或其他種類
行政罰之處罰者，得依該規定併為裁處。但其處罰種類相同，如從一重處
罰已足以達成行政目的者，不得重複裁處[99]。

第二項　對負責人與從業人員之處分

依證券投資信託及顧問法第 104 條：「證券投資信託事業及證券投資
顧問事業之董事、監察人、經理人或受僱人執行職務，有違反本法或其他
有關法令之行為，足以影響業務之正常執行者，主管機關除得隨時命令該
事業停止其一年以下執行業務或解除其職務外，並得視情節輕重，對該事
業為前條所定之處分。」本條規定解除負責人及受僱之職務
（discharge），因其違反本法或其他有關法令規定，而所謂其他有關法
令，在適用之範圍上較為廣泛，例如違反刑法、票據法或其他有關規定刑
事責任之法律，此與第 103 條規定限制在本法或依本法所發布之命令者不
完全一致，所以實例上，對於董、監事或受僱人在任職中有違反刑事責任
規定，並經判決有罪確定，即可構成本條規定之解任要件。

證券投資信託及顧問法對於法人違反規定以法人作為處罰對象者，為

---

[99] 行政罰法第 24 條第 1 項及第 2 項規定。

明確其故意、過失責任，爰參酌行政罰法第 7 條第 2 項之規定，以其負責人、業務人員或其他受僱人之故意、過失，視為該法人之故意、過失[100]。換言之，將法人與自然人之行政責任結合。因此第 104 條規定對董事、監察人、經理人或受僱人執行職務之違規行為得視情節輕重，對該事業為第 103 條所定之處分。

---

[100] 證券投資信託及顧問法第 117 條規定：「法人違反本法有關行政法上義務應受處罰者，其負責人、業務人員或其他受僱人之故意、過失，視為該法人之故意、過失。」

第四章

有價證券全權委託
投資業務之監理

第一節　前　言

　　有價證券之委託交易業務為防範利益衝突，民國 57 年 4 月 30 日訂定之證券交易法規定證券經紀商接受客戶委託買賣有價證券，不得接受對有價證券買賣代為決定種類、數量、價格或買入、賣出之全權委託[1]。然為迎接專家理財時代之趨勢，改善證券市場之投資人結構及因應專業財富管理之需求，原證券交易法第 18 條之 3 修正條文已於 89 年 7 月 19 日修正通過並經總統明令公布後，已取得證券投資顧問事業證券投資信託事業經營全權委託投資業務之法律明文授權，原財政部業並於 89 年 10 月 9 日奉行政院核定修正發布「證券投資顧問事業管理規則」，同時訂定發布「證券投資顧問事業證券投資信託事業經營全權委託投資業務管理辦法」，使證券投資顧問事業及證券投資信託事業得以經營全權委託之代客操作業務，另為考量投資人權益之保護，對於各該事業從業人員素質及對其之財務業務亦賦予加強管理之機制，除配合前開法令之發布實施，積極規劃開放全權委託投資之業務，自同年 11 月 1 日已正式接受證券投資信託及證券投資顧問事業之申請。

　　在科技與金融環境急遽變遷的現行投資理財市場上，金融商品不斷創

---

[1]　證券交易法第 159 條規定。證券商、第 18 條第 1 項所定之事業、證券商同業公會、證券交易所或證券櫃檯買賣中心違反者，依同法第 178 條之 1 第 1 項第 1 款規定，可處各該事業或公會新臺幣 24 萬元以上 480 萬元以下罰鍰，並得命其限期改善；屆期未改善者，得按次處罰。

新（innovation），資產管理國際化（internationalize）及理財智識專業化，精確的投資決策與判斷往往是致勝獲利先決條件，據統計評比之結果，專家法人操作之績效其平均報酬率通常是比大盤之表現為佳，依勞工退休基金收支保管及運用辦法第 3 條規定，對於勞工退休基金之收支、保管等業務，除委託臺灣銀行股份有限公司辦理外，同時放寬得委託其他金融機構經營[2]。另公務人員退休撫卹基金管理條例第 2 條第 4 項規定，有關公務人員退休撫卹基金之運用得委託經營[3]，考試院與行政院會銜發布「公務人員退休撫卹基金委託經營辦法」，亦有類此之規定。委託專業業者從事有價證券之投資之相關制度與設計是參照國外之立法例及運作實務之經驗而來，在透過專業的資訊蒐集與分析判斷，求取更高的報酬與績效。一般而言，在委託專業投資理財之運用方面，投資人可以購買證券投資信託所發行之受益憑證，匯集整理成大規模之基金而加以運用，亦可委託證券投資信託或證券投資顧問事業，以全權委託運用方式從事代客操作，證券投資顧問事業及投資信託事業，依民國 89 年 7 月 19 日經總統公布之證券交易法部分條文修正案第 18 條之 3 之規定，已取得開放從事代客操作之法律上依據；另同年立法通過之信託業法除得由信託業經營管理信託財產外，依其第 18 條之規定，就有關信託業以信託財產從事投資證券交易法第 6 條所規定之有價證券及期貨交易法第 3 條所規定之期貨交易時，亦可以兼營證券投資顧問事業之業務，該信託業之立法亦於同年 7 月 19 日發布實施，除了可以提供一般投資人以委任關係從事代客操作或以信託方式從事有價證券投資之理財方法外，亦可使勞工退休基金及公務人員退休撫卹基金以外之法人委託專業經營之選擇，證券投資信託及顧問法於民國 93 年立法院三讀通過，綜括證券交易法以法規命令及同業公會自

---

[2]　勞工退休基金收支保管及運用辦法第 3 條規定，本基金之收支、保管及運用，由主管機關會同財政部委託臺灣銀行股份有限公司辦理，其中保管、運用，並得委託其他金融機構辦理。臺灣銀行為辦理本基金之收支、保管，得委託其他金融機構代辦；其委託契約應送請主管機關備查。

[3]　公務人員退休撫卹基金管理條例第 2 條第 4 項規定，本基金之運用得委託經營之。有關委託經營辦法由考試院會同行政院以命令定之。

律規範形成之代客操作法令架構，進一步提升法令規範之層次並做更完整地規定，有效整合相關資產管理業相同或類似業務內容之管理、監督事項。自開放是項業務以來迄今已有新臺幣 1 兆 6,000 多億元之委託規模[4]，然而全權委託經營業務之開放，雖然可引導國內投資理財進入更精準更理性之環境，但因為此一制度事涉委託人之權益甚鉅，如何能保障投資之委託人權益，並釐清其與投信、投顧事業、信託業及保管銀行，甚至證券商、證券集中事業等相互權利義務之法律關係，不僅委託之管理單位所必須了解，更是為全國投資人所關心，本章擬就從事全權委託經營時，在現行制度運作下，其各參與當事人間之法律架構及可能產生之問題加以論述解析，希望能有益於各界之了解與樂於運用。

第二節　全權委託投資經營之意義

所謂全權委託投資經營（discretionary），一般稱之為代客操作，係指受託人接受委託人之委託，就委託自己之資產運用有關投資事項，包括買入、賣出或投資對象之種類、數量、價格及時間等概括授權受託人代為決定之業務行為，而所謂之業務行為是否必須收受報酬，從設立公司以營利為目的之角度而言，報酬是維持業務支出之成本及維護客戶提供服務之對價，應屬營業業務行為之基本要件，至於其報酬之多寡、方式等當依法令及當事人之約定[5]，證券投資信託及顧問法第 5 條第 10 款及證券投資顧問事業證券投資信託事業經營全權委託投資業務管理辦法第 2 條第 1 項規定：「本辦法所稱全權委託投資業務，指證券投資信託事業或證券投資顧問事業對客戶委任交付或信託移轉之委託投資資產，就有價證券、證券相關商品或其他經金融監督管理委員會核准項目之投資或交易為價值分析、

---

[4] 詳參中華民國證券投資信託暨顧問商業同業公會全體業者（委任關係及信託關係）統計資料，閱覽網站：https://www.sitca.org.tw/ROC/Industry/IN4001，上網時間：2019/09/19。

[5] 詳參余雪明，證券交易法，財團法人中華民國證券暨期貨市場發展基金會，2000 年 11 月，頁 62。

投資判斷，並基於該投資判斷，為客戶執行投資或交易之業務。」亦即證券投顧或投信事業基於客戶之授權，依信託或委任之法律關係，基於客戶之指示範圍作最合適最有效率之投資組合（portfolio）與運用從事投資之業務行為[6]。全權委託之代客操作為依據較大額度資金投資人，依其特殊需求所設計之個別委託，通常是以客戶名義並授與相當裁量之決定空間，依代理人身分從事為投資人投資之量身訂做運作，與證券投資信託共同基金是透過發行受益憑證募集基金，籌集小額投資人之資金，並以基金專戶名義從事投資之方式有所不同，然共同基金與全權委託之代客操作都是透過專業法人之參與，使投資判斷更為精確，投資之政策更趨理性，不僅可為投資人追求更高之報酬外，亦為扮演穩定市場及健全市場發展相當重要之角色。

第三節　信託業兼營全權委託投資業務之運作

在原證券交易法部案第 18 條之 3、信託業法第 18 條及證券投資信託及顧問法相關規定之下，依法令之規定可提供投資人以委任關係從事代客操作或以信託方式從事有價證券投資之全權委託投資業務，在兩種架構之經營模式，如何方得以合理及有效率的運用資產，此為主管機關在開放是項業務政策上不得不慎重考量之要素，以下擬就其可能經營之法律架構加以敘述分析。

---

6 有認為全權委託可區分為投資之全權委託與買賣之全權委託，買賣之全權委託是由證券經紀商就有價證券之買賣代為種類、數量、價格或買入、賣出之決定，而投資之全權委託在於委託資金整體投資組合之運用，我國證券投資信託及顧問法第 5 條第 10 款之法律用語為全權委託投資業務，且在相關管理辦法中規定，其投資範圍包括本國上市、上櫃之有價證券、本國投信發行之開放型或受益憑證、外國有價證券及承銷之有價證券等，另公務人員退休撫卹基金管理條例第 5 條所規定之基金運用範圍包括購買公債、庫券、短期票券、受益憑證、公司債、上市公司股票及銀行存款等，因此所謂之全權委託投資業務，是指投資之全權委託而言。然全權委託投資業務除就投資標的之組合之選樣與應用外，尚包括委託買賣下單之行為，應涵蓋兩種行為，證券經紀商依證券交易法第 159 條規定，不能代客戶為種類、數量、價格或買入、賣出之決定，因此除非經許可兼營全權委託投資業務，否則不得從事代客操作之行為，故區分投資之全權委託與買賣之全權委託實益不大。

第一項　經營之可能架構

信託業將信託財產運用於證券交易法第 6 條規定之有價證券或期貨交易法第 3 條規定之期貨時,應向證券主管機關申請兼營證券投資顧問業,而信託業其經營業務與委任人間之法律關係為信託架構,因此信託業在經營全權委託投資業務時,應遵行原信託之法律架構,還是要依照證券投資信託或顧問事業接受委託代客操作之委任關係則有疑義,依信託業法施行細則第 10 條規定,信託業經依本法第 18 條第 1 項規定核准兼營證券投資顧問業務者,除信託法、本法或其相關法令另有規定外,適用證券投資信託事業證券投資顧問事業經營全權委託投資業務管理辦法信託業專章之規定。有認為信託業法第 18 條後段所稱應向證券主管機關申請兼營證券投資顧問業務者,係指信託業辦理委託人不指定營運範圍或方法之單獨管理運用之金錢信託,且其信託契約約定得由信託業將信託財產全數運用於證券交易法第 6 條規定之有價證券或期貨交易法第 3 條規定之期貨者。所以依該條規定原先認為信託業兼營代客操作業務者,必須將全部信託財產用於證券市場或期貨市場才適用,若有部分不運用在該二市場則不需申請兼營證券投資顧問事業執照,至於其兼營時應依信託或一般委任之規定運作仍未解決,然信託業兼營全權委託業務時,銀行或信託業者(現行之信託業者仍全為銀行兼營),由於銀行可能兼具保管機構、證券商、信託業及全權委託投資之代客操作業務四種角色,是否可以由本業專營或申請兼營業務許可,以及如何區隔釐清其扮演之功能,在組織架構與相互往來衍生之法律關係可圖示如下。

一、委任人受任人及保管機構間以雙委任方式經營

證券投資信託及資顧問事業或信託業以委任方式經營全權委託投資業務,證券投資信託及資顧問事業或信託業係以代理人從事業務行為,因此投資人應分別與證券投資信託及資顧問事業或信託業簽訂全權委託契約,

並與保管機構簽訂保管契約，由客戶將委託投資資產交由保管機構保管或信託移轉予保管機構，另為考量操作機構與保管機構間之順利運作，由投資人與受託人及保管機構簽訂三方協議書（如圖 4-1）。

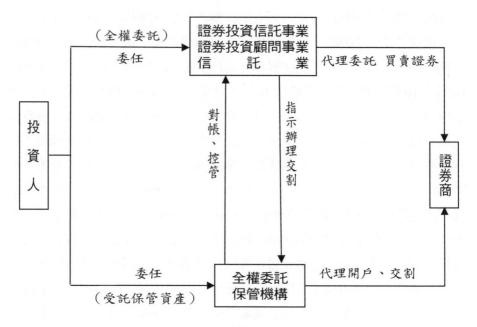

圖 4-1　雙委任之架構

　　前述雙委任架構下，就信託業者而言，其於接受客戶委託後，由於內部關係是信託契約，所以形式上所有權已移轉到信託業名下，而由信託業與受任人兼扮演一般投資人之角色，對外關係可再委託證券投資顧問投資信託業者從事全權委託投資，同時再委任其他之保管機構為保管及交割結算等之業務，香港資產管理機構同時可接受其關係企業及其他客戶之委託從事代客操作，所以信託部門、銀行部門都是其資產管理部門之客戶，其區隔並使各專業部門的職能得以發揮意義在此，而在金融控股公司法之理想架構亦在此，各個部門都成立獨立子公司，並可透過防火牆防止利益上之衝突，而在此一架構下，信託業扮演代客操作之受託人與一般投資人

無異。

二、以委任關係代客操作及信託關係保管信託資產方式 經營

委任人、受任人係以委任關係從事代客操作之經營，然委任人及保管機構間則係信託方式，因此在證券商開戶係以受任人之保管機構名義開戶並辦理交割結算，買賣有價證券為受託之銀行或信託業（如圖 4-2），受託人於接受客戶之信託後，依信託契約之本旨其信託財產已移轉於銀行或信託業名下，而銀行或信託業對於受託之財產可依契約之本旨為使用、收益、處分，包括為投資有價證券市場或買賣期貨交易契約，自屬於信託契約或信託業法依法有據，然銀行或信託業與客戶內部間存在有信託關係，不得在信託與信託業者從事操作[7]，但其本身可否僅依信託業法第 18 條規定，在表面上取得兼營證券投資顧問事業營業許可之執照即可，而在運用信託財產從事投資時，自行依據其公司或該業有內部之規範，換言之，不必再考慮設置獨立之專責部門而統一由信託部集體運用，而受託代客操作之財產亦得與其他信託財產混合運用，其成本自然較低，信託業法管理亦較低度，是否合乎公平、專業理念及投資人權益保護，是有商榷之餘地。現行規定信託業辦理信託業法第 18 條第 1 項後段全權決定運用標的，且將信託財產運用於證券交易法第 6 條之有價證券，並符合一定條件者，應依證券投資顧問事業設置標準向主管機關申請兼營全權委託投資業務[8]，除信託法及信託業法另有規定外，其運用之規範應依第四章規定辦理[9]。

---

[7] 法務部認為涉及複信託行為，非信託法所允許。參見該部 90 年 11 月 26 日（90）法律字第 000727 號函。

[8] 證券投資顧問事業設置標準第 23 條第 2 項規定，信託業兼營以委任方式辦理全權委託投資業務或以信託方式辦理全權委託投資業務者，應指撥專用營運資金；其金額不得低於全權委託管理辦法第 5 條第 1 項第 1 款所定實收資本額達新臺幣 5,000 萬元之金額；已兼營期貨顧問業務之證券投資顧問事業申請或同時申請經營全權委託投資業務及兼營期貨顧問業務者，實收資本額應達新臺幣 7,000 萬元之金額。

[9] 證券投資信託事業證券投資顧問事業經營全權委託投資業務管理辦法第 33 條第 3 項規定，

所稱一定條件，指信託業單獨管理運用或集合管理運用之信託財產涉及運用於證券交易法第 6 條之有價證券達新臺幣 1,000 萬元以上者[10]。故投資有價證券達新臺幣 1,000 萬元以上需申請兼營全權委託投資業務許可，未達新臺幣 1,000 萬元者，信託業依原信託經營方式辦理即可。

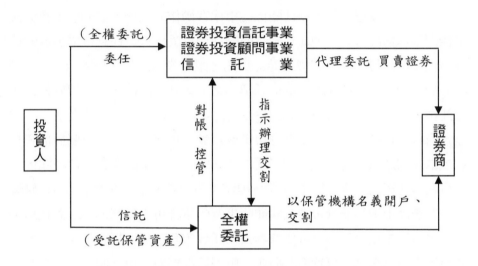

圖 4-2　委任代客操作及信託保管信託資產方式

三、以信託關係全權委託投資及委任關係保管資產方式經營

　　投信投顧業以信託方式經營全權委託投資業務，應將信託財產交由保管機構保管，並以投信投顧信託財產名義開戶、交割，基於管理資產者與資產保管者分離之機制（如圖 4-3），以降低監守自盜發生之機率，證券投資信託及顧問法規定投信投顧業不得以任何理由自行保管投資運用之財產，因此有保管機構之設置，此與信託業得自行保管信託財產不同。至於

信託業兼營全權委託投資業務者，得自行保管信託財產；其自行保管者，應指定專責人員辦理。

[10] 證券投資信託事業證券投資顧問事業經營全權委託投資業務管理辦法第 2 條第 5 項規定。

投信投顧業以信託方式經營全權委託投資業務，其已涉及信託業法之信託業務，基於功能性監理之原則，其應否取得兼營信託業之許可，現行規定證券投資信託事業、證券投資顧問事業或證券經紀商，以信託方式經營全權委託投資業務，接受委託人原始信託財產應達新臺幣 1,000 萬元以上，並應依證券投資信託事業證券投資顧問事業經營全權委託投資業務管理辦法，以及證券投資信託事業證券投資顧問事業證券商兼營信託業務管理辦法，申請兼營金錢之信託及有價證券之信託[11]。

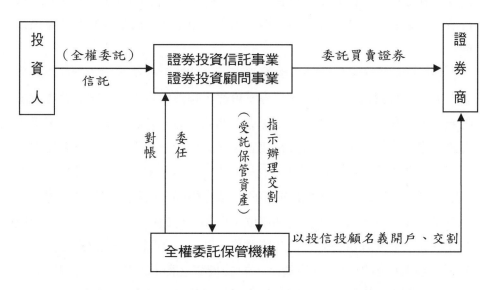

圖 4-3　以信託關係全權委託投資及委任關係保管資產方式經營

四、信託業以信託關係從事有價證券之全權委託投資經營

銀行或信託業者從事代客操作業務時，由於信託業法第 18 條規定，係將信託財產運用於證券交易法第 6 條規定之有價證券或期貨交易法第 3

---

[11] 證券投資信託事業證券投資顧問事業證券商兼營信託業務管理辦法第 4 條第 1 項第 1 款規定，證券投資信託事業、證券投資顧問事業申請以信託方式辦理全權委託投資業務，應符合證券投資信託事業證券投資顧問事業經營全權委託投資業務管理辦法所定條件。

條規定之期貨時，應向證券主管機關申請兼營證券投資顧問業務許可，但對於信託財產之保管是否由銀行或信託業者擔任保管機構之角色，則未有明確之規定，因此從保管機構之功能而言，不僅是擔任保管寄託、確認計算、勾稽控管及查核等之業務，為免由同一人擔任而產生角色混淆失去原立法規劃之目的，故在銀行或信託業者從事代客操作業務同時，必須將其委託人所信託從事代客操作之資產移由其他銀行或信託業者擔任保管機構，才能達到原先規劃之控管目的，而銀行或信託業以信託受託人之地位再委任其他銀行或信託業者保管，在外部關係上，就已登記為受託人之銀行或信託業者之信託財產並不改變其名義，故不致影響信託契約之原來架構。

　　銀行或信託業者以信託契約接受客戶之信託財產後，由銀行或信託業者內部專門設置代客操作之獨立專責單位，類似銀行之信託部設置專責部門兼營證券商之業務一樣，而該專責部門之人員、會計、資金、業務操作方式與銀行或信託業本身之業務獨立，且該部門之運作模式與一般證券投資顧問事業或證券投資信託事業相同，如此與經營相類似代客操作之業者是處於同一平等之基礎，與遵循相同之法令規範，雖然代客操作之專責部門市設立在銀行或信託業之內部單位，但其取得證券主管機關之兼營全權委託投資之營業許可證照，從功能業務之區分，是同為一般之證券投資事業，而必須指撥相同之營運資金，對於投資之標的範圍亦須有相同的標準，至於保管機構之角色則可委任由銀行或信託業之其他部門負責（如圖4-4），但能需建立健全之相互勾稽控管機制與課以完整之法律責任[12]。

---

[12] 證券投資信託事業證券投資顧問事業經營全權委託投資業務管理辦法第 33 條第 3 項規定，信託業兼營全權委託投資業務者，得自行保管信託財產；其自行保管者，應指定專責人員辦理。

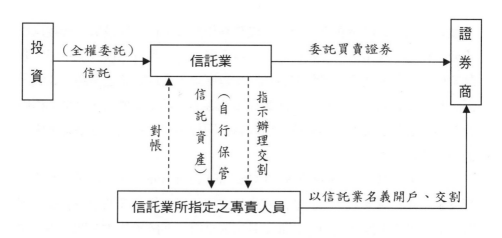

圖 4-4　信託業以信託關係從事全權委託投資並自行保管

第二項　合理解決之經營架構

一、信託業以受託財產從事證券交易法之有價證券投資及期貨交易法之期貨交易時，依上開規定應向證券管理機關申請兼營證券投資顧問事業執照，而所謂「兼營業務」，例如銀行兼營證券業務或證券商兼營期貨業務，就兼營部分在業務上除有特別規定外，自然依證券交易法或期貨交易法之有關規定進行辦理。因此兼營證券投資顧問業務之信託業，在業務上如依信託業法之信託契約方式，則與全權委託業務之代客操作係依委任關係有所不同，而且保管銀行及投資人間採委任方式其資產所有權並未移轉亦有所不同，故未釐清體制架設將使營運及管理上徒增困擾與紛爭。

二、信託業兼營證券投資顧問業務，應依該規定指撥專用之營運資金、具備符合全權委託管理辦法所規定資格之組織人員、擬具經營全權委託投資業務之營業計畫及業務章則，並加入投信投顧公會，在規範上與投信投顧之代客操作完全一致；另對於客戶全權委託之管理資金與有價證券，其與投信投顧間，或保管銀行間採委任關係，在性質上與信託必須移轉形式所有權有所不同，且採行信託之架構，其信託財產種類除金錢、有價證券外，尚包括動產、不動產或其他財產權，因此若不將受託之金錢及

有價證券之信託財產獨立出來，其從事有價證券全權委託投資之代客操作部分，在代客操作業務上與信託為以自己名義為法律行為模式係不同之體制架構，如何管理及業者如何遵循將難以區隔，且信託業之業務空間大，而證券投資顧問及證券投資信託業從事代客操作其投資標的、資金之運用及業務應遵行之規範較為嚴格，所以對於同樣業務，在競爭之基礎上應提供公平性之環境與條件。

三、美國國會於 1999 年通過 Gramm-Leach-Bliley Act 法案，准許銀行從事證券相關業務，亦於該法案中規定銀行從事投資顧問須設置獨立部門，並依投資顧問法之規定註冊，且須完全符合美國證管會有關銷售及廣告之相關規範。另香港證監會雖例外准許銀行豁免投資顧問之登記，惟1995 年，香港金管局與證監會共同簽署諒解備忘錄，以促進監管工作上的合作，1996 年金管局在證監會協助下，編製了認可機構證券業務的現場審查指引，目前金管局與證監會每月舉行一次會議，討論共同關注的監管事項及個案，因此，香港銀行在從事證券相關活動，亦受證券主管機關之管理。此外於新加坡，舉凡從事證券顧問、發行證券分析報告及接受客戶全權委託投資業務者，均定義為證券投顧業者，須依證券業法之規範向新加坡金融管理局申請投資顧問執照，準此，從國外立法例及實務運作上，即使是銀行或信託業兼營資產管理之全權委託投資業務，還是要遵守所兼營業務之專業規範[13]。

四、依據前開說明，就信託業法第 18 條之文義及兼營運作之實務上，專業範圍應依專業功能管理之法令，投資有價證券之代客操作除信託業與委託人間之為信託關係外，自應依證券交易法之體系運作，否則信託業法第 18 條之條文，僅向證期會取得乙紙營業執照，將形成具文，並造成未來管理上之漏洞，而前面所示圖解本文認為以圖 4-3 或圖 4-4 較能符合證券投資信託及顧問法與信託業法之本旨。

---

[13]　參見中華民國證券投資信託暨顧問商業同業公會 90 年 5 月 15 日函報主管機關，就財政部證期會以及中央銀行外匯局委託陳春山教授研究「發展全權委託投資業務之研究」所提意見，頁 2-4。

第三項　全權委託投資契約之架構

證券投資信託事業、證券投資顧問事業或其他相關事業經營或兼營全權委託投資業務，其與保管機構間之組織運作關係，除法令之規定外，主要係依相互間之契約關係所建構，包括由投資人與受託機構之權全委託投資契約、投資人與保管機構間之保管契約、投資人、受託機構、投資人與保管機構之三方協議，當中尚存在有委任及信託之法律架構，茲分述如下。

一、全權委託投資契約

（一）投資人同意委由投信投顧業者或其他相關事業經營或兼營全權委託投資業務機構等，此時，應與業者簽訂全權委託投資契約，確認雙方的權利義務，以杜爭議。因係依委任人個別需求包括對於投資之時間、數量、價格與種類之決定，其與證券投資信託共同基金不同，因此投信投顧業者應與委任人個別簽訂全權委託投資契約，不得接受共同委託[14]。

（二）由委任者與業者簽訂全權委託投資契約，而在全權委託投資契約中應記載事項，包括簽約後可要求解約之期限、委託投資金額、投資基本方針及投資範圍、投資決策之授與及限制、資產運用指示權之授與及限制、投資經理人、保管機構、證券經紀商之指定及變更、保密、交付定期報告及重大損失即時報告之義務、委託報酬與費用之計算、越權交易之交割責任及委任關係終止後的了結義務等[15]。

---

[14] 證券投資信託事業證券投資顧問事業經營全權委託投資業務管理辦法第 22 條第 1 項及第 2 項規定，證券投資信託事業或證券投資顧問事業經營全權委託投資業務，應與客戶簽訂全權委託投資契約，明定其與客戶間因委任或信託關係所生之各項全權委託投資權利義務內容，並將契約副本送交全權委託保管機構。前項全權委託投資契約，應與客戶個別簽訂，除法令或本會另有規定外，不得接受共同委任或信託。

[15] 其應記載事項依證券投資信託事業證券投資顧問事業經營全權委託投資業務管理辦法第 22 條第 2 項及信託業法第 19 條第 1 項記載各款規定。

二、委任代理保管款券之保管及委任契約

委任人應自行指定經主管機關核准得辦理保管業務之金融機構，將委託投資之資產交由該保管機構保管，而由保管機構與委任人簽訂委任代理契約[16]，辦理證券投資之開戶、款券保管、買賣交割及帳務處理等事宜，委任代理契約必須由保管機構與委任人個別簽訂，不得共同委任。惟全權委託投資業務之客戶若為信託業或其他經主管機關核准之事業，依信託法律行為之本質包含管理運用及保管，故得由客戶自行保管委託投資資產。另基於代客操作業務與個人投資相近，為尊重委任人之決定法令規定給予較多之彈性運作空間，因此全權委託投資業務之客戶為金融消費者保護法第 4 條第 2 項所定之專業投資機構[17]，且所委託投資資產已指定保管機構者，證券投資信託事業或證券投資顧問事業得與該客戶自行約定委託投資資產之保管，不適用有關應由客戶將資產委託全權委託保管機構保管或信託移轉予保管機構之規定。

三、三方權利義務協定書之簽訂

委任人、投信投顧業者及保管機構，於同意以委任方式從事代為投資操作後，應進一步確認三方當事人對彼此之權利義務關係，故須簽訂三方權利義務之協定書，三方協議依證券投資信託及顧問法及其相關規定，由

---

[16] 證券投資信託事業證券投資顧問事業經營全權委託投資業務管理辦法第 11 條第 1 項及第 2 項規定，證券投資信託事業或證券投資顧問事業以委任方式經營全權委託投資業務，應由客戶將資產委託全權委託保管機構保管或信託移轉予保管機構，證券投資信託事業或證券投資顧問事業並不得以任何理由保管受託投資資產。

[17] 專業投資機構之範圍及一定財力或專業能力之條件，由主管機關定之。依 106 年 12 月 06 日金管法字第 10600555450 號令，金融消費者保護法第 4 條第 1 項但書第 1 款所稱專業投資機構，其範圍如下：（一）國內外之銀行業、證券業、期貨業、保險業、基金管理公司及政府投資機構；（二）國內外之政府基金、退休基金、共同基金、單位信託及金融服務業依證券投資信託及顧問法、期貨交易法或信託業法經理之基金或接受金融消費者委任交付或信託移轉之委託投資資產；（三）其他經主管機關認定之機構。前項第 1 款所稱銀行業、證券業、期貨業、保險業，依金融監督管理委員會組織法第 2 條第 3 項規定。但保險業不包括保險代理人、保險經紀人及保險公證人。

委任人全權委託投信投顧業者執行有價證券之投資及證券相關商品交易，並將委託投資資產委任保管機構保管及辦理有關開戶、款券保管、保證金與權利金之繳交、買賣交割、帳務處理及股權行使等事務，使證券投資信託及顧問事業與客戶間之投資決策權、委託買賣代理權、交割指示權之範圍與限制上應有明確之依據，同時亦可進一步規定保管機構於受任人交易完成後，辦理交割前須對交易行為是否符合委託投資契約所規定之內容執行進行審查確認，如此方能有效勾稽是否依委任人之指示，就約定之投資或交易基本方針及投資或交易範圍從事代客操作，其中一包括對於越權交易之交割責任歸屬之訂定，以杜未來產生之爭議[18]。

第四節　全權委託投資業務之作業流程

全權委託投資之法律關係通常可分為委任與信託架構，委任關係之受任人係以本人及代理人之方式從事經營，信託關係之信託財產則以移轉於受託人名義從事業務，對於全權委託投資之資金運用，必須其受託人及保管機構之自有財產分別獨立外，受託人及保管機構之債權人亦不得對於委託人所委託之資金及該資金購入之資產，為任何請求或行使其他權利，以保護客戶之權益，至於經營全權委託投資業務應提存營業保證金，以為開放證券投資顧問事業及信託事業得從事全權委託之保障。信託業法第 16 條、第 17 條之規定，信託業得經營金錢及有價證券之信託業，並得為代理信託財產之取得、管理、處分、清算等事項，所以信託業得依信託契約從事全權委託之代客操作業務，惟在同法第 18 條第 1 項後段規定，信託業之業務經營，如涉及得全權決定運用標的，且將信託財產運用於證券交易法第 6 條規定之有價證券或期貨交易法第 3 條規定之期貨時，應申請兼營證券投資顧問業務，綜據此次新法增訂之規定，對於證券投資顧問事業、證券投資信託事業及經證券主管機關許可兼營證券投資顧問事務之信

---

[18] 參見 97 年 2 月 21 日中華民國證券投資信託暨顧問商業同業公會中信顧字第 0970001267 號函修正發布之全權委託三方權義協定書範本。

託業得經營受託從事有價證券全權委託之業務，未經取得營業許可之證券投資顧問、證券投資信託及得兼營之信託業者，不得從事該項受託業務，否則將觸犯證券交易法第 175 條[19]及信託業法第 48 條[20]規定之刑事責任，投資人亦不敢冒然委託其投資，以避免在沒有法律合法保障下，權利遭受損害。

然而信託業法第 18 條第 1 項之規定，對於信託業者經營受託有價證券或從事期貨交易時，應向證券主管機關申請兼營證券資顧問業務，所謂向證券主管機關申請兼營證券投資顧問業務，是單純取得證券暨期貨管理機構之兼營許可證照即可，抑或其經營受託代理信託有價證券之取得、管理、處分、清算等運用事項之業務時，仍須依證券投資顧問事業經營全權委託投資業務之規範辦理，由於依信託契約方式之委託經營，與依委任契約之方式尚有不同，因此信託業從事有價證券之全權委託業務時，可否完全依信託業法規定之信託契約方式為之，或必須依證券交易法全權委託投資之方式為之，則不無異議，依信託契約以有價證券為信託財產時，必須依規定為信託登記，於證券上或其他表彰權利之文件上載明為信託財產，換言之，在形式上之所有權必須移轉登記予受託人之信託業者，受託機構運用受託基金或資金買入有價證券，其信託財產包括記名證券，應以受託人名義為之[21]，此之信託業與一般之法人或個人投資無異。因此以信託方式就有價證券之全權委託投資在行為主體上，該信託業若再透過以委任方式為從事業務行為，則應以依證券交易法或證券投資信託及顧問法規定之方式為之，至於信託業從事代客操作之可能方式包括委任與信託架構，容

---

[19] 證券投資信託及顧問法第 107 條第 1 款規定，位經主管機關許可，經營證券投資信託業務、證券投資顧問業務、全權委託投資業務或其他應經主管機關核准之業務者，可處 5 年以下有期徒刑，併科新臺幣 100 萬元以上 5,000 萬元以下罰金。

[20] 信託業法第 33 條規定非信託業不得辦理不特定多數人委託經理第 16 條之信託業務。但其他法律另有規定者，不在此限。同法第 48 條規定，違反第 33 條規定者，處 3 年以上 10 年以下有期徒刑，得併科新臺幣 1,000 萬元以上 2 億元以下罰金。其因犯罪獲取之財物或財產上利益達新臺幣 1 億元以上者，處 7 年以上有期徒刑，得併科新臺幣 2,500 萬元以上 5 億元以下罰金。

[21] 參見賴源河、王志誠合著，現代信託法論，1995 年，頁 8。

於後述。由於證券投資信託及顧問法對於全權委託投資業務之代客操作法令架構已取得法律明確之授權訂定管理之辦法之依據，所以全權委託投資業務之開放在規劃上可依法律之規定由行政機關訂定法規法令加以管理，另外亦得透過客戶受託人及保管機構間以契約規範私權利義務之關係，同時也需加強由同業公會訂定之自律公約或業務操作辦法等三方面來加強其對客戶權益之保障。開放全權委託投資代客操作之業務，在原證券交易法第 18 條之 3 規定及授權下，配合現行證券交易實務之運作，投資人委託證券投資顧問、投資信託事業及經證券主管機關許可兼營之信託業，從事專業之投資運用，代客操作在證券交易法之架構由於依照民法委任或混和契約型態之方式從事業務行為[22]，為進一步了解在此一委託運用情況下投資人所扮演的角色地位及所受之保障，茲就行政、私法契約及自律規範上分述其內容分述如後，以探究其作業之流程及管理之結構與釐清其相互間之法律關係，準此，以下擬先就委託投資作業流程及業務管理結構加以圖示說明如後圖 4-5 與 4-6，並進一步分析其法律架構。

第一項　全權委託投資作業流程

全權委託投資之業務，係由投資人選任或委任經許可經營的投信、投顧公司或信託業者接受委任或信託，就授權投資之內容簽訂全權委託投資契約，並與保管機構簽訂保管契約就委託投資之款券委託或信託予保管機

---

[22] 日本對於投資顧問契約之性質，學者有認為是準委任之無名契約，因為委任之規定係委託以法律行為之事務為限，有關提供分析建議意見之事項並非法律行為之事務，只得準用或類推適用民法委任之規定，故稱為準委任契約，至於全權委託投資之業務就投資資金之運用行為，則為法律行為之委任契約，亦有學者認為既有準用之規定或得類推適用，則無區分委任或準委任之必要，概稱為事務處理之委託，我國現行之證券投資顧問管理規則第 5 條第 1 款規定，證券投資顧問事業得經營之業務項目為「接受委任，對證券投資有關事項提供研究分析意見或建議」，另擬議中之證券投資顧問事業證券投資信託事業經營全權委託投資業務管理辦法草案第 3 條第 1 項規定，本辦法所稱全權委託投資業務，係指接受受任人委任，對委任人交由保管機構保管之委託投資資金為投資判斷及執行投資之業務，故亦認為是基於民法委任契約之基礎。

構，由受任人委任執行有價證券或其他經許可投資之商品為投資組合與買賣（如圖 4-5），其中包括就委任人所交付委託的投資資金，依其專業做價值分析與投資判斷，並執行投資業務（如圖 4-6）。為清楚其運用之法律規定與操作過程，以下擬就投資作業流程提出加以說明。

一、選任委託合格經營之受任人或受託人

（一）就合格得從事全權委託投資業務之證券投資信託及顧問事業選擇專業、優良及有信譽之業者為之，而委任之自然人客戶若為未成年人或經受監護宣告者，必須有法定代理人之同意或由其代為開戶方得為之，另受破產宣告未經復權者，主管機關人員及受託人之負責人、從業人員等亦不得委託，此外委託人與在證券經紀商開戶委託買賣之客戶資格並無差別，換言之，除有特別情況外，對於得在證券市場上投資皆可委託代客操作，現行證券業者，保險業者已得委託代客操作，但銀行業之自有資金開放委託業者代客操作，尚待財政部之許可。

（二）受託人之投顧投信公司及信託業要經營全權委託投資業務應具備的條件並不是所有的投顧或投信公司或信託業都可以經營有價證券之全權委託投資事業，要申請經營全權委託投資業務必須具備下列資格條件：

1.相當的資本額

投顧公司實收資本額需達新臺幣 5,000 萬元以上，投信公司實收資本額需達新臺幣 3 億元，且最近期財務報告每股淨值不低於面額，而信託業申請兼營應指撥相當之專用營運基金。

2.具有經營業務能力

投顧公司必須營業滿兩年並具有經營全權委託投資業務能力，投信公司則因其主要業務為管理共同基金，性質與全權委託投資相近，所以沒有最低經營年限限制。

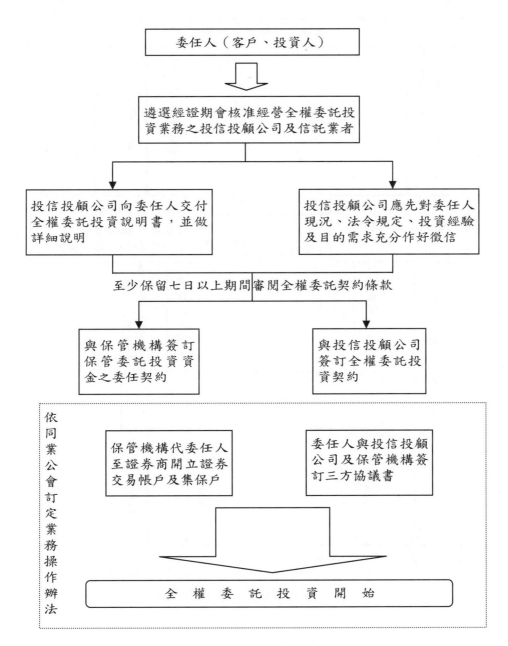

圖 4-5 全權委託投資作業流程

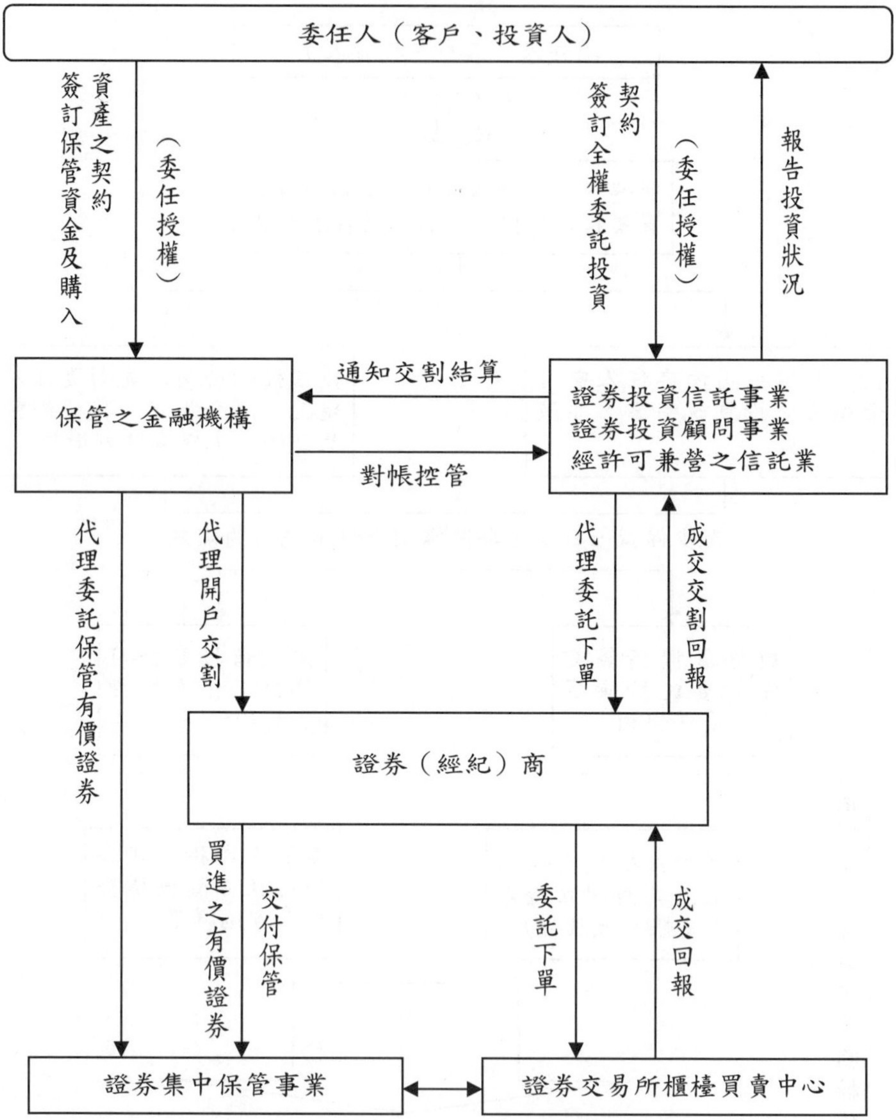

委任人（客戶、投資人）

資產之契約
簽訂保管資金及購入

（委任授權）

契約
簽訂全權委託投資

（委任授權）

報告投資狀況

保管之金融機構

通知交割結算

證券投資信託事業
證券投資顧問事業
經許可兼營之信託業

對帳控管

代理委託保管有價證券

代理開戶交割

代理委託下單

成交交割回報

證券（經紀）商

買進之有價證券

交付保管

委託下單

成交回報

證券集中保管事業　◄──►　證券交易所櫃檯買賣中心

圖 4-6　全權委託投資業務管理結構

3.未遭受主管機關下列處分

（1）最近兩年未曾被主管機關依證券交易法第 66 條第 2 款以上處分（包括命令解除其董事、監察人或經理人職務、處 6 個月以上之停業及撤銷營業許可）。

（2）最近半年未曾被主管機關依證券交易法第 66 條第 1 款為警告之處分。

4.需提存營業保證金

為使客戶權益獲得適度保障，投顧或投信公司應依主管機關規定提存一定金額的全權委託營業保證金。營業保證金之係指依主管機關之規定或同業公會之規範，於指定之金融機構，繳（提）存一定比率或一定金額之現金、政府債券、金融債券或金融機構得以接受之有價證券，於繳（提）存者因業務產生債務時，為履約賠償責任，債權人對該筆保證金有優先受償之權利[23]；因此營業（或設立）保證金為提供其因業務產生債務之擔保，在考量此一業務之開放關係投資人之權益甚鉅，同時為引導業者自律之必要性，對於該保證金之繳交要求爰有比照交割結算基金之提撥，並以共同責任制委由同業公會就投資人因業務產生之損害加以賠償，其保障效力更強，另鑑於共同責任制之採行對未有過失之受任人要求過重之責，爰僅規定提存營業保證金而已並未擴大到共同責任制。營業或設立保證金，對於因營業或設立而產生債務之債權人，就該保證金有優先受償之權（privilege），此種由於法律規定之法定優先權排除債權人對於同一債務人有平等接受分配的原則，法律規定之目的用以保護特殊的債權，由於係

---

[23] 委任人與受任人間外觀上存有代理之法律關係，雖然委任之投資本人與證券商仍存有委託下單買賣之行為，對於市場上存在證券經紀經營之風險仍可透過交割結算基金、投資人保護基金及提存營業保證金得到保護，但對於證券投資信託或顧問事業存在之經營風險造成之損害，則欠缺進一步之保護機制，因此原證券交易法第18條之3第2項規定，在經營接受客戶全權委託投資業務時必須提存營業保證金。而營業保證金（Business Guaranty Bond）一詞，在證券暨期貨交易管理法令規定之處甚多，由於法令上之定位不明確，因此對於因業務或其他法律關係產生債務，債權人對該項營業保證金請求清償，或依法令規定聲請強制執行時，往往釀成極為複雜之紛爭。郭土木，證券交易法論著選輯（增版再修），2016年7月21日。

法定且優先於一般債權人受清償，並不對該提（繳）存標的物有排他、直接支配之性質，故宜認為僅具債權之優先權尚非物權之優先權。

二、選任符合規定之保管機構

證券投資信託事業或證券投資顧問事業經營全權委託投資業務，應由客戶與全權委託保管機構另行簽訂委任或信託契約，辦理有價證券投資或證券相關商品交易之開戶、款券保管、保證金與權利金之繳交、買賣交割、帳務處理或股權行使等事宜[24]。

(一)保管機構之積極資格條件

依證券投資顧問事業證券投資信託事業經營全權委託投資業務管理辦法第 11 條第 1 項及第 2 項規定[25]，委任之投資人之款券必須存入保管機構得由受託人保管而保管機構應由委任人自行指定之，而全權委託保管機構係指依本法及全權委託相關契約，保管委託投資資產及辦理相關全權委託保管業務之信託公司或兼營信託業務之銀行[26]，至於保管機構之資格條件依主管機關之規定，原則上必須符合銀行法第 20 條所稱之銀行，且其信用平等等級達下列情形之一者才可以擔任全權委託投資業務之保管機構，現行證券投資信託事業證券投資顧問事業經營全權委託投資業務管理辦法第 2 條第 7 項、第 10 條第 1 項所稱符合主管機關所定條件，指保管委託投資資產與辦理相關全權委託保管業務之信託公司或兼營信託業務之銀

---

[24] 證券投資信託事業證券投資顧問事業經營全權委託投資業務管理辦法第 26 條第 1 項規定。

[25] 全權委託投資業務之客戶為信託業或其他經主管機關核准之事業，鑑於信託業務得保管知本質於特殊情況如政府基金不得移轉保管等情形，明定得由客戶自行保管委託投資資產。另全權委託投資業務之客戶為金融消費者保護法所定之專業投資機構且所委託投資資產已指定保管機構者，證券投資信託事業或證券投資顧問事業得與該客戶自行約定委託投資資產之保管，亦不適用有關應由客戶將資產委託全權委託保管機構保管或信託移轉予保管機構之規定。詳證券投資信託事業證券投資顧問事業經營全權委託投資業務管理辦法第 11 條第 5 項及第 6 項規定。

[26] 依證券投資信託及顧問法第 5 條第 11 款規定。

行、提存營業保證金之金融機構，應符合下列條件[27]：

1.屬本國銀行（含外國銀行在中華民國境內依銀行法組織登記之子公司）者，其普通股權益比率、第一類資本比率及資本適足率應符合下列條件：

（1）不得低於銀行資本適足性及資本等級管理辦法第 5 條第 1 項第 1 款及第 2 款所定最低比率（民國 104 年資本適足率 8%；第一類資本比率 8%）。

（2）前目所定之最低比率，經主管機關依據銀行資本適足性及資本等級管理辦法第 5 條第 2 項規定提高者，不得低於提高後之比率（民國 108 年起資本適足率 10.5%；第一類資本比率 8.5%）。

2.屬外國銀行在中華民國境內之分公司者，其總公司之信用評等等級應達下列標準之一：

（1）經 Standard & Poor's Ratings Services 評定，長期債務信用評等達 BBB-級以上，短期債務信用評等達 A-3 級以上。

（2）經 Moody's Investors Service, Inc 評定，長期債務信用評等達 Baa3 級以上，短期債務信用評等達 P-3 級以上。

（3）經 Fitch Ratings Ltd.評定，長期債務信用評等達 BBB-級以上，短期債務信用評等達 F3 級以上。

（4）經中華信用評等股份有限公司評定，長期債務信用評等達 twBBB-級以上，短期債務信用評等達 twA-3 級以上。

（5）經英商惠譽國際信用評等股份有限公司臺灣分公司評定，長期債務信用評等達 BBB-(twn)級以上，短期債務信用評等達 F3(twn)級以上。

（二）保管機構之消極資格條件

為達到接受委託經營業務者能專心致力於專業之分析判斷，避免聯合

---

[27] 金融監督管理委員會 103 年 6 月 3 日金管證投字第 1030013323A 號令。

壟斷，並有利於稽查管控之制衡，保管機構與接受委託經營業務者應嚴加區隔，前述證券投資顧問事業證券投資信託事業經營全權委託投資業務管理辦法第 11 條第 1 項及第 3 項規定，保管機構與證券投資顧問事業證券投資信託事業間，有下列情事之一者，應負告知之義務：

1.投資於證券投資顧問事業或證券投資信託事業已發行股份總數之百分之十以上股份者。

2.擔任證券投資顧問事業或證券投資信託事業董事、監察人；或其董事、監察人擔任證券投資顧問事業或證券投資信託事業之董事、監察人或經理人者。

3.證券投資顧問事業或證券投資信託事業持有已發行股份總數之百分之十以上股份者。

4.保管機構與證券投資顧問事業或證券投資信託事業間，具有實質控制關係者。

5.由證券投資顧問事業或證券投資信託事業擔任董事、監察人者。

6.擔任之董事、監察人者，其代表人或指定代表行使職務者，存有前述情事者。

由於保管機構係受基金管理委員會委任保管及處理交割結算等事項，在投資業務之進行時，有依經營全權委託投資判斷受任人之指示完成交易事項，因此與操盤者亦有法律上之權利義務關係，故必須有明確之三方議定書作為遵循。

三、受任人之投資決策之形成與投資運用

有關全權委託投資決策之形成，必須經過廣泛蒐集資訊及專業之分析判斷而作成，在程序上可分為投資分析、投資決定、投資執行及檢討等步驟進行，因此委託人應設置專責分析研究部門依委任人約定投資之範

圍[28]，就產業或個別公司蒐集財務、業務之資訊提供為分析報告，並應積極掌握國內外政經情勢及總體經濟環境的變化，而在投資決定時，應根據研究員之投資分析報告、產業分析會議、每日開盤前之分析會議及投資決策會議之結論，與前一日執行買賣之差異分析報告等資訊，並考量委任人之各項委任條件及其他相關因素後為綜合判斷，客觀公正地為每一委任人決定投資標的，並作成投資決定書，然後再由交易員依所開戶之決定書內容對證券商執行委託下單之指示完成交易。

四、辦理交易之相關事項

（一）徵信

證券投資信託事業或證券投資顧問事業與客戶簽訂全權委託投資契約前，應有七日以上之期間，供客戶審閱全部條款內容，並先對客戶資力、投資經驗及其目的需求充分了解，製作客戶資料表連同相關證明文件留存備查；另應將全權委託投資之相關事項指派專人向客戶做詳細說明，並交付全權委託投資說明書，該說明書並作為全權委託投資契約之附件[29]。

（二）洗錢與打擊資恐之防制事項

證券投資信託事業或證券投資顧問事業對於一定金額以上或疑似洗錢之全權委託投資案件，應保存足以了解交易全貌之交易憑證、確認客戶身分及申報之紀錄，並應依洗錢防制法規定辦理[30]。

---

[28] 現行得投資之標的係以負面表列之方式規範，依證券投資信託事業證券投資顧問事業經營全權委託投資業務管理辦法第 14 條第 1 項規定，證券投資信託事業或證券投資顧問事業經營全權委託投資業務，除主管機關另有規定外，應遵守下列規定：……其得投資上市、上櫃公司及興櫃股票公司私募之有價證券及受託機構或特殊目的公司依金融資產證券化條例規定私募之受益證券與資產基礎證等有價證券、證券相關商品交易或其他經核准投資之金融商品。

[29] 證券投資信託事業證券投資顧問事業經營全權委託投資業務管理辦法第 21 條第 1 項規定。

[30] 證券投資信託事業證券投資顧問事業經營全權委託投資業務管理辦法第 22 條之 1 規定。

（三）股務事項之配合辦理

證券投資信託事業或證券投資顧問事業辦理全權委託投資業務，應依業務操作之規定為辦理有關簽約、開戶、買賣、交割、結算、投資或交易之分析報告、決定、執行紀錄與檢討報告及其他處理事項之業務[31]。

（四）客戶之報告事項

為使客戶能了解操作之盈虧與資產狀況，證券投資信託事業或證券投資顧問事業經營全權委託投資業務，應每月定期編製客戶資產交易紀錄及現況報告書送達客戶。客戶委託投資資產之淨資產價值減損達原委託投資資產之百分之二十以上時，證券投資信託事業或證券投資顧問事業應自事實發生之日起二個營業日內，編製前項書件送達客戶。日後每達較前次報告淨資產價值減損達百分之十以上時，亦同[32]。

第二項　當事人間之權利義務

一、委任人與受託人之法律關係

依民法第 103 條第 1 項之規定，代理人於代理權限內，以本人名義所為之意思表示，直接對本人發生效力，而有關代理權之授與是否為債發生之原因，在性質及學理上尚有爭論，有採委任契約說者，亦有採無名契約說者，甚至有採單獨行為說者，惟我國學者以採單獨行為說為通說[33]，換言之，代理權授與行為之基本法律關係，有可能是基於委任、僱傭等契約而來，代客操作之業務係由委任人授以代理權予受託人，而其委託事項則

---

[31] 證券投資信託事業證券投資顧問事業經營全權委託投資業務管理辦法第 27 條第 2 項規定。有關簽約、開戶、買賣、交割、結算、投資或交易之分析報告、決定、執行紀錄與檢討報告及其他處理事項之業務操作規定，由同業公會擬訂，報經本會核定；修正時亦同。

[32] 證券投資信託事業證券投資顧問事業經營全權委託投資業務管理辦法第 29 條第 1 項及第 2 項規定。

[33] 參見邱聰智著，新訂民法債編通則（上），2000 年 9 月，頁 71。

由委任人與受任人之業者訂定全權委託契約，委由業者決定資金之運用，其投資範圍以全權委任契約或其附件「投資方針書」所示之證券種類、性質、範圍、投資組合分配、交易方法及其他限制特約為限。委任人委託證券投資顧問、投資信託事業從事全權委託投資時，其間之法律關係依前開圖示認為屬於民法之委任與代理關係（內部關係為委任，外部關係為代理）[34]。依委任人與業者簽訂全權委託投資契約，授權業者決定資產之運用，代理買賣下單及指示交割等而全權委託投資契約，而該契約為要式契約，必須以書面為之，未依書面契約則其授權行為是否無效，依我國對於代理權之授予實務上採單方行為之見解，不因其基礎法律行為無效而影響代理權之存在，但業者未訂定書面委任契約而接受委託，其應於違反管理法令之規定，至於該書面委任契約，除當事人名稱、地址外應記載下列事項[35]：

（一）簽約後可要求解約之事由及期限。

（二）委託投資時之委託投資資產。

（三）投資或交易基本方針及投資或交易範圍之約定與變更。投資或交易範圍應明白列出有價證券或商品之種類或名稱。

（四）投資或交易決策之授與及限制。

（五）資產運用指示權之授與及限制。

（六）投資經理人之指定與變更。

（七）全權委託保管機構之指定與變更、保管方式及收付方式之指示。

（八）證券經紀商或期貨經紀商之指定與變更。

（九）善良管理人之注意義務及保密義務。

（十）客戶為公開發行公司之董事、監察人、經理人或持有公司股份超過股份總額百分之十之股東，其股權異動之有關法律責任。

---

[34] 同前註，頁79。

[35] 證券投資信託事業證券投資顧問事業證券商兼營信託業務管理辦法第22條第2項規定。

（十一）報告義務。

（十二）委託報酬與費用之計算、交付方式及交付時機。

（十三）契約生效日期及其存續期間。

（十四）契約之變更與終止。

（十五）重要事項變更之通知及其方式。

（十六）契約關係終止後之了結義務。

（十七）違約處理條款。

（十八）經破產、解散、歇業、停業、撤銷或廢止許可處分後之處理方式。

（十九）紛爭之解決方式及管轄法院。

（二十）其他經主管機關規定應記載事項。

二、委任與代理關係

有關法律基礎之委任契約必須依民法之規定，而委任、代理以及契約一般原則之規定，就委任關係而言，其係雙務契約之一種，適用民法 528 條至 552 條之規定，其重要者如受任人如有收受報酬時應依指示及善良管理人注意之義務（民法第 535 條）、自己處理事務之原則（民法第 537 條至第 539 條）、報告義務（民法第 540 條）、交付收受利益之義務（民法第 541 條、第 542 條）、受任人因過失或逾越權限之行為所生之損害，對委任人賠償責任（民法第 544 條）、得隨時終止契約之原則（民法第 549 條）等，茲進一步分析如下：

（一）就代理關係而言，委任人既然委託受任人為全權委託之投資決定，其投資買賣有價證券之行為為法律行為，同時授與受任人代理之權限，受任人以委任人名義處理委任事務，所為或所受之意思表示直接對委任人發生效力，故受任人因處理委任投資事務，其盈虧歸屬於委任人，所取得之有價證券或其他資產之所有權，自亦屬於委任人所有。

（二）禁止自己代理與雙方代理之行為，受任人運用全權委託投資資

金買賣有價證券時，應盡到忠實之義務，不得為自己、他人或其他受託投資資金之利益，從事足以損害委任人權益之交易，例如利用所獲知之資訊或分析之判斷，在為委任人帳戶委託買進時，先行下單買進從事偷跑插花或為其他之委任帳戶抬轎。

（三）交付投資收益利益之義務，受任人因處理委任事務，所收取之金錢、物品及孳息，固應交付於委任人，惟受任人若因過失或逾越權限之行為，因而有所收益時，是否有交付之義務，由於民法第 544 條規定，因過失或逾越權限之行為所生之損害，對於委任人應負賠償之責，在全權委託投資業務管理辦法第 25 條亦規定，就逾越法令或全權委託投資契約所定限制範圍者，應由證券投資顧問事業或證券投資信託事業負履行責任，但對於相對的因此而受有利益時則未進一步規定，從民法第 541 條第 1 項之規定，受任人因處理委任事務所收取之金錢、物品及孳息，應交付於委任人以觀，對於過失或逾越權限所取得之部分法無排除規定，自屬在交付之範圍。

三、客戶與保管銀行間之資產保管關係

由客戶與信託銀行簽訂委任保險契約，負責客戶資產之保管並依證券投資信託或投資顧問事業者之投資指示辦理交割與股權行使及股息股利收取等資產管理事宜。

證券交易法第 18 條之 3 第 1 項之規定與證券交易法第 18 條之 2 第 1 項之規定相類似，除了規範基金或全權委託投資資金及其購進資產之獨立性外，由於該資金之真正所有權屬於委任人或受益人，故進一步並規定，受任人、保管機構之債權人；不得對該資金或資產請求扣押或行使其他權利，證券投資信託在基金經理之投信公司與保管機構間之法律關係為何，在學者間有主張為信託者，亦有主張為委任者，或為信託者，甚有主張為無名契約者，由於按我國證券投資信託相關規定係沿襲日本法制而來，依相關法令規定，基金經理公司與保管機構簽訂證券投資信託契約，委託保

管機構保管基金資產，基金資產雖以「○○銀行信託部受託保管○○證券投資信託公司○○信記基金專戶」之名義登記於保管機構名下，與基金經理公司及保管機構之自有財產分別獨立，具有信託之特色，但由於基金資產之運用權屬於基金經理公司，保管機構僅有保管及受經理公司指示而執行之權利，與信託法上受託人得為信託資產之管理或處分（信託法第 1 條及第 9 條）不同，日本通說即認為證券投資信託契約當事人間之法律關係並非信託關係，而比較偏向於混合型態之無名契約，證券交易法第 18 條之 2 第 1 項「證券投資信託事業募集之證券投資信託基金，與證券投資信託事業及基金保管機構之自有財產應分別獨立，證券投資信託事業及基金保管機構就其自有財產所負債務，其債權人不得對基金資產請求扣押或行使其他權利」之規定，其目的主要僅在於保障受益人之權益，排除投信事業及保管機構之債權人對基金行使權利，實際上並未賦予基金獨立之法律上人格，尤不提供投信事業及保管機構間任何成立信託關係之法律依據。

　　而參考前述有關基金經理公司之投信與保管機構之契約，有關全權委託投資委任契約之當事人自然委任人與受任人之證券投資信託或顧問事業之本名簽訂，而在與保管機構簽訂之委託保管契約方面則由委任人與保管機構簽訂，至於在保管銀行開立之帳戶，從其獨立性之觀點及便於區別而言，亦宜比照證券投資信託基金之開戶方式，使三方當事人皆能顯現於專戶上，故以「○○銀行信託部受託保管○○委託○○證券投資顧問（信託）公司全權委託投資基金專戶」為之，而實務上則僅以受任人之證券投資信託或顧問業者及委任人之名稱開立帳戶，至於委任人與保管機構間在法律關係上，除了保管資金及財產之寄託契約外，尚包括有為該委託經營全權委託投資資金買賣有價證券之受指示辦理交割結算等業務，甚至還必須為其負責控管勾稽之任務，因此亦含有為其處理事務之約性質，其權利義務須依具體之契約認定雖然一般稱之為委任契約但其實質內容則涵蓋寄託委任等，故應屬於無名契約之一種。

四、委任人保管機構及投顧或投信業者三方關係

從整個全權委託投資業務之流程而言，委任人分別就投資事項委託證券投資信託事業或顧問事業為之，而就保管及交割結算事項委託保管機構為之，但受委任投資決定及從事下單買賣委託後，必須指示保管機構進行確認及交割結算之工作，因此證券投資信託或顧問事業保管機構與委任人間必須共同簽訂三方協定，確認保管之資產種類內容，並明定客戶資產運用，應由投信或投顧依全權委託契約所為之投資決策指示辦理，客戶原則上不得向保管銀行指示，且其投資標的範圍以投資方針書所列者為限，保管銀行就此並有監督義務。

五、委任人、投顧或投信業者、保管銀行與交易對象間（以證券經紀商為例）之開戶委託買賣關係

（一）以委任人名義及代理人保管銀行及受任全權委託投資業務之證券投顧或投信業者等三方顯名之帳戶，為證券經紀商之開戶契約名義人，保管機構、投顧或投信業者各為保管資產及投資行為之代理人，開戶卡及每筆委託單應載明開戶帳號並加註足資區隔與其他委託人別之「代號」，以免成交後分配不公之流弊，且僅註記代號不標示委託人姓名，以迎合客戶之保密需求。

（二）投資或投信業者代理下單之額度或其投資標的如有逾越全權委託契約所定額度投資範圍限制者，由投顧或投信業者自負履約交割責任，惟所謂自負履行交割責任，是將該超過部分移由投顧或投信之開立之帳完成交割，抑由在該委託投資之帳戶完成交割後，再向投信或投顧追探損失之部分，為考量避免造成直接侵害委託專戶款項之風險，應以移轉予投信或投顧事業另開立處理之帳戶辦理交割結算責任，但以全權委託投資帳戶完成之交易，經保管機構確認為逾越投資範圍者，其改變投信或投顧自己之帳戶完成交割，應比照錯帳處理之方式，受任人投信投顧業者就此逾越

投資額度或範圍之行為，已然構成違約或違反法令之行為。

（三）證券經紀商由客戶指定之，未為指定者，由投顧或投信業者定之，但應儘量分散，避免集中，以防流弊，而有關之開戶契約，無論是由委任人或受委託經營投資之業者指定，其內容事涉委任人、受任保管資金及資產之保管機構、受任委託經營之投信或投顧業者及證券經紀商間權利義務關係，因此亦宜有三方之協定，在下單委託之程序上，證券經紀商亦屬於受任人，其收受有手續費之報酬，對於委託投資之範圍及對象亦應盡善良管理人之注意義務，對於顯然逾越投資範圍之委託下單，亦應加以過濾或拒絕，如此透過保管機構及證券經紀商之勾稽控管，更能保障委任人以全權委託投資之安全。

第三項　全權委託投資業務之財務與業務監理

一、業務之監理

（一）明定經營全權委託投資業務之業務主體之資格條件

證券投資信託事業、證券投資顧問事業或其他相關事業經營或兼營全權委託投資業務，應依法取得許可證照且健全經營體質之業者，除證券投資信託事業依其既有之經營條件並已經募集共同基金有管理經驗者外，投資顧問事業者必須具備實收資本額達新臺幣 5,000 萬元以上之資本額度，營業滿 2 年並具有資產管理經驗與專業能力者，並符合最近未被行政機關處分或同業公會自律規範處罰者，其他如信託業、保險業兼營全權委託投資業務之取得資格條件，必須符合法令之規定[36]。

---

[36] 包括證券投資信託事業、證券投資顧問事業、信託業、保險業之設置資格條件，依證券投資信託事業證券投資顧問事業經營全權委託投資業務管理辦法第 4 條、第 5 條、第 33 條、第 41 條之 1 之規定。

（二）業經營全權委託投資業務應有專責與獨立之部門

證券投資信託事業、證券投資顧問事業或其他相關事業經營或兼營全權委託投資業務，應設置專責部門，並配置適足、適任之主管及業務人員。其中證券投資信託事業或證券投資顧問事業並應至少設置投資研究、財務會計及內部稽核部門。專責部門主管及業務人員，除另有規定外[37]，不得辦理專責部門以外之業務，或由非登錄專責部門主管或業務人員兼辦。

（三）經營全權委託投資業務應有適足適任之負責人與從業人員

基於代客操作之專業投資理財業務，故應從嚴規定對全權委託投資有關事項從事研究分析，投資決策或買賣執行之人員之資格條件，明定必須具備證券投資分析人員資格，或在專業投資機構有 2 年工作經驗之合格證

---

[37] 鑑於全權委託投資業務或證券投資顧問業務之客戶為金融消費者保護法第 4 條第 2 項所定之專業投資機構者，因該等客戶具備專業投資與判斷能力，可就相同業務之執行採較低度之管理，且為協助業者積極爭取境內外專業投資機構管理之資產委託國內業者操作，暨參考國外實務作法及相關規範，在業者已建立有效防範利益衝突之控管機制，確保所有客戶均受到公平對待，且符合一定條件者，放寬證券投資信託事業辦理募集證券投資信託基金之投資或交易決策業務人員、擔任接受專業投資機構全權委託投資業務之投資或交易決策業務人員及證券投資顧問事業從事接受專業投資機構委任提供證券投資分析建議之證券投資分析人員得相互兼任。另參考現行針對基金經理人同時管理或協管其他基金時，以同類型基金或基金之主要投資標的屬同類資產者為限等相關規範，並考量證券投資信託基金係管理投資大眾之資產，為維護基金受益人權益，爰規範前揭人員相互兼任時，全權委託投資帳戶之投資或交易範圍或兼營證券投資顧問業務提供之分析意見或推介建議之範圍，應以所經理基金之主要投資標的及地區為限，且投資策略需均同採主動式操作管理策略或被動式操作管理策略。於證券投資信託事業證券投資顧問事業經營全權委託投資業務管理辦法第 8 條第 5 項規定：「證券投資信託事業或證券投資顧問事業經營全權委託投資業務符合下列條件者，其辦理投資或交易決策之業務人員，得與募集證券投資信託基金之投資或交易決策人員或辦理證券投資顧問業務從事證券投資分析之人員相互兼任：
一、全權委託投資業務或證券投資顧問業務之客戶為金融消費者保護法第四條第二項所定之專業投資機構。
二、全權委託投資帳戶之投資或交易範圍及兼營證券投資顧問業務提供證券投資分析意見或推介建議之範圍，應以所經理基金之主要投資標的及地區為限，且其投資策略應同屬主動式操作管理策略或被動式操作管理策略。」

券高級業務員，或曾擔任國內外基金經理人 1 年以上者，或已登記並具有 3 年實際工作經驗之投資顧問事業業務人員等，以提升服務之品質並保障投資人之權益[38]。

（四）防範利益衝突之發生

證券投資信託事業、證券投資顧問事業或其他相關事業經營或兼營全權委託投資業務受託人應盡善良管理人之注意，並負忠實之義務，禁止受託人或其董事、監察人、經理人、業務人員及其他受僱人員，不得有不依委任人委任之條件從事投資或利用職務上所獲知之資訊從事偷跑（front-running）、搶帽子（scalping）之行為[39]，或濫用委任人之帳戶及資金從事足以損害委任人權益之炒單（churnning）等行為。同時規定專責部門辦理研究分析、投資或交易決策之業務人員，不得與買賣執行之業務人員相互

---

[38] 證券投資信託事業證券投資顧問事業經營全權委託投資業務管理辦法第 8 條第 7 項規定，證券投資信託事業證券投資顧問事業經營全權委託投資業務專責部門與項內部稽核部門之主管及業務人員，除他業兼營者之內部稽核部門主管外，應符合證券投資顧問事業負責人與業務人員管理規則所定之資格條件。證券投資顧問事業負責人與業務人員管理規則第 5 條之 3 規定，證券投資顧問事業從事全權委託投資業務之投資經理人，應具備第 5 條之 1 第 1 項第 1 款至第 5 款資格之一。第 5 條之 1 第 1 項第 1 款至第 5 款資格條件如下：
一、依第 4 條第 1 項規定取得證券投資分析人員資格。
二、經同業公會委託機構舉辦之證券投資信託及顧問事業之業務員測驗合格，並在專業投資機構從事證券、期貨或信託相關工作經驗 1 年以上。
三、經證券商同業公會委託機構舉辦之證券商高級業務員測驗合格，或已取得原證券主管機關核發之證券商高級業務員測驗合格證書，並在專業投資機構從事證券、期貨或信託相關工作經驗 2 年以上。
四、曾擔任國內、外基金經理人工作經驗 1 年以上。
五、經教育部承認之國內外大學以上學校畢業或具有同等學歷，擔任證券、期貨機構或信託業之業務人員 3 年以上。

[39] 先跑（Front Running）一詞，由於來自翻譯，有稱之為搶先下單、前端交易、坐轎、偷跑、行頭盤、搭順風車、插隊交易、扒頭交易等，本文為忠於英文原意，爰以先跑稱之，何謂先跑之行為，此源自於證券經紀商之營業櫃檯業務員，在得知客戶有鉅額之委託單時，為自己或其他客戶先行下單委託以搶奪較低之買價或較高之賣價等優先價位，再以較高之賣價賣出或較低之買價回補，賺取價差之行為。詳參拙著，證券及期貨交易先跑行為法律責任之探討，財經法制新時代－賴源河教授七秩華誕祝壽論文集，2008 年 10 月 1 日，頁 453-481。

兼任[40]。準此，證券投資信託事業或證券投資顧問事業經營全權委託投資業務，除另有規定外，不得投資於證券交易法第 6 條規定以外之有價證券、不得從事證券相關商品以外之交易、不得為放款、不得與本事業經理之各基金、共同信託基金、其他全權委託投資或期貨交易帳戶、自有資金帳戶、自行買賣有價證券帳戶或期貨自營帳戶間為證券或證券相關商品交易行為（經由集中交易市場或證券商營業處所委託買賣成交，且非故意發生相對交易之結果者，不在此限）、不得投資於本事業發行之股票、公司債或金融債券。此外，非經客戶書面同意或契約特別約定者，不得為下列行為：

1.投資本事業發行之認購（售）權證。

2.投資與本事業有利害關係之公司所發行之股票、公司債或金融債券。

3.投資與本事業有利害關係之證券承銷商所承銷之有價證券。

4.從事證券信用交易。

5.出借或借入有價證券。

6.非經明確告知客戶相關利益衝突及控管措施後取得客戶逐次書面同意，並敘明得投資數量者，不得投資本事業承銷之有價證券。

（五）業務應為及不得為之行為

證券投資信託事業、證券投資顧問事業或其他相關事業經營或兼營全權委託投資業務，該事業及其董事、監察人、經理人、業務人員及受僱人辦理全權委託投資業務，除應遵守相關法令規定外，並不得有下列行為[41]：

---

[40] 證券投資信託事業證券投資顧問事業經營全權委託投資業務管理辦法第 8 條第 6 項規定。

[41] 證券投資信託事業證券投資顧問事業經營全權委託投資業務管理辦法第 19 條規定：「證券投資信託事業或證券投資顧問事業及其董事、監察人、經理人、業務人員及受僱人辦理全權委託投資業務，除應遵守相關法令規定外，並不得有下列行為：
一、利用職務上所獲知之資訊，為自己或客戶以外之人從事有價證券買賣之交易。
二、運用委託投資資產買賣有價證券時，從事足以損害客戶權益之交易。

1.利用職務上所獲知之資訊，為自己或客戶以外之人從事有價證券買賣之交易。

2.運用委託投資資產買賣有價證券時，從事足以損害客戶權益之交易。

3.與客戶為投資有價證券收益共享或損失分擔之約定。但本會對績效報酬另有規定者，不在此限。

4.運用客戶之委託投資資產，與自己資金或其他客戶之委託投資資產，為相對委託之交易。但經由證券集中交易市場或證券商營業處所委託買賣成交，且非故意發生相對委託之結果者，不在此限。

5.利用客戶之帳戶，為自己或他人買賣有價證券。

6.將全權委託投資契約之全部或部分複委任他人履行或轉讓他人。但本會另有規定者，不在此限。

7.運用客戶委託投資資產買賣有價證券時，無正當理由，將已成交之買賣委託，自全權委託帳戶改為自己、他人或其他全權委託帳戶，或自其他帳戶改為全權委託帳戶。

8.未依投資分析報告作成投資決策，或投資分析報告顯然缺乏合理分析基礎與根據者。但能提供合理解釋者，不在此限。

9.其他影響事業經營或客戶權益者。

三、與客戶為投資有價證券收益共享或損失分擔之約定。但本會對績效報酬另有規定者，不在此限。

四、運用客戶之委託投資資產，與自己資金或其他客戶之委託投資資產，為相對委託之交易。但經由證券集中交易市場或證券商營業處所委託買賣成交，且非故意發生相對委託之結果者，不在此限。

五、利用客戶之帳戶，為自己或他人買賣有價證券。

六、將全權委託投資契約之全部或部分複委任他人履行或轉讓他人。但本會另有規定者，不在此限。

七、運用客戶委託投資資產買賣有價證券時，無正當理由，將已成交之買賣委託，自全權委託帳戶改為自己、他人或其他全權委託帳戶，或自其他帳戶改為全權委託帳戶。

八、未依投資分析報告作成投資決策，或投資分析報告顯然缺乏合理分析基礎與根據者。但能提供合理解釋者，不在此限。

九、其他影響事業經營或客戶權益者。」

（六）績效報酬之收取

代客操作與資產管理業務為避免爭議及冒進行為，原則上不得保證獲利與分擔盈虧，因此對於績效報酬（performance fee）之收取有嚴格之限制，證券投資信託事業或證券投資顧問事業經營全權委託投資業務收取績效報酬者，應遵守下列規定：

1.績效報酬應適當合理。

2.績效報酬應由客戶與證券投資信託事業或證券投資顧問事業共同約定投資目標、收取條件、內容及計算方式，並列入全權委託投資契約。

3.委託投資資產之淨資產價值低於原委託投資資產時，不得計收績效報酬。

4.績效報酬之約定不得以獲利金額拆帳之方式計收，並應有一定之限額，且就實際經營績效超過所訂衡量標準時始能提撥一定比率或金額作為績效報酬。

5.實際經營績效如低於所訂衡量標準時，雙方可約定扣減報酬，惟不得扣減至零，或要求證券投資信託事業或證券投資顧問事業依一定比率分擔損失金額。

二、財務之管理

（一）對客戶報告之義務

要求受託人要善盡通知及報告之義務，應對委任人詳細說明全權委託投資事項交付說明書，並依委任人別分別設帳，按月定期編製報告書及逐日依規定登載相關紀錄，委任人並得隨時要求查詢，而在投資事項發生資產淨值減損達百分之十以上之重大事由時，亦應於事實發生日起二個營業日內，通知報告委任人。

（二）營業準備金之提存

受託人應依規定向主管機關核准得辦理保管業務之金融機構提存一定額度之營業保證金[42]，營業保證金因具有債權之優先權，得以保護因業務受侵害之委任人權益，而此一營業保證金之處理，在要求業者自律之前提下，受害人債權人如何提領，以及是否具有共同聯保之性質則容於後論述，至於其使用之內容則委由同業公會訂定相關要點。

（三）單一客戶委託額度之限制

全權委託投資之代客操作係屬專家理財之業務，考量與共同基金之區隔與最低操作之成本，爰證券投資信託事業或證券投資顧問事業經營全權委託投資業務，其接受單一客戶委託投資資產之金額不得低於新臺幣 500 萬元。但委託投資資產為投資型保險專設帳簿資產或勞工退休金條例年金保險專設帳簿資產者，不在此限[43]。

（四）受託總額度之限制

為適度控管經營之風險，證券投資顧問事業經營全權委託投資業務，接受委託投資之總金額，不得超過其淨值之二十倍。但基於證券投資信託事業之最低實收資本額為新臺幣 3 億元，其募集與私募之共同基金必無上限之限制，因此證券投資顧問事業從事代客操作之業者其實收資本額達新臺幣 3 億元者，其受委託投資之總金額並無淨值之二十倍之限制。而所謂接受委託投資之總金額，對於同時以委任及信託方式為之者，應合併計算

---

[42] 證券投資信託事業證券投資顧問事業經營全權委託投資業務管理辦法第 10 條規定：「證券投資信託事業或證券投資顧問事業應依下列規定，向得辦理保管業務，並符合本會所定條件之金融機構提存營業保證金：

一、實收資本額未達新臺幣一億元者，提存新臺幣一千萬元。

二、實收資本額新臺幣一億元以上而未達新臺幣二億元者，提存新臺幣一千五百萬元。

三、實收資本額新臺幣二億元以上而未達新臺幣三億元者，提存新臺幣二千萬元。

四、實收資本額新臺幣三億元以上者，提存新臺幣二千五百萬元。」

[43] 證券投資信託事業證券投資顧問事業經營全權委託投資業務管理辦法第 12 條之規定。

之[44]。另證券投資信託事業由於共同基金之募集與私募額度並無限制，其經營全權委託投資業務接受委託投資之總金額亦無限制。

（五）股權分散之限制

為分散投資風險避免雞蛋全部放在同一籃子，證券投資信託事業或證券投資顧問事業運用委託投資資產應分散投資，其投資標的應適度分散，惟代客操作與共同基金之投資相比較，量身訂做之投資運用，宜賦予較多之彈性空間[45]，因此在標的分散之比率上，除主管機關另有規定外，現行法令規定應遵守下列規定[46]：

1.為每一全權委託投資帳戶投資任一公司股票、公司債或金融債券及認購權證之總金額，不得超過該全權委託投資帳戶淨資產價值之百分之二十；且投資任一公司所發行公司債或金融債券之總金額，不得超過該全權委託投資帳戶淨資產價值之百分之十。

2.為全體全權委託投資帳戶投資任一公司股票之股份總額，不得超過該公司已發行股份總數之百分之十。

3.為每一全權委託投資帳戶投資於任一受託機構募集及私募受益證券、不動產投資信託受益證券及不動產資產信託受益證券；任一特殊目的公司募集及私募資產基礎證券之總金額，分別不得超過該全權委託投資帳戶淨資產價值之百分之二十。

---

[44] 證券投資信託事業證券投資顧問事業經營全權委託投資業務管理辦法第 13 條第 1 項之規定。

[45] 證券投資信託基金管理辦法第 10 條第 1 項第 9 款規定：「每一基金投資於任一上市或上櫃公司股票之股份總額，不得超過該公司已發行股份總數之百分之十；所經理之全部基金投資於任一上市或上櫃公司股票之股份總額，不得超過該公司已發行股份總數之百分之十。」

[46] 證券投資信託事業或證券投資顧問事業運用委託投資資產投資存託憑證，應與所持有該存託憑證發行公司發行之股票，合併計算總金額或總數額，以合併計算得投資之比率上限；其存託憑證之數額，以該存託憑證表彰股票之股份數額計算之。證券投資信託事業或證券投資顧問事業運用委託投資資產投資認購權證，其表彰股票之股份數額，應與所持有該標的證券發行公司發行之股票，合併計算總數額，以合併計算得投資之比率上限。依證券投資信託事業證券投資顧問事業經營全權委託投資業務管理辦法第 17 條第 1 項至第 3 項之規定。

（六）從事證券相關商品交易之限制

　　經營全權委託投資業務在投資策略上，包括投資績效之增強與避險之需要，可能需要其他金融工具之運用，尤其是國內外衍生性金融商品之配合，在適度風險控管下限行開放之相關商品可分述如下：

　　1.經金管會依期貨交易法第 5 條公告期貨商得受託從事交易與證券相關之期貨契約、選擇權契約及期貨選擇權契約（係指其價值由股價指數、股票、存託憑證、指數股票型基金（ETF）或利率所衍生），並應委託期貨商為之。

　　2.經金管會核准非在期貨交易所交易之證券相關商品。

　　3.得從事臺灣期貨交易所股份有限公司期貨或選擇權交易及國外期貨交易所期貨或選擇權避險交易，但應遵守下列規定：

　　（1）從事臺灣期貨交易所股份有限公司期貨或選擇權交易。

　　（2）每一全權委託投資帳戶每營業日持有未沖銷多頭部位之期貨契約總市值加計買進選擇權買權及賣出選擇權賣權之履約價格乘以契約乘數或契約單位總額，不得超過該全權委託投資帳戶淨資產價值之百分之十五，且不得大於該全權委託投資帳戶可運用資產（係指每一全權委託投資帳戶淨資產扣除已投資有價證券總市值後之資產）。

　　（3）公司股票選擇權買權及賣出該公司股票選擇權賣權之履約價格乘以契約單位總額，不得超過該全權委託投資帳戶淨資產價值之百分之二十。

　　（4）每一全權委託投資帳戶每營業日持有未沖銷空頭部位之期貨契約總市值加計買進選擇權賣權及賣出選擇權買權之履約價格乘以契約乘數或契約單位總額，不得超過該全權委託投資帳戶所持有之相對應有價證券總市值。所稱相對應有價證券，係指與期貨契約或選擇權契約標的物價格具高度相關之有價證券，或指股票選擇權之標的股票。

　　4.從事國外期貨交易所期貨或選擇權避險交易：

　　（1）每一全權委託投資帳戶每營業日持有未沖銷空頭部位之期貨契

約總市值加計買進選擇權賣權及賣出選擇權買權之履約價格乘以契約乘數或契約單位總額，不得超過該全權委託投資帳戶所持有之相對應有價證券總市值之百分之十五。所稱相對應有價證券係指與期貨契約或選擇權契約標的物價格具高度相關之有價證券；或指股票選擇權之標的股票或存託憑證。

（2）委託投資資產從事國外期貨交易所之期貨或選擇權交易，以國外金融商品所衍生之商品為限，不得涉及以我國證券、證券組合或股價指數為標的之期貨或選擇權交易。

（3）每一全權委託投資帳戶每營業日未沖銷之買進選擇權之權利金總額，不得超過該全權委託投資帳戶淨資產價值之百分之五。

第四項　道德與自律規範

證券投資顧問、投資信託或其他信託業者，為提供專業知識及專業技能之服務事業，其業務之推展與委任之投資人信心息息相關，為建立業者之形象並考慮投資人權益之保護，參考美國、加拿大及香港等地之立法例皆有由業者提出自律及道德規範之前例（ethics codes），有透過自律機制加以規範之必要，而自律規範是較屬於道德層面之約束，一般而言法律是道德之最低標準，逾越最低道德要求之界限即應接受法律之制裁，因此對於自律規範之道德訴求，可要求發揮更高之約束效力，對於經許可從事全權委託投資業務之證券投資顧問、投資信託事業或兼營之信託業者，強制規定必須加入同業公會，並接受公會自律相關規章及公約之規範，同時業者也可統一意見透過公會反映業界之看法，縮短業界與行政機關溝通之距離，主管機關就業務上以自律規範為宜之事項可授與公會處理，節省行政人力、物力的耗費，並可收事半功倍之效果，依主管機關核定之證券投資信託暨顧問商業同業公會之基金經營守則，該守則並同時適用在有關代客操作之運作上，係以指引式之指導原則（guideline）方式訂定為業者之自律規範，對於違反者除所屬公司應予以警告、停職或解職外，自律機構之

公會更應依自律方式處分[47]，否則就必須依法令加以處罰，而在規範上其原則內容如下：

一、原則

　　為加強自律功能，業者有完善之管理及內部控制，內部稽核體制，以保護投資人之資產，為投資人創造最利之獲利契機，公司之負責及全體員工在業務之執行上應符合忠實、誠信、小心謹慎及專業管理之原則，由於代客操作係受投資人之委任收受有報酬，應以善良管理人之注意義務為投資人從事經營，在美國由於受任人與投資人間存有所謂信賴關係（fiduciary relationship），因此應踐行信賴責任（fiduciary duty），在業者內部或眾多投資人利益發生衝突時（conflicts of interest），應儘量考慮到如何不損及投資人權益[48]。因此下列各款之人及其配偶、未成年子女及利用他人名義持有者，從事股票及具股權性質之衍生性商品交易，應向所屬事業申報交易情形[49]：

　　（一）證券投資顧問事業之負責人、部門主管、分支機構經理人、對客戶或不特定人提供分析意見或推介建議之人、投資經理人。

　　（二）他業兼營證券投資顧問業務或全權委託投資業務者，從事對客戶或不特定人提供分析意見或推介建議業務之部門主管與業務人員、從事全權委託投資業務之主管與投資經理人。

　　（三）證券投資信託事業經營全權委託投資業務之投資經理人。

---

[47]　參見中華民國證券投資信託暨顧問商業同業公會 90 年 4 月 13 日依主管機關以（90）台財證（四）第 116176 號函核定之基金經營守則，頁 1-2。

[48]　詳參余雪明，證券交易法，財團法人中華民國證券暨期貨市場發展基金會，2000 年 11 月，頁 337。

[49]　其應申報之資料範圍及投資標的、申報時間、買賣期間之限制及利益衝突之防範等事項之自律規範，由中華民國證券投資信託暨顧問商業同業公會擬訂，報經主管機關核定。詳證券投資信託及顧問事業互相兼營與兼營他事業或由他事業兼營之利益衝突防範辦法第 3 條規定。

二、內容

（一）對於從業人員積極資格之取得，由於必須具備專業之分析能力及判斷所需之技術與知識，因此業界知之最稔，故除了在法令上規定最基本之條件外，其他如人員之測驗、登記、訓練，甚至對於考核事項等，皆可由公會來辦理。

（二）就所從事之全權委託投資業務之專案檢查、輔導及業務紛爭之調解，可由公會訂定辦法加強辦理，就國外之體制而言，自律機關之檢查及輔導往往是比主管機關還嚴格，一來可適時發現缺失即時處理或輔導過止違規事件之發生，避免被行政處分之窘境，亦可由公會就業者與客戶間或業者相互間之糾紛予以適當之調解，減少事件之擴大與興訟之發生。

（三）為消弭惡性之競爭及維護市場之秩序，在符合公平交易管理法令之下，就全權委託投資業務相關之私契約內容授權公會訂定相關之契約範本提供各界參考，而相關契約之種類包括委任人與受任人間、委任人與保管機關間之契約等，甚至受任人、保管機構、證券商及證券集中保管公司權利義務之契約，亦宜有可資參考之資料，以避免糾紛及不周延。

（四）就全權委託投資業務之實際操作，包括業務招攬、促銷、客戶之徵信、契約之簽訂、委託下單、交割結算、集保及如何向委任人說明報告等，由於涉及程序性及專業性之細節規定，業界對於在法令規範下如何發揮最有效之運作，宜由同業公會作更詳細之規範。投顧公司必須營業滿兩年並具有經營全權委託投資業務能力，投信公司則因其主要業務為管理共同基金，性質與全權委託投資相近，所以沒有最低經營年限限制。

第五項　越權交易與違約之處理

一、越權交易

無代理權人之法律行為未經本人承認，對於本人不生效力。而無代理

權包括未經授權、授權無效、超越授權範圍及代理權消滅後之代理，因此
越權代理之交易並非無效，但在證券市場之交易系統中也不可能如民法之
規定處於效力未定，畢竟集中或店頭市場交易必須透過證券經紀商以行紀
名義為之交易，至於越權交易後有關責任之釐清，則有待依照法令或契約
之約定加以解決，依證券投資信託暨顧問商業同業公會證券投資信託事業
證券投資顧問事業經營全權委託投資業務操作辦法第 59 條第 1 項規定，
受任人為個別全權委託投資帳戶從事有價證券或其他經金管會核准項目投
資後，經全權委託保管機構應出具越權交易通知書時，除經客戶出具同意
交割之書面並經全權委託保管機構審核符合相關法令外，受任人應負履行
責任，並於交割日前將保管機構認定為越權交易之款券撥入客戶之投資保
管帳戶，客戶與保管機構簽訂信託契約者，應撥入保管機構辦理交割之帳
戶，由保管機構辦理交割[50]。

　　至於辦理交割之盈虧部分如何分擔，越權交易買進或賣出之款券，受
任人應為接獲越權交易通知書之日起依下列規定為相反之賣出或買進沖銷
處理並結算損益：

　　（一）如為買進證券總金額逾越委託投資資產金額或其可動用金額
者，應就逾越之金額所買進之證券全數賣出沖銷，其應行賣出沖銷之證券
及因之所生損益之計算，均採後進先出法，將越權交易當日買進成交時間
最遲之證券優先賣出，依次為之，至完全沖銷，所生損失及相關交易稅費
由受任人負擔，所生利益歸委人，並自沖銷所得價款扣抵之，扣抵後之餘
額於越權交易之交割及沖銷完成後歸還受任人，不足抵扣之差額由受任人
負責補足。

　　（二）如為超買或超賣某種證券者，應將超買或超賣之數量全數沖

---

[50] 證券投資顧問事業投資信託事業經營全權委託投資業務操作辦法第 59 條第 2 項規定，受任
人委託國內證券商買賣外國有價證券，經全權委託保管機構出具越權交易通知書時，除經客
戶出具同意交割之書面並經全權委託保管機構審核符合相關法令外，受任人應負履行責任，
並於交割日前將全權委託保管機構認定為越權交易之款、券撥入專業機構投資人自行開立之
保管專戶或證券商以其名義或複受託金融機構名義寄託於交易當地保管機構之帳戶；或依據
當地市場實務辦理交割事宜，惟仍需及時撥入前揭指定之帳戶。

銷，其損益之計算、歸屬、稅費負擔與所得價款餘額之歸還，同前款規定。受任人未依前項規定補足沖銷後之損益及稅費者，保管機構得代理委任人向受任人追償。然如果從證券商受託買賣之角度觀之，由於外部之代客操作契約存在，得以認定為表見代理，依民法第169條之規定，除非為受託之證券商明知其無代理權或可得而知，否則委任人還是需要負責。

二、違約之處理

受任人之財務所能承受範圍而導致違約交割時，其有關違約交割之刑事、行政及民事法律責任應如何追究，由於全權委託投資契約必須遵守法令及市場規則，故委任人不至事先為違約交割之授權，受任人蓄意或疏於注意之違約交割自應由其負起法律責任，包括是否構成操縱之犯罪、民事賠償以及禁止開戶交易等之責任。至於受託人逾越客戶委託範圍之越權交易，越權交易買進或賣出之款券，受託人應於接獲越權交易通知書之日起即依下列規定為相反之賣出或買進沖銷處理並結算損益：

（一）如為買進證券總金額逾越委託投資資產金額或其可動用金額者，應就逾越之金額所買進之證券全數賣出沖銷；其應行賣出沖銷之證券及因之所生損益之計算，均採後進先出法，將越權交易當日買進成交時間最遲之證券優先賣出，依次為之，至完全沖銷，所生損失及其相關交易稅費由受託人負擔，所生利益歸客戶，並自沖銷所得價款扣抵之，扣抵後之餘額於越權交易之交割及沖銷完成後歸還客戶；不足扣抵之差額由受託人負責補足。

（二）如為超買或超賣某種證券者，應就超買或超賣之數量全數沖銷，其損益之計算、歸屬、稅費負擔與所得價款餘額之歸還，同前（一）規定。

（三）受託人未依前述規定補足沖銷後之損益及稅費者，全權委託保管機構得代客戶向受託人追償。

第六項　利益衝突之解決

一、本人與關係人交易從事投資之限制

為防範從業人員有偷跑行為（front-running）與客戶利益之衝突發生[51]，對於證券投資信託事業或證券投資顧問事業全權委託投資業務之從業人員、專責部門主管與投資經理人，其本人、配偶、未成年子女及被本人利用名義交易者，除法令另有規定外，於證券投資信託事業或證券投資顧問事業決定運用委託投資資產從事某種公司股票及具股權性質之衍生性金融商品交易時起，至委託投資資產不再持有該公司股票及具股權性質之衍生性金融商品時止，不得從事該公司股票及具股權性質之衍生性商品交易[52]。

二、防火牆與中國牆之設置

就證券投資信託事業或證券投資顧問事業全權委託投資業務，由於個別客戶之權利義務獨立，受委任業者亦應依其受託與經營模式分別運作，對於證券投資信託事業或證券投資顧問事業互相兼營、兼營他事業或由他事業兼營者，其業務或交易行為，除依相關法令規定辦理外，應設置防火牆（firewall）與中國牆（chinese wall）機制，將各自獨立部門與客戶權益作風險區隔與可能發生利益衝突隔離，故應遵守下列規定[53]：

（一）不得有背信、不當利益輸送或其他違反法令之情事。

（二）不得有為本事業、負責人、受僱人或任一受益人或客戶之利益，而損及其他受益人或客戶權益之情事。

（三）為受益人或客戶追求最高利益，並以公平合理原則對待每一受

---

[51] 同前註 39。

[52] 證券投資信託事業證券投資顧問事業經營全權委託投資業務管理辦法第 19 條之 1 規定。

[53] 證券投資信託及顧問事業互相兼營與兼營他事業或由他事業兼營之利益衝突防範辦法第 2 條規定。

益人或客戶。

　　（四）建立職能區隔機制，維持業務之獨立性及機密性，不得將證券投資信託基金或全權委託投資資產之運用情形傳遞予非相關業務人員、股東或關係企業。

　　（五）從事資訊交互運用不得損害受益人或客戶之權益。

三、退傭之利益

　　公司運用全權委託投資之資產或基金買賣有價證券所支付之手續費，與代客操作之資金及基金每月買賣成交金額相較，往來券商完全依行為時法定五級費率制收取手續費，而未再依當時市場對大額成交客戶按月折減慣例予以折減，似未盡合理。由於證券商對一般客戶折減收取手續費，皆有相當之手續費折減收費標準，而有關手續費折減收費利益應歸屬委任人或基金受益人全體，國外有些證券投資顧問或證券投資信託事業甚至以其集體之額度作為取得有利手續費之籌碼，但其利益應歸屬委任人或基金受益人全體。

四、軟錢及手續費以外之利益之歸還

（一）手續費以外之利益

　　一般券商對投資顧問或投資信託事業從事全權委託投資業務可提供之額外服務項目主要包括：1. 研究報告之提供；2. 盤中即時資訊之傳遞；3. 重大訊息變化之告知；4. 上市公司參訪行程之協助；5. 定期舉辦研討會等。而此等費用應由券商或投資顧問、投資信託事業負擔，由於投資顧問或投資信託事業對委任人或基金受益人負有忠實義務，且有權選擇或建議所經理基金及資產從事交易的委託證券商，因此當其使用委任人資金或基金支付予證券商之手續費（在國外稱為軟錢 soft dollars）取得執行證券交易所需以外的產品或服務時（例如證券商提供研究報告），即與基金受

益人的利益發生衝突，而有必要予以適當規範。

（二）軟錢之負擔

參考美國、香港及新加坡等國之立法例均未禁止使用軟錢，惟為確保投信公司或投資經理人忠實義務的履行，均要求軟錢所取得的必須為有助於投資經理人投資決策程序之研究服務，且基金所支付的手續費必須與基金所收到的證券商研究及交易執行服務相當。另投顧、投信公司或投資經理人必須向客戶揭露其軟錢政策，且必須不斷建議或尋求最佳的證券商執行基金買賣交易。

以美國為例，由於國會認為委託最低手續費率之證券商並不必然符合受益人之最佳利益，因此該國於 1975 年取消證券交易固定手續費率制後，已配合於證券交易法 Section 28(e)訂定支付之手續費如經信賴判斷與所取得之證券經紀及研究服務價值相當，將不視為必然違反忠實義務或違反法令規定，並授權美國證管會訂定有關投資顧問（負責共同基金之運作）揭露其軟錢政策及程序之管理規則。此外，投資顧問尚須依 1940 年投資顧問法及各州州法的規定，不得在事前未經客戶同意的情形下，運用客戶資產使自己或其他客戶獲得利益，否則將違反聯邦證券法之反詐欺條款；1940 年投資公司法亦規定投資公司（共同基金）應於公開說明書及額外資訊報告中揭露其委託證券商情形及使用軟錢的實務，投資公司董事會並應就投資顧問使用軟錢的情形，評估其與投資顧問間合約之存續。

對於投信事業得否運用軟錢取得研究服務之問題，證券投資信託基金之運用未將證券商或期貨商退還手續費歸入基金資產，鑑於國外對於使用軟錢均以一定程度之豁免及適度規範取代禁止規定，且國內實務上類似情形確實相當普遍，如全面禁止，對投顧、投信公司或基金受益人未必有利，參考前述國家採原則禁止、例外許可之方式管理，即符合主管機關規定者，不在此限，由主管機關據以訂定豁免應符合之條件[54]。

---

[54] 例如就代客操作之業者可向投資人合法收取相關管理費用，作為付給經紀券商提供交易執行

五、內線交易之禁止

受託人及其負責人與受僱人，獲悉有價證券發行公司未公開之重大消息者，應即以書面報告交由專責人員列管保密；於該重大消息未公開前，不得告知第三人，且不得為全權委託投資資產、自己帳戶或促使他人買賣該公司發行之有價證券。獲悉資訊之人員無法確定是否為前項所稱之重大消息時，應就獲悉之資訊先以機密方式作成書面報告，交由專責人員認定，經認定屬重大消息者，不得從事買賣該有價證券；非屬重大消息者，以非機密方式留存備查。

第七項　結論

證券投資信託法及信託業法之立法，全面開放全權委託投資之代客操作業務，可配合提供一般散戶之投資人委託專業機構經營之法律依據，同時也可提供非專業資產管理機構委託經營之管道，例如公務人員退休撫卹基金、勞工退休基金、勞工保險基金、郵政儲金及其他基金之運用，而在專業理財投資分析與判斷之資產管理時代中，鑑於專業蒐集資訊及分析能力及人力，恐非公務人員或資產管理專業人員所能負荷，因此委託專家經營是各國退休基金運用之趨勢，本章之探討可結合證券投資信託法及信託業法及其他有關全權委託投資業務之管理規範，可在最有法令保保障及發揮最大投資效益下，使委託之資產能得到有效的運用，不僅可減輕各操作人員之壓力與政府之負擔，亦可增進資金之活絡及有效運用，並可達到穩定市場之機能，然全權委託證券投資信託事業、證券投資顧問事業或信託業者從事全權委託投資業務之推展，有賴業者之自律與共同努力，不僅在績效的追求，更應注意形象的維護，嚴格遵守市場共通之規範，才能得到

服務、研究諮詢服務的報酬，但其免費提予代客操作之業者之服務，作為代客操作之業者費用成本之降低，應折算歸還代客操作帳戶，至於合理佣金與「軟錢」之間如何劃分清楚，主管機關可依法令加以規範免納入歸還代客操作帳戶之項目範圍，以降低爭議。

　　投資人之認同與信賴，繼而能業務興隆，整個市場之結構及秩序也能跟著趨於理性與穩定。

第五章

證券投資信託事業之設立與管理

第一節　前　言

　　證券投資信託事業（securities investment trust enterprise, SITE）為專業之資產管理機構，為金融機構之一環[1]，其透過證券化之方式向不特定人募集證券投資信託基金（Securities investment trust fund）發行基金股份或受益憑證（Beneficial interest certificates），或向特定人私募證券投資信託基金交付基金股份或受益憑證，從事於有價證券、證券相關商品或其他經主管機關核准項目之投資或交易，而證券投資信託事業之經營，事關經濟之發展與投資大眾之資金與權益之保護，須有適當之規範與監督，各國證券投資信託事業設立與經營多採管制性之規範，因此明定須取得主管機關之許可證照，我國證券投資信託及投資顧問之監督管理法制亦不例外，於民國 57 年制定證券交易法初始，就已參採美國 1940 年之投資公司（Investment Company Act of 1940，以下簡稱 ICA）之立法，於第 18 條訂定證券投資信託事業及證券投資顧問事業之核准及管理之立法授權規定，惟由於當時證券市場之發展尚未臻成熟，並未有正式之運作。在經濟逐漸起飛之際為考量引進外資繁榮國內證券市場，爰配合民國 71 年行政院核定之「引進僑外投資證券計畫」第一階段間接投資政策，而開放設立證券

---

[1]　金融監督管理委員會組織法第 2 條規定，本會主管金融市場及金融服務業之發展、監督、管理及檢查業務。所稱金融市場包括銀行市場、票券市場、證券市場、期貨及金融衍生商品市場、保險市場及其清算系統等；所稱金融服務業包括金融控股公司、金融重建基金、中央存款保險公司、銀行業、證券業、期貨業、保險業、電子金融交易業及其他金融服務業；但金融支付系統，由中央銀行主管。其中所謂之證券業包括證券交易所、證券櫃檯買賣中心、證券商、證券投資信託事業、證券金融事業、證券投資顧問事業、證券集中保管事業、都市更新投資信託事業與其他證券服務業之業務及機構。

投資信託事業之許可。

　　民國 72 年 5 月依據證券交易法第 18 條第 2 項之規定授權訂定「證券投資信託事業管理規則」，開放證券投資信託事業之申請設立，當年陸續核准有國際、光華、建弘及中華等 4 家本國證券投資信託公司在海外發行受益憑證募集資金，滙入國內投資我國股市，為我國證券投資信託事業的起步[2]。然因早期投信及投顧事業之發展尚處於萌芽階段，基金規模小、法制規範相對不完備，之後增訂第 18 條之 1、第 18 條之 2 等規定，以規定證券投資信託事業違規之處罰準用依據及基金資產之獨立性等，然對於以證券交易法第 18 條、第 18 條之 1、第 18 條之 2 等規定授權訂定之子法規範人民權利義務之情形，其適法性與妥當性亦常遭受質疑，甚至有違憲之爭議，在國家經濟日益繁榮，證券金融市場規模急遽擴大之濟，單獨立法有其必要性與急迫性，故於民國 93 年 6 月通過證券投資信託及顧問法，參採原證券交易法之法律及相關規範提升為法律之層次，並參採日本之投資信託及法人法法律架構，同時研擬正式開放私募基金及境外基金之募集銷售管道，使法令規範更臻完備[3]。

　　隨著國民所得之日益增長及證券市場發展日趨成熟健全，資產管理更邁向專家理財之時代，國外資本市場集合散戶投資人資產透過機構法人投資之發展軌跡，小額投資人益須仰賴專業理財，因此證券投資信託及投資顧問事業在市場上的地位益形重要。我國截至 108 年 11 月止，證券投資信託事業之設立計有 39 家，其所募集之境內證券投資信託基金已有 973 檔，管理之境內基金資產總規模達新臺幣 39,574 億元，受益人總數

---

[2]　早期之老投信有光華、中華、建弘及國際證券投資信託公司四家其設立過程，可參見林坤鎮，淺談我國證券市場百年發展史，證券暨期貨月刊，第 29 卷第 9 期，2011 年 9 月 16 日，頁 10。

[3]　郭土木，證券投資信託暨投資顧問事業之現況與展望（下），實用月刊，第 328 期，2001 年 5 月 31 日，頁 70-75；證券投資信託及顧問之立法芻議，律師雜誌，第 273 期，2002 年 6 月，頁 46-54；證券投資信託及顧問法立法重點及其影響，第 355 期，實用稅務出版社，2004 年 7 月，頁 64-72；證券投資信託及顧問法，中律會訊，第 8 卷第 2 期，2005 年 10 月，頁 17-28。

1,958,714 人；境外基金有 865 檔，資產總規模達新臺幣 36,078 億元[4]，證券投資信託事業已為證券及金融市場之重要環節，健全之金融法制與監理規範尤屬重要，準此本章擬援引外國之法制先例及多年來我國所累積之執行經驗，就證券投資信託事業之設立與財務、業務、人員之管理提出介紹與探討。

第二節　證券投資信託事業之業務內容

證券投資信託（securities investment trust）為專業之理財服務行為，我國證券投資信託及顧問法先就證券投資信託之法律行為作定義[5]，然後規範從事以該行為為業務者為證券投資信託事業[6]，再規定證券投資信託事業必需取得許可才可從事各該業務行為，未取得許可證照從事各該業務行為者為非法業者，為取締及刑事責任科處之範圍[7]，將非法地下業者列為以刑事犯罪取締遏止之對象，並將證券投資信託之業務化暗為明賦予合

4　參見金融監督管理委員會證券期貨局「證券暨期貨市場 108 年 12 月份重要指標」，參閱網站：https://www.sfb.gov.tw/ch/home.jsp?id=622&parentpath，上網時間：2020/02/01。

5　證券投資信託及顧問法第 3 條第 1 項規定，本法所稱證券投資信託，指向不特定人募集證券投資信託基金發行受益憑證，或向特定人私募證券投資信託基金交付受益憑證，從事於有價證券、證券相關商品或其他經主管機關核准項目之投資或交易。

6　證券投資信託及顧問法第 3 條第 2 項規定，本法所稱證券投資信託事業，指經主管機關許可，以經營證券投資信託為業之機構。所謂以經營證券投資信託為業，然何謂業務，參照修正前刑法第 276 條規定，就所謂業務過失致人於死罪之業務認定，依最高法院 89 年 12 月 29 日 89 年台上字第 8075 號刑事判例，認爲係指個人基於其社會地位繼續反覆所執行之事務，包括主要業務及其附隨之準備工作與輔助事務在內。此項附隨之事務，並非漫無限制，必須與其主要業務有直接、密致使最切之關係者，始可包含在業務概念中，而認其屬業務之範圍。至於業務之行為是否涵蓋報酬與對價，提供管理資產之服務目的在取得管理費之對價，否則純屬服務並非業務行為，參照證券投資顧問行為之定義，包括直接或間接自委任人或第三人取得報酬，因此應認爲經營證券投資信託為業仍以直接或間接自委任人或第三人取得報酬爲要件。

7　證券投資信託及顧問法第 63 條規定：「本證券投資信託事業及證券投資顧問事業，應經主管機關許可，並核發營業執照後，始得營業。證券投資信託事業及證券投資顧問事業設立分支機構，應經主管機關許可。」同法第 107 條第 1 款規定：「未經主管機關許可，經營證券投資信託業務、證券投資顧問業務、全權委託投資業務或其他應經主管機關核准之業務者，可處五年以下有期徒刑，併科新臺幣一百萬元以上五千萬元以下罰金。」

法設立之證券投資信託事業經營，同時將其經營業務之財務、業務與從業人員納入國家行政主管機關監理之範圍，以維護其遵法之品質保障國家之經濟金融秩序與投資人權益。

然證券投資信託事業之業務除以基金之募集、私募、投資組合資產之運用操作等核心業務外，為考量擴大資產管理服務之規模與發揮專業經營之能力，以提升競爭能力與拓展業務之空間，參考國外之立法例，現行法令開放證券投資信託事業在符合法令規範之下，尚可依主管機關之規定兼營其他經核准之業務[8]。為明確了解我國證券投資信託事業之所經營業務之項目，以下擬就國際上有關基金管理之法制架構、美國 1940 年投資公司法、日本投資信託暨投資法人法及金融商品交易法之規定提出介紹，再進一步探討我國規定之內容。

第一項　證券投資信託基金管理之法制架構

有關證券投資信託共同基金管理之架構，可分為公開募集及私募、公司型（corporate type）、合夥型、契約型（contract type）或單位信託（unit trusts）等多種態樣，一般就組織型態分類之公司型及契約型之共同基金，又可依其運用管理及控管之架構之不同，將公司型之架構分為董事會模式及保管機構模式，契約型之架構可再分為保管機構模式及受託人

8　依證券投資信託及顧問法第 3 條第 3 項、第 66 條第 1 項及證券投資信託事業設置標準第 2 條規定，證券投資信託事業得經營之業務種類，由行政院金融監督管理委員會依規定分別核准，並於營業執照載明之；未經核准並載明於營業執照者，不得經營。現行得兼營之業務種類甚多，包括兼營證券投資顧問業務、全權委託投資業務、期貨信託業務、都市更新信託基金，從事、代理募集、銷售、投資顧問境外基金、受託管理私募股權基金、期貨經理業務、信託業之共同信託基金及其他經主管機關核准之有關業務等。另依證券投資信託及顧問法第 66 條第 3 項規定，證券商、期貨信託事業、期貨顧問事業、期貨經理事業或其他相關事業取得主管機關許可者，得兼營證券投資信託事業或證券投資顧問事業。至於專業與兼業經營之區別在法令遵循及監理之相關事項，應顧及功能性管理、法規及監理套利之問題。郭土木，我國金融法規整合之芻議，收錄於企業與金融法制－余雪明大法官榮退論文集，2009 年 1 月 1 日，頁 382-409。

模式，各模式之架構可分述如下[9]：

一、公司型與董事會架構，由投資人以成立公司之方式將資金匯集而成立投資公司。此投資公司大多委託投資資產管理之顧問公司負責管理資產進行投資組合，並由投資公司之董事會可監督顧問公司之基本方針及投資決策。

二、公司型與保管機構架構，在此架構下無董事會存在，由保管機構負責監督基金資產（collective investment scheme）之管理運用及保管基金之資產。

三、契約型與保管機構架構，保管機構架構為受託人，基金資產在此架構下需委託資產投資管理公司以消極信託方式指示管理運用，並負忠實與善良管理人之注意義務從事投資 。

四、契約型與受託人架構，基金資產在此架構下係以信託契約方式成立，彙集投資人之資金購買投資組合標的，所以投資人收益以所持有之單位信託之比例分配，受託人負責監督 CIS 之操作及保護受託資產的安全。

我國證券投資信託及顧問法立法之際曾考量將公司型基金納入規範，惟鑑於我國原依公司法之規定即可成立投資公司，雖操作與公司型投資信託不同，由公司之執行機關擔任，與公司型之共同基金必須再委由其他資產管理之顧問公司負責管理運用有所差別，但因就股份之發行以籌集投資運用之資金（pool）則屬一致，且牽涉證券交易法、公司法等有關投資人會議、董監事責任、業務範圍、有價證券發行、資產保管公司等有關規範之修正或補充，尚待相關事權主管機關之整合會商，非短期可畢其功，故未一併考量列入立法範圍，但可列為未來遠程之立法方向[10]，為擴大我國

9　臺灣證券交易所股份有限公司，日本證券市場相關制度，2019 年 7 月，頁 17。參閱網站：https://www.twse.com.tw/staticFiles/product/publication/，上網時間：2020/02/05。

10　同前註 3。然民國 93 年 6 月通過證券投資信託及顧問法迄今已將近 15 年，時空環境已有改變，投資信託與顧問業務之運作與發展已臻成熟，境外基金以公司型方式在國內銷售更是不計其數，國內以投資公司或創投公司之運作及適用公司法之規範，雖屬簡便及便宜行事，但其是否違反非法經營證券投資信託事業及是否應取得許可之規定尚值得商榷，運作體系紊亂與良窳不一，無法賦予適當之監督與管理，對於金融市場之法令規範、投資人權益之保障等

證券投資信託基金之商品，健全金融市場之法令規範與投資人權益之保障，允宜儘速檢討開放公司型基金及立法予以適當規範之必要。

第二項　美國1940年投資公司法之立法例[11]

美國 1940 年投資公司法（ICA）所規範的投資公司型態相當廣泛。舉凡公司、合夥、信託、基金、或法人（不以成立為限制）等團體皆為 ICA 所規範之對象[12]。對各該型態之組織或機構從事投資、再投資證券交易,以及向投資人發行證券的各類投資公司以法律或相關規範監理其業務活動。ICA 之立法意圖在於管理投資公司的投資與交易活動，要求以審慎誠實和公平公正的監理態度，使投資人可以知悉投資之基本與參與投資管理之活動，確立適當可行的資本結構；確保證券持有人與證券交易主管機關對財務說明書的利用。要求投資公司向社會發行的各類證券必須依法註冊，同時定期公布公司財務狀況和投資方針，並向投資者提供揭露有關公司經營活動之資訊，因此在 ICA 之規範與監理下，投資公司受有嚴格之規範，其主要著重於投資公司與所屬職員是否遵守迴避利益衝突與其所當盡之注意義務，投資公司所提供給投資者之證券資訊是否準確與投資公司本身之財務狀況等[13]。至於投資公司所投資之證券標的種類，涵蓋衍生性金融商品等範圍極廣[14]，法規規範之重點在於避免利益衝突及投資風險之分散等，可進一步分述如下。

顯有不足，更與國際化證券投資基金之運作制度無法接軌，似有儘速檢討開放及立法規範之必要。

[11]　參見郭土木、朱德芳、黃詩婷合著，我國證券投資顧問事業業務範圍擴大之研究，中華民國證券投資信託及顧問業同業公會委託研究報告，2014 年 8 月，頁 27-33。

[12]　ICA Sec. 2 (a)(8).

[13]　ICA Sec. 1 (b).

[14]　ICA Sec. 2 (36).

一、美國投資公司法對於投資公司之定義

在美國 1940 年投資公司法第 3 條明文規定所謂投資公司，在種類與範圍之定義上相當的廣泛，ICA 所定義之投資公司，主要以發行者（issuer）是否有下列行為為認定標準：（1）從事或對外召募自己將進行證券之投資、轉投資、或是交易為主之事業[15]；（2）從事或對外召募自己即將發行分期付款面值型之證券，或已經發行但是尚未完全給付完分期付款面值型之證券[16]；（3）從事或宣稱自己即將進行投資、轉投資、擁有、持有、或交易投資證券，且其投資證券之總資產超過發行者未合併財務報表總資產額（不包含政府證券與現金）之百分之四十[17]。

由 ICA 法規可歸納，認定投資公司之主要方法，有主觀與客觀兩種方法。主觀方法，以發行者主觀認定其從事證券相關投資交易業務為基準。客觀方法，以發行者確實從事證券投資相關業務或分析投資證券占有發行者總資產額之百分比為基準。

兩種認定方法中，客觀方法下的總資產額占有比例，有擴大投資公司定義的效果。因為在此認定下，發行者容易在自己因擁有或持有投資證券的百分比過高，而成為 ICA 定義下之投資公司。公司一旦被 SEC 認定為 ICA 法規下之投資公司，則必須遵守 ICA 所有規定。有時公司本身所從事之產業可能與金融業完全無關，但因併購之關係，導致投資證券百分比攀升，進而被 SEC 認定為是 ICA 定義下之投資公司[18]。因此，ICA 定義之投資公司，非僅以具體執業範圍為其認定標準，亦可以因發行者之總資產額之投資證券占有比例超過四十而被認定為是投資公司。

15　ICA Sec. 3 (a)(1)(A).

16　ICA Sec. 3 (a)(1)(B).

17　ICA Sec. 3 (a)(1)(C).

18　See Securities and Exchange Commission v. Fifth Avenue Coach Lines, Inc, 435 F. 3d 510 (1970).

二、美國投資公司法所定投資公司之種類

ICA 就投資公司（investment companies）分下列三種型態：面值型之證券公司、單位投資信託與管理公司。以下就這三種公司進行簡單敘述。

（一）面值型之證券公司（face amount certificate companies）

面值型之證券公司為發行或宣稱自己即將發行分期付款面值型之證券。若投資公司已經發行但是尚未完全給付完畢分期付款面值型之證券，此種公司也包含在面值型之證券公司定義中[19]。

分期付款面值型之證券為發行人與購買者所訂定之契約。其契約內容以購買者給付特定分期款項，向發行人購買證券。此證券明文記載到期日與到期時所給付之總金額。此種證券通常也有未到到期日之給付額。若證券上沒有到期日之給付總額，則不被認為是分期付款面值型之證券[20]。

必須注意的是，此種證券之發行人因為非為銀行或政府機關，所以在沒有銀行擔保或政府擔保之保障。因此，ICA 針對面值型之證券公司，設有最低資產限制之限制，其公司最低資產額度必須至少為總發行證券之百分之八十[21]。

面值型之證券公司曾經在二十世紀初在美國證券交易市場上盛行，但是隨著美國稅法改制，使得這種型態的證券不再享受以往之稅法上之優惠，導致此種投資公司型態逐漸沒落[22]。

---

[19]　ICA Sec. 4 (1).

[20]　Robert H. Rosenblum, Investment Company Determination Under the 1940 Act (2203), Chapter 4: Issuers Engaged in the Business of Issuing Face-Amount Certificates of the Installment Type-Section 3 (a)(1)(B).

[21]　See ICA Sec. 28. See also, Robert H. Rosenblum, Investment Company Determination Under the 1940 Act (2203), Chapter 4: Issuers Engaged in the Business of Issuing Face-Amount Certificates of the Installment Type-Section 3 (a)(1)(B), § 4.5 The Availability of 1940 Act Exceptions and Exemptions to Face-Amount Certificate Companies.

[22]　全美目前僅有 Ameriprise Financial 與 SBM Financial Group 兩家較大之投資公司仍發行分期付款面值型之證券。See Peter Luckoff, Mutual Funds Performance and Performance Persistence: The Impact of Funds Flows and Manager Changes, 2011.

（二）單位投資信託

1.單位投資信託之成立之要件

投資公司若具有下列三個要件，即可成立單位投資信託（unit investment trust）：

(1) 由信託契約（trust indenture）、託管契約（contract of custodianship）、代理契約（contract of agency）或其他類似契約所產生之公司[23]。

(2) 沒有董事會[24]。

(3) 只有發行可以贖回之證券（redeemable securities），且這種可贖回之證券代表著特定證券中不可分割之利益，但是並不包含表決權信託[25]。

2.單位投資信託營運方法

單位投資信託通常會進行一次性的公開發行，而且僅就特定限量單位進行發行。在單位投資信託成立之時，已經預先設立信託終止日期，惟信託期限依其投資性質長短不一。換言之，若單位投資信託為投資債券之信託，則其信託終止日期與債券存續期間同長。信託在成立之時因為已有固定之投資組合（investment portfolio），所以在信託期限內，信託不會積極的交易或是大幅更動其投資組合，而且信託沒有董事會或投資顧問等操控者。當單位投資信託終止時，信託內之證券即被拍賣，且所有營收將分給所有投資者[26]。

---

[23] ICA Sec. 4 (2)(A).

[24] ICA Sec. 4 (2)(B).

[25] ICA Sec. 4 (2)(C).

[26] United States Security and Exchange Commission, Unit Investment Trusts (UITs), available at: http://www.sec.gov/answers/uit.htm (last visited Aug. 13, 2019).

（三）管理公司（management companies）

管理公司之定義，為所有非面值型之證券公司或單位投資信託之投資公司[27]。管理公司又分為兩種相互對應之公司種類。第一種相對應的管理公司為開放型公司（open-end company）與封閉型公司（close-end company）。第二種相對應的管理公司為分散型公司（diversified company）與非分散型公司（non-diversified company）[28]。以下就這兩種公司進行簡介。

1.開放型公司與封閉型公司

（1）開放型公司（open-end company）：管理公司為待售可贖回證券之公司或是為已發行可贖回證券之公司[29]。

（2）封閉型公司（close-end company）：只要不是非開放型公司，即為封閉型公司[30]。

2.分散型公司與非分散型公司

（1）分散型公司（diversified company）：管理公司之投資組合，若符合下列兩個要求，即為分散型公司：第一，管理公司百分之七十五以上皆以現金、政府證券、其他投資公司之證券之組合所構成。第二，其他單一發行證券者之證券價值，不可以超過管理公司百分之五之總資產額，且其具有投票權之證券，不能超過管理公司之百分之十[31]。

（2）非分散型公司（non-diversified company）：只要不是分散型公司，即為非分散型公司[32]。

---

[27] ICA Sec. 4 (3).

[28] ICA Sec. 5.

[29] ICA Sec. 5 (a)(1).

[30] ICA Sec. 5 (a)(2).

[31] ICA Sec. 5 (b)(1).

[32] ICA Sec. 5 (b)(2).

第三項　日本 2001 年投資信託暨投資法人法之立法例

日本分別依公司型、契約型之模式運作，日本證券投資信託業自1951 年至 1998 年之期間，只有「契約型基金」（contractual type of funds）型態，而自 1998 年起，始引進所謂「公司型基金」（corporate type of funds），亦增設私募型投信制度，並廢除投信公司專營制，開放證券公司得兼營投信及投顧業務，並允許日本公司型投信得複委託其他投信公司、全權委託操作的投顧公司或與日本投信或投顧公司相當的外國公司，代其進行資金之操作及管理等政策，並於 2000 年大幅修正證券投資信託法（Securities Investment Trust Law），再於 2001 年 12 月 12 日公布實施更名為「投資信託暨投資法人法」（Act on Investment Trust and Investment Corporation），契約型基金之基金管理公司為投資信託公司（investment trust company），法律上稱之為「投資信託委託業」，與我國之證券投資信託公司相當。而在公司型基金之基金管理公司，稱之為「投資公司或投資法人」（investment company / corporation），公司型基金具由共同投資目標的投資者依據公司法組成並以盈利為目的，並投資於特定標的（如有價證券、貨幣）之股份制投資公司。透過發行基金股份的方式籌集資金，基金股份持有人既是基金投資者也是公司股東。公司型基金成立後，通常需委託特定的基金管理人或者投資顧問運用基金資 產進行投資組合。契約型基金為基於信託契約而成立，通常係由基金管理公司為委託人，基金保管機構為受託人與投資之受益人三方基於信託投資契約而組成。基金管理公司為信託契約之委託人依據契約指示運用信託財產進行投資[33]，基金保管機構之受託人依照契約負責保管信託財產，投資之受益人依照契約及法令規定享有投資收益權。契約型基金係以發行基金受益券或是基金單位證券等有價證券的方式籌集資金，受益券或是基金單位證券用以表彰投資

---

[33] 此為特殊型態之消極信託，架構上將資產管理者與保管者分離，避免有監守自盜等舞弊之空間，以發揮制衡與勾稽控管之機制。

受益人對基金資產的所有權，並依其所有權參與投資權益分配或申購贖回與轉讓。日本投資信託暨投資法人法將投資範圍及標的大部分侷限於有價證券之規定擴大至包含不動產、不動產租賃、金錢債權、衍生性商品等。因此對於不動產投資信託（real estate investment trusts）亦有適用。並就所謂投資信託管理公司（invest trust management company）所從事不單是投資信託基金之管理，更能從事為投資法人（公司型基金）之資產管理運用，此乃日本投資法人本身並不從事資產之管理或保管，僅能委託其他管理公司或保管機構來代為管理或保管。

日本的投資信託分為委託人指示型投資信託、委託人非指示型投資信託及投資法人三種類型。依日本 2001 年投資信託暨投資法人法所定義之投資法人，係指其資產為主要以投資運用特定資產投資運用為目的，依該法設立之社團法人[34]。註冊之投資法人得依規約所定資產運用對象及方針，對特定資產為有價證券及不動產之取得或轉讓或借貸、不動產之管理委託、行政命令所定之交易或其他依規約所定資產之交易[35]。而投資信託行為包括委託人指示型投資信託及委託人未指示型投資信託，所稱委託人指示型投資信託，係指依照委託人指示（如是將有關指示權限之全部或一部委託予行政命令所規定之他人時，該行政命令所規定之他人亦包括之），主要將信託財產投資運用於有價證券、不動產及其他經行政命令規定之資產（特定資產）為目的之信託，並依照設定、分割該受益權，使二人以上之人複數人取得為目的者。另所稱委託人未指示型投資信託，係指受託人基於與複數二人以上之人委託人締結之信託契約而取得之金錢，依信託約款約定，非依委託人指示，主要投資於特定資產，共同運用（如是將有關運用權限之一部委託予行政命令規定之他人時，該他人所為之運用亦包括之）為目的之信託。投資信託中主要將資產運用於有價證券者為證券投資信託。

---

[34] 日本 2001 年投資信託暨投資法人法第 2 條第 19 款之規定。

[35] 日本 2001 年投資信託暨投資法人法第 193 條第 19 款之規定。

　　證券投資信託，係指就前述委託人指示型投資信託中，其運用目的以
投資有價證券為主，包括有價證券指數等期貨交易、有價證券選擇權交
易、外國市場證券期貨交易、有價證券店頭指數等遠期契約、有價證券店
頭選擇權交易或有價證券店頭指數等交換權交易，並依行政命令規定者。
該法重申除證券投資信託外，任何人不得締結將信託財產主要投資運用於
有價證券之信託契約。但非以分割信託受益權，使多數二人以上之人取得
為目的者，不在此限[36]。信託公司等不得締結委託人非指示型投資信託之
信託財產，主要以投資於有價證券為主要目的之投資信託契約[37]。日本投
資信託暨投資法人法所稱之「投資信託委託業者」係指受認可，經營投資
信託委託業或投資法人資產運用業者，其中投資信託委託業係以委託人指
示型投資信託之委託人為業者（即金融商品交易法第 2 條第 9 項規定之金
融商品交易業者）；投資法人資產運用業，係指受註冊投資法人之委託，
從事有關其資產運用之業者，經營投資信託委託業或投資法人資產運用業
者，非經內閣總理大臣認可，不得為之[38]。

　　註冊之投資法人應委託投資信託委託業者為資產運用有關之業務，惟
委託之契約應經投資人總會承認，始生效力[39]。投資法人就下列所述資產
運用及保管業務以外之事務，必須依法令規定，委託他人為之[40]，其可自
行處理之事項包括：有關發行投資單位及投資法人債募集之事務、有關發
行投資單位及投資法人債名義變更之事務、有關投資證券及投資法人債券
（投資證券）發行之事務、有關機關營運事務、會計事務、除前述各款以
外經主管機關所定事務。受投資法人委託處理事務之一般事務受託人，須

---

[36] 日本 2001 年投資信託暨投資法人法第 5 條之 2 規定，禁止證券投資信託以外以有價證券投
　　資為目的之信託，明定除證券投資信託外，任何人不得締結將信託財產主要投資運用於有價
　　證券之信託契約。但非以分割信託受益權，使多數二人以上之人取得為目的者，不在此限。
[37] 日本 2001 年投資信託暨投資法人法第 49 條之 3 禁止以有價證券投資為目的之委託人非指示
　　型投資信託。
[38] 日本 2001 年投資信託暨投資法人法第 6 條之規定。
[39] 日本 2001 年投資信託暨投資法人法第 198 條之規定。
[40] 日本 2001 年投資信託暨投資法人法第 111 條之規定。

為該投資法人忠實執行事務，於執行業務時須對該投資法人盡善良管理人之注意，受託人因怠於職務致投資法人受有損害時，該受託人對該投資法人應連帶負連帶損害賠償責任[41]。受託資產保管業務委託資產保管公司應為信託公司、證券公司（限於保管有價證券及其他法令所定資產）及其他經主管機關所定適於為註冊投資法人資產保管業務之受託人[42]。

第四項　大陸證券投資基金法

大陸在 2004 年 6 月 1 日施行證券投資基金法，2015 年 4 月 24 日修正，大陸對證券投資基金雖規定得採行公司型態之基金，但公司型態之基金運作法令規定並不明確，因此實務運作上以契約型為主，在契約型之架構下將基金管理公司與託管人之基金保管機構認為是共同受託人[43]，以基金持有人為信託法律關係的委託人及收益人，基金管理公司[44]及基金託管人[45]須符合法令及主管機關規定之資格條件，而基金管理公司則受基金持

---

[41] 日本 2001 年投資信託暨投資法人法第 112 條及第 113 條之規定。

[42] 日本 2001 年投資信託暨投資法人法第 208 條之規定。

[43] 共同受託人以共同行動共同負連帶責任，此與日本契約型基金要求相互制衡勾稽控管機制不同。參見湯欣，我國契約型投資基金當事人法律關係模式的選擇，證券投資基金法規體系研究，2002 年，中國法制出版社；杜徽、李奎，投資基金的法律構造淺析，金融時報，第 1 期，2001 年；但大陸有學者進一步將其區分為基金管理人是管理受託人，基金托管人是保管受託人，二者在各自職責範圍內承擔責任，由此共同承擔起受託人職責，構成一個完整的受託人。郭鋒、陳夏，證券投資基金法導論，2008 年 8 月，第 1 版，法律出版社，頁 95。

[44] 依大陸證券投資基金法第 12 條規定，設立管理公開募集基金的基金管理公司，應當具備下列條件，並經國務院證券監督管理機構批准：（一）有符合本法和公司法規定的章程；（二）註冊資本不低於 1 億元人民幣，且必須為實繳貨幣資本；（三）主要股東應當具有經營金融業務或者管理金融機構的良好業績、良好的財務狀況和社會信譽，資產規模達到國務院規定的標準，最近三年沒有違法紀錄；（四）取得基金從業資格的人員達到法定人數；（五）董事、監事、高級管理人員具備相應的任職條件；（六）有符合要求的營業場所、安全防範設施和與基金管理業務有關的其他設施；（七）有良好的內部治理結構、完善的內部稽核監控制度、風險控制制度；（八）法律、行政法規規定的和經國務院批准的國務院證券監督管理機構規定的其他條件。

[45] 其中基金託管人依大陸證券投資基金法第 32 條規定，須由依法設立的商業銀行或者其他金融機構擔任。商業銀行擔任基金託管人的，由國務院證券監督管理機構會同國務院銀行業監督管理機構核准；其他金融機構擔任基金託管人的，由國務院證券監督管理機構核准。

有人及託管人的監督，但三者相互間之權利義務，則由基金合同（信託契約）訂定[46]。基金管理人由依法設立的公司或者合夥企業擔任，公開募集基金的基金管理人，由基金管理公司或者經核准的其他機構擔任。基金託管人負有安全保管基金財產之責任，並負責監督審核基金管理人的相關活動，包括基金投資決策活動等之任務。

在基金之募集上由基金管理公司與託管人依據主管機關及法令之規定擬定基金合同及公開招募說明書等書件，向主管機關申請核准後，始得進行募集基金。而投資人則因認購取得基金份額，成為基金份額持有人，大陸共同基金法中將基金運作與基金實質資產管理兩個角色，分別獨立，基金管理公司負責基金募集、發行與運作等，而基金託管人負責基金實質資產保管的角色。基金管理公司主要從事基金投資組合之操作與管理工作，由於同一基金管理公司可以募集擔任不同基金的基金管理人，而基金管理公司的設立必須符合法令規定之資格條件並取得主管機關之核准；其他機構兼營從事基金管理業務，亦須經主管機關核准[47]。

第三節　證券投資信託事業之設立

行政主管機關對於公司行號設立之監督原則一般可分為放任自由設立主義、準則主義、許可主義與特許主義四種，金融活動與經濟金融秩序及客戶權益之保護關係密切，因此各國之金融監理機關及立法對於金融機構之設立採行嚴格審核之機制，證券投資信託事業亦然，我國現行金融監督管理委員會組織法將證券投資信託事業及其分支機構列為金融機構之範疇[48]，為應經許可核准之事業，須經許可並取得營業執照始得營業，而在許可主義之規範下其業務項目係採正面表列之方式，非依法令規定具備一

---

[46] 趙振華，證券投資基金法律制度研究，2005 年 3 月，中國法制出版社，頁 191。

[47] 黃隆豐，大陸證券投資基金法律規範的探討，證券暨期貨月刊，第 27 卷第 2 期，2009 年 2 月 16 日，頁 25-29。

[48] 依金融監督管理委員會組織法第 3 條第 3 項第 2 款之規定。

定之積極資格條件或消極資格要件，經申請主管機關之核准後不得經營，因此證券投資信託事業之設立除符合法令所定之條件或最低標準之外，行政機關尚可依市場之胃納能力與衡量客觀之競爭環境等因素予以許可之。

　　依現行證券投資信託及顧問法之規定，涉及證券投資信託事業之設立之條件規定者甚多，包括第 6 條第 3 項、第 66 條第 1 項、第 3 項、第 67 條第 2 項、第 72 條第 1 項、第 74 條第 2 項及第 75 條第 2 項規定等。主管機關爰依各該規定之授權訂定設置標準，為規範證券投資信託事業之設立，包括籌備設立許可、辦理登記及對證券投資信託事業之發起人適格要件、設立之資本額、場地設備、人員配置等皆有嚴格之規範，由於證券投資信託及顧問法對於證券投資信託事業業務之許可，與資產管理之專業服務及經營團隊之理念息息相關，故不採募集設立之方式，由發起人認足股份取得籌設許可後，方能依公司法辦理公司登記並於登記完竣後再向目的事業主管機關取得營業許可證照或登記，並於加入自律組織後始得營業[49]。

　　至於在設立程序之規範上，通常可分為三階段，首先第一階段應由全體發起人檢具申請書、發起人名冊、章程草案、營業計畫書等書件申請籌備設立，取得籌設許可後，向發起人收取款項；第二階段應自籌設許可之日起六個月內完成法人設立登記，使具備法人人格；第三階段則應於完成人員招募與場地設備建構完整後，檢具章程及業務章則、資產負債表、負責人與業務人員名冊、場地及設備之證明等書件，向主管機關申請核發營業許可證照。取得營業許可證照後再加入自律組織之同業公會即可正式營運[50]，而規範實質證券商取得法人格及業務許可之設立條件，在基本上應

---

[49] 依證券投資信託及顧問法第 63 條第 1 項規定，證券投資信託事業及證券投資顧問事業，應經主管機關許可，並核發營業執照後，始得營業。同條第 2 項規定，證券投資信託事業及證券投資顧問事業設立分支機構，應經主管機關許可。另依證券投資信託及顧問法第 67 條及證券投資信託事業設置標準第 7 條之規定，證券投資信託事業之組織，以股份有限公司為限，其實收資本額不得少於新臺幣 3 億元。前項最低實收資本額，發起人應於發起時一次認足。

[50] 依證券投資信託及顧問法第 84 條第 1 項前段規定，證券投資信託事業及證券投資顧問事業

包含資金、場地設備及人員等要素，可分述如下。

第一項　資本額

一、專營業務及兼營他業之法定最低出資額與資本額

出資額與資本額為營運之基礎，證券投資信託事業雖屬服務業，以專業之理財為經營核心，本不需準備太多之營運資金，國外立法例如日本之投資法人設立資金資額度不得低於行政命令所定 1 億日圓以上之數額[51]，歐盟國家亦有認為只要能維持三個月之營運需要之資金即可，大陸證券投資基金法要求註冊資本不低於 1 億元人民幣[52]，我國現行規 定除採行發起設立之方式外，並明定發起人應於發起時一次認足 ，證券投資信託事業除在兼營其他業務項目外，其最低實收資本額不得少於新臺幣 3 億元。

（一）兼營證券投資顧問事業與期貨顧問事業業務

證券投資信託事業得申請兼營證券投資信託及顧問法第 4 條第 3 項第 1 款規定之證券投資顧問業務[53]。惟證券投資信託事業在從事蒐集資訊、分析研判、建議決定及委託下單等業務行為與證券投資顧問業務行為有部分相重疊，現行證券投資顧問事業設置標準開放證券投資信託事業申請兼營證券投資顧問業務，且不要求應增提指定之營運資金，但應依業務規模、經營情況及內部控制制度之管理需要，配置適足、適任之經理人及業務人員，並應符合證券投資顧問事業負責人與業務人員管理規則所定之資格條件[54]。申請之資格條件、程序及書件等相關規定，準用證券經紀商或

非加入同業公會，不得開業。
[51] 依日本 2001 年投資信託暨投資法人法第 68 條之規定。
[52] 大陸證券投資基金法第 13 條第 2 款。
[53] 依證券投資信託及顧問法第 4 條第 3 項之規定，證券投資顧問事業經營之業務種類如下：
　　一、證券投資顧問業務；二、全權委託投資業務；三、其他經主管機關核准之有關業務。
[54] 依證券投資顧問事業設置標準第 30 條第 2 項之規定。

期貨經紀商申請兼營證券投資顧問事業辦理證券投資顧問業務之規定[55]。惟現行主管機關允許期貨經紀商、期貨經理事業、證券經紀商及證券投資顧問事業除由他業兼營者外，得申請兼營期貨顧問事業[56]。

　　換言之，前述規定明顯有意排除證券投資信託事業與期貨信託事業兼營期貨顧問事業，其理由在課予證券投資信託事業應專心致力於本業避免利益衝突，證券投資信託事業或期貨信託事業基於專業之研究所得之投資組合與成果，應為共同基金之受益人所享有，不宜再移轉與其他人，為其核心價值，然現行法令及主管機關在自由化與競爭態勢下，監理原則早已朝向大量允許共同行銷、合作推廣及跨業兼營，共同基金、代客操作、推介顧問之業務本來就具有利益衝突存在之可能，重點是在如何建立防火牆及防範利益衝突之機制，而非僅形式上的禁止兼營。

（二）經營以委任關係從事全權委託投資業務

　　依現行證券投資信託及顧問法第 50 條之規定，經營以委任關係從事全權委託投資之代客操作業務，為專屬證券投資信託事業與證券投資顧問事業之業務，代客操作業務為一對一之量身訂做理財業務，證券投資信託共同基金為一對多之散戶理財操作，證券投資信託事業經許可從事證券投資信託共同基金之募集、私募等業務行為，已屬資產管理之範疇，因此再申請經營全權委託投資業務不須增加資本額，但應具備已募集成立證券投資信託基金、最近期經會計師查核簽證之財務報告每股淨值不低於面額及在一定期間未受處分之消極資格要件[57]。

（三）兼營期貨信託事業業務

　　期貨信託事業為募集或私募期貨信託基金，依期貨信託契約之約定將信託財產從事管理運用與投資組合，並將交易或投資所得之利益分配予受

---

[55] 依證券投資顧問事業設置標準第 30 條第 3 項之規定。
[56] 依期貨顧問事業設置標準第 3 條第 1 項之規定。
[57] 依證券投資信託事業證券投資顧問事業經營全權委託投資業務管理辦法第 4 條之規定。

益憑證持有人之業務行為[58]。證券投資信託事業與期貨信託事業業務性質相近，皆以經營募集信託基金發行受益憑證，並運用信託基金從事交易，僅其主要投資運用之標的不同而已[59]，證券投資信託事業申請兼營期貨信託事業，應具備營業滿三年、實收資本額不少於新臺幣 3 億元、最近期經會計師查核簽證之財務報告，每股淨值不低於面額及其他未受處分之消極資格要件。換言之，在符合前述資格條件下無需再增提資本額或指撥營運資金。

（四）兼營期貨經理事業業務

期貨經理業務為期貨交易之代客操作業務[60]，期貨經紀商、期貨信託事業、證券投資信託事業及證券投資顧問事業，除由他業兼營者外，依規定得申請兼營期貨經理事業。期貨經理事業之實收資本額不得少於新臺幣 1 億元[61]。由於證券投資信託事業之最低實收資本額已超過新臺幣 3 億元，因此證券投資信託事業兼營期貨信託業務不須增提或另行指撥資本額[62]。

（五）兼營都市更新投資信託公司業務

為達都市更新之目的，以證券化籌措都市更新之資金，都市更新條例原第 50 條第 2 項規定[63]，授權訂定「都市更新投資信託公司設置監督及

---

58 郭土木，期貨交易管理法規，2017 年 3 月 23 日，自版，頁 201-212。

59 依期貨信託基金管理辦法第 2 條第 2 項，規定信託業募集發行共同信託基金，或證券投資信託事業募集或私募發行證券投資信託基金從事期貨交易，除因避險目的，或依證券投資信託基金管理辦法第 37 條之 1 規定之槓桿型 ETF 及反向型 ETF 外，其期貨交易契約價值超過其基金淨資產價值百分之四十者，應依規定申請兼營期貨信託事業。參見金融監督管理委員會 103 年 7 月 8 日金管證投字第 10300250037 號令。

60 同前註 58，頁 169-176。

61 依期貨經理事業設置標準第 9 條第 1 項之規定。

62 依期貨經理事業設置標準第 15 條第 2 項之規定。

63 都市更新條例對於都市更新投資信託公司之設置、監督及管理事項及信託基金之運用管理，爰參考美國不動產投資信託及國內證券投資信託立法例，及國內過去類似不動產證券化之經驗，於都市更新條例第 50 條第 2 項授權證券管理機關擬定「都市更新投資信託公司設置監

管理辦法」與「都市更新投資信託基金募集運用及管理辦法」，允許設立都市更新投資信託公司，以從事發行都市更新投資信託受益憑證，募集都市更新投資信託基金，並指示信託機構運用都市更新投資信託基金從事都市更新事業計畫範圍內土地及建築物、實施者發行之有價證券及其相關商品之投資。都市更新投資信託公司，以股份有限公司組織為限，其最低實收資本總額為新臺幣 3 億元。前項最低實收資本總額，發起人應於發起時一次認足。證券投資信託事業再每股淨值不低於面額、證券投資信託基金淨資產價值平均不少於新臺幣 350 億元及未有依規定受處分之消極資格條件下得申請兼營都市更新投資信託業務，不須再增提營運資金。惟因都市更新募集資金之誘因不足，證券投資信託事業對此業務並不熟悉，都市更新條例修正時已刪除都市更新投資信託公司之設立及管理法源依據，相關辦法亦已廢止[64]。

（六）境外基金之總代理或銷售機構

　　證券投資信託及顧問法於 93 年 6 月立法時，正式開放境外基金代理募集、銷售、投資顧問之業務行為，於第 16 條第 1 項之規定，任何人非經主管機關核准或向主管機關申報生效後，不得在中華民國境內從事或代理募集、銷售、投資顧問境外基金。並於第 3 項規定證券投資信託事業、證券投資顧問事業、證券商、境外基金發行者與其指定之機構及其他經主管機關指定之機構，得在中華民國境內從事境外基金之相關業務。境外基金機構得委任經核准營業之證券投資信託事業、證券投資顧問事業或證券

督及管理辦法」及都市更新條例第 51 條第 1 項授權擬定「都市更新投資信託基金募集運用及管理辦法」，並輔以證券交易法相關規定，建構起都市更新投資信託的基本法制。參見陳麗雯，初探都市更新投資信託公司之制度，台灣法律網，參閱網站：http://www.lawtw.com/article.php，上網時間：2020/02/08。

[64] 都市更新投資信託基金募集運用及管理辦法（以下簡稱本辦法）係於 88 年 5 月 14 日依都市更新條例第 51 條第 1 項規定訂定發布。因 108 年 1 月 30 日總統華總一義字第 10800010381 號令修正公布都市更新條例，刪除本辦法之授權依據，爰依中央法規標準法第 21 條第 3 款規定廢止本辦法。金融監督管理委員會 108 年 6 月 28 日金管證投字第 1080320129 號令發布廢止。

經紀商擔任總代理人，辦理境外基金募集及銷售業務。總代理人實收資本額、指撥營運資金或專撥營業所用資金應達新臺幣 7,000 萬元以上，因此證券投資信託事業擔任總代理人不須增提實收資本額、指撥營運資金或專撥營業所用資金[65]。另總代理人亦得委任經核准營業之證券投資信託事業、證券投資顧問事業、證券經紀商、銀行、信託業及其他經主管機關核定之機構，擔任境外基金之銷售機構，辦理該境外基金之募集及銷售業務[66]，銷售機構只要符合最近期經會計師查核簽證之財務報告每股淨值不低於面額即可，因此亦不須增提實收資本額、指撥營運資金或專撥營業所用資金[67]。

二、他業兼營業證券投資信託事業之資本額

（一）信託業兼營業證券投資信託事業之資本額

信託（trust）亦為資產管理之重要環節，信託行為將信託財產之形式上所有權與實質受益權分離，信託法允許信託行為訂定對於受益權發行有價證券者，受託人得依有關法律之規定，發行有價證券以籌集信託財產加以管理運用[68]，此為信託之受益權之證券化。惟信託財產若以投資有價證券或期貨交易契約為主，將產生法律規定競合之問題，因此信託業法更進一步規定信託業就一定之投資標的，以發行受益證券或記帳方式向不特定多數人募集，並為該不特定多數人之利益而運用之信託資金，該設立共同信託基金以投資證券交易法第 6 條之有價證券為目的，其符合一定條件

---

[65] 依境外基金管理辦法第 9 條規定；惟另依同辦法第 10 條規定，擔任總代理人除在國內代理境外指數股票型基金之募集及銷售者外，應依下列規定，向得辦理保管業務，並符合本會所定條件之金融機構提存營業保證金：一、擔任一家境外基金管理機構所管理之基金時，應提存新臺幣 3,000 萬元；二、擔任二家境外基金管理機構所管理之基金時，應提存新臺幣 5,000 萬元；三、擔任三家以上境外基金管理機構所管理之基金時，應提存新臺幣 7,000 萬元。

[66] 依境外基金管理辦法第 18 條之規定。

[67] 依境外基金管理辦法第 19 條之規定。

[68] 依信託法第 37 條之規定。

者，應依證券投資信託及顧問法有關規定辦理[69]，以解決法律適用之爭議。依現行規定信託業募集發行共同信託基金投資於證券交易法第 6 條之有價證券占共同信託基金募集發行額度百分之五十以上或可投資於證券交易法第 6 條之有價證券達新臺幣 10 億元以上者，應依證券投資信託及顧問法之規定先申請兼營證券投資信託業務，始得募集之。但募集發行貨幣市場共同信託基金，不在此限[70]。

　　信託業募集發行共同信託基金與證券投資信託事業之證券投資信託基金，在管理架構上信託業並未將信託財產交付基金保管機構保管，其發行之受益證券或以無實體之記帳方式募集或私募基金，現行信託業法主管機關並未將其界定為證券交易法第 6 條所定之有價證券，賦稅之課徵亦不相同[71]，但兩者投資之標的皆以有價證券為主，從專業性與功能性之管理而言，協商其法律適用之界線亦不失為解決爭議之方法。然因事業主體之規模與運作方式有差異，信託業兼營證券投資信託業務，應指撥與證券投資信託事業相同實收資本額不得少於新臺幣 3 億元之營運資金[72]。該指撥營運資金應專款經營，除兼營全權委託投資業務或法律另有規定外，不得流用於非證券投資信託業務。

（二）期貨信託事業兼營業證券投資信託事業之資本額

　　期貨交易契約與證券交易法第 6 條規定之有價證券，在界線上亦存有爭議之問題，尤其涉及個股或類股指數之期貨或選擇權契約，相同的問題在期貨信託事業與證券投資信託事業所募集之共同基金屬性，應歸類為期貨交易法或證券投資及信託法管轄亦存有爭議[73]，從專業性與功能性之管理而言，亦有協商其法令適用之界線之必要。現行規定期貨信託事業運用

[69]　依信託業法第 8 條之規定。

[70]　依證券投資信託事業設置標準第 15 條規定。

[71]　證券交易法第 6 條所定之有價證券現行並未課徵證券交易所得稅，信託業法之共同基金其受益證券或以無實體之記帳方式之交易有所得稅課徵之問題。

[72]　依證券投資信託事業設置標準第 7 條及第 18 條之規定。

[73]　郭土木，證券交易法論著選輯，2016 年 7 月 21 日，自版，頁 5-8。

期貨信託基金持有有價證券總市值占該期貨信託基金淨資產價值百分之四十以上者,應依規定先申請兼營證券投資信託業務。但募集發行組合型及保本型期貨信託基金,不在此限[74]。

第二項　場地設備

證券投資信託事業業務之進行主要在專業服務之提供,且無投資人大量進出之狀況,因此其場地設備除須獨立外僅具一般辦公處所之標準即可,有價證券交易及相關商品行情揭示設備及辦理證券及期貨交易業務之電腦或資訊設備,包括計算基金淨值之系統、帳務處理系統軟體、研究分析輔助資訊系統等皆屬證券投資信託事業營業所需要。另在營業上對於國內外政經資訊之取得,例如路透社(reuters)或彭博資訊(bloomberg)之使用設備或裝置、委託下單系統、基金會計與股務處理電腦系統等亦屬經營業務所需,因此在申請許可時需說明營業場地方面包括取得方式、營業場地座落地點及面積、資訊服務設備及其他各項主要設備預計配置狀況,由同業公會認可後報主管機關核准。

第三項　須具備符合規定之發起人股東與人員

現行規定證券投資信託事業限於股份有限公司之組織,股份有限公司為法人,因此需具備意思機關、執行機關及監督機關等公司法所規定之基本組織架構,其業務之推展更需要有自然人之參與,因此證券投資信託事業屬於以自然人為本位之高誠信、高專業服務事業,其中人可包括負責人與從業人員,負責人更涵蓋設立過程之發起人及設立後營運中之董事、監察人及經理人等,至於如何配置適足適任之人才以發揮應有之服務品質,證券投資信託及顧問法設有最基本之資格條件規定,包括積極與消極資格要件,以促進專業之運作及維護投資人之權益。

---

[74] 依證券投資信託事業設置標準第 29 條之規定。

一、專業發起人

　　證券投資信託事業之設立就其最低實收資本額，現行規定由發起人於發起時一次認足，採行發起設立之方式，發起人在股份有限公司設立過程中為公司之負責人[75]，國外公司型之共同基金，發起人往往為專業之資產管理機構（sponsror creator），公司成立後再委託專業機構從事操作，由公司負責基金運作之監督[76]，我國證券投資信託基金採契約型之架構，證券投資信託事業為基金成立後之實際操作者（management company），因此對於發起人及之後之經營團隊之資格條件要求應具備有專業之投資操作經驗與素養，發起人既為在執行職務範圍內之負責人，故不得有公司法第30 條所規定之前科或不良紀錄之消極資格情事[77]；在發起人積極資格條件方面，現行規定經營證券投資信託事業應有專業之發起人，俾便公司在成立後即擁有專業之投資能力與操作經驗，因此明定，專業之發起人應有符合下列資格條件之基金管理機構、銀行、保險公司、證券商或金融控股公司，且其所認股份，合計不得少於第一次發行股份之百分之二十[78]：

（一）基金管理機構

1. 成立滿三年，且最近三年未曾因資金管理業務受其本國主管機關處分。
2. 具有管理或經營國際證券投資信託基金業務經驗。
3. 該機構及其控制或從屬機構所管理之資產中，以公開募集方式集資投資於證券之共同基金、單位信託或投資信託之基金資產總值不得

---

[75] 公司法第 8 條第 2 項規定，公司之經理人、清算人或臨時管理人，股份有限公司之發起人、監察人、檢查人、重整人或重整監督人，在執行職務範圍內，亦為公司負責人。

[76] 郭土木、覃正祥，懲與治－美國華爾街共同基金與分析師弊案剖析，1994 年 7 月，自版，頁2-3。

[77] 公司法第 128 條第 2 項規定，無行為能力人、限制行為能力人或受輔助宣告尚未撤銷之人，不得為發起人，此外並未規定準用同法第 30 條之規定，惟從產業之高誠信要求而言應加以規定之必要，故依證券投資信託及顧問法第 68 條將發起人一併納入消極資格要件之限制。

[78] 依證券投資信託事業設置標準第 8 條之規定。

少於新臺幣 650 億元。

（二）銀　行

1. 成立滿三年，且最近三年未曾因資金管理業務受其本國主管機關處分。
2. 具有國際金融、證券或信託業務經驗。
3. 最近一年於全球銀行資產或淨值排名居前 1,000 名內。

（三）保險公司

1. 成立滿三年，且最近三年未曾因資金管理業務受其本國主管機關處分。
2. 具有保險資金管理經驗。
3. 持有證券資產總金額在新臺幣 80 億元以上。

（四）證券商

1. 成立滿三年，並為綜合經營證券承銷、自營及經紀業務滿三年之證券商。
2. 最近三年未曾受證券交易法第 66 條第 2 款至第 4 款規定之處分；其屬外國證券商者，未曾受其本國主管機關相當於前述之處分。
3. 實收資本額達新臺幣 80 億元以上，且最近期經會計師查核簽證之財務報告，每股淨值不低於面額。

（五）金融控股公司

該公司控股百分之五十以上之子公司應有符合前四款所定資格條件之一者。

（六）持續維持專業發起人或專業股東之持股

對於符合前項資格條件之發起人轉讓持股，證券投資信託事業應於發起

人轉讓持股前申報主管機關備查[79]，公司並應隨時保持專業發起人或股東存在，此為繼續營運之成立要件與存續要件。

（七）非專業之發起人或股東持股之限制

為維持專業發起人或股東經營之理念，證券投資信託事業之股東，除符合前述之專業資格條件者外，每一股東與其關係人[80]及股東利用他人名義持有股份[81]合計，不得超過該公司已發行股份總數百分之二十五。

（八）同一集團以投資一家證券投資信託事業之限制

為求專注經營與投資並防止利益衝突，因此除在併購或其他特殊情形經主管機關核准者外，限制同一集為求專注經營與投資並防止利益衝突，因此除在併購或其他特殊情形經主管機關核准者外，限制同一集團以投資一家證券投資信託事業為主，依現行規定證券投資信託事業之董事、監察人或持有已發行股份總數百分之五以上之股東，其轉投資及兼任之禁止如下[82]：

1. 不得兼為其他證券投資信託事業之持有已發行股份總數百分之五以上之股東。
2. 與證券投資信託事業之董事、監察人或持有已發行股份總數百分之五以上之股東，具有公司法第六章之一所定關係企業之關係者，不得擔任其他證券投資信託事業之董事、監察人或持有已發行股份總數百分之五以上之股東。

---

[79] 此為證券投資信託事業之成立要件也是存續要件，未具備此一要件應行補足，為依規定補足將影響證券投資信託事業申請或申報募集基金等限制。

[80] 所稱關係人，指符合下列情形之一：一、股東為自然人者，指其配偶、二親等以內之血親及股東本人或配偶為負責人之企業；二、股東為法人者，指受同一來源控制或具有相互控制關係之法人。

[81] 依證券交易法施行細則第 2 條規定，所定利用他人名義持有股票，指具備下列要件：一、直接或間接提供股票與他人或提供資金與他人購買股票；二、對該他人所持有之股票，具有管理、使用或處分之權益；三、該他人所持有股票之利益或損失全部或一部歸屬於本人。

[82] 依證券投資信託事業管理規則第 6 條規定。

3. 因合併致違反規定者，應自合併之日起一年內，調整至符合規定。

4. 持有已發行股份總數百分之五以上之股東，其股份之計算，包括其
   配偶、未成年子女及利用他人名義持有者。

二、負責人及從業人員

（一）負責人與業務人員之定義與範圍

　　公司之負責人（responsible persons）一詞，通常代表擁有經營權
（management）、支配控制權（control）與對外代表公司行號之人，受任
為公司之負責人於業務範圍內代表公司對外從事法律行為，現行法令對於
證券投資信託事業之負責人範圍，依證券投資信託及顧問法及其授權訂定
之法規命令並未作更進一步之規定，而留待公司法第 8 條或其他法律之規
定加以補充[83]。然公司法之負責人為依法令章程之規定，經依法定程序選
任並與公司簽訂委任契約，有代表公司簽名蓋章權限之人，包括董事、監
察人、經理人，現行公司法對於實質董事及非具有經理人之名稱而執行經
理人之權限者皆在規範之範圍內，從實質規範之內容與法律規定之落實上
本應一併納入管理[84]，惟認定上有其困難，故現行監理實務仍以經登記之
外觀為主要對象。

　　至於證券投資信託事業之業務人員，係指從事辦理受益憑證之募集發
行、銷售及私募、投資研究分析、基金之經營管理、執行基金買賣有價證
券、辦理全權委託投資有關業務之研究分析、投資決策或買賣執行、內部
稽核、法令遵循、主辦會計等業務之人員，以工作之實質內容作為認定之
依據。

---

[83] 依證券投資信託事業負責人與業務人員管理規則第 2 條第 1 項之規定。

[84] 有關實質負責人應如何規範及其監理模式之探討，參閱郭土木，證券交易法論著選輯，同註
71，頁 135-154。

（一）負責人與業務人員之消極資格條件

對於有前科或不良紀錄者不得擔任證券投資信託事業之有負責人與業務人員[85]，包括特定刑事犯罪判決確定，尚未執行完畢，或執行完畢、緩刑期滿或赦免後尚未逾一定期間[86]；或違反兼容管理法令經主管機關撤換或解除職務之處分尚未逾一定期間；或受破產之宣告，尚未復權，或曾任法人宣告破產時之董事、監察人、經理人或與其地位相等之人，其破產終結尚未逾一定期間或調協未履行；或使用票據經拒絕往來尚未恢復往來；或接受他人利用其名義充任發起人、董事、監察人、經理人或業務人員；

---

[85] 有關消極資格要件，證券投資信託及顧問法作統合之規定，於依證券投資信託及顧問法第 68 條第 1 項之規定：「有下列情事之一者，不得充任證券投資信託事業與證券投資顧問事業之發起人、負責人及業務人員；其已充任負責人或業務人員者，解任之，不得充任董事、監察人或經理人者，並由主管機關函請公司登記主管機關撤銷或廢止其登記：一、曾犯組織犯罪防制條例規定之罪，經有罪判決確定，尚未執行完畢，或執行完畢、緩刑期滿或赦免後尚未逾五年。二、曾犯詐欺、背信或侵占罪，經宣告有期徒刑一年以上之刑確定，尚未執行完畢，或執行完畢、緩刑期滿或赦免後尚未逾二年。三、曾犯公務或業務侵占罪，經宣告有期徒刑以上之刑確定，尚未執行完畢，或執行完畢、緩刑期滿或赦免後尚未逾二年。四、違反證券交易法或本法規定，經有罪判決確定，尚未執行完畢，或執行完畢、緩刑期滿或赦免後尚未逾三年。五、違反銀行法第二十九條第一項規定經營收受存款、受託經理信託資金、公眾財產或辦理國內外匯兌業務，經宣告有期徒刑以上之刑確定，尚未執行完畢，或執行完畢、緩刑期滿或赦免後尚未逾三年。六、違反信託業法第三十三條規定辦理信託業務，經宣告有期徒刑以上之刑確定，尚未執行完畢，或執行完畢、緩刑期滿或赦免後尚未逾三年。七、受破產之宣告，尚未復權，或曾任法人宣告破產時之董事、監察人、經理人或與其地位相等之人，其破產終結尚未逾三年或調協未履行。八、使用票據經拒絕往來尚未恢復往來。九、無行為能力、限制行為能力或受輔助宣告尚未撤銷。十、受證券交易法第五十六條或第六十六條第二款之處分，或受本法第一百零三條第二款或第一百零四條解除職務之處分，尚未逾三年。十一、曾擔任證券商、證券投資信託事業或證券投資顧問事業之董事、監察人，而於任職期間，該事業受證券交易法第六十六條第三款或第四款之處分，或受本法第一百零三條第四款或第五款停業或廢止營業許可之處分，尚未逾一年。十二、受期貨交易法第一百條第一項第二款或第一百零一條第一項撤換或解除職務之處分，尚未逾五年。十三、經查明接受他人利用其名義充任證券投資信託事業及證券投資顧問事業發起人、董事、監察人、經理人或業務人員。十四、有事實證明從事或涉及其他不誠信或不正當之活動，顯示其不適合從事證券投資信託及證券投資顧問業務。」同條第 2 項規定：「發起人及董事、監察人為法人者，其代表人或指定代表行使職務時，準用前項規定。」

[86] 有關消極資格之閉鎖期間，依日本 2001 年投資信託暨投資法人法第 9 條之規定，無論是刑事或行政處分皆設定為五年，我國證券投資信託及顧問法第 68 條之規定有二年、三年或五年之不同時間限制，其他各金融法律之規定亦依法律規定與行為之態樣各為不相同之規定。

或有事實證明從事或涉及其他不誠信或不正當之活動，顯示其不適合從事
證券投資信託及證券投資顧問業務者[87]。有前開情事者不得充任證券投資
信託事業與證券投資顧問事業之發起人、負責人及業務人員；其已充任負
責人或業務人員者，解任之[88]，不得充任董事、監察人或經理人者，並由
主管機關函請公司登記主管機關撤銷或廢止其登記。

（二）負責人與業務人員之積極資格條件

　　所謂積極資格條件即指學歷、經歷或考試測驗合格等可認定為具專業
服務之資格條件，證券投資信託事業之負責人與從業人員依其職稱、職務
內容與職等之高低應分別具備法令所規定之條件[89]。

1.董事長及總經理

　　證券投資信託事業之董事長及總經理為公司最高領導者，應具備良好
品德及有效領導證券投資信託事業之能力，並具備下列資格之一[90]：

　　（1）依證券投資顧問事業負責人與業務人員管理規則規定，取得證券
　　　　投資分析人員資格，並具專業投資機構相關工作經驗董事長需二
　　　　年、總經理需三年以上。

　　（2）經教育部承認之國內外專科以上學校畢業或具同等學歷，並具專

---

[87] 前開為犯刑事法或行政罰於處罰或處分後二年、三年或五年之一定期間不得從事職務之規
　　定，惟從事或涉及其他不誠信或不正當之活動之不良紀錄之事項未有行為後幾年期間之限
　　制，因此無論多久以前發生之情事，主管機關皆得據以拒絕擔任負責人與從業人員，不誠信
　　或不正當通常屬於道德面之違反，且其內容抽象，以此限制人民工作權顯有違比例之原則，
　　本款規定應有期間之限制規定，或行政機關在援引適用時，應衡量比例原則之適用。

[88] 依公司法第 30 條規定，有下列情事之一者，不得充經理人，其已充任者，當然解任。當然
　　解任為自行為當時即不具備負責人之資格，未為解任登記前所從事之業務行為效力未定，需
　　依表見代理或無因管理之規定認定其法律效力，證券交易法第 53 條及證券投資信託及顧問
　　法第 68 條第 1 項之規定，明定對於已充任負責人或業務人員者，解任之，而非當然解任，
　　因此未解任之前其所從事之業務或法律行為應屬有效。

[89] 證券投資信託事業之董事長、總經理、業務部門之副總經理、協理、經理，及分支機構經理
　　人、基金經理人、部門主管與業務人員、法令遵循主管、內部稽核人員等之積極資格要件規
　　定於證券投資信託事業負責人與業務人員管理規則第 2 條之 1 及第 6 條之 3 之規定。

[90] 依證券投資信託事業負責人與業務人員管理規則第 2 條之 1 及第 3 條之規定。

業投資機構相關工作經驗董事長需三年、總經理需五年以上；董事長需曾擔任副總經理或同等職務，總經理需曾擔任一年以上副總經理或同等職務，或三年以上經理或同等職務，成績優良。

（3）有其他事實足資證明其具備證券金融專業知識、經營經驗及領導能力。

2.業務部門之副總經理、協理、經理

證券投資信託事業業務部門之副總經理、協理、經理等，應具備領導及有效輔佐經營證券投資信託事業之能力，並應具備下列資格之一：

（1）符合證券投資顧問事業負責人與業務人員管理規則所定證券投資分析人員資格，並具專業投資機構相關工作經驗一年以上。

（2）經教育部承認之國內外專科以上學校畢業或具有同等學歷，並具專業投資機構相關工作經驗三年以上，成績優良。

（3）有其他學經歷足資證明其具備證券金融專業知識、經營經驗及領導能力。

3.基金經理人

基金經理人為基金之實際操作運用者，證券投資信託事業對於每一證券投資信託基金之運用，均應指派具備下列資格條件之一之基金經理人專人負責：

（1）符合證券投資顧問事業負責人與業務人員管理規則所定證券投資分析人員資格者。

（2）經證券商同業公會委託機構舉辦之證券商高級業務員測驗合格，或已取得原證券主管機關核發之證券商高級業務員測驗合格證書，並在專業投資機構擔任證券投資分析或證券投資決策工作三年以上者。

（3）經同業公會委託機構舉辦之證券投資信託及顧問事業之業務員測驗合格，並在專業投資機構從事證券投資分析或證券投資決策工作二年以上者。

（4）現任基金經理人，雖未經測驗合格，但於中華民國 90 年 10 月 17 日前任職達一年以上，且繼續擔任同一證券投資信託事業基金經理人併計達二年以上者。

（5）擔任接受客戶全權委託投資業務之投資經理人職務一年以上，無不良紀錄者。

第四節　證券投資信託事業財務與業務之管理

證券投資信託事設立後有關公司營運之監督，在原證券交易法第 18 條至第 18 條之 2 之規定下，證券投資信託事業與基金財務與業務運作之管理，大多以法規命令或契約方式規範，證券投資信託及顧問法立法後，在法律保留之原則下，大抵涉及權利義務之事項已回歸法律位階之層次作規定，但證券投資信託事業與基金之運作涉及專業化之技術性與枝節性規定甚多，因此法律授權委任立法之規定乃無可避免，為確保證券投資信託事業與基金之健全經營，依證券投資信託及顧問法第 20 條、第 70 條、第 72 條、第 81 條第 2 項及第 95 條共同授權規定下訂定證券投資信託事業管理規則[91]，在證券投資信託及顧問法及證券投資信託事業管理規則規範下，現行對於證券投資信託事業財務與業務之管理事項之重點可分述如下。

第一項　應行申請核准與申報之事項

證券金融服務之活動涉及投資大眾權益與市場秩序，除業務行為應取得許可，業務項目應經核准外，財務業務之進行亦須嚴格遵循法令之規定屬於，為高密度監理之產業，為掌握證券投資信託事業之經營動態以健全

---

[91] 行政院金融監督管理委員會於 2004 年 10 月 30 日金管證四字第 0930005202 號令訂定發布，歷經 95 年 1 月 20 日、95 年 11 月 24 日、97 年 3 月 17 日、97 年 8 月 4 日、98 年 12 月 31 日、99 年 3 月 16 日、101 年 7 月 27 日及 103 年 11 月 28 日等多次之修正。

管理，在營運中若有涉及公司法人格與客戶權益之得喪變更相關重大事項，應行申請主管機關之核准或申報備查，應行申請核准之事項包括：變更公司名稱、停業或復業、解散或合併、讓與全部或主要部分之營業或財產、受讓他人全部或主要部分之營業或財產、變更資本額、變更公司或分支機構營業處所及其他經主管機關規定應經核准之事項[92]。應於事實發生之日起五個營業日內函送同業公會彙報主管機關之事項包括：變更董事、監察人或經理人、因經營業務或業務人員執行業務，發生訴訟、非訟事件或經同業公會調處、董事、監察人或持有已發行股份總數百分之五以上之股東持股之變動及其他經主管機關規定應申報之事項[93]。另外為維護資訊之公平、公正、公開及防範先跑（front running）等舞弊行為，證券投資信託事業應將重大影響受益人權益之事項，於事實發生之日起二日內公告[94]，向主管機關申報並抄送同業公會。

第二項　內部人之股權管理

為求證券投資信託事業能專心致力於本業、避免利益衝突及防止聯合壟斷[95]，參照證券交易法第 51 條之規定，依競業禁止限制證券投資信託事業之董事、監察人或持有已發行股份總數百分之五以上之股東，不得再

---

[92]　依證券投資信託事業管理規則第 3 條之規定。

[93]　依證券投資信託事業管理規則第 4 條之規定。

[94]　依證券投資信託事業管理規則第 5 條第 2 項之規定：「所稱重大影響受益人權益之事項，指下列事項：一、存款不足之退票、拒絕往來或其他喪失債信情事。二、因訴訟、非訟、行政處分或行政爭訟事件，造成公司營運重大困難。三、向法院聲請重整。四、董事長、總經理或三分之一以上董事發生變動。五、變更公司或所經理證券投資信託基金之簽證會計師。但變更事由係會計師事務所內部調整者，不包括在內。六、有第三條第二款至第五款情事之一。七、向與公司具有公司法第六章之一所定關係企業之關係者，或公司董事、監察人、經理人或持有已發行股份總數百分之五以上股東本人或其關係人購買不動產。八、募集之證券投資信託基金暫停及恢復計算買回價格。九、經理之證券投資信託基金移轉他證券投資信託事業承受。十、募集之證券投資信託基金合併。十一、募集之證券投資信託基金契約終止。」

[95]　同前註 73，頁 156-158。

擔任其他證券投資信託事業之持有已發行股份總數百分之五以上之股東。另證券投資信託事業應於專業發起人與專業股東應保持最低百分之二十持股比率之限制與轉讓持股前申報之規定亦如前述。同時就非專業股東之單一集團股東持股比率不得超過百分之二十五之限制。又證券投資信託事業為專業投資機構，為保持獨立超然之立場，不宜介入公司之經營不得擔任證券投資信託基金所購入股票發行公司之董事、監察人或經理人[96]。

第三項　公司財務之管理

一、法定盈餘公積與特別盈餘公積之提列

　　證券投資信託事業除應依公司法第 237 條之規定於完納一切稅捐後，分派盈餘時，應先提出百分之十之法定盈餘公積外。另為保護債券型基金受益人權益，證券投資信託事業所經理之投資國內債券型基金，自 2004 年度起於會計年度終了時仍持有結構式利率商品（含債券及存款）者，於分派盈餘時，除依法提出法定盈餘公積外，並應依規定另提一定比率之特別盈餘公積。此一定比率，為首次提列時應以當年度稅後盈餘加計前期未分配盈餘為基礎，提列至少百分之二十之金額為特別盈餘公積，第二年後即以每年稅後盈餘為基礎，提存至少百分之二十特別盈餘公積。但金額累積已達實收資本額者，得免繼續提存。證券投資信託事業經評估經理之債券型基金持有結構式商品之風險及提前處理損失，計畫以保留當年度盈餘作為因應者，提存比率得提高至百分之百。證券投資信託事業所經理之債券型基金處理完結所持有結構式利率商品（含債券及存款）者，報經核准者得迴轉為可分配盈餘。證券投資信託事業欲動用前揭特別盈餘公積彌補虧損者，須先報經主管機關核准[97]。

---

[96] 依證券投資信託事業管理規則第 6 條、第 8 條、第 9 條及第 10 條之規定。

[97] 依證券投資信託事業管理規則第 11 條之規定，另依行政院金融監督管理委員會 2005 年 6 月 30 日金管證四字第 0940002859 號令規定。

二、自有資金運用之限制

證券投資信託事業除符合公司法第 16 條第 1 項規定經核准者外，不得為保證、票據之背書或提供財產供他人設定擔保。其資金不得貸與他人、購置非營業用之不動產或移作他項用途。非屬經營業務所需者，其資金運用以國內之銀行存款、購買國內政府債券或金融債券、購買國內之國庫券、可轉讓之銀行定期存單或商業票據、購買符合主管機關規定條件及一定比率之證券投資信託基金受益憑證或其他經核准之用途[98]。

三、資本適足性與財務風險之控管

證券投資信託事業應於每會計年度終了後三個月內，公告並向申報經會計師查核簽證、董事會通過及監察人承認之年度財務報告。證券投資信託事業除取得營業執照未滿二個完整會計年度者外，依前開規定應申報之財務報告有每股淨值低於面額情事時，主管機關除得命其限期改善外，並得為下列處置[99]：

（一）每股淨值未低於面額二分之一者，主管機關得限制該事業募集證券投資信託基金，該事業並應於一年內改善，屆期未改善者，主管機關得限制其私募證券投資信託基金。

（二）每股淨值低於面額二分之一者，主管機關得限制該事業募集及私募證券投資信託基金。

四、辦理減資之限制

為健全財務結構不得隨意減資，證券投資信託事業申請辦理減資退回股本時，除主管機關另有規定外，應符合下列條件[100]：

---

[98] 依證券投資信託事業管理規則第 12 條之規定。
[99] 依證券投資信託事業管理規則第 13 條第 3 項及第 4 項之規定。
[100] 依證券投資信託事業管理規則第 17 條之規定。

（一）最近年度或半年度財務報表均經會計師查核簽證出具無保留意見，
　　　且財務健全，無虧損及累積虧損情形。

（二）最近年度或半年度已依會計師在查核簽證時所出具之內部控制改進
　　　建議書確實改進。

（三）最近三年未曾受政權投資信託及顧問法第 103 條第 2 款至第 5 款或
　　　證券交易法第 66 條第 2 款至第 4 款規定之處分。但其違法情事已
　　　具體改善並經認可者，不在此限。

（四）證券投資信託事業減資退回股本後，資本額不得低於依證券投資信
　　　託事業設置標準第 7 條所定最低實收資本額，且減資後之淨值，除
　　　另有規定外，不得少於新臺幣 9 億元。

第四項　公司業務之管理

一、自有財產與信託財產獨立設帳

　　證券投資信託事業募集或私募之證券投資信託基金，與證券投資信託
事業及基金保管機構之自有財產，應分別獨立[101]。

二、非依規定不得保管基金財產

　　證券投資信託事業應將證券投資信託基金交由基金保管機構保管，不
得自行保管。信託業兼營證券投資信託業務，符合下列規定之一者，得自
行保管證券投資信託基金[102]：

（一）私募之證券投資信託基金。

（二）募集之每一證券投資信託基金設有信託監察人，且能踐行法令授權
　　　訂定之有關基金保管機構之相關義務及證券投資信託基金管理辦法
　　　所訂之義務。

---

[101] 依證券投資信託事業管理規則第 14 條之規定。
[102] 依證券投資信託事業管理規則第 15 條第 1 項及第 2 項之規定。

三、應為及不得為之行為規定

證券投資信託事業應依法令、契約及同業公會規定訂定內部人員管理規範等規定，以善良管理人之注意義務及忠實義務，本誠實信用原則執行業務，除法令另有規定外，不得有下列行為[103]：

（一）以業務上所知悉之消息洩漏予他人或從事有價證券及其相關商品買賣之交易活動。對於受益人或客戶個人資料、往來交易資料及其他相關資料，除其他法律或主管機關另有規定外，應保守秘密。

（二）運用證券投資信託基金買賣有價證券及其相關商品時，為自己或他人之利益買入或賣出，或無正當理由，與受託投資資金為相對委託之交易。

（三）為虛偽、詐欺或其他足致他人誤信之行為。

（四）運用證券投資信託基金買賣有價證券及其相關商品時，未將證券商、期貨商或其他交易對手退還手續費或給付其他利益歸入基金資產。

（五）約定或提供特定利益、對價或負擔損失，促銷受益憑證。

（六）轉讓出席股東會委託書或藉行使證券投資信託基金持有股票之投票表決權，收受金錢或其他利益。

（七）運用證券投資信託基金買賣有價證券及其相關商品時，意圖抬高或壓低證券交易市場某種有價證券之交易價格，或從事其他足以損害證券投資信託基金投資人權益之行為。

（八）運用證券投資信託基金買賣有價證券及其相關商品時，將已成交之買賣委託，自基金帳戶改為自己、他人或全權委託帳戶，或自自己、他人或全權委託帳戶改為基金帳戶。

（九）於公開場所或傳播媒體，對個別有價證券之買賣進行推介，或對個別有價證券未來之價位作研判預測。

---

[103] 依證券投資信託事業管理規則第 19 條之規定。

（十）利用非專職人員招攬客戶或給付不合理之佣金。

（十一）於非登記之營業處所經營業務。

（十二）其他影響受益人、客戶之權益或本事業之經營者。

四、廣告及促銷活動之規定

　　證券投資信託事業為廣告、公開說明會及其他營業促銷活動，係對外為勸誘行銷之行為，為免誤導、惡性競爭及其他不適當之行為，現行法令規定不得有下列行為[104]，採事後由同業公會先行過濾審查再送處分之規定[105]：

（一）藉主管機關對證券投資信託基金募集之核准或生效，作為證實申請（報）事項或保證受益憑證價值之宣傳。

（二）使人誤信能保證本金之安全或保證獲利者。

（三）提供贈品或以其他利益勸誘他人購買受益憑證。但本會另有規定者，不在此限。

（四）對於過去之業績作誇大之宣傳或對同業為攻訐之廣告。

（五）為虛偽、詐欺或其他足致他人誤信之行為。

（六）對未經主管機關核准募集或生效之證券投資信託基金，預為宣傳廣告或其他促銷活動。

（七）內容違反法令、證券投資信託契約或公開說明書內容。

（八）為證券投資信託基金投資績效之預測。

（九）促銷證券投資信託基金，涉及對新臺幣匯率走勢之臆測。

（十）其他影響事業經營或受益人權益之事項。

---

[104] 依證券投資信託事業管理規則第 22 條之規定。

[105] 證券投資信託事業或其基金銷售機構為基金之廣告、公開說明會及其他營業促銷活動之管理，主管機關鑑於人力之限制，透過自律之方式授權同業公會審查，且係採事後審之原則，證券投資信託事業應於事實發生後十日內向同業公會申報。同業公會發現有不得為之情事，應於每月底前彙整函報主管機關依法處理。

五、徵信與防制洗淺打擊資恐之規定

投資人申購及買回受益憑證，證券投資信託事業於接受開戶時應做好徵信之工作（know you customers），充分知悉並評估客戶之投資知識、投資經驗、財務狀況及其承受投資風險程度。證券投資信託事業及其基金銷售機構，對於首次申購之客戶，應要求其提出身分證明文件或法人登記證明文件，並填具基本資料。證券投資信託事業及其基金銷售機構受理基金申購、買回事宜，應依證券投資信託契約、公開說明書及同業公會證券投資信託基金募集發行銷售及其申購或買回作業程序辦理。

對於一定金額以上或疑似洗錢之基金交易，其申購、買回或轉換應留存完整正確之交易紀錄及憑證，並應依洗錢防制法、資恐防制法及公司依同業公會所定證券投資信託事業證券投資顧問事業防制洗錢及打擊資恐注意事項範本規定之事項辦理[106]。

六、內部控制與內部稽核制度之建立與執行

內部控制制度為公司執行業務之具體規定，在作業之程序方面依業務之特性，對於各種交易循環之控制作業及每月應稽核之項目，尤其對於證券投資信託基金與全權委託投資資產之管理，包括有關投資分析報告、投資決策之紀錄、投資委託下單之執行與投資後評估報告之作成等，就每一細節應有周延詳細之控管，並應設置內部稽核人員，為定期或不定期之稽查。在利益衝突防範方面，其他事業同時辦理兼營證券投資信託業務、全權委託投資業務或證券投資顧問業務時，為保護客戶及受益人，應訂定防火牆釐清業務間利益衝突防範之控制作業。另證券投資信託事業之內部控制制度亦應包括充分了解客戶、銷售行為、短線交易防制[107]、洗錢防制及

---

[106] 參見金融監督管理委員會 2020 年 1 月 20 日金管證投字第 1080138960 號函同意備查，中華民國證券投資信託暨顧問商業同業公會 2020 年 1 月 22 日中信顧字第 1090050161 號函修正之範本。

[107] 受益人短線頻繁申購贖回，將導致基金因應贖回之出售基金資產之成本費用與稅金，影響基

法令所訂應遵循之作業原則[108]，以及內部稽核制度，包括定期與不定期財務業務之稽查，並落實執行以防範違規事件之發生。

　　現行證券暨期貨市場各服務事業依證券交易法第 14 條之 1 第 2 項、期貨交易法第 97 條之 1 第 2 項及證券投資信託及顧問法第 93 條之統一授權，訂定「證券暨期貨市場各服務事業建立內部控制制度處理準則」，要求包括證券投資信託事業在內之各服務事業在內部控制制度應涵蓋控制環境、風險評估、控制作業、資訊與溝通與監督作業等組成要素[109]，除訂定各種營運循環類型之控制作業外，尚應視其需要對各個作業流程作具體之控制[110]，並要求隨時配合法令與自律規範修正調整。

七、基金持有股票之投票表決權之行使

　　證券投資信託基金資產組合中持有股票、受益憑證、具有股權性質之有價證券或公司債等標的，若公司開股東會、受益人大會或債權人會議時，其是否出席及如何行使表決權，由於證券投資信託基金之資產組合應較偏向財務投資[111]，因此不宜介入公司之經營權之運作，惟基金持有是項有價證券仍屬於公司之股東或債權人，不僅與公司治理及公益之落實有關，且可能影響會議是否順利召開或流會，因此證券投資信託基金持有之有價證券其股東權、受益權等之行使應基於受益憑證持有人之最大利益，且不得直接或間接參與該發行公司經營或有不當之安排情事[112]，證券投資

　　金其他受益人之權益，因此證券投資信託事業給付受益人買回價金時，應依公開說明書規定，對交易行為符合該基金短線交易認定標準之受益人，扣除基金短線交易之買回費用，該買回費用應歸入基金資產。

[108] 依證券投資信託事業管理規則第 22 條之 1 第 5 項之規定。

[109] 依證券暨期貨市場各服務事業建立內部控制制度處理準則第 7 條之規定。

[110] 依證券暨期貨市場各服務事業建立內部控制制度處理準則第 8 條之規定。

[111] 類此之機構法人財務投資操作者，尚有期貨信託基金、全權委託投資之代客操作、自營商、保險責任準備金、公務人員退休撫恤基金、勞工保險與勞工退休基金等，應尊重選擇投資時之經營團隊，除非有正當理由外，不宜直接或間接介入公司之經營。管理機構及其人員更不得轉讓出席股東會委託書或藉行使持有股票之投票表決權，收受金錢或其他利益。

[112] 依證券投資信託事業管理規則第 23 條之規定。

信託事業募集證券投資信託基金應於公開說明書中，要求需記載基金參與股票發行公司股東會行使表決權之處理原則及方法，以及基金參與所持有基金之受益人會議行使表決權之處理原則及方法[113]。

至於基金之持股為避免股東會召開不成，除下列之情形外，應由證券投資信託事業指派公司人員代表為出席股東會[114]：

（一）指派符合公開發行股票公司股務處理準則第 3 條第 2 項規定條件之公司行使證券投資信託基金持有股票之投票表決權者[115]。

（二）證券投資信託事業所經理之證券投資信託基金符合下列各目條件者：

　　1. 任一證券投資信託基金持有公開發行公司股份均未達 30 萬股且全部證券投資信託基金合計持有股份未達 100 萬股。

　　2. 任一證券投資信託基金持有採行電子投票制度之公開發行公司股份均未達該公司已發行股份總數萬分之一且全部證券投資信託基金合計持有股份未達萬分之三。

（三）證券投資信託事業除依前述規定方式行使證券投資信託基金持有股票之表決權外，對於所經理之任一證券投資信託基金持有公開發行公司股份達 30 萬股以上或全部證券投資信託基金合計持有股份達 100 萬股以上者，於股東會無選舉董事、監察人議案時；或於股東會有選舉董事、監察人議案，而其任一證券投資信託基金所持有股份均未達該公司已發行股份總數千分之五或五十萬股時，證券投資信託事業得指派本事業以外之人員出席股東會。

---

[113] 依證券投資信託事業募集證券投資信託基金公開說明書應行記載事項準則第 13 條第 6 款及第 7 款之歸定。

[114] 金融監督管理委員會 2016 年 5 月 18 日金管證投字第 1050015817 號令。

[115] 即股務代理機構，係指為協助公司順利召開股東會，符合下列條件之股份有限公司，受託辦理股東會相關事務：一、實收資本額新臺幣 2 億元以上；二、依本法規定經營證券商業務之股東，持有該公司股份合計超過其已發行股份總數百分之五十，且各證券商持有該公司股份未超過其已發行股份總數百分之十；三、董事會至少有三分之一之席次，由獨立董事擔任；四、人員及內部控制制度符合第 4 條及第 6 條規定之條件。

第五節　證券投資信託事業負責人與從業人員之管理

　　證券投資信託事業之負責人與業務人員之定義與範圍在前開設立過程中以加以論述在案，負責人與業務人員為公司業務推動之基礎，對外代表或代理公司從事業務行為[116]，因此除內在應具備法令所規定之積極與消極資格條具要求外[117]，在對外之行為必須忠實執行業務與盡善良管理人之注意義務，遵法令與自律規範之規定，由於涉及證券投資信託事業及證券投資顧問事業經營之專業與誠信表現，對於應證券投資信託事業應備置人員、負責人與業務人員之資格條件、行為規範、訓練、登記期限、程序及其他應遵行事項等細節性之規定，證券投資信託及顧問法就此一技術性之具體規定授權由主管機關另以規則訂定之，該規則主要規範內容可探討如下。

一、利益衝突行為之防範

（一）為避免利益衝突及訂定防火牆之設置，證券投資信託事業部門主管與從業人員應專職專任，包括總經理、業務部門之副總經理、協理、經理，及分支機構經理人、部門主管與業務人員，除法令另有規定外，應為專職專任[118]，並應向同業公會登錄職務異動情形，且

---

[116] 依證券投資信託及顧問法第 71 條第 2 項規定：「證券投資信託事業、證券投資顧問事業之負責人、業務人員及其他受僱人，於從事第三條第三項及第四條第三項各款業務之行為涉及民事責任者，推定為該事業授權範圍內之行為。」推定與視為之擬制規定不同，證券投資信託事業及證券投資顧問事業可舉反證推翻未為授權而不負責，其有關公司法第 23 條規定公司與負責人未盡忠實與善良管理人注意之賠償責任，以及民法第 188 條僱用人與受僱人執行職務侵權行為連帶賠償責任適用，司法實務見解尚存爭議。詳參邱聰智、郭土木、姚志明、陳惟龍，證券、期貨及投信顧業為其業務人員負擔民法第 188 條連帶賠償責任之合理性研究，財團法人中華民國證券暨期貨市場發展基金會委託（中華民國證券商業同業公會、中華民國期貨業商業同業公會與中華民國證券投資信託暨顧問商業同業公會共同捐助）專題研究報告，2013 年 8 月。

[117] 依證券投資信託事業負責人與業務人員管理規則第 2 條之 1 至第 6 條之 3 之規定。

[118] 專職為在同一公司中僅能從事登記事項之業務，例如內部稽核予法令遵循人員，不得辦理登

董事長不得兼任總經理。

（二）基金投資期間內部人員及從業人員本身及關係人不得投資同一公司股票及具股權性質之衍生性商品交易，為防範從業人員及關係人利用證券投資信託基金操作之訊息謀取不當利益，證券投資信託事業之負責人、部門主管、分支機構經理人與基金經理人，其本人、配偶、未成年子女及被本人利用名義交易者，除法令另有規定外，於證券投資信託事業決定運用證券投資信託基金從事某種公司股票及具股權性質之衍生性商品交易時起，至證券投資信託基金不再持有該公司股票及具股權性質之衍生性商品時止，不得從事該公司股票及具股權性質之衍生性商品交易[119]。

（三）證券投資信託事業之負責人、部門主管、分支機構經理人或基金經理人本人或其配偶，有擔任證券發行公司之董事、監察人、經理人或持有已發行股份總數百分之五以上股東者（股份之計算，包括其配偶、未成年子女及利用他人名義持有者），於證券投資信託事業運用證券投資信託基金買賣該發行公司所發行之證券時，不得參與買賣之決定[120]。

（四）證券投資信託事業之負責人、部門主管、分支機構經理人、基金經理人或證券投資信託事業於其購入股票發行公司之股東代表人，除

錄範圍以外之業務，辦理研究分析、投資或交易決策不得與買賣執行之業務人員相互兼任；專任除法令另有規定外則以僅能在同一公司任職，不得兼任其他公司之職務，例如法令放寬證券投資信託事業人員兼任轉投資本國金融科技、本國保險代理人或保險經紀人、本國創業投資及本國創業投資管理顧問等子公司之職務或轉投資子公司擔任私募股權基金之普通合夥人職務。參見證券投資信託事業負責人與業務人員管理規則第 7 條及第 8 條之規定；另依金融監督管理委員會 108 年 04 月 19 日金管證投字第 1080310837 號及金管證投字第 10803108371 號令。

[119] 依證券投資信託事業負責人與業務人員管理規則第 14 條第 1 項之規定。同條第 2 項及第 3 項規定，證券投資信託事業之負責人、部門主管、分支機構經理人、基金經理人本人及其關係人從事公司股票及具股權性質之衍生性商品交易，應向所屬證券投資信託事業申報易情形。關係人範圍包括本人為自然人者，其配偶、二親等以內之血親及本人或配偶為負責人之企業；本人為法人者，為受同一來源控制或具有相互控制關係之法人。

[120] 依證券投資信託事業負責人與業務人員管理規則第 15 條第 1 項之規定。

法令另有規定外，不得擔任證券投資信託基金所購入股票發行公司之董事、監察人或經理人[121]。

（五）證券投資信託事業之負責人、部門主管或分支機構經理人，除法令另有規定外，不得投資於其他證券投資信託事業，或兼為其他證券投資信託事業、證券投資顧問事業或證券商之董事、監察人或經理人[122]。

二、禁止不得為之行為

證券投資信託事業為高誠信業務，其負責人、部門主管、分支機構經理人、其他業務人員或受僱人，對於受益人或客戶個人應負忠實及善良管理人之注意義務，包括受益人或客戶資料、往來交易資料及其他相關資料，除其他法律或主管機關另有規定外[123]，應保守秘密。由於證券投資信託事業提供之服務事項甚廣，因此現行法令規定應為及不得為之行為規範繁多，除法令另有規定外，應嚴格遵守所規定禁止之行為，其規範之主要內容如下[124]：

（一）以職務上所知悉之消息洩漏予他人或從事有價證券及其相關商品買賣之交易活動。

（二）運用證券投資信託基金買賣有價證券及其相關商品時，為自己或他人之利益買入或賣出，或無正當理由，與受託投資資金為相對委託之交易。

（三）為虛偽、詐欺或其他足致他人誤信之行為。

（四）運用證券投資信託基金買賣有價證券及其相關商品時，未將證券商、期貨商或其他交易對手退還手續費或給付其他利益歸入基金

---

[121] 依證券投資信託事業負責人與業務人員管理規則第 15 條第 2 項之規定。

[122] 依證券投資信託事業負責人與業務人員管理規則第 15 條第 3 項之規定。

[123] 其他法律如依民事或刑事訴訟法法院之檢察官或法院之調查、主管機關之檢查等，另依個人資料保護法對於個人資料之蒐集、處理及利用有完整之規定。

[124] 依證券投資信託事業負責人與業務人員管理規則第 13 條第 2 項之規定。

資產。

（五）約定或提供特定利益、對價或負擔損失，促銷受益憑證[125]。

（六）轉讓出席股東會委託書或藉行使證券投資信託基金持有股票之投票表決權，收受金錢或其他利益。

（七）運用證券投資信託基金買賣有價證券及其相關商品時，意圖抬高或壓低證券交易市場某種有價證券之交易價格，或從事其他足以損害證券投資信託基金投資人權益之行為。

（八）運用證券投資信託基金買賣有價證券及其相關商品時，將已成交之買賣委託，自基金帳戶改為自己、他人或全權委託帳戶，或自自己、他人或全權委託帳戶改為基金帳戶。

（九）於公開場所或傳播媒體，對個別有價證券之買賣進行推介，或對個別有價證券未來之價位作研判預測。

（十）利用非專職人員招攬客戶或給付不合理之佣金。

（十一）代理客戶從事有價證券投資或證券相關商品交易。

（十二）其他影響受益人、客戶之權益或本事業之經營者。

二、應參加職前及在職訓練

為因應法令與經營環境之變化，證券投資信託事業之負責人及從業人員應隨時充實業務上之知能，證券投資信託事業從業人員應參加主管機關與同業公會舉辦之職前及在職訓練，並應符合規定之時數與測驗合格，始能擔任與繼續充任負責人及從業人員[126]，在初任及離職滿二年後再任之證券投資信託事業業務人員，於到職後半年內參加職前訓練，在職人員應於任職期間參加在職訓練，未能取得合格成績於一年內再行補訓仍不合格者，不得充任業務人員[127]。

---

[125] 有依法令規定及契約約定績效獎金（performance fee）者不在此限。

[126] 依證券投資信託事業負責人與業務人員管理規則第 10 條之規定。

[127] 依證券投資信託事業負責人與業務人員管理規則第 11 條及第 12 條之規定。

三、公司應遵循之規範負責人與從業人員亦應遵守

公司法人之行為須透過負責人與從業人員對外表現，因此為避免證券投資信託事業以代理方式規避從業人員之資格條件，明定代理人員亦應符合相當之資格條件，並仍應遵守內部各項人員禁止兼任之規定。證券投資信託事業公司違反本法有關行政法上義務應受處罰者，現行法律規定就其負責人、業務人員或其他受僱人之故意、過失，視為該法人之故意、過失[128]。因此法令規範證券投資信託事業依法令或契約不得從事之行為，對負責人與從業人員而言，亦屬強制禁止之行為，為落實投資人保護意旨，證券投資信託事業負責人與業務人員管理規則明定強制禁止行為之事項，並要求應依忠實信賴之原則執行業務及負有保密義務。

第六節　證券投資信託事業違規之處分

民國 95 年 1 月 11 日修正前之證券交易法第 18 條規定，經營證券投資信託事業、證券金融事業、證券投資顧問事業、證券集中保管事業或其他證券服務事業，應經主管機關之核准。前項事業之管理、監督事項，由行政院以命令定之。證券交易法第 18 條之 1 規定，同法第 38 條有關行政檢查權、第 39 條輕微違規之糾正權及第 66 條對於證券商違規處分之規定，於前述之證券服務事業準用之。另外對於證券交易法第 53 條證券商負責人之消極資格規定、第 54 條證券商從業人員之消極資格規定及第 56 條對於證券商負責人與從業人員個人違規處分之規定，於相關證券服務事業之人員準用之。民國 93 年 6 月 30 日證券投資信託及顧問法立法後，證券投資信託及顧問法之第 102 條、第 103 條及第 104 條規定，完全移植參照證券交易法第 39 條輕微違規之糾正權、第 56 條對於證券商負責人與從業人員個人違規處分之規定及第 66 條對於證券商違規處分之規定訂定。

準此，證券投資信託事業對於執行業務違反法律或行政命令之規定，

---

[128] 依證券投資信託及顧問法第 117 條之規定。

包括不履行應作為（action）或誠命不應為（ommison action）而為行為之違反強制禁止規定者，主管機關得依證券投資信託及顧問法之第 103 條及第 104 條之規定處以行政罰，現行規定之違規案件之行政處分，依責任之歸屬，可分為對公司法人之行政處分及對從業人員自然人個人之行政處分兩種，於此擬就法律之規定及其衍生之附隨效果等，分別進一步加以討論。

一、對公司之處分糾正處分

依證券投資信託及顧問法第 102 條規定：「主管機關於審查證券投資信託事業、證券投資顧問事業、基金保管機構及全權委託保管機構所申報之財務、業務報告及其他相關資料，或於檢查其財務、業務狀況時，發現有不符合法令規定之事項，除得予以糾正外，並得依法處罰之。」前述之糾正是否屬於行政法上之行政處分，有認為糾正之作用，在於促請被糾正者，即時改善或限期改善不符合規定之事項，一般而言被糾正者於改善後案件及行終結，並未產生直接或間接之法律效果，所以不認為其屬於行政法上之所謂行政處分；亦有認為本條規定之糾正，為主管機關在公司之業務、財務狀況時，所發現有違規或不符合規定之事項，只是按其違規之情節尚屬輕微，只要敦促其改善即可達到效果，其無論是口頭或書面之處分，皆為行政機關之意思表示[129]，如果不承認其為行政處分時，被糾正者即無尋求行政救濟之管道，惟糾正將影響公司之形象或主管機關相關審查案件之衡量與准駁，因此不論是從理論上或實務上，對於依法所作之糾正，宜以認定為行政處分並賦予救濟之管道較妥。

---

[129] 依行政程序法第 92 條第 1 項規定，本法所稱行政處分，係指行政機關就公法上具體事件所為之決定或其他公權力措施而對外直接發生法律效果之單方行政行為。

二、對公司之裁處罰

依證券投資信託及顧問法第 103 條規定：「主管機關對證券投資信託事業或證券投資顧問事業違反本法或依本法所發布之命令者，除依本法處罰外，並得視情節之輕重，為下列處分：一、警告。二、命令該事業解除其董事、監察人或經理人職務。三、對該事業二年以下停止其全部或一部之募集或私募證券投資信託基金或新增受託業務。四、對公司或分支機構就其所營業務之全部或一部為六個月以下之停業。五、對公司或分支機構營業許可之廢止。六、其他必要之處置。」依本條規定，除公司違反證券投資信託及顧問法本法之規定，應受行政處分之外，對於依本法發布之命令者，亦同樣可依本條為行政處分，而所謂依本法所發布之命令者，即所謂行政委任立法授權頒布之行政命令，本法就委任立法之規定而言，種類繁多，就有關證券投資信託事業之部分，例如證券投資信託事業管理規則、證券投資信託事業設置標準、證券投資信託事業負責人與業務人員管理規則等。

二、對負責人與從業人員自然人個人之處分

證券投資信託及顧問法對於法人犯罪係採轉嫁罰，法人違反第 105 條至第 110 條規定之刑事責任者，處罰其負責人[130]。至於行政罰部分依證券投資信託及顧問法之第 104 條規定：「證券投資信託事業及證券投資顧問事業之董事、監察人、經理人或受僱人執行職務，有違反本法或其他有關法令之行為，足以影響業務之正常執行者，主管機關除得隨時命令該事業停止其一年以下執行業務或解除其職務外，並得視情節輕重，對該事業為前條所定之處分。」本條規定解除負責人及受僱之職務（discharge），因其違反本法或其他有關法令規定，而所謂其他有關法令，在適用之範圍上較為廣泛，例如違反刑法、票據法或其他有關規定刑事責任之法律，此與

---

[130] 依證券投資信託及顧問法第 118 條之規定。

第 103 條規定限制在本法或依本法所發布之命令者不完全一致,所以實例上,對於董、監事或受僱人在任職中有違反刑事責任規定,並經判決有罪確定,即可構成本條規定之解任要件。

對於受解除職務之處分者,依證券投資信託及顧問法之第 68 條定規定在三年以內,不得充任證券投資信託事業之董事、監察人或經理人,其已充任者,並應解任之,因此被解除職務者在閉鎖期間內,不得再受僱從事對於證券投資信託事業營業行為直接有關之業務人員工作,就常理而言,無論是負責人或是受僱人,為受證券投資信託事業選任或聘僱之工作人員,其行為應依公司之指示行事,往往少有自由意願與選擇之存在,因而若公司或其上級長官要求從事非法行為,可能並非從事業務之業務員意願,違規情事被查覺後,對該員工予以解除職務處分,在情理上似有牽強之處,因為該負責人或受僱人一般為公司用以違規或接受處罰時之人頭或工具,在犯罪或違規當時,從受僱人本身言,祇有接受或是被迫離職兩種選擇而已,所以本條第 1 項之規範,為一律解除職務,並限制工作三年之效果,對受僱人之懲處效果似屬較為嚴苛,雖然受僱人可舉反證推翻違規當時有故意或過失之存在,但舉證責任之所在,往往為敗訴所在,其翻案之機會微乎其微,準此以解,為避免情輕而責任重之不合理情形,本條在規定上增訂除得隨時命令該證券投資信託事業停止其一年以下業務之執行或解除其職務並得視其情節之輕重,對證券投資信託事業處以第 103 條所定之處分,已較能符合行政處分裁量之比例原則。

第六章

證券投資信託基金之定位
與監督管理

第一節　前　言

　　證券投資信託基金（mutual funds）一詞，係由證券投資信託事業（securities investment trust enterprise, SITE）透過證券化之方式，以受益憑證向社會大眾籌集投資管理運用所需要之資金，並以專業機構身分從事投資組合（portfolio）與運用管理[1]，為專家理財之重要環節，共同基金可集合眾人之資金以從事專業投資機構管理，並以多元化之投資分散風險，同時可以優越之地位參與國際市場及新金融商品之機會，其與代客操作為一對一之專屬理財方式有所不同，共同基金原則上為較偏向散戶投資人之專家理財管道，代客操作則為量身訂做之個人理財方式，在專業理財時代以機構法人從事投資之行為，已為全球資產管理發展之潮流，我國證券交易法自民國 57 年 4 月 30 日訂定公布及實施以來，雖預留證券投資信託事業設立與發展之法律依據，然至民國 72 年 5 月 11 日為吸引外資始配合增訂第 18 條之 1 及第 18 之 2，開放證券投資信託事業之設立及證券投資信託基金之募集，由於原證券投資信託管理之規範，僅仰賴證券交易法第 18 條至第 18 條之 2 等少數法律條文之規範，有捉襟見肘之感，然在證券市場日益健全成熟，法人機構之投資亦日益顯得重要之際，再加上行政程序法第 4 條之規定於民國 90 年 1 月 1 日施行，多號之大法官會議解釋亦

---

[1]　證券投資信託及顧問法第 3 條第 1 項規定，證券投資信託係指向不特定人募集證券投資信託基金發行受益憑證，或向特定人私募證券投資信託基金交付受益憑證，從事於有價證券、證券相關商品或其他經主管機關核准項目之投資或交易。

有逐漸要求法律保留、依法行政及授權明確性原則之落實，故證券投資信託及顧問法有其必要性，該法立法已於93年6月11日三讀通過，同年6月30日由　總統明令發布，依其第124條規定，行政院業已核定於93年11月1日施行，此一立法為我國證券投資信託法制奠定新的里程。

證券投資信託基金分為境內基金（onshore fund）與境外基金（offshore fund），境內基金為依我國法令所募集、發行、私募及銷售；境外基金之募集、發行、私募及管理運用則為依外國或所在地區等法令規定為所募集、發行、私募並銷售在我國者，境外基金早期係由證券投資顧問事業報經主管機關備查及負責推介，投資人再透過金融機構以特定金錢用途信託方式在我國進行銷售，證券投資信託及顧問法立法通過實行後始得由證券投資信託事業、證券投資顧問事業、證券商、信託業及銀行等各金融機構進行直接銷售。從證券交易法到證券投資信託及顧問法之立法就證券投資信託基金規範之歷史沿革，境外基金及證券投資信託基金之私募制度為原證券交易法第18條至第18條之2規定所未規定[2]，立法通過證券投資信託及顧問法方配合開放私募共同基金及正式納入境外基金之管理，然新法通過後在基金管理架構上仍承襲原有之證券投資信託事業與證券投資信託同基金之監督與管理制度，並作全盤之法令整合，新法實施以來迄今業已十五年多了，國內證券投資信託基金截至109年1月總基金個數總計982檔，基金規模合計新臺幣40,775.96億元，總受益人數合計1,986,175人[3]，已是證券市場重要之環節，相關典章制度亦趨完備，然國人對證券投資信託基金之認識較偏向操作技術面，對於法令規範面之探討較少，準此本章擬就證券投資信託基金之募集與監督管理之法律層面，綜合新法實施以來之實務運作經驗，從理論與運用上作進一步之探討。

---

[2] 民國91年2月6日修正公布之證券交易法，於第二章第三節增訂第43條之6至第43條之8增訂有價證券之私募及買賣之規定，私募制度並未適用於原證券交易法第18條至第18條之2規定之證券投資信託基金。拙著，證券交易法論著選輯，2016年7月21日，頁35-39。

[3] 詳參金融監督管理委員會證券期貨局證券期貨統計資料，參閱網站：https://www.sfb.gov.tw/ch/home.jsp?id=622&parentpath，上網時間：2020/04/03。

第二節　證券投資信託基金之立法例

　　資產管理之方式包括集合投資計畫（collective investment schemes）與共同基金等方式，集合投資計畫係透過信託、股份有限公司、有限公司、合夥、隱名合夥、有限合夥[4]、有限責任事業合夥（Limited Liability Partnership, LLP）[5]等各種型態，向投資人募集或私募資金等方式，集中投資參與者的出資以及待分配給參與者的利潤或者收入，集合成共同財產從加以共同管理運用。至於證券投資信託基金或稱有價證券集合投資計畫，係由證券投資信託事業發行受益憑證，以證券化方式向投資人募集資金，並將募得資金信託或提交予保管銀行負責保管，由專業基金經理人進行投資組合及管理運用，就投資運用取得之收益及應承擔之風險歸投資人共同分享或承受之種理財方式。

　　從基金資產之來源取得方式區分有公開募集及私募兩種，從組織型態上區分有公司型[6]、合夥型、契約型[7]或單位信託（unit trusts）等多種態樣，證券投資信託及顧問法所規範之證券投資信託基金型態，除境外基金之引進我國募集、私募、顧問及銷售，其可能依該發行地之規定所發行者為公司型或其他型態之基金外[8]，境內募集、發行或私募之基金在法律架

---

[4]　依我國有限合夥法第 4 條第 2 款及第 3 款規定，有限合夥（limited partnership）之組成區分普通合夥（general partnership），其合夥人指直接或間接負責有限合夥之實際經營業務，並對有限合夥之債務於有限合夥資產不足清償時，負連帶清償責任之合夥人。另為有限合夥（limited partnership），其有限合夥人（limited partner）依有限合夥契約，以出資額為限，對有限合夥負其責任之合夥人。

[5]　在有限合夥中，每個合夥人對另一個合夥人的不當行為或疏忽不承擔任何責任。

[6]　參見覃正祥、郭土木合著，懲與治—美國華爾街共同基金與分析師弊案剖析，2014 年 7 月，頁 2。

[7]　我國證券投資信託基金採契約行之架構，依證券投資信託及顧問法第 5 條第 4 款規定，證券投資信託基金係指證券投資信託契約之信託財產，包括因受益憑證募集或私募所取得之申購價款、所生孳息及以之購入之各項資產。

[8]　證券投資信託及顧問法第 16 條第 1 項規定，任何人非經主管機關核准或向主管機關申報生效後，不得在中華民國境內從事或代理募集、銷售、投資顧問境外基金。另同法第 5 條第 6 款所定之境外基金，為在中華民國境外設立，具證券投資信託基金性質者。國外基金之型態依各該發行地之法令，則存在各種可能之型態。

構上係採行契約型。另從證券投資信託共同基金之投資標的上區分可包括
股票型、債券型、貨幣市場型、平衡型、組合型、保本型、指數型、指數
股票型、傘型基金及避險基金（對沖基金）等各種不同分類與型態之共同
基金[9]，而公開募集之證券投資信託共同基金通常要求必須設有保管機構
之機制以利保管資產與相互勾稽控管。

　　我國證券投資信託基金從民國 71 年開放引進募集僑外資回國投資以
來[10]，一直以契約型之架構運作，及至民國 86 年 6 月立法通過之期貨交
易法其規範之期貨信託基金，亦係沿襲依證券交易法規定時代之證券投資
信託基金型態，對於期貨信託基金之型態並未另作不同之設計，基金之監
督、管理及運作架構亦與證券投資信託基金相類似[11]，證券投資信託及顧
問法秉持原有法令架構且更精準明確地加以規定，也由於證券投資信託共
同基金之募集、發行、私募、銷售與顧問為國際化金融與投資活動之環
節，其運作機制與法令規範須能與國際接軌，因此有必要再參考外國之立
法例，以下擬就美國、日本與歐盟之立法與運作架構提出介紹，並與我國
現行之規範與運作實務加以分析比較，期能透過檢討與尋求改進之借鏡，
裨益於市場體制之健全與長足之發展。

9　同前註 6，頁 8-17。

10　依據行政院 71 年核定之「引進僑外資投資證券計畫」，我國引進僑外資投資證券之步驟分
　　為三階段：包括：（一）先允許僑外資以間接方式投資證券；（二）准許僑外專業投資機構
　　直接投資證券；（三）全面開放僑外資直接投資國內證券。其中所謂以間接方式投資證券，
　　即係在國內由成立證券投資信託事業以在國外募集成立證券投資信託基金回國從事投資。詳
　　參行政院民國 89 年 3 月 8 日（89）台財字第 06638 號函，華僑及外國人投資證券管理辦法
　　第四條、第五條、第十五條修正總說明，證券暨期貨管理，第 18 卷 4 期，頁 110-111。參閱
　　網站：https://twse-regulation.twse.com.tw/，上網時間：2019/10/25。

11　其中 1940 年投資公司法規範投資公司之組織，該投資公司主要從事證券的投資與交易，並
　　發行基金股份向投資大眾募集基金。為規範複雜操作程序與減少基金運作中可能產生之利益
　　衝突，同時要求基金投資公司在發行基金股份時即發行後應定期向投資者揭露其財務狀況和
　　投資政策。尤其是向投資大眾揭露有關該基金之投資目標、投資公司的結構和營運的信息。
　　惟該法案不允許主管機關直接介入投資管理公司之投資決策、活動或判斷各該公司投資績效
　　之優劣。郭土木，期貨交易管理法規，2017 年 2 月 23 日，頁 187 以下。

一、美國 1940 年投資公司法

美國證券投資信託主要之法律依據為 1933 年證券法（Securities Act of 1933）、1934 年證券交易法（Securities Exchange Act of 1934）、1940 年投資公司法（Investment Company Act, 1940）[12]及 1940 年投資顧問法（Investment Advisers Act, 1940），基金經理人除經主管機關以規則或辦法或命令明定豁免者外，為以直接或透過出資（capital contributions）、銷售股份或其他證券等方式，從事招攬、接受或收取他人之款項、證券或財產，在業務範圍包括募集資金及管理操作基金；證券投資信託募集之態樣與組織型態可能存在各種不同之組織型態，包括有限合夥（limited partnerships）、有限責任公司（Limited Liability Companies, LLC）[13]、單位信託（unit trust）及信託契約架構等型態，除信託之型態為契約關係，應為股東或合夥人與公司或合夥組織之關係。在基金資產保管方面，由於涉及投資大眾與公益有關者通常強制規定須有保管銀行；保管銀行之設置主要係依據證券相關法規之規定。以下僅就美國在 1940 年投資公司法規範下證券投資信託組織型態加以介紹：

（一）有限合夥

有限合夥類型，是指由一名或一名以上普通合夥人（general partner），及一名或一名以上有限合夥人（limited partner），共同組成的合夥組織。有限合夥人為出資人之一對公司營運不參與基金之運用管理，

---

[12] 該法案規範了包括公司組織的共同基金，這些公司主要從事證券的投資，再投資和交易，並且發行基金股份向投資大眾募集基金。該法規立法目的主要在減少基金複雜運作中之可能產生之利益衝突。該法案要求這些公司在最初募集時之公開揭露，並隨後定期向投資者披露其財務狀況和投資政策。並依規定向投資公眾披露有關該基金及其投資目標的信息，以及有關投資公司的結構和營運的信息。惟該法案並不允許主管機關直接干預公司的投資決策或活動或判斷其投資的優劣。美國證管會，參閱網站：https://www.sec.gov/answers/about-lawsshtml.html，上網時間：2019/10/27。

[13] 有限責任公司，與我國有限公司之組織型態相同，股東對於公司所負之債務，以出資額為限負有限責任，即使公司負債大於資產時，債權人亦不可對公司股東個人財產主張清償。

而僅對公司負有出資的有限責任，但享有盈餘分配的權利；而普通合夥人通常是基金的發起人或所有人，指在基金公司中享有經營權與控制權的合夥人，負責基金的投資決策，對於基金的盈虧則負無限責任[14]。此一型態之運作方式在私募基金較為常見，尤其是避險基金（hedge funds）或私募股權基金（private equity funds）之操作模式，由基金經理人擔任普通合夥人，除出資之外亦負責基金之投資組合與運用操作，甚至得以其個人之專業、技術作價投入，雖負擔之責任重擔可約定較高之報酬，組織與運作彈性靈活。我國於民國 104 年 6 月立法院通過之有限合夥法，係參採美國之規定，依第 4 條規定所謂之有限合夥係指以營利為目的，依本法組織登記之社團法人。所稱之普通合夥人係指直接或間接負責有限合夥之實際經營業務，並對有限合夥之債務於有限合夥資產不足清償時，負連帶清償責任之合夥人。至於有限合夥人則指依有限合夥契約，以出資額為限，對有限合夥負其責任之合夥人。惟我國證券及期貨市場之共同基金尚未相對引進該制度，未來相關證券及期貨之共同基金，尤其是私募部分更應開放此一類型之共同基金，方能與國際接軌。

（二）公司型

美國及歐盟國家大多採用公司型之共同基金操作模式[15]，公司型之共同基金係以基金股份之有價證券方式向投資人或股東募集成立基金，依據投資公司所揭露的公開說明書或投資說明書，透過承銷商、證券經紀商或投資公司自我之銷售，參與投資並提供資金以匯集成為基金資產（pool），而共同基金之股東或投資人透過股東會或受益人大會選舉共同

---

[14] 在組織型態上允許各合夥人以契約約定其出資、經營以及盈餘分派的方式，具有高度彈性與靈活運作之方便。王文宇，日照無私—論私募股權基金的蛻變，台灣法學雜誌，第 128 期，2009 年 5 月，頁 19；許黃捷，期貨信託基金運作與稅賦法律問題之研究，天主教輔仁大學法律學系博士論文，2015 年 7 月，頁 38-40。

[15] 大陸證券投資基金法第 153 條雖規定：「公開或者非公開募集資金，以進行證券投資活動為目的設立的公司或者合夥企業，資產由基金管理人或者普通合夥人管理的，其證券投資活動適用本法。」但實務運作上仍以契約型基金為主上。

基金之獨立董事（independent directors）組成董事會，由董事會選任資產
管理或投資顧問公司負責運用管理該基金，並由董事會監督資產管理與顧
問公司之業務進行，共同基金之董事會每年與資產管理與顧問公司簽訂經
理顧問契約，資產管理與顧問根據基金公開說明書所揭露之方針從事資產
運用組合之操作，所以基金公司是特殊型態之股份有限公司，其存在僅是
一個導管體（vehicle），在法律適用上除特別法令有規定外，適用公司法
之相關規定。一般而言，經理或顧問公司通常是參與共同基金之發起人或
創造者（sponsor creator）；另外承銷商是銷售者，負責銷售基金股份給
投資人，是基金銷售之通路與代理（transfer agent），承銷商在美國共同
基金之運作上，往往是資產管理與顧問公司之關係人（affiliate）；而共同
基金之保管機構（custodian）是保管基金資產者，大部分為銀行所擔任，
就存放在基金保管機構之基金資金與有價證券，必須於保管之金融機構分
別獨立設帳（segregated account），使其受到法律上之保障，至於證券經
紀商是扮演於共同基金持有資產交易過程中之受託買賣者，其可能是獨立
之公司也可能是共同經理顧問公司之關係企業，其結構如下圖示。

公司型之共同基金操作流程圖[16]

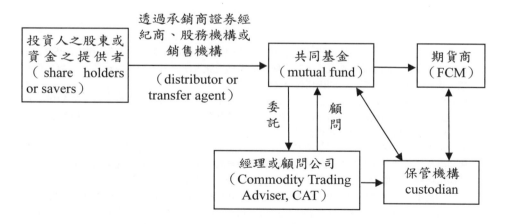

16　同註 6。

（三）契約型

契約型之共同基金係透過證券投資信託契約之締結，由證券投資信託事業、基金保管機構所簽訂，用以規範證券投資信託事業、基金保管機構及基金投資人間權利義務之運作。證券投資信託契約法律關係，由證券投資信託事業向不特定人募集信託基金發行受益憑證，或向特定人私募信託基金交付受益憑證，從事於有價證券、證券相關商品或其他經主管機關核准項目之投資或交易。其間之法律關係如下：

1.信託契約之當事人

對於證券投資信託契約為規範證券投資事業、基金保管機構與受益人三方間之法律關係，此一信託契約依我國現行證券投資信託及顧問法之規定，係以證券投資信託事業為委託人，基金保管機構為受託人所簽訂[17]，並明定為特殊型態之消極信託，基於法令與契約條款之特別約定，委託人之證券投資信託事業為保留指示運用權，而基金保管機構為受託人擔負消極保管與勾稽控管之功能，至於投資人為受益人，其認購或申購受益憑證時即已默認願意接受信託契約條款之拘束，並遵守相關之法令與自律規範之規定[18]。

---

[17] 我國證券投資信託及顧問法參考日本之立法體例，於第 5 條第 1 款規定證券投資信託契約係指由證券投資信託事業為委託人，基金保管機構為受託人所簽訂，用以規範證券投資信託事業、基金保管機構及受益人間權利義務之信託契約。

[18] 有認為受益人是契約之當事人者，亦有認為受益人是共同委託人者，亦有認為受益人申購受益憑證後始成為契約之當事人。現行證券投資新託基金之公開說明書記載：「本基金之信託契約係依證券投資信託基金管理辦法及其他中華民國有關法令之規定，為保障本基金受益憑證所有人（以下簡稱受益人）之權益所訂定，以規範經理公司、基金保管機構及受益人間之權利義務。經理公司及基金保管機構自信託契約簽訂並生效之日起為信託契約當事人。經理公司未拒絕受益權單位之申購者，申購人自申購受益權單位並繳足全部價金之日起，成為信託契約當事人。信託契約當事人依有關法令及信託契約規定享受權利及負擔義務。」我國證券投資信託及顧問法明文界定受益人係契約之利害關係人，其與證券投資信託事業為及基金保管機構之法律關係為依據法令之規定，係採後說，相關討論容於後述。詳摩根絕對日本證券投資信託基金公開說明書壹、基金概況中二、之（二）之證券投資信託契約關係說明。參閱網站：http://fundreport.funddj.com/GetTWFundInfo1.asp?A=ACJF95&b=1&c=435，上網時間：2019/11/01。

2.基金資產之獨立性

　　基金資產實質之所有權人為投資之受益人，無論從信託財產之獨立性或特別法律之規定，基金資產皆應予以嚴格之保障，因此基金之經理與保管必須分離以發揮運用者與保管者相互制衡之機制。

3.基金保管機構之功能

　　基金保管機構本於信託關係，擔任證券投資信託契約之受託人，依證券投資信託事業之運用指示從事保管、處分、收付及交割結算證券投資信託基金等事宜，並依法令及信託契約辦理相關基金保管業務，由於其角色重要，因此必須符合主管機關所定達到一定信用等級之信託公司或兼營信託業務之銀行始得為之。

（四）單位信託

　　單位信託基金（unit trust），係指基金公司以信託（trust）的形式成立[19]，以信託契約的形式發行，基金可發行的單位數量通常無限制，基金的受託人除保管單位信託基金的資產外，亦負擔基金管理機構之監督以確保基金運作依照發行計畫之進行，同時對於基金單位價格計算準確及給投資者之配息等之處理。受託人之基金管理公司透過投資計畫取得投資組合標的，再分割為受益權單位（units）或次單位（sub-units）向社會大眾進行再次發行或募集。受益權單位的持有人即根據其在總單位數量持分對整體之信託基金擁主張權益，從投資標的之證券股息扣除受託人、管理人之管理費用及其他費用後，依淨收入中按比例獲得收益分配。由於公司型基金之股東依前述負有限度責任，但基金公司之董事們仍須以個人名義承擔

---

[19] 以證券化方式募集或私募共同基金之型態，現行信託法第 37 條規定，信託行為訂定對於受益權得發行有價證券者，受託人得依有關法律之規定，發行有價證券。信託業法第 8 條規定，本法稱共同信託基金，指信託業就一定之投資標的，以發行受益證券或記帳方式向不特定多數人募集，並為該不特定多數人之利益而運用之信託資金。設立共同信託基金以投資證券交易法第 6 條之有價證券為目的，其符合一定條件者，應依證券投資信託及顧問法有關規定辦理。至於此一規定之信託基金與證券投資新托基金之異同與法律適用關係，容於後述。

責任；而單位信託基金盈虧由每位受益人依持有之受益權承擔，但最終負責人為受託人[20]。

二、新加坡集合投資計畫之規範與架構

新加坡集合投資計畫（collective investment scheme），其主要投資標的為有價證券、金融及（或）商品衍生性契約之集合投資計畫，募集方式可分為公開募集、私募，公開募集應取得金融管理局（MAS）核准或認可，並應有公開說明書；私募無須取得金融管理局核准或認可，亦免編製公開說明書，惟必須於 12 個月期間對少於或等於 50 人募集，且不得採用廣告。其對機構投資人銀行、財務公司、保險業、信託業、政府、退休基金等機構投資人募集之集合投資計畫，無須取得金融管理局核准或認可，亦免編製公開說明書。募集之對象包括向不具有投資專業經驗之一般投資人募集，且每筆交易金額不低於新加坡幣 20 萬元，或對富有專業經驗之投資人其淨資產超過 200 萬元及前 12 個月收入不少於新加坡幣 30 萬元之自然人、最近經會計師查核簽證之資產負債表顯示價值超過加坡幣 1,000 萬元之公司、受託機構及其他主管機關規定者。依私募方式取得期貨基金者，若轉售應以機構投資人、富有經驗之人或以持有富有經驗者之投資為唯一業務之公司或受託人、提出要約人之配偶、父母、兄弟姐妹、子女。證券及期貨法對經認可集合投資計畫，未規定必須設有保管人，惟對經核准集合投資計畫，則規定須有保管人，以與經理人資產分離。

三、歐盟集合投資計畫之規範與架構

歐盟國家包括英國、盧森堡及愛爾蘭都柏林為資產管理之中心，為數甚多之共同基金與資產管理公司皆於此地註冊，故以下就歐盟集合投資計

---

[20] 參見輝亞金融，互惠基金（Mutual Fund）Vs 單位信託基金（Unit Trust），參閱網站：http://avia.com.hk/tc/，上網時間：2019/10/27。

畫之規範與架構加以簡要介紹。

（一）集合投資計畫之型態

　　歐盟對可轉讓有價證券的集合投資計畫（Undertakings for Collective Investment in Transferable Securities, UCITS）之規範，主係歐盟理事會（Council of the European Communities）針對投資 UCITS 所通過之相關指令為主，各會員國對於符合 UCITS 指令規定之集合投資計畫，可就符合 UCITS 指令規範範圍以外的事項，自行補充規範，惟不得違反 UCITS 指令的目的。歐盟 UCITS 相關指令對募集集合投資計畫之公司組織型態須視成立地之國家法規規定，包含公司型之依法成立投資公司、管理公司；及信託型之依信託法成立的單位信託。公司型之集合投資計畫其各投資人取得公司之股份，而由公司負責經營管理該財產。投資人享有分散風險之利益，再依據投資比例分配利益；信託型集合投資計畫透過訂定信託契約，使保管機構為投資人之利益保管投資計畫之資產，而經理人則負責財產之投資管理。

（二）投資標的及規範

　　歐盟 UCITS 投資計畫可投資標的限於適當市場交易之證券、經授權的集合投資計畫單位、許可之貨幣市場工具、衍生性商品與遠期交易及 12 個月內到期之存款。而為分散交易組合標的之風險對各標的之訂有上限規定：

1. 投資於店頭市場交易的衍生性商品，如交易對象為信用機構，其風險暴露不得超過資產的 10%，其他情形不得超過資產的 5%；
2. 投資於 UCITS 投資計畫或其他集合投資計畫的總額，不得超過淨資產 10%；
3. 至少持有 6 種不同發行之有價證券，且所持任一種發行之有價證券不得超過 UCITS 投資計畫總資產 30%；
4. 另對投資於同一事業發行之可轉讓證券、貨幣債權工具，或於同一

事業之存款及衍生性商品交易之比例訂有限制等。

（三）集合投資計畫應向大眾揭露之資訊

歐盟要求 UCITS 投資計畫須提出公開說明書、基金年報與半年報，另每二個月固定公布發行、再買回或贖回股份的價格；而非 UCITS 投資計畫：由各會員國自行規範。另要求公募之集合投資計畫須提出公開說明書、計畫變更事項之通知或公告及基金年報與半年報；而私募之集合投資計畫則不受限制，但須告知投資人風險與限制等警語。

（四）集合投資計畫之風險控管

包括須建立監控與評量整體資產配置所生風險，以及 OTC 衍生性商品正確獨立之估價，關於該風險管理機制之內容、衍生性商品之種類、相關風險、計量限制等，應向其主管機關申報。另歐盟 UCITSIII 產品指令並要求投資衍生性商品之總風險暴露不超過資產淨值之 100%，UCITS 投資計畫之總固定風險暴露將不會超過資產淨值之 200%及臨時性的借貸部位不得超過 10%等，故總風險無論在任何情形下將不會超過資產淨值的 210%。

四、日本投資信託暨投資法人法之投資信託架構

投資信託暨投資法人法第 2 條第 3 項規定，所稱「投資信託」，係指委託人指示型投資信託及委託人未指示型投資信託。而所謂之「委託人指示型投資信託」，依同法條第 2 項規定係指依照委託人指示（如是將有關指示權限之全部或一部委託予行政命令所規定之他人時，該行政命令所規定之人亦包括之），主要將信託財產投資運用於有價證券、不動產及其他經行政命令規定必須容易投資之資產為目的之信託，以及依照法令設定、分割該受益權，使二人以上之人取得為目的者。另所稱之「委託人未指示型投資信託」，係指受託人基於與二人以上之人委託人締結之信託契約而

取得之金錢，依信託約款約定，非依委託人指示，主要投資於特定資產，共同運用（如是將有關運用權限之一部委託予行政命令規定之人時，該人所為之運用亦包括之）為目的之信託，並依該法規定設定者。其中委託人指示型投資信託契約係由一投資信託委託業者為委託人，與一信託公司或經營信託業務之金融機構（信託公司等）為受託人而締結之。換言之，指示型投資信託契約之訂定係以投資信託委託業者為委託人，並以保管機構之信託公司或經營信託業務之金融機構為受託人，屬於消極信託之型態，由投資信託委託業者保留指示運用之操作權限，證券投資信託即屬於此種委託人指示型之投資信託型態[21]。日本投資信託暨投資法人法第 4 條對於所稱「受託人」，係指與委託人締結證券投資信託契約之信託公司或兼營信託業務之銀行；此與韓國證券投資信託事業法第 2 條第 4 項所稱「受託公司」，謂擔任投資信託之受託為業之信託公司或兼營信託業務之金融機構同[22]。

五、我國現行證券投資信託基金之法律架構

　　我國現行證券投資信託及顧問法立法之際，基於當時實務上依公司法設投資公司及創業投資公司之運作已相當盛行，法令規範已相當寬鬆，若再以證券投資信託及顧問法規範公司型基金之設立，顯然疊床架屋。其次就單位信託之體制引進方面，依信託法第 37 條規定，信託行為訂定對於受益權得發行有價證券者，受託人得依有關法律之規定，發行有價證券[23]。信託業法第 8 條規定亦得募集或私募共同信託基金，由信託業就一

---

[21] 日本投資信託暨投資法人法第 2 條第 4 項規定，本法所稱「證券投資信託」，係指委託人指示型投資信託中，其運用目的以投資有價證券為主（包括有價證券指數等期貨交易、有價證券選擇權交易、外國市場證券期貨交易、有價證券店頭指數等遠期契約、有價證券店頭選擇權交易或有價證券店頭指數等交換權交易），並依行政命令規定者。

[22] 詳參證券投資信託及顧問法之立法理由。參閱網站：https://db.lawbank.com.tw/FLAW/FLAWDOC01，上網時間：2019/12/08。

[23] 惟與若證券投資信託基金產生競合者，依信託業法第 8 條第 2 項規定，設立共同信託基金以投資證券交易法第 6 條之有價證券為目的，其符合一定條件者，應依證券投資信託及顧問法

定之投資標的，以發行受益證券或記帳方式向不特定多數人募集，並為該不特定多數人之利益而運用之信託資金。故未於證券投資信託及顧問法中明定。

準此，證券投資信託及顧問法對於證券投資信託基金之法律架構僅採行契約型，同時考量立法前之實務運作與法律關係爭議叢生，爰參採日本投資信託暨投資法人法之契約型投資信託架構，並以委託人指示型投資信託，於證券投資信託及顧問法第 5 條第 1 款有關證券投資信託契約之規定，所謂證券投資信託契約，係指由證券信託事業為委託人，基金保管機構為受託人所簽訂。委託人之證券投資信託事業，為募集或私募基金，並將基金財產信託與保管機構，同時保留指示運用權限之經營基金財產投資組合與操作者，證券投資信託事業須依規定經主管機關許可取得營業許可證照，始得經營該證券投資信託財產。而證券投資信託事業為基金募集或私募之發行人，其業務行為之證券投資信託內容，包括向不特定人募集證券投資信託基金發行受益憑證，或向特定人私募證券投資信託基金交付受益憑證，從事於有價證券、證券相關商品或其他經主管機關核准項目之投資或交易[24]。至於消極信託受託人之信託公司或兼營信託業務之銀行，在角色上係本於信託關係，依證券投資信託事業之運用指示從事保管、處分、收付證券投資信託基金，並依法令及證券投資信託契約辦理相關基金保管業務[25]。

第三節　證券投資信託契約之法律定位

一、證券投資信託與證券投資信託基金之定義

證券投資信託為資產管理之業務之一環，且以有價證券為主要內容之

有關規定辦理。至於如何依證券投資信託及顧問法有關規定辦理，容於後述。

[24] 證券投資信託及顧問法第3條第1項及第2項規定。

[25] 證券投資信託及顧問法第5條第2款規定。

信託管理法律行為，為受益人之利益或特定之目的就有價證券等之信託財產為蒐集資訊、分析研判作投資組合之決定或買賣，信託管理在程序上係由信託契約之委託人將該信託財產之有價證券等移轉或為其他處分，使受託人依信託本旨，為受益人之利益，加以管理、使用、收益或處分，以完成信託之目的[26]。證券投資信託基金為向不特定人募集證券投資信託基金發行受益憑證，或向特定人私募證券投資信託基金交付受益憑證，以證券化透過公開募集或私募方式向社會大眾集資，從事於有價證券、證券相關商品或其他經主管機關核准項目之投資或交易之信託業務行為。信託財產之基金為資產之組合，包括因受益憑證募集或私募所取得之申購價款、所生孳息及以之購入之各項資產[27]，我國現行證券投資信託及顧問法除就證券投資信託之業務行為明定其定義性外，現行期貨交易法所規範之期貨信託基金，亦參考證券投資信託行為之定義[28]，明定以期貨信託事業以發行或交付受益憑證之方式，募集或私募成立期貨信託基金，並運用期貨信託基金從事期貨交易與期貨相關現貨商品之投資，並將交易或投資所得之利益分配予受益憑證持有人。因此在探討證券或期貨信託基金法律性質前，首先必須先了解證券或期貨信託契約之定位與其各當事人間之法律關係[29]。

---

[26] 信託法第 1 條之規定。

[27] 其投資組合之標的可能包括國內、外之有價證券、期貨交易契約或其他衍生性金融商品，係依法令、規劃之投資範圍及基金型態等各有不同。

[28] 證券投資信託及顧問法係採行為別之功能性規定，於第 3 條第 1 項規定所稱證券投資信託，指向不特定人募集證券投資信託基金發行受益憑證，或向特定人私募證券投資信託基金交付受益憑證，從事於有價證券、證券相關商品或其他經主管機關核准項目之投資或交易。若非經許可從事是項業務行為即屬於觸犯同法第 107 條之刑事責任，可處五年以下有期徒刑，併科新臺幣 100 萬元以上 5,000 萬元以下罰金。

[29] 參照證券投資信託及顧問法第 5 條第 1 款有關證券投資信託契約之規定，於期貨信託基金管理辦法第 3 條第 1 款之規定，所謂期貨信託契約，係指由期貨信託事業為委託人，基金保管機構為受託人所簽訂，用以規範期貨信託事業、基金保管機構及受益人間權利義務之信託契約。

二、證券投資信託基金運作之法律基礎

　　我國現行證券投資信託制度係採契約型，回溯證券投資信託及顧問法制定之前，依證券交易法第 18 條、第 18 條之 1 及第 18 條之 2 之規定，及以其授權訂定之證券投資信託事業管理規則、證券投資信託基金管理辦法、證券投資信託契約應記載事項等之法令基礎與證券投資信託契約條款，而開展之證券投資信託事業經營業務與證券投資信託基金運作，雖於對於證券投資信託契約之法律性質，或證券投資信託事業、基金保管機構與受益人三方間之法律關係為何，存有理論之爭議。但實務之運作仍然順暢無礙，新證券投資信託及顧問法之制定與施行，已釐清原先之爭議，因此我國發布訂定證券或期貨信託事業及所屬信託基金之相關設置與管理規範，植基於證券投資信託及顧問法及其相關子法之規範，用以規範證券投資信託事業與募集或私募之基金運作。

三、證券投資信託契約之性質

　　對於證券投資信託事業、證券投資信託基金保管機構與投資之受益人間之法律關係，歷來學說上有不同之見解，可整理如下：

（一）寄託關係說

　　有認為證券投資信託信事業與基金保管機構間之法律關係，以民法有名契約中與寄託關係之本質較為相容，稱寄託者，依民法第 589 條及學說之見解，係寄託人以物交付受寄人，受寄人允為保管之契約，同以物之交付為契約中心;又基金保管機構為基金保管得享有報酬，對於管理事務應盡善良管理人注意義務，而在寄託關係中，依民法第 590 條規定，受寄人保管寄託物，應予處理自己事務為同一注意義務。其受有報酬者，應以善良管理人注意為之。因此，應將此二者之法律關係解釋為寄託關係[30]。

---

[30]　陳忠儀，證券投資信託契約法律關係之研究，輔仁大學法律研究所碩士論文，1998 年 6 月，

（二）委任關係說

又有認為信託投資法理，受託人應依委託人指示管理、處分基金資產之角度而論，受任人除保管基金外，尚有依其指示管理、處分信託資產及辦理其他相關事項之義務，蓋依據民法第 528 條規定，稱委任者，係指當事人約定，一方委託他方處理事務，他方允為處理之契約。故依證券投資信託契約，因證券投資信託事業及基金保管機構之約定，證券投資信託事業委託基金保管機構保管基金，並依指示處理相關業務，而基金保管機構允為處理，其法律關係之定義實為與委任關係性質相同[31]。

（三）無名契約與混合契約說

此說認為證券投資信託契約之特殊性，又無其他更為接近之契約類型可資適用，故主張為無名契約。因證券投資信託委託人及受託人間之關係，具有委任及寄託之特性，然又難以完全被寄託或委任關係所涵蓋，則應認屬無名契約或混合契約之關係[32]。

（四）信託關係說

證券投資信託（securities investment trust），顧名思義係以信託為基礎之法律關係，從外觀上觀察應以證券投資信託事業為委託人，基金保管機構為受託人，投資人為受益人三者結合成立信託關係，在此種信託關係之下，投信事業保有運用信託基金之指示權，而信託基金所呈現之獨立性，與信託財之特色相符。此理論亦認為證券投資信託契約之當事人為投信事業與基金保管機構，而受益人僅為利害關係人而非契約當事人[33]。

頁 84-86。

[31] 王育慧，全權委託投資業務法律關係之研究，政治大學法律學系研究所碩士論文，2002 年 7 月，頁 42-43。

[32] 同前註，頁 43。

[33] 參見陳春山，證券投資信託專論，1997 年 9 月，五南圖書出版公司，頁 275-278。

（五）分離說與非分離說

　　主張分離論者，認為證券投資信託關係僅以委託人與及受託人之間所簽訂之契約，並無法涵蓋其內容及特質，而主張此應為二元之信託構造，法律應視為二個信託約款，在構造上分由委託人、受益人及委託人、受託人訂立兩個契約，受託人實質上兼有委託人之性質。主張非分離論者，則認為證券投資信託之關係人有三：委託人、受託人及投資人，為保障投資人之權益，需增擴委託人及受託人所簽訂之證券投資信託契約，廣泛地包含受益人相關事項，才可規範三者之間之特殊關係，此說則僅有一個契約關係存在，而非分為兩個信託約款[34]。

　　前述學者對於證券投資信託契約之定位則有不同主張，就日本學說之分離說與非分離說而言，其中分離說又可分為雙信託契約說或單信託契約加上委任契約之論點；茲分述如下：

1.分離說

　　其以證券投資信託基金具資產獨立性等信託特性，認證券投資信託係由二信託契約所組成，其一為投資人信託證券投資信託事業管理運用基金，另一為證券投資信託事業與基金保管機構簽訂證券投資信託契約，受益人非為證券投資信託事業與基金保管機構簽訂證券投資信託契約之當事人，而係主要利害關係人；亦有認證券共同基金之操作為投資人委託證券投資信託事業管理運用基金，其間為委任之法律關係，證券投資信託事業再與基金保管機構簽訂證券投資信託契約，故具有實質之單委任與單信託關係。

2.非分離說

　　其以證券投資信託契約為單一信託契約，主要理由除參照現行日本立法例，並以日本信託法已制定，單一信託法律關係已足規範當事人間法律

---

[34] 郭土木，證券投資信託及顧問法之立法芻議，律師雜誌，第 273 期，2002 年 6 月，頁 48。

關係，並方便行政機關之監督，認證券投資信託乃由證券投資信託事業為委託人與基金保管機構為受託人所簽訂之信託契約，受益人非契約當事人僅係利害關係人，證券投資信託事業居於委託人地位，有信託財產運用指示權，基金保管機構居於受託人地位，為信託財產之保管等行為，受益人則有收取運用所得利益之權利。另亦有人認為證券投資信託為商業信託，商業信託本質上是企業的經營組織，而以信託的形式成立，有別於一般民事信託模式和架構係為保存及保護財產，所以認為商業信託只有兩面關係，因此更可區分兩種觀點：

（1）共同受託人

投資人為委託人兼受益人，受託人包括負責投資決策之證券投資信託事業及負責保管資產之基金保管機構，且證券投資信託事業及基金保管機構，皆具有積極管理運用基金義務之受託人之角色，均應對投資人負忠實義務，故二者為共同受託人[35]。

（2）共同委託人

主張證券投資信託事業具有積極管理運用基金義務之受託人之角色，基金保管機構實質上係居於為投資人保管及勾稽控管者之角色，應屬於投資人之代表人，故二者應同列為委託人。亦有認為投資人委託證券投資信託事業管理運用基金，認證券投資信託契約表面上由證券投資信託事業與基金保管機構簽訂，基金保管機構為受託人，故投資人與證券投資信託事業才是共同委託人。

（3）學說與實務上之爭論

從前述學說上所謂「分離論」與「非分離論」之區分而言。分離說認為證券投資信託有二元之信託構造，受益人實質兼有委託人之特質，為使其地位明確，法制上除證券投資信託事業與基金保管機構訂定之信託契約

---

[35] 大陸學者湯欣主張基金管理人和基金託管人是信託關係之共同受託人。湯欣，我國契約型投資基金當事人法律關係模式的選擇，證券投資基金法規體系研究，2002 年，中國法制出版社。亦有主張證券投資信託事業及基金保管機構是基於法律的分工而形成的特殊受託人關係。郭鋒、陳夏，證券投資基金法導論，1 版，2008 年 8 月，法律出版社，頁 95-97。

關係,應承認證券投資信託事業與受益人有另一信託法律關係;而非分離說者,則以證券投資信託具特殊構造出發,認為證券投資信託有三關係人,欲使此三關係結合並簡化,以保障受益人權益,只有以證券投資信託事業與保管機構為當事人所簽訂之證券投資信託契約及基本約款,廣泛地包含證券投資信託事業與受益人間事項,不應將單一之證券投資信託契約分為兩個信託約款。又縱然採行非分離說之單一信託契約見解,對於何人為委託人,是投資人或證券投資信託事業?又何人為受託人,究為證券投資信託事業或基金保管機構,或二者為共同受託人?更有不同之理由論述。準此,因實務及學說上,向來對證券投資信託契約之法律性質及證券投資信託事業、基金保管機構與受益人三方之法律關係見解分歧,為免爭論影響法律適用,補充當事人未約定事項及判斷約定事項之法律效力,則有釐清證券投資信託法律關係之必要。

實務上民國 85 年 9 月 17 日,公元投信協理張○○,為求基金績效表現,誤信了主嫌蘇○○以 6.8 甚至 7.3 不合理的高利率利誘,而指示保管銀行世華銀行信託部付款新臺幣 6 億元購買中興銀行定期存單,承作定期存款,事後發現定期存單係蘇○○偽造,陷入假存單的圈套。公元投信買到偽造中興銀行定存單,是旗下的得利、吉利、吉祥債券基金。另民國 88 年 7 月 6 日,發生東港信用合作社負責人挪用庫存現金,製做假帳與假存單,總金額接近 17 億案。其中法華理農證券投資信託公司委託農民銀行在東信的存款 2 億元也被冒領,此一現象,涉及證券投資信託公司與保管機構對資金存託的管理之責任問題[36],當時主管機關及財政部要求保管機構負責先行墊款係為解決及避免可能發生擠兌之問題,然其間之權利義務法律關係為何不明確,爰有釐清訂定之必要。

---

[36] 殷乃平、沈中華,各國對於金融危機處理策略及我國因應之道,行政院研究發展考核委員會委託研究報告,1999 年 5 月,頁 134。

四、我國證券投資信託契約之法律定位

（一）我國與日本法律之界定特別法上之信託關係

我國證券投資信託及顧問法參考日本之立法例，已明定證券投資信託法律關係為特別法上之消極性信託關係，日本於 1998 年訂定有證券投資信託暨投資法人法，第 2 條對於「證券投資信託」之定義，係將信託財產基於委託人之指示，以對有價證券投資運用為主，並將受益權分割由複數人取得為目的者；證券投資委託公司與信託公司間，係依據主管機關核准之信託條款訂定信託契約，由證券投資委託公司為委託人，以信託公司或經營信託業務之銀行為受託人，使受益人取得受益權，屬於他益信託契約。即依日本法制，證券投資信託契約為「信託」契約，以證券投資信託契約結合委託人（證券投資委託公司）、受託人（信託公司）及受益人三方，委託人為信託財產之運用指示；受託人為信託財產之保管處分；受益憑證之應募人取得受益人地位。

我國證券投資信託就其特性而言，觀諸我國證券交易法第 18 條之 2 及證券投資信託及顧問法第 21 條之規定，證券投資信託事業及基金保管機構之財產與證券投資信託基金應分別獨立，就其自有財產所負債務，其債權人不得對基金資產為任何請求或行使其他權利，基金保管機構應成立基金帳戶設帳保管之。其與信託法第 24 條所定信託財產應與受託人自有或其他財產分別管理並設帳；信託法第 10 條至第 14 條：信託財產係為信託目的而獨立存在，具有遺產及破產財團之排除、強制執行之禁止、抵銷及混同之限制等分立性及獨立性之特性相符。證券投資信託事業與基金保管機構簽訂證券投資信託契約時，依原證券投資信託基金管理辦法第 5 條規定契約應記載事項，其範圍包括受益人之權益，但受益人非契約當事人而係利害關係人；另受益人因投資信託事業募集資金，認購其所發行之受益憑證，其權利義務與一般民法所規定有名契約型態不同，而係等同擁有信託財產之受益持分權，具有所有權與管理權分離之信託性質，顯見及接受信託之法律關係已介入整個證券投資信託運作程序而受益人更有默認既

存之證券投資信託契約之規定。且就證券投資信託契約之文義觀之，原本即有「信託」二字，應解其為信託契約，始稱名實相符。另按證券投資信託基金管理辦法僅規範一種契約，即證券投資信託契約，以此法制觀之，可見我國證券投資信託契約為單一之信託契約，契約當事人為證券投資信託事業與基金保管機構，受益人僅為關係人而非契約當事人。

　　另依據信託法第 5 條規定，信託行為民事法律行為，除不得違反公共秩序、善良風俗、強制禁止規定、以進行訴訟為主要目的、依法不得受讓特定財產權之人為受益人之外，原則上可因任何經濟、商業或民事上等各種原因而成立信託關係，並非專為所謂集團信託或商事信託而特別設計。而因證券投資信託性質上屬於集團信託或商事信託，並有其獨特性質之基本架構設計，原則上雖建立於一般民事信託法律關係所具有之所有權與管理權分離、信託財產獨立性等原理上，但為其商業目的或功能設計上，勢必應就信託當事人或受益人之權利義務關係及實質基本構造，除了透過契約機制加以適度補充或修正外，乃至於特別法中另行規定或修正現行信託法之相關規定。準此，自須考慮證券投資信託制度所具有之特殊性，並著重有利其商業發展之設計。例如：為加強保護受益人權益及強化相互監督機能，證券投資信託基金係採「經理與保管分離原則」，將基金之運用指示權與管理處分權分開，由委託人證券投資信託事業為基金之運用指示，並由證券投資信託事業具主導地位，發行受益憑證以募集證券投資信託基金而負發行人責任；受託人基金保管機構則負責保管、收付證券投資信託基金，並負勾稽控管之機能，但不負信託財產之運用指示決策之責任，其乃依法令或契約處理相關事項，並具受益憑證及年報之簽署、受益人會議之召集、對於證券投資信託事業違法行為之報告等監督功能。

　　至於受益人雖非信託契約之當事人，但其受益權之內容及行使，除受信託契約之規範外，應受相關法令之保障，如公開說明書交付、財業務揭露、關係人交易防免、證券投資信託事業與基金保管機構就業務經營，應負忠實義務、善良管理人注意義務、保密義務，民、刑事責任及行政監督機制。另因信託法原係為個別信託所設，雖設有信託監察人之執行職責，

但並無受益人會議，也未針對多數受益人行使撤銷權、監督權之方法範圍予以規範，而為符合商事信託或集團信託特性及需求，爰有規定受益人之權利非經受益人會議決議不得行使，但行使其他僅為該受益人自身利益之行為不在此限制。又如信託法第 16 條關於有權聲請法院變更信託財產管理方法之人；第 32 條關於委託人及受益人閱覽請求權等，亦有需要明文排除適用。故總而言之，對於證券投資信託制度具商事、集團性或事業性，雖基於一般民事信託法理，但為其架構及功能需要，就信託當事人權利義務關係及實質構造，均予以法令明定之必要。

（二）我國證券投資信託基金以特殊型態消極信託契約之法律架構

綜據前述，就證券投資信託基金之獨立性、受益憑證所表彰權益及其所具有之特殊性，並參酌我國原證券投資信託架構，對於證券投資信託與期貨信託之組織架構，以證券或期貨信託事業為委託人保留指示運用之權限，並以基金保管機構為受託人，保管基金資產並依指示辦理交割結算等事宜，基金之經理與保管分離並發揮相互制衡與勾稽控管之機能，持有受益憑證之投資人為受益人，使受益人取得受益權之信託契約為核心，基於法令與證券或期貨信託契約之約定所架設之法律關係，其間受益人依法令規定有買回請求權、收益分配請求權及給付申購價金之義務等；證券投資信託事業肩負依受益人之申購受益憑證有價金交付請求權、交付受益憑證之義務及對基金資產有運用指示權等；至於基金保管機構有接受指示辦理證券交割、投資收益分配之義務、給付買回價金及投資收益分配之義務等。整體而言此依契約架構可歸類為依特別法令規定之特別法上信託關係，投資基金之受益人則非屬契約之當事人，而為利害關係人，在認購或取得受益憑證後明示或默示同意依信託契約之約定遵守相關權利義務，並以法律明定其權益之保護。準此，現行證券投資信託法律架構經界定為特別法上之信託關係，其結構可圖示如下。

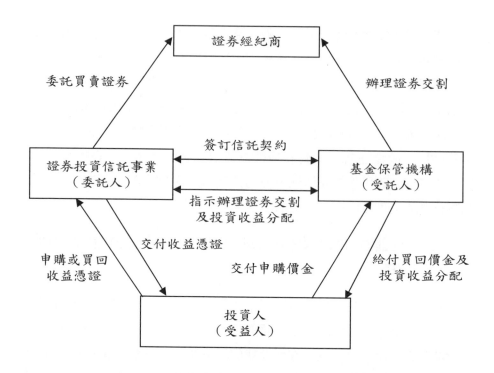

第四節　證券投資信託基金之型態

　　證券投資信託基金為滿足不同偏好之投資人之選擇，設計有各種型態，我國證券投資信託基金之型態雖剛開始就有開放式及封閉式基金之種類，惟早期只限制於股票型基金、債券型基金及平衡型基金三種型態，民國 90 年以後，筆者擔任證期會主管證券投資信託及顧問組織組長以後，陸續開放指數型基金、傘型基金、指數股票型基金、組合型基金、保本型基金、貨幣市場基金及其他經核准發行之特種基金，基金之運作型態已經漸次與國際接軌。其中法律架構區分之公司型（corporate type）與契約型（contractual type）已如前述外；尚可依受益人可否隨時贖回區分，可分為開放式與封閉式；依投資標的區分，可分為股票型、債券型（bond fund）與平衡型；指數型（index fund）與指數股票型（exchange traded fund）；保本型基金、保證型基金（guarantee fund）與保護型基金

（protective fund）；組合型基金（fund of fund）、傘型基金（umbrella fund）、貨幣市場基金（money market fund）及其他經主管機關核准發行之基金等，茲進一步分析如下。

一、開放式與封閉式

證券投資信託基金依投資人參與買賣及投資之方式區分，可分為開放式與封閉式，開放式基金係指基金投資人可隨時依基金之當日之淨資產價值（Net Asset Value, NAV）向證券投資信託事業要求申購及贖回（redeem）者；封閉式基金必須申請在證券交易所上市或在櫃檯買賣中心上櫃，投資人必須透過集中市場依競價方式買賣，所以與集中交易市場之股票交易相類似，因此封閉式基金有面額、淨值與市價及折溢價等問題。

二、股票型、債券型與平衡型

證券投資信託基金依其基金資產投資之標的區分，可分為股票型、債券型與平衡型基金等三種。

（一）股票型基金

股票型基金之基金資產主要投資在股票且總額達基金淨資產價值需達百分之七十以上者。若該股票型基金之名稱有特別表示投資某個特定標的、地區或市場，例如成長型基金、穩健型基金、中小企業基金、美國基金、全球型基金等，於該基金投資於相關標的、地區或市場之有價證券應達基金淨資產價值之百分之六十[37]。

（二）債券型基金

債券型基金，以投資較長期之固定收益之債券為主之基金，除法令另

---

[37] 依證券投資信託基金管理辦法第 25 條及第 26 條規定。

有規定外，不得投資下列標的：1.股票；2.具有股權性質之有價證券。但轉換公司債、附認股權公司債及交換公司債不在此限；3.結構式利率商品。但正向浮動利率債券不在此限。證券投資信託事業運用債券型基金投資於轉換公司債、附認股權公司債及交換公司債總金額，不得超過基金淨資產價值之百分之十。債券型基金持有轉換公司債、附認股權公司債及交換公司債於條件成就致轉換、認購或交換為股票者，應於一年內調整至符合規定。至於債券型基金資產組合之加權平均存續期間（duration）應在一年以上。但基金成立未滿三個月、證券投資信託契約終止日前一個月或主要投資於正向浮動利率債券者，不在此限[38]。

（三）平衡型基金

在股債市場看好看壞並不明確時，證券投資信託事業得以發行平衡型基金，可同時投資於股票、債券及其他固定收益證券以保持觀望，惟為避免基金資產閒置，其中股票、債券及固定收益之證券之資產配置須達基金淨資產價值之百分之七十以上，且投資於股票金額須占基金淨資產價值之百分之九十以下並不得低於百分之十[39]，主管機關在兼顧股市之變化下亦得視市場發展狀況調整投資國外或國內外之比例，例如每季之股票比例須在 70%至 10%區間，每年之股票比例須在 70%至 30%區間，基金名稱中應標明「平衡」字樣。

三、指數型與指數股票型基金

指數型基金屬於被動式管理之基金，其基金資產之投資組合係依所追蹤指數之權重配置，將全部或主要部分資產投資於指數成分證券[40]，以追

---

[38] 依證券投資信託基金管理辦法第 27 條及第 29 條規定。

[39] 依證券投資信託基金管理辦法第 30 條規定。

[40] 依證券投資信託基金管理辦法第 37 條第 4 項規定，標的指數之成分證券可包括股票、債券及其他經主管機關核准之有價證券，同時指數股票型基金得以單一連結符合規定條件之境外指數股票型基金，若單一連結之境外指數股票型基金，有基金之移轉、合併或清算、調增基

蹤、模擬、複製標的指數表現。基金名稱中應明確顯示所追蹤、模擬、複製之指數或指數表現。至於所追蹤之標的指數，除應取得所屬交易所或櫃檯買賣中心之同意外，並應符合下列條件：（一）指數編製者應具有編製指數之專業能力及經驗；（二）指數應對所界定之市場具有代表性；（三）指數成分證券應具備分散性及流通性；（四）指數資訊應充分揭露並易於取得；（五）無違反其他法令規定之情事[41]。

　　指數股票型證券投資信託基金（Exchange Traded Fund, ETF），從英文字義上直接翻譯為交易所交易之基金，我國現行法令稱之為指數股票型證券投資信託基金，在大陸稱為交易型開放式指數基金，指數股票型基金指以追蹤、模擬或複製標的指數表現，並在證券交易市場交易，且申購、買回採實物或依據證券投資信託契約規定方式交付之基金[42]。指數股票型證券投資信託基金之實體資產即為組成標的指數之一籃子股票，為使追蹤由一籃子股票組合之基金貼近指述之變化，透過包括參與證券商（Participating Dealer, PD）或大額之客戶之申請人交付一籃子股票以交換一定數量 ETF 之實物申購與創造（created）方式，相對之申請人亦得以申購一定數量之 ETF 贖回（redeemed）換成一籃子股票之實物買回方式進行交易，其中參與證券商為基金之原始參與者之一，為方便基金之成立進行創造贖回，故稱之為種子基金（seed fund），為證券投資信託事業所募集基金之部分資產；由於指數股票型證券投資信託基金之 ETF 及其中一籃子之股票皆掛牌在證券交易所或櫃檯買賣中心交易，可於集中市場一競價方式買賣，亦可於場外依創造贖回方式進行交易，並依賣高買低之套利之方式使基金之價格與相對應之股票或標的價格趨於一致（其創造贖回與交易運作架構圖如附）。

金管理機構或保管機構之報酬、終止該基金在國內募集及銷售、變更基金管理機構或保管機構、變更基金名稱等重大事項發生時，證券投資信託事業應於接獲境外基金機構召開受益人會議通知或其他相關通知後報經主管機關核，並於事實發生日起三日內辦理公告。

[41] 依證券投資信託基金管理辦法第 32 條規定。

[42] 依證券投資信託基金管理辦法第 37 條第 1 項規定。

ETF 之創造贖回與交易運作架構圖

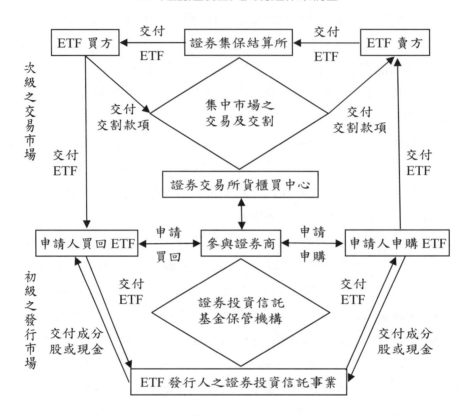

　　證券投資信託事業募集指數股票型基金以追蹤、模擬或複製標的指數可包括正向倍數（簡稱槓桿型 ETF）或反向倍數（簡稱反向型 ETF）[43]，至於追蹤指數之限制條件與前開指數型基金相同。由於公開募集之證券投資信託基金為避免過度擴大操作槓桿，原則上不得從事融資融券等之信用擴張行為，惟為使指數股票型基金更能精確追蹤指數之標的，在符合法令

---

[43]　證券投資信託事業募集指數股票型基金以追蹤、模擬或複製標的指數之正向倍數（槓桿型 ETF）或反向倍數（反向型 ETF）表現者，除依法令及證券投資信託契約之規定辦理外，並應於基金名稱中明確顯示所追蹤、模擬或複製標的指數之單日正向倍數或反向倍數表現。其為因應投資策略所需，投資於基金受益憑證之總金額，得不受每一基金投資於基金受益憑證之總金額，不得超過本基金淨資產價值之百分之二十之限制，但不得超過本基金淨資產價值之百分之三十。

規定之條件者，得借入國內有價證券並以基金資產提供為擔保品，不受不得為放款或提供擔保或信用交易之規定[44]。

四、保本型基金、保證型基金與保護型基金

保本型基金之基金目的在擔保投資人投資於基金之本金回收，基金之資產主要投資於固定收益之標的，並以孳息或一定比例之本金運用連結在下檔風險有限之金融商品，例如本金係以固定收益債券、定存等之金融商品，以利息或其他孳息為權利金買進選擇權等，即使在權利金完全虧損之情況下仍可保有本金，其保本比例可因基金之特性與設計而不同，有百分百及各種不同比例之保本型態[45]，然本金之投資於固定收益金融商品或定存仍存在發行主體違約或流動性等風險，對於整體之基金還本付息如何取得較有利之保障，因此保本型基金再依基金有無機構保證區分為保證型基金及保護型基金兩種。保證型基金係指在基金存續期間，藉由符合主管機關規定一定資格條件之保證機構保證[46]，到期時提供受益人一定比率本金

---

[44] 依證券投資信託基金管理辦法第 39 條規定：「證券投資信託事業運用指數股票型基金，符合下列條件者，得借入國內有價證券並以基金資產提供為擔保品，不受第十條第一項第二款限制：一、借入有價證券之目的，以指數股票型基金證券投資信託契約所定，基金所持有之有價證券不足因應實物買回所需有價證券之事由為限。二、每一指數股票型基金借入有價證券之總金額，不得超過本基金淨資產價值之百分之十。證券投資信託事業運用基金借入國內有價證券，應依證券交易所及證券櫃檯買賣中心相關規定辦理。」

[45] 保本基金應設定參數，含參與比率及投資期間，並註明實際參與率釐定之時間，惟為避免誤導一般投資大眾，我國現行公開募集之保本型基金其保本比率依規定應達投資本金之百分之九十以上。

[46] 金融監督管理委員會 102 年 10 月 21 日金管證投字第 10200403038 號公告，其中對於保本型證券投資信託基金之保證機構，規定應為符合下列任一信用評等標準之金融機構：（一）經 Standard & Poor's Corp 評定，長期債務信用評等達 BBB 級（含）以上，短期債務信用評等達 A-3 級（含）以上；（二）經 Moody's Investors Service 評定，長期債務信用評等達 Baa2 級（含）以上，短期債務信用評等達 P-3 級（含）以上；（三）經 Fitch Ratings Ltd 評定，長期債務信用評等達 BBB 級（含）以上，短期債務信用評等達 F3 級（含）以上；（四）經中華信用評等股份有限公司評定，長期債務信用評等達 tw BBB 級（含）以上，短期債務信用評等達 tw A-3 級（含）以上；（五）經英商惠譽國際信用評等股份有限公司台灣分公司評定，長期債務信用評等達 BBB（twn）級（含）以上，短期債務信用評等達 F3（twn）級（含）以上。

保證之基金；保護型基金係指在基金存續期間，藉由基金投資工具之高信用等級，於到期時提供受益人一定比率本金保護之基金，保護型基金無保證機構提供保證之機制，所以須仰賴較高信用評等（rating）等級之固定收益金融商品[47]。

五、組合型基金與傘型基金

組合型基金又稱基金中之基金或精選基金，為追求及連結其他表現較好基金之績效，得以基金之資產投資於其他基金，包括證券投資信託事業、期貨信託事業或外國基金管理機構所發行或經理之受益憑證、基金股份或投資單位等，但為避免過度重複及適度分散投資風險，組合型基金不得投資於其他組合型基金者，且每一組合型基金至少應投資五個以上子基金，且每個子基金最高投資上限不得超過組合型基金淨資產價值之百分之三十[48]。

傘型基金又稱系列型基金（series fund），係指證券投資信託事業得依規定募集發行相類似具資產配置理念之基金，同時申請或申報多檔相互間可以依規定進行轉換之子基金或成分基金（Sub-funds），由各子基金或成分基金共同形成基金體系，基金發行之證券投資信託事業基於共同理念種經營管理各子基金或成分基金，各子基金或成分基金為獨立的運作主體，各子基金的資產分別管理，有各自獨立的資產、獨立投資組合、投資操作策略、獨立之帳戶與單位資產淨值。因此傘型結構之下的不同子基金擁有共同的基金發行人、基金管理人和基金保管機構，並共簽具一份證券投資信託契約、公開說明書，但各子基金之投資人間可依規定相互轉換，

---

[47]　依證券投資信託基金管理辦法第 45 條第 2 項規定，保護型基金，除應於公開說明書及銷售文件清楚說明本基金無提供保證機構保證之機制外，並不得使用保證、安全、無風險等類似文字。此類型基金無提供保證機構保證之機制，係透過投資工具達成保護本金之功能。基金經金融監督管理委員會核准或同意生效，惟不表示本基金絕無風險。投資人持有本基金至到期日時，始可享有所定比率的本金保護。

[48]　依證券投資信託基金管理辦法第 42 條及第 43 條之規定，

不同子基金之銷售機構、中介機構，以及共同公告事項等可以一併處理。
在基金存續期間，透過各子基金之間的具有規模經濟的安排，提高整個基
金的營運效率。惟為避免過於複雜與造成誤導，現行規定子基金數不得超
過 3 檔，且應一次申請同時募集；當任一子基金未達成立條件時，該傘型
基金即不成立，子基金得依資產配置理念，選擇某一種類基金為區隔配置
或交叉組合各種類基金[49]，且每一子基金應簽訂個別之證券投資信託契
約，子基金間之轉換須依投資人申請不得有自動轉換機制，其轉換費用得
由證券投資信託事業自行訂定[50]。

六、貨幣市場基金與其他特殊型態基金

　　貨幣市場基金係指將基金資產主要運用於貨幣市場上短期之有價證券
之基金，基金資產主要運用在短期貨幣工具如銀行存款、短期票券、商業
票據、附買回交易之金融商品及國庫券、政府短期公債、公司債券等短期
有價證券[51]。貨幣市場基金之特性在於收益率高於一般活期存款或短期定
存利率，且可於短期內贖回取得資金，具有類似貨幣之性質流通性強之特
質，貨幣市場基金之加權平均存續期間不得大於 180 日，運用標的為附買
回交易者，應以附買回交易之期間計算。貨幣市場基金之運用標的除附買
回交易者外，其剩餘到期日應以在一年內之標的為限[52]。由於到期日較短
風險性相對較低，此外貨幣市場基金一般未收取贖回費用，標的易於取得
故管理費較低，較適合閒置資本短期投資生息之用，例如公司每月固定薪
資發放前之暫時停放。

---

[49] 子基金之區隔，通常股票型基金以投資地區為區隔；平衡型基金以持有之股票及債券上下限
　　比例為區隔；組合型基金以不同類型子基金之投資比重為區隔；保本型基金以保本比率為區
　　隔；指數型基金以追蹤、複製或模擬不同指數表現為區隔。

[50] 依證券投資信託基金管理辦法第 24 條之規定。

[51] 依證券投資信託基金管理辦法第 47 條規定，貨幣市場基金指運用於銀行存款、短期票券及
　　附買回交易之總金額達基金淨資產價值百分之七十以上者。前項附買回交易標的，包含短期
　　票券及有價證券。

[52] 依證券投資信託基金管理辦法第 49 條之規定。

　　貨幣市場基金之管理著重穩健與流通性，因此其投資標的，除應遵守與其他基金共同之規範包括股權分散等之規定外，其投資標的須達主管機關規定之信用評等機構評等達一定等級以上之金融商品；在分散風險方面，其投資任一非金融機構之公司發行、保證或背書之短期票券及有價證券總金額，不得超過基金淨資產價值百分之十，存放於任一金融機構之存款、投資其發行、保證或背書之短期票券及有價證券總金額，不得超過基金淨資產價值百分之十。又考慮基金績效與風險，除政府債券外，投資長期信用評等等級為主管機關之信用評等機構評等達一定等級以下之有價證券，其投資總金額不得超過基金淨資產價值百分之十；另為防範利益衝突，基金不得投資於發行之證券投資信託事業有利害關係之公司所發行之短期票券，亦不得投資於股票及其他具有股權性質之有價證券。惟投資標的之公司或存放之金融機構符合主管機關所定條件時，貨幣市場基金投資或存放之比率限制得增加為基金淨資產價值百分之二十。但投資短期票券金額不得超過該公司或金融機構最近期經會計師查核簽證之財務報告所載淨值之百分之十[53]。

　　基於結構式利率商品其財務結構複雜，無客觀公平之市價得以評價，再加上流動性不良，因此公開募集之證券投資信託基金除投資正向浮動利率債券外，原則上不得投資於結構式利率商品。但在特殊之條件下，以投資於結構式利率商品為主要投資標的，並以此為名者，能區隔並使投資人易分辨者不在此限。基金以結構式利率商品為主要投資標的者，此類特殊型態基金應於名稱中標明結構式利率商品或類似文字。至於基金以轉換公司債、附認股權公司債或其他具有股權性質之有價證券為主要投資標的者，亦應於名稱中標明主要投資標的之文字。前述基金為避免誤導不得以債券型基金為名，並不得於受益人買回受益憑證請求到達之當日或次一營業日（T+2）給付買回價金[54]。

---

[53] 依證券投資信託基金管理辦法第 48 條之規定。
[54] 依證券投資信託基金管理辦法第 50 條之規定。

第五節　證券投資信託基金之管理

證券投資信託事業依證券化之方式透過發行或交付受益憑證、基金股份等之有價證券，用以募集或私募證券投資信託基金[55]，並以專業之分析判斷將其投資於有價證券等之標的。由於證券投資信託基金係向社會投資大眾所籌集運用，事涉投資人權益之保障與市場之秩序之維護，因此必須有適度之規範與管理，然受益憑證既經核定為證券交易法所定之有價證券，則證券投資信託基金之運作包括基金之募集、私募、發行、申購、贖回、保管、操作、行銷、買賣、轉換、會計、解散、清算與股務處理等相關事項，證券投資信託事業是否屬於證券交易法第 5 條所規定之發行人之範圍，而各該發行交易循環在證券投資信託及顧問法未規定之事項，如何適用證券交易法之規定[56]，尤其適用證券交易法所規定之發行程序及相關之法律責任規定等，由於在證券投資信託及顧問法立法之前，原立法基礎較為薄弱，不乏分散於相關行政規則之間，但其中涉及各當事人權利義務之事項甚多，證券投資信託及顧問法立法後已回歸法律之明定或以法規命令訂定，實有必要加以敘述說明與探討。

第一項　基金之募集與私募

證券投資信託及顧問法對於證券投資信託基金之募集與發行受益憑證之規定，係參採原證券交易法第 22 條之規定[57]，對於有價證券之募集發

---

[55] 原財政部證券管理委員會（77）台財證（三）字第 09030 號函，核定證券投資信託事業為募集證券投資信託基金所發行之受益憑證為證券交易法所稱之有價證券；另於 76 年 9 月 12 日（76）臺財證（二）字第 00900 號公告，外國之股票、公司債、政府債券、受益憑證及其他具有投資性質之有價證券，凡在我國境內募集、發行、買賣或從事上開有價證券之投資服務，均應受我國證券管理法令之規範。

[56] 證券投資信託及顧問法第 1 條規定，為健全證券投資信託及顧問業務之經營與發展，增進資產管理服務市場之整合管理，並保障投資，特制定本法；本法未規定者，適用證券交易法之規定。

[57] 2004 年 6 月 30 日證券投資信託及顧問法立法時參採證券交易法對於公開招募採行折衷制，就有價證券之募集與發行，除政府債券或經財政部核定之其他有價證券外，非經主管機關核

行，兼採申請核准制與申報生效制之折衷制度，並對其證券投資信託基金之申請程序，授權訂定處理準則，對於有關受益憑證發行採申報生效制之精神，必須在受理後一定期間內予以審核完成之規定外，並規範投信事業募集證券投資信託基金採申請核准制或申報生效制[58]，並明定應檢附之書件、審查程序、核准或申報生效之條件及其他應遵行事項，其主要重點為：

一、基金募集適用申報生效制與核准制之案件及其相關規定

證券投資信託事業募集或追加募集證券投資信託基金，原則上採行申報生效制，應檢附申報書，包括公開說明書等[59]，載明其應記載事項，連同應檢附之書件向主管機關申報生效後，始得為之。證券投資信託事業提出申報前，應取得中華民國證券投資信託暨顧問商業同業公會審查合格意見書，申報生效案件，除有退件或需補件重行起算申報期間外，若屬辦理募集證券投資信託基金管理辦法第 23 條第 1 款至第 8 款所列以投資國內為限之證券投資信託基金案件者[60]，於主管機關收到申報書即日起屆滿 12 個營業日生效；不以投資國內為限之證券投資信託基金案件者，於主管機關收到申報書即日起屆滿 30 個營業日生效。但符合本會所定條件之證券

准或向主管機關申報生效後，不得為之。惟證券交易法於 2006 年 1 月 11 日已修正第 22 條第 1 項規定，明定「有價證券之募集及發行，除政府債券或經主管機關核定之其他有價證券外，非向主管機關申報生效後，不得為之。」改採申報生效制。

[58] 依證券投資信託事業募集證券投資信託基金處理準則第 3 條規定，金融監督管理委員會審核證券投資信託基金之募集與發行兼採申請核准及申報生效制。

[59] 公開說明書編製內容應記載事項包括：一、基金概況；二、證券投資信託契約主要內容；三、證券投資信託事業概況；四、受益憑證銷售及買回機構之名稱、地址及電話；五、特別記載事項。依證券投資信託及顧問法第 15 條第 1 項及證券投資信託事業募集證券投資信託基金公開說明書應行記載事項準則第 9 條之規定。

[60] 證券投資信託基金管理辦法第 23 條規定：「基金之種類如下：一、股票型基金。二、債券型基金。三、平衡型基金及多重資產型基金。四、指數型基金。五、指數股票型基金。六、組合型基金。七、保本型基金。八、貨幣市場基金。九、其他經主管機關核准發行之基金。」

投資信託事業，申報生效期間縮短為 12 個營業日。又辦理追加募集各類型證券投資信託基金案件者，於主管機關收到申報書即日起屆滿七個營業日生效[61]。例外採行申請核准制者，包括但有第 12 條之 1 所列經營不善或應取得國外主管機關或其他機構之聲明或書函之基金募集案件[62]，或辦理第 7 條第 1 項所定首次募集之基金[63]、第 18 條第 1 款所規定國外募集或追加募集證券投資信託基金投資國內之基金[64]，及證券投資信託基金管理辦法第 23 條第 9 款所定須經主管機關特別核准之基金之募集案件者，應申請核准[65]。

　　由於國外立法例對於證券投資信託基金除公司成立後之首次發行基金

---

[61] 依證券投資信託事業募集證券投資信託基金處理準則第 12 條之規定。

[62] 依證券投資信託事業募集證券投資信託基金處理準則第 12 條之 1 第 1 項之規定：「證券投資信託事業募集證券投資信託基金，有下列情形之一者，除為因應市場狀況或保護公益，且經主管機關核准外，應採申請核准制：一、最近一檔已成立且開放買回已屆滿六個月之證券投資信託基金，其於該六個月期間平均已發行總單位數較成立日減少百分之五十以上。二、經本會停止申報生效於一年內達二次以上，其後首次募集案件。三、因受本法第一百零三條警告以上處分或內部控制制度之設計或執行有重大缺失，其違法情事已具體改善並經本會認可後之首次募集案件。四、依主管機關規定應取得國外主管機關或其他機構之聲明或書函之募集案件。」

[63] 依證券投資信託事業募集證券投資信託基金處理準則第 7 條第 1 項之規定：「證券投資信託事業於經核發營業執照後，除他業兼營證券投資信託業務者外，應於一個月內申請募集符合下列規定之證券投資信託基金：一、為國內募集投資於國內之股票型證券投資信託基金或平衡型證券投資信託基金。二、證券投資信託基金最低成立金額為新臺幣二十億元。三、封閉式證券投資信託基金受益權單位之分散標準，應符合臺灣證券交易所股份有限公司有價證券上市審查準則之規定。四、開放式證券投資信託基金自成立日後滿三個月，受益人始得申請買回。該首次募集之基金於經核准或生效後，應於申請核准或申報生效通知函送達日起六個月內開始募集，三十日內募集成立該基金。但有正當理由無法於六個月內開始募集者，於期限屆滿前，得向主管機關申請展延一次，並以六個月為限。　」

[64] 依證券投資信託事業募集證券投資信託基金處理準則第 18 條第 1 款之規定：「證券投資信託事業募集或追加募集證券投資信託基金，有下列情事之一者，應取得中央銀行同意後，依第十二條第一項規定向本會申報生效或申請核准：一、國外募集或追加募集證券投資信託基金投資國內。」

[65] 依金融監督管理委員會 105 年 1 月 6 日金管證投字第 10400537842 號函修正之「證券投資信託事業申請（報）證券投資信託基金問答集」之第 1 點說明，基金種類屬證券投資信託基金管理辦法第 23 條第 1 款至第 8 款之募集案件，及股票型、債券型、平衡型、保本型、指數型、指數股票型、貨幣市場型、組合型基金，原則採申報生效制。惟如有募集處理準則第 12 條第 1 項但書所列情形者，則適用申請核准制。

及特定型態之基金有額度之限制外[66]，通常未有募集上限之規定，故並未
有追加募集之規定，我國證券投資信託基金歷來即有上限之規範，故參考
外國立法體例予以適當放寬有其必要性；對於申請（報）日前五個營業日
平均已發行單位數占原申請核准或申報生效發行單位數之比率達百分之八
十以上者，得辦理追加募集[67]。另追加為原已申報或申請之基金增加募集
額度，其性質種類相同，故予以併同考量為放寬追加募集之條件之規定。
申請（報）募集或追加募集證券投資信託基金期間，如發生重大情事致對
發行計畫有重大影響，證券投資信託事業應於發生財務或業務重大變化，
或申請（報）書件內容發生變動之事實發生日起二日內向主管機關申報，
並應視事項性質請律師或會計師表示對本次募集計畫之影響提報主管機關
作為准駁或補退件之參考[68]。

二、基金私募之程序及其相關規定

　　2004 年 6 月 30 日證券投資信託及顧問法立法前國內並未開放私募基
金，證券投資信託及顧問法參照證券交易法第 4 條之 6 至第 43 條之 8 之
立法體例，於第 11 條明定證券投資信託事業得對特定對象進行私募，另
為符合法令所定條件之具有較高自我保護能力之少數投資人，無須以事前
核准之方式加強保護，故明定私募型證券投資信託基金採事後申報制，證
券投資信託事業向特定人私募證券投資信託基金，應應募人之請求，負有
交付投資說明書之義務[69]，由證券投資信託事業於私募受益憑證價款繳納
完成日起五日內，填具應申報書及檢附相關書件，向主管機關申報備查即

---

[66] 例如涉及外匯政策之考量，對外幣計價基金發行額度須配合中央銀行等相關單位之限制規
定。
[67] 依證券投資信託事業募集證券投資信託基金處理準則第 8 條之規定。
[68] 依證券投資信託事業募集證券投資信託基金處理準則第 6 條之規定。
[69] 投資說明書應記載事項包括：一、基金概況；二、證券投資信託契約主要內容；三、證券投
資信託事業概況；四、投資風險揭露；五、受益憑證轉讓之方式及限制；六、其他經主管機
關規定應記載之事項。依證券投資信託及顧問法第 15 條第 2 項之規定及證券投資信託事業
私募證券投資信託基金投資說明書應行記載事項準則第 4 條之規定。

可。惟為保護一般投資大眾，證券投資信託及顧問法限制私募證券投資信託受益憑證之轉讓與禁止為一般性廣告或公開勸誘之行為[70]。

　　證券投資信託事業於私募證券投資信託基金，在經營上是否可以避險基金（hedge fund）或私募股權基金（private equity fund）之型態或模式存在，現行法令嚴格限制其槓桿操作，包括不得投資證券交易法所規定以外之有價證券、不得從事證券相關商品以外之交易、不得為放款、持有短期票券及其他經主管機關規定之方式之總額不得超過規定之一定比率等[71]，其從事證券相關商品交易之風險暴露，不得超過本基金淨資產價值之百分之四十等，自無法與境外私募證券投資信託基金比擬，更無形成避險基金或私募股權基金之空間，法令管制境內證券投資信託事業之經營，而開放境內證券投資信託事業可以銷售或連結境外避險基金或私募股權基金，甚至開放境外避險基金或私募股權基金可於境內銷售，此種超國民待遇方式，不利於國內業者之競爭與管理技術之提升。

---

[70] 證券投資信託及顧問法第 11 條規定：「證券投資信託事業得對下列對象進行受益憑證之私募：一、銀行業、票券業、信託業、保險業、證券業或其他經主管機關核准之法人或機構。二、符合主管機關所定條件之自然人、法人或基金。前項第二款之應募人總數，不得超過三十五人。證券投資信託事業應第一項第二款對象之合理請求，於私募完成前負有提供與本次證券投資信託受益憑證私募有關之財務、業務或資訊之義務。證券投資信託事業應於私募受益憑證價款繳納完成日起五日內，向主管機關申報之；其應申報事項，由主管機關定之。擬於國外私募資金投資國內或於國內私募資金投資國外者，申報時應併同檢具中央銀行同意函影本。有關私募受益憑證轉讓之限制，應於受益憑證以明顯文字註記，並於交付應募人或購買人之相關書面文件中載明。證券交易法第四十三條之七及第四十三條之八第一項規定，於私募之受益憑證，準用之。」其中不得超過 35 人之規定，於 2018 年 1 月 31 日修正時，參考美國投資公司法第 3 條將 100 人以下之私募基金豁免須註冊登記投資公司之規範，以及期貨信託基金管理辦法第 13 條第 2 項有關期貨信託事業對符合主管機關所定條件者募集期貨信託基金（即私募）人數不得超過 99 人之規定，為期一致，放寬私募證券投資信託基金人數不得超過 99 人。

[71] 依證券投資信託基金管理辦法第 54 條之規定。

三、證券投資信託基金之募集與私募違反規定之法律責任

（一）刑事責任

專家理財之業務首重誠信經營，且證券投資信託基金之受益憑證亦屬於證券交易法之有價證券，因此證券投資信託及顧問法參照證券交易法之立法明定反詐欺條款之規定，於該法第 8 條規定，經營證券投資信託業務、證券投資顧問業務、全權委託投資業務、基金保管業務、全權委託保管業務或其他本法所定業務者，不得有虛偽行為、詐欺行為或其他足致他人誤信之行為。其申報或公告之財務報告及其他相關業務文件，內容亦不得有虛偽或隱匿之情事。違反者在刑事責任上，依同法第 105 條第 1 項規定，經營證券投資信託業務或基金保管業務，對公眾或受益人違反該行為者，處三年以上十年以下有期徒刑，得併科新臺幣 1,000 萬元以上 2 億元以下罰金。同法第 2 項規定經營證券投資顧問業務、全權委託投資業務、全權委託保管業務或其他本法所定業務，對公眾或客戶違反規定者，處一年以上七年以下有期徒刑，得併科新臺幣 5,000 萬元以下罰金。就民事責任方面規定證券投資信託基金受益人或契約之相對人因而所受之損害，應負賠償之責。

前開規定立法當時原係參照證券交易法部分條文當時之修正草案第 171 條之規定，然證券交易法部分條文修正草案第 171 條之規定，自 2004 年 6 月 30 日證券投資信託及顧問法立法之後已經多次增修，證券投資信託及顧問法僅於 2018 年 1 月 31 日因配合刑法沒收專章之增訂作小部分修正外，尚未有所更動。證券投資信託及顧問法既為證券交易法之特別法，然反詐欺之規定證券交易法多次增修後刑度較重且完整，其規定內容尚包括加重、自首、自白等之規定，因此在法規競合時如何適用法律，不無商榷之餘地，基於證券交易法修正在厚且為重法，應適用證券交易法論處[72]。

---

[72] 郭土木，證券交易法論著選輯，增修再版，2016 年 7 月 21 日，作者自版，頁 497-536。

　　至於對於公開說明書、投資說明書及相關財務業務報告之需為隱匿之刑事責任是否應具備重大性之要件，以及重大性之認定，證券投資信託及顧問法方面尚未見有相關之討論，就證券交易法部分之見解，司法實務上以證券交易法第 20 條第 2 項規定「發行人依本法規定申報或公告之財務報告及財務業務文件，其內容不得有虛偽或隱匿之情事」，違反者，依同法第 171 條第 1 項第 1 款規定論處罪刑。所稱不得有虛偽或隱匿情事之「內容」，係指某項資訊的表達或隱匿，對於一般理性投資人的投資決定，具有重要的影響者而言；參諸同法第 20 條之 1 規定，暨依目的性解釋、體系解釋，及比較法之觀點，目前學界及實務上通認應以具備「重大性」為限，亦即應以相關資訊之主要內容或重大事項之虛偽或隱匿，足以生損害於（理性）投資人為限。而此「重大性」原則之判斷標準，雖法無明文，然實務已漸次發展出演繹自現行法規命令之「量性指標」，例如行為時之財報編製準則第 13 條之 1 第 1 款第 7 目（即現行財報編製準則第 17 條第 1 款第 7 目）所規定「與關係人進、銷貨之金額達 1 億元或實收資本額 20%以上者」；第 8 目（即現行財報編製準則第 17 條第 1 款第 8 目）所規定「應收關係人款項達 1 億元或實收資本額 20%以上」，及證券交易法施行細則第 6 條第 1 項第 1 款之「應重編財務報告」門檻（即更正稅後損益金額在 1,000 萬元以上，且達原決算營業收入淨額 1%或實收資本額 5%者；現行已依個體或個別財務報告、合併財務報告，分設不同重編門檻）等量化規定。另外，尚參考美國證券交易委員會（Securities and Exchange Commission, SEC）發布之「第 99 號幕僚會計公告」（Staff Accounting Bulletin No.99）所列舉之不實陳述是否掩飾收益或其他趨勢、使損失變成收益（或收益變成損失）、影響發行人遵守法令之規範、貸款契約或其他契約上之要求、增加管理階層的薪酬、涉及隱藏不法交易等因素，而演繹出「質性指標」；而此「質性指標」，並非單純以關係人間之「交易金額」若干為斷，尚含括公司經營階層是否有「舞弊」、「不法行為」的主觀犯意，或該內容是否足以「掩飾營收趨勢」、「影響履約或償債能力」及「影響法律遵循」等各項「質性因子」，加以綜合研判。

　　換言之，證券交易法上「重大性」概念判斷的核心，在於不實資訊對一般理性投資人而言，可能具有顯著影響，在整體資訊考量下，仍然可能影響其投資決策，因此在判斷某項不實資訊是否符合證券交易法「重大性」要件時，必須根基於理性投資人可能實質改變其投資決策的核心概念下，藉由前述「量性指標」和「質性指標」進行全面性的綜合判斷，只要符合其中之一，即屬重大而應揭露，並不需要兩者兼具，俾發揮「質性指標」補漏網的功能，避免行為人利用「量性指標」、形式篩檢，而為實質脫法規避行為，以維護證券市場之誠信。相反地，如該不實內容，在客觀上不具備「重大性」，即無科以刑罰之必要，庶符刑法謙抑、最後手段性及比例原則[73]。惟就其構成證券交易法第 20 條第 2 項及第 171 條規定之刑事責任上相當嚴峻，允宜審慎認定[74]，由於美國證券交易委員會發布之「第 99 號幕僚會計公告」所演繹出之質性指標認定，並非單純以「交易金額」為標準，尚含括公司經營階層是否有「舞弊」、「不法行為」的主觀犯意，或該內容是否足以「掩飾營收趨勢」、「影響履約或償債能力」及「影響法律遵循」等各項「質性因子」，加以綜合研判，各因子中不乏涉及違法性之認定要件，就不具違法性之行為自不符合我國刑事犯罪構成之法律要件，因此即使符合量性指標之重大，亦有可能因「質」欠缺應刑罰性而不構成刑事犯罪之處罰要件。

---

[73] 最高法院 108 年 7 月 25 日 108 年度台上字第 1547 號刑事判決。

[74] 前開最高法院判決以量性指標和質性指標進行全面性的綜合判斷，認為只要符合其中之一，即屬重大而應揭露，並不需要兩者兼具之認定，基於證券交易法第 20 條第 1 項規定，無論行為人係為虛偽、詐欺或其他足致他人誤信之行為，均以其主觀上具有虛偽、詐欺或其他足致他人誤信之行為之故意或意圖為構成要件要素，否則尚不為罪。同條第 2 項之規定亦為刑法詐欺犯罪之特別規定，在解釋及法律之適用上亦須檢視是否具備不法所有意圖，而以行為人主觀上必須具有為自己或第三人不法所有之意圖為要件。從美國法制觀察，違反美國證交法 Section 10 及 Rule 10b-5 之行為人須以具備「詐欺意圖」（intent to defraud）為要件，故從比較法解釋亦應認為犯罪行為人須具備主觀構成要件要素。其次再檢討財務報表虛偽未隱匿之事項是否以具有重大性為要件，前開最高法院判決理由業已指出參諸同法第 20 條之 1 規定，暨依目的性解釋、體系解釋，及比較法之觀點，目前學界及實務上通認應以具備「重大性」為限，亦即應以相關資訊之主要內容或重大事項之虛偽或隱匿，足以生損害於（理性）投資人為限。

綜上分析，為求更能具體明確，可參酌美國聯邦最高法院針對內線交易訊息重大性之判斷主要採取「事件發生可能性／事件影響幅度標準」（probability／magnitude analysis）之相對客觀分析模式，進一步提出判斷方向及指標。證券交易法第 20 條第 2 項及第 171 條第 1 項第 1 款所規定之財務報告不實罪縱然僅以財務報告之「內容」含有虛偽或隱匿之情事為要件，應認為必須具備重大性與重要內容涉有虛偽或隱匿之陳述始得構成犯罪[75]。而所謂重要內容，係指某種資訊之表達或隱匿對於投資人之投資決策具有重要影響而言。就重大性應以「量性指標重大」與「質性指標重大」兼具時當然構成；「量性指標重大」與「質性指標不具備或不重大」、「量性指標不具備或不重大」與「質性指標重大」是否構成犯罪應視具體情節認定；「量性指標不具備或不重大」與「質性指標不具備或不重大」自無構成犯罪之可能。

（二）民事責任

就民事法律責任部分，證券交易法之相關規定包括證券投資信託及顧問業務部分本來就不多，證券投資信託及顧問法單獨立法時更是少之又少，然對於違反證券投資信託及顧問法及其相關法令所定強制或禁止之規定，可能基於契約關係之違約或債務不履行之關係者，亦有可能以侵權行為或其他債之發生原因衍生之請求權，證券投資信託及顧問法參照證券交易法與期貨交易法之立法例，未具體規定相關之民事責任，因此除少數依契約內容之規定或在證券投資信託及顧問法有特別規定之情形外，需回歸民法體系之適用，其中包括民法有關侵權行為損害賠償之相關規範，然過多特別之商業行為及金融活動之法律責任規範需仰賴民法解決，雖課予民法過度之承擔壓力，在無法明定之前卻是不得不然之法律適用，其中就以反詐欺之民事責任規定尤為重要，違反法令所造成之民事損害賠償其性質屬於何種類型，解釋方法上有契約說、侵權行為說及獨立類型說三種不同

---

[75]　賴英照，股市遊戲規則─最新證券交易法解析，3 版，2014 年 2 月，自版，頁 732。

看法[76]。若依民法第 184 條第 1 項之侵權行為類型規定，其前段所規定之故意或過失行為，對於募集、發行、買賣或其他交易行為等，有虛偽、詐騙之情事，其對象可能直接有關之應募、應買、應賣或銷售行為之參與者，甚或另有其詐騙對象之第三人，在認識上被害人可能為無法預知造成侵權行為之間接第三人，因此欲舉證行為人對其損害有主觀之故意或過失困難，故仍以民法第 184 條第 2 項之規定，就違反保護他人之法律者，推定其有過失，從證券投資信託及顧問法第 1 條立法目的，為健全證券投資信託及顧問業務之經營與發展，增進資產管理服務市場之整合管理，並保障投資之規定而言，應屬於保護他人之法律，因此應有推定過失責任之適用[77]。準此，依證券投資信託及顧問法第 8 條第 3 項規定證券投資信託基金受益人或契約之相對人因而所受之損害，應負賠償之責。在解釋上亦應採獨立類型說並以推定過失責任認定之。

　　至於依證券交易法第 32 條之規定，於公開說明書應記載之主要內容有虛偽或隱匿之情事者，發行人及其負責人、發行人之職員曾在公開說明書上簽章，以證實其所載內容之全部或一部者；該有價證券之證券承銷商；會計師、律師、工程師或其他專門職業或技術人員，曾在公開說明書上簽章，以證實其所載內容之全部或一部，或陳述意見者，對於善意之相對人，因而所受之損害，應就其所應負責部分與公司負連帶賠償責任。另依證券交易法第 20 條之 1 之規定，對於財務報告及財務業務文件或依規定公告申報之財務報告，其主要內容有虛偽或隱匿之情事，發行人及其負責人、發行人之職員，曾在財務報告或財務業務文件上簽名或蓋章者，對於發行人所發行有價證券之善意取得人、出賣人或持有人因而所受之損害，應負賠償責任。前者就公開說明書之虛偽、隱匿為負連帶賠償責任，後者就財務報告及財務業務文件或依規定公告申報之財務報告有虛偽或隱匿之情事，除發行人外，因其過失致損害之發生者，應依其責任比例，負

---

[76] 賴英照，證券交易法逐條釋義——總則，1984 年 11 月，頁 315。

[77] 郭土木，期貨交易管理法規，增修再版，2017 年 3 月 23 日，自版，頁 482-485。

賠償責任。證券投資信託及顧問法就證券投資信託基金募集發行及應揭露資訊虛偽隱匿未進一步規定，自應適用證券交易法之規定[78]。

第二項　證券投資信託基金之申購贖回與轉換

證券投資信託基金之申購為受益人之申請認購基金受益憑證之行為，基金受益權單位之申購，應向基金經理公司或其委任之基金銷售機構為之，就如同對於募集設立公司或發行股票公司之增資發行新股之應募行為，程序上由發行機構之證券投資信託事業擬具公開說明書、證券投資信託契約等相關書件於向主管機關申請核准或申報生效後，在開始募集前於日報或依主管機關所指定之方式辦理公告，公告之內容包括最低申購金額、申購價金之計算（含發行價格及申購手續費）、申購手續及價金給付方式、簡式公開說明書及公開說明書之分送方式或取閱地點等事項，提供投資人索取及參考判斷[79]。投資人經開戶申購受益憑證後，即已默示同意證券投資信託契約之規定，並遵守公開說明書及相關作業之規範。又認購基金依所區分之開放式與封閉式作業，開放式證券投資信託基金之募集、發行、銷售及其申購或買回作業，應依規定之作業程序及其他相關法令規定辦理。封閉式證券投資信託基金及開放式證券投資信託基金在證券商營業處所登錄買賣之募集、發行、上市或上櫃、買賣及開放買回作業，應依集中市場規定之作業程序章則（包括臺灣證券交易所股份有限公司、財團

---

[78] 郭土木，證券交易法財務報告刑事責任辨析，台灣法學雜誌，第 237 期，2013 年 12 月 1 日，頁 1-26。

[79] 公開說明書之交付方式，依中華民國證券投資信託暨顧問商業同業公會證券投資信託基金募集發行銷售及其申購或買回作業程序第 14 條第 2 至 4 項規定，證券投資信託事業或其銷售機構應於申購人交付申購申請書且完成申購價金之給付前，交付簡式公開說明書，並應依申購人之要求，提供公開說明書；證券投資信託事業對其所委任之基金銷售機構之簡式公開說明書與公開說明書交付，得於雙方之銷售契約約定之。前項簡式公開說明書及公開說明書之交付或提供，如申購方式係採電子交易或經申購人以書面同意者，得採電子媒體方式為之。證券投資信託事業及基金銷售機構應於其基金銷售文件及廣告內，標明已備有簡式公開說明書與公開說明書及可供索閱之處所或可供查閱之方式。

法人中華民國證券櫃檯買賣中心）及相關法令規定辦理；指數股票型基金
（ETF）之募集、發行、上市、買賣，亦同。證券投資信託事業委任之基
金銷售機構辦理基金銷售業務，銷售機構之通路作業亦應依相關規定辦
理。

　　在開戶作業上，應做好徵信（Know Your Customer, KYC）及洗錢防
治打擊資恐等程序，依證券投資信託事業管理規則第 22 條之 1 規定，證
券投資信託事業應充分知悉並評估客戶之投資知識、投資經驗、財務狀況
及其承受投資風險程度。證券投資信託事業及其基金銷售機構，對於首次
申購之客戶，應要求其提出身分證明文件或法人登記證明文件，並填具基
本資料。證券投資信託事業及其基金銷售機構受理基金申購、買回事宜，
應依證券投資信託契約、公開說明書及同業公會證券投資信託基金募集發
行銷售及其申購或買回作業程序辦理。對於一定金額以上或疑似洗錢之基
金交易，其申購、買回或轉換應留存完整正確之交易紀錄及憑證，並應依
洗錢防制法規定辦理。證券投資信託事業給付受益人買回價金時，應依公
開說明書規定，對交易行為符合該基金短線交易認定標準之受益人，扣除
基金短線交易之買回費用，該買回費用應歸入基金資產。證券投資信託事
業之內部控制制度應包括充分了解客戶、銷售行為、短線交易防制、洗錢
防制及法令所訂應遵循之作業原則。

　　投資人對於證券投資信託基金受益憑證之購買或請求買回（purchase
or redemption of beneficial interest certificate），除參與公開募集發行之原
始認購部分外，應依證券投資信託契約及公開說明書所規定之申購時間與
認購價格[80]，一般而言，基金成立日前（不含當日），每受益權單位之發
行價格為新臺幣 10 元，基金成立日起，每受益權單位之發行價格為申購
日當日每受益權單位淨資產價值[81]，惟為防範投資人進行擇時交易套利，

---

[80] 證券投資信託及顧問法第 12 條第 1 項第 11 款規定，證券投資信託契約應記載證券投資信託
基金及受益權單位淨資產價值之計算。

[81] 至於當日以何時為計算基準，應於收盤後各投資組合之標的之淨值已完成結算之計算時為
準，通常為下午 2 點半至 4 點之間，依各基金之公開說明書或契約規定，實務上為避免有遲

基金經理公司應於公開說明書載明基金不允許投資人進行擇時交易行為[82]。申購手續費依公開說明書規定，每受益權單位之申購手續費最高不得超過發行價格之一定比率，不列入本基金資產。基金自成立之日起後，受益人得依最新公開說明書之規定，以書面、電子資料或其他約定方式向經理公司或其委任之基金銷售機構提出買回之請求。經理公司與基金銷售機構所簽訂之銷售契約，應載明每營業日受理買回申請之截止時間及對逾時申請之認定及其處理方式，以及雙方之義務、責任及權責歸屬。經理公司應訂定其受理受益憑證買回申請之截止時間，除能證明投資人係於截止時間前提出買回請求者，逾時申請應視為次一營業日之交易[83]。

延交易（late trading）之情事，對於申購之資金未到位，卻能分享投資組合上漲的利益，易啓內線交及利用經理公司關係人地位輸送竊取其他受益人之利益，爲證券詐欺之行爲，因此對於申購之資金應明定，申購人應於申購當日將基金申購書件併同申購價金交付經理公司或申購人將申購價金直接匯撥至基金帳戶，始以當日之淨值（NAV）計算基金單位。投資人透過特定金錢信託方式申購基金，應於申購當日將申請書件及申購價金交付銀行或證券商。經理公司應以申購人申購價金進入基金帳戶當日淨值爲計算標準，計算申購單位數。但投資人以特定金錢信託方式申購基金，或於申購當日透過金融機構帳戶扣繳申購款項時，金融機構如於受理申購或扣款之次一營業日上午 10 時前將申購價金匯撥基金專戶者，亦以申購當日淨值計算申購單位數。受益人申請於經理公司不同基金之轉申購，經理公司應以該買回價款實際轉入所申購基金專戶時當日之淨值爲計價基準，計算所得申購之單位數。詳參葉正祥、郭土木，懲與治─美國華爾街共同基金與分析師弊案剖析，2004 年 7 月，實用稅務出版社，頁 81。

[82] 除股票型基金如主要投資市場（如：台灣、中國大陸、韓國及日本等股票市場）之收盤時間早於基金交易截止時間者，因有投資人進行擇時交易之風險，而不宜以 T 日淨值計算基金買回價格者外，其他類型基金擬以 T 日淨值計算基金買回價格者，投信公司應依基金屬性確實評估投資人進行擇時交易套利之風險，倘經評估有擇時交易風險之虞者，投信公司應具備相關之防制措施，並於公開說明書載明基金不允許投資人進行擇時交易行爲，且保留基金拒絕接受來自有擇時交易之虞投資人新增申購之交易指示等事項。參見中華民國證券投資信託暨顧問商業同業公會 104 年 9 月 30 日中信顧字第 1040052162 號函。

[83] 擇時交易（market timing），是運用在投資數個國家股市的國際型或全球型基金上面。例如某一我國地區成立的基金持有美國股票，我國股市在紐約時間凌晨 2 點收盤，當該基金在紐約時間下午 4 點計算淨值時，針對我國股票的評價，仍是使用 14 個小時前的過期（stale）資料。如果當天紐約股市大漲，可能會帶動隔日我國股市上揚，如此該基金的淨值就有可能被低估。因此投資人可以買進該基金，期待我國股市隔天上漲而獲得利益。此一交易策略又稱爲「時區套利」（time zone arbitrage），屬「淨值套利」（NAV arbitrage）的一種，運用此交易策略者，則通常被稱爲「利用市場時機者」（market timer）或「淨值套利者」（NAV arbitrageurs）。同前註，頁 85。

至於受益憑證之買回價格，得以證券投資信託契約明定，以買回請求到達證券投資信託事業或其代理機構之當日或次一營業日之基金淨資產價值核算之[84]。基金贖回價金之給付時間，我國股票市場因採行 T+2 之交割制度，在市場交易之封閉式基金自然依市場之機制進行，開放式基金因處理標的應付價金的籌措，故須依基金之型態由證券投資信託契約或公開說明書訂定，一般國內的基金通常在贖回後 1 至 5 營業日領回價金，在我國境內發行但投資海外或國內外之基金，則可能為贖回後 1 到 7 個營業日，特殊型態之基金則需要更長之時間[85]。證券投資信託契約載有受益人得請求買回受益憑證之約定者，受益人得以書面或其他約定方式請求證券投資信託事業買回受益憑證，贖回價金之給付如同向銀行提領款項，證券投資信託事業不得拒絕亦給付不得遲延[86]，否則若予投資之受益人產生疑慮導致信心危機，將可能衍生類似 2004 年 7 月聯合投信事件之擠兌情形[87]。

第三項　證券投資信託基金之投資操作

證券投資信託基金係由證券投資信託事業以發行公司股份或受益憑證等方式，集合投資大眾之鉅額資金從事投資運用在不同之投資組合（portfolio），以專家專業理財方式尋求較高之投資績效，因此證券投資

---

[84] 基金之資產通常會保留約百分之五之流動資金以因應隨時贖回之需，但應給付受益人之買回價金，超過現金、存放於銀行、向票券商買入短期票券等應依規定比率應保持之資產者，依證券投資信託基金管理辦法第 70 條規定，其買回價格之核算，得另以證券投資信託契約訂定之。另指數股票型基金之買回程序，得依證券投資信託契約之規定辦理，不受前述規定限制。

[85] 依中華民國證券投資信託暨顧問商業同業公會證券投資信託基金募集發行銷售及其申購或買回作業程序第 30 條之規定，特殊型態之基金例如保本型基金、涉及資金之匯出匯入之基金、於國外募集投資國內之基金、指數股票型基金、組合型基金、外幣計價基金及含新臺幣多幣別基金之外幣級別及其他經主管機關同意之基金等。

[86] 但有下列情事之一，並經主管機關核准者，不在此限：一、證券交易所、證券櫃檯買賣中心或外匯市場非因例假日而停止交易；二、通常使用之通信中斷；三、因匯兌交易受限制；四、有無從收受買回請求或給付買回價金之其他特殊情事。

[87] 李詩婷，從聯合投信事件看國內債券型基金的轉型與蛻變，證券暨期貨月刊，第 22 卷第 11 期，2004 年 11 月，頁 28-29。

信託基金之操作事關投資大眾之權益與經濟金融秩序，除須具備專業之要求外，其忠實與誠信經營更是不可或缺，惟如何體現證券投資信託之專業性與高誠信性，就基金之操作應有基本之規範，以下擬就操作之規範提出探討。

一、投資操作之流程應訂定內控內稽制度並保留紀錄

　　證券投資信託事業運用證券投資信託基金投資或交易，應盡善良管理人之責並有專業之研究團隊經審慎周詳之蒐集資訊，透過理性之討論分析與研判[88]，在分析與決定上應有合理基礎及根據，才能作出專業理性之判斷與形成投資決定與交付執行。為求嚴謹控管投資之流程，在分析與作成決定（包括決定買賣之標的種類、數量、價格及時間）、交付執行時應作成紀錄，事後並按月提出檢討，證券投資信託事業更應具體明定於內部控制制度中，並確實執行[89]。主管機關同時函示各證券投資信託事業，應訂定於內部控制制度，所定內部控制制度應至少符合同業公會之證券投資信託事業運用證券投資信託基金投資或交易流程實務指引（guideline），將具體之技術性規定以自律機構之指引作規定。並將指引以法規命令規定之構成要件內化為法令規定之內容，因此，對於違反者可依其未訂定內控內稽制度或已訂定但未執行之情況加以處罰[90]，並可以其違反自律規範由同

---

[88] 依中華民國證券投資信託暨顧問商業同業公會證券投資信託事業運用證券投資信託基金投資或交易流程實務指引第 5 條規定，設置投資管理團隊及風險管理委員會投信事業得依公司規模、基金投資作業流程等實務需要，設置投資管理委員會或團隊管理機制（下稱投資團隊），並經由該團隊對整體經濟情勢判斷、各產業分析、可投資標的篩選等，訂定相關投資限制及投資政策。投信事業應設置風險管理委員會或風險管理單位，並建立風險管理機制，訂定風險管理政策及架構、風險評估項目及衡量標準，定期檢視投資標的及衍生性商品之部位風險及相關評估項目之適當性，並採風險基礎方法訂定定期檢視之頻率。風險管理政策應提報董事會核可後執行。

[89] 證券投資信託及顧問法第 17 條第 1 項及第 2 項之規定。

[90] 民國 93 年 6 月 30 日證券投資信託及顧問法立法前，有關證券投資信託事業及經營接受客戶全權委託投資業務之證券投資顧問事業其內部控制制度之處理，係依據證券交易法之規定，證券投資信託及顧問法立法後依證券投資信託及顧問法第 93 條規定，授權訂定之「證券投資信託事業及經營接受客戶全權委託投資業務之證券投資顧問事業建立內部控制制度處理準

業公會加以懲戒或處置。

二、利益衝突之防範

共同基金之資產為投資人所有，基金經理人管理運用基金具忠實信賴關係，應本於合理謹慎及專業判斷，並以基金受益人利益為優先，公平對待所有基金受益人。因此基金之投資與運用應避免利益衝突之情事發生，並禁止自我交易、非法短線交易[91]與浮濫收費等損及受益人權益之情形。在操作程序上應於內控內稽制度中訂定標準操作程序之流程（Standard Operating Procedures, SOP），對於作業流程、作業方法、作業條件加以明定並貫徹執行，且各個作業流程除應保留作業之紀錄，透過適當分工及環節控管進行標準化以防止流弊之發生[92]。

（一）投資資產組合之類型化

投資團隊可視實務需要決定是否設置各類型投資資產池，如國內股票、海外股票、債券及固定收益證券、基金及衍生性商品等，依投資標的類型分設必要之組織與資源。

則」，然於民國 99 年 3 月 24 日廢止該準則，將相關規定納入「證券暨期貨市場各服務事業建立內部控制制度處理準則」。對於違反證券交易法第 14 條之 1 第 1 項之規定，可依證券交易法第 178 條第 1 項第 2 款與第 178 條之 1 第 1 項第 2 款之規定，處新臺幣 24 萬元以上480 萬元以下罰鍰，並得命其限期改善；屆期未改善者，得按次處罰。期貨交易法第 97 條之1 第 1 項規定者，依同法第 119 條第 1 項第 1 款規定可處新臺幣 12 萬元以上 240 萬元以下罰鍰，並得命其限期改善；屆期未改善者，得按次處罰。各法律規定內容不同，免強統合於同一處理準則中，尤其是證券投資信託及顧問法未有違反內部控制制度處罰鍰之規定，統一規定在「證券暨期貨市場各服務事業建立內部控制制度處理準則」之後，除依證券交易法設立之證券服務事業外，依其他法律設立之證券或期貨服務事業，就其違反內部控制制度之規定，可否依證券交易法規定處以罰鍰，或僅能科以各該法律範圍之罰則，則有商榷之餘地，本文從事業體之不同有其獨立特性，認為仍以依其授權母法之規定處罰為妥。

[91] 受益人之短線申購與贖回交易，將造成基金經理公司需變現投資組合中之資產，支付交易手續費、稅金與其他成本，影響基金淨值更損及其他受益人之權益。

[92] 依中華民國證券投資信託暨顧問商業同業公會證券投資信託事業運用證券投資信託基金投資或交易流程實務指引第 11 條至第 13 條之規定。

（二）投資資訊之蒐集與分析

在投資或交易分析前，應充分蒐集資料，審慎查證，就影響該標的投資決策因素包括政經、人文社會等各種資訊加以分析，相關分析基礎、根據及歸納建議，力求詳實周延及具及時性，若引用他人研究報告，並將相關引證資料留存備查。研究團隊並應依各類型投資標的特性、市場概況、交易實務、財務報表公告頻率、產業發展趨勢及公司營運狀況等，訂定投資分析之合理更新頻率。

（三）投資判斷與決定

綜據各種資訊之蒐集並加以研究分析，進行討論作成買賣之標的種類、數量、價格及時機之決定，投信事業除為提高作業效率依實務作業需要，逕授權交易室或相關單位決定執行外，基金經理人應根據投資分析內容，審慎判斷並作出合理及適當之投資決定。投資決定應明定授權條件或範圍，並依所定之分層負責辦法由適當人員決定。

（四）投資組合標的之執行

交易應依投資決定之指示及授權條件範圍內進行相關交易並留存執行紀錄軌跡。當實際執行結果（如實際買賣之標的種類、數量、價格及時間）與投資決投資決定之指示內容有差異時，應敘明原因，屬委託海外集團（或海外顧問）提供集中交易服務間接向國外證券商委託交易者，仍應留存執行紀錄軌跡，並定期檢討執行差異原因。其屬交易市場屬詢價機制之有價證券[93]，應留存詢價紀錄，並建立交易成交後由獨立於交易室之單

---

[93] 詢價圈購係在承銷過程中由承銷商設定發行價格的範圍，再由承銷商及發行公司舉辦說明會推薦公司給投資大眾，並尋求投資人對股票認購的意願，最後承銷商參考投資人對股票認購所表達的意願訂價，承銷商於參考投資人表達的股票認購意願，分配股票給投資人認購之制度。主辦承銷商訂定價格區間，探詢市場實際需求，並彙整詢價圈購資料與發行人議定承銷價格，進行配售。詢價圈購之精神乃是透過投資人向證券商表達可能圈購之價格與數量，了解市場對該有價證券之需求，進而訂定合理承銷價格，惟投資人參與詢價圈購僅係表達認購意願，承銷商受理詢價圈購亦僅係探求投資人之表達認購意願，雙方均不受詢圈單之內容所

位執行交易成交價偏離市場之檢核機制；屬委外交易者，亦應執行檢核。

（五）投資檢討

對於投資之成效應每月進行投資檢討，內容應包括基金投資績效與風險、資產配置、投資策略及市場展望之分析與檢討等，並得視實務需要自訂檢討之內容。

三、明確權責分工與勾稽控管機制

前述各個作業流程除應保留作業在分工上為避免利益衝突應設置防火牆（firewall），尤其在投資決策或決定者可否執行下單之業務，實務上常發生有所為偷跑交易（front running）、搶帽子（peggingback）及插單（interpositioning）之行為，基金經理人可能利用其職務，在知悉基金或公司其他經理人買賣股票訊息之情況下，先行於基金買賣股票或相關標的。待基金或公司其他基金進場買賣進該特定股票或相關標的將價格大幅拉高或壓低後，再行賣出或買入以獲取利益，甚至有基金經理人買入基金經理人人及其利害關係人已先持有之股票，基金經理人及其利害關係人就將原來低價買入股票拋售給基金，從中賺取買賣差價[94]。因此為利於勾稽控管與相互制衡機制之貫徹，投資決策或決定者與執行下單之業務者應有所區隔。

拘束。參見黃佩佩，淺談承銷制度與改革，證券暨期貨月刊，第 29 卷第 5 期，2011 年 5 月 16 日，頁 9。

[94] 實務上發生基金經理人或執行下單之從業人員，於作成投資決定後委託下單前，為自己、其他代客操作專戶或基金帳戶先行下單委託以搶奪較低之買價或較高之賣價等優先價位，再於基金帳戶委託買賣價位反映後，以較高之賣價賣出或較低之買價回補，賺取價差之行為。在美國紐約州檢察長史匹哲（Eliot Spitzer 現為紐約州州長）起訴 Canary 乙案，證券投資信託共同基金勾串私募之避險基金，並收取不當利益洩漏自己的投資組合給避險基金，使得避險基金利用這些資訊趕在共同基金之前購買或出賣持股，造成共同基金投資人的損失。詳參覃正祥、郭土木合著，懲與治—美國華爾街共同基金與分析師弊案剖析，2004 年 7 月，作者自版，頁 95-96。

四、基金運用之限制與禁止

證券投資信託事業募集或私募之證券投資信託基金，雖移轉信託與保管機構，但其實質之所有權應屬於投資大眾，為保護投資受益人之權益，法律上規定該信託財產具有獨立性，證券投資信託事業及基金保管機構之自有財產，應分別獨立。證券投資信託事業及基金保管機構就其自有財產所負之債務，其債權人不得對於基金資產為任何請求或行使其他權利[95]。且證券投資信託事業應依法令及證券投資信託契約之規定，運用證券投資信託基金，為避免偏離證券投資信託基金屬於向一般散戶投資大眾募集之特性，不宜有太高之槓桿、冒險及過於複雜之組合，因此除法令或主管機關另有規定者，例如私募基金、特殊型態或組合之基金外，不得為指示基金保管機構為放款或提供擔保、從事證券信用交易、與同一證券投資信託事業經理之其他證券投資信託基金間為證券交易行為、投資於本證券投資信託事業或與本證券投資信託事業有利害關係之公司所發行之證券、運用證券投資信託基金買入該基金之受益憑證、指示基金保管機構將基金持有之有價證券借與他人之情事[96]。

第四項　證券投資信託基金之委外操作

證券投資信託共同基金在運作架構上有基金保管機構（custodian）、證券投資信託事業或基金經理人（fund manager）、管理人員（administrator）、銷售機構（distributor or transfer agent）等。然就國外共同基金管理實務，通常是基金管理機構著重商品銷售及研究，而將投資人基金申購、贖回單位數計算及贖回款支付及經資產（net asset value, NAV）計算等行政事宜，委託（outsourcing）基金事務專業機構（fund administrator）處理。證券投資信託事業就證券投資信託基金之募集、私

---

[95] 依證券投資信託及顧問法第 21 條第 1 項之規定。
[96] 依證券投資信託及顧問法第 19 條第 1 項之規定。

募、發行、行銷、操作、保管、申購買回、會計事項與受益憑證之處理、受益人會議之召開，以致基金之終止、清算及合併等事項，一般皆稱之為基金管理業務，證券投資信託基金之種類隨者金融創新與時代之需求，其型態相當多，然無論其型態與架構如何，自基金之成立以至解散清算都無法離開基金管理業務之推展而須配合法令與基金之相關規範進行，然就證券投資信託事業而言基金之投資組合操作是核心業務，應專心致力於操作之績效，現行包括共同基金管理之國際資產管理業務，大多數之立法例允許將其本身之一項或部分項功能或業務事項，授權委外（authorized outsourcing）由第三者執行，以提高公司業務經營效率[97]。

另基金投資標的可能涵蓋海外之有價證券或金融商品，並非證券投資信託事業所專業者，我國現行實務上對於證券投資信託事業運用基金資產，在有相當控管程序下得依證券投資信託基金管理辦法第 5 條第 1 項規定，將基金投資於亞洲及大洋洲以外之海外投資業務複委任第三人（以下稱受託管理機構）處理。但基金投資於亞洲及大洋洲以外之金額超過基金淨資產價值百分之七十者，得將海外投資業務全部複委任，不受前揭複委任海外投資地區之限制[98]。

第五項　證券投資信託基金之保管

證券投資信託基金為向投資大眾所籌集之資產，本應為發行人所保管與運用，惟為防範證券投資信託事業在操作過程中有監守自盜及其他舞弊情事發生，在制度上應有公正獨立之機構負責監督與勾稽控管，因此涉及管理者以外之公眾資金保管、處分、收付事項，在制度上必須設置保管機構（custodian institution）以發揮制衡與監督之功能，此不論是公司型或契約型之共同基金皆然，保管機構之角色扮演在資產管理過程中極為重

---

[97] 郭土木，境外基金總代理人之基金事務委外代理服務，2018 年 10 月 31 日，中國信託商業銀行股份有限公司 107 年度委託案，頁 6。

[98] 參見金融監督管理委員會 107 年 7 月 31 日金管證投字第 10703261161 號令。

要，以下擬就證券投資信託基金之保管機構與受益人之關係、擔任證券投資信託基金之保管機構之資格條件，以及業務行為規範等加以探討。

一、證券投資信託基金之保管機構與受益人之關係

證券投資信託基金之保管機構與證券投資信託事業之法律關係前已論述，證券投資信託基金之保管機構與受益人之關係仍有加以釐清之必要，由於我國證券投資信託及顧問法第 5 條第 2 款參考日本立法體例，就基金保管機構（fund custodian institution）直接定義係從事保管、處分、收付證券投資信託基金，並辦理相關基金保管業務之信託公司或兼營信託業務之銀行。明定係本於信託關係擔任證券投資信託契約受託人，依證券投資信託事業之運用指示從事相關業務，證券投資信託及顧問法立法前對於基金保管機構與基金受益人間之法律關係，學說上有反射權利說[99]、第三人利益契約說[100]、信託關係說[101]、雙重信託關係說[102]，基於證券投資信託及顧問法第 5 條第 1 款業已明文規定，證券投資信託契約係由證券投資信

---

[99] 此說認爲由於證券投資信託契約係由證券投資信託事業與基金保管機構所簽訂，故受益人與基金保管機構間應無直接法律關係存在，僅有由證券投資信託契約中所衍生出之反射權利，如基金保管機構應爲全體受益人之利益行使權利，或基金保管機構對於證券投資信託事業之指示，具有審查權等。參見林宗勇，證券投資信託制度之理論與實務，1984 年 10 月，實用稅務出版社，頁 23。

[100] 基於證券投資信託契約之受益人得請求基金保管機構履行忠實之信託義務，依證券投資信託事業之指示，發放股息、利息及買回受益憑證之價款給付，而受益人對基金保管機構並無任何義務可言，且形式上證券投資信託契約存在於證券投資信託事業與基金保管機構之間，與民法第 269 條所規定之利益第三人契約之要件相符合，故可將基金保管機構與基金受益人間之法律關係認定爲第三人利益契約。

[101] 信託財產在法律之形式上歸屬於受託人，但因其具有獨立性，與自有財產相分離，與一般所有權不同；且受益人在契約成立時尚未特定，與第三人利益契約有所不同，故應認爲屬於本於證券投資信託契約所生之特別法律關係。另有謂因證券投資信託所具有之特性有別於典型信託之架構，應以投資人（受益人）爲委託人，證券投資信託事業與基金保管機構爲共同受託人所成立之投資信託契約。

[102] 此說強調證券投資信託事業與基金保管機構間之證券投資信託契約，受益人雖非當事人，爲受益人申購受益憑證，應納入此信託關係中；故證券投資信託事業與基金保管機構之間亦有一信託關係存在，即爲所謂雙重信託關係。參見陳忠儀，證券投資信託契約法律關係之研究，輔仁大學法律研究所碩士論文，1998 年 6 月，頁 109。

託事業為委託人，基金保管機構為受託人所簽訂，用以規範證券投資信託
事業、基金保管機構及受益人間權利義務之信託契約。

　　基金之受益人並非契約簽訂之當事人，其受益權係源於委託人與受託
人間之他益信託而來，基金保管機構與受益人間無明示契約之合意；而且
基金保管機構為受益人利益保管及監督證券投資信託事業，為本於該他益
信託契約及法令規定而來，非基於其與投資人之契約關係，受益人係因投
資而享有利益者，其權利義務係基於法令之規定，其義務除契約規範與法
令規定外不得額外科予，因此基金保管機構與投資人間無須解釋為具有民
事或信託關係存在，非為證券投資信託契約之當事人；受益人就如同保險
法第 5 條規定，被保險人、要保人與受益人可為同一人之關係，但被保險
人、要保人係保險契約當事人，受益人單純為受益者，由於對於證券投資
信託事業及基金保管機構基於消極信託之法律關係定位其間之權利義務關
係，至於證券投資信託基金之保管機構與受益人間若為法令所未規定或契
約未予明定之權利義務爭議事項，可參照保險要保人、被保險人與受益人
間採連帶債權主義之保護之方式解決[103]。

二、證券投資信託基金保管機構之資格條件

　　為保護受益人權益受託擔任證券投資信託基金保管機構者，應依法令
及證券投資信託契約之規定，以善良管理人之注意義務及忠實義務，本誠
實信用原則，保管基金資產[104]。應具備一定之資格條件，其積極與消極資
格可分述如下：

---

[103] 賴上林，保險受益人法律地位之研究－兼評最高法院 85 年度台上字第 2586 號判決，法學叢
　　　刊，第 46 卷第 1 期，2001 年 1 月，頁 81-106。
[104] 依證券投資信託基金管理辦法第 60 條第 1 項之規定。

（一）消極資格

1.違反規定經處分在案者[105]

基金保管機構通常為信託公司或銀行等之金融機構所擔任，其業務受銀行監理之主管機關（銀行局或中央銀行）管轄，惟對於證券投資信託基金保管事項則屬證券期貨主管機關監理，因此基金保管機構或其董事、監察人、經理人、受僱人若有違反應法令及契約之規定、未盡善良管理人之注意義務及忠實義務、詐欺與虛偽隱匿、未獨立設帳保管基金資產、未即時制止證券投資信託事業違反證券投資信託契約或相關法令之行為或未即時通報主管機關、故意或過失違法令及證券投資信託契約之規定致生損害於基金之資產者、或未依規定召開受益人會議者，經主管機關停止其執行基金保管業務者，在停止期間自不得擔任基金保管之受託人。

2.與證券投資信託事業具有一定之利害關係者

為發揮獨立監督控管之機制，與證券投資信託事業具有一定之利害關係者不適合擔任基金保管機構，故信託公司或兼營信託業務之銀行有下列情形之一，除經主管機關核准外，不得擔任各該證券投資信託事業之基金保管機構[106]：

（1）投資於證券投資信託事業已發行股份總數達百分之十以上。

（2）擔任證券投資信託事業董事或監察人；或其董事、監察人擔任證券投資信託事業董事、監察人或經理人。

（3）證券投資信託事業持有其已發行股份總數達百分之十以上。

（4）由證券投資信託事業或其代表人擔任董事或監察人。

（5）擔任基金之簽證機構。

---

[105] 依證券投資信託及顧問法第 22 條第 1 項第 1 款、第 115 條之規定、證券投資信託基金管理辦法第 59 條第 1 項第 1 款之規定。

[106] 依證券投資信託及顧問法第 22 條第 2 項規定及證券投資信託基金管理辦法第 59 條第 2 項之規定。至於董事、監察人為法人者，其代表或指定代表行使職務者，或以指派之自然人當選董事或監察人者皆應準用前述規定。

（6）與證券投資信託事業屬於同一金融控股公司之子公司，或互為關係企業。

（7）其他經主管機關為保護公益規定認為不適合擔任基金保管機構。

（二）積極資格

依現行銀行法及信託業法之規定，非銀行及信託業不得經營銀行及信託業務[107]，證券投資信託之保管業務亦為信託之一環，且在規範上除證券投資信託及顧問法之規定外，對於保管之銀行及信託業亦須遵行銀行法及信託業法之規定，然為保護投資人之權益，並非所有之信託信託公司或兼營信託業務之銀行皆可經營是項業務，必須具備相當之健全體質信託信託公司或兼營信託業務之銀行始可擔任，現行規定信託信託公司或兼營信託業務之銀行證券投資信託基金保管機構主管機關核准或認可之信用評等機構評等達一定等級以上，其資格條件如下[108]：

1. 經 Standard & Poor's Corp 評定，長期債務信用評等達 BBB- 級（含）以上，短期債務信用評等達 A-3 級（含）以上。

2. 經 Moody's Investors Service 評定，長期債務信用評等達 Baa3（含）以上，短期債務信用評等達 P-3 級（含）以上。

3. 經 Fitch Ratings Ltd.評定，長期債務信用評等達 BBB- 級（含）以上，短期債務信用評等達 F3 級（含）以上。

4. 經中華信用評等股份有限公司評定，長期債務信用評等達 twBBB- 級（含）以上，短期債務信用評等達 twA-3 級（含）以上。

5. 經英商惠譽國際信用評等股份有限公司台灣分公司評定，長期債務

---

[107] 信託業法第 33 條規定：「非信託業不得辦理不特定多數人委託經理第十六條之信託業務。但其他法律另有規定者，不在此限。」同法第 48 條第 1 項規定：「違反第三十三條規定者，處三年以上十年以下有期徒刑，得併科新臺幣一千萬元以上二億元以下罰金。其因犯罪獲取之財物或財產上利益達新臺幣一億元以上者，處七年以上有期徒刑，得併科新臺幣二千五百萬元以上五億元以下罰金。」另銀行法第 3 條第 19 款規定銀行得辦理證券投資信託有關業務，現行信託業皆為銀行所兼營之業務。

[108] 行政院金融監督管理委員會 93 年 11 月 1 日金管證四字第 0930005222 號令。

信用評等達 BBB-（twn）級（含）以上，短期債務信用評等達 F3
（twn）級（含）以上。

6. 經穆迪信用評等股份有限公司評定，長期債務信用評等達 Baa3.tw
級（含）以上，短期債務信用評等達 TW-3 級（含）以上。

三、證券投資信託基金保管機構之行為規範

　　基金保管機構負有忠實及善良管理人之義務，應本誠實信用原則，保
管基金資產，其因故意或過失違反法令及證券投資信託契約之規定，致生
損害於基金之資產者，應負損害賠償責任。證券投資信託事業並應為基金
受益人之權益向其追償。基金保管機構之代理人、代表人或受僱人，履行
證券投資信託契約規定之義務有故意或過失時，基金保管機構應與自己之
故意或過失負同一責任[109]。此外，證券投資信託基金保管機構並應遵循下
列之行為規範。

（一）獨立設帳分戶保管

　　證券投資信託基金為信託財產應具有獨立性，證券投資信託事業應依
基金帳戶別，獨立設帳保管，各該證券投資信託基金應排除強制執行法有
關對受託人為債務人執行名義效力之規定，因此證券投資信託事業募集或
私募之證券投資信託基金，與證券投資信託事業及基金保管機構之自有財
產，應分別獨立。證券投資信託事業及基金保管機構就其自有財產所負之
債務，其債權人不得對於基金資產為任何請求或行使其他權利。
基金保管機構應依本法、本法授權訂定之命令及證券投資信託契約之
規定，按基金帳戶別，獨立設帳保管證券投資信託基金[110]。

---

[109] 依證券投資信託及顧問法第 24 條第 2 項、證券投資信託基金管理辦法第 62 條第 4 項之規
定。
[110] 依證券投資信託及顧問法第 21 條之規定。

（二）制止違反法令契約及追償行為

基金保管機構知悉證券投資信託事業有違反證券投資信託契約或相關法令，應即請求證券投資信託事業依契約或相關法令履行義務；其有損害受益人權益之虞時，應即向主管機關申報，並抄送同業公會。證券投資信託事業因故意或過失致損害基金之資產時，基金保管機構應為基金受益人之權益向其追償[111]。

（三）利益衝突行為之防止

為避免有先跑、搶帽子、內線交易等情事，基金保管機構除對投資人個資之保護應依規定辦理外，所屬董事、監察人、經理人、業務人員及其他受僱人員，不得以職務上所知悉之消息從事有價證券買賣之交易活動或洩漏予他人[112]。

第六項　基金之會計

證券投資信託事業募集或私募之各證券投資信託基金，交由證券投資信託事業經理運用，並將取得之報酬分享受益人，基金之資產經投資與組合操作之結果可能產生贏虧，就如同股份有限公司營運之結果一樣會有財務上之資產負債，或存在盈餘虧損等事項，因此基金之會計包括資產負債之內容、淨值之計算、財務報告之製作與揭露等事關投資人之權益，並為投資人申購買回受益憑證之判斷基礎，在會計事務處理上應分別設帳，並應依主管機關之規定，作成各種帳簿、表冊；其保存方式及期限，依商業會計法及相關規定辦理[113]。然基金之受益人非證券投資信託事業之股東，在性質上與一般公司之會計並不全然一致，準此擬就基金之會計制度與運

---

[111] 依證券投資信託及顧問法第 23 條之規定。
[112] 依證券投資信託基金管理辦法第 60 條第 2 項之規定。
[113] 依證券投資信託及顧問法第 26 條之規定。

作進一步分析探討如下。

一、證券投資信託基金之淨資產價值

證券投資信託基金之淨資產價值為投資人申購贖回之依據，因此證券投資信託事業應於每一營業日計算[114]。至於如何計算，為求客觀公平，應由同業公會應對證券投資信託基金淨資產價值之計算，擬訂計算標準，報經主管機關核定[115]。現行證券投資信託暨顧問商業同業公會報經核定之「證券投資信託基金資產價值之計算標準」主要內容臚列如下[116]：

（一）股　票

上市者，以計算日集中交易市場之收盤價格為準；上櫃者，以計算日財團法人中華民國證券櫃檯買賣中心等價成交系統之收盤價格為準；經金管會核准上市、上櫃契約之興櫃股票，以計算日櫃買中心興櫃股票電腦議價點選系統之加權平均成交價為準；未上市、未上櫃之股票（含未經金管會核准上市、上櫃契約之興櫃股票）及上市、上櫃及興櫃公司之私募股票，以買進成本為準，經金管會核准上市、上櫃契約之興櫃股票，如後撤銷上市、上櫃契約者，則以核准撤銷當日之加權平均成交價計算之，惟有客觀證據顯示投資之價值業已減損，應認列減損損失，但證券投資信託契約另有約定時，從其約定。認購已上市、上櫃及經金管會核准上市、上櫃契約之興櫃之同種類增資或承銷股票，準用上開規定；認購初次上市、上櫃（含不須登錄興櫃之公營事業）之股票，於該股票掛牌交易前，以買進成本為準。

---

[114] 依證券投資信託基金管理辦法第 72 條之規定。

[115] 依證券投資信託及顧問法第 28 條之規定。

[116] 中華民國證券投資信託暨顧問商業同業公會 107 年 11 月 26 日以中信顧字第 1070052979 號函發布（金融監督管理委員會 107 年 11 月 23 日以金管證投字第 1070340060 號函核定辦理）

（二）受益憑證及台灣存託憑證

受益憑證為上市（櫃）者，以計算日集中交易市場或櫃買中心之收盤價格為準；未上市（櫃）者，以計算日證券投資信託事業依證券投資信託契約所載公告網站之單位淨資產價值為準。台灣存託憑證為上市者，以計算日集中交易市場之收盤價格為準；上櫃者，以計算日櫃買中心等價自動成交系統之收盤價格為準。

（三）轉換公司債

其為上市（櫃）者，以計算日之收盤價格加計至計算日止應收之利息為準；轉換公司債提出申請轉換後，應即改以股票或債券換股權利證書評價。持有暫停交易或上市（櫃）轉下市（櫃）者，以該債券最後交易日之收盤價為準，依相關規定按該債券剩餘存續期間攤銷折溢價，並加計至計算日止應收之利息為準，惟如有證據顯示投資之價值業已減損，應認列減損損失。暫停交易轉換公司債若為「問題公司債處理規則」所稱之問題公司債，則依「問題公司債處理規則」辦理。

（四）政府債券

其為上市者，以計算日之收盤價格加計至計算日止應收之利息為準；上櫃者，優先以計算日櫃買中心等殖成交系統之成交價加權平均殖利率換算之價格加計至計算日止應收之利息為準；當日等殖成交系統未有交易者，則以證券商營業處所議價之成交價加權平均值加計至計算日止應收之利息為準；如以上二者均無成交紀錄且該債券之到期日在一年（含）以上者，則以該公債前一日帳列殖利率與櫃買中心公布之公債指數殖利率作比較，如落在櫃買中心公布之台灣公債指數成分所揭露之債券殖利率上下10 bps（含）區間內，則以前一日帳列殖利率換算之價格，並加計至計算日止應收之利息為準；如落在櫃買中心公布之台灣公債指數成分所揭露之債券殖利率上下 10 bps 區間外，則以櫃買中心台灣公債指數成分所揭露

之債券殖利率換算之價格，並加計至計算日止應收之利息為準；如以上二者均無成交紀錄且該債券之到期日在一年（不含）以下者，則以櫃買中心公布之各期次債券公平價格，並加計至計算日止應收之利息為準。

（五）國外上市或上櫃股票

應以計算日證券投資信託事業營業時間內可收到證券集中交易市場或證券商營業處所之最近收盤價格為準。持有暫停交易或久無報價與成交資訊者，以基金經理公司洽商其他獨立專業機構、經理公司隸屬集團之母公司評價委員會或經理公司評價委員會提供之公平價格為準。基金經理公司應於內部控制制度中載明久無報價與成交資訊之適用時機（如：一個月、二個月等）及重新評價之合理週期（如：一週、一個月等）。

（六）期貨交易契約

國內、外集中交易市場期貨交易應以計算日存放於期貨商客戶保證金專戶之交易保證金及權利金為準，針對持有之未平倉部位契約，應加計依該契約所屬期貨交易市場最近結算價格所結算之差額。國內、外非集中交易市場衍生性商品交易：除期貨信託契約另有約定者外，應以具國際公信力之價格資訊提供機構，如彭博資訊（Bloomberg）或路透社（Reuters）等，於計算日所提供之報價結算契約之利得或損失，且原則上採用之報價來源應有一致性。如無法取得上述具國際公信力之價格資訊提供機構提供之價格者，可參酌交易對手於計算日所提供之報價[117]。

---

117 參照中華民國期貨業商業同業公會期貨信託基金資產價值之計算標準第 3 條規定。中華民國期貨業商業同業公會 103 年 11 月 27 日中期商字第 1030005174 號函發布（金融監督管理委員會金管 103 年 11 月 25 日證期字第 1030043696 號函核定。）

二、證券投資信託基金應行揭露之事項

（一）公告淨資產價值與相關報表

　　為提供受益人作為申購贖回之依據，證券投資信託事業應於每一營業日公告前一營業日證券投資信託基金每受益權單位之淨資產價值（NAV）。但對在國外發行受益憑證募集之證券投資信託基金，應依募集所在地之法令規定辦理。若屬向特定人私募之證券投資信託基金，則依契約規定辦理向受益人報告證券投資信託基金每一受益權單位之淨資產價值[118]。證券投資信託事業運用每一基金，應依本會規定之格式及內容於每會計年度終了後二個月內，編具年度財務報告；於每會計年度第二季終了後四十五日內，編具半年度財務報告；於每月終了後十日內編具月報，向主管機關申報。前項年度財務報告，應經主管機關核准之會計師查核簽證，半年度財務報告應經會計師核閱，並經基金保管機構簽署，證券投資信託事業並應予以公告之。年度財務報告、半年度財務報告及月報之申報，應送由同業公會彙送本會[119]。

（二）投資組合之公告揭露

　　證券投資信託基金之投資組合事涉證券投資信託事業之研究成果與基金操作之營業秘密，惟考量投資人之參考與受益人權益保障適時揭露基金之內容資訊為國際基金管理上所容忍，現行規定股票或平衡型基金每週公告投資產業別持股比例；債券或平衡型基金應公告基金投資組合從事 RP之前五名往來交易商交易情形；每月應公告基金週轉率及各項費用比率，股票（平衡）型基金每月應公告持股前五大個股名稱及合計比例，債券或平衡型基金每月應公告投資公司債、金融債券明細；股票（平衡）型基金每季應公告投資個股內容及比例；每半年應公告國外募集投資國內之股票

---

[118] 依證券投資信託及顧問法第 29 條及證券投資信託基金管理辦法第 73 條之規定。
[119] 依證券投資信託基金管理辦法第 76 條之規定。

型基金投資產業別之持股比例、基金投資個股內容及比例。

（三）明定分配日期

　　鑑於證券投資信託基金投資所得收益之分配，資本利得有所得稅之課徵問題，在現行不徵證券交易所得稅之情況下，基金通常不分配收益而滾入基金資產中，然亦允許證券投資信託基金投資所得依證券投資信託契約之約定應分配收益，除經主管機關核准者外，為求明確證券投資信託事業應於會計年度終了後六個月內分配之，並應於證券投資信託契約內明定分配日期[120]。

（四）基金績效評比

　　投資人選擇基金需要有可資參考之公正、公平的基金績效評鑑資料，方能迅速取得正確資訊，對基金業者亦可提供一個良性競爭之平台，證券投資信託及顧問同業公會自 85 年第 2 季起委託臺灣大學財務金融系（所）邱顯比與李存修兩位教授，定期就國內各投信公司所發行之基金，予以績效評比，每個月所計算出來的績效相關數據，供對於已經購買共同基金者或尚未購買共同基金或想調整基金投資者參考，期以建立兼具專業性、公平性與值得信賴的評比制度[121]。

第六節　基金之終止、清算及合併

　　證券投資信託契約為一繼續性契約，證券投資信託基金之操作與雙方當事人與受益人間之關係的結合度與信賴度較強，更關係金融市場之安定與秩序，因此除依信託法、信託業法之外，有必要在證券投資信託及顧問法中作特別之規範，其主要事項如下：

---

[120] 依證券投資信託及顧問法第 31 條及證券投資信託基金管理辦法第 77 條之規定。
[121] 參考網站：http://www.fin.ntu.edu.tw/~chiou/promotion.htm. 上網時間：2020/01/31。

一、明定契約關係終止之法定事由

賦予主管機關之公權力為適當之管理，其中包括應申報主管機關備查或核准之終止契約事由[122]，同時為充分維護公益或受益人權益，亦賦予主管機關得於必要時以命令終止證券投資信託契約。至於證券投資信託契約因存續期間屆滿而終止時，雖屬司法事項亦應於一定期間內申報主管機關備查，俾利管理。另為避免投資人因不知證券投資信託契約業已終止而造成其利益損害，明定於契約關係終止時應予公告。

二、明定清算之期間與程序

為迅速處理之程序，明定證券投資信託契約終止時，清算人應於主管機關核准清算後三個月內，完成證券投資信託基金之清算，並將清算後之餘額，依受益權單位數之比率分派予各受益人。但有正當理由無法於三個月內完成清算者，於期限屆滿前，得向主管機關申請展延一次，並以三個月為限。清算人應將前項清算及分配之方式，向主管機關申報及公告，並通知受益人。清算程序終結後應於二個月內，將處理結果向主管機關報備，並通知受益人[123]。

---

[122] 依證券投資信託及顧問法第 45 條之規定：「證券投資信託契約有下列情事之一者，應經主管機關核准後予以終止：一、證券投資信託事業或基金保管機構有解散、破產、撤銷或廢止核准之情事，或因對證券投資信託基金之經理或保管顯然不善，經主管機關命令更換，致不能繼續執行職務，而無其他適當之證券投資信託事業或基金保管機構承受原事業或機構之權利及義務。二、受益人會議決議更換證券投資信託事業或基金保管機構，而無其他適當之證券投資信託事業或基金保管機構承受原事業或機構之權利及義務。三、基金淨資產價值低於主管機關所定之標準。四、因市場狀況、基金特性、規模，或其他法律上或事實上原因致證券投資信託基金無法繼續經營。五、受益人會議決議終止契約。六、受益人會議之決議，證券投資信託事業或基金保管機構無法接受，且無其他適當之證券投資信託事業或基金保管機構承受原事業或機構之權利及義務。七、其他依證券投資信託契約所定終止事由。」
[123] 依證券投資信託及顧問法第 47 條之規定。

三、明定基金之清算人之選任順序

基金之清算人由證券投資信託事業擔任之,證券投資信託事業有解散、破產、撤銷或廢止核准之情事,或因對證券投資信託基金之經理或保管顯然不善,經主管機關命令更換,致不能繼續執行職務,而無其他適當之證券投資信託事業或基金保管機構,承受原事業或機構之權利及義務之情事時,或受益人會議決議更換證券投資信託事業或基金保管機構,而無其他適當之證券投資信託事業或基金保管機構,承受原事業或機構之權利及義務時,應由基金保管機構擔任。基金保管機構亦有前述情事時,由受益人會議以決議選任符合主管機關規定之證券投資信託事業或基金保管機構為清算人。基金因基金保管機構前述情事致終止契約者,得由清算人選任適當之其他基金保管機構報經主管機關核准後,擔任清算時期基金保管職務。除法律或契約另有規定外,清算人及基金保管機構之權利義務在基金存續範圍內,與原證券投資信託事業、基金保管機構相同[124]。

四、明定基金之合併規範

為考量證券投資信託事業之經營成本及證券投資信託基金之操作績效,明定證券投資信託基金得進行合併。並授權主管機關就證券投資信託基金合併之相關事項予以規範,俾利實務運作。對於證券投資信託事業所經理之開放式基金,同為募集或私募之基金及經基金受益人會議同意者,得向主管機關申請核准與本公司之其他開放式基金合併。但合併之基金為同種類、消滅基金最近三十個營業日淨資產價值平均低於新臺幣 5 億元且存續基金之證券投資信託契約內容無重大修改者,得不經受益人會議同意,向主管機關申請核准[125]。

---

[124] 依證券投資信託及顧問法第 48 條之規定。
[125] 依證券投資信託基金管理辦法第 83 條之規定。

第七章

證券投資信託共同基金法律定位與股務作業管理

第一節　前　言

　　證券投資信託基金（mutual funds），一般可分為公司型基金與契約型基金，公司型基金其基金之資產為公司之財產，股東與公司間之法律關係，除特別法另有規定外，依公司法之規定，我國現行之證券投資信託基金採契約型基金，依證券投資信託及投顧法第 5 條第 4 款之規定，係指證券投資信託契約之信託財產，包括因受益憑證募集或私募所取得之申購價款、所生孳息及以之購入各項資產，故是資產之組合與專業之集合投資管理，其目的在於集合多數投資人之資金，委由專業投資機構負責管理運用，並由保管機構負責保管基金資產，以兼具專業經營與分散投資風險之特質。我國目前證券投資信託制度係採契約型，證券投資信託及顧問法於民國 93 年 6 月 30 日立法前，證券投資信託共同基金之法律定位依當時之法令及證券投資信託契約應記載事項尚不明確，由於對於證券投資信託契約之法律性質，或證券投資信託事業、基金保管機構與受益人三方間之法律關係為何存有爭議。

　　我國信託法及信託業法雖相繼於民國 85 年 1 月 26 日及 89 年 7 月 19 日發布實施，惟因證券投資信託制度之運作模式早於信託法及信託業法之立法，係以證券投資信託事業為主導地位，由證券投資信託事業與基金保管機構簽訂以投資有價證券為主之證券投資信託契約，向投資人發行受益憑證募集證券投資信託基金，具有積極運用基金資產之處分權，基金保管機構原則上係依證券投資信託事業之指示為交割結算及控管，其與信託法

第 1 條所定受託人依信託本旨，為受益人之利益或為特定之目的，管理或處分信託財產之規定不符，並與信託業法第 8 條及 18 條之信託運作架構不同，證券投資信託制度之受託人是指示運用之操盤者尚屬有別，因此證券投資信託及顧問法參考日本立法例，釐清及定位募集證券投資信託基金之性質[1]，然證券投資信託基金為受益人所出資，投資人之保護與證券投資信託基金織有效運作為證券投資信託制度之核心，因此本章擬就證券投資信託共同基金法律定位與股務作業管理提出探討。

第二節　證券投資信託共同基金之定位

依日本 1998 年有關證券投資信託暨證券投資法人法第 2 條對於證券投資信託之定義，係指依該法設立，將信託財產基於委託人之指示，以對有價證券投資為主而運用，並將受益權分割由複數人取得為目的者；同法第 4 條規定，證券投資委託公司與信託公司間，係依據大藏大臣（相當我國財政部長）核准之信託條款訂定信託契約，由證券投資委託公司為委託人，以信託公司或經營信託業務之銀行為受託人，使受益人取得受益權，屬於他益信託契約。即依日本法制，證券投資信託契約為「信託」契約，以證券投資信託契約結合委託人（證券投資委託公司）、受託人（信託公司）及受益人三方，委託人為信託財產之運用指示；受託人為信託財產之保管處分；受益憑證之應募人取得受益人地位。亦即依日本法制，證券投資信託為依該特別法所設立之信託法律關係[2]。換言之，屬於特別法所規範之特殊型態消極信託關係。

---

[1]　依證券投資信託及顧問法第 5 條第 1 款定義，證券投資信託契約，指由證券投資信託事業為委託人，基金保管機構為受託人所簽訂，用以規範證券投資信託事業、基金保管機構及受益人間權利義務之信託契約。

[2]　林國全，日本 1998 年證券投資信託暨證券投資法人法簡介，收錄於賴源河等，證券投資信託及顧問法草案研擬說明，第二章所提之實務及學說爭論說明。

第一項　證券投資信託契約之當事人與受益人

　　從證券投資信託基金之財產本質、受益憑證所表彰權益及其所具有之特殊性，證券投資信託及顧問法於參照日本法制及國內多數學者見解，並以我國原證券投資信託架構加以釐清，是以證券投資信託事業為委託人，以基金保管機構為受託人，使受益人取得受益權之證券投資信託契約為核心，本於此信託契約，而依特別法令之規定來定位之特別法上信託關係。致於受益人雖非契約之當事人，而為利害關係人，並以法律明定其權利之保護[3]。

　　依現行法令規定證券投資信託事業及基金保管機構之財產與證券投資信託基金應分別獨立，就其自有財產所負債務，其債權人不得對基金資產為任何請求或行使其他權利，基金保管機構應成立基金帳戶設帳保管之[4]。其與信託法第 24 條所定信託財產應與受託人自有或其他財產分別管理並設帳；信託法第 10 條至第 14 條所規定信託財產係為信託目的而獨立存在，具有遺產及破產財團之排除、強制執行之禁止、抵銷及混同之限制等分立性及獨立性之特性相符。證券投資信託事業與基金保管機構簽訂證券投資信託契約時，依原證券投資信託基金管理辦法第 5 條規定契約應記載事項，其範圍包括受益人之權益，但受益人非契約當事人而係利害關係人；另受益人因投資信託事業募集資金，認購其所發行之受益憑證，其權利義務與一般民法所規定有名契約型態不同，而係等同擁有信託財產之受益持分權，具有所有權與管理權分離之信託性質，顯見及接受信託之法律關係已介入整個證券投資信託運作程序而受益人更有默認既存之證券投資信託契約之規定。且就證券投資信託契約之文義觀之，原本即有「信託」二字，應解其為信託契約。另按證券投資信託基金管理辦法僅規範一種契約，即證券投資信託契約，以此法制觀之，可見我國證券投資信託契約為單一之信託契約，契約當事人為證券投資信託事業與基金保管機構，受益

3　郭土木，金融管理法規（上），2006 年 7 月，三民書局，頁 324。
4　依證券投資信託及顧問法第 16 條之 1 及第 51 條之規定。

人僅為關係人而非契約當事人。

第二項　證券投資信託基金財產之獨立性

另依據信託法第 5 條規定,信託行為民事法律行為,除不得違反公共秩序、善良風俗、強制禁止規定、以進行訴訟為主要目的、依法不得受讓特定財產權之人為受益人之外,原則上可因任何經濟、商業或民事上等各種原因而成立信託關係,並非專為所謂集團信託或商事信託而特別設計。而因證券投資信託性質上屬於集團信託或商事信託,並有其獨特性質之基本架構設計,原則上雖建立於一般民事信託法律關係所具有之所有權與管理權分離、信託財產獨立性等原理上,但為其商業目的或功能設計上,勢必應就信託當事人或受益人之權利義務關係及實質基本構造,除了透過契約機制加以適度補充或修正外,乃至於特別法中另行規定或修正現行信託法之相關規定。準此,自須考慮證券投資信託制度所具有之特殊性,並著重有利其商業發展之設計。例如:為加強保護受益人權益及強化相互監督機能,證券投資信託基金係採「經理與保管分離原則」,將基金之運用指示權與管理處分權分開,由委託人證券投資信託事業為基金之運用指示,並由證券投資信託事業具主導地位,發行受益憑證以募集證券投資信託基金而負發行人責任;受託人基金保管機構則負責保管、收付證券投資信託基金,並負勾稽控管之機能,但不負信託財產之運用指示決策之責任,其乃依法令或契約處理相關事項,並具受益憑證及年報之簽署、受益人會議之召集、對於證券投資信託事業違法行為之報告等監督功能。

至於受益人雖非信託契約之當事人,但其受益憑權之內容及行使,除受信託契約之規範外,應受相關法令之保障,如公開說明書交付、財業務揭露、關係人交易防免、證券投資信託事業與基金保管機構就業務經營,應負忠實義務、善良管理人注意義務、保密義務,民、刑事責任及行政監督機制。另因信託法原係為個別信託所設,雖設有信託監察人之執行職責,但並無受益人會議,也未針對多數受益人行使撤銷權、監督權之方法

範圍予以規範，而為符合商事信託或集團信託特性及需求，爰有規定受益人之權利非經受益人會議決議不得行使，但行使其他僅為該受益人自身利益之行為不在此限制。又如信託法第 16 條關於有權聲請法院變更信託財產管理方法之人；第 32 條關於委託人及受益人閱覽請求權等，亦有需要明文排除適用。總而言之，對於證券投資信託制度具商事、集團性或事業性，雖基於一般民事信託法理，但為其架構及功能需要，就信託當事人權利義務關係及實質構造，均有予以法律明定修正或補充信託法適用之必要。

第三項　證券投資信託及顧問法之規定

證券投資信託事業與受益人間之權利義務關係，實務及學說上雖存爭議迄無定論，已如上述，由於現行法令及契約上受益人並非證券投資信託契約之當事人，考量證券投資信託制度之特殊性，故此次藉由證券投資信託及顧問法之立法，以之填補雙方間法律關係之不足，並加強對受益人權益之保障。茲就證券投資信託及顧問法之相關規定介紹如次：

一、釐清證券投資信託契約法律關係

證券投資信託及顧問法第 3 條及第 5 條針對「證券投資信託」、「證券投資信託事業」與其經營之業務種類予以明定，並針對本法其他用詞，諸如：「證券投資信託契約」、「基金保管機構」、「受益人」、「證券投資信託基金」、「受益憑證」等加以定義，並藉此釐清證券投資信託法律關係，將之界定為「特別法上之信託關係」。

（一）證券投資信託係指向不特定人募集證券投資信託基金發行受益憑證，或向特定人私募證券投資信託基金交付受益憑證，從事於有價證券、證券相關商品或其他經主管機關核准項目之投資或交易。

（二）證券投資信託事業係指經主管機關許可，以經營證券投資信託為業

之機構。

（三）證券投資信託事業其經營之業務種類包括證券投資信託業務、全權委託投資業務及其他經主管機關核准之有關業務。

（四）證券投資信託契約係指由證券投資信託事業為委託人，基金保管機構為受託人所簽訂，用以規範證券投資信託事業、基金保管機構及受益人間權利義務之信託契約[5]。

（五）基金保管機構係指本於信託關係，擔任證券投資信託契約受託人，依證券投資信託事業之運用指示從事保管、處分、收付證券投資信託基金，並依本法及證券投資信託契約辦理相關基金保管業務之信託公司或兼營信託業務之銀行。

（六）受益人係指依證券投資信託契約規定，享有證券投資信託基金受益權之人。

（七）證券投資信託基金係指證券投資信託契約之信託財產，包括因受益憑證募集或私募所取得之申購價款、所生孳息及以之購入之各項資產。

（八）受益憑證係指為募集或私募證券投資信託基金而發行或交付，用以表彰受益人對該基金所享權利之有價證券。

二、明定基金保管機構之權利義務

證券投資信託及顧問法明確定義基金保管機構為證券投資信託契約之受託人，依證券投資信託事業之運用指示及本法之規定負責基金之保管處分。為保護投資人權益，本法特明定基金保管機構之權利義務，諸如：善良管理人之注意、忠實、保密義務、禁止虛偽行為、詐欺行為或其他足致他人誤信之行為及損害賠償責任、報告主管機關及通知投信事業改善之義務、召集受益人會議、執行受益人會議決議、擔任基金清算人，及違反相

---

[5] 依此一定義，證券投資信託契約之當事人不包括受益人在內，而受益人更須法律之保護，爰以法律明文填補受益人、證券投資信託事業及基金保管機構間之權利義務。

關規定之處罰等規定。

第三節　證券投資信託基金之法律性質與當事人能力

我國信託法雖有信託財產獨立、公示之制度，甚且原則上禁止強制執行，然對應否賦予信託財產之法人性格，素有爭論。於證券投資信託基金方面，我國證券交易法第 18 條之 2，原即有基金獨立性之規定，即基金與投信事業及基金保管機構之自有財產分別獨立，證券投資信託事業及基金保管機構就其自有財產所附債務，其債權人不得對於基金資產請求扣押或行使其他權利。惟是否應進一步明定基金之法人性格，亦有待討論[6]。

第一項　證券投資信託基金具有訴訟當事人能力

鑑於實務上常有強調基金主體性之需要，如：現行證券投資信託基金於證券商開立買賣帳戶時，其戶名乃使用「證券投資信託基金」之專戶，該專戶之運用自有別於投信業者及基金保管機構其他帳戶，而具有一定之主體性格。縱證券投資信託基金尚難納入權利主體之框架下，惟於訴訟法上，證券投資信託基金應具有非法人團體之性格，應無疑義。故原報院草案條文第 45 條規定：「證券投資信託基金具有訴訟當事人能力。除本法另有規定或受益人會議另有選定者外，由證券投資信託事業為代表人；證券投資信託事業不能或不為代表人時，由基金保管機構為代表人」。此對於證券投資信託事業與基金保管機構串謀損害投資人利益之情形，或第三人擬對投信基金所負債務起訴時，即得直接以證券投資信託基金為原告或被告，將有利於訴訟及強制執行程序之進行。

由於證券投資信託及顧問法並無公司型基金之設計，對於證券投資信

6　郭土木，證券投資信託基金之法律性質，全國律師，第 8 卷第 10 期，2004 年 10 月，頁 39-50。

託基金之人格性較有爭議。具有權利能力之主體，除自然人外，尚包括法人，後者依其性質尚可分為「財團法人」及「社團法人」，凡有權利能力者，具有享受權利及負擔義務之資格，除法律另有規定外，得以自己之名義為法律行為，現階段是否賦予基金法人性格，有待討論。惟為便利訴訟程序之進行，明定基金有訴訟上當事人能力，有其實際必要性。

證券投資信託及顧問法於行政院審查期間，司法院民事廳對於證券投資信託基金具有訴訟當事人能力並不贊同，可歸納其理由如下：

一、證券投資信託基金，係證券投資信託事業（委託人）與基金保管機構（受託人）所簽訂證券投資信託契約之信託財產，故證券投資信託基金乃基金保管機構因信託行為取得所有權之財產。證券投資信託基金既屬於基金保管機構所有財產之一部分，此與非法人財團要件之一「獨立之財產」，亦即並不隸屬於管理人或代表人所有財產之情形有間。至證券投資信託及顧問法所定「證券投資信託事業募集或私募之證券投資信託基金，與證券投資信託事業及基金保管機構之自有財產，應分別獨立」之規定，係指管理使用上之獨立，並未將證券投資信託基金排除於信託保管機構所有財產之外，故性質上不可於非法人財團相比擬。

二、證券投資信託事業與基金保管機構串謀損害投資人利益時，依現行民事訴訟法第 41 條選定當事人制度之規定，得由受益人全體選定其中一人或數人為全體起訴或被訴，或依同法第 44 條之 2 規定，由一部份受益人選定一人或數人起訴後，由被選定人聲請法院公告曉示其他受益人併案請求，故依現行制度並非無救濟之途，殊無另行制定特別規定，及依本法第 45 條自受益人會議選定代表人或代表證券投資信託基金提起訴訟之必要。其次，前者既判力之主觀範圍及於選定之全體受益人（民事訴訟法第 401 條第 2 項），後者之主觀範圍並不及於各受益人，反不如現行選定當事人制度更能澈底解決糾紛。

三、證券投資信託基金隸屬於基金保管機構所有，並為使用收益及處分之主體，倘第三人對該證券投資信託基金有所主張時，依現行制度以基金保管機構為被告，對於第三人並無保護不周之情形。

　　然而，證券投資信託基金，係指證券投資信託契約之信託財產，其範圍包括因受益憑證募集或私募所取得之申購價款、所生孳息，及以之購入之各項資產。證券投資信託基金固係屬於信託法第 9 條第 1 項所定，基金保管機構（受託人）因信託行為所取得之財產權。惟基金保管機構所取得之財產僅具有形式上之保管、勾稽控管之權能，對於證券投資信託基金並不具有完整之「管理、使用、收益及處分」等權限。甚且於證券交易法第 18 條之 2，明定基金與投信事業及基金保管機構之自有財產分別獨立，證券投資信託事業及基金保管機構就其自有財產所負債務，其債權人不得對於基金資產請求扣押或行使其他權利，亦足供參證。此等規定非僅係管理使用上之獨立，而係基於保障投資人權益，確保資產獨立之本質特性使然。換言之，因基金保管機構除對所保管證券投資信託基金之財產，須與自有財產分別獨立設帳外，對於證券投資信託基金之處分，仍須依證券投資信託事業之運用指示為之，不得依其自己之意思，自行使用或處分基金之資產，故與「積極信託」，受託人具有使用、收益、處分權有所不同，係屬「消極信託」之性質。

　　另按民事訴訟法第 40 條第 3 項規定，非法人之團體設有代表人或管理人者有當事人能力，旨因非法人團體在民法上雖無權利能力，惟社會上用該團體之名義為交易者，常有所見，為應實際需要，宜使此等團體得以其名義為訴訟之主體，承認其有形式當事人能力。因此，一般認為非法人團體具備下列要件者，得認有當事人能力：一、設有代表人或管理人者；二、團體之組織有一定之名稱及事務所或營業所；三、團體需有一定之目的並有繼續之性質；四、團體之財產需與其構成員或關係人之財產截然有別。因法人有社團財團之別，非法人團體應亦包括社團與財團。而現行證券投資信託基金於金融機構之帳戶名稱係以「○○銀行受託保管○○證券投資信託公司○○證券投資信信託基金專戶」為之，為考量「證券投資信託基金獨立性」及「基金經理與保管分離」制度之設計，旨在有效區隔並控管可能產生之經營風險，確保基金投資人合法權益所必要，故證券投資信託基金財產之分立性與獨立性，其設有專戶，由證券投資信託事業為運

用管理，並具有繼續之性質，符合前開非法人團體之要件，故證券投資信託及顧問法賦予得為訴訟上主體之當事人能力，有其必要性。

如司法院民事廳代表所言，雖受益人得依民事訴訟法之選定當事人制度救濟，但仍不若逕以基金為當事人於訴訟程序上較符合迅速經濟之要求及現行實務之運作需要：

查民事訴訟法第 41 條第 1 項條文所稱「選定當事人」，係指多數有共同利益之人，於不符合同法第 40 條第 3 項之要件時，得選定其中一人或數人為全體起訴或被訴。選定當事人之情形，在學理上為任意的訴訟擔當之一種，即有訴訟實施權人以其意思，將訴訟實施權授與第三人以遂行訴訟。依同法第 41 條第 2 項，為選定當事人後，其他當事人脫離訴訟。此與同法第 44 條之 2 規定，固係便利多數有共同利益之人遂行訴訟權能。然以證券投資信託基金性質特殊，其受益人為廣大之投資大眾，人數眾多，如欲要求詳列眾多受益人為原告或被告，或選定受益人中之一人或數人為被選定人擔任原告或被告，於訴訟實務上實有其困難。再者，縱令法院得依民事訴訟法第 44 條之 2 規定，由被選定人聲請法院公告曉示其他受益人併案請求，惟考量基金規模、受益人人數及公告曉示受益人之成本及實際效益等因素，實有必要逕以證券投資信託基金為原告或被告，方便起訴或應訴。因此，至若證券投資信託事業與基金保管機構串謀損害投資人利益時，依證券投資信託及顧問法第 40 條規定受益人會議得另選定代表人[7]，代表基金起訴或應訴，亦非無解決之法。

有鑑於實務上常有強調基金主體性之需要，如：現行證券投資信託基金於證券商開立買賣帳戶時，其戶名乃使用「證券投資信託基金」之專戶，該專戶之運用自有別於投信業者及基金保管機構其他帳戶，其對外必

---

[7]　依證券投資信託及顧問法第 40 條第 1 項之規定，依法律、命令或證券投資信託契約規定，應由受益人會議決議之事項發生時，由證券投資信託事業召開受益人會議。證券投資信託事業不能或不為召開時，由基金保管機構召開之。基金保管機構不能或不為召開時，依證券投資信託契約之規定或由受益人自行召開；均不能或不為召開時，由主管機關指定之人召開之。

須以基金帳戶之名義為之，從而具有一定程度之主體性格。雖證券投資信託基金是否賦予實體上權利主體之地位，仍有爭議。惟於訴訟法上，證券投資信託基金應具有非法人團體之性格，應無疑義。再者，由於本草案並無公司型基金之設計，對於證券投資信託基金之人格性較有爭議。具有權利能力之主體，除自然人外，尚包括法人，後者依其性質尚可分為「財團法人」及「社團法人」，凡有權利能力者，具有享受權利及負擔義務之資格，除法律另有規定外，得以自己之名義為法律行為，現階段是否賦予基金法人性格，有待討論，容於後述。

最後，證券投資信託基金為當事人所為之訴訟，其既判力之主觀範圍是否及於各受益人，仍須視訴訟標的之法律關係或訴訟之類型而定，由於證券投資信託基金資產之增減，影響受益人權益甚鉅，若第三人對基金所負債務起訴或基金對第三人有所請求時，無論勝訴或敗訴，皆會影響基金資產之增減，而該基金所有受益人之權益亦同受影響，雖然證券投資信託基金在程序法上有當事人能力，但尚不能因之即謂其實體法上有權利能力，而能否對之為實體上之判決，仍須視為訴訟標的之法律關係定之。因此，既判力之主觀範圍，因受益人依證券投資信託契約規定，享有證券投資信託基金受益權，故就同一原因事實所為訴訟，雖以證券投資信託基金為形式當事人，惟各受益人以受益權受勝訴或敗訴之影響，仍為實質之當事人，除該證券投資信託基金外，既判力之主觀範圍亦應及於各受益人，始對紛爭解決之一次性有所助益。

至所稱因基金隸屬於基金保管機構所有，如第三人對基金有所主張時以基金保管機構為被告，對第三人並無保護不周之情形。惟查證券投資信託基金具有同一性及獨立性，此等不完全法律主體之特性，使基金保管機構僅具有形式之所有權，已如前述。從而，第三人對證券投資信託基金有所主張，如以基金保管機構為被告，則如何保障實質當事人（受益人）之權益？既判力之客觀範圍為何？是否及於基金保管機構之自有財產？仍有待探究。況且，以基金保管機構為當事人，既判力之主觀範圍及於基金保管機構，固無疑問，惟與基金資產具實質利害關係之受益人（實質當事

人），是否受該判決之拘束？得否對同一原因事實另行起訴？初以當事人不同，並非同一事件，似乎不違反重複起訴禁止原則，而得允許受益人起訴。然此徒使紛爭重新點燃，無助於達成紛爭解決一次性之要求。

　　證券投資信託及顧問法原報行政院草案條文第 45 條賦予證券投資信託基金具有訴訟當事人能力之規定，除符合實際需要及商事事件講求時效之要求外，更可簡化訴訟程序，對於保障基金受益人之權益更有極大助益。惟因與其他機關尚未能取得共識，故證券投資信託及顧問法三讀條文並未能賦予證券投資信託基金具有訴訟當事人能力。

第二項　證券投資信託基金之權利能力

　　對於證券投資信託基金是否為有實體法上別除權等物權性質之權利，即是否具有權利能力，則不無疑義，按所謂之別除權，依破產法第 108 條規定：「在破產宣告前，對於債務人之財產有質權、抵押權或留置權者，就其財產有別除權。有別除權之債權人，不依破產程序而行使其權利」，係得就破產財團中之特定財產，個別為優先受償之權利，故欲賦予基金別除權，須基金得為質權人、抵押權人或留置權人始有實益。

　　司法機關於行政院討論草案時提出基於以下理由，認為現階段並無賦予證券投資信託基金之支獨立人格與權利能力必要，因此無須於投信投顧問法明定：

一、基於證券投資信託基金之保護

　　依證券交易法第 18 條之 2、證券投資信託基金管理辦法第 16 條、第 11 條第 4 項、「開放式股票型定型化證券投資信託契約範本」第 9 條及證券投資信託及顧問法第 21 條，明文規定證券投資信託基金財產之獨立性，且信託法亦有信託財產獨立、公示之制度，足以保障投資人之權益。

二、權利義務已由契約明定

現行所擬議中之證券投資信託基金係採「契約型」，由委託人與受託人之間訂立信託契約，依照信託契約運用管理信託財產之型態。我國證券交易法第 18 條之 2，雖有基金獨立性之規定，即基金與投信事業及基金保管機構之自有財產分別獨立，投信事業及基金保管機構就其自有財產所負債務，其債權人不得對於基金資產請求扣押或行使其他權利，已具有他人排除強制執行之規定。

三、得不依破產程序行使權利

另依信託法第 11 條規定：「受託人破產時，信託財產不屬於其破產財團。」因此，當基金保管機構破產時，由於證券投資信託基金之財產不屬於其破產財團，證券投資信託事業或受益人會議另行選定之人，本得代表證券投資信託基金行使權利，無庸依破產程序為之。因此，基於現行證券投資信託制度採契約型態，且證券交易法及信託法賦予信託財產獨立性之相關規定，應足以保障投資人權益。

四、信託法已有對於信託財產獨立性保障之規定

惟承認基金具有當事人能力，如何解決判決執行之問題？按證券投資信託基金，學說上認為具有不完全之法律主體性，並具有同一性及獨立性之特質。當證券投資信託事業與基金保管機構串謀損害投資人利益之情形或第三人擬對基金所負債務起訴時，為便利訴訟程序之進行，誠有賦予基金訴訟上當事人能力之必要。至於判決之執行，因訴狀上表明訴訟當事人為「○○證券投資信託基金（代表人：○○證券投資信託公司或○○基金保管機構或受益人會議選定之人○○○）」，於執行時係直接對基金財產為之，應無執行名義不明確或不特定之疑慮。況基金財產獨立性係基於證券交易法及信託法相關法律所保障，證券投資信託當事人間之權利義務亦

為法所明定，本此當可解決基金獲勝訴或敗訴判決後之執行問題。

五、特別法亦有保障權利之規定

為保障受益人權益，確保基金資產之獨立性，參酌民國 89 年 7 月 19 日公布施行之證券交易法第 18 條之 2 立法說明：請求扣押為強制執行或權利保全方式之一種而已，為求周延及保障投資受益人之權利，爰於證券投資信託及顧問法第 21 條明定為「債權人不得對於基金資產為任何請求或行使其他權利」，該「任何請求」之範圍，自應包含任何債權或物權性質之請求。

第三項　應賦予證券投資信託基金之權利能力

公司型基金之股東權益保護有公司法與基金特別法之雙重規範，自屬較為完整，我國證券投資信託基金是採契約型基金，基金為信託財產之組合，與英美公司型態之證券投資信託基金具有法人格不同；原則上是植基於一般民事信託法律關係所產生，然由於該資產隸屬之所有權與管理權分離、信託財產獨立性等原理，在專業經理及相互控管等商業目的或功能設計上，必須以法律就信託當事人，包括證券投資信託事業、基金保管機構或受益人之權利義務關係予以釐清，因此除了透過尚須依法律加以特別規定外，尚有賴以契約機制加以適度補充，然法律未規定者，基於受益人之利益保護，應回歸信託法或民法之規定；甚至以行政解釋予以敘明，證券投資信託及顧問法完成立法後，對證券投資信託之法律關係、管理之規範及證券投資信託基金之性質，已有進一步之定位與明確界定，對於原立法之美意希望明文賦予證券投資信託基金具有訴訟當事人能力，以符合實際需要及商事事件講求時效之要求，並簡化訴訟程序，達到保障基金受益人之權益，然由於尚未能受傳統民事法律之觀念所接受，雖不無遺珠之憾，但期待在民事訴訟法或在往後投信投顧法修法時能參與採並予以明定。

第四節　證券投資信託基金之股務作業管理

我國證券投資信託及顧問法規定，證券投資信託為項不特定人公開募集或向特定人私募證券投資信託基金發行受益憑證，以從事於有價證券、證券相關商品或其他經主管機關核准項目之投資或交易，證券投資信託事業，則以經營證券投資信託為業之機構[8]，證券投資信託事業或參與之相關機構就證券投資信託基金之募集、私募、發行、行銷、操作、保管、申購買回、會計事項與受益憑證之處理、受益人會議之召開，以致基金之終止、清算及合併等事項之基金管理業務，證券投資信託基金之種類隨者金融創新與時代之需求，其型態相當多[9]，國內投信業委外的情形，包括資訊系統執行外包作業，除了投信公司自行開發系統功能外，其餘投信公司委託外部專業系統公司維護基金作業系統，另投信業執行基金結帳作業外包，以外商投信公司居多[10]。因此，本節擬就證券投資信託共同基金管理業務之內容加以論述，並援引比較國內外之立法案例，用以分析證券投資信託共同基金管理業務與委外事務之進行與規範[11]。

第一項　證券投資信託共同基金管理業務

證券投資信託共同基金從申請、申報、設立或追加、受益憑證或基金股份之印製與發行、基金之投資組合配置與操作、基金淨資產價值之計算、基金之申購與贖回、基金保管機構之選任與更換、基金之監督與稽核、基金受益人或股東大會之召開，以致基金之移轉、合併、解散或清算等，皆為證券投資信託共同基金管理業務，在主管機關法令、公司章程、

8　證券投資信託及顧問法第 3 條第 1 項及第 2 項規定。

9　詳參郭土木、覃正祥合著，懲與治，2004 年 7 月，頁 8-17。

10　參見廖家翎、吳吉政，台灣證券投資信託業基金業務委外策略之探討，2012 年 7 月 16 日第 15 屆科技整合管理研討會報告，頁 1。

11　郭土木，境外基金總代理人之基金事務委外代理服務，中國信託商業銀行股份有限公司 107 年度委託案研究報告，2018 年 10 月 31 日，頁 53-64。

基金公開說明書（投資說明書）、同業自律規範與公司章則、內控內稽上皆有嚴格之規範，而各該環節層層相扣，其中基金操作主體之證券投資信託事業，其應遵循之運作程序與事務規範，為方便討論其是否委外，擬進一步論述其行為之規範如下。

一、基金募集、私募、發行應向主管機關核准或申報生效

證券投資信託共同基金之成立或追加，必須由基金發行機構之證券投資信託事業透過募集與私募程序方能成立，證券投資信託基金無論是公司型、契約型、有限責任合夥或單位信託等，公開募集非經主管機關核准或向主管機關申報生效後[12]，不得為之；其申請核准或申報生效應檢附之書件、審核程序、核准或申報生效之條件及其他應遵行事項之準則，由主管機關定之。至於私募證券投資信託共同基金，證券投資信託事業應於私募受益憑證價款繳納完成日起五日內，向主管機關申報之[13]；至於基金之募集、發行、銷售及其申購或買回之作業程序，由同業公會擬訂。如為國外募集基金投資國內或於國內募集基金投資國外者，應經中央銀行同意。

二、簽訂證券投資信託契約

就契約型之證券投資信託共同基金，應由證券投資信託事業為委託人，基金保管機構為受託人所簽訂[14]，用以規範證券投資信託事業、基金

---

[12] 證券投資信託及顧問法第 10 條，係參考日本投資信託及投資法人法第 26 條第 1 項及源基金管理辦法第 4 條第 1 項之規定訂定，證券投資信託業者締結信託契約前，應先向主管機關申報核准；另依基金管理辦法第 4 條第 2 項本文：「證期會對證券投資信託事業所提相關書件予以審查，如未發現異常情事，證期會應於受理申請核准或最後補正送達日起三十日內核准。」之規定，實已兼具申報生效制之精神，爰於第一項明定證券投資信託事業募集證券投資信託基金，非經主管機關核准或向主管機關申報生效後，不得為之；並授權主管機關訂定相關事項之準則。

[13] 證券投資信託及顧問法第 11 條規定。

[14] 證券投資信託及顧問法第 7 條規定，基金保管機構應依本法、本法授權訂定之命令及證券投資信託契約之規定，以善良管理人之注意義務及忠實義務，本誠實信用原則，保管基金資產。

保管機構及受益人間權利義務之信託契約[15]。證券投資信託契約除主管機關另有規定外，應記載證券投資信託事業及基金保管機構之名稱及地址、證券投資信託基金之名稱及其存續期間、證券投資信託事業之權利、義務及法律責任、基金保管機構之權利、義務及法律責任、受益人之權利、義務及法律責任、運用證券投資信託基金投資有價證券及從事證券相關商品交易之基本方針及範圍、證券投資信託之收益分配事項、受益憑證之買回事項、證券投資信託基金應負擔之費用、證券投資信託事業及基金保管機構之經理或保管費用、證券投資信託基金及受益權單位淨資產價值之計算、證券投資信託契約之終止事項、受益人會議之召開事由、出席權數、表決權數及決議方式等[16]。

三、公開說明書及投資說明書之製作

　　證券投資信託事業公開募集證券投資信託基金，應依主管機關規定之方式，向申購人交付公開說明書。證券投資信託事業向特定人私募證券投資信託基金，應應募人之請求，負有交付投資說明書之義務。公開說明書封面應依序刊印基金名稱、基金種類〔股票型、債券型、平衡型、保本型、組合型、指數型、指數股票型（Exchange Traded Fund, ETF）、貨幣市場型、傘型或其他經金融監督管理委員會（以下簡稱本會）核定者〕、基本投資方針、基金型態（開放式或封閉式）、基金投資國外地區者，應註明「投資國外」、基金以外幣計價者，應註明本基金計價之幣別、本次核准發行總面額、本次核准發行受益權單位數、保本型基金為保證型者，保證機構之名稱、證券投資信託事業名稱。

---

[15] 證券投資信託及顧問法第 5 條第 1 款規定。
[16] 證券投資信託及顧問法第 12 條規定。

四、應揭露及申報公告之事項

（一）受益人購買或請求買回受益憑證之費用與證券投資信託事業、基金
　　　保管機構所收取經理或保管費用之上限及證券投資信託基金應負擔
　　　費用之項目[17]。

（二）證券投資信託事業得募集或私募證券投資信託基金之種類、投資或
　　　交易範圍及其限制，由主管機關定之。前項基金之投資或交易涉及
　　　證券相關商品以外之項目者，主管機關應先會商相關目的事業主管
　　　機關之同意；其涉及貨幣市場者，應另會商中央銀行同意[18]。

（三）證券投資信託事業及基金保管機構應將證券投資信託基金之公開說
　　　明書、有關銷售之文件、證券投資信託契約及最近財務報表，置於
　　　其營業處所及其代理人之營業處所，或以主管機關指定之其他方
　　　式，以供查閱[19]。

（四）證券投資信託事業募集或私募之各證券投資信託基金，應分別設
　　　帳，並應依主管機關之規定，作成各種帳簿、表冊；其保存方式及
　　　期限，依商業會計法及相關規定辦理[20]。

（五）證券投資信託基金投資所得依證券投資信託契約之約定應分配收
　　　益，除經主管機關核准者外，應於會計年度終了後六個月內分配
　　　之，並應於證券投資信託契約內明定分配日期[21]。

五、投資組合之操作與運用

　　證券投資信託事業運用證券投資信託基金投資或交易，應依據其分析
作成決定，交付執行時應作成紀錄，並按月提出檢討，其分析與決定應有

17　證券投資信託及顧問法第 13 條規定。
18　證券投資信託及顧問法第 14 條規定。
19　證券投資信託及顧問法第 20 條規定。
20　證券投資信託及顧問法第 23 條規定。
21　證券投資信託及顧問法第 31 條規定。

合理基礎及根據。分析、決定、執行及檢討之方式，證券投資信託事業應訂定於內部控制制度，並確實執行；其控制作業應留存紀錄並保存一定期限[22]。

六、基金之申購與買回

證券投資信託契約載有受益人得請求買回受益憑證之約定者，除主管機關另有規定外，受益人得以書面或其他約定方式請求證券投資信託事業買回受益憑證，證券投資信託事業不得拒絕；對買回價金之給付不得遲延。證券投資信託基金買回價格之核算、給付買回價金之期限、請求買回一部分時受益憑證之換發、買回價格之暫停計算、買回價金之延緩給付及其他應遵行事項，應依主管機關規定辦理[23]。

七、基金之會計

證券投資信託事業對於基金之會計事務處理方式，無論是募集或私募之各證券投資信託基金，應分別設帳，並應依主管機關之規定，作成各種帳簿、表冊；其保存方式及期限，依商業會計法及相關規定辦理[24]。證券投資信託基金之會計年度，除證券投資信託契約另有約定或經主管機關核准者外，為每年 1 月 1 日起至 12 月 31 日止[25]。

---

[22] 證券投資信託及顧問法第 17 條規定。為使證券投資信託事業投資作業流程更為簡化，爰於 107 年 1 月 31 日修正刪除原第 1 項及第 2 項證券投資信託事業投資或交易應撰寫書面報告及第 3 項制式書面格式應記載事項之規定，並於第 2 項規定分析、決定、執行及檢討之方式，由證券投資信託事業內部控制制度規範及相關控制作業應留存紀錄並保存一定期限。

[23] 證券投資信託及顧問法第 25 條規定。

[24] 證券投資信託及顧問法第 26 條規定。

[25] 證券投資信託及顧問法第 27 條規定。

八、基金淨資產價值之計算

證券投資信託事業應於每一營業日計算證券投資信託基金之淨資產價值。同業公會應對證券投資信託基金淨資產價值之計算，擬訂計算標準，報經主管機關核定[26]。至於基金淨資產價值之公告應由證券投資信託事業，於每一營業日公告前一營業日證券投資信託基金每受益權單位之淨資產價值。但對在國外發行受益憑證募集之證券投資信託基金，依募集所在地之法令規定辦理。但證券投資信託事業向特定人私募之證券投資信託基金，應依證券投資信託契約之規定，向受益人報告證券投資信託基金每一受益權單位之淨資產價值[27]。

九、受益憑證與股務事項

基金之受益憑證與股務事項，包括印製、轉讓、過戶、帳簿劃撥或登錄等，受益憑證，應記載之事項包括證券投資信託基金名稱、受益權單位總數、發行日期、存續期間及得否追加發行之意旨、證券投資信託事業及基金保管機構之名稱及地址、受益人之姓名或名稱、本受益憑證之受益權單位數、購買每一受益權單位之價金計算方式及費用、證券投資信託事業及基金保管機構所收取經理或保管費用之計算方法、給付方式及時間、受益人請求買回受益憑證之程序、時間、地點、買回價金及買回費用之計算方法、證券投資信託事業給付買回價金之時間、方式、受益權單位淨資產價值之計算及公告方法、受益憑證轉讓對象設有限制者，其限制內容及其效力、其他經主管機關規定應記載事項[28]。

---

[26] 證券投資信託及顧問法第 28 條規定。
[27] 證券投資信託及顧問法第 29 條規定。
[28] 證券投資信託及顧問法第 32 條至第 36 條規定。

十、受益人會議

受益人權利之行使，應經受益人會議決議為之。但僅為受益人自身利益之行為，不在此限[29]。除主管機關另有規定者外，應經受益人會議決議為事項包括更換基金保管機構、更換證券投資信託事業、終止證券投資信託契約、調增證券投資信託事業或基金保管機構之經理或保管費用、重大變更基金投資有價證券或從事證券相關商品交易之基本方針及範圍、其他修正證券投資信託契約對受益人權益有重大影響[30]。受益人會議召開之期限、程序、決議方法、會議規範及其他應遵行事項，必須依主管機關所訂定之準則為之[31]。

十一、基金之終止、清算及合併

證券投資信託契約有法令所規定情事之一者，應經主管機關核准後予以終止[32]，又證券投資信託事業得為證券投資信託基金之合併；其合併之條件、程序及其他相關事項之辦法，由主管機關定之[33]。證券投資信託契

---

[29] 證券投資信託及顧問法第 38 條規定。

[30] 證券投資信託及顧問法第 39 條規定。

[31] 證券投資信託及顧問法第 40 條至第 44 條規定。

[32] 證券投資信託及顧問法第 45 條規定：「證券投資信託契約有法令所規定情事之一者，應經主管機關核准後予以終止：一、證券投資信託事業或基金保管機構有解散、破產、撤銷或廢止核准之情事，或因對證券投資信託基金之經理或保管顯然不善，經主管機關命令更換，致不能繼續執行職務，而無其他適當之證券投資信託事業或基金保管機構承受原事業或機構之權利及義務。二、受益人會議決議更換證券投資信託事業或基金保管機構，而無其他適當之證券投資信託事業或基金保管機構承受原事業或機構之權利及義務。三、基金淨資產價值低於主管機關所定之標準。四、因市場狀況、基金特性、規模，或其他法律上或事實上原因致證券投資信託基金無法繼續經營。五、受益人會議決議終止契約。六、受益人會議之決議，證券投資信託事業或基金保管機構無法接受，且無其他適當之證券投資信託事業或基金保管機構承受原事業或機構之權利及義務。七、其他依證券投資信託契約所定終止事由。基於保護公益或受益人權益，以終止證券投資信託契約為宜者，主管機關得命令終止之。證券投資信託契約因存續期間屆滿而終止者，應於屆滿二日內申報主管機關備查。證券投資信託契約之終止，證券投資信託事業應於申報備查或核准之日起二日內公告之。」

[33] 證券投資信託及顧問法第 46 條規定。

約終止時，清算人應於主管機關核准清算後三個月內，完成證券投資信託
基金之清算，並將清算後之餘額，依受益權單位數之比率分派予各受益
人。但有正當理由無法於三個月內完成清算者，於期限屆滿前，得向主管
機關申請展延一次，並以三個月為限。清算人應將清算及分配之方式，向
主管機關申報及公告，並通知受益人。清算程序終結後應於二個月內，將
處理結果向主管機關報備，並通知受益人[34]。清算人應自清算終結申報主
管機關之日起，就各項帳簿、表冊保存十年以上[35]。

第二項　證券投資信託共同基金管理業務委外之外國立法例

前述我國證券投資信託及顧問法規定之，證券投資信託共同基金從申
請、申報、設立或追加、受益憑證或基金股份之印製與發行、基金之投資
組合配置與操作、基金淨資產價值之計算、基金之申購與贖回、基金保管
機構之選任與更換、基金之監督與稽核、基金受益人或公司型基金股東大
會之召開，以致基金之移轉、合併、解散或清算等之證券投資信託共同基
金管理業務得否為委外授權管理，以下擬援以外國立法例加以比較說明。

一、盧森堡

盧森堡為全球各種基金產品的中心，其資產管理所依據之主要法律是
旨在規範 Part I 與 Part II 基金，為執行歐盟第 2001/107/EC 號與第
2001/108/EC 號指令（合稱「UCITS III 指令」），通過之 2002 年 12 月 20
日有關集資投資企業之法律，作為盧森堡基金之主要的法律基礎並維持傳
統，其中 Part I UCIs 規範符合 UCITS 指令基金，是以 UCITS 品牌通行歐
洲，PartII UCIs 所規範之基金是不適用 UCITS 機制之基金；另盧森堡為

---

[34] 證券投資信託及顧問法第 47 條規定。
[35] 證券投資信託及顧問法第 49 條規定。

有意涉足替代策略之「具有充分訊息」的投資人創設一種新的基金體制，於 2004 年 6 月 15 日增訂有關風險資本投資公司之法律（SICAR 法），以及 2007 年 2 月 13 日有關特種投資基金之法律（SIF 法）。至於負責監督盧森堡受管制投資工具之主管機關為「證券金融監督委員會」（Commission de Surveillance du Secteur Financier, CSSF）。在定義上管理 Part I 基金之管理公司統稱為第十三章管理公司；管理 Part I 基金以外的其他類型基金之管理公司，則統稱為第十四章管理公司。依 2.5.4.條規定管理公司將業務委由第三者執行者應遵行下列相關規則與要求：

（一）若是第十三章管理公司

依據第 03/108 號 CSSF 公報，第十三章管理公司可以將其本身之一項或部分項功能，委由第三者執行，以提高公司業務經營效率。管理公司將某些業務委由第三者執行之事實不影響管理公司與保管人之責任。委外第三者執行業務須 CSSF 核准，其委外核准所需之先決條件如下：

1.委外核准所需之一般先決條件

管理公司若欲將其功能委外，須以適當之方式通知 CSSF。因此，管理公司必須為所管理的每一家 UCITS 向監督機關提出一份說明書，註明其擬委外之功能，受其委託之機構，以及管理公司監控該機構業務活動之程序。說明書必須包含必要之項目，使 CSSF 能夠查證是否有效符合先決條件。委任結果不得妨礙對管理公司之有效監督；尤其不能妨礙管理公司為其投資人之最佳利益所為之作為或管理 UCITS。委任之架構必須確保隨時皆能遵守業務行為規範及都能受到控制。

2.授權他人辦理管理公司業務時必須建立完整之機制監控受委任機構之業務活動

依第十三章管理公司須建立一套控管辦法，讓其董事能夠查閱能夠證明受委任機構代管理公司及其所管理之 UCITS 完成之業務之資料文件。依據委託之功能，董事會就所管理之每個 UCITS，定期收到詳細報告，使

其評估以下各項：

（1）UCITS 資產之管理是否依據章程文件及適用之法律條款進行投資；所建立及實施之風險管理方法是否能夠在任何時候監控與評量部位之風險，及其在 UCITS 投資組合的一般風險特徵中所占份量。

（2）UCITS 行銷政策之監控，其報告之頻率及內容，應視 UCITS 之特徵及其本身風險而定。

（3）受委任之第三者不得避免管理公司之要求，查閱 UCITS 有關之會計資料，依委任契約不得因此避免管理公司業務負責人得在任何時候，對受委任機構下達任何額外指示，亦不得避免其基於投資人之利益，而撤銷委任，並立即生效。委任協議書必須考慮這些要求並載明其細節，特別是可以立即解約時。受委任之公司必須依據受委任功能之性質，具備所需之資格與能力。除適用法規要求之授權外，受委任之機構還必須證明其能就所受委任之功能，提供適足之人力與技術資源。

（4）UCITS 公開說明書列有管理公司已獲准，得委外之功能。為確實為保障投資人利益所需時，CSSF 得要求在公開說明書中公布受管理公司委任之機構之身分資料。

3.投資管理功能之特別先決條件

若是投資管理之委任，則只能委任給獲准或已註冊從事資產管理業務並受監督之機構。受投資管理委任之機構必須已依據其國內法以及（若適用）適用於所提供之服務之任何法律獲得授權。受投資管理委任之機構在其本國，須受旨在保護投資人之法定監理機關之永久監督。受投資管理功能委任之機構，其身分資料原則上須在該 UCITS 之公開說明書中公布。委外工作須依據投資分配標準，定期由管理公司訂之。因此，委任協議書須註明投資政策以及適用於 UCITS 及各部位（若委任涉及多部位 UCITS 之各部位）之投資限制，以及（若適用）董事會所定義之特定資產分配。

這些條款得以引述該 UCITS 之公開說明書所含條款之方式，包括在委任協議書中，但不影響管理公司董事會或管理公司業務負責人得隨時下達之特定指示。若這些內容需要修訂，則協議書也必須及時修訂，以便所做之委任能在新法規生效時，立即符合該新法規。若委任涉及投資管理且受委任者是第三國機構，則必須確保 CSSF 與該第三國主管機關之間的合作。

4. 涉及投資管理核心功能不得委任給保管人，或其利益會與管理公司或單位持有人／股東衝突之任何其他機構

但這項規定不禁止將投資管理功能委任給與保管人同屬一家集團之公司。若有這種情形，則 CSSF 只在其有證據證明已有保護管理公司及其單位持有人／股東利益之機制時，方會核准該項委任。

（二）若是第十四章管理公司

對於第十四章之管理公司，2002 年法律與 CSSF 公報中並無有關將管理功能外包第三者，監控與監督方式，職責之分配以及須由誰負起最後責任之規則與要求。

二、香　港

依香港單位信託及互惠基金守則第五章及基金經理操守準則第一章第 8 條規定[36]，審核基金管理公司之相關準則時，對於投資管理職能授權與第三者之監督與責任規範為必備之條件，依該條第（e）款規定，管理公司把投資管理的職能轉授予第三者，則該公司須持續監督和定期監察獲轉授職能者的表現是否稱職，以確保管理公司不會因第三者的委任而削減其對投資者應負的責任。管理公司的投資管理之職權可以承包形式轉授予第三者履行，但管理公司的責任及義務不因此減免，依同條第（b）款規定

---

36 惇安法律事務所，境外基金比較法制研究報告，中華民國證券投資信託暨顧問商業同業公會委託，2006 年 1 月，頁 52-53。

在評核管理公司人員的資格時，證監會可能會要求管理公司提供其董事及或其轉授職能者之履歷。因此香港法制允許管理公司將投資管理業務授權予第三人履行，惟授權之管理公司負有持續監督及定期監察之義務，且其責任與義務並未因授權而得以轉授，仍須對投資人負其責任。

　　至於得否授權非香港境內之海外管理公司或投資顧問公司從事投資管理業務，依守則第五章第 1 條規定：「申請認可的集合投資計畫，必須委任證監會接納的管理公司。」同條註釋規定：「基金管理公司或獲授予投資管理職能的投資顧問的投資管理運作部門，應設於其監察制度獲證監會接納的司法管轄區。對於其他司法管轄區，證監會將會按照其特點加以考慮，並可能會接納管理公司作出的承諾，表示該公司將會應證監會的要求，提供該計畫的管理有關的簿冊及紀錄，以供證監會檢查。」據此，證監會根據下列事項決定海外監管機構是否可被接納：（一）該海外監管機構或其代表在該司法管轄區內對投資管理公司的監察方式，大致相當於證監會所採取的方式；（二）證監會及該海外監管機構已訂立滿意的安排，及時交換投資管理公司的資料。

　　綜上所述，獲授予投資管理職能之投資顧問公司得以設置於香港以外之國家，惟該國之監察制度需獲香港證監會所接納之司法管轄區。此外，法制上直接將附錄所示各司法管轄區之投資管理公司「視為」已遵守本守則第五章第 1 條所規定，而為證監會所可接納之監察制度。準此，香港係以單方面承認海外司法管轄區之方式進行法令之規範，有助於促進基金投資管理業務之國際化。

三、新加坡

　　新加坡證券及期貨法第 287 條規定就集合投資計畫對不特定大眾公開募集前，必須先經主管機關之核准或承認，始得為之。集合投資計畫依其係於新加坡或新加坡以外地區成立，分為「核准計畫」（Authorized Schemes）與「承認計畫」（recognized Schemes），後者即係指在新加坡

以外地區成立之集合投資計畫，其必須在符合法定條件下，經主管機關承認，始得公開募集銷售。得依項規定承認該集合投資計畫必須符合下列條件：

（一）依據該海外計畫成立地或管理地之法律及執行情形，足以提供新加坡投資人至少相當於依該節規定所核准計畫對投資人之保護。

（二）若該計畫係以公司型態組成，則該公司必須是依據新加坡公司法（Companies Act）第十一章第二節規定所註冊登記之外國公司。

（三）該海外計畫必須具有符合該條第 3 項規定條件之經理人。

（四）該海外計畫必須具有一總代表人或總代理人（Representative），而該總代表人必須在新加坡有單獨固定之居所（individual resident），以履行該條第 13 項之任務為目的。

（五）主管機關已獲得有關海外公司、第 2 款公司或第 3 款經理人之登記處所、第 4 款所定總代表人之名稱及特定之聯絡人等資訊或主管機關所定之依新加坡 2004 年 2 月增修之證券期貨規範 Securities and Futures (Collective Investment Schemes Constituted Outside Singapore) Regulations，對於海外計畫不再嚴格要求必須依新加坡公司法註冊登記為外國公司。惟依新加坡 2004 年 2 月增修之證券期貨規範 Securities and Futures (Collective Investment Schemes Constituted Outside Singapore) Regulations，對於境外之集合投資計畫不再嚴格要求必須總代表人須為自然人，亦開放新加坡國內公司或依新加坡公司法註冊登記為外國公司，擔任境外集合投資計畫之總代表人。

（六）該海外計畫或其經理人、受託人遵守該法及集合投資計畫規則。

（七）經主管機關認可之集合投資計畫，其總代表人應執行或完成下列任務：

　1. 協助集合投資計畫單位之發行及贖回。

　2. 協助集合投資計畫單位之銷售及申購價格之公布。

　3. 協助發送計畫之報告予參與者。

　4. 協助提供主管機關所定有關單位之銷售及贖回之書件紀錄。

　　5. 協助組成計畫文件之檢查。

　　6. 保存在新加坡申購或贖回單位參與人之輔助登記資料以供檢查，或保存任何有助於檢查或調查之相關資訊。

（八）提供主管機關為適當執行本法所需有關計畫之資訊或紀錄。

（九）其他主管機關所規定之任務。

（十）新加坡之總代表人就前述第 287 條第 13 項各項權責之行使，除得自行為之外，尚得授權或委任另外之合格複代表人，代其執行職務，然總代表人就各該職務之執行，仍應對主管機關負其責任。然該等授權或委任複代表人之權利，在新加坡之立法架構下，並非由來於法令之明文授權，而係透過契約訂定。實務上，新加坡境外之集合投資計畫係透過銷售契約新加坡之總代表人，而該契約通常會賦予總代表人在約定範圍內，轉而指定複代表人之權限。而在新加坡之規範架構下，總代表人委任複代表人之契約，得使複代表人合法而有效地取得第 287 條第 13 項諸款事由之權限。

第三項　我國證券投資信託共同基金管理業務之委外規定

　　證券投資信託事業募集或私募證券投資信託基金，運用基金從事投資或交易，為專業之投資機構法人，因此應蒐集相關資訊並依據其分析作成決定與交付執行，基於投資受益人之委託，證券投資信託事業對於基金資產之運用有指示權，並應親自為之，除另有規定外，不得複委任第三人處理[37]。惟有些基於專業屬性、全球投資組合之需要或屬於行政事務，基於為期專心致力於操作之績效，允許委由第三者執行，以提高公司業務經營效率[38]。現行就境內基金得授權委外之主要規定如下[39]：

---

[37] 證券投資信託及顧問法第 5 條第 1 項規定。

[38] 證券投資信託事業運用基金資產，得依證券投資信託基金管理辦法第 5 條第 1 項規定，將基金投資於亞洲及大洋洲以外之海外投資業務複委任第三人（以下稱受託管理機構）處理，證

一、證券投資信託事業運用基金資產，得依證券投資信託基金管理辦法第 5 條第 1 項規定，將基金投資於亞洲及大洋洲以外之海外投資業務複委任第三人（以下稱受託管理機構）處理。但基金投資於亞洲及大洋洲以外之金額超過基金淨資產價值百分之七十者，得將海外投資業務全部複委任，不受前揭複委任海外投資地區之限制。

二、證券投資信託事業辦理前揭委外事宜時，應遵守下列規定：

（一）有關受託管理機構之選任：

1. 證券投資信託事業對於受託管理機構之選任應經適當評選程序，不得損害基金之利益。

2. 受託管理機構應對於受委任業務具備專業能力，並依法得辦理所受託管理之業務，且符合下列資格條件：

（1）具有二年以上管理或經營國際證券投資信託基金業務經驗。

（2）所管理投資於證券之共同基金總資產淨值超過 50 億美元或等值之外幣。

（3）最近二年未因資產管理業務受當地主管機關處分並有紀錄在案。

（4）已配置適當人力及技術以進行受委任事項。

3. 受託管理機構所專長管理之基金類型及投資區域，應與受委任投資資產之類型及投資區域相關。

4. 受託管理機構不得為該基金之保管機構，或與基金保管機構具有公司法第六章之一所定關係企業之關係者。

5. 受託管理機構之主管機關應與本會簽訂證券監理資訊交換與合作文件，及受託管理機構之主管機關應出具同意監理合作之聲明或書函。但受託管理機構之主管機構已與本會簽訂基金相關之特殊目的監理資訊交換與合作文件者，不在此限。前述聲明或書函內容應包括：

券投資信託事業辦理前揭委外事宜時，應遵守相關之規定。

[39] 參見金融監督管理委員會 106 年 9 月 14 日金管證投字第 1060026061 號令。

（1）主管機關知悉並同意受託管理機構執行受委任事項。

（2）於受託管理機構之受委任事項範圍內，主管機關同意必要時應協助蒐集、提供相關資料。

（3）主管機關同意提供對受託管理機構所進行，且曾經或將會對該受託管理機構之運作造成重大影響之相關資料及業務缺失處分情形。

（4）主管機關同意通知受託管理機構之任何重大變動。

（二）證券投資信託事業應與受託管理機構訂定書面契約，載明雙方權利義務及下列事項：

1. 委任事項、期間及受託管理機構權責。

2. 受託管理機構應遵守我國證券投資信託基金管理辦法及證券投資信託契約之規定。

3. 受託管理機構就受委任事項之投資策略計畫，及變更投資策略計畫之議定方式。

4. 受託管理機構應出具計畫說明書，說明其投資交易流程及內部控制制度，並遵照計畫說明書所示之投資交易流程及內部控制等之原則與制度執行本契約所定義務。

5. 受託管理機構應就受委任事項向證券投資信託事業提出報告之率（至少每月一次），報告內容須包括但不限於基金投資績效、風險管理、資產配置、投資策略及市場展望之分析與檢討。

6. 受託管理機構應就受委任投資資產之淨資產價值減損達原受委任投資資產一定比率時，自事實發生之日起二個營業日內通知證券投資信託事業。日後每達較前次通知淨資產價值減損達一定比率時，亦同。

7. 證券投資信託事業得隨時就委任事項指示受託管理機構，受託管理機構不得拒絕。

8. 受託管理機構就受委任事項，同意依本會及證券投資信託事業之要求提供相關資料或報告。

9. 受託管理機構不得將受委任事項再委任他人處理。

10.受委任事項涉及客戶資料者，受託管理機構應盡保密責任不得任意洩漏。

11.與受託管理機構終止契約之重大事由，包括證券投資信託事業得考量受益人權益隨時終止委任，及依本會通知終止之條款。

12.受託管理機構應與證券投資信託事業簽訂人員培訓計畫，包括但不限於受託管理機構執行培訓證券投資信託事業人員計畫之方式、次數及每年最低培訓總人數及總時數。

13.契約所適用之準據法及訴訟管轄法院。

（三）證券投資信託事業應具備隨時有效監督受託管理機構之機制及能力，並於內部控制制度中訂定複委任作業有關之風險監控管理措施，提經董事會通過，其內容應包括：

1. 對於受託管理機構之選任標準及評選程序。

2. 複委任作業之風險與效益分析。

3. 對受託管理機構運用受委任投資資產之監督管理作業程序，內容須包括但不限於證券投資信託事業基金經理人應定期追蹤（至少每月一次）及評估受託管理機構之投資績效及投資策略是否符合證券投資信託契約及公開說明書規定，並作成紀錄。

4. 足以辨識、衡量、監督及控制複委任所衍生風險之程序與管理措施。

5. 緊急應變計畫。

（四）證券投資信託事業應於董事會同意複委任業務後，檢具董事會議紀錄及與受託管理機構簽訂之書面契約報本會備查；並將前揭複委任業務情形、受託管理機構名稱及背景資料揭露於基金之公開說明書。

（五）證券投資信託事業應就前述二（二）12 所簽訂之人員培訓計畫，指派權責主管定期（至少每半年一次）檢視計畫執行情形及就人員能力提升情形出具報告，並提報董事會。

（六）證券投資信託契約應明定「證券投資信託事業對受託管理機構之選任或指示，因故意或過失而導致基金發生損害者，應負賠償責任；證券投資信託事業依證券投資信託契約規定應履行之責任及義務，如委由受託管理機構處理者，就受託管理機構之故意或過失，應與自己之故意或過失負同一責任，如因而致損害該基金之資產時，應負賠償責任」，並揭露於基金公開說明書。

（七）基金保管機構依法令及證券投資信託契約應負之監督責任不因證券投資信託事業將基金資產之管理複委任受託管理機構處理而受影響，基金保管機構於知悉受託管理機構之行為致使證券投資信託事業違反證券投資信託契約或相關法令，應即依證券投資信託及顧問法第 23 條規定辦理。

（八）已成立之證券投資信託基金，證券投資信託事業擬將該基金之海外投資業務複委任受託管理機構處理者，除受託管理機構為該證券投資信託事業之集團企業，且已為該基金提供國外投資顧問服務連續達三年以上，得免經受益人會議同意外，應先經受益人會議同意後，配合修正證券投資信託契約，並於公開說明書揭露相關事項，始得為之。所稱「集團企業」，準用證券投資信託基金管理辦法第 7 條規定。

三、證券投資信託及顧問法第 17 條第 3 項規定，證券投資信託事業運用證券投資信託基金從事投資或交易分析報告、決定、執行紀錄及檢討報告書面之格式及應記載事項，得以前述二（二）5 受託管理機構所提報告及二（三）3 證券投資信託事業基金經理人之追蹤評估報告為之。

第四項　我國基金委外之基金事務機構

我國現行法令並無類似國外專業許可之基金事務機構設置，從前述基金事務機構之業務內容比較分析，現行國內有關基金事務之事項則分散由證券投資信託事業或保管機構承擔，例如基金受益憑證之發行、簽證、淨

值計算、基金管理支援服務、申購、贖回與對投資人之相關通知、回報、轉知及對主管機關的申報等由證券投資信託事業處理；另基金之資產保管、保護投資者並確保資產得到適當隔離、監控交易結算和現金餘額、每日現金交易與對帳及持股報表、對基金資產內部控制的獨立監督、保管國內外股票、固定利息、衍生品等由保管機構擔任。其無論是制衡之機制發揮[40]與專業之分工上皆與外國之實務運作不盡相符，尤其是一般行政事務之事項，對於申報、公告、通知、報表之製作保存等事項，每一證券投資信託事業處理都須配備一套設備與人員，並且要做好專業服務訓練與建置資安維護、洗錢防制、打擊資恐等之法令遵循與內控內稽制度，就專業資產管理機構而言，確實過於繁複且與其核心經營之業務內容相左，故參照國外立法例與實務委外由單一專業機構負責處理有其實益與必要性。類此情形就現行公開發行公司運作實務上，其股務事項得以自辦或委外方式辦理，委由第三人之專業機構辦理從股務處理事項之中立性與專業性考量尤有其必要，因此以下擬就我國股務代理制度之運作與規範提出介紹，並探討我國境外基金總代理人業務比照股務處理之方式委外由股務代理機構辦理之可行性。

一、公開發行股票公司之股務事項

　　涉及股票有關務事項通常包括股票之印製、過戶、出席股東會使用委託書、股東會之召開、配股配息等事項，甚至股份權轉換、合併分割事務、稅務事項、受託辦理股東會相關事務之公司與代為處理徵求事務之公司受託辦理委託書事務，以及有價證券無實體發行作業等，依公開發行股票公司股務處理準則之規定，所稱股務包含下列各項事務[41]：

---

[40] 例如基金之淨值計算由證券投資信託事業計算處理，國外通常由保管機構爲之，前開愛爾蘭之基金外包指南，區分初步淨資產值與最終資產淨值，初步淨資產值是指向未向基金管理人或其外包服務提供商發布或以其他方式向市場發布的投資者提供的計算資產淨值。該初步資產淨值可在提供作爲最終資產淨值之前，提供給投資基金或其投資經理以供審閱。

[41] 公開發行股票公司股務處理準則第 2 條規定。

（一）辦理股東之開戶、股東基本資料變更等事務。

（二）辦理股票之過戶、質權設定、質權解除、掛失、掛失撤銷等之異動
　　　登記，以及股票之合併與分割作業。

（三）辦理召開股東會之事項。

（四）辦理現金股利與股票股利之發放事務。

（五）辦理現金增資股票之事務。

（六）處理有關股票委外印製事項。

（七）處理股東查詢或政府機關規定之相關股務事項。

（八）其他經主管機關核准之股務事項。

二、股務代理機構之資格條件

　　股務之處理屬於專業服務事項，因此股務代理機構應具備依定之資格
條件，現行法令對於公開發行股票公司處理股務事務規定得委外辦理；其
受委託辦理者，以綜合證券商及依法得受託辦理股務業務之銀行及信託業
為限。另為協助公司順利召開股東會，符合下列條件之股份有限公司，亦
得受託辦理股東會相關事務[42]：

（一）實收資本額新臺幣 2 億元以上。

（二）依本法規定經營證券商業務之股東，持有該公司股份合計超過其已
　　　發行股份總數百分之五十，且各證券商持有該公司股份未超過其已
　　　發行股份總數百分之十。

（三）董事會至少有三分之一之席次，由獨立董事擔任。

（四）人員及內部控制制度符合第 4 條及第 6 條規定之條件。

（五）公司或受公司委託辦理股務之機構，辦理股務事務時，應注意維護
　　　股東之權益及證券交易之安全。

---

[42]　公開發行股票公司股務處理準則第 3 條規定。

三、基金事務機構與股務代理機構業務之比較

境外基金總代理人之業務內容包括維護投資人權益有關事項、踐行資訊之揭露事項、核准或申報生效後資訊之揭露、申購與買回資訊之彙整及申報淨資產價值之公告，由於境外基金投資組合之決策與操作皆由境外基金管理公司負責，我國境內之總代理人在性質上與國外之基金事務機構所從事之業務內容較為相近，在事務性之業務進行方面又與我國公開發行股票公司之股務代理機構之運作與內容相類同，例如受益人大會與股東會之召開相當；股票之印製、過戶、股東基本資料變更等之處理與受益憑證之處理相同；其他如現金股利與股票股利之發放事務與基金之申購、贖回相關事項雷同。同時考量股務代理之受委託辦理機構，現行規定以綜合證券商及依法得受託辦理股務業務之銀行及信託業為限，綜合證券商及依法得受託辦理股務業務之銀行及信託業為限，綜合證券商得為總代理人，銀行及信託業也得為基金之保管機構，在資格條件上已有嚴格之限縮，並有嚴謹之內控內稽制度建置與監督機制，因此應開放予綜合證券商及依法得受託辦理股務業務之銀行及信託業為境外基金總代理人之相關行政事務之受委託機構。

第五節　建議適度開放我國基金委外之事務

鑑於國外之立法例與實務運作，且參酌目前國內基金相關行政管理事務亦可委外辦理，在國內證券投資信託公司同時兼任總代理人之角色家數眾多之情形下，基於基金總代理（main agency）及事務代理（transfer agency）專業分工、經濟成本與法令遵循等之需要，將最為繁雜之基金一般行政管理事務，不分境內外基金均可委外辦理，以達到專業辦理之效益。爰建議境內外基金總相關事務得委外由專業股務代理機構，包括綜合證券商與依法得受託辦理股務業務之銀行及信託業辦理：

一、對於受益人申請開戶之各項文件，審核各項開戶文件是否齊備、

建檔，變更資料維護作業。

二、與受益人約定扣款、交易契約之文件審核、建檔、核印等相關作業之處理。

三、關於基金申購、贖回資料之審核、受益人申購款對帳及申購、贖回事務之處理、結帳作業。

四、相關代理事項等需與保管銀行對帳、匯款及提供報表之相關聯絡事宜。

五、關於受益憑證之過戶、合併、分割、換發、補發、掛失、掛失撤銷、質權之設定或解除等作業。

六、關於受益人或質權人及其法定代理人之姓名、地址及印鑑等之登記或變更登記。

七、其他有關受益人及其他關係人就受益憑證事務關係之申請或報告之受理。

八、關於受益人名簿及附屬帳冊之編製與管理。

九、關於空白受益憑證之保管及受益憑證之換發、交付及送請簽證機構簽證。

十、關於受益人大會召開通知書及其他對於受益人之通知或報告之寄送，受益人大會表決票之收集與統計。

十一、關於受益憑證事務之照會或事故報告之受理及其他有關詢問事項之處理。

十二、關於受益人收益分配之計算、發放、代扣稅款及股利扣繳憑單之申報及填寄。

第八章

境外基金管理法令架構之探討

第一節　前　言

　　一般而言，共同基金（mutual fund）可分為境內基金（onshore funds）與境外基金（offshore funds）兩種，就我國在民國 93 年證券投資信託及顧問法剛過時，國人透過國內外證券投資信託基金投資國外證券市場之比較而言，國內經核准之證券投資信託事業，於報經中央銀行同意後得募集之證券投資信託基金，其得投資國外者計有 75 檔基金，規模為新臺幣 959 億元[1]，而經我國主管機關核備得推介之境外基金則有 790 檔之多[2]，其規模據業者之估計至少有新臺幣 1 兆元以上[3]，兩者相去懸殊，然而現行之法令規範國外基金在中華民國境內營運之活動者，卻只有證券投資顧問事業管理規則第五章七個條文之法規命令[4]，及原財政部頒定之銀行辦理指定用途信託資金業務應客戶要求推介外國有價證券作業要點[5]而已，所以表面看起來我國對境外基金在國內之管理，在核備上相當嚴格，而銀行也被限制只能被動之推介而已，但實際上銀行甚至券商主動勸誘兜售者已是相當普遍，以致徒有嚴格法令規範之名，卻是全世界最自由得銷售境外基金地區之一，因此國際上境外資產管理機構對於我國作為境外基

1　參閱中華民國證券投資信託暨顧問商業同業公會 94 年 1 月份統計月報，頁 29。
2　參閱中華民國證券投資信託暨顧問商業同業公會網站：http://www.sitca.org.tw。
3　參閱中華民國信託業商業同業公會網站：http://www.trust.org.tw/7trust.php#。
4　參閱證券投資顧問事業管理規則第 19 條至第 25 條之規定。
5　參閱原財政部 88 年 8 月 31 日台財融第 88743985 號函發布之要點。另境外基金涉及外匯有關業務部分，須依中央銀行外匯局於 94 年 3 月 18 日函訂之金融機構辦理「特定金錢信託投資國外有價證券」業務之規定，以其明定之受託經理信託資金投資國外有價證券之種類與範圍為限。

金募集銷售地視為必爭之黃金地區。

　　準此，如何將境外基金之管理化暗為明，並予以納入合理之規範，則為我國資產管理業務之要務，證券投資信託及顧問法已於 93 年 6 月 30 日經立法院三讀通過及總統公布，並由行政院明定於同年 11 月 1 日實行，對於境外基金之管理已於該法第 16 條明確授權規範之依據，證券投資信託及顧問法立法實行迄今已逾十五年，綜觀現行境外基金在正式開放運作以來，規模更大幅提升，截至民國 109 年 2 月底有 1,009 檔，國內投資人持有資產總額更高達新臺幣 34,951 億元[66]。本章擬就境外基金之管理，依證券投資信託及顧問法之立法前後作比較，並就現行法令之規範提出分析探討。

第二節　法令依據

　　我國之「證券投資信託及顧問法」業已於民國 93 年 6 月 11 日經立法院院會三讀通過，並於 93 年 11 月 1 日實施。該法為求投資人之保障，使國內基金與國外基金得以公平競爭，並促成境外基金業者之經驗累積，及達成金融市場之國際化，於證券投資信託及顧問法（以下簡稱本法）第 16 條第 3 項及第 4 項規定，授權主管機關訂定境外基金從事或代理之相關管理辦法，其規範重點如下：

一、有關境外基金之定義

　　依第 5 條第 6 款規定，係指於中華民國境外設立，具證券投資信託基金性質者，其包括公司型基金與契約型基金，其發行之基金股份、單位信託及受益憑證在內。

6　參閱中華民國證券投資信託暨顧問商業同業公會網站：https://www.sitca.org.tw/ROC/industry/IN1001.aspx?PGMID=FD01#，上網時間：2020/04/03。

二、未經核准或申報生效從事或代理境外基金之刑事責任

第 16 條第 1 項明定任何人非經主管機關核准或向主管機關申報生效後，不得在中華民國境內從事或代理募集、銷售、投資顧問境外基金，違反者，依第 107 條第 2 款規定，處五年以下有期徒刑，併科新臺幣 100 萬以上 5,000 萬元以下罰金。

三、私募境外基金之規範

有關境外基金之私募，應符合第 11 條第 1 項至第 3 項所定與國內私募基金相同之規範，並不得為一般性廣告或公開勸誘之行為。其違反規定而為廣告或勸誘行為者，視為募集境外基金；境外基金之投資顧問為一般性廣告或公開勸誘之行為者，亦同。

四、明定得從事或代理境外基金募集、銷售或推介顧問之業者

依第 16 條第 3 項規定證券投資信託事業、證券投資顧問事業、證券商、境外基金發行者與其指定之機構及其他經主管機關指定之機構，得在中華民國境內從事第 1 項所定業務，及其資格條件、申請或申報程式、從事業務之項目及其他應遵行事項之辦法、境外基金之種類、投資或交易範圍與其限制、申請或申報程式及其他應遵行事項之辦法，由主管機關定之。

五、有關涉及外匯管理事項之規範

在中華民國境內從事或代理募集、銷售、投資顧問境外基金，涉及資金之匯出、匯入者，應經中央銀行同意。

第三節　立法前之境外基金之運作概況

目前我國實務上，投資人投資境外基金之管道有三種，其中除自行以外匯額度範圍內匯出向境外基金發行或管理機構申購外，主要係透過銀行指定用途信託帳戶、證券商受託買賣外國有價證券，或依保險公司連結投資型保單直接向境外基金發行及管理機構申購，在投資標的上，對於境外基金已在交易所上市掛牌者，則得透過受託買賣外國有價證券之證券商購得，透過銀行以指定用途信託方式申購者，其標的則必須為證券主管機關核備之境外基金，相同地，有關投資人透過保險業者投資型保單從事境外基金之申購，依據投資型保險投資管理辦法之規定，投資型保險之投資標的為證券投資信託基金受益憑證者，如為外國基金管理機構所發行或經理者，仍應以經證券主管機關核准證券投資顧問事業提供投資推介顧問者為限，而由於保險業者以保險資產投資境外基金，以連結方式取得境外基金，屬保險法所規範之事項，但就標的之境外基金而言，與證券投資顧問事業推介顧問境外基金同，以下就銀行指定用途信託帳戶、證券商受託買賣外國有價證券及現行證券投資顧問事業推介顧問境外基金，分述如次：

第一項　立法前投資人購買境外基金模式

一、由投資人直接到國外境外基金管理機構申購

投資人參考各種資訊後，私自在國外銷售機構開戶並申購境外基金，並以自己之外匯額度支付價金，由於其行為地發生在國外，其申購款外匯之管道若符合規定，尚非法令所得管轄，但其資訊較不透明無法取得，且風險較大，一旦發生糾紛，在尋求法律救助之程序上較為困難。其關係圖如下：

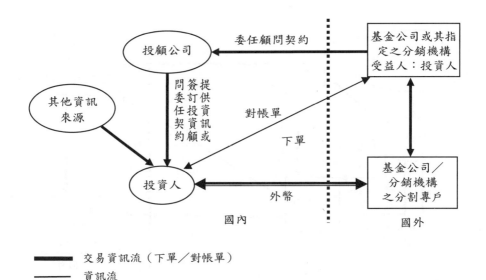

■■■■　交易資訊流（下單／對帳單）
———　資訊流
■■■■　金流

二、透過銀行指定用途信託

銀行以信託關係之受益人名義至境外申購基金，由於其係指定用途，包括種類、標的及價位，其不得主動推介，所以銀行沒有決定其判斷之空間，但其信託僅屬於銷售之轉換名詞而已，實質上還是銷售之行為，故應否納入境外基金管理之規範，尚待商榷，其關係圖如下：

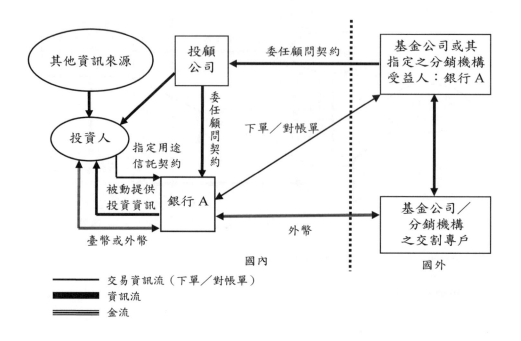

三、證券商複委託

　　證券經紀商以行紀之法律關係並以自己之名義受客戶委託，下單（oroler）至國外證券交易所買賣已經登記（list）上市櫃之境外基金，由於國外慣例上有些開放式可以在交易所上市之共同基金，但是未有交易之事實，此部分允許我國證券商有受託買賣外國有價證券之業者，得代客戶從事買賣，其關係圖如下：

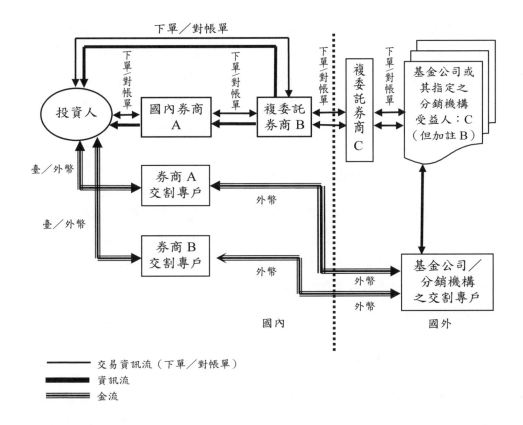

下單／對帳單

投資人

國內券商 A

複委託券商 B

複委託券商 C

基金公司或其指定之分銷機構受益人：C（但加註 B）

券商 A 交割專戶

券商 B 交割專戶

基金公司／分銷機構之交割專戶

臺／外幣

臺／外幣

外幣

外幣

外幣

外幣

國內

國外

交易資訊流（下單／對帳單）

資訊流

金流

第二項　銀行辦理指定用途信託資金投資外國有價證券業務

一、法令依據

在民國 89 年 7 月 19 日信託業法立法之前，由於並沒有信託業，故銀行辦理信託資金有關業務係依銀行法第 3 條，係依經中央主管機關核准辦理之其他業務為依據，而以收受、經理及運用各種信託資金明定為營業項目，而信託業法公布後，依信託業法第 3 條規定，銀行可經主管機關許可兼營信託業務，其兼營部門視為信託業，另依信託業法第 16 條規定，信

託業得經營金錢之信託業務，以早期之信託投資公司則為依據銀行法第
110 條規定，得經營由信託人指定用途之信託資金，故前開信託業、銀行
及信託投資公司經營「金錢之信託」—「新臺幣指定用途信託資金投資國
外有價證券」業務，除各有其規範之法律外，尚須專案向中央銀行申請辦
理，同時必須依信託業法第 34 條之規定提存賠償準備金[7]。

二、境外基金之範圍

有關銀行受託經理信託資金，投資國外有價證券之種類及範圍，係依
中央銀行外匯局 93 年 6 月 8 日台央外伍字第 0930028261 號函規定之「指
定用途信託資金投資國外有價證券之投資種類及範圍」辦理[8]，並須依規
定向中央銀行傳送每月承作合計數、大額信託戶或保險公司等及投資基金
別等明細資料。

三、業務行為規範

依原財政部頒定之銀行辦理指定用途信託資金業務應客戶要求推介外
國有價證券作業要點，銀行辦理指定用途信託資金投資外國有價證券所從
事之推介行為，應屬於被動依客戶之要求[9]，於客戶提出要求後，依誠
信、謹慎原則辦理，投資人與銀行簽訂信託契約，並指定用途投資境外基
金，銀行受託投資境外基金前，應設置專責研究部門提供研究報告，或與
證券投資顧問事業簽訂委任契約，由證券投資顧問事業提供境外基金相關

---

[7] 依信託業法第 34 條第 1 項規定，信託業為擔保其因違反受託人義務而對委託人或受益人所
負之損害賠償、利益返還或其他責任，應提存賠償準備金。

[8] 銀行推介外國有價證券，應以證券主管機關發布之證券投資顧問事業辦理外國有價證券投資
顧問業務，所核備之外國有價證券種類及範圍為限。另中央銀行 94 年 3 月 18 日台央外伍字
第 0940013802 號函，修正金融機構辦理「指定用途信託資金投資國外有價證券」業務，將
名稱修正為金融機構辦理「特定金錢信託投資國外有價證券」業務，其得投資之種類及範圍
仍以經行政院金融監督管理委員會公告者為限。

[9] 同前註 5，該要點第 1 條之規定。

訊息，再由信託業將此訊息資料寄發予委託人參考。

第三項　證券商受託買賣外國有價證券業務

一、證券商之資格條件

　　依證券商受託買賣外國有價證券管理規則第 3 條訂定，證（券）商經營受託買賣外國有價證券業務應具備本公司或其子公司、分公司、或與其具轉投資關係之證券機構，其從事受託買賣外國有價證券，必須具有主管機關指定外國證券交易市場之會員或交易資格，及具有即時取得外國證券市場之投資資訊及受託買賣之必要資訊傳輸設備；若未具前揭資格條件之證券商，得以間接方式委託具本會指定外國證券交易市場會員或交易資格之證券商，買賣外國有價證券。

二、境外基金之範圍

　　證券商受託買賣境外基金，該境外基金必須為外國證券市場交易之受益憑證或基金股份，並限於經主管機關核備且須於外國證券交易所有上市掛牌之境外基金，故實務上經核備之境外基金即使已在國外交易所上市掛牌，但並未有交易之境外基金，仍可為我國證券商受託買賣之標的，至於未上市之境外基金，則國內投資人不得透過證券商買賣。

三、業務行為規範

　　在業務運作上，投資人必須與證券商簽訂受託買賣外國有價證券之開戶契約，並於投資人開戶前指派業務人員說明買賣外國有價證券可能風險，且應交付風險預告書，有關投資人委託買進之外國有價證券，係由證券商以其名義或複受託證券商名義寄託於交易當地保管機構保管，並詳實登載於投資人帳戶及對帳單，以供委託人查對。

第四項　立法前證券投資顧問事業推介之境外基金

依證券投資顧問事業管理規則第 19 條第 1 項規定，證券投資顧問事業得經營外國有價證券投資推介顧問業務，其外國有價證券之種類及範圍如後[10]：

一、境外基金之種類及範圍

（一）境外基金必須成立滿二年。

（二）境外基金基於避險或提升基金資產組合管理之效率，而投資衍生性商品價值之總金額不得超過該境外基金資產淨值之百分之十五。

（三）境外基金不得投資於黃金、商品現貨及不動產。

（四）境外基金投資大陸地區證券市場之有價證券不得超過該境外基金資產淨值之百分之零點四。

（五）境外基金投資香港或澳門地區證券交易市場由大陸地區政府、公司所發行之有價證券、恒生香港中資企業指數（Hang Seng China-Affiliated Corporations Index）成分股公司所發行之有價證券，及香港或澳門地區證券交易市場由大陸地區政府、公司直接或間接持有股權達百分之三十以上之公司所發行之有價證券，合計不得超過該境外基金資產淨值之百分之十。

二、境外基金之基金管理機構條件

（一）基金管理機構（得含其控制或從屬機構）所管理基金總資產淨值超過 10 億美元或等值之外幣者。上述總資產淨值之計算不包括退休基金及個人或機構投資人之全權委託帳戶。

（二）基金管理機構成立滿二年以上者。

10　參閱 94 年 1 月 31 日金管證四字第 0940000535 號函修正，此次修正主要在明定其紅籌股比率放寬至 10%。

（三）基金管理機構最近二年未受當地主管機關（構）處分並有紀錄在案者。

三、業務行為規範

在實務運作上，證券投資顧問事業須與境外基金管理機構簽訂授權契約，並由證券投資顧問事業檢附符合提供推介顧問外國有價證券之種類及範圍之境外基金，逐案向主管機關申請核備；依現行規定，境外基金管理機構可與多家投顧公司簽訂推介顧問契約，且投顧公司可依境外基金管理機構之授權，與多家銀行或一般投資人簽訂委任顧問契約，一般投資人透過證券投資顧問事業之投資推介，可直接向國外基金公司申購境外基金或至銀行以指定用途信託方式投資境外基金。

第四節　各國立法例

境外基金（offshore funds）在境內募集銷售，各國之管理規範寬嚴不一，所採行之制度亦有不同，一般認為美國對境外基金之管理最為嚴格，所以境外資產管理機構在美國幾乎不可能募集銷售境外基金，而香港、新加坡最為自由，所以香港之共同基金幾乎為外國註冊之境外基金[11]，我國在境外基金管理辦法草擬之際，實有必要參考各國之立法例，準此，援引介紹美國、日本、歐盟、新加坡及香港之立法規範，俾供我國制定規範時之參考。

第一項　美國法制介紹[12]

由於基金股份為美國 1933 年證券法（Securities Act of 1933）所稱之

---

[11] 香港境外基金有 1,872 檔，而本地核准之基金則只有 99 檔。
[12] 參見中華民國證券投資信託暨顧問商業同業公會委託惇安律師事務所研究，境外基金比較法制研究報告，2005 年 3 月 1 日，頁 2-3。

證券，必須受 1933 年證券法、1934 年證券交易法（Securities Exchange Act of 1934）之規範。同時必須適用 1940 年投資公司法（Investment Company Act 1940）之規定，境外基金於美國境內公開發行，應先取得美國證管會（SEC）之核准，惟證管會僅在審核時會審慎評估投資公司法相關規定是否能有效執行，且必須確保該境外基金之發行得以保護美國投資大眾利益，始得核准，雖其規範簡單，但由於何謂得以保護美國投資人權益之條件不明確，所以甚少有境外基金得被核准在美國募集銷售。茲就美國現有規範敘述如下：

一、募集銷售

美國證管會曾於 1954 年制定規則七 D-1 中規定，對於加拿大資產管理投資公司取得 1940 年投資公司法第 7 條第(D)項規定之證管會核准，設有例外規定外，其餘地區必須準據美國本地相同規範，依據規則七 D 及七 D-1 之規定，對於外國資產管理公司，在美國申請公開募集銷售基金股份，必須依該外國投資公司設立地法律，視具體個案予以核准外，並應依下列規定辦理：

（一）公司之章程及細則規章必須符合 1940 年投資公司法的主要規定。

（二）外國投資公司大多數的職員以及董事必須是美國的居民，且同意遵守投資公司法的規定以及其股東同意執行。

（三）該外國投資公司尚須將資產保留在美國，如果該外國投資公司不遵守其約定，應依美國法院或證管會的指示辦理解散清算。

（四）該外國資產管理公司至少需設立三年以上，且登記時至少有 5,000 萬美元的資產，而在美國募集股權時，至少需要有 2,500 萬美元的資產。

（五）該外國資產管理公司至少需有 500 位在本國所在地的股東，且持有該公司股權百分之二十五以上，美國的投資人不得購買超過該公司百分之五十以上股權，且該公司百分之六十以上的資產需由國內的

發行公司投資或至少百分之七十是由美國公司所投資。

（六）應提供美國投資者的公開說明書應載有適當的公開條款。其中有應
　　　遵守的條件及合約，以及依據證管會的命令可以適用 1940 年投資
　　　公司法的條款。

（七）申請書內需指明同意送達的方式以及該公司不是美國居民的職員、
　　　董事及投資顧問。

二、私募

　　境外基金於美國境內進行私募，必須係依據 1933 年證券法第 4 條第
2 項及規則 D（Regulation D）之規定，其內容如下：

(一)1933 年證券法第 4 條第 2 項

　　明定不牽涉到公開發行之證券交易無需登記，故境外基金係發行予有
限數目之機構投資人，如保險公司等，得免除登記。若境外基金銷售予非
機構投資人，則須適用規則 D。

(二)規則 D[13]

　　明定數種情形該當於 1933 年證券法第 4 條第 2 項之私募免除，其中
最常為境外基金引用者為第 506 條（Rule 506），第 506 條規定境外基金
得出售予不超過 35 位「未被認可之投資人」（non-accredited investor），
並於符合特定條件下，得出售予不限數目之「被認可之專業機構投資人」
（accredited investor）。換言之，美國對 35 人以上之非專業機構投資人仍
不得有私募之行為。

---

[13]　See Federal Securities Laws, Selected Statues, Rules and Forms, 2004 Edition, p.168.

第二項　日本

日本法制對於投資信託基金制度，係以「投資信託及投資法人法」（投資信託及び投資法人に関する法律）對於投資信託制度加以規範。其中就境外基金有關之規範則規定於該法之第二篇第四章[14]，內容如下：

一、境外基金之申請核准

明定外國投資信託受益證券之發行者，於辦理該受益證券之募集時，應事先依內閣府令之規定，向內閣總理大臣申報下列事項：

（一）有關委託人（限於與委託人非指示型投資信託類似之情形）、受託人及受益人之事項。

（二）有關受益證券之事項。

（三）關於信託之管理及運用之事項。

（四）關於信託計算及收益分配之事項。

（五）前述各款以外，內閣府令所定之事項。

二、有關境外基金變更、解約之申報

（一）外國投資信託業者應將記載投資信託約款之書面交付欲取得該證券投資信託受益證券之投資人。且前向書面之交付，經欲取得該授益證券者之同意，得以行政命令所訂之電子資訊處理組織及其他資訊通訊技術提供該項書面應記載事項。

（二）外國投資信託業者欲變更投資信託契約內容時，必須預先向主管機關申報其意旨及內容。另若該變更內容重大且符合內閣府令所訂定者，應依內閣府令之規定，事先公告欲變更之要旨與內容，並將記

---

[14] 參見中華民國證券投資信託暨顧問商業同業公會、中華民國信託業商業同業公會委託萬國法律事務所范瑞華律師譯，日本投資信託及顧問法（2001 年 12 月 12 日公布修正），頁 39 以下。

載此事項之書面交付可得知悉該投資信託契約之受益人。

（三）外國投資信託業者擬解除投資信託契約時，必須事前向內閣總理大臣提出申報。而投資信託業者擬解除投資信託契約者，必須依內閣府令之規定，事前公告解約之意旨，並將記載該意旨之書面交付給有關該投資信託契約可得知之受益人。

（四）另外國投資信託業者就其指示運用之投資信託資產，應依內閣府令之規定，每屆該投資信託財產計算期間之末日，作成運用報告書，並將其交付於與該投資信託財產有關之受益人。

三、銷售管道及資格限制

日本之境外基金銷售管道，主要係透過證券公司為代理銷售，即日本所謂「代理協會員」，其係依據外國投資信託證券之指定公司，依照該外國投資信託證券之發行人或當地之引入公司之契約，代理該外國投資信託證券之發行者於日本從事境外基金業務之日本證券商協會員者。其於販賣時應向日本證券業協會提出「外國投資信託證券銷售申報書」以及其間締結之契約書或其他協會認為必要之書件。且代理協會會員欲廢止該項代理業務時，應向協會報告其意旨，另依日本證券業協會自律規則對於銷售之標的資格乃有限制，可分述如下：

（一）最低淨資產限制

外國投資信託事業之淨資產須達 1 億日元以上；管理公司（受益證券之發行人）之自己資本或純資產需達 5,000 萬日元以上。

（二）保管場所之指定

須委託銀行或信託公司擔任資產保管業務。

（三）國內代理人之指定

管理公司之代理人須設置於日本國內。代理人受管理公司委任為在日本國內為一切之訴訟及非訟代理行為之自然人或法人，故並非募集、銷售之代理人。

（四）裁判管轄權

就外國投資信託受益證券交易相關訴訟之裁判管轄權，屬於日本國內。

（五）代理協會員之設置

代理之協會員須設置於日本國內，日本之境外投資信託基金制度其募集銷售在協會之自律規則上，認為仍須透過代理機構之管道。

（六）賣空之限制

賣空證券之時價總額不得超過淨資產。

（七）借入之限制

關於外國不動產投資信託受益證券以外之外國投資信託受益證券，不得借入超過淨資產之百分之十。但因合併等事由一時超過百分之十者不在此限。

（八）對同一公司股份取得之限制

管理公司運用外國投資信託受益證券時，不得投資超過同一發行公司發行股份總數超過百分之五十。

（九）價格透明性之確保

對於私募股票、非上市股票以及不動產等流動性欠佳之投資組合，必

須採取適當之方法確保價格透明性。但因基金投資方針，對於欠缺流動性之資產投資明顯占百分之十五以下者，則不在此限。

（十）不當交易之禁止

管理公司不得為自己或投資信託證券受益人以外第三人之利益為交易之行為，欠缺受益人保護或有害投資信託財產正當運用之行為。

（十一）經營者之變更

管理公司負責人之變更，須得主管機關、投資人或受託人的承諾。

（十二）對於投資人之資訊揭露

外國投資信託受益證券對於投資者及主管機關，必須揭露關於該外國投資信託受益證券之內容，但已依日本證券交易法行資訊揭露義務者，不在此限。

第三項　新加坡

新加坡稱基金為集合投資計畫（Collective Investment Schemes），其對境外基金之規範內容可分述如下：

一、證券及期貨法第 287 條第 2 項規定[15]

主管機構對於境外基金之審核，必須符合下列條件：

（一）依據該海外計畫成立地或管理地之法律及執行情形，足以提供新加坡投資人至少相當於依該節規定所核准計畫對投資人之保護。

（二）若該計畫係以公司型態組成，則該公司必須是依據新加坡公司法（Companies Act）規定所註冊登記之外國公司。

15　同前註 12，頁 32-37。

（三）該海外計畫必須具有符合該條資格條件之基金經理人。

（四）該境外基金必須具有一總代表人或總代理人（Representative），而該總代表人必須在新加坡有單獨固定之居所（individual resident），以履行法令上所規定之義務，而總代理人或總代表人不限於自然人，對於新加坡國內公司或依新加坡公司法註冊登記之外國公司，亦得擔任境外基金之總代表人或總代理人。

（五）主管機關必須得取得有關總代表人或總代理人之名稱及特定之聯絡人等資訊或主管機關所定之其他資訊。

（六）境外基金資產管理機構必須具有其主要營業所在地法令核准之執照並受當地法令之管理規範。

（七）主管機關認為境外基金管理機構必須具備適當資格之經理人員，主管機關於審核該等人員是否符合此一要件，包括負責人及任何現正或將要受雇於基金管理機構其有關之人員或對基金管理機構有影響力之人員，並得就基金管理機構之關係企業或其負責人等加以審核。

二、銷售管道

在新加坡基金受益憑證之募集和銷售一般由管理機構或其附屬機構及其他指定之承銷機構辦理，境外基金經承認後，須指派銷售機構來從事行銷及銷售，而該銷售機構可由境外基金之基金管理公司或總代理人指派。境外基金管理公司自己從事行銷，則須取得金融顧問服務執照（Financial Advisor's License）。故新加坡係採功能性之管理方式，只要從事金融顧問相關業務行為之公司，均須受新加坡金融管理局之監督，並受金融顧問法及相關法規（Guidelines on Criteria for the Grant of a Financial Advisor's License and Representative's License）之規範，公司須持有金融顧問服務執照始可執業，執照的有效期限為三年，期滿再重新申請續期。

第四項　香港

依香港單位信託及互惠基金守則（Code On Unit Trusts and Mutual Funds）之規定[16]，不論境內或境外基金之發行，其申請核准、募集、交易之條件並無不同。故境外基金之募集銷售必須向「證券及期貨事務監察委員會」（Securities & Futures Commission of Hong Kong, SFC）申請核准，其規範架構如下：

一、指定總代表人

依「單位信託及互惠基金守則」第九章之規定，境外基金或其管理公司並非於香港註冊成立，而於香港又無營業地址，則須視該基金係屬自主管理（self-management）之基金或設有基金管理公司之情形，分別由該基金或基金管理公司委任一香港代表人（representative），而該代表人須取得在香港有價證券之證券交易銷售之執照，始得為之，且該代表人係由境外基金所屬國際集團直接到香港設立子公司或分公司擔任總代表人（representative），其主要功能在於擔任基金管理公司與香港當地投資人之間的溝通橋樑，雖然香港證券期貨法（Security and Futures Ordinance）等相關法規並未規定一家基金管理公司只能指定一位總代表人，但目前實務上均只有一位代表人，以利管理，其管理之架構圖及內容可進一步分析如下。

---

[16] 香港證券及期貨事務監察委員會依據證券及期貨條例授權訂定此一守則，而於該守則註釋中並說明：

　1.證券及期貨事務監察委員會根據證券及期貨條例第 104(1)條的規定獲得授權認可集體投資計畫。證監會在授予認可時，可附加其認為適當的條件。本守則就屬於互惠基金公司或單位信託性質的集體投資計畫的認可事項定出指引，並訂立作業方式。

　2.證監會可隨時檢討其授予的認可，並在其視為適當的情況下修訂或增加認可條件或撤回認可。

　3.在香港刊登廣告或邀請公眾投資於未經認可的集體投資計畫，可構成犯法行為。

二、管理之架構

香港對於境外基金之管理，除前述境外基金發行或管理機構應指定在香港之總代表人外，至於銷售機構則授權由在香港境內具備一定資格之銀行或證券商擔任，其架構圖如下：

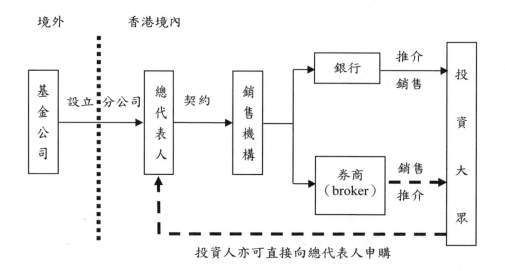

三、總代表人職責

總代表人主要職責為投資人與基金經理公司的溝通橋樑，並負責向香港證監會申報相關資料，其職責內容如下：

（一）接受申購申請及款項收付，但基金經理公司才有權決定是否接受該筆申購。

（二）收到前述款項時須製發收據。

（三）依照該基金發行計畫之條款，發給申購人合約書（Contract Note）。

（四）收受持有人之贖回、過戶及轉換申請，並立即傳達給基金發行及管理公司。

（五）收受持有人擬向該計畫之受託人或保管機構、基金管理公司送達任
　　　何之通知或信件。

（六）基金如有終止或暫停贖回的情狀，應立即通知香港證監會。

（七）在香港可以公開、免費審閱相關資料，並以合理價格出售該計畫之
　　　組成文件。

（八）提供持有人有關該計畫之財務報告及銷售資料。

（九）應證監會的要求，將所有與該計畫在香港的信託單位或股份之銷售
　　　及贖回之帳戶及紀錄，送交證監會。

（十）代表（represent）該計畫及基金經理公司，處理所有與香港持有人
　　　在資金上有利害關係的事務，或處理在香港出售之信託單位或股份
　　　之情事。

四、總代表人、銷售機構（銀行、證券商）應具備之資格條件

依香港證監會之規定有關境外基金總代表人及銷售之中介機構其應具
備之資格條件如下：

	總代表人 （Representative）	銷售機構	
		銀行	證券商（Broker）
執　　　照	Type1	Type1	
	Type4	Type4	Type4
	Type9		

前述資格條件，就從事以下九類受規管活動（regulated activities）之
公司、人員必須領有牌照或向證監會登記，包括 Type1 之證券交易；
Type2 之期貨交易；Type3 之槓桿式外匯交易；Type4 之證券推介顧問；
Type5 之期貨推介顧問；Type6 之公司財務顧問；Type7 之提供自動化交
易服務；Type8 之提供證券保證金融資；Type9 之資產管理。因此對於銷

售機構之銀行及證券商皆須持有 Type4 執照，其考量之因素為該銷售機構必須提供「公開說明書」、「年報」及「其他基金資料」予投資人，故須持有證券推介顧問（advisor）之執照。

五、總代表人、銷售機構之銀行、證券商之從業人員應具備之資格條件

（一）總代表人及銷售機構為公司組織者

資格	Type1 證券交易	Type4 證券推介顧問	Type9 資產管理
註冊成立	1.香港註冊成立的公司；2.在香港註冊的海外公司		
勝任能力	1.適當的業務結構；2.良好的內控制度；3.合格的人員		
負責人員	1.每一類受規管活動須至少 2 位負責人員（Responsible Officers），其中 1 位必須能一直（at all times）監督相關業務 2.每位負責人員在無角色衝突下，可兼任不同類活動的負責人員		
適當的股東	持有股份超過 10%的大股東必須是適當的（依所從事的活動判斷）		

（二）負責人員之資格條件

資格	基本要求	可以下列資歷取代
學經歷資格	通過其中一個認可行業的資格考試	1.擁有會計、企管、經濟、財金或法律學位；或其他學位（但至少取得上述兩門課程的合格成績） 2.法律、會計或財金方面之國際認可專業資格（如：CFA 特許財務分析師） 3.香港中學會考英文（或中文）及數學合格或同等學歷，並須具備 2 年相關行業工作經驗 4.5 年相關行業工作經驗
工作經驗	申請日之前 6 年中，須有 3 年相關行業工作經驗	不適用

資格	基本要求	可以下列資歷取代
管理經驗	具備至少 2 年的管理技巧和經驗	不適用
法規知識	通過其中一個有關本地監管架構的考試	申請人如符合「勝任能力的指引」（Guideline on Competence）的豁免規定，則可申請豁免該項考試

（三）一般從業人員之資格條件

資格	基本要求	可以下列資歷取代
學歷	通過香港中學會英文（或中文）及數學合格或同等學歷	1.擁有會計、企管、經濟、財金或法律學位：或其他學位（但至少取得上述兩門課程的合格成績） 2.法律、會計或財金方面之國際認可專業資格（如：CFA 特許財務分析師） 3.如未具備上述 1.或 2.者，須具備 2 年相關行業工作經驗 4.如未具備上述 1.與 2.者，須具備 5 年相關行業工作經驗
工作經驗	通過其中一個認可行業資格考試	
法規知識	通過其中一個有關本地監管架構的考試	申請人如符合 Guideline on Competence 的豁免規定，則可申請豁免該項考試

（四）人員資格考試之規定

　　香港目前共有十二種試卷，卷 1～卷 6 為「有關本地監管架構的考試」，卷 7～卷 12 為「認可行業資格的考試」，個人視所要從事的受規管活動自由選擇要考哪些試卷，舉例來說，欲從事 Type4（證券推介顧問）之負責人員，須通過卷 1（基本證券及期貨規例）、卷 2（證券規例）、卷 7（金融市場）及卷 8（證券）的考試，每科以 70 分以上為及格。

第五項　歐盟 UCITS III 指令[17]

歐盟 UCITS III 指令（Undertakings for Collective Investment in Transferable Securities III）包含三大部分：規範產品面之指令及規範風險管理面之指令及開放衍生性金融商品之限制等，有關放寬可投資標的之範圍，使基金得投資於貨幣市場工具、信用機構之存款、投資於其他基金（例如成為傘型基金）、衍生性金融商品（如標準化之期貨或選擇權合約）外，同時強化風險分散機制（指數型基金例外）等，可分述如下：

一、產品指令

產品指令，可自下列幾點觀之：

（一）投資銀行存款部分

於請求提款返還期間不得超過 12 個月，符合一定評等之機構並受適當之監督，且需超過百分之二十之淨值與單一符合評等之機構有相關聯等。

（二）投資衍生性金融商品

對於來自受管制之市場或櫃檯交易（OTC），其相關之資產必須為與 UCITS 相同等級之產品、金融指數、利率外匯或外幣匯率，其櫃檯交易之交易對手需受監督，且需為經盧森堡金融業監管委員會（CSSF）認可之種類，櫃檯交易之衍生性金融商品須有一定可信度且每日可茲確認之價值。

（三）投資其他基金部分

對於投資於 UCITS 或非 UCITS 產品（不得超過淨資產之百分之三

---

[17] 同前註 12，頁 81-83。

十），非 UCITS 產品則須符合 UCITS 規定之可投資標的（即受到相同之監督與符合投資人保護之要求，並須公布年報及半年報），投資單一基金不得超過淨資產之百分之二十，被投資之基金不得投資超過其淨資產百分之十之資產於其他基金，並不得購買超過被投資基金超過百分之二十五之股份等。

二、規範風險管理面之指令

即所謂強化風險分散管理機制，係為配合投資種類之放寬而設之配套機制。例如，其對各種基金（除指數基金以外）繼續沿用以前的規則，即一支 UCITS 基金投資於同一機構發行的可轉讓證券的比例不超過基金全部資產的百分之五，但成員國可以將該比例提高至百分之十，條件是持有的資產價值不超過全部可轉讓證券價值的百分之四十。同時規定投資於可轉讓證券或者貨幣市場工具、銀行存款和 OTC 衍生交易帶來的風險暴露頭寸的部分不得超過單筆基金資產之百分之二十，只有當這些可轉移證券或者貨幣市場工具是由成員國政府或者歐洲經濟組織發行或者擔保時，比例可以提高到百分之三十五等。

三、開放衍生性金融商品投資限制

歐盟 UCITS III 指令除其大致上維持了歐盟 UCITS I 指令的構想，更擴大其範圍，不只可轉讓證券投資，還擴及其他金融工具，並增加關於經營前景的資訊揭露。由於歐盟 UCITS I 指令係以衍生性商品之投資目的作為規範，對於「有效投資組合管理」（efficient performance management）、「避險」（hedge）或「投資」（investment）之目的等則未有明確定義；而歐盟 UCITS III 指令的規範係以保護投資人為訴求，著重基金之流動性（liquidity）及風險管理（risk management），在風險評量上訂定更具客觀性及明確性之判斷標準及限制條件。例如基金對衍生性金

融商品之投資，已改避險及管理效率的角度出發，修正基金可投資的比率及種類，目前歐盟 UCITS III 指令的規定係不超過基金淨資產總額之百分之百，其投資衍生性金融商品所導致之相關風險曝露總額，不得超過基金淨資產價值，且不再限制可投資衍生性金融商品之種類。

目前歐盟會員國除盧森堡以外，其他例如英國、德國、愛爾蘭等，均已著手修改當地法規，以與歐盟之新規定接軌，亦即將來全球高達八成之境外基金，均採用歐盟 UCITS III 指令之規定。而非歐盟會員國多已完成或著手修改各當地法規，以與歐盟 UCITS III 指令之規定相符，例如香港目前對投資衍生性金融商品之限制係針對其不同衍生性金融商品種類給予不同百分比之限制，現亦為配合歐盟 UCITS III 指令之規範，著手修改單位信託及互惠基金守則有關投資限制相關規定。目前全球約有百分之八十之境外基金為依據歐盟 UCITS I 指令，而大部分均已準備修改為歐盟 UCITS III 指令。

第五節　境外開放之立法與相關基金管理辦法原則性問題之探討

經參考各國之立法例及我國現行實務之運作，檢討我國未來境外基金管理之方向，如何有效規範在我國外匯漸趨自由之情形下之募集、銷售及顧問行為，並對於境外基金釐定各界皆能遵行之遊戲規則，尤其在面對證券投資顧問事業、證券投資信託事業、證券商、銀行業及信託業在業務擴張之需求，與考量我國投資人權益之保護及財經產業獨立自主之利益均衡之原則下，規劃境外基金管理之政策，則為相當艱鉅之立法工程，因此本文以下擬先就在立法前必須確立之原則性問題，提出探討。

第一項　與國外簽訂相互承認之協定

境外基金募集、私募、銷售及推介顧問，在規劃時是否參照香港、新

加坡之管理實務，要求註冊地國必須與我國有司法及檢查互惠之協議或備忘錄，為兼顧我國投資人之保護，及投資境外基金可能衍生爭議問題之解決，同時亦考量各國平等互惠之原則，香港、新加坡都要求境外基金註冊之募集、發行地國，必須與該國訂定有檢查及資訊交換之協議或備忘錄（MOU）。而我國原核備顧問推介之境外基金，皆未有此一要求，因此為考量國際平等互惠之原則及我國投資人之保護，同時衡量是否可為我國在資產管理及國際平等地位上提供可資談判之籌碼，對於互惠原則之要求有其必要性，甚至於原已核備之境外基金亦可考慮併同列入要求或可依不溯及既往原則辦理。

有關香港對於境外集合投資計畫（基金）已獲得在有監管制度的司法管轄區認可時，依香港單位信託及互惠基金守則得承認香港司法管轄區成立的計畫（基金）類別。香港證監會在審核認可司法管轄區的計畫認可申請時，通常會在有關計畫的結構及運作規定，以及該投資計畫之投資限制已符合香港單位信託及互惠基金守則的規定上進行審核。

又依香港單位信託及互惠基金守則有關為香港政府可接納的監察制度及司法管轄區，此一要求係根據國際證監會組織（IOSCO）所定有關基金經理監察制度而制定，其可接納的監察制度名單上的海外司法管轄區，均已與香港證監會簽署跨境投資管理活動合作及監管聲明（諒解備忘錄）（Memorandum of Understanding）。根據該等諒解備忘錄，香港證監會及可接納的海外司法管轄區將可以就各自的司法區內取得營業認可之基金經理公司財務業務活動互相交換資訊及向對方提供協助。而統計現行經我國核備在國內之境外基金，符合基金註冊地或基金管理機構所在地與我國有簽訂資訊交換之協議或備忘錄（MOU）之基金數，完全沒有，因此必須先評估在境外基金管理辦法中如何訂定在國內募集及銷售之境外基金，其基金註冊地或基金管理機構所在地之國家，必須與我國有簽訂資訊交換備忘錄（MOU）或檢查相互承認協定之國家，該等國家之基金始可在國內募集及銷售或以資作為簡化申請程式之影響與可行性。若斷然設定此一前提是否導致沒有境外基金得符合條件在中華民國境內募集、銷售或投資顧

問，更引起國際上之境外基金經理公司之壓力，但若全然放棄此一國際通用之原則，似又可能影響我國管理之主權與投資人之保護，因此在規劃管理之際，似可參考國外之實務運作，對於與我國有簽訂合作協定者，可從管理之程序及境外基金之資格條件上予以優惠，始能有所兼顧。

第二項　募集、私募、銷售與投資顧問行為之區隔

依證券投資信託及顧問法第 16 條之規定，可否將境外基金之管理，區分三部分，包括募集與銷售、私募銷售與推介，由於該條第 1 項規定，任何人非經主管機關核准或向主管機關申報生效後，不得在中華民國境內從事或代理募集、銷售、投資顧問境外基金，而依現行之規定，境外基金只得被動之推介，銀行指定用途信託資金投資外國有價證券業務，亦只能被動為客戶辦理，所以法令係禁止主動銷售之行為。在證券投資信託及顧問法立法通過之後，在考量開放者包括募集、私募、銷售、推介顧問等業務行為時，由於法律明定已涵蓋主動之公開招募及勸誘買賣在內，為考量募集係對不特定人公開為之，私募係對特定人為之，顧問推介是對特定人且被動為之，而銷售是附屬於募集、私募及推介行為，故是否區別其對投資人之影響而為不同程度之規範。同時亦考量本國證券投資信託業者之經營及競爭空間，對於募集或私募境外基金者，至少應比照我國國內證券投資信託事業對投資人保護之管理措施而作規範，因此是否就前三種行為態樣作不同之資格條件及規範，則有進一步探討之必要。

一般而言募集（public offer）是對不特定人或特定之多數人為公開招募勸誘之行為，而私募（private placement）是對特定之專業對象或能承擔風險能力者或人數少於一定數目者為勸誘應募之行為，對於募集由於是散戶之投資大眾，所以要求保護之條件較多，得為募集之有價證券標準亦應較嚴格；而私募之行為考量，其對象通常能有充分之認識風險與足夠之資力承受可能之損失者，故主管機關介入之必要性低，採行事後報備制，至於銷售，雖然是對有價證券之出售行為，可是就開放式基金（open-end）而言，其申購是持續進行，且同時要交付公開說明書，因此與募集行為無法區分，對於境外基金募集銷售與私募銷售應是兩個不同之行為模式，而有區隔管理標準之必要；另投資顧問之行為本為附屬於募集銷售及私募銷售之中，在各該業務行為，各國法令皆要求要認識客戶（know your customer），徵信甚至對客戶作充分之說明並交付公開說明書，而此需要有專業服務之提供，也因此在香港等之立法例，明定銷售機構（distributor）必須具備證券投資顧問（advisor）之資格者方得為之。故本文認為境外基金之管理原則，可分為募集銷售、私募銷售及投資顧問之推介三個型態，並依其對投資人之影響與國內業者之公平競爭而為不同之條件與規範。

第三項　銀行之境外基金指定用途方式是否應納入統籌規範

　　現行境外基金銷售之通路包括銀行辦理指定用途信託資金投資外國有價證券業務、證券商受託買賣外國有價證券業務及保險業者之投資型保單投資境外基金等，是否一併納入「境外基金管理辦法」草案，予以統籌規劃管理，由於銀行辦理指定用途信託資金投資外國有價證券業務，係依據銀行法及信託業法之相關規範，投資人與銀行簽訂信託契約，並指定投資外國有價證券，其中所投資之境外基金，須經證券管理機關核備准予在國內投資顧問推介之境外基金，在金融管理一元化後，依此方式銷售境外基金之管理，是否納入本辦法規範，就此事涉既有業務之進行，信託業公會及中央銀行意見尚有所不同，現行銀行辦理指定用途信託資金投資外國有價證券業務，其屬信託關係，係依信託業法之規定辦理，已有法源依據，故有主張可不適用境外基金管理之規範；且銀行從事此項業務，係被動應客戶要求買賣外國有價證券，與一般所謂銷售境外基金似亦有所不同，然境外基金之管理包括募集銷售、私募銷售與投資顧問之行為，從功能性之管理而言，無論其申購、買回之資訊流程，或其價金匯出、匯入之資金流

程，管理資訊之彙整，甚至在政府統籌對外與境外基金註冊國談判協商上應屬一致，不宜有差別待遇，因此如何尊重現有之運作，並予以納入有效統一管理之範疇，誠屬必須努力克服之方向。

又現行證券商從事受託買賣外國有價證券業務，其中受益憑證限於經核備且須於外國證券交易所有掛牌之境外基金，縱然通常在國外交易所掛牌之基金甚少有交易，但是否維持證券商現行受託買賣外國有價證券之方式運作，亦屬值得探討。又保險業者透過投資型保單從事境外基金業務，依規定投資型保險之投資標的[18]，必須為證券投資信託基金受益憑證、外國基金管理機構所發行或經理者之受益憑證、共同信託基金受益憑證等，其中如為外國基金管理機構所發行或經理者，應以經證券主管機關核准證券投資顧問事業提供投資推介之顧問者為限。保險業者以保險資產從事投資境外基金，亦屬為投資人投資理財之行為，但亦涉為銷售境外基金之一種，是否納入規範，亦不無疑義。

前開信託業法、保險法與證券交易法對於銀行、信託業、保險業及證券商雖各有授權規範之依據，但其皆未對境外基金作特別之規範，因此在管理與運作上差異甚大，現行唯一共同點即銷售之標的必須經證券主管機關核備之境外基金始得為之，然證券投資信託及顧問法對境外基金既然已授予特定之規範，依全部法優於一部法，特別法優於普通法之原則，自應考量納入統合之規範，因此為落實投信投顧法第 16 條對境外基金業務之規範，對所有業者宜為一致性之管理，有關銀行辦理指定用途信託資金、證券商受託買賣境外基金與保險業投資型保單之連結部分，亦應一併納入境外基金管理辦法管理，另基於資料統計之完整性及管理規範之一致性，亦宜儘量在異中求同，尋求統合之規範。

---

[18] 依投資型保險投資管理辦法第 13 條之規定。

第四項　銀行可否為銷售機構

有關信託業及辦理指定用途信託業務之銀行，除原業務繼續經營外，是否可比照證券投資顧問事業多增加從事境外基金募集、銷售及投資推介業務，依美國、香港、新加坡之立法例觀之，各該國皆允許銀行得為銷售境外基金之通路，只是香港、新加坡等國附帶要求該銷售機構之銀行必須有證券投資顧問之執照（license），依證券投資信託及顧問法第 16 條第 3 項規定，證券投資信託事業、證券投資顧問事業、證券商、境外基金發行者與其指定之機構及其他經主管機關指定之機構，得在中華民國境內從事或代理募集、銷售、投資顧問境外基金業務，雖銀行並未明列在其中，但銀行可經主管機關指定得為經營該項業務，因此在參酌香港之體例及現行銀行辦理指定用途信託資金投資境外基金之規定，銷售機構可規劃以符合資格之證券商、銀行、證券投資信託事業或證券投資顧問事業為限，而在兼顧境外基金銷售之特性及投資人權益之保護，可要求銷售機構應以具有研究部門或兼營證券投資顧問事業始得為之，若未有研究部門者可與證券投資顧問事業簽訂投資顧問契約替代之。

第五項　總代理人業務可否複委託

一、香港及新加坡之制度

境外基金之募集銷售或投資顧問業務申請核准或申報生效之主體，為原基金之管理或發行機構，但其在我國境內應有指定代表人或授權代理人為之，然其代表或代理，被指定或授權從事境外基金之主體架構，一般而言可分為總代理人或總代表人，再由其授權銷售機構之二層關係，亦有認為在總代表人及銷售機構間亦可存在複代理人之關係，複代理人可直接與境外基金管理或發行機構接洽，但必須與其在我國境內之總代表人或總代理人簽約，然後再轉授權予銷售機構，以兼顧在我國境內無法取得總代表

人或總代理人授權之業者。

　　經查國外依香港之案例，其採行之法制架構並未限制兩級制或三級制，由總代表人代表授權該計畫之管理公司，但實務上並未有複代理之架構產生，基金投資計畫的管理公司如非在香港註冊成立，又無營業處所於香港，則須委任一名香港代表。該代表在香港接受任何人士提出的認購申請及收取認購單位或股份款項，並在收到申購款項後掣給收據，向申購人交付成交單據，另亦可接收持有人之買回通知、過戶指示及轉換通知，傳達給基金管理公司，而相關之法律責任則由該代表人總負責。另外就新加坡制度而言，對於新加坡境內以一般投資大眾（retailed public）為募集或銷售之行為，須先經新加坡金融管理局認可（recognized）。新加坡政府規定境外基金需有一總代表人（representative），且必須在新加坡有固定居所，在境外基金之認可條件應符合該境外基金成立地相當法令對投資人保護。總代表人擔負集合投資計畫單位之發行、贖回、銷售及申購價格之公布、提供基金管理公司之資訊、主管機關所定有關單位之銷售及贖回之書件紀錄及發送投資計畫給投資人，所以在新加坡境外基金募集銷售機構仍以總代表人及銷售機構兩層之制度。

二、優劣之比較

　　在二級與三級制度之優缺點可比較分析如下：

（一）在總代理及複代理之架構下，複代理人之推介顧問及銷售業務之進行，是否須透過總代理人為之，由於基金管理機構可授權總代理人及複代理人辦理投資人開戶、申購與贖回；總代理或複代理人皆可受客戶委託下單，而非由複代理人透過總代理人為之，其考量乃在複代理人不願就其客戶資訊外洩，由於其複代理人亦可直接與境外基金管理機構接洽，但其相關之法律責任如何釐清，不無疑義。

（二）若複代理人以代理人帳戶（綜合帳戶）（omnibus account）方式轉單開立交割專戶，並收受投資人資金，雖可兼顧各業者之業務機

密，但因其直接指示境外基金相關機構申購與贖回交易，則可能發生因故意或人謀不臧盜賣投資人申購境外基金資產之道德風險或代理人虛設人頭戶之開立之管理上問題。

（三）對於申購、贖回之資金流程，總代理人或複代理人於受託買賣後，投資人之款券如何運作，為避免總代理人或複代理人自為款券之處理，經研議可否透過集保公司之控管管道及控管協助辦理。集保公司已研議提供代理人募集或銷售境外基金之款項收付服務，該代理人為集保公司之參加人，對國外基金管理公司而言，集保公司為該境外基金之受益人，此時由於代理人（含總代理人及複代理人）不涉投資人資金之收付，因此在制度設計上可適度將集中保管公司納入[19]。

三、現行規範考量之方向

有關從事境外基金之主體架構，依前述分析比較及參採香港、新加坡實務案例，似以採總代理人及銷售機構二級制為妥，至於總代理人及銷售機構之資格條件，依現行實務運作及法令之規範，並兼顧國內外業者之均衡性，應考慮下列因素：

（一）為考量境外基金所屬集團在國內有營業據點，可增加國內之投資就業機會及增加國家之賦稅收入，訂定總代理人之資格以境外基金所屬集團在國內有設立分支機構或設立子公司之證券商、證券投資顧問事業或證券投資信託事業為限。

（二）參酌香港之體例及現行銀行辦理指定用途信託資金投資境外基金之規定，銷售機構以符合資格之證券商、銀行、證券投資信託事業或證券投資顧問事業為限，其銷售機構應以具有研究部門或兼營證券投資顧問事業或與證券投資顧問事業簽訂投資顧問契約者始得為之。

---

[19] 依證券交易法第 43 條第 5 項及第 6 項之規定，證券集中保管事業為處理保管業務，得就保管之有價證券以集中保管事業之名義登載，即一般所稱之擬制人名義（Street man）。

第六項　投資人開戶之名義

一、綜合帳戶之設計

　　現行境外基金透過銀行指定用途信託申購者，由於銀行係以信託契約之受託人名義從事申購、買回及轉換，因此有雙層之委託重疊管理，第一層為銀行信託業之受託管理，第二層則為基金管理公司之管理，投資必須支付雙層之資產管理成本，準此，境外基金可否由投資人以自己之名義直接申贖，或透過所謂綜合帳戶之方式來運作，尤其在設計總代理人與銷售機構之架構後，銷售機構可否以代理人帳戶之綜合帳戶（omnibus account）方式轉單，無須揭露其投資人資訊予境外基金管理機關或總代理人，就此可能有兩種不同之流程，而這包括申贖傳遞之資訊流程與在款券交割之流程兩方面，應如何處理較為合理，可分兩個方案說明如下：

（一）方案一

1.交割帳戶之開立

　　境外基金管理之相關機構依規定在我國境內指定一位在台之帳戶代理人處理該帳戶相關事宜，並以境外基金相關機構之名義開立臺幣或外幣交割專戶。

2.交割專戶之結匯

　　接受指定在台處理帳戶之代理人檢附客戶帳號、姓名、身分證字號、出生日期及結匯金額，依規定辦理結匯事宜。

（二）方案二

1.交割帳戶之開立

　　總代理人以限定信託方式開立臺幣或外幣交割專戶並委託信託業信託，由總代理人為每日之交割指示。然相關之信託費宜由總代理人支付；銷售機構可藉此法以代理人帳戶之綜合帳戶方式轉單，無須揭露其投資人

資訊予總代理人或境外基金相關機構。

2.交割專戶之結匯

　　由央行以專案方式核准境外基金臺幣交易款項之結匯，並由境外基金總代理人以其名義依專案額度向指定銀行辦理結匯與申報。

二、衍生之問題

　　前開方案二之交易流程，由總代理人以限定信託方式開立臺幣或外幣交割專戶並委託信託業信託，並由總代理人為每日之交割指示可能衍生之問題：

1. 以銷售機構之代理人綜合帳戶募集或銷售境外基金時，僅顯現銷售機構之名稱，故該綜合帳戶應為隱名代理，其基礎法律關係應為保管契約關係，其契約之法律關係可能涵蓋委任、消費、混藏寄託或交互計算之契約聯立，由於法律關係較為複雜，是否可以確實保障投資人之資產安全，不無疑義。

2. 由於證券投資信託及顧問法之架構為從事或代理募集、銷售制度，境外基金管理機構對投資人開戶、申購、贖回境外基金，係間接由總代理或銷售機構之下單指示，而非直接受理投資人之開戶、申購與贖回，若綜合帳戶之銷售機構自行開立交割專戶，並收受投資人資金，指示境外基金管理機構申請與贖回交易，該等流程易生銷售機構之代理人有盜賣投資人申購境外基金資產之道德風險及代理人虛設人頭戶開立之疑慮。

三、解決問題之方案

　　為考量我國投資人權益之保護下，是否可採行以境外基金管理機構依規定指定一位在台之帳戶總代理人處理該帳戶相關事宜，並以境外基金原管理機構之名義開立臺幣或外幣交割專戶。由於該境外基金帳戶由總代理

人辦理投資人開戶、申購贖回、轉換帳戶處理及其法律關係，應以契約明定，總代理人應依規定開戶資料辦理徵信，以規範人頭戶之開立及防範代理人盜賣投資人申請境外基金資產之可能道德風險。

另為考量統一有效率之提供投資人服務，有關境外基金資訊申報及彙整作業，似可統一由集保公司提供境外基金資訊申報平台，另基於資料統計之完整性，有關銀行辦理指定用途信託資金投資境外基金及證券商受託買賣境外基金部分，亦一併納入申報，至於集保公司所提供銷售機構與總代理間之申購贖回等交易資訊傳遞及款項收付作業，為求明確規範及順利推動，應訂定集保作業規範之法源依據。除在資訊之彙整外，有關境外基金在國內募集及銷售作業在款項收付方面，亦應由境外基金管理機構在台灣金融機構設置基金專戶，由國內受益人或銷售機構直接辦理，或透過證券集中保管公司指定之銀行專戶辦理。

第七項　境外基金是否專屬於證券投資顧問之業務

一、是否申請兼營許可證照

依證券投資信託及顧問法第 16 條第 3 項之規定，證券投資信託事業、證券投資顧問事業、證券商境外基金發行者與其指定之機構及其他經主管機關指定之機構得在中華民國境內從事或代理募集、銷售、投資顧問境外基金，其資格條件之辦法，由主管機關定之。對於境外基金之總代理人或銷售機構之資格條件是否侷限於現行負責申請核備之證券投資顧問事業，換言之，其他事業之證券商、證券投資信託事業或銀行是否必須申請兼營證券投資顧問事業，始得為總代表人或銷售機構，由於證券投資信託及顧問法並未明定必須申請兼營，僅規定所列舉這些業者從事境外基金有關業務之資格條件由主管機關定之。因此，可否附加必須有兼營證券投資顧問者之條件，不無疑義。從新加坡及香港之立法例而言，其總代表人資格條件限制自然人或法人皆可，並未限制於證券投資顧問事業，但就銷售

機構（distributor or transfer agent）則明定必須具有證券商及證券投資顧問之執照（license），其乃考量第一線與投資人接洽之業者，必須向投資人交付公開說明及解說，並負徵信（know your customers）之工作，宜有較高之從業人員水準，我國現行對於銀行指定用途信託推介境外資金者，要求其必須有分析研究部門，否則必須與證券投資顧問事業簽訂契約提供客戶必要之顧問解說服務，或有認為境外基金之推介與投資顧問為獨立之業務，募集或私募銷售不必然是與投資顧問相結合，故募集、銷售僅係指其商品而已，不附帶投資顧問，但這種論點恐與國外規範或實務相違，再加上證券投資信託及顧問法其雖屬功能性之法律規範，但因為本法對違規業者之處分僅對證券投資顧問事業、證券投資顧問事業及保管機構而已，因此從事境外基金相關業務者，若非兼營本法所定之事業體，將來處分時必須回歸各業法，造成不同之規範與不公平之情形。準此本文認為宜有兼營相同之事業體，即或不然，應有相同從業人員規範之資格條件。

二、是否訂定不同之實收資本額

　　從事或代理募集、銷售、投資顧問境外基金之總代理人或銷售機構，是否應區分其業務種類之不同而訂定其實收資本額，有學者建議，不論其為總代理人及銷售機構之實收資本額為新臺幣 3,000 萬元，對於從事境外基金推介顧問及銷售之總代理人為境外基金申請核准或申報生效，銷售為取得總代理人授權並直接向總代理人下單轉向國外基金管理機構從事申購贖回之業務，為考量行政監管及權利義務之一致性，故有認為對於總代理人與銷售機構實收資本額規定皆相同。另現行有關從事代理投資推介境外基金之證券投資顧問事業，由於事業主體並未涉及投資人申請贖回之交易單據及申購款與贖回款，其資本額為新臺幣 1,000 萬元，而證券投資信託及顧問所定之業務，包括主動銷售，並應就在我國境內之業務行為負法律責任，故應另提存新臺幣 5,000 萬元之營業保證金，惟由於營業保證金額度已較實收資本額為高，是否合理可行，不無疑義。

第六節　境外基金管理辦法草案芻議

第一項　境外基金申購買回流程

　　為有效掌握境外基金之申購與贖回之款券流程，使境外基金納入統籌之管理，在規劃運作之法令規範設計過程中，融合了二級制之總代理人與銷售機構[20]，並將證券集中保管之制度引進為資訊流程及資金收付申報彙整之平台，茲進一步分析並規劃其架構圖如下：

一、架構圖

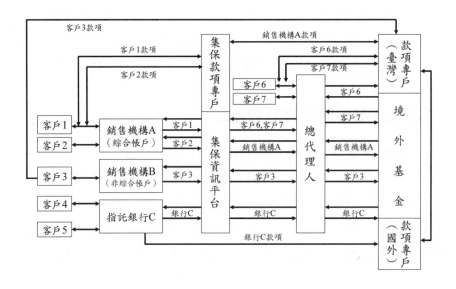

---

[20] 所稱為總代理人，不叫總代表人，原認為代表人與本人為一元化，代表人即為本人，而代理人與本人則為二元化，代理人必須以本人名義為法律行為，因此除非有境外基金管理或發行機構在我國設有分支機構或轉投資百分之百之業者，否則其經過授權其他業者為募集銷售者應為代理而非代表。而證券投資信託及顧問法第 16 條第 1 項所定之指定或授權，原指定應屬於代表，而授權則為代理之法律基礎，惟嗣後認現行未有證券投資信託及顧問業者在台設有分支機構，故統稱為總代理人。

二、第一層之銷售機構

　　投資人可透過銷售機構申購及買回境外基金，而銷售機構可直接轉單予總代理人，例如客戶 3；投資人亦可透過銷售機構，然後以銷售機構綜合帳戶之名義下單委託至總代理人申購及買回，如此架構可消弭對於原複代理人之地位之需求，使法律關係趨於單純。至於銀行指定用途信託部分，則可考量在管理及資訊彙整之需要，透過總代理人下單委託，以收統籌管理之效果。

三、證券集中保管事業之角色

　　證券集中保管事業在境外基金申購、買回及轉換之流程，原可規劃以擬制人名義（street man）為申購及贖回資訊之彙整，並擔負資金支付與款項劃撥之統籌功能，然其事涉對帳、電腦資訊系統之架設與相關契約之簽訂，需要較周延之準備，故短期之內，可考慮賦予集中資訊彙整申報之平台功能，俾使同業公會、中央銀行及主管機關能掌握完整之管理資訊，並可指定銀行專戶提供綜合帳戶之客戶轉帳上之需求。

四、第二層之總代理人

　　總代理人為境外基金管理或發行機構指定或授權在中華民國境內從事募集銷售或投資顧問業務之負責人，其彙總透過證券集中保管事業轉送之申購、買回及轉申購資訊，並獲境外基金之原管理、發行或保管機構之授權在中華民國境內從事業務行為，包括為款項收付指定之銀行專戶，與從事控管與匯撥之業務，總代理人亦可擔任銷售機構，其運用自與第一層相同，只是總代理人若從事銷售機構之業務，其對於客戶之申購、買回及轉申購資訊為便於統計彙整，仍應傳送集中保管事業回傳，例如前開圖示之客戶 6、7。

第二項　總代理人

一、總代理人之範圍

　　草案對於總代理人之對象，擬議由境外基金管理機構得指定經核准營業之證券投資信託事業、證券投資顧問事業或證券商擔任總代理人，代理境外基金募集及銷售業務。惟若總代理人非屬境外基金管理機構所屬集團企業者，為求服務之提供與技術之移轉，故應與境外基金管理機構簽訂人員培訓計畫，而所稱集團企業係指境外基金管理機構所屬持股逾百分之五十之控股公司，或持股逾百分之五十之子公司，或屬同一控股公司持股逾百分之五十之子公司。

二、總代理人之資格條件

（一）積極資格與消極資格

　　草案為求總代理人應有一定之服務品質及技術水準，以保護投資人之權益，擬定總代理人資格條件如下：

1. 實收資本額或指撥營運資金達新臺幣 7,000 萬元以上。
2. 最近期經會計師查核簽證之財務報告每股淨值不低於面額。但取得營業執照未滿一個完整會計年度者，不在此限。
3. 具有即時取得境外基金管理機構投資及相關交易資訊之必要資訊傳輸設備。
4. 最近半年未曾受本法第 103 條第 1 款規定、證券交易法第 66 條第 1 款規定或期貨交易法第 100 條第 1 項第 1 款、信託業法第 44 條或銀行法第 61 條之 1 第 1 項所定糾正、限期改善三次以上之處分。
5. 最近 2 年未曾受本法第 103 條第 2 款至第 5 款、證券交易法第 66 條第 2 款至第 4 款、期貨交易法第 100 條第 1 項第 2 款至第 4 款、信託業法第 44 條第 1 款至第 3 款或銀行法第 61 條之 1 第 1

項第 1 款至第 4 款之處分。但本會命令解除職員職務之處分，不
在此限。

6. 業務人員之資格條件及人數，應符合第 16 條之規定。

7. 其他經本會規定應具備之資格條件。

（二）營業保證金之繳存

為擔保客戶權益之確實能獲得保障，本法參採全權委託投資業務須繳
存營業保證金之規定，明定總代理人應依下列規定，向得辦理保管業務，
並符合主管機關認可之信用評等機構評等達一定等級以上之金融機構提存
營業保證金：

1. 擔任一家境外基金管理機構所管理之基金時，應提存新臺幣 3,000
萬元。

2. 擔任二家境外基金管理機構所管理之基金時，應提存新臺幣 5,000
萬元。

3. 擔任三家以上境外基金管理機構所管理之基金時，應提存新臺幣
7,000 萬元。

4. 營業保證金應以現金、銀行存款、政府債券或金融債券提存，不
得設定質權或以任何方式提供擔保，且不得分散提存於不同金融
機構；提存金融機構之更換或營業保證金之提取，應經同業公會
轉報本會核准後始得為之。經同業公會轉報本會核准後始得為
之。

三、總代理人應辦理之事項

（一）維護投資人權益有關事項

總代理人獲境外基金管理或發行機構之授權，綜理並負責其在我國境
內之業務行為，故草案明定應配合辦理下列有關投資人權益保護之事項：

1. 就其所代理之境外基金，編製投資人須知及公開說明書中譯本等

相關資訊，並交付予銷售機構、參與證券商及投資人。但境外指數股票型基金於證券交易所進行交易者，得免交付投資人。

2. 擔任境外基金機構在國內之訴訟及一切文件之送達代收人。

3. 負責與境外基金管理機構連絡，提供持有人所代理境外基金之相關發行及交易資訊。

4. 依投資人申購、買回或轉換境外基金之交易指示，轉送境外基金機構。但代理境外指數股票型基金者，不在此限。

5. 就不可歸責總代理人之情事，協助辦理投資人權益保護之相關事宜。

6. 其他依法令規定應辦理之事項。

（二）踐行資訊之揭露事項

參照國內證券投資信託基金募集發行應充分揭露之事項，明定總代理人就下列事項，應於事實發生日起三日內，向主管機關或其指定機構申報並公告：

1. 所代理之境外基金經境外基金註冊地主管機關撤銷其核准、限制其投資活動。

2. 境外基金管理機構因解散、停業、營業移轉、併購、歇業、其當地國法令撤銷或廢止許可或其他相似之重大事由，致不能繼續從事相關業務。

3. 所代理之境外基金經本會撤銷者。

4. 境外基金管理機構受其主管機關處分。

5. 所代理之境外基金有暫停及恢復交易情事。

6. 其代理之境外基金公開說明書或交付持有人之其他相關文件，其所載內容有變動或增加，致重大影響持有人之權益。

7. 其代理之境外基金於國內募集及銷售所生之投資人訴訟或重大爭議。

8. 總代理人發生財務或業務重大變化。

9. 所代理之境外指數股票型基金發生有關標的指數之重大事項並對投資人權益有重大影響或經註冊地主管機關核准更換標的指數者。

10.基金淨值計算錯誤達其註冊地主管機關所定之可容忍範圍以上者。

11.其他重大影響持有人權益之事項。

（三）核准或申報生效後資訊之揭露

為便於公開招募之進行，總代理人可同申請（報）境外基金之募集及銷售並就總代理人身分資格及銷售機構許可之取得一同併案申請核准或申報生效，經申請核准或申報生效後，應於二日內辦理公告。其應公告記載之事項如下：

1. 核准或申報生效募集及銷售之日期及文號。

2. 境外基金管理機構之名稱。

3. 總代理人之名稱、電話及地址。

4. 銷售機構之名稱、電話及地址。

5. 保管機構之名稱及信用評等等級。

6. 境外基金之名稱、種類、型態、投資策略及限制。

7. 境外基金開始受理申購、買回日期及每營業日受理申購、買回申請截止時間。

8. 持有人應負擔的各項費用及金額或計算基準之表列。

9. 最低申購金額。

10.銷售價格計算。

11.申購手續及資金給付方式。

12.公開說明書之分送方式或取閱地點。

13.投資風險警語。

14.總代理人協助辦理投資人權益保護之方式。

15.其他為保護公益及投資人之必要應揭露事項

（四）申購及買回資訊之彙整與申報

　　為提供主管機關及中央銀行管理上之需要，總代理人應於每一營業日將其前一營業日代理之境外基金名稱、申購總金額、申請買回或轉換受益權單位數及其他主管機關所定之事項，依規定之格式及內容彙整相關資料，向主管機關或其指定之機構申報。而有關銷售機構依前開規定應向總代理人提供之相關資料及總代理人與銷售機構間，就相關交易資訊傳輸，銷售機構得經由主管機關指定之證券集中保管事業資訊系統傳輸相關資訊。同時總代理人所代理之境外基金，亦應依規定之格式及內容於每月終了後十個營業日內編具月報表申報。另外就總代理人所代理之境外基金，必須配合基金註冊地規定，編具年度財務報告，送同業公會彙送主管機關並辦理公告事宜。

四、總代理人與銷售機構之責任

　　總代理人與銷售機構之權責如何劃分，誠屬重要之規範，然為考量可歸責事由之隸屬，似不宜直接課總代理無過失責任，而應以課監督及選任責任為妥，故總代理人如發現銷售機構違反法令或逾越授權範圍之情事，應立即督促其改善，並立即通知主管機關，總代理人或銷售機構因故意、過失或違反契約或法令規定，致損害持有人之權益者，應負損害賠償責任。總代理人對於銷售機構因故致損害持有人之權益者，除其授權及監督其業務之執行已盡相當之注意，或縱加以相當之注意仍不免發生損害者外，總代理人應負連帶賠償責任。

第三項　銷售機構

一、銷售機構之範圍

　　銷售機構為直接面對國內之投資人，並代理交付公開說明書及負責解

析說明之任務，本法明定其對象以總代理人授權經核准營業之證券投資信託事業、證券投資顧問事業、證券商或銀行為擔任境外基金之銷售機構，代理該境外基金之募集及銷售業務。銷售機構代理境外基金募集及銷售，但如有提供投資顧問服務並收取報酬者，應由證券投資顧問事業為之。

二、銷售機構之資格條件

草案經參酌現行國內基金之銷售管道，作全面之開放，前述對象只要符合下列條件者，皆可擔任銷售機構：

（一）最近期經會計師查核簽證之財務報告每股淨值不低於面額。但取得營業執照未滿一個完整會計年度者，不在此限。

（二）最近二年未曾因辦理境外基金或證券投資信託基金業務受本法第103條第2款至第5款、證券交易法第66條第2款至第4款、期貨交易法第100條第1項第2款至第4款、信託業法第44條第1款至第3款或銀行法第61條之1第1項第1款至第4款之處分。但本會命令解除職員職務之處分或其違法情事已具體改善並經主管機關認可者，不在此限。

（三）辦理募集及銷售業務人員應符合證券投資顧問事業負責人與業務人員管理規則所定從業人員之資格條件。

（四）其他經主管機關規定應具備之條件。

三、銷售機關應辦理之事項

（一）終止銷售之處理

銷售機構若有終止代理境外基金之募集及銷售業務者，應即通知總代理人，並由總代理人於事實發生日起二日內向主管機關或其指定自律機構申報並公告。銷售機構應於終止代理後三個月內，由總代理人或指定其他銷售機構，協助持有人辦理後續境外基金之買回、轉換或其他相關事宜。

（二）投資人糾紛之處理

銷售機構應協助投資人辦理下列事項：

1. 交付投資人投資人須知及公開說明書中譯本等相關資訊。
2. 就不可歸責銷售機構之情事，協助持有人紛爭處理與辦理投資人權益保護事宜及一切通知事項。
3. 其他依法令規定應辦理之事項。

四、銷售機構之責任

境外基金管理機構與總代理人簽訂之授權契約及總代理人與銷售機構簽訂之授權契約，其契約應行記載事項，由同業公會擬定，報主管機關核定。另同時規定總代理人及銷售機構依規定代理募集及銷售境外基金時，不得以契約排除其對持有人應負之責任。

第四項　境外基金之資格條件

本法參酌現行核備境外基金之條件規定，明定境外基金符合下列條件者，得經核准在國內募集及銷售：

（一）境外基金從事衍生性商品交易，不得超過本會所訂定之比率。持有未沖銷多頭部位價值之總金額，不得超過該境外基金資產淨值之百分之十五；持有未沖銷空頭部位價值之總金額不得超過該境外基金所持有之相對應有價證券總市值。但境外基金註冊地經我國承認並公告者，得適用註冊地對投資衍生性商品之規範。

（二）境外基金不得投資於黃金、商品現貨及不動產。

（三）境外基金投資以下有價證券者，其占該境外基金總投資之比例，不得超過主管機關所訂定之比例：

1. 大陸地區證券市場之有價證券[21]。

2. 香港或澳門地區證券市場由大陸地區政府或公司發行或經理之有價證券[22]。

3. 恆生香港中資企業指數（Hang Seng China-Affiliated Corporations Index）成分股公司所發行之有價證券。

4. 香港或澳門地區證券交易市場由大陸地區政府、公司直接或間接持有股權達百分之三十以上之公司所發行之有價證券[23]。

（四）國內持有人投資金額占個別境外基金比例，不得超過本會規定之一定限額。

（五）境外基金之投資組合不得以中華民國證券市場為主要的投資地區，該投資比例由本會定之。

（六）該境外基金不得以新臺幣或人民幣計價。

（七）境外基金必須成立滿一年。但境外基金註冊地經我國承認並公告者，不在此限。

（八）境外基金已經基金註冊地主管機關准以向不特定人募集者。

（九）其他經主管機關規定之事項。

第五項　境外基金管理及保管機構之資格條件

草案經參照現行核備境外基金其管理機構之規範，明定申請在國內募集及銷售境外基金之基金管理機構，應符合下列條件：

---

[21] 依金融監督管理委員會 108 年 1 月 4 日金管證投字第 1070120331 號令，對於境外基金管理辦法第 23 條第 1 項第 3 款之規定，在國內募集及銷售之境外基金，投資大陸地區之有價證券以掛牌上市有價證券及銀行間債券市場為限，且投資前述有價證券總金額不得超過該境外基金淨資產價值之百分之二十。但下列情形不在此限：（一）境外指數股票型基金經核准向證券交易所申請上市或進行交易者；（二）境外基金機構依鼓勵境外基金深耕計畫經認可者，得適用鼓勵境外基金深耕計畫所列放寬前揭投資總金額上限至百分之四十之優惠措施。

[22] 一般稱之為 H 股。

[23] 此與恆生香港中資企業指數成分股公司所發行之有價證券合計，通稱為紅籌股（Red-Chip）。

（一）基金管理機構（得含其控制或從屬機構）所管理基金總資產淨值超
　　　過 20 億美元或等值之外幣者。所稱總資產淨值之計算不包括退休
　　　基金及個人或機構投資人之全權委託帳戶。

（二）最近二年未受當地主管機關處分並有紀錄在案者。

（三）成立滿二年以上者。

（四）基金管理機構或其集團企業對增進我國資產管理業務有符合本會規
　　　定之具體貢獻，且經本會認可者。但基金註冊地與基金管理機構所
　　　在地為我國承認且公告者，得不受限制。

第七節　結論與建議

　　境外基金管理之法令規範，在證券投資信託及顧問法立法之前，為屬
於較模糊之領域，但因事涉巨大的商業機會與眾多之投資人權益，平常之
糾紛處理多委由銷售者與投資人私自解決，同時雖有法令嚴格限制之規
定，卻因規範不周延，賦予太多之灰色空間，所以國外資產管理業者儘管
在我國境內業務之進行與推展並無障礙，可是就法令規範之明確性，乃存
有疑慮，準此，在我國憲法法律保留原則及行政程序法所要求法律構成要
件明確性之前提下，為開放業者有更寬廣之業務範圍，讓投資人在有更多
法令保護下有更多投資選擇之商品，對境外基金納入更明確性之規範有其
開創性與功能性的歷史任務，然而境外基金管理辦法草案，經過漫長的蒐
集資料、研擬及討論之過程，與各方之努力提供寶貴之意見與建議後，草
案已儼然成形，接下來則必須與各界溝通，徵詢與參採各方之意見，並須
折衝利益之糾葛，故尚有一段必須克服困難之路程要走，而總據前述之管
理架構與規範內容之草案，本文謹就法律上之觀點提出以下建議，期待草
案能更趨於完善與順暢之運作：

一、代理與代表法律觀念之釐清

由於證券投資信託及顧問法第 16 條第 1 項，明定必須經主管機關核准或申報生效，始得在中華民國境內從事或代理募集、銷售、投資顧問境外基金，所謂從事係指事業體自己為業務之行為，因此必須在中華民國內指定代表人，而代表則由本人授權代理人為業務上之法律行為，本人僅就授權行為負法律責任，故其責任基礎尚有不同，草案無論境外基金管理機構之子公司、分支機構或授權第三人，皆以代理視之，在法律關係與責任區分上，易生混淆，故對於子公司及分支機構應以代表人視之為妥。

二、募集、私募、銷售與投資顧問之業務行為區隔

募集為對不特定人或多數人公開招募有價證券之行為；私募為對特定或專業之人為招募之業務行為；而投資顧問為推介買賣之行為，本為三種不同型態之業務行為，通常募集、私募必須對應募人交付公開說明書或投資說明書，並負責說明該基金之本質、風險等，所以募集、私募行為已蘊含有投資顧問之內容，為高度行為與低度行為之關係，因此在規劃境外基金之募集、私募及投資顧問之管理規範時，允宜設立其不同之門檻標準，不宜併同看待。

三、國內外業者應均衡兼顧

開放境外基金之募集、私募及銷售業務，是否排擠國內（local）業者之營運發展應審慎考量，由於境外基金管理機構通常擁有久遠之豐富經驗，累積一定之績效與品牌，故應審慎考量適度開放境外基金與扶助國內資產管理業者之發展應行並重，同時必須考量稅捐、工作機會、國家主權與司法管轄等成本與因素，本文認為我國境外基金之管理可參考香港、新加坡之開放程度，但不宜使境外基金成為超國民待遇，以求得國內外業者競爭之均衡。

四、統籌規範與業務競爭之公平性考量

境外基金之管理由於有其歷史發展之背景與涉及不同領域之法令規範，故分別隸屬不同主管機關與管轄，然由於不同之法令規範與管轄，亦導致倚重倚輕之不公平現象，在證券投資信託及顧問法已明確授權規範，且行政管理機關並已實行金融監理一元化之情形下，應為統籌規範，從功能上為一致性之管理，以能掌握資訊之完整性，並累積集中與國外洽談簽訂 MOU 保障國人投資安全之地位與實力。

第九章

境內外私募避險及股權基金之運作與管理探討

第一節　前　言

在次級房貸事件引發之國際經濟體系金融海嘯衝擊中，當年各國無不致力於尋求法規更緊密合作以重塑國際金融監理體系之秩序，其中包括解決信用危機及對私募基金等陰暗金融體系納入規範[1]。我國由於對於信用擴張及對私募基金規範較為保守，再加上國人對於私募型金融商品認知有限，應用之範圍不廣，其受傷程度相對輕微，然檢討我國現行法令規定有價證券私募及買賣行為之規範，先後有證券交易法第 43 條之 6 至第 43 條之 8；公司法第 248 條第 2 項、第 3 項；金融資產證券化條例第 17 條第 3 項、第 4 項；不動產證券化條例第 13 條與證券投資信託及顧問法第 11 條等之規範，私募行為對於籌集資金管道之方便性與提供金融商品之多樣化選擇有相當大的貢獻，尤其對專業之投資人得以尋求更高報酬之投資工具，惟有價證券私募之方式，在納入合法開放與管理之後，由於採行寬鬆之監督方式及事後報備制，無可避免產生一些負面之效應，包括其定價資訊之不透明、易起利益輸送之弊端，此外私募金融商品之過度複雜與槓桿操作，使信用與風險無限度膨脹，形成經濟上之泡沫，再加上私募行為人就其對象投資人之適當性掌控過於浮濫，導致有以私募之名行公開發行之實，準此，在全球經濟金融環境正面臨金融海嘯襲擊之際，金融泡沫已逐漸破滅，全世界金融秩序陷入一片愁雲慘霧中，各國對於私募制度已有開

1　參閱工商時報，G20 為銀行不良資產開刀同意增加 IMF 資金挹注，並為銀行不良資產擬定解決方案，2009 年 3 月 15 日，A1 版。

始警覺並討論適度納入管理之趨勢，其中私募基金更是明顯，從早期美國聯準會（Fed）主席葛林斯潘主張不宜限制私募基金之註冊與運作活動，到事後之承認錯誤，與歐美私募股權基金已改弦更張邁向公開發行甚至上市櫃可知[2]，我國在面對此一世界潮流之下，實有重新檢討與定位私募制度之必要，本文謹此以私募基金之管理規範為題，擬就私募基金之定義、種類、型態、運作及可能產生弊端，援引實際發生之案例作比較探討，期能有助各界之參與指教。

第二節　共同基金與私募基金之定義

共同基金（mutual funds）為證券投資信託或基金經理公司向不特定人募集證券投資信託基金發行受益憑證或基金股份，或向特定人私募證券投資信託基金交付受益憑證或基金股份，經理該基金之資產從事於有價證券、證券相關商品或其他經主管機關核准項目之投資或交易[3]。共同基金依前述之定義可就其籌集之對象區分為一般投資大眾或特定人，將共同基金分類為公開募集之共同基金（public offer funds）與私募基金（private placement funds），對於不特定人或特定多數人之社會大眾為投資應募對象，經公開勸募或成立之共同基金為公開募集之共同基金；對於以特定之專業機構投資人、具專業知識或承受財務損失能力之特定人為應募人，經依規定勸募或成立之共同基金為私募基金。私募基金可區分為一般私募基金、私募避險基金及私募股權基金，為方便進一步探討私募基金之運作、法律架構及其運作可能產生之問題，首先擬就私募行為及私募基金之概念定義提出分述如下：

---

[2]　參閱王文宇，月照無私─論私募股權基金的蛻變，企業與金融法制─余雪明大法官榮退論文集，2009 年 1 月，元照出版，頁 3-30。

[3]　參見 2004 年 6 月 30 日發布之證券投資信託及顧問法第 3 條第 1 項之規定。

第一項　私募行為之定義

募集之行為原包括公開招募與私募，而公開募集係指私募以外之募集行為，一般所謂私募（private placement），係指私募之行為人依法令之規定，對於特定人數與資格條件之專業機構法人或自然人，進行勸募資金之參與，以從事所約定之商品、有價證券，或其他相關項目之投資或交易，基於私募制度在於考量對投資人已具備專業知識及能自我承擔風險下，保護之強度可適度配合籌集資金之便利而放寬標準，因此就其對象之規範，各法令雖或有不同，但差異不大，大抵以專業機構投資人（institutional investors）或具有專業經驗熟練（sophistication）或有承擔風險之能力（risk bearing ability），或與發行人具有內部人關係（affiliate relationship）之資格條件者（qualification）[4]，依我國現行證券交易法第43 條之 6 及證券投資信託及顧問法第 11 條之規定，就專業機構投資人部分，以銀行、票券業、證券業或其他經主管機關核准之法人或機構，而對於專業知識經驗或有承擔風險能力者，於參考比較我國與外國之國民所得後，則以對該公司財務業務有充分了解之國內外自然人，且於應募或受讓時符合本人淨資產超過新臺幣 1,000 萬元或本人與配偶淨資產合計超過新臺幣 1,500 萬元。或最近兩年度，本人年度平均所得超過新臺幣 150 萬元，或本人與配偶之年度平均所得合計超過新臺幣 200 萬元[5]，其為法人或基金則以最近期經會計師查核簽證之財務報表總資產超過新臺幣 5,000 萬元者，或依信託業法簽訂信託契約之信託財產超過新臺幣 5,000 萬元者為限[6]。至於前開特定條件之資格者之人數多寡，各國法令之規定大抵以除專業機構投資人外為 35 人、50 人或 70 人之範圍內，我國證券交易法、證券投資信託及顧問法及其他相關法令之規定，則以應募人數不得超

4　參見美國最高法院在 SECN. Ralston Purina Co.乙案中之見解，346US119 (1953)。

5　參見原財政部證券暨期貨管理委員會民國 91 年 6 月 13 日台財證一字第 0910003455 號函。另就私募證券投資共同基金部分行政院金融監督管理委員會民國 93 年 11 月 1 日金管證四字第 0930005249 號函亦為相同之規範。

6　同前註。

過 35 人為限，準此，所謂私募基金，為對特定合格之投資人以基金股份、單位信託或受益憑證等有價證券為勸募方式成立之共同基金，並委由資產管理機構就該基金資產為從事專業投資或交易之業務行為者。

第二項　私募基金之定義

私募基金為透過對特定之專業機構法人或有承受財務風險能力之自然人勸募，並以基金股份、單位信託、受益憑證或有限合夥等型態成立之基金，又可依其操作策略及投資標的等區分為私募避險基金、私募股權基金及一般之私募基金，茲就私募避險基金及私募股權基金之定義說明如次：

一、私募避險基金

所謂私募避險基金，有認為避險一詞是誤用，因其操作之之方法與目的主要在於運用投機之手段，最早出現避險基金用語通常認為是美國 1970 年財富雜誌（Fortune）所介紹，於 1949 年哥倫比亞大學 Alfred Winslow Jones 教授成立之基金，該基金之命名係指避險過之基金（hedged funds），即放空價格已被高估之證券，同時買進價值被低估之證券，因同時持有多空部位，抵銷整體市場變化對投資組合之影響，用以規避系統性之風險（systematic risk）[7]，其與現行運作之避險基金並不相同，現行實務上所謂避險基金以各種策略取得報酬，惟並無法律或一般共通之定義，因此必須以基金之操作特性來定位，由基金之操盤者結合各種操作之策略（strategies），包括長（long）空（short）及套利（arbitrage）等方式[8]，透過衍生性商品之積極交易及財務槓桿之操作運用，以獲取決對之報酬（absolute return）。

---

[7] 參見陳銘賢，從美國 2003 Hedge Fund Roundtable 再認識 Hedge Fund，證券暨期貨月刊，第 21 卷第 12 期，2003 年 12 月 16 日，頁 17、26。

[8] 私募基金之操作策略極為精細複雜之財務工程與模型，是隨時可能經創新或增加，據現行統計大約有二十餘種。

二、私募股權基金

私募之基金之操作若以投資或取得企業經營權或以股權有關之標的為目的者，通稱之為私募股權基金（Private Equity Funds, PE Fund），依美國 1940 投資公司法 Section 3(c)(1)規定，私募股權基金如果符合基金投資人超過 100 人，且基金未來不打算公開發行者，可免依投資公司法之登記；另依同法 Section 3(c)(7)有關合格投資人基金規定一個私募股權基金如果符合基金發行之股份或證券是被合格的專業投資人所持有，除非該基金已達有 500 位以上合格的專業投資人所持有時[9]，否則不須依向 SEC 申報相關報表。而私募股權基金中尤其是創投基金（venture capital fund），一般而言並未在交易所上市掛牌交易的，屬私有資本投資在商業的創業，從被投資產業創立之階段到擴充、生產、銷售產品以致到公司營運獲利，創投基金準備投資出場之過程，包括由其他投資人買斷或經由初級的公開市場發行，是需要較長的期間，每一個投資案都有可能損失或獲得很大的回報，所以具有較高之風險。在美國創投基金的投資人為有限合夥人，基金是由一般合夥人管理，創投基金之投資特性如具有低流動性，不提供一個很方便及短期得現金出場機制，所以基金需要較長期之承諾。

第三節　私募基金之種類

私募基金種類繁多，依其投資之對象及操作之手法，實務上較為常見者為避險基金及私募股權基金，茲分述如下：

---

[9]　此際基金必須依證券交易法 Section 12(g)規定定期的向 SEC 申報相關報表。

第一項　私募股權基金

一、依投資之標的區分

　　私募之基金若其投資之標的為企業股權或以股權有關之標的者，為私募股權基金，私募股權基金尚可依其投資之標的再細分為以投資新興產業之創業投資基金（venture capital）；以併購為目的之融資併購、商業銀行基金（lbo and merchant banking funds）及收購基金（buyout）；以投資高風險之有價證券提供融資之夾層基金（mezzanine）或閣樓基金（mezzanine debt funds）；以收購破產或財務困難待進行重整之重建基金（distressed restructure）或破產基金（workout and distessed debt funds）[10]，其他尚有不動產證券化基金（real estate funds and private, REITS）、國際基金（international funds）、行業基金（sector funds）等，甚至部分之對沖基金（hedge funds）亦可重疊歸類為私募股權基金。

二、依稅賦考量區分

　　私募股權基金在設計上有些考量稅賦之負擔與法律之適用，在美國實務上尚可區分為以下三種類型：

（一）基礎投資基金（basic investment fund）

　　通常為合夥之組織，其組成主要由法人及具高淨額之客戶為有限合夥人，在有限合夥架構下，在美國該合夥人為依 1940 年投資顧問法登記之投資顧問公司（有限責任公司），參與操盤運用基金之合夥人（general partner），其基本報酬是每月或每季按基金淨值以現金支付的管理費用，管理費率通常為百分之一，除此之外，操盤運用基金之合夥人在投資基金

10　參見王文宇，月照無私—論私募股權基金的蛻變，企業與金融法制—余雪明大法官榮退論文集，2009 年 1 月，元照出版，頁 3-30，轉引葉淑玲，私募股權市場投資與對市場之影響—以全球市場發展與日本政府之因應為發展中心之分類。

資產超過上次之績效水準時，依約定享有特別的分配一定比例之基金投資利潤，甚至有超過百分之二十以上者。該基金資產之證券及現金係由信託銀行或主要經紀商（prime broker）保管。

（二）肩並肩基金（side-by-side funds）

在美國有專為提供境外的投資人投資私募股權基金，該私募股權基金亦為有限合夥，因為未有境內投資人參與投資，故可豁免稅賦，而該私募股權基金的投資策略則委由依 1940 年投資顧問法註冊登記之投資顧問事業負責參與操作，但該私募基金本身則豁免適用 1940 年投資公司法。此一型態之私募基金提供境外投資人參與美國證券市場的機會，但卻不需要牽涉到美國的稅賦或證券管理法令，在這個架構下之私募股權基金可以有多個等級如 A class、B class 等。

（三）餵食基金（mini-master-feeder model）

為國內有限合夥，該類基金可由境內及境外的投資人投資，是為境內投資人在境外找一個稅賦較優惠之法律地。

三、依組織構成方式區分

私募股權基金在組織構成方式上，有以投資公司、一般共同基金及有限合夥等之型態，在國外私募股權基金大多數以有限合夥方式存在，有限合夥的創新組織模式，可運用法律及稅制的規範，使私募股權基金市場競爭力充分發揮。而一般私募股權基金之有限合夥模式，其合夥人區分為有限責任合夥人與普通合夥人與兩種，茲分述如下：

（一）有限責任合夥人

所謂有限責任合夥人（limited partnership），即以機構投資人、高淨值客戶等投資人為資金參與之合夥人，將其資金投資到私募股權基金之資

產中，有限責任合夥人對於基金營運並無管理控制權，並對基金盈虧僅負有限於出資額的有限責任，並享盈餘分配的權利。有限責任合夥人為私募股權基金公司資本的主要提供者，通常占私募股權基金資本額的百分之九十以上，可謂為私募股權基金公司的金主身分。

（二）普通合夥人

至於普通合夥人（general partnership），通常為私募股權基金的發起人或所有人，係指在私募股權基金中享有經營權與控制權的合夥人類型，負責私募股權基金的投資決策，且為私募股權基金中各筆基金的實質負責人，對基金的盈虧負有無限責任。普通合夥人的人數通常不多，且由於身分係為經營者而非投資者，故其出資額度在法無規範的前提下，往往僅占極少數。惟由於普通合夥人身為基金公司的代表人物，為了彰顯其對基金經營之信心以鼓勵投資人加入合夥，通常會適度的增加其出資額度。

（三）有限合夥之運作

有限合夥可藉由普通合夥人與有限合夥人間的合夥協議（limited partnership agreement），以及基金管理公司與普通合夥人間的管理協議（operation agreement）等條款來訂定總體性之投資方針或投資策略，透過協商及權利分配，使私募股權基金的運作更富彈性靈活的調適程度與效率；另外，由於在合夥制度下，由於具備高度所有與經營結合的性質，在約定實際從事經營的普通合夥人的報酬時，包括操作之績效獎金，大部分來自於投資的獲利，對於普通合夥人的經營又因增加相當有效，同時亦能達到節省代理成本（agent cost）的目的。此外，由於合夥本身並無法成為課稅主體，政府僅能對合夥人分別課稅，能夠有效規避在公司制度下雙重課稅的問題，而達到節稅的目的。

第二項　私募避險基金

　　所謂私募避險基金，亦有稱之為對沖基金，通常係指使用財務槓桿操作（leverage）之方式，依基金績效收取管理費，使用固定收益證券套利、股票多空對沖等避險基金投資策略以取得絕對報酬之私募基金。全球避險基金總規模於 2000 年約有 3,240 億美元，至 2005 年已達 1 兆美元，到 2009 年 9 月規模更高達 2 兆美元[11]，加上其財務槓桿操作如美國之 LTCM 可高達四十倍，其影響可謂深遠。避險基金由於具有獨自之操作策略，所以投資人甚難得知其投資組合，同時也因為投資明細的揭露可能導致基金經理人喪失獲利機會，其資訊更是封閉。避險基金其投資標的涵蓋衍生性之金融商品，並有其特有的風險，因此其雖然有淨值之概念（Net Asset Value, NAV），但通常無法用一般基金的評價方式進行避險基金的評價，至於避險基金之私募本質其變現性本較為不易，除非依約定之贖回（redeem），否則避險基金不具有流通性，也由於其投資標的可能風險高存續期間長，即使得為贖回，其申請日到實際付款日的差距也較一般基金長。私募之避險基金通常會約定有閉鎖期，在閉鎖期中贖回基金，投資人除需支付贖回手續費外，尚需支付懲罰性之罰款。

　　一般而言，避險基金被定位為高風險、高報酬的投資商品，屬於高淨額客戶之投資商品，投資金額較小的投資者若選擇風險較高的避險基金，大多利用組合型避險基金（funds of hedge funds）來進行風險分散。鑑於直接管理及監督基金有其困難度，大多數國家皆未納入管理監督之體系，至多僅是要求其應註冊登記，惟在現行金融海嘯襲擊之環境下，各國已警覺到其管理及監督之必要，而可以踐行之管理及監督之方法包括要求避險基金應註冊登記及揭露，甚至監控金融機構投資了那些種類之避險基金，以及他們如何管理風險，如果金融機構放款予避險基金，其如何管控信用風險，及如何藉由加強和外國監理機關之合作，來針對有跨境活動的避險

---

[11]　參見經濟日報，2008 年 9 月 15 日，A8 版。

基金進行必要的資訊分享等。

第四節　私募基金操作之手法

第一項　避險基金投資策略

　　避險基金之操作可依其為套利型避險基金、市場中立型避險基金與總體型避險基金的投資策略加以分述如下：

一、擴大財務槓桿之投資策略

　　避險基金為擴大財務之操作基礎，常以槓桿之方式取得資金，包括以其資本當擔保從事融資借款，再以籌得之資金操作衍生性之金融商品，讓資金為極致之運用，例如美國長期資本經理避險基金（Long-Term Capital Management, LTCM），為多位諾貝爾經濟學得主負責操盤，在發生問題之前，其資本為 50 億美金，向銀行及證券商借款卻超過 1,250 億美金，而其操作之衍生性商品名目金額高達 1 兆 3,000 億美金[12]，高度財務槓桿操作結果可發揮到二百多倍，甚至曾有更高至四、五百倍者，避險基金憑藉其雄厚之資金實力，自然無往不利。

二、攤平交易之投資策略

　　所謂攤平交易（martingale），是輸後加倍下注之方法，也是促使損失平均化，方實務上有採行向下買進攤平之方式，以預料不致再下跌的價格限價委託，繼續以低於該價的價格買進，攤平損失並提高獲利機會，例如每輸一次時就加倍買進，只要最後一次贏就能扳回以前全部之損失，以

12　陳銘賢，從美國 2003 Hedge Fund Roundtable 再認識 Hedge Fund，證券暨期貨月刊，第 21 卷第 12 期，2003 年 12 月 16 日，頁 24，轉引 Peter Borish（OneChicago 交易所業務董事）之發言。

數學幾何級數而言，第一次是 1 元，輸掉以後第二次必須用 2 元，贏的話可多賺進 1 元，輸的話第三次必須用 4 元，才可能攤平前二次損失之 3 元，更可多賺回 1 元，如此第四次要用 8 元，第五次 16 元等之方法繼續操作[13]，雖風險逐漸加大，但依通常機率之概算口袋較深者取勝，因此避險基金高度財務槓桿操作結果可憑藉其雄厚之資金實力，並計算其設定之絕對報酬，除非遭遇劇烈之行情變動，否則其勝算確實比一般投資人大。

三、套利型避險基金之投資策略

套利（arbitrage）通常是透過相關相類或相對應商品（underlying）之兩個金融工具由於同一時段價格不一致之失衡獲現象取利潤，類似的兩個金融工具，如果彼此價格產生不一致或價格誤設（mispricings），就會產生套利空間。避險基金的套利策略就是利用其分析模型對各種金融工具予以評價，並利用所算出的價格與實際市場價格間的差距來獲利。避險基金常用的策略是買進價格被低估的金融工具，同時賣出價格被高估的金融工具，而同時買進及賣出的這兩個金融工具，到期時的價格將會相同。套利避險基金常用之策略有以下幾種型態：

（一）避險基金交易現貨金融商品及其相對應的期貨商品

現貨金融商品及其相對應的期貨商品可能因為市場運作之欠缺效率而存在價差，因此使套利者有介入之空間，例如現貨價格較低時，套利者可置入現貨並賣出期貨，而儲存現貨為所賣出期貨之交割給付，賺取價差，而期貨契約訂定有履約的期限，期限屆至若未結算沖銷，即應履行現貨之交付，因此到結算期時期貨之價格與現貨之價格會漸趨於一致，套利者原則上是較無風險存在，經過套利之運用後，結果會使現貨市場與期貨市場的價格日趨統一，也因此達到期貨市場提供現貨市場價格發現的功能。

---

[13] 郭土木，期貨交易管理法規，2007 年 9 月 14 日，自版，頁 450。

美國實務上認為對於股票選擇權交易之設計是在提供一個股票部位避險的機制，而這些避險活動可能在交易人持有的股票現貨部位時發生，所以需要同時賣出買進權之選擇權，尤其是當交易人相信市場將會急劇之上漲或下跌時即需要以此填補損失，交易人也許不希望去處理現貨之股票，因為他相信那價位變動將會很快的填補。由於賣出股票選擇權之買權，交易人得以規避因為賣出股票造成交易成本損失之風險，以抵銷其從股票之賣出中可能之損失而無法填補之風險，也許因為股票交易造成之價格損失可因從選擇權取得之權利金部分得到補償，準此以鉅額出售轉讓持股時，可能預期其出售之行為會導致股票市場價格之下跌，相反地，買進股票者可能因其買進之行為而使股票行情上漲，股票交易之買賣者，可能會承受股票市場價格因其未持續高價賣出或買到高價而造成差價之損失，因此股票之交易者可以透過避險管道在規避因其價格漲跌之虧損，賣出現貨者可借由買進賣權之選擇權或賣出買權之選擇權，而且還可利用從買權者取得權利金去沖銷損失，至少有部分股票價格損失的風險可以規避掉，而買進股票之交易人亦可能買進買權，因而可規避因其連續買進現貨而造成價格上張之風險，而其利潤至少有部分是來自價格上漲沖銷之後之差價所得，此種為使避險之行為達到最大報酬之功能（maximizing the return），美國實務上認為委託若是利用知悉重要的股票交易消息時，或在急迫之情況下是被允許的，亦即利用自我有之消息買賣（self-front-running）不構成先跑之行為。此乃因為自我知悉將從事交易訊息為避險需要之行為，係基於避險之經濟功能與在主觀上是可被預期的，所以不認為係屬於違法行為[14]。

（二）運用固定收益證券之價格不一致進行套利

避險基金設定以現貨市場固定收益證券（fixed income securities）之

---

[14] Jerry W. Markham, "Front-Running" - Insider Trading Under the Commodity Exchange Act. 38 Cath. U.L. Rev. 69 (1988), at 89.

不同債券、不同到期日，繪出收益率曲線（yield curve）模型，而選定模型中一些被高估或被低估的特定債券收益率與模型所呈現之收益率曲線不同時，此時避險基金買入價格低估的債券，賣出價格高估的債券已獲取利潤。

（三）利用信用風險之差異行套利

由於不同公司或國家發行之債券，雖然票息利率與到期日均相同，但因信用評等（rating）不同，而債券之價格若未適當反應出彼此信用評等的不同。例如一般信用評等差距平常為 30 基本點（basis points），而現行之價差為 50 基本點，避險基金此時會賣出價格較高的債券，買入價格較低的債券。尤其是新興市場避險基金（emerging market hedge funds）會利用兩個國家發行之政府債券彼此有相同價格但信用評等不同的差異進行套利。

（四）可轉債與股票之套利

套利策略通常是透過相關相類或相對應商品（underlying）之價格失衡獲取利潤，可轉債套利基金（convertible arbitrage）基金之交易策略，係以買進可轉換公司債、放空公司股票之方式從事套利，在特定情況下再將可轉換公司債轉換為股票，就可轉換公司債內含股票的風險，以透過融券賣出（selling short）標的股票來避險。以 2005 年之通用汽車為例，基金經理人會在買進通用汽車公司債的同時放空通用汽車的股票，當通用汽車債信遭調降導致公司債價格下跌的同時，通用汽車的股票應該也受此利空影響而同步下跌，因此基金經理人即使在可轉換公司債的部位有所虧損，也可透過放空股票的部位獲得補償。

然避險基金並非全無風險，前開案例因標準普爾公司（S&P）於當年 5 月 5 日宣布將美國兩大車廠—通用汽車與福特汽車的債信評等調降為垃圾等級，惟早自 3 月中旬，通用汽車發布 2005 年獲利預警的同時，市場即預期通用汽車的債信評等將在當年夏天以前被調降至垃圾等級，同時也

引發了高收益債券連續兩個月的走跌，然而就在市場已消化了大半的利空消息後，Kirk Kerkorian 於 5 月 4 日宣布將大舉收購通用汽車股票。因此通用汽車可轉換公司債因獲利預警與債信遭調降而下跌，不過通用汽車的股票卻在 Kirk Kerkorian 提出收購意願的激勵下大漲，尤其在收購消息曝光當天，通用汽車的股票大漲逾百分之十八，而這樣「債跌股漲」的情勢，讓原買進債券、放空股票的可轉債套利策略蒙受了雙重的虧損，造成部分可轉債套利基金資產在短期內大幅縮水，市場上甚至出現可轉債套利基金出現流動性危機的傳言，並引發投資人對整體避險基金產業產生重重疑慮。

四、市場中立型避險基金的投資策略

市場中立型避險基金（market-neutral funds）在投資組合上由於持有股票或有價證券之現貨，可透過賣出股價指數期貨或是買進賣權（put option）來保護手中所持有之股票或有價證券部位，以防止市場發生大變動所導致的風險。在同一產業中，市場中立型避險基金有時買進公司營運良好的強勢股票，賣出營運績效差的弱勢股票，利用同一既定產業中特定公司間體質之差異來獲取利潤。

五、總體型避險基金的投資策略

總體型避險基金（macro hedge funds）依據經濟基本面所設立的模型來決定投資策略，其無論是在股票市場、固定收益證券市場、外匯市場或是商品市場，透過由上而下（top down）之投資策略。就全球性經濟景氣循環予以評估目前基金所處的情勢，評估金融市場可能的走向，並考量總體經濟失衡與市場心理。如果該基金是投資國外的市場，則基金的操作會隨時注意投資地區的金融情勢、企業營運等，尤其是覺得經濟情勢可能動盪時，投資地區市場心理會是一個重要關鍵。在外匯市場上，總體型避險

基金會去檢視這些採取盯住美元匯率制度但無任何經濟理由可以支撐這種
制度的國家，檢視總體經濟基本面是否與目前匯率所反應的基本面一致，
有些基金會使用更為細緻的總體經濟模型，有些總體型避險基金雖然較少
使用數量技巧，但是會就各個重要影響變數的歷史資料，分析彼此的關
係。

六、聯合與利用其他共同基金之組合

　　在面臨股市下跌的股市，避險基金以自行開發之複雜的策略，使其能
夠賣空共同基金並從淨值下跌中獲利。該策略首先必須確定其他被利用之
共同基金目標其確切的投資組合。包括利誘目標共同基金之經理人以取得
這項組合之資訊。嗣後避險基金透過以衍生性金融商品或期貨市場進行放
空這些組合之證券，以建立與這些基金投資內容呈負相關之投資組合，為
了降低此項策略的交易成本，避險基金與出售衍生性金融商品的銀行合
作，以基金投資組合為標的，建立「一籃子股票」的空頭部位，就像放空
基金的持股一般，每隻基金都有專門訂製的「籃子」。避險基金在此同時
會買入與放空證券組合相同金額的基金股份或受益憑證。因避險基金擁有
基金的股份或受益憑證，但整體而言是「市場中立的」。然後可以完全地
避險並予以等待，直到市場發生可能使基金股份或受益憑證價格下跌的事
件時或空頭市場時，此際創造套利機會，避險基金可以用不正確的高價將
股份或受益憑證贖回賣回給基金，由於當時被利用之共同基金因為淨值尚
未完全反映市場下跌的走勢，被利用之共同基金為應付贖回之壓力，必須
於市場拋售基金組合之持股，以致股市行情下跌，然後避險基金再以更便
宜的市價了結原先放空的證券部位賺取利潤，此項策略可讓避險基金的在
空頭熊市中大發利市[15]。

---

[15] 參見覃正祥、郭土木合著，懲與治—美國華爾街共同基金與分析師弊案剖析，自版，2004 年
7 月，頁 96。

第二項　私募股權基金之投資策略

私募股權基金之投資策略，主要係針對創業之企業參與投資，或對於成熟產業中經營不善之公司或部門，透過併購或公開收購等程序，取得該公司或部門的經營權，再輔以下市交易、重整等步驟澈底改善公司體質，最後藉由重新首度公開發行（Initial Public Offering, IPO）、同業買賣（trade sale）、次級出售（secondary sale）等退場機制來賺取與收購時之差價，故投資資金挹注的期間至少都長達五年，再加以私募股權基金高度倚賴槓桿融資的性質，穩固的基金資本及信用額度是私募股權基金的主要支柱。故私募股權基金之投資人，通常以政府退休基金、大型金融公司、大學基金等機構、法人，或世界級高淨值客戶之富豪為主。這些投資人的特點，在於投資金額量大且穩定，並較能夠負荷長期投資的機會成本以賺取高額的利潤。私募股權基金在募集資金時，主要的課題就是如何遊說（lobby）世界上各大機構投資人及富豪以獲得資金的支持。為達此目的，不僅基金必須具備一定的名聲（reputation），包括經營團隊、經營策略、投資標的、獲利能力等多方面的綜合評估，所以需網羅高知名度人物參與[16]；另外基金公司亦必須付出相當額度的遊說成本（lobby cost），包括說客人力的挹注、說客遊走多國的旅費、聯繫散布各地的投資人所需花費的費用、以及廣告成本等，可以說是一筆龐大的支出。相較於公開發行公司可藉由證券市場發行股票來輕鬆募集永久資本而言，私募股權基金雖然有著彈性、自由的優勢，但成本的負擔亦相當沉重。私募股權基金常以槓桿操作之方式，透過融資收購來進行以小博大的投資行為，藉由基金之資產或談判取得信用融資貸款籌措資金，收購目標公司股權，並完成收購後，依協約將該筆貸得金額轉由被收購公司負擔，甚至以特別股固定股息股利之方式謀取最大之獲利。實務上之操作可分為一般融資收購與管理者

16　例如前任美國總統歐巴馬之首席經濟顧問桑默斯（Lawrence H. Summers），也是柯林頓總統時期之財政部長，為原避險基金 D.E.Shaw 之常務理事，2008 年在避險基金 D.E.Shaw 即賺進520 萬美元之報酬，參閱工商時報，2009 年 4 月 5 日，A2 版。

融資收購，茲分述如下[17]：

一、一般融資收購

此種收購方式，私募股權基金設定以目標公司之股權（經營權）為收購對象。首先由私募股權基金設立一家紙上控股公司（paper company），以該紙上控股公司之名義向貸款機構取得過渡性融資（bridge loan），作為收購目標公司之資金；當收購完成取得經營權之後，利用所取得的目標公司經營權，主導目標公司與控股公司之合併，並以被收購之目標公司為存續公司，控股公司原向貸款機構取得之過渡性融資因此轉換成為目標公司之債務。私募股權基金不但掌握有被收購目標公司之經營權，而且由被收購目標公司負擔融資之債務，甚至私募股權基金尚可藉由被收購之目標公司來發行垃圾債券（junk bonds），或以被收購目標公司營運的整頓獲利等方式償還貸款及利息，並可於短期內將目標公司脫手以賺取高額的利潤。

二、管理者融資收購

在管理者融資收購（management buyout）模式中，收購團隊先將收購目標鎖定為目標公司內部的經理人員，或者由目標公司的經理人員自組收購團隊，以達先行取得經營控制權的目的。此舉不但可增加終局收購目標公司時談判的籌碼，且藉由對目標公司內部人的先行控制，亦可利用其等公司內部人的身分獲取更多有利資訊，以利日後的收購。至於日後的股權收購行為，原則上和前述的一般融資收購模式相同[18]。

---

[17] 融資收購（Leverage Buy-Out, LBO），主要係以融資之方式擴大財務槓桿效果取得併購之資金來源，達到併購之目的，若依收購者之不同區分，可分類為一般融資收購、管理者收購與員工持股計畫之融資收購；若依償還收購負債之方式區分，可分類為清算型融資併購、現金流量型融資收購及混合型融資收購。詳參謝劍平，投資銀行的核心業務－融資收購之探討，金融研訓季刊，第 94 期，1999 年 7 月 15 日，頁 15-26。

[18] 同前註 2，頁 3-30。

第五節　私募避險基金之監理規範

　　私募避險基金及股權基金若於我國進行勸募、申購買賣或投資於我國境內之相關標的，是否須遵行國內之相關法令，尤其在國際上 G20 已相繼提出對影子公司及私募避險基金應納入合理規範之際[19]，更應檢討我國之相關規範是否有缺漏需進一步補足，依我國證券投資信託及顧問法第 3 條及第 11 條規定，證券投資信託事業得對銀行業、票券業、信託業、保險業、證券業或其他經主管機關核准之法人或機構等之轉業投資機構，或符合主管機關所定條件之自然人、法人或基金在總數不超過 35 人之對象下進行受益憑證之私募，成立私募之證券投資信託共同基金，並經理該基金之資產從事於有價證券、證券相關商品或其他經主管機關核准項目之投資或交易，其違反未經許可從事該屬於證券投資信託事業者，可科以刑事責任[20]。證券投資信託事業應於私募受益憑證價款繳納完成日起五日內，向主管機關申報之[21]。而前開規定涉及非證券投資信託事業可否私下募集基金？證券投資信託事業除募集一般之基金外，可否私募避險基金及股權基金？境外之私募避險基金及股權基金可否於我國境內進行私募之行為？境外之私募避險基金及股權基金可否投資於我國境內之標的？我國境內之私募基金可否投資購買境外之私募避險基金及股權基金？我國若欲合法開放私募避險基金及股權基金，在法令上應如何配合調整？等諸問題，準此本文擬進一步分析探討。

---

[19] 英國前首相布朗表示，倫敦峰會將尋求就重塑國際法規體系達成協議，預料監督體系將出現大幅改變。他說，各國法規須更緊密合作，並且將對沖基金等陰暗金融體系納入。參見工商時報，2009 年 3 月 15 日，A1 版。

[20] 依證券投資信託及顧問法第 107 條規定，有下列情事之一者，處五年以下有期徒刑，併科新臺幣 100 萬元以上 5,000 萬元以下罰金：
　一、未經主管機關許可，經營證券投資信託業務、證券投資顧問業務、全權委託投資業務或其他應經主管機關核准之業務。
　二、違反第 16 條第 1 項規定，在中華民國境內從事或代理募集、銷售境外基金。

[21] 依證券投資信託及顧問法第 113 條第 1 款規定，違反第 11 條第 4 項有關向主管機關申報規定者，可處新臺幣 12 萬元以上 60 萬元以下罰鍰，並責令限期改善；屆期不改善者，得按次連續處二倍至五倍罰鍰至改善為止。

第一項　私募避險基金為證券投資信託基金或期貨信託基金

　　私募避險基金由於其投資運用之標的涵蓋證券及期貨交易商品，在美國有同時依證券交易法及商品期貨交易法進行註冊登記者，依據美國商品期貨交易管理委員會（CFTC）規則之規定，期貨基金係指以交易期貨商品為營運宗旨的任何投資信託、聯合企業或類似的企業組織[22]。而美國證券投資信託主要之法律依據為 1933 年證券法（Securities Act of 1933）、1934 年證券交易法（Securities Exchange Act of 1934）及 1940 年投資公司法（Investment Company Act, 1940），至於期貨基金尚須遵守商品期貨交易法（Commodity Exchange Act, CEA）、主管機關之相關規則（CFTC Regulation）及美國全國期貨業協會相關規定（National Futures Association Rules, NFA Rules）規範[23]。美國期貨基金由期貨基金經理人（Commodity Pool Operator, CPO）負責募集及管理，並由期貨交易顧問（Commodity Trading Adviser, CTA）負責提供操作建議或代為交易操盤。期貨基金經理人除經主管機關以規則或辦法或命令明定豁免者外，為以直接或透過出資（capital contributions）、銷售股份或其他證券等方式，從事招攬、接受或收取他人之款項、證券或財產之人[24]。其業務範圍包括募集資金及管理操作基金；另期貨交易顧問為了獲取報酬或利益，直接或經由出版品、文件或電子媒體，對於擬在或已在期貨市場或依期貨市場規則從事之期貨交易、期貨選擇權交易或經核准之槓桿交易，提供價值或合宜性之顧問業務者；或發表或公布前述有關活動之分析或報告者[25]，因此期貨交易顧問不僅針對期貨基金提供諮詢顧問或接受全權委託，尚可針對證券相關基金、證券投資工具或選擇權、期貨提供相同的服務，並可接受期貨基金經理人

---

[22]　參見古坤榮，簡介主要國家對於期貨交易為主之集合投資計畫之規範，證券暨期貨月刊，第 25 卷第 2 期，2007 年 2 月 16 日，頁 14。

[23]　郭土木，期貨交易管理法規，頁 188-189。

[24]　商品期貨交易法第 1a(4)條之規定。

[25]　商品期貨交易法第 1a(5)(A)之規定。

委託代為操作期貨基金。

另有關美國證券與期貨交易分屬於證管會（SEC）與期管會（CFTC）之不同管轄機關，證券與期貨基金為避免造成管轄上的競合，在運作上，仍以基金投資於證券或期貨之比重作為區分重點。期貨基金以從事期貨交易為主，若從事投資於證券超過其總資產之百分之四十者，即符合 1940 年投資公司法定義之投資公司（Investment Company），仍應向美國證券管理委員會（SEC）登錄與受證券法規之規範。至於期貨基金可投資的標的組合可包括期貨、選擇權、股票、債券、貨幣市場基金及其他金融工具。而國外避險基金及股權基金通常為私募之型態，我國由於期貨交易法制定之際尚未有私募基金之概念，至今亦未增列，故無私募期貨基金之規範，換言之，私募型之證券投資信託基金若從事投資於期貨交易超過其總資產之百分之四十者，理應在禁止之列。

第二項　非證券投資信託事業可否私下募集基金

依證券投資信託及顧問法第 3 條第 1 項及第 2 項之規定，證券投資信託係指向不特定人募集證券投資信託基金發行受益憑證，或向特定人私募證券投資信託基金交付受益憑證，從事於有價證券、證券相關商品或其他經主管機關核准項目之投資或交易。而證券投資信託事業則指經主管機關許可，以經營證券投資信託為業之機構，因此證券投資信託業務為專屬於證券投資信託事業始得經營之業務，且應報請主管機關核准。未經核准從事經營證券投資信託之私募基金業務，依同法第 107 條規定，可處五年以下有期徒刑，併科新臺幣 100 萬元以上 5,000 萬元以下罰金。

第三項　證券投資信託事業除募集一般之基金外，　　　　　可否私募避險基金及股權基金

私募基金之投資人多為機構法人、銀行、保險公司及具有一定財力資

歷之特定人士募集，由於該等投資者具有足夠的投資理財知識與研判能力，不若一般投資散戶，比較需要法令保護，所以現行法令對私募基金之投資範圍限制相對較少，另因私募基金具產品設計幹練之特色，故運用不同的金融工具來保護資產部位，以達以最小的風險獲取合理的報酬之目的，以滿足特定人士之需求，故不宜對其投資標的或投資金額加以限制，惟證券投資信託基金管理辦法第 54 條規定對於證券投資信託事業運用私募基金有相當之限制[26]，不若國外避險基金之操作空間，故國內私募基金

---

[26] 證券投資信託事業私募基金，依證券投資信託基金管理辦法第 54 條之 1 之規定，除指數型基金因追蹤、模擬或複製指數表現之情形，爲符合指數組成內容投資有價證券，而投資於本證券投資信託事業或與其有利害關係之公司所發行之證券外（不包含證券投資信託事業或本證券投資信託事業有利害關係之公司發行之受益憑證、基金股份或單位信託），同一辦法第 54 條復規定，證券投資信託事業應依私募基金之證券投資信託契約運用基金，除主管機關另有規定外，並應遵守下列規定：

一、不得投資證券交易法第 6 條規定以外之有價證券。
二、不得從事證券相關商品以外之交易。
三、不得爲放款。
四、不得與本證券投資信託事業經理之其他各基金、共同信託基金、全權委託帳戶或自有資金買賣有價證券帳戶間爲證券或證券相關商品交易行爲。但經由集中交易市場或證券商營業處所委託買賣成交，且非故意發生相對交易之結果者，不在此限。
五、不得投資於本證券投資信託事業或與本證券投資信託事業有利害關係之公司所發行之證券。
六、不得運用基金買入本基金之受益憑證。但經受益人請求買回或因基金全部或一部不再存續而收回受益憑證者，不在此限。
七、不得轉讓或出售基金所購入股票發行公司股東會之委託書。
八、持有第 18 條第 1 項第 2 款至第 4 款之總額不得超過規定之一定比率。
九、不得有接受特定人指定，協助爲規避所得稅或其他影響證券投資信託事業應本於守法、誠實信用及專業投資管理原則之操作。
十、不得爲經主管機關規定之其他禁止事項。
第 1 項第 4 款所稱各基金包含證券投資信託事業募集或私募之證券投資信託基金及期貨信託基金。
私募基金從事證券相關商品交易之風險暴露，不得超過本基金淨資產價值之百分之四十。
證券投資信託事業應於私募基金之信託契約中明定從事證券相關商品交易、證券信用交易、借券交易及借款之上限，並將相關風險監控管理措施於投資說明書中敘明。
證券投資信託事業經本會核准兼營期貨信託事業者，於其運用私募基金從事證券相關商品交易之風險暴露控管機制之內部控制制度報經本會核准後，始得不受第 4 項比率之限制。但其風險暴露不得超過淨資產價值之百分之一百。
前項內部控制制度應針對所從事之證券相關商品種類，分別衡量可能之各類型風險，並就各

充其量僅能操作較為保守之避險基金，另為避免私募對沖組合基金投資單一對沖基金之風險過大，故明定比照現行公募組合基金之規定，對每一私募對沖組合基金投資單一對沖基金之上限不得超過基金淨資產之百分之三十即最少必須投資 5 支對沖基金。

第四項　境外之私募避險基金及股權基金可否於我國境內進行私募之行為

　　境外之私募避險基金及股權基金可否以我國境內之投資人為應募人進行私募之行為，換言之，境外之私募避險基金及股權基金可否賣給國內投資人，據報載境外之香港某一私募避險基金以訴求「類美元定存」，投資金融資產證券化與不動產證券化商品為主，強調穩健收益，剛開始獲利還符合預期。2007 年中次貸風暴發生後，代銷機構回覆是投資次貸相關商品比率僅占投資組合百分之二，加計槓桿操作，理論上最大影響只有百分之四。但次貸風暴越演越烈，沒想到 2007 年 8 月大額贖回投資人，需排到 11 月底，2008 年 2 月卻通知投資人因有大量贖回，決定暫停申贖及計算淨值，改寄「模擬淨值」。事後新鴻基代表來台解釋該基金狀況時，才發現 2007 年 9 月時早出現流動性風險問題。由於主管機關僅針對投資人是否符合私募資產門檻規定，其餘並無特別限制，投資人發生問題後在銷售機構與海外公司間，尋求不到協助，形成灰色地帶[27]。此乃典型之我國境內投資人投資境外之私募避險基金及股權基金之案例，依我國境外基金管理辦法第 52 條規定，境外基金機構得在國內對專業機構及符合依定條件之特定人進行境外基金之私募，境外基金機構於國內向特定人私募境外基金，得委任銀行、信託業、證券經紀商、證券投資信託事業或證券投資顧問事業辦理，並應委任訴訟代理人及稅務代理人。惟受委任機構於國內辦理向特定人私募境外基金，涉及資金之匯出、匯入者，應檢具相關文件

類型風險之評量方式、參數、評量標準及定期檢測機制，訂定完善之控管計畫。
[27]　參見蘋果日報，2008 年 6 月 11 日，B2 版。

向中央銀行申請辦理相關外匯業務之許可[28]。比較前述現行我國境內、外基金管理辦法之規定，可發現對境外基金無論是投資標的、槓桿財務操作之倍數、操作之策略與風險之控管等皆未進一步之規範，相較於國內私募基金之保守規範，似已形成超國民待遇，其不但使國內業者處於不利之競爭地位，國內之投資人之保護亦相對不周，甚至對於境外之私募避險基金是否得入境販售，需仰賴由中央銀行以資金之匯出、匯入之外匯業務許可方式控管，亦有所不妥。至於境外之私募避險基金及股權基金未依規定於我國境內委任訴訟代理人及稅務代理人進行私募之行為，有認為現行證券投資信託及顧問法並未規範，無法可管為法律漏洞，其實原證券投資信託及顧問法第 16 條第 1 項草案規定，任何人非經主管機關核准或向主管機關申報生效後，不得在中華民國境內從事或代理募集、「私募」、銷售、投資顧問境外基金。當時認為私募可為較低度之管理，故將其移列同條第 2 項規範，但並不意味私募境外基金不管，其為我國境內進行私募之勸誘或銷售、顧問私募之境外基金，仍然構成違反同法第 110 條規定，對於違反規定，在中華民國境內從事或代理投資顧問境外基金者，可處二年以下有期徒刑、拘役或科或併科新臺幣 180 萬元以下罰金[29]。

---

[28]　參見行政院金融監督管理委員會 94 年 8 月 18 日金管證四字第 0940003711 號函，境外基金機構應於私募境外基金價款繳納完成日起五日內，向同業公會申報彙送本會備查；申報金額如有增減變動者，應於次月 5 日以前將上月份變動情形彙總向同業公會申報。此一申報得由在我國境內之受委任辦理私募之銀行、信託業、證券經紀商、證券投資信託事業、證券投資顧問事業或委任訴訟代理人或稅務代理人代為申報。申報資料包括境外基金基本資料表、受委任機構經中央銀行許可辦理相關外匯業務之許可函影本、投資說明書或其相當之文件及受益人符合境外基金管理辦法第 52 條第 1 項規定私募資格之聲明書。

[29]　私募之行為應為顧問之高度行為，同時為顧問及勸誘買進之私募行為，應以未經報備或許可之違法私募行為論處，惟私募移列在第 16 條第 2 項之後反而未有刑事責任之規定，因此應回歸依第 1 項所規定之未經核准或申報生效顧問境外基金論處。

第五項　境外之私募避險基金可否投資於我國境內之標的

外國人在我國境內之投資、保障、限制及處理，現行訂定有外國人投資條例加以規範，該條例第 4 條規定投資包括持有我國公司之股份或出資額、在我國境內設立分公司、獨資或合夥事業，或對所投資事業提供一年期以上貸款，因此境外之私募基金投資於我國境內之標的應依該條例之規定，又依該條例第 8 條第 4 項之規定，投資人投資證券之管理辦法，由行政院定之。依前述規定境外之私募基金投資於我果境內之標的可區分為一般之直接投資與證券之投資，早期對於證券之投資採行所謂三階段之開放措施，從必須透過國內證券投資信託事業於國外募集基金才能投資國內證券市場，到合格境外機構法人之投資（QFII），以致現行之完全開放，只要向證券交易所或櫃買中心登記即可進行投資（FINI），境外之私募股權基金依外國人投資條例經經濟部投資審議委員會之管道許可投資，境外之私募避險基金則依華僑及外國人投資證券管理辦法之規定進行直接投資。

第六項　我國境內之私募基金可否投資購買境外之私募避險基金及股權基金

我國證券投資信託事業私募基金依現行之規定，對於投資標的雖採行負面表列之方式，但對於財務槓桿操作有嚴格之限制[30]，惟我國境內之私募基金若可投資購買境外之私募避險基金及股權基金，將可規避現行法令對私募基金之限制，然主管機關卻開放在境外基金管理機構成立滿 1 年，且最近 2 年未受當地主管機關處分並有紀錄在案者，該境外基金管理機構

---

[30] 依證券投資信託基金管理辦法第 54 條規定，證券投資信託事業應依私募基金之證券投資信託契約運用基金，除另有規定外，不得投資證券交易法第 6 條規定以外之有價證券、不得從事證券相關商品以外之交易及不得為放款，其從事證券相關商品交易之風險暴露，除其運用私募基金從事證券相關商品交易之風險暴露控管機制之內部控制制度報經核准外，不得超過本基金淨資產價值之百分之四十。但其風險暴露不得超過淨資產價值之百分之一百。

私募之境外基金符合投資於大陸地區有價證券及紅籌股之比率之限制，且不投資於黃金、商品現貨及有定期合理價格足供評價之情況下，我國私募基金得投資該未經核准或申報生效之境外基金[31]。此外，為考量未經核准或申報之境外基金較不為國人所熟悉，種類繁多，且多屬複雜性金融商品，故規範國內私募基金投資於該類商品應揭露該項投資標的及相關風險，證券投資信託事業應於內部控制制度中訂定私募基金選取該類境外基金之標準及風險監控管理措施，提應經董事會通過，基金投資說明書封面載明下列事項：

（一）基金信託契約內容應明列本基金得投資於未經主管機關核准或申報生效之境外基金（包括避險基金）。

---

[31] 依金融監督管理委員會 103 年 7 月 14 日金管證投字第 10300215051 號令，其規定內容如下：

一、對於證券投資信託基金管理辦法第 54 條規定，私募之證券投資信託基金得投資於未經本會核准或申報生效之境外基金，該境外基金並應符合下列規定：

（一）境外基金投資於大陸地區有價證券及紅籌股之比率，不得超過本會依境外基金管理辦法第 23 條第 1 項第 3 款所定之比率。

（二）基金管理機構成立滿 1 年，且最近 2 年未受當地主管機關處分並有紀錄在案者。

（三）應有定期合理價格足供評價。

二、私募基金投資於未經核准或申報生效之境外基金者，應依下列規定辦理：

（一）基金信託契約內容應明列「本基金得投資於未經金融監督管理委員會核准或申報生效之境外基金（包括對沖基金）」。

（二）投資說明書應揭露「未經金融監督管理委員會核准或申報生效之境外基金之選擇標準：包括基金屬性、投資策略、風險性、基金過去績效、評價方式，及基金管理機構及基金經理人之經驗條件等」。

（三）投資說明書封面應載明下列事項：

1.本基金投資之子基金包括未經金融監督管理委員會核准或申報生效之境外基金（包括對沖基金），其受較低之監督管理，且採用另類投資策略，故其承擔之風險通常有別於傳統基金。

2.未經金融監督管理委員會核准或申報生效之境外基金（包括對沖基金）的特殊風險可能會導致受益人損失大部分或全部投資金額，因此本基金並不適合無法承擔有關風險的投資人。

3.投資人應考慮本身的財務狀況以決定是否適宜投資本基金。

4.投資人投資前應詳閱投資說明書。

三、證券投資信託事業運用私募基金投資未經核准或申報生效之境外基金，應於內部控制制度中訂定私募基金選取該類境外基金之標準及風險監控管理措施，提經董事會通過。

（二）投資說明書應揭露未經主管機關核准或申報生效之境外基金之選擇
標準包括：基金屬性、投資策略、風險性、基金過去績效、評價方
式，及基金管理機構及基金經理人之經驗條件等。

（三）投資說明書封面應載明基金投資之子基金包括未經主管機關核准或
申報生效之境外基金（包括避險基金），其受較低之監督管理，且
採用另類投資策略，故其承擔之風險通常有別於傳統基金。

（四）基金之特殊風險可能會導致受益人損失大部分或全部投資金額，因
此本基金並不適合無法承擔有關風險的投資人，投資人應考慮本身
的財務狀況以決定是否適宜投資本基金。

　　前述我國境內之私募基金若可投資購買境外之私募避險基金及股權基
金，已足以規避現行法令對私募基金之限制，包括投資標的、財務槓桿操
作之倍數、投資策略與風險控管等，且國內私募基金無本身之投資與操作
專業，必須仰賴境外基金管理機構之私募避險基金及股權基金之鼻息，長
此以往更不可能扶植與培養國內業者之專業技能，另外也將使境外之私募
避險基金及股權基金之投資風險引進國內，開放之意雖可滿足境外基金管
理及發行機構開放之需求，以博取自由開放之美名，但從晚近各國對於金
融海嘯衝擊之檢討，可印證對於私募避險基金及股權基金等之影子金融，
更應有適度之管理，就以國民待遇之精神而言，似無讓外國未經核准或申
報生效之金融商品，取得優於國內合法業者得進行私募金融商品之待遇，
因此似宜從逐步開放境內之私募避險基金及股權基金之操作，並輔以配套
管理機制為著手。

　　又國內私募基金是否可投資於股權連結商品及保本型商品等結構型商
品，由於結構型金融商品屬衍生性金融商品，主管機關明定私募基金從事
證券相關商品交易，得包括非在期貨交易所進行衍生自貨幣、有價證券、
利率或指數之期貨交易[32]；準此，現行私募基金已得交易該類商品，惟仍
須符合證券投資信託基金管理辦法第 54 條第 4 項之風險控管規定，除因

---

[32] 參見行政院金融監督管理委員會 93 年 12 月 8 日金管證四字第 09305893 號函。

避險目的所持有之未沖銷證券相關商品空頭部位外，其未沖銷證券相關商品部位之契約總市值，不得超過基金發行額度百分之四十。

另私募基金可否投資於創業投資基金，由於創業投資基金通常係指由一群具有科技或財務專業知識的人士操作，並且專門投資在具發展潛力以及快速成長公司的資金。國內創業投資基金多以公司型態成立，實收資本額在新臺幣 2 億以上：在美國創投基金（venture capital）屬私募股權基金之一，已如前述，未在交易所交易，創投基金投資人為有限合夥人，具有低流動性、難以決定其市場價值，及投資損益週期性大等投資特性，創投基金之評價原則「公平價值」如何決定是一項具挑戰性的工作，需評估預期出場報酬率、如果成功，出場時間要多久，及評估此計畫之失敗率等，故主管機關並未核定創投基金為我國私募基金得投資之標的。

第六節　私募股權基金之監理規範

私募股權基金以從事併購案件為主，就國內之案例而言，從早期之有線電視併購案件，至日月光封測公司之併購案件，以致安泰銀行及萬泰銀行之併購案件，可以看出私募股權基金在國內之活動軌跡，尤其是被投資公司若為國內上市公司，其進行為公開發行公司下市交易（public-to-private transactions）的策略，往往對我國資本市場具相當之影響力，然私募股權基金之資金來源包括借貸予擴大財務之操作，在市場情勢反轉時其經營之穩定性更應審慎[33]，為保障國內投資人權益，就下列事項宜予釐清：

---

[33] 據報載私募股權基金雷凱集團（Carlyle Group）旗下的雷凱資本公司爆發債務違約危機，瀕臨倒閉，再次重創未從美國次級房貸風暴中復元的金融市場信心；引爆次貸風暴的證券商貝爾斯登苟喘數月，終於上週不支倒地，面臨被併吞或清算的命運。從去年 4 月次貸風暴延燒至今，金融資本主義全球化掀起的系統性連鎖效應一個接著一個蔓延；而雷凱資本最新揭開的隱疾，是私募股權基金的長期低度監理問題，且與台灣密切關係。面對私募股權基金在金融體系的角色巨獸化，行政機關該為它立個起碼的規矩了。詳見經濟日報社論，2008 年 3 月 17 日，A2 版。

第一項　資金結構之妥適性

一、對於被投資公司之併購資金中有以借貸或聯貸之方式辦理，若其涉有大陸資金必須配合兩岸往來之政策，遵行依兩岸人民關係條例之規定，至於是否有重大資本弱化情形似應模擬試算，以避免影響被投資公司未來財務健全性。

二、被投資公司內部人員及其關係人參與本案股本投資資金來源，被投資公司內部人員及其關係人是否為私募股權基金之出資者，其涉有以管理階層併購方式（management buyout）者，是否有存有不洽當之對價關係及雙方代理利益衝突應行迴避之情事。

第二項　對被投資公司股東權益之影響性

一、被投資公司應評估收購價格之合理性，應遵守證券交易法有關公開收購之程序並提供其小股東參考，以維少數股東權益。

二、對被投資公司負責人與私募股權基金間相關契約內容，是否違反公司法負責人應忠實執行業務並盡善良管理人之注意義務及競業禁止等規定，而涉有損及股東權益之情事。

三、依企業併購法辦理現金合併，對於公開收購及透過鉅額交易成就對被投資公司取得半數持股以上或控制權，將完全持有被投資公司股份，其對少數股東權益保障是否完整；依現行企業併購法為利企業整併，雖規範公司辦理合併時得排除公司法利益迴避之規定，由於過去企業合併多為產業間整併，尚無疑義，惟如本案屬私募股權基金管理階層併購方式等非屬產業間之合併，是否仍宜排除，恐有疑義，因此企業併購法對於私募股權基金似應研議就本類併購案件為適當限制，俾保障少數股東權益。

第三項　對國內資本市場及產業影響性

一、有關私募股權基金於投資計畫中，於現金合併被投資公司後，若申請
　　終止上市，並持續進行體質強化後，再於一年內於國內申請再次上
　　市，應由私募股權基金出具承諾並應確實注意符合國內相關申請上市
　　之規定。

二、為維持我國產業之發展優勢，對於特殊產業是否列為禁止事業，適當
　　限制外資對我國持股比率，似宜參酌我國產業政策予以審酌。

第四項　有關強化資訊揭露事項

一、任何參與公開收購之應賣股東約定，於公開收購結束後，可將所得金
　　額再轉投資私募股權基金於海外所設之最終控股公司，而是否造成股
　　東權不平等之情事。

二、公開收購期間結束後，將於集中交易市場或以鉅額買賣交易方式自被
　　收購公司其他經營團隊股東收購股份之方式及雙方約定內容。

三、有關被投資公司負責人或其關係人參與收購案原始股本投資者，是否
　　參與本次公開收購之應賣及雙方重要約定事項。

第十章

境外基金涉外民事法律
適用問題之探討

第一節　前　言

　　隨著財富之增加與專業理財時代之來臨，金融商品之跨越國境募集、私募、顧問、銷售買賣已是相當普遍，國人買賣國外金融商品更是盛行，內外國人與內外國之金融商品交易頻繁，尤其是透過購買證券投資信託共同基金（mutual funds）之專家理財方式，經統計之資料截至 97 年 4 月底止，國內投資人單就透過政府開放之正式管道購買境外基金（offshore funds）部分，金額已超過新臺幣 2 兆 3,000 多億元[1]，其規模已超越境內基金（onshore funds）[2]，而境外基金依證券投資信託及顧問法第 5 條第 6 款規定，係指資產管理機構於中華民國境外設立發行，包括公司型基金與契約型基金之基金股份、單位信託或受益憑證在內之證券投資信託基金，國人投資購買此種金融商品，等於將資金委託給國外之專業資產管理機構從事投資理財，雖然該國外之專業資產管理機構、銷售機構及其所發行之境外基金，主管機關依法令規定有嚴格之監督管理與保護國內投資人之措施，然其屬於行政管理之範疇，仍不免於民事糾紛之發生，例如基金淨值之計算錯誤或基金管理機構從事舞弊行為之案件，國內投資人在發生權益被侵害時如何主張其權利，由於境外基金事涉發行人、發行地、操盤、代

---

[1] 至於透過留存於海外之資金或自行以其他名義匯出之外匯在國外投資者，由於未有正式之統計資料，其數字恐不亞於前開金額。

[2] 有關基金規模之統計資料詳參中華民國證券投資信託暨顧問商業同業公會，參閱網站：http://www.sitca.org.tw/，上網時間：2008/05/12。

理銷售者與基金投資組合之標的（portfolios）等往往分散在國外，其基金操作不僅與國內外投資人之權益息息相關，甚且因各該人事地物可能分散在不同國家與地區之情形下，該境外基金糾紛涉外法律關係所應適用之法律，可能與涵蓋兩個以上國家之法令發生牽連，然應適用哪一國之法律解決此一爭議，此乃必須適用國際私法規定，尋求依行為地、侵權行為、契約等連結因素（connecting factors），以妥適解決民事糾紛所應適用之實體準據法（applicable law），這將影響當事人之權益至鉅；準此本文擬以境外基金涉外民事法律適用問題之探討為題，參考實務之相關案例，就現行運作上曾發生之案例提出探討。期盼能藉此拋磚引玉提供我國投資人及司法實務界前輩先進之參考。

第二節　問題之提出

美國紐約州最高法院檢察總長伊利亞得‧史匹哲（Eliot Spitzer）[3]，於 2003 年 3 月相繼基於以下理由控告多家公同基金經理公司之欺騙手法，包括遲延交易（late trading）與擇時交易（market timing）如下：

第一項　遲延交易

對於多檔之美國共同基金所屬基金經理資產管理公司（investment management），與某些機構法人，包括美國銀行等機構法人達成協議，約定資產管理公司於下午四點截止收單以後所下的申購單，得非法地以當日之價格作為申購價，相對於合法之情況係以隔日之價格作為申購價，此一約定讓特定之基金投人能以下午四點以後之資訊套取其他基金股份持有人

---

[3] 美國紐約州最高法院檢察總長伊利亞得‧史匹哲，從 1998 年至 2006 年擔任紐約州檢察總長期間，以鐵面無私掃除金融弊案及掃黃、掃毒著稱，曾贏得時代周刊的年度十字軍鬥士美譽，並有華爾街警長之稱，被塑造為掃除金融弊案司法英雄，也因而於 2006 年當選為美國紐約州州長，惟因捲入第 9 號恩客緋聞案於 2008 年 3 月 17 日黯然辭職下臺。參閱網站：http://www.udnbkk.com，上網時間：2008/05/27。

無法取得的利益，進行所謂遲延交易。

第二項　擇時交易

另基金經理人之資產管理公司以過時之價格來計算其投資組合之價值，這些價格之所以過時，係因在計算基金淨值（Net Asset Value, NAV）時，所用的價格並非有價證券之公平價值，例如該美國共同基金係以投資日本股票為主要之標的，由於時差之關係，日本股市在紐約時間上午兩點收盤，假如該美國基金採日本股市之收盤價，則紐約時間下午四點計算基金之 NAV，其所參考之資訊已是 14 小時以前之資訊。假如當日美國股市是呈上漲之格局，日本股市開盤後將亦上漲，則這些過時之日本股票價格資訊將無法正確反映該股票之公平價值，進而造成基金之淨值 NAV 被低估，這種以過時價格資訊計算之基金淨值 NAV 申購該基金，並於隔日贖回，毫無疑問將能實現獲利，此一交易策略稱為「時差套利」，若重複利用此策略對某基金進行套利交易，被稱為對此基金進行「擇時交易」。

前述涉及詐欺、欺騙、隱藏、隱匿、虛偽或假裝購買或出售從事證券或商品之發行、配銷、交易、銷售、協商或購買之行為，已違反美國一般公司法之規定，故以尋求損害賠償及衡平法（普通法）上之救濟。又因被告等涉及重複詐欺或違法行為或持續詐欺或違法行為而持續、執行或從事交易之行為，同時亦違反美國行政法之規定，爰經偵查起訴而各該案件並以約計 40 億美元賠償和解金之方式解決[4]，然我國投資人若有申購類此之境外共同基金，得否主張賠償或參與分配賠償和解金，於此在在皆牽涉涉外之法律適用問題，如何保護我國投資人之權益，實有必要作進一步之探討。

---

[4]　詳參覃正祥、郭土木合著，懲與治──美國華爾街共同基金與分析師弊案剖析，2004 年 7 月初版，頁 220 以下。

第三節　我國投資人購買境外基金之流程與責任區隔

　　為了解國人購買境外基產生糾紛發生之根源，首先擬就其運作流通之過程加以介紹，我國證券投資信託及顧問法雖於 93 年 6 月 11 日經立法院院會三讀通過 6 月 30 日經總統公布[5]，並由行政院以命令定於 93 年 11 月 1 日實施[6]，惟因境外基金之管理涉及政策層面甚廣法律關係複雜，故其依該法第 16 條第 3 項及第 4 項規定[7]，授權訂定之境外基金管理辦法遲至 94 年 8 月 2 日始發布實施[8]，因此就以境外基金管理辦法發布前後為區別加以說明。

第一項　境外基金管理辦法發布前

　　投資人投資境外基金之管道有三種，其中除自行以外匯額度範圍內匯出向境外基金發行或管理機構申購外，主要係透過銀行特定金錢用途信託帳戶、證券商受託買賣外國有價證券，或依保險公司連結投資型保單直接向境外基金發行及管理機構申購，在投資標的上，對於境外基金已在交易

---

[5]　93 年 6 月 30 日總統以華總一義字第 09300122711 號令公布。

[6]　依證券投資信託及顧問法第 124 條規定，本法施行日期，由行政院以命令定之。

[7]　證券投資信託及顧問法第 16 條規定：

「任何人非經主管機關核准或向主管機關申報生效後，不得在中華民國境內從事或代理募集、銷售、投資顧問境外基金。

境外基金之私募，應符合第十一條第一項至第三項規定，並不得為一般性廣告或公開勸誘之行為。不符合規定者，視為募集境外基金；境外基金之投資顧問為一般性廣告或公開勸誘之行為者，亦同。

證券投資信託事業、證券投資顧問事業、證券商、境外基金發行者與其指定之機構及其他經主管機關指定之機構，得在中華民國境內從事第一項所定業務；其資格條件、申請或申報程序、從事業務之項目及其他應遵行事項之辦法，由主管機關定之。

在中華民國境內得從事或代理募集、銷售、投資顧問境外基金之種類、投資或交易範圍與其限制、申請或申報程序及其他應遵行事項之辦法，由主管機關定之。

在中華民國境內從事或代理募集、銷售第一項境外基金，涉及資金之匯出、匯入者，應經中央銀行同意。」

[8]　94 年 8 月 2 日行政院金融監督管理委員會金管證四字第 0940003412 號令訂定發布。

所上市掛牌者，則得透過受託買賣外國有價證券之證券商購得，由銀行以特定金錢用途信託方式申購者，其標的則必須為證券主管機關核備之境外基金，相同地，有關投資人透過保險業者投資型保單從事境外基金之申購，依據投資型保險投資管理辦法之規定，投資型保險之投資標的為證券投資信託基金受益憑證者，如為外國基金管理機構所發行或經理者，仍應以經證券主管機關核准證券投資顧問事業提供投資推介顧問者為限，而由於保險業者以保險資產投資境外基金，以連結方式取得境外基金，屬保險法所規範之事項，但就標的之境外基金而言，與證券投資顧問事業推介顧問境外基金同，以下就特定金錢用途信託帳戶、證券商受託買賣外國有價證券及原證券投資顧問事業推介顧問境外基金，分述如次[9]：

一、由投資人直接到國外境外基金管理機構申購

投資人參考各種資訊後，私自在國外銷售機構開戶並申購境外基金，並以自己之外匯額度支付價金，由於其行為地發生在國外，其申購款外匯之管道若符合中央銀行及外匯管理之規定，尚非我國法令所得管轄，但其資訊較不透明無法取得，且風險較大，一旦發生糾紛，在尋求法律救助之程序上較為困難。

二、透過特定金錢用途信託帳戶

銀行以信託關係之受益人名義至境外申購基金，由於其係特定金錢用途信託，所以就投資之內容包括種類、標的及價位皆由投資人已事先確定，為避免脫法募集發行，故明定銀行、信託業及證券投資顧問業者不得主動推介，所以銀行並無代客戶決定其投資之種類、標的及價位等判斷之空間，換言之，信託僅屬於銷售之轉換名詞而已，實質上還是銷售之行為。

三、證券商複委託

　　證券經紀商以行紀之法律關係並以自己之名義受客戶委託，下單至國外證券交易所買賣已經登記上市櫃之境外基金，由於國外慣例上有些開放式在交易所上市之共同基金，但是未有交易之事實，此部分允許我國證券商有受託買賣外國有價證券之業者，得代客戶從事買賣。

第二項　境外基金管理辦法發布後

　　除了尊重境外基金管理辦法發布前，原透過特定金錢用途信託帳戶及證券商複委託方式投資境外基金之管道外，為使境外基金納入統籌之管理，我國境外基金管理辦法參採香港及新加坡之管理體例，依採香港及新加坡之境外基金申購贖回流程，境外基金或其管理公司於香港或新加坡無營業處所者，則須分別由該基金或基金管理公司委任在香港或新加坡之代表人或總代理人（Representative），而該代表人或總代理人須取得在香港或新加坡有價證券之證券交易銷售之許可執照，始得為之，且係由境外基金所屬國際集團直接到香港或新加坡設立子公司、分公司或於當地之委任人擔任總代表人或總代理人，其主要功能在於擔任基金管理公司與香港或新加坡當地投資人之間的溝通橋樑，而該總代表人必須在香港或新加坡有單獨固定之居所（individual Resident），以履行法令上所規定之義務，而總代理人或總代表人不限於自然人，對於香港或新加坡境內公司或依香港或新加坡公司法註冊登記之外國公司，亦得擔任境外基金之總代表人或總代理人，援此我國規劃之境外基金法令規範架構，係融合了二級制之總代理人與銷售機構[10]，並將證券集中保管之制度引進為資訊流程及資金收付

---

[10] 我國境外基金管理辦法稱為總代理人，不叫總代表人，原認為代表人與本人為一元化，代表人即為本人，而代理人與本人則為二元化，代理人必須以本人名義為法律行為，因此除非有境外基金管理或發行機構在我國設有分支機構或轉投資百分之百業者，否則其經過授權其他業者為募集銷售者應為代理而非代表。而證券投資信託及顧問法第 16 條第 1 項所定之指定或授權，原指定應屬於代表，而授權則為代理之法律基礎，惟嗣後認現行未有證券投資信

申報彙整之平台，由總代理人與總代理人簽訂總代理契約，代理其在中華民國境內為募集、發行、私募、銷售與顧問之業務行為，總代理人除代向主管機關為申報或申請境外基金之核准外，可直接與投資人為申購贖回境外基金，總代理人亦可透過與銷售機構簽訂複代理契約，銷售機構為流通之管道，直接面對投資人為交付公開說明書與接受境外基金之申購贖回，茲進一步分析說明其流程與法律關係如下：

一、第一層之總代理人

總代理人為境外基金管理或發行機構指定或授權在中華民國境內代理境外基金，從事募集銷售或投資顧問業務之負責人，由境外基金管理機構指定經核准營業之證券投資信託事業、證券投資顧問事業或證券商擔任之，其彙總透過證券集中保管事業轉送之申購、買回及轉申購資訊，並獲境外基金之原管理、發行或保管機構之授權在中華民國境內從事業務行為，包括為款項收付指定之銀行專戶，與從事控管與匯撥之業務，總代理人亦可擔任銷售機構，其運用自與第一層相同，只是總代理人若從事銷售機構之業務，其對於客戶之申購、買回及轉申購資訊為便於統計彙整，仍應傳送集中保管事業回傳予第二層之銷售機構。總代理人應辦理之事項包括就其所代理之境外基金，提供或交付予銷售機構及投資人須知及公開說明書中譯本等相關資訊，收受境外基金之銷售機構或持有人欲送達境外基金管理機構之訴訟文件及一切通知，及依持有人申購、買回或轉換境外基金之交易指示，轉送境外基金管理機構等。

二、第二層之銷售機構（distributor）

銷售機構為直接面對國內之投資人，並代理境外基金管理機構交付公

託及顧問業者在台設有分支機構，故統稱為總代理人。

開說明書及負責解析說明之任務及銷售之通路[11]，其得為銷售機構之對象以總代理人授權之證券投資信託事業、證券投資顧問事業、證券商、信託業、保險業、郵政儲金匯業公司或銀行等經主管機關核准營業者為限，擔任境外基金之銷售並代理該境外基金之募集及銷售等業務，但銷售機構如有提供投資顧問服務並收取報酬者，應由證券投資顧問事業使得為之。投資人可直接透過銷售機構申購及買回境外基金，而銷售機構可直接轉單予總代理人，另外投資人亦可透過銷售機構，然後以銷售機構綜合帳戶之名義（omnibus account）下單委託至總代理人申購及買回[12]，如此架構可消弭對於原複代理人之地位之需求，使法律關係趨於單純。至於銀行特定金錢用途信託部分，則可考量在管理及資訊彙整之需要，透過總代理人下單委託，以收統籌管理之效果。銷售機構應交付投資人投資人須知及公開說明書中譯本等相關資訊，協助基金持有人紛爭處理與辦理投資人權益保護事宜及一切通知事項。

三、證券集中保管事業之角色

　　證券集中保管事業在境外基金申購、買回及轉換之流程，原可規劃以擬制人名義（street man）為申購及贖回資訊之彙整，並擔負資金支付與款項劃撥之統籌功能，然其事涉對帳、電腦資訊系統之架設與相關契約之簽訂，需要較周延之準備，故短期之內，可考慮賦予集中資訊彙整申報之平台功能，俾使同業公會、中央銀行及主管機關能掌握完整之管理資訊，並

---

[11] 依境外基金管理辦法第 3 條規定，境外基金管理機構或其指定機構（以下簡稱境外基金機構）應委任單一之總代理人在國內代理其基金之募集及銷售。總代理人得在國內代理一個以上境外基金機構之基金募集及銷售。銷售機構得在國內代理一個以上境外基金之募集及銷售。信託業依特定金錢信託契約及證券經紀商依受託買賣外國有價證券契約受託投資境外基金者，除本辦法另有規定外，應適用本辦法總代理人或銷售機構之相關規定。銷售機構受理境外基金投資人之申購、買回或轉換等事宜，除信託業依特定金錢信託契約及證券經紀商依受託買賣外國有價證券契約受託投資境外基金者外，應經總代理人轉送境外基金機構辦理。

[12] 參照境外基金管理辦法第 34 條第 1 項規定，總代理人為投資人向境外基金機構申購境外基金或銷售機構為投資人向總代理人申購境外基金，應以投資人名義為之。但投資人同意以總代理人或銷售機構名義為之者，不在此限。

可指定銀行專戶提供綜合帳戶之客戶轉帳上之需求。

第三項　總代理人與銷售機構之責任

　　然為考量可歸責事由之隸屬，總代理人與銷售機構之權責如何劃分，有認為銷售機構及總代理人為境外基金管理或發行機構之履行輔助人，除非當事人另有訂定者外，依民法第 224 條規定，債務人之代理人或使用人，關於債之履行有故意或過失時，債務人應與自己之故意或過失負同一責任。有認為不宜直接課境外基金管理、發行機構或總代理無過失責任，其責任範圍太過廣泛，而應適度限縮，宜課以監督及選任責任為妥，依民法委任人與受任人責任之規定而言，其第 544 條規定受任人因處理委任事務有過失，或因逾越權限之行為所生之損害，對於委任人應負賠償之責。因此就境外基金管理、發行機構或總代理人，如發現銷售機構違反法令或逾越授權範圍之情事，應立即督促其改善，並立即通知主管機關，總代理人或銷售機構因故意、過失或違反契約或法令規定，致損害持有人之權益者，應負損害賠償責任[13]。境外基金管理、發行機構或總代理人對於銷售機構因故致損害持有人之權益者，除其授權及監督其業務之執行已盡相當之注意，或縱加以相當之注意仍不免發生損害者外，總代理人亦應負連帶賠償責任。另其相互權利義務乃基於境外基金管理機構與總代理人簽訂之授權契約及總代理人與銷售機構簽訂之授權契約，為明確規範其間之權利義務關係以避免爭議，法令明定其契約應行記載事項，由同業公會擬定，報主管機關核定[14]。

---

[13] 依境外基金管理辦法第 22 條第 4 項規定，總代理人及銷售機構依本辦法代理募集及銷售境外基金時，不得以契約排除法令規定其對投資人應負之責任。至於境外基金管理或發行機構、總代理人與銷售機構應否負連帶賠償責任，現行規定則不予明定，故未來若有爭議則回歸依民法之相關規定解決。

[14] 依境外基金管理辦法第 22 條規定，境外基金機構對總代理人之委任及代理人對銷售機構之委任，均應以書面為之。依前項委任所簽訂之總代理契約及銷售契約，其應行記載事項，由同業公會擬訂，報經本會核定；修正時，亦同。銷售機構得與境外基金機構及總代理人共同簽訂銷售契約。總代理人及銷售機構依本辦法代理募集及銷售境外基金時，不得以契約排

第四節　境外基金之涉外民事法律適用之連接因素

我國投資人若已為跨國之投資理財並申購前述美國發生遲延交易與擇時交易之境外基金時,如何尋求損害賠償之救濟,得否主張賠償或參與分配賠償和解金,尤其有些境外基金發行地所屬之美國其法令並未明定該共同基金之境外投資人受等同之適用,因此如何保護我國投資人權益,我國投資人可否於我國法院進行訴訟、我國法院應適用何國之法律為準據法等,擬就以國際私法連接因素與準據法之適用作進一步之分析探討。

第一項　連接因素

本案因我國投資人所持有之美國共同基金,其因美國基金管理者之操作失當造成之損失,主張請求損害賠償可能據以連接涉外法律關係與我國或美國實體法基礎之連接因素,包括行為主體境外基金管理機構、總代理人或銷售機構;客體則為共同基金股份、單位信託或受益憑證;損害賠償之行為之因契約關係之債務不履行及詐欺、欺騙、隱藏、隱匿、虛偽等之侵權行為等,以下擬就以契約關係之當事人意思、侵權行為及境外基金之股份、單位信託或受益憑證等連接因素提出探討應適用之準據法。

第二項　以當事人意思為連接因素

本案因我國投資人所持有之美國共同基金,其因美國基金管理者之操作失當造成之損失,主張請求損害賠償可能據以連接涉外法律關係與我國或美國實體法基礎之連接因素,包括行為主體境外基金管理機構、總代理人或銷售機構;客體則為共同基金股份、單位信託或受益憑證;損害賠償之行為之因契約關係之債務不履行及詐欺、欺騙、隱藏、隱匿、虛偽等之侵權行為等,本文擬就以契約關係之當事人意思及侵權行為之連接因素提

除法令規定其對投資人應負之責任。

出探討應適用之準據法。

一、當事人意思

在當事人得以合意選擇適用法律時，以當事人意思為連接因素藉以指定契約案件應適用之法律，此種準據法於學說上稱當事人意思自主原則（The Doctrine of Autonomy of the Parties），此原則的是用通常各國僅限於法律行為生債之關係時才有適用，其他的法律關係如物權、親屬繼承均無適用。依中華民國證券投資信託暨顧問商業同業公會三方銷售契約範本第 15 條之規定，有關因契約或違反契約引起之任何糾紛、爭議或歧見時，其準據法及仲裁之適用（Governing Law and Arbitration），應以中華民國法律為準據法，並應提請中華民國仲裁協會依該協會仲裁規則，以仲裁方式解決。如有提起撤銷仲裁判斷之訴之需要，當事人同意以中華民國台灣台北地方法院為第一審管轄法院。惟此為國際私法上當事人意思自主原則或實體法上當事人意思自主原則尚有討論之空間，就有關實體法上當事人意思自主原則與國際私法上當事人意思自主的是否有所區別，一般而言當事人可以合意來代替任意法的規定，卻不可排除強制規定的適用，此為實體法上當事人意思自主原則，且原適用的法律事內容先已確定，於此原則下雙方當事人合意引用或援用外國法作為契約的內容或條款一部分，其不過以外國法為契約條款的部分，因此仍然只能排除任意規定而不能違背強行規定。但國際私法上的當事人自主原則係指合意選擇某國法律作為適用的法律，包括任意法及強行法在內，且適用時在當事人未合意選擇前尚未確定，不若實體法上該原則的適用是自始確定。例如 A、B 選丙國法為其適用法，依國際私法上當事人意思自主原則，則不適用 A、B 原來之本國法，而此時仍可在契約中訂立一般條款，然不可違背丙國之強行法規定，只可排除丙國之任意法規定。因此本案若依中華民國證券投資信託暨顧問商業同業公會三方銷售契約範本第 15 條之規定，有關因契約或違反契約引起之任何糾紛、爭議或歧見時，以中華民國法律為準據法，其可否

排除美國或境外基金所屬國實體法上之強行規定尚不無疑義。

二、當事人意思自主原則的理論

　　為了解前開案例可否排除美國或境外基金所屬國實體法上之強行規定，茲進一步就有關應否承認國際私法上當事人意思自主原則，在學說上存在之爭議，包括肯定說與否認說之看法簡述如下：

（一）肯定說

　　認為承認私人非立法者，而是一國立法機關承認此原則當事人方有權加以選擇，是由立法機關意願，而先採用當事人意思自主原則，其雖然可以逃避原來國家的強行法，但仍要受所選擇國家強行法的拘束，且關於債的關係之發生大半是任意規定而強行規定少數，因此逃避的機會少，同時就法庭地國仍可以公序良俗作為最後的評斷，目前國際貿易的結果為使契約易於簽訂且促進貿易的流通，又合意的解釋以所選擇之法律為標準，其目的在求解決問題，何況各國法律通常以法庭地法為標準，故不至於有矛盾之情形。

（二）否認說

　　認國際私法上不應承認此原則，其理由以若允許當事人意思自主，無疑使當事人為立法者以取代立法機關，會產生適用法律時，原來應適用法律之強行法被逃避，關於合意本身應適用何國法律來解釋其效力，若謂仍適用其選擇的法律，由於決定前合意的選擇法根本不存在，則自陷矛盾其循環論斷。

（三）於肯定說之下又可區分為以下兩種派別

1.自由說

　　認為當事人得以意思合意選擇適用法律，範圍沒有限制，縱使該法律

關係沒有牽連者亦可，我國現行規定所採行。

2.限制說

認當事人合意選擇之法律，必須與契約之間存有真實的關係或牽連，故一方面承認當事人可以合意選擇法律的適用，但對其範圍則加以限制，有認為應就質的限制，任意法的選擇沒有限制，強行法的選擇要限制，而且限於法庭地法及履行地法的強行法，其他國家的強行法則不可。因此無疑承認，法庭地法及履行地法，才是契約的準據法；亦有認為應就量的限制，當事人就特定的涉外法律關係，僅可與契約有牽連的關係國家中加以選擇，和契約無牽連關係的不可加以選擇。例如甲國人 A 與乙國人 B 在丙國簽訂契約在丁國履行，後於戊國發生訴訟，若採當事人意思自主原則限制說只能選擇甲、乙、丙、丁國有牽連國家之法律方能適用，除此之外無任何牽連關係國法律在限制說下不可合意選擇適用。英美例多採限制說，但既然承認其可以自由選擇，實不應再加以限制方等合當事人自主原則，何況當事人合意其無關係之法律必有其理由，或可認為其為較進步之法律，此外法庭地法亦可以違背公序良俗加以限制。

三、當事人意思自主原則之運用

於承認當事人意思自主原則的國家立法例中，關於當事人意思之認定有三種情形。包括明示的意思，即當事人有明示的意思表示，通常於契約中寫明本契約所生之一切爭執適用何國法律，此合意以書面或口頭為之均可，且在訂約前後甚至發生糾紛時才合意均有效力，若有透過律師之協助加以簽訂均屬明示意思。其次為默示的意思，當事人對於應適用之法律雖無明示的合意，但有時可從其簽訂之內容、用語、性質可看出默示的意思。例如保證契約的性質隨主契約存在，則應有默示適用主契約所選定國準據法之意思。契約的一方是代表國家，一方是代表私人，則可由其內容判斷有默示適用該代表國家法律之合意；另亦可由契約的使用語來判斷，若其有某國慣用之法律用語則應有適用該國法律之默示，如 act of god、 gu="een's enemy 為英國法律慣用語，又若契約不用當事人本國文字，而用他國者，則有默示之意思。

除明示及默示的意思外，尚有推定的意思，此種以假設的意思涵蓋有二種不同型態：

（一）準據法個別確定式：即就各個契約分別確定當事人推定之合意為何。

1. 當事人假設意思之主觀說：認為當事人訂約時主觀上有合意法律適用的存在，只是此合意未明示亦無默示的表現，則要求法官來發現當事人主觀上或意念上之合意為何。

2. 真實之最重要牽連關係之客觀說：當事人未有明示、默示的合意表現，則表示其無合意，法官應將當事人視為合理的商人於面對締約條件及締約環境下，何者與該案件最有牽連國家法律以之視為當事人之合意。

（二）準據法的一般確定式：即在當事人無意思表示合意之明示或默示之下，由法律或判例樹立一般契約當事人合意選擇法律。

1. 非絕對性規則：法律或判例雖一般契約樹立當事人合意適用之法律，但此法律只為法院判決之起點並非判例之補充，對法院無絕對的拘束力。例：某國規定於無明示默示合意時，適用契約之履行地法，但此履行地法只是適用法律之起點與補充，只要法院可以發現其他更合適之法律可以適用之，並無絕對的拘束力。

2. 硬性規則：於無明示、默示合意時，一國法院樹立一些絕對須遵守的法律，法院無選擇考慮之餘地。

第三項　以侵權行為為連接因素

一、通常適用之原則

共同基金管理機構以詐欺從事證券或商品之發行、配銷或交易之行

為，就我國民法規定已構成侵權行為之損害賠償，依涉外民事法律適用法第 25 條規定，關於由侵權行為而生之債，依侵權行為地法。但另有關係最切之法律者，依該法律。有關以侵權行為為連接因素之侵權行為準據法，通常可分為三種適用之原則，茲分述如下：

（一）法庭地法主義

認為侵權行為責任與刑事責任類似，具有反社會性及反論理性，與一國之公序良俗有關，外國法律若與內國之認定有異，為求維持法律之安定與內國之秩序，故其成立與效力應依法庭地法為準。此種看法之缺點在於因行為地與法庭地法對不法行為認定不同，如悉依訴訟提起之法庭地而定，不免有失確定性，故有違背法律之安定性之疑慮；又一般公序良俗條款之規定，已足以節制有害內國法律秩序之外國法，因此無須過度擴張內國之公序法觀念再以法庭地法主義排除之必要；再則若行為地與法庭地法之不同，非法與否認定不一，被害人既得權益難以保護，訴權之行使亦受限制而有不合理限制當事人訴權之情形；若一國數法或兩法庭地法律互異，使一方當事人受非分之保障，有違正義原則，亦難期判決之公允。一般而言，侵權行為責任與刑事責任不同，侵權行為法一如契約法，已是分配正義之工具，非專為報復之用。美國關於侵權行為準據法之發展，已從侵權行為地法而改採較具彈性最重要牽連說，但也因易產生不穩定與繁瑣之情形，即使從判決一致之國際私法理想而言，其不但在於可保障雙方當事人之利益，也可以防止原告濫擇法庭。但如以法庭地法為準據法，原告可能趨利避害，濫擇有利於己之法庭，而使因不同地起訴產生判決之歧異，難期實現判決一致目的。

（二）侵權行為地法

關於由侵權行為而生之損害賠償，依侵權行為地法，其適用之優點為判決之結果預見可能及容易通用。依行為地如認為已構成侵權行為而產生一定之債權債務，就受害之債權人而言則為一種既得權，依國際私法保護

既得權之原則，任何國家皆應予以承認，且亦為該地公益有關，故具有確實、單純及預見可能等實益，並可達到內外國人平等之原則，然既依侵權行為地法，則有待侵權行為地之確定，一般侵權行為地之認定有以行為作成地為標準，即以行為人本人或使用人作成行為之地方，但因損害地常有多處不易確定或出於偶然，恐非始料所及。另有以損害造成之結果地為認定標準，此乃以損害地公益受影響最大，侵權行為民事責任之目的，在填補被害人之損害，不當之侵權行為如不附加其他因素，要難構成侵權行為，必先侵權行為成立，始有侵權行為地在何地之問題，故通說以損害造成地說較妥。

（三）法庭地法與侵權行為地方之折衷主義

有認為應以侵權行為地為準據法，惟必須受法庭地限制之不附條件之折衷主義，換言之，必須累積依兩地法律皆認為侵權行為者，侵權行為始為成立。其效力亦然，如逾越法庭地法認許之損害賠償及其他處分之請求，包括請求權之本人範圍、賠償法及金額等則不構成；亦有認為應以侵權行為地法為準據法，惟於侵權行為人為內國人時，始受法庭地法限制之附條件折衷主義。換言之，侵權行為人為外國人時，只須依侵權行為地法，由於遇有內國人時才累積適用，違反內外國人平等保護原則。

二、美國學說及實務見解

前述美國共同基金管理機構之弊案，所產生損害賠償之準據法適用，我國共同基金持有人若依侵權行為地法主張權益，可能須適用美國法，準此有就美國州際間侵權行為準據法適用之學說及實務見解進一步了解之必要，雖有學者認為其屬於美國州與州間法律適用之衝突解決方式，未必適合於國際私法領域之援引，然就本案而言美國學說及實務見解或可提供有

利之參考，茲分述如下[15]：

（一）紐約州上訴法院 Babcock v . Jackson 案[16]

本案以紐約州民 Babcock 與 Jackson 夫婦三人，於 1960 年 9 月 16日，由 Jackson 先生開車，搭載前往加拿大渡假，於加拿大安大略省時失控撞上路邊石牆，致 Babcock 傷，回紐約州後起訴向 Jackson 先生請求侵權行為損害賠償。由於侵權行為地之加拿大安大略省訂有「乘客條款」（guest statute），規定非營利汽車所有人或駕駛人，對因搭乘該車而死傷之乘客，不負損害賠償責任，紐約州則無類此規定，被告 Jackson 先生抗辯：本案依侵權行為所在地法即加拿大安大略省法之上開乘客條款，本案應駁回原告之訴，由 Fuld 法官代表之多數意見判認為侵權行為案件之傳統準據法係依侵權行為地法為準據法，該項理論源自於既得權理論，此項理論於適用上具穩定性、簡便性及預見可能性，但其忽略行為地以外之法律，對特定爭點可能所具之利益，認為求公平、正義及妥適之判決結果，應適用與本案具有最大關聯之法律為準據法。倘本案爭點並非乘客條款，而係被告是否有過失，則原告主張被告侵權行為之發生地，即具支配性，然本案兩造之爭點卻在於是否應以乘客條款限制原告之求償，被告對其過失致原告受傷乙節並不爭執。據此衡量紐約州及加拿大安大略省，該二者與本案之連結因素與利益，前者無疑具較大而直接之關係，此際適用紐約州法，即具較高之需求及利益，故有變更傳統侵權行為地法之必要，蓋因雙方當事人均為紐約州民，且肇事車輛之停車地、牌照發放地、保險地及本案旅程起點，均在紐約州，相對而觀，加拿大安大略省僅係偶然發生之事故所在地而已。紐約州之立法政策，係要求侵權行為人負損害賠償責任，法院不得僅因事故發生於本州以外，即違背此一立法政策，況加拿大安大略省法關於乘客條款之立法政策，在於避免乘客與車主共謀詐領保險

---

[15] 參見伍偉華，論有價證券處分行為之準據法，國立政治大學法律學系博士論文，2008 年 1月，頁 111-119。

[16] 12N.Y.2d473, 240N.Y.S.2d 743,191 N.E. 2d 279 (1963).

理賠，以保障該省之保險公司免於道德危險，但本案雙方當事人與保險公司均在紐約州，故並無保障加拿大安大略省保險公司之問題，從而本案適用加拿大安大略省法並無實益。倘案件之爭點涉及行為是否合法（例如是否有過失），侵權行為地法固有其支配地位，但就其他爭點，則應適用處理該爭點具最強利益之法律。自本案後美國國際私法漸揚棄機械式之剛性（硬性）選法規則，而改採彈性選法規則。

（二）政府利益分析理論

美國學者 Brainerd Curri 教授於 1955 年提出所謂之「政府利益分析理論」（Governmental Interests Analysis），認各州之法律均有其立法政策，且各州選用其本州法，對執行其政策及保護其州民既有利益，故認為原則上，受訴法院對涉外案件應優先適用法庭地法，如當事人主張應以他州法為準據法者，法院應分析及解釋本州法所代表之立法政策，及執行其立法政策所具之利益，法院倘認就個案之適用某州之立法政策具有利益，而是用其他州之立法政策並無利益，則應適用其立法政策具有利益之州法律；又法院如認兩州之立法政策顯有衝突者，須重新檢討所涉各州之立法政策及選法利益，於重新檢討後，法院如仍認所涉兩州之利益衝突無法避免，則應適用法庭地法。

（三）較佳法則理論

美國 Robert Leflar 教授主張侵權行為之選法應考量因素包括判決結果之預見可能性、州際與國際秩序之維持、簡化司法流程、促進法院地州政府之利益與適用較佳規則，針對不同案型，每項因素之強度互有參差，例如預見可能性之考量因素，對侵權行為準據法案件而言，也許並非重要，惟就契約準據法案件以觀則最為重要，因此非所有案件均應適用單一之選法規則。

（四）最重要牽連關係理論

美國 Wiilis Reese 教授提出所謂之「最重要牽連關係理論」（the Most Significant Relationship）。其理論則表現於國際私法第二次整編第 6 條規定，明定法院應在憲法限制內遵守其州法令規定之選法規則，如無選法規則之規定時，其應考量選法之相關因素包括國際及州際社會之需求、法院地之政策、其他相關州之相關政策及利益、正當期待利益之保障、特別法之基本政策、結果之確定性、可預測性及一致性及準據法認定與適用之便利性。

（五）比較損害理論

美國 Baxer 教授認為立法有其內部目標及外部目標，就真正衝突案件而言，不應僅偏重於各州立法之內部目標，認各州應重視其該州州民之利益而忽略他州利益，且當所涉各州法律之外部目標相同時，此際應就本案所涉各州法律之內部目標倘未獲滿足時，所受損害之程度，進行比較，損害程度較高者，則優先選用該州法為本案準據法。另 Horowitz 教授支持比較損害理論，並融入美國加州選法規範整編，無論本案之爭點為何，倘涉及州際法律衝突，法院須依雙方當事人、交易行為與本案所涉各州之關係，考量法院是否適用某州法律，以貫徹該州之立法政策，倘僅其中一州法律涉有立法政策上之利益，則適用該州法，倘有兩州以上，對法律之適用，均涉有利益，即在真正衝突案件，法院即須比較各州損害，衡量如適用那一州之法律，可將損害降至最低，並考量適用何州法為本案準據法，將有利於州際交易，此即州際政策之考量，另法院須考量雙方當事人間之利益，如此或能顯示何州之法律應優先適用。

第四項　境外基金之連接因素

境外基金依定義係指於中華民國境外設立，具證券投資信託基金性質

者，然而證券投資信託基金無論是國外公司型之基金股份，契約型之受益憑證，或以單位信託之方式，在我國皆定位為證券交易法第 6 條第 1 項規定經主管機關核定之其他有價證券[17]，然境外基金已在國外註冊核准募集、發行或私募，並由總代理或銷售機構代理在我國境內為募集、發行、私募、銷售或顧問者是否為相同之核定，在解釋上既經總代理向主管機關申請核准或申報生效，應認為屬於核定之其他有價證券[18]，境外基金既屬於核定之其他有價證券，以其為連接因素之準據法為何，依涉外民事法律適用法第 38 條第 1 項至第 3 項之規定，關於物權依物之所在地法。關於以權利為標的之物權，依權利之成立地法。物之所在地如有變更，其物權之得喪依其原因事實完成時物之所在地法。境外基金物權之得喪變更之準據法，就我國現行規定為依其所在地法或成立地法，惟實務上我國投資人申購之境外基金皆已無實體之方式持有，投資人取得者僅是存摺之記載、買賣報告書或保管條而已[19]，我國涉外民事法律適用法第 38 條之規範已顯然有所不足，茲就國外學理上之探討分述如後。

　　基於境外基金跨國流通之特質與國際金融財富管理業務之需求，就發生民事紛爭之準據法確定性與可預見性係不可或缺者，我國傳統之涉外民事法律適用法依所在地法原則，其適用係存在於有價證券直接持有情形，由於有價證券所有人與發行人有直接之聯繫，有價證券所有人乃登記於發行人處，例如股票之股東名簿、公司債之公司債存根簿、受益憑證之受益

17　依證券交易法第 6 條之規定，本法所稱有價證券，指政府債券、公司股票、公司債券及經主管機關核定之其他有價證券。新股認購權利證書、新股權利證書及前項各種有價證券之價款繳納憑證或表明其權利之證書，視為有價證券。前二項規定之有價證券，未印製表示其權利之實體有價證券者，亦視為有價證券。

18　76 年 9 月 18 日台財證（二）字第 6805 號函釋，財政部依證券交易法第 6 條第 1 項規定核定：「外國之股票、公司債、政府債券、受益憑證及其他具有投資性質之有價證券，凡在我國境內募集、發行、買賣或從事上開有價證券之投資服務，均應受我國證券管理法令之規範。」

19　依境外基金管理辦法第 48 條規定，境外基金機構應於投資人申購、買回或轉換境外基金時，自行或委任總代理人製作並交付書面或電子檔案之交易確認書或對帳單予投資人。總代理人或銷售機構以自己名義為投資人申購、買回或轉換境外基金者，應製作並交付書面或電子檔案之交易確認書、對帳單或其他證明文件予投資人。

人名冊，然現今普遍適用間接所有制，有價證券之無實體發行或無實體交易，其所有人係透過集中保管帳簿劃撥方式登載其有價證券，並以擬制人名義持有[20]，在有價證券行真正所有人使權利時再進行歸戶，況且如境外基金跨國流通之有價證券，更須有多層之參與集中保管機構（Central Securities Depository, CSD）等關聯間接登載，因此傳統選法規則將無法提供確定之準據法，致可能適用之準據法過多，使跨國有價證券交易勞費而緩慢，爰有必要規範「單一固定」（single and stable）之準據法，並且排除反致條款（renvio）之適用，如此方能使市場參與者事先藉由確定之準據法及預測其確切之實體權利義務關係，並事先計算成本與風險，以維交易安全[21]。

有關有價證券處分行為之準據法，從最早期之關於物權依物之所在地法與權利之成立地法，嗣後演變出有比利時、盧森堡及美國法等國採行之PRIMA 原則（Place of the Relevant Intermediary Approach, PRIMA），以關係最密切之中介機構地法為準據法，於 2002 年 12 月 13 日海牙國際私法會議時融入為海牙證券公約（Hague Convention on the Law Applicable to Certain Rights in respect of Held with an Intermediary），然無實體有價證券雖可登錄於其直接接洽之中介機構劃撥帳戶內，視為係表彰有價證券權利之實體證書，惟跨國流通之有價證券其集中保管及登錄可能因涉及之中介機構（intermediary），分散多數並以複委託方式為之，因此該原則發展出投資人與其開立有價證券帳簿劃撥帳戶之直接中介機構，而該中介機構為

---

[20] 依證券交易法第 43 條第 4 項至第 6 項之規定，證券集中保管事業以混合保管方式保管之有價證券，由所有人按其送存之種類數量分別共有；領回時，並得以同種類、同數量之有價證券返還之。證券集中保管事業為處理保管業務，得就保管之股票、公司債以該證券集中保管事業之名義登載於股票發行公司股東名簿或公司債存根簿。證券集中保管事業於股票、公司債發行公司召開股東會、債權人會議，或決定分派股息及紅利或其他利益，或還本付息前，將所保管股票及公司債所有人之本名或名稱、住所或居所及所持有數額通知該股票及公司債之發行公司時，視為已記載於公司股東名簿、公司債存根簿或已將股票、公司債交存公司，不適用公司法第 165 條第 1 項、第 176 條、第 260 條及第 263 條第 3 項之規定。前二項規定於政府債券及其他有價證券準用之。
[21] 同前註 15，頁 110。

直接維持有價證券帳簿劃撥帳戶時，得約定選擇約定合意適用之準據法[22]。

第五節　本案境外基金準據法之探討

美國多家共同基金經理公司以遲延交易與擇時交易之欺騙手法，涉及違反美國一般公司法行政法之規定，我國投資人若以申購各該境外基金時，如何主張損害賠償並參與分配賠償和解金，依據前揭連接因素之分析，於此擬作進一步之探討。

第一項　合意管轄之探討

關於境外基金就總代理與境外基金機構簽署之合約範本，有關境外基金機構、銷售機構與總代理人三方爭端解決，其準據法及管轄之約定係以中華民國法律為準據法，並以台北地方法院為一審管轄法院；另銷售機構與總代理人簽訂之雙方銷售契約範本，亦以中華民國法律為準據法，對於因契約或違反契約引起之任何糾紛、爭議或歧見，應提請中華民國仲裁協會依該協會仲裁規則，以仲裁方式解決。如有提起撤銷仲裁判斷之訴之需要，當事人同意以中華民國台灣台北地方法院為第一審管轄法院。係採合意管轄方式處理，依民事訴訟法第 24 條規定，當事人得以合意定第一審管轄法院。但以關於由一定法律關係而生之訴訟為限，其合意並應以文書證之。因此境外基金機構、銷售機構與總代理人其以合意以中華民國法律為準據法，無論是境外基金機構、銷售機構與總代理人三方契約，或是銷售機構與總代理人簽訂之雙方銷售契約皆因內部委任契約產生之爭議，其以臺北地方法院為一審管轄法院，應符合我國民事訴訟法之規定。然境外基金之募集、發行、私募或銷售者之一方或其代理人間內部權利義務關係之合意，對於境外基金申購之投資人並未受規範之約束，因此美國共同基

金經理公司以遲延交易與擇時交易之欺騙手法，涉及損害賠償並參與分配賠償和解金之糾紛與爭議，係造成我國投資人之損害並未受以中華民國法律為準據法，對於因契約或違反契約引起之任何糾紛、爭議或歧見，應提請中華民國仲裁協會依該協會仲裁規則，以仲裁方式解決。如有提起撤銷仲裁判斷之訴之需要，當事人同意以中華民國台灣台北地方法院為第一審管轄法院等之適用。投資人得依我國民事訴訟法總則編有關法院管轄之規定，對境外基金機構、總代理人與銷售機構提起訴訟。

第二項　準據法之適用

一、當事人意思自主原則之適用

境外基金包括公司型之基金股份、契約型基金之受益憑證或單位信託在內之證券投資信託基金，公司型之共同基金投資人或股東依據投資公司所揭露的公開說明書或投資說明書，透過承銷商、證券經紀商或投資公司自我之銷售，參與投資並提供資金以匯集成為基金（pool），而共同基金之股東或投資人透過股東會或受益人大會選舉共同基金之獨立董事會（independent directors），嗣後共同基金之董事會每年與經理顧問公司等之基金管理機構簽訂經理顧問契約，基金管理機構根據基金公開說明書所揭露之方針從事資產運用組合之操作；契約型之共同基金之權利義務關係為證券投資信託事業向不特定人募集證券投資信託基金發行受益憑證，或向特定人私募信託基金交付受益憑證，從事於有價或其他經主管機關核准項目之交易。而證券投資信託契約係指由證券投資信託事業為委託人，基金保管機構為受託人所簽訂，用以規範證券投資信託事業、基金保管機構及受益人間權利義務之信託契約；受益人為證券投資信託契約規定，享有證券投資信託基金受益權之人；證券投資信託契約為規範證券投資信託事業、基金保管機構與受益人三方間之法律關係，此一信託契約依我國現行之法令規定，已明定為特殊型態之消極信託，基於法令與契約條款之特別

約定，委託人之證券投資信託事業為保留指示運用權，基金保管機構為受
託人擔負消極保管與勾稽控管之功能，至於投資人為受益人，其並非證券
投資信託契約之當事人，惟其認購或申購受益憑證時即已默認願意接受信
託契約條款之拘束，並遵守相關之法令與自律規範之規定[23]。

　　投資人之股東或受益人，其並非經理顧問契約或證券投資信託契約之
當事人，惟其認購或申購受益憑證時即已默認願意接受信託契約條款之拘
束，並遵守相關之法令與自律規範之規定，更何況境外基金之申請核准或
申報生效，該境外基金除經主管機關專案核准或基金註冊地經我國承認並
公告者，必須成立滿 1 年[24]，換言之，必須以現成國外核准並操作一段期
間有相當績效者，經主管機始得核准或予以申報生效，其相關原文公開說
明書件須經翻譯並交付我國投資人，準此投資人之股東或受益人對於應適

---

[23] 依證券投資信託及顧問法第 5 條第 1 款之規定，證券投資信託契約：指由證券投資信託事業
　　為委託人，基金保管機構為受託人所簽訂，用以規範證券投資信託事業、基金保管機構及受
　　益人間權利義務之信託契約。
[24] 依境外基金管理辦法第 23 條規定，境外基金符合下列條件者，得經本會核准或申報生效在
　　國內募集及銷售：
　　一、境外基金從事衍生性商品交易之比率，不得超過本會所訂定之比率。
　　二、境外基金不得投資於黃金、商品現貨及不動產。
　　三、境外基金投資以下有價證券者，其占該境外基金總投資之比率，不得超過本會所訂定之
　　　　比率。
　　　　（一）大陸地區證券市場之有價證券。
　　　　（二）香港或澳門地區證券市場由大陸地區政府或公司發行或經理之有價證券。
　　　　（三）恆生香港中資企業指數（Hang Seng China-Affiliated corporations Index）成分股公
　　　　　　　司所發行之有價證券。
　　　　（四）香港或澳門地區證券交易市場由大陸地區政府、公司直接或間接持有股權達百分
　　　　　　　之三十以上之公司所發行之有價證券。
　　四、國內投資人投資金額占個別境外基金比率，不得超過本會規定之一定限額。
　　五、境外基金之投資組合不得以中華民國證券市場為主要的投資地區，該投資比率由本會定
　　　　之。
　　六、該境外基金不得以新臺幣或人民幣計價。
　　七、境外基金必須成立滿 1 年。
　　八、境外基金已經基金註冊地主管機關核准向不特定人募集者。
　　九、其他經本會規定之事項。
　　境外基金經本會專案核准或基金註冊地經我國承認並公告者，得免受前項第 1 款及第 7 款之
　　限制。

用之法律雖無明示的合意，但有時可從其申購境外基金可看出默示的意思，則應有默示適用境外基金經理顧問契約或證券投資信託契約訂定與操作地法令為準據法之意思，同時亦是適用公開說明書或投資說明書原始所選定核准國準據法之意思。

二、侵權行為之準據法

依我國涉外民事法律適用法第 25 條規定，關於由侵權行為而生之債，依侵權行為地法。但中華民國法律不認為侵權行為者，不適用之。侵權行為之損害賠償及其他處分之請求，以中華民國法律認許者為限。前述規定似採行法庭地法與侵權行為地方之折衷主義，惟有認為採以侵權行為地為準據法時，必須累積依兩地法律皆認為侵權行為者，侵權行為始為成立。其效力亦然，如逾越法庭地法認許之損害賠償及其他處分之請求，包括請求權之本人範圍、賠償法及金額等則不構成；亦有認為應以侵權行為地法為準據法，惟於侵權行為人為內國人時，始受法庭地法限制之附條件折衷主義。換言之，侵權行為人為外國人時，只須依侵權行為地法，由於遇有內國人時才累積適用，違反內外國人平等保護原則。本案侵權行為地發生在境外基金原始註冊地之美國，依侵權行為地法之美國一般公司法及行政法之規定，已科以約計 40 億美元賠償和解金，然我國投資人若有申購類此之境外共同基金亦應得主張同等之保護，因此本案於我國進行訴訟時，我國法院應適用之準據法，參諸美國 Wiilis Reese 教授提出所謂之「最重要牽連關係理論」（the Most Significant Relationship），在考量選法之相關因素包括國際及州際社會之需求、法院地之政策、我國投資人保護政策及利益、正當期待利益之保障、特別法之基本政策、結果之確定性、可預測性及一致性及準據法認定與適用之便利性等因素，本案投資人即使於我國對其總代理人或境外基金管理機構起訴，亦應以境外基金所原始核准之美國之侵權行為法為準據法。

第六節 結論與建議

　　我國境外基金之化暗為明納入合法之管理，旨在使國人能參與國外資產管理機構專業理財之成果，並保護其應有之權益，投資人透過境外基金合法之管道從事跨越國境之金融商品募集、私募、顧問、銷售買賣，唯有投資人之投資能獲得充分之安全與保障，才會有信心繼續地參與投資，然境外基金原始操盤之基金經理人及從事投資決策地皆遠在國外，發生類此美國共同基金弊案之案例，我國投資人理應有與外國投資人受相同保護之機制，因此我國參考國外管理體例，建置有總代理與銷售機構之架構，總代理顧名思義應代理國外之基金發行與管理機構，其不僅於我國境內造成之損害須負賠償責任，就國外之基金發行與管理機構因故意過失造成之損害亦不能免責，隨著境外基金在我國之蓬勃發展，其涉外民事法律爭議之問題亦日益繁雜，因此有關國際私法準據法之適用將益形重要，美國共同基金遲延交易與擇時交易案例已紛擾多時，並付出慘痛之代價，然於其他國家註冊而於我國銷售之境外基金亦可能存有類此弊端，國內投資人甚少聞問，本文前述分析總結國人應可主張應有權益，惟如何提高投資人之權利意識，則有待各界能共同努力，期能使我國資產管理之機制更加健全。

第十一章

證券投資顧問及共同基金之犯罪型態與刑事責任探討

第一節 前 言

　　我國有關證券投資顧問（Securities Investment Consulting Enterprises, SICE）、證券投資信託事業（Securities Investment Trust Enterprise, SITE）與全權委託投資代客操作（discretionary investment）業務之運作與法令規範，係發源於證券交易法並經過一路之增修而來，從民國 57 年 4 月 30 日制定證券交易法立法伊始，在參採美國 1940 年之投資顧問法（Investment Advisers Act of 1940）與投資公司法（Investment Company Act of 1940），於第 18 條訂定證券投資信託事業及證券投資顧問事業之核准及管理之立法授權規定，並於民國 72 年 5 月增訂第 18 條之 1 及第 18 條之 2，用以規定證券投資信託事業違規之處罰準用依據及基金資產之獨立性等，迨民國 89 年 7 月始增訂第 18 條之 3 以為代客操作之管理依據，在證券投資及顧問專家理財日益興盛之際，法令適用日趨頻繁，因此在弭除法律適法性、妥當性與合憲性之質疑與爭議，同時考慮法令之鬆綁與開放私募基金及境外基金之合法化下，於民國 93 年 6 月正式立法通過證券投資信託及顧問法[1]，然證券投資信託及顧問法為脫胎於證券交易法之特別立法，其第七章之罰則係參照證券交易法之規定而來，準此在規範內容上舉凡詐欺[2]、侵占背信[3]、財務報表虛偽隱匿[4]、未經許可經營業務[5]及收受不正當利

---

[1] 民國 93 年 6 月 30 日總統華總一義字第 09300122711 號令制定公布全文 124 條；同年 8 月 18 日行政院院臺財字第 0930037804 號令發布自同年 11 月 1 日施行。

[2] 依證券投資信託及顧問法第 8 條及第 105 條之規定。

益[6]等犯罪型態與證券交易法之規定相類似[7]，惟傳統之證券交易法犯罪類型如內線交易與操縱行為之禁止等，證券投資信託及顧問法並未進一步規定，故僅能適用證券交易法之規定，此外亦有證券投資信託及顧問之運作特有之犯罪類型，例如遲延交易、擇時交易與偷跑行為等，為證券交易法與證券投資信託及顧問法皆未規定者，如何適用法律加以規範，實有加以探討之必要，因此本章擬就理論與實務案例提出分析探討。

第二節　證券投資信託及顧問詐欺之型態與刑事責任

　　我國刑法所規定之詐欺（fraud）之行為，係指意圖為自己或第三人不法之所有，以詐術使人將本人或第三人之物或財產上之利益交付者[8]，詐欺之犯罪行為人無論以口頭（word of mouth）、行動（look or gesture）等作為（action）或不作為（omission）之欺罔詐騙方式，誤導他人用以取得不法之利益，由於證券投資信託及顧問之業務為金融服務市場之一環，保障投資人交易之安全與維護金融市場之公平、公開之競爭環境為市場健全之基礎，詐騙（cheat）及虛偽（defraud）之行為，以詐術或其他方法使人產生錯誤之判斷，危害到其他市場參與者與整體國家金融秩序之法益，因此為法律所禁止及規範，而且詐欺行為其受害之客體不只是單純的交易相對人而已，可能會擴及一般廣大之市場參與大眾，所以在刑事法上之犯罪可罰性自然比較普通刑法上之詐欺罪為重[9]，也由於證券投資信託及顧問業務屬於高專業與技術性之產業，有嚴格禁止詐欺行為之必要，因此證

3　依證券投資信託及顧問法第 105 條之 1 之規定。
4　依證券投資信託及顧問法第 106 條之規定。
5　依證券投資信託及顧問法第 107 條及第 110 條之規定。
6　依證券投資信託及顧問法第 108 條及第 109 條之規定。
7　其各與證券交易法第 20 條、第 20 條之 1、第 171 條至第 177 條之規定相當，僅是證券交易法在多次增修之後其刑度已有調整。
8　依刑法第 339 條之規定。
9　郭土木，期貨交易管理法規，增修再版，2017 年 3 月 23 日，作者自版，頁 269。

券投資信託及顧問法第 105 條第 2 項規定參考證券交易法[10]及期貨交易法[11]之立法，訂定反詐欺條款之規定。

第一項　證券投資信託及顧問法與刑法之適用

有關證券投資信託及顧問法與刑法詐欺案件之法律適用，依證券投資信託及顧問法第 105 條第 2 項規定經營證券投資顧問業務、全權委託投資業務、全權委託保管業務或其他本法所定業務，對公眾或客戶違反第 8 條第 1 項規定者，處 1 年以上 7 年以下有期徒刑，得併科 5,000 萬元以下罰金。所謂同法第 8 條第 1 項規定，係指經營證券投資信託及顧問法令所定業務者，不得有虛偽行為、詐欺行為、或其他足致他人誤信之行為而言。證券投資信託及顧問法與刑法應如何適用？最高法院認為依修正前刑法第 340 條以犯刑法第 339 條之罪為常業者（即常業詐欺罪），處 1 年以上 7 年以下有期徒刑，得併科（銀元）5,000 元以下罰金（依廢止前罰金罰鍰提高標準條例第 1 條規定提高二至十倍）。而常業詐欺罪，係刑法第 339 條普通詐欺罪之加重處罰規定。普通詐欺罪乃以意圖為自己或第三人不法之所有，以詐術使人將本人或第三人之物交付為其構成要件。是證券投資信託及顧問法第 105 條第 2 項之詐偽罪與修正前刑法第 340 條之常業詐欺罪，不論以虛偽、詐欺或以詐術為之，均係以欺罔之方法，致他人受損害，兩者並無差異。故該詐偽罪與常業詐欺罪間，應具有特別法與普通法之關係，且該詐偽罪之法定刑亦較常業詐欺罪為重，依特別法優於普通法之原則，自應優先適用該詐偽罪處斷[12]。

---

[10] 證券交易法第 20 條第 1 項規定，有價證券之募集、發行、私募或買賣，不得有虛偽、詐欺或其他足致他人誤信之行為。

[11] 期貨交易法第 108 條第 1 項規定，從事期貨交易，不得有對作、虛偽、詐欺、隱匿或其他足生期貨交易人或第三人誤信之行為。

[12] 參見最高法院 102 年 5 月 15 日 102 年度台上字第 1929 號刑事判決。最高法院認為本件原判決認陳育珅等八人藉口投資股票可獲超額利潤為由，召集不特定投資人購買指定之股票，然將投資大眾交付購買指定股票之款項，卻未實際為投資大眾購買渠等指定購買之股票，且為防止投資人取回投資款，巧立各種名目，以第一、二、三市場，及「鎖單」、「新制市場」

　　另司法實務上對於違反銀行法第 29 條之 1 規定之非法吸金罪，若其非法方式存有欺罔不實情形，行為人並有不法所有的主觀犯意，是否僅成立刑法第 339 條第 1 項之詐欺罪，而無依銀行法第 125 條之非法吸金罪名處斷餘地產生爭議，上揭二罪，是否絕對不能併存有不同看法。甲說認為如行為人自始具有不法所有之主觀意圖，而以與投資人所為約定或給付與本金顯不相當之紅利、利息、股息或其他報酬，作為其詐取資金之引人入殼之方法，即與銀行法所謂之「收受存款」並不相當，而屬於刑法詐欺取財罪之範疇，兩罪無論就立法解釋或文義解釋分析，在性質上互不相容，要無同時成立犯罪之餘地。乙說則以行為人所為既同時符合非法吸金罪構成要件與詐欺罪構成要件，自應認屬一行為觸犯數罪名的想像競合犯，從一較重的違反銀行法非法吸金罪處斷，否則即有評價不足情形存在。最高法院刑事庭會議決議採乙說[13]。

　　前開兩則最高法院之見解，肯認證券投資信託及顧問法、銀行法或其他特別法有關含有詐欺本質之犯罪行為，在與刑法詐欺罪之適用產生法律競合時，前者認屬特別法優於普通法依特別法論處；後者認為屬一行為觸犯數罪名的想像競合犯，應從一較重之罪處斷。由於證券交易法、期貨交易法、證券投資信託及顧問法、銀行法、洗錢防制法或其他特別法皆有含

等方式，禁止投資人出金，以此詐術吸收資金高達 1,609,847,807 元，乃變更檢察官普通詐欺罪之起訴法條，均論陳育珅等八人以犯修正前刑法第 340 條之常業詐欺罪。又陳育珅等八人經營證券投資顧問及全權委託投資業務，但未依其建議、推介代客購買建議之股票，反而以向投資人取得之部分資金，用以操縱清三公司、秋雨公司、信昌電公司股票價格，並就秋雨公司部分與該公司實際負責人林耕然、王舒榛二人通謀操縱秋雨公司股價外，其餘所收資金則未用以購買指定股票，顯有經營證券投資顧問業務、全權委託投資業務而為虛偽、詐欺行為，另犯證券投資信託及顧問法第 107 條第 1 款未經主管機關許可，經營證券投資顧問及全權委託投資業務罪，與同法第 105 條第 2 項經營證券投資顧問業務而對大眾為虛偽、詐欺行為之詐偽罪，以及公司法第 19 條第 1 項、第 2 項之未經設立登記公司不得以公司名義經營業務罪。所犯上開四罪間，係為達吸金之目的，而有方法、結果之牽連關係，應依修正前刑法第 55 條牽連犯規定，從一重之證券投資信託及顧問法第 105 條第 2 項之詐偽罪處斷（見原判決第 76 至 79 頁五、論罪部分：（二）、（三）、（五）所載）揆諸前揭說明，原判決關於此部分所持法律上見解，顯有可議。

13　最高法院 105 年 8 月 16 日 105 年度第 13 次刑事庭會議決議。

詐欺本質之犯罪行為規定，各法律規範目的與行為態樣可能有所不同，甚至何者為特別法認定存在爭議，就以共同基金操作之詐欺行為言，共同基金用以募集及私募之受益憑證同屬有價證券，因此詐欺行為應適用證券交易法或證券投資信託及顧問法之詐欺罪則有商榷之餘地，況證券交易法與證券投資信託及顧問法之修正考量因素及頻率不一，甚且產生特別法刑度反而低於普通法之窘境，故以一行為觸犯數罪名之想像競合犯從一較重的之罪處斷，或許較能解決法律適用上之困境[14]。

第二項　證券投資信託及顧問法與證券交易法有關詐欺罪之適用

一、美國 1934 年證券交易法與 1940 年投資公司法有關詐欺罪之適用

美國 1940 年投資公司法並未就共同基金詐欺罪作特別之規定，而回歸適用 1933 年證券法及 1934 年聯邦證券交易法之規定，司法實務上在 Dirks V. SEC 一案中[15]，最高法院以忠實關係（fiduciary relationship）之存在提出詐欺認定之判斷標準，即所謂「公開之正當性與否」之原則（proper, improper），在本案，Secrist 曾經擔任美國證券基金（equity

---

[14] 就以違反銀行法非法吸金罪和詐欺罪二者間言，即可能具有某些交集情形存在，縱有部分相同或重疊，但猶有部分相異，允宜全部給予適當之評價，並依想像競合犯之例，從一重處斷，方不致有漏未評價或評價不足之缺憾。否則，倘認非法吸金罪之吸金行為，必出於合法方法，只是未經許可核准，乃予處罰，而排除前述利用詐術吸金之行為於不論，顯然不符合現代社會實際狀況與需要，難以貫徹上開銀行法相關規定之保護目的。尤其，若謂非法吸金罪和詐欺罪，二者不能併存，一旦成立前罪，即不再論以後罪，則狡黠之徒，大可辯以其行為之初，即係基於詐欺意圖行騙吸金，甚至吸金金額達 1 億元以上時，只該當法定刑最高 5 年以下有期徒刑之普通詐欺罪、1 年以上 7 年以下有期徒刑之刑法加重詐欺罪，或證券投資信託及顧問法第 105 條第 2 項之詐偽罪，而脫免法定本刑為 7 年以上有期徒刑之銀行法第 125 條第 1 項後段之加重非法吸金罪責，顯然違背罪責相當原則，並悖離國民之法律感情。參見最高法院 105 年度台上字第 2687 號刑事判決。

[15] 463 U.S. 646(1983).

funding of american）之職員，Dirks 為一投資分析專家（investment analyst），Secrist 告訴 Dirks 以該基金之資產淨值被蓄意高估，有欺騙投資大眾之事實，Dirks 調查屬實，於是將情報分享與其他五位投資顧問，Dirks 及其他五位投資顧問立即通知他們的客戶贖回基金抽回投資，將美國證券基金之股票拋售，以便在該基金資產高估之真相暴露前撤資，免受 1,600 萬美元之損失。法院在判決中指出，非內部人員（outsiders）可否利用內部人員（insiders）所提供之消息從事交易，須視內部人員所提供之情報是否屬於不適當（improper）而定，而認定之標準，是在於內部人員所提供情報消息之動機是否在於為自己謀利而定。在本案中 Dirks 提供情報給其客戶，其目的在於抽取佣金及為自己建立名譽，顯然是出於為自己謀利之意圖，故應受處罰[16]。

　　避險基金在面臨下跌的股市，為使其能夠賣空共同基金並從淨值下跌中獲利，利用以之或透過非法方式取得其他共同基投資組合標的之內容，甚至利誘目標共同基金之經理人以取得這項組合之資訊，並購買共同基金。嗣後避險基金透過以衍生性金融商品或期貨市場進行放空這些組合之證券，以建立與這些基金投資內容呈負相關之投資組合，為了降低交易成本，避險基金與出售衍生性金融商品的銀行合作，以基金投資組合為標的，建立「一籃子股票」的空頭部位，就像放空基金的持股一般，每支基金都有專門訂製的「籃子」。避險基金在此同時會買入與放空證券組合相同金額的基金股份或受益憑證。因避險基金擁有基金的股份或受益憑證，但整體而言是「市場中立的」。然後可以完全地避險並予以等待，直到市場發生可能使基金股份或受益憑證價格下跌的事件時或空頭市場時，此際創造套利機會，避險基金可以用不正確的高價將股份或受益憑證贖回賣回給基金，由於當時被利用之共同基金因為淨值尚未完全反映市場下跌的走勢，被利用之共同基金為應付贖回之壓力，必須於市場拋售基金組合之持股，以致股市行情下跌，然後避險基金再以更便宜的市價了結原先放空的

---

[16] 同前註 9，頁 321。

證券部位賺取利潤，此項策略可讓避險基金在空頭熊市中大發利市。然避險基金以不正當手段取得其他共同基金之資訊意圖謀取高額報酬，亦應構成詐欺之犯罪[17]。

　　前開兩案可能涉及證券詐欺與內線交易之構成要件與認定之問題，美國證管會在 1934 年聯邦證券交易法第 10 條第 2 項規定反詐欺之概括性條款下，依所謂：「任何人不得直接或間接利用州際商務工具或郵件，或全國性證券交易所之設備，以違反證管會為維護公共利益或保護投資人所制定之規則，以詐欺或操縱之方法（manipulation or deception），買賣上市或非上市之證券。」[18]對證管會之授權，於 1942 年頒布規則 10b-5，該規則規定為：「任何人不得直接或間接利用州際商務工具或郵件，或全國性證券交易所之設備，在買賣證券的過程中，從事：（a）使用任何方法、計畫或技巧為詐欺之行為；（b）對重要事實作不實之陳述或省略其中重要事項之陳述，以致在實際情況下使人產生誤導之效果；（c）為任何行為、業務或商業活動，足以對他人產生詐欺之情事。」然無論是美國 1934 年證券交易法第 10 條第 2 項或是規則 10b-5 之規定，在構成要件上仍屬抽象，於歷經漫長學說理論之探討、司法實務判例與主管機關之補充規定，遂逐漸形成對於內線交易禁止之規範，其中包括內線交易禁止之主

17　覃正祥、郭土木合著，懲與治－美國華爾街共同基金與分析師弊案剖析，自版，2004 年 7 月，頁 96。

18　對於違反第 10 條第 2 項及依其授權而制定之規則 10b-5，依 1934 年聯邦證券交易法第 21 條規定，證管會得依其職權進行認為必要或適當之調查，而且證管會之任何委員或該會指派之任何官員，有權辦理宣誓及具結、傳喚證人、強制拘提、搜索證據等權力，當事人如拒絕傳喚，證管會得經法院之命令其到場或提出證據，否則以藐視法庭罪處分，此即證管會之準司法調查權。而於證明違法之行為後，證管會得依職權請求法院頒發禁止令（injunction）禁止該項行為或業務，並向檢察長（attorney general）提出調查之證據，由檢察長進行刑事訴訟之程序。至於違反 10b-5 規定之刑事責任，依美國聯邦證券交易法第 32 條之規定，可處 5 年以下之有期徒刑，或科或併科 1 萬美元以下之罰金。而且在 1984 年內部人員交易制裁法之規定，將此罰金金額提高至 10 萬美元以下。其刑度於 1988 年詐欺犯罪案件舉發法，將其提高為至少 10 年以上有期徒刑，罰金並提高至 250 萬美元，最近在 2002 年 7 月 30 日通過之沙氏法案（Sarbanes-Oxley Act），則將其提高為 25 年以下有期徒刑，同時將其罰金並提高至 2,500 萬美元。

體、重大未公開訊息、內線消息成立之時點與因果關係等[19]。換言之，內線交易為特殊型態證券詐欺之一種，除實務案例延伸之構成要件與認定標準外，亦應符合證券詐欺之構成要件。

首先就主觀之犯意而言，由於規則 10b-5 是由反詐欺條款授權而制定，美國實務上大多以被告須具有詐欺的意圖（scienter）才可成立，然而意圖是否存在為一內在主觀之事實，欲加以舉證殊屬不易，尤其，在被告單純的保持沉默，不予說明之不作為時，其認定意圖與否困難，美國法院之實務上認為，對於未公開之消息，一旦認定為重大且有影響市場或股價者，則推定被告有詐欺的意圖，是以客觀的事實來認定主觀的意思。

二、我國證券投資信託及顧問法與證券交易法與有關詐欺罪之適用

前述兩則最高法院之見解，對於刑法所規定之詐欺罪與證券投資信託及顧問法競合時，及刑法所規定之詐欺罪與銀行法有關詐欺之行為產生適用法律競合時，應以特別法優於普通法依特別法論處，或以一行為觸犯數罪名的想像競合犯，應從一較重之罪處斷之問題。然同樣的命題，由於證券投資信託及顧問法規範之行為與交易之標的亦以有價證券為主[20]，在證券交易法第 20 條與第 171 條之證券詐欺罪與證券投資信託及顧問法第 105 條第 1 項之詐欺罪競合時，若依特別法優於普通法之適用，證券投資信託及顧問法第 105 條之規定訂定在後，且係針對經營證券投資顧問業務、全權委託投資業務、全權委託保管業務或其他本法所定業務之特別事項所為之規定，應屬於特別法，惟證券投資信託及顧問法第 105 條規定處一年以上七年以下有期徒刑，得併科 5,000 萬元以下罰金之刑度，與證券交易法第 20 條與第 171 條之規定處三年以上十年以下有期徒刑，得併科

---

[19] 同前註 9，頁 330-331。

[20] 原財政部證券管理委員會（77）台財證（三）字第 09030 號函，核定證券投資信託事業為募集證券投資信託基金所發行之受益憑證為證券交易法所稱之有價證券。

新臺幣 1,000 萬元以上 2 億元以下罰金刑度相距懸殊。民國 93 年證券投資信託及顧問法立法時證券交易法第 171 條規定之刑度為七年以下有期徒刑，得併科新臺幣 300 萬元以下罰金，當時已有考量證券投資信託及顧問法為特別法，所以刑事責任之規定較重，嗣後證券交易法第 20 條與第 171 條刑度修正加重時未一併考量證券投資信託及顧問法之調整，導致有失衡之情形，準此依前開最高法院 105 年 8 月 16 日第 13 次刑事庭會議決議，就詐欺行為應適用證券交易法或證券投資信託及顧問法之詐欺罪發生競合時，亦應以一行為觸犯數罪名之想像競合犯從一較重的之罪處斷較為妥適。

第三項　證券投資信託及顧問法有關詐欺罪之案例

　　證券投資信託及顧問業務之行為，在專家理財之時代無論是投資人之數量與委任或信託操作之金額皆日益擴大與頻繁，然伴隨著業務之增長與精進相關詐欺案件也不斷地推陳出新，以下擬提出實務上較為常見之證券投資信託及顧問法有關詐欺罪案例，進一步加以分析探討。

一、證券投資顧問之詐欺案件

（一）提供虛偽之資訊誤導投資人

1.事實

　　原告甲主張被告乙於 101 年間經訴外人鍾○○即原告友人之介紹而與原告認識後，即向原告自稱其係 A 銀行董事長特助，具有金融專業背景，擅長分析未上市股票之前景，並於 102 年 1 月間向原告推薦購買未上市公司 B 科技股份有限公司（下稱 B 公司）之股票，詐稱：B 公司之市價為每股 62 元，日後股價看漲，有很大之增值空間，致使原告陷於錯誤，乃於 102 年 1 月 14 日將購買 B 公司股票之款項 11,780,000 元股款匯至被告於 C 銀行中和分行所申設之帳號：○○○○○○○○○○○○○○

○號帳戶，因而取得訴外人林○○、劉○○所轉讓 B 公司之股票共
190,000 股。惟因被告始終未交付任何證券交易稅單給原告，原告至 102
年底經友人告知後，始悉 B 公司股票於 102 年度之每股價值向來維持在
10 餘元，而後原告致電 A 銀行，該行亦稱被告並未在該行任職，復非董
事長之特助，原告至此始知受騙。

2.法院之見解[21]

本案台灣台北地方法院認為被告既然向被害人推薦購買股票，顯見其
對於該檔股票當時之市場價值應屬了解，且行為人嗣後復向被害人收取股
款而為相關過戶及股票交付事宜之辦理，足認其對股票之實際成交價格知
之甚詳，是行為人謊稱系爭股票之每股價值，致使被害人陷於錯誤而交付
超過股票價值之股款，自屬故意就不真實之事實表示其為真實而使被害人
陷於錯誤之詐欺行為，縱行為人主張系爭股票非上市、上櫃之股票，交易
價格應屬契約自由，亦不足採。

3.本案之評析

本案被告乙謊稱其為係 A 銀行董事長特助，A 銀行除非有兼營證券
相關業務，否則並非證券投資信託及顧問法所規範之範圍，更何況被告乙
確實不是 A 銀行董事長特助，非法業者在從事應由合法業者才可經營業
務時，是否應依合法業者之標準與注意程度要求其履行相同義務及責任，
現行法令並無規定，導致非法業者之經營成本與法律責任反而較低，形成
劣幣逐良幣之不合理情形，因此應於法律上明定涉及應經許可之業務行
為，無論合法與非法之業者皆應課予遵守相同之規範，僅是非法業者應另
行加具未經許可之刑事責任而已[22]。

---

[21] 台灣台北地方法院 105 年 1 月 30 日 104 年度訴字第 547 號民事判決。

[22] 實際從事金融商品銷售或服務之人，未必均為金融服務業。例如未經許可經營銀行、證券、
保險、期貨等之非法業者是否有說明義務、無過失賠償責任及確保廣告真實性之義務；若未
加以規定，反而造成合法業者比非法業者需肩負較重之責任，有失情理之平。爰民國 93 年
行政院金融監督管理委員會草擬之金融服務法草案，曾於第 38 條規定對於金融服務業以外
實際從事金融服務者，亦應適用相關之規範與法律責任。

　　由於證券投資顧問屬於專業之服務業務，應以善良管理人之注意義務及忠實義務，本誠實及信用原則執行業務，不得為虛偽、欺罔、謾罵或其他顯著有違事實或足致他人誤信之行為[23]。實務上對於顧問之行為在分析諮詢或推介有價證券時，有隱匿及提供虛偽之訊息或資料使客戶陷於錯誤而為投資之行為，尤其以廣告、傳播媒體甚至現行之網路傳播等，誤導坑殺投資人之行為，更應嚴格取締。

（二）美國網路投資顧問詐欺案件

　　我國部分證券投資顧問之經營有以無線或有線電視第四台、報章雜誌及其他媒體製作節目以吸收會員為主要業務者，其中包括有藉提供分析資料推介名牌股票，並透過與發行公司大股東、市場主力作手聯合炒作拉抬股票，甚至坑殺投資人之行為者，此類之詐欺型態美國亦存在很多案例，茲舉三例以供分析比較。

1.SEC v. Tokyo Joe[24]

　　在 SEC v. Yun Soo Oh Park 一案中，Yun Soo Oh Park aka Tokyo Joe（以下簡稱 Park）成立並控制一家網路線上投資顧問公司 Societe Anonyme Corp. （以下簡稱 Societe Anonyme）。Societe Anonyme 向客戶聲稱加入會員每月僅收取 100 至 200 美元之費用，即可享有其專業投資建議及分析，包括每日由該公司以電子郵件發送之投資日報，且可進入該公司設立之即時聊天室，與其他會員交換心得。然而，Park 往往先買入特定之股票，取得一定基本部位後，於提供投資建議時，摻入該股票看漲之不實及誤導資訊，鼓吹會員購買該股票。於股價上漲後，Park 隨即將其所持有之股份賣出，而從中獲利[25]。

23　依證券投資顧問事業管理規則第 13 條第 1 項及第 2 項第 5 款之規定。

24　SEC v. Yun Soo Oh Park aka Tokyo Joe and Tokyo Joe's Societe Anonyme Corp., No. 00C 0049 (N.D. Ill. Jan. 2000), SEC Litigation Release No. 16, 399, at http://www.sec.gov/litigation/litreleases/lr16399.htm.

25　早期國內投資顧問公司亦有類似之手法，與市場主力金主或公司大股東結合，由公司派鎖住

SEC 於起訴狀內指出，Park 於提供投資建議之時點，未就其持有該建議標的之股票之事實，向客戶為揭露；於積極鼓吹會員買入該股票後，又未揭露其將賣出該股之意願。Park 又就該建議標的之股票發表不實及誤導之正面資訊，誘使會員紛紛買入之。此外，Societe Anonyme 網站上虛構不實之良好投資效益資料，吸引投資人加入其會員。

SEC 於 2000 年 1 月 5 日以上開行為違反 1933 年證券法第(17)(b)條、1934 年證券交易法第 10(b)條、Rule 10b-5 及 1940 年投資顧問法第 206(1)及(2)，提起證券詐欺之民事訴訟。本案嗣於 2001 年 3 月 8 日，由伊利諾州北區地方法院作出判決，判定 Park 及其控制之 Societe Anonyme 違反了 1940 年投資顧問法、1934 年證券交易法之反詐欺條款，及 1933 年證券法之反招攬（anti-touting）條款之規範。被要求返還從事 13 件「轉手倒賣之搶帽子」（scalping）及 1 件「違法招攬」（touting）所獲取之不法所得 279,696 美元，加上判決前累積之利息 45,238 美元，共 324,934 美元。

此外，並被要求支付同等於不法所得之民事賠償 279,696 美元，加上其於網站上刊登不實而誤導之過去表現之賠償 150,000 美元，共 429,696 美元。查本案 Park 所從事之行為，即係所謂「搶帽子」之行為[26]，而為上開反詐欺條款所禁止之詐欺行為類型[27]。

股票之籌碼，投資顧問公司之操盤者先以自己或人頭帳戶買進欲進行拉抬公司之股票，再通知旗下鑽石會員、金牌會員、銀牌會員及一般會員依序買進該股票，建置部位完成後，透過第四台或製造虛假或誇大不實之訊息鼓吹投資大眾買進，當股價達到約定價位時，自己先行高價賣出，然後再通知旗下鑽石會員、金牌會員、銀牌會員及一般會員依序賣出該股票獲利，其中偶有操作不順之情事，例如有中途下轎、資金不足之違約交割情形，以致糾紛頻傳暴力叢生，其涉及之法律責任包括違反操縱、內線交易、詐欺、場外交易等之犯罪與民事損害賠償等。

[26] 係指證券商、期貨商或證券、期貨顧問事業，在推介客戶買進或賣出有價證券或期貨交易契約之前，已先行買進或賣出放空，即先行上轎以後，再透過被抬轎之方式，短期間內在價格達到一定之價位時先行出售或買進以賺取利益之行為。

[27] 江家儀，我國證券投資顧問（事業）規範之問題探討－附論金融商品推介行為之規範設計，國立臺灣大學法律學系碩士論文，2010 年 10 月，頁 161-162。

2.SEC v. Dynamic Daytrader[28]

在 SEC v. Dynamic Daytrader 一案中，David A. Rudnick（以下簡稱 Rudnick）經營 Dynamic Daytrader.com LLC 公司（以下簡稱 Dynamic Daytrader），Rudnick 亦經營一可提供預約即時推薦線上當沖股票之網頁。Rudnic 與 Dynami Daytrader 雙雙因於網頁上刊登虛偽不實陳述而違反聯邦證券法一般投資顧問之「反詐欺」（antifraud）條款。

約於 1998 年 1 月至 2000 年 2 月期間，Rudnick 與 Dynamic Daytrader 開設提供可預約即時推薦線上當沖股票之網頁，主要特色係 Dynamic Daytrader 網頁為一可連結至即時視窗，亦名「交易大廳」（trading floor）；Rudnick 則係以不實資訊引導使用者交易證券，據其宣稱，用戶透過「交易大廳」能夠即時看到成功獲利用戶的交易，更可藉由仿效獲利用戶之操作而獲利。證管會認為，那些展示於交易大廳之推薦交易乃純屬假設而非真實存在，且相應之價格亦非實際可成交價，則難據稱得以之獲利。此外，Rudnick 亦不實宣稱主要操盤手（head trader）1999 年績效為 747%，更虛偽誇大其與 Dynamic Daytrader 之操盤經驗。

證管會主張，Rudnick 之作為違反 1934 證券交易法第 10(b)條、Rule 10-5 與 1940 年投資顧問法第 206 條第 1 項與第 2 項，並要求 Rudnick 與 Dynamic Daytrader 共同繳納不法所得 40,107 美元，加上判決前累積利息及支付同等於不法所得之民事賠償 15,000 美元。

3.SEC v. Thomas Loyd[29]

本案例部分事實同於 SEC v. Tokyo Joe 一案，同樣涉及「違法招攬並轉手倒賣之搶帽子」。Thomas E. Loyd（以下簡稱 Thomas）及 Loyd Financial Consulting（以下簡稱 Loyd）各以散布投資通訊方式有計畫地兜

---

[28]　SEC v. Dynamic Daytrader.Com L.L.C. and David A. Rudnick, C.A., No. 00-85-PC (D. Me. Mar. 20, 2000), SEC Litigation Release No. 16, 475, at http://www.sec.gov./ litigation/litreleases/lr16475.

[29]　SEC v. Thomas E. Loyd, No.CA-00-CV-1085 (S.D. Tex. Mar. 31, 2000), SEC Litigation Release No. 16, 495, at http://www.sec.gov/litigation.litreleases/lr16495.

售並倒賣，Loyd 並對不特定多數人宣傳，Loyd 藉倒賣持股與通訊費之獲利共為 168,000 美元。

　　2000 年 3 月 29 日，美國證管會向德州南區地方法院提訴，主張被告行為違反 1933 年證券法第 17(b)條、1934 年證券交易法第 10(b)條與 Rule 10b-5 以及 1940 投資顧問法第 206 條第 1 項與第 2 項，並要求被告支付不法所得加上判決前累積之利息共 172,093 美元，及同等於不法所得之民事賠償 50,000 美元。

二、證券投資信託與代客操作之詐欺案件

　　證券投資信託基金由證券投資信託事業與保管機構負責管理運用、操作與保管，證券投資信託事業與保管機構對基金受益人負有忠實義務與善良管理人之注意義務，並避免有利益衝突之行為，因此共證券投資信託事業及基金經理人應將受益人利益置於優先，基金之管理與保管費用之約定應本於誠信原則，不得任意為不利於受益人更動，更不得非法短線交易、炒單[30]與泛濫收費用等以犧牲投資人而為詐欺、利益衝突與自肥之行為。我國證券投資信託及顧問業務包括境內、外共同基金及代客操作之規模已將近新臺幣 10 兆元，投資人亦有 200 萬人左右，證券投資信託與代客操作之詐欺行為影響投資人權益及市場秩序甚鉅，應加以嚴格禁止，以下擬舉出證券投資信託與代客操作詐欺之案例加以分析探討。

1. SEC v. Lydia Capital, LLC et al.[31]

　　本案 Lydia 聲稱其避險基金（或稱對沖基金）投資標的可以次級市場把保單再賣出，獲得之報酬可達 12～18%，然保單貼在一開始買入時，已

---

[30]　包括基金內部人自行為逾時交易、擇時與短線交易，這些行為可以產生鉅大利潤但卻是以受益人之損失為代價，此一非法利潤取得與基金受益人合法利益保護間發生衝突情形時，應為法令所禁止。逾時與擇時交易由於型態特殊，與一般經濟行為之詐欺犯罪有所差異，所觸犯之法律規定亦屬多元，容於後述再詳細分析探討。

[31]　U.S. District Court for the District of Massachusetts, 07-CV-10712-RGS, http://www.sec.gov/litigation/litreleases/2010/lr21528.htm.

經確定所有報酬狀況，會在次級市場轉售，代表的是流動風險的產生，Lydia 的人員進行誤導投資受益人，以私募方式收取客戶資金，甚至未實際進行投資，造成投資人之損失[32]。美國證券交易委員會（SEC）提出馬薩諸塞州地區地方法院於 2010 年 5 月 18 日經同意對被告 Lydia Capital 及 LLC（位於馬薩諸塞州波士頓的投資顧問）的強制執行訴訟並作出違反聯邦證券法的反欺詐規定之最終判決。

　　該委員會最初於 2007 年 4 月 12 日在馬薩諸塞州美國地方法院針對 Lydia Capital，Manterfield 和 Andersen 提起訴訟，並於 2007 年 5 月 1 日提出了經修正的投訴。經修正的投訴稱，從 2006 年 6 月至 2007 年 4 月，Manterfield 和安德森通過利迪亞資本（Lydia Capital）參與了一項騙取 60 多個投資者的計畫，他們向 Lydia Capital，LLC 管理的對沖基金 Lydia Capital 另類投資基金 LP 投資了約 3400 萬美元。被告告訴投資者，他們打算使用對沖基金的資產來購買人壽結算市場中的人壽保險單。基金管理者犯了一系列重大疏失與虛偽之事實陳述，其中包括：（1）誇大其詞，在某些情況下完全構成對沖基金的不實業績；（2）開發參與之夥伴、團體或投資者，以使基金合法化，並掩蓋關鍵賣方和銀行為何停止與被告關係的真相；（3）操盤之基金經理人曼特菲爾德（Manterfield）隱匿重要犯罪歷史，並且沒有透露 2007 年 2 月在英格蘭針對他的犯罪資產凍結；（4）隱匿對沖基金計畫如何應對某些重大風險而沒有披露其他風險；（5）虛列對沖基金資產及其投資過程。此外，操盤之基金經理人曼特菲爾德和安德森侵占經撤回無權獲得的投資者款項，侵占數百萬美元的投資者資金。本案美國地方法院於 2007 年 4 月 12 日發布了一項臨時限制令，凍結被告的資產。2007 年 6 月 1 日，法院任命了 Lydia Capital 的接管人。

　　Lydia Capital 在不承認或否認 SEC 的指控的情況下，同意接受一項永

---

[32] 洪淑英，以國內某投信弊案－探討公司治理和道德風險防範的重要，國立政治大學碩士論文，2013 年 7 月，頁 42-45。

久禁止該判決的判決，該判決違反了 1933 年證券法第 17(a)條，1934 年證券交易法第 10(b)條和第 10b-5 條以及 1940 年投資顧問法第 206(1)和206(2)條[33]。最終判決沒有施加非法所得或民事罰款，因為 Lydia Capital 的剩餘資產由法院命令的接管人管理，預計將提出一項計畫，將所有剩餘資產分配給該基金的基礎投資者。在將要提起的單獨行政訴訟中，Lydia Capital 也同意接受一項命令，撤銷其註冊為投資顧問的資格。

2.台灣高等法院 99 年度上易字第 181 號判決

國內在低利率時代透過銀行以特定金錢信託、保險業以投資型保單、證券商及證券投資信託事業以保本金融商品之名義，勸誘投資人購買結構型（structure notes）之連動債，在次級房貸引發各發行機構倒閉事件之金融風暴後，衍生投資人血本無歸及求償無門之情事，由於連動債仍存在各種可能之風險，並非完全保本[34]，前述各不同銷售型態與管道之金融機構由理專或從業人員以保本之名，勸誘誤導投資人購買並賺取豐厚之傭金手續費，嗣後風險事故發生造成投資人之損失，是否構成詐欺犯罪，不無商榷之餘地。

（1）事實

本案台灣高等法院 99 年 11 月 16 日 99 年度上易字第 181 號民事判決原告委託其母乙○○為代理人，為其從事保本及低風險之投資。因被上訴

---

[33] 美國 1940 年投資顧問法第 206 條規定如下：任何投資顧問事業不得以直接或間接方式或使用郵件或州際貿易的任何手段，爲下列之行爲：1.運用任何計畫、人爲之設計或技巧欺騙任何客戶或潛在可能之未來客戶；2.從事任何虛僞隱匿、欺騙或導致任何客戶或可能之未來客戶產生誤信的交易或業務行爲；3.以自己的帳戶向客戶出售任何證券或客戶購買任何證券，或故意爲該客戶以外的其他人之經紀人與該客戶的身分進行任何證券買賣，而未事先在完成交易之前以書面形式向該客戶披露交易之情事並獲得客戶的事先同意。但前述的禁令不適用於未擔任投資顧問之情形所進行之與經紀人或經銷商的客戶進行的任何交易；4.從事任何有欺詐性、欺騙性或操縱性的業務行爲、計畫或過程。就本條第 4 款而言，委員會應訂定規則和法規定義並規定了合理設計的手段，以防止此類行爲、慣例和業務過程之欺詐性、欺騙性或操縱性情事之發生。

[34] 郭土木，境外結構型金融商品監理之探討，證券交易法論著選輯，初版，2011 年 2 月 3 日，頁 462-468。

人之理財專員甲○○向乙○○推薦被上訴人所代售之「BNP 貨幣市場連動債 II」、「BNP 貨幣市場連動債 III」等三年期連動債，每年配息率為 5%，每季配息 1 次，3 年期滿銀行收取保管費 0.45% 後還本，並提示被上訴人銀行內部說明訓練教材，其上明確載有「……若提前贖回無法保障本金之回收，投資人最好能持有至到期日」等字句，使乙○○誤信系爭連動債係屬「低利、保本」之商品而無虧損之可能，因而分別於民國 95 年 7 月及 9 月，各以新臺幣（下同）41 萬 6,020 元、42 萬 1,500 元（即各以歐元 1 萬元）向被上訴人申購上開連動債，並聲明不提前贖回。於銷售過程中，被上訴人未對乙○○進行問卷檢視，亦未提供風險預告書，即使載有風險告知事項之產品說明書，亦係於扣款 1 個月後方寄予上訴人。申購後第一次收受之綜合月結單上甚至載明「委託人若持有至到期日，發行機構保證償還全部投資本金」等語，故乙○○於締約時根本無從知悉投資風險存在。詎系爭貨幣連動債 II、III 之後竟因 1 年內虧損 30%，而於 96 年 9 月間被迫提前分別以 28 萬 5,157 元、29 萬 6,598 元贖回，上訴人因此受有投資損害 25 萬 5,000 元。乙○○復於 96 年 5 月 9 日依甲○○之建議，由乙○○持印章至被上訴人銀行辦理申購，以 100 萬元為上訴人購買被上訴人所代售之「1 年期富豪大亨連動債券」（下稱富豪大亨連動債）。而依甲○○之說明，富豪大亨連動債年配息率為 6%，每月配息 1 次，強制贖回價格為期初參考價的 95%，屬於低風險投資。申購時被上訴人同樣並未提供所謂「產品說明書」、「風險預告書」、「產品適合問卷」等文件予乙○○閱覽。然上開連動債於 97 年 5 月間到期後，虧損竟達 61.1%，致上訴人損失 61 萬 1,000 元。

（2）法院判決

本案台灣高等法院認為上訴人既委託被上訴人投資購買國外金融商品，並要求保本，不得有全損風險之情形下，被上訴人及其所屬理財人員即應針對上訴人未具域外投資金融商品經驗及其資力不願承擔重大損失風險等背景資料，提供上訴人適當之投資服務，包括完整逐條說明系爭連動債契約條款內容，並明確告知系爭連動債之風險屬性，即其保本可能性暨

不保本之風險極限，以謀求上訴人之最大利益，不令上訴人有任何疑問或誤導之情形[35]，並應於投資期間，隨時注意上訴人所購買之金融商品風險變化情形，適時通知上訴人，提供規避風險之資訊，如此方可謂已盡受任人之善良管理人注意義務。惟本件上訴人主張被上訴人及所屬執行該項理財業務人員甲〇〇並未盡上開善良管理人注意義務，明知其投資目的係在保本及獲利，且其資力不願承擔重大損失風險，復無域外投資金融商品之經驗等情，竟仍於執行上開受託投資購買系爭連動債之業務時，僅出示被上訴人公司內部說明訓練教材，擇其優點告知上訴人，並未完整說明及告知風險屬性暨不保本之最大風險，致上訴人認為系爭連動債仍屬保本性質，而予以委託投資購買。又被上訴人於上訴人購買系爭連動債後，復未定期報告上開投資風險變化情形，而於系爭連動債之投資因國際金融海嘯導致發生風險產生極大變動時，亦未積極主動告知上訴人，使上訴人受有無法取回投資本金之重大損害等情。被上訴人雖以上訴人有在系爭連動債產品說明書及風險預告書等文件上簽名或蓋章表示知悉系爭連動債不保本性質及風險屬性，即堪證明被上訴人之理財專員甲〇〇有對上訴人為不保本之說明，惟均為上訴人所否認。經核被上訴人所出示上訴人之系爭連動債產品說明書及風險預告書等文書，為特約事項文件之定型化契約記載格式，文字明顯細小且排列緊密，並夾雜英文資料及金融專業名詞，非有充分時間逐條多次仔細閱讀，實難得以立即知悉重要內容；而上訴人一再否認被上訴人所屬理財專員於申購前有讓其仔細閱讀上開文件，僅以被上訴人公司內部說明訓練教材說明系爭連動債係屬低利保本之產品，上訴人是在完成申購手續後方收到被上訴人公司所寄發之產品說明書等語，故上訴人於申購系爭連動債時是否確實有閱讀上開文件，及被上訴人之理財專員於上訴人申購前是否確實有詳細說明及告知，而使上訴人了解其所購買之系爭連動債是屬於非保本而有風險之產品等有利於被上訴人之事實，即

---

[35] 依證券投資信託及顧問法第 7 條、第 8 條、第 62 條及證券投資信託事業管理規則第 19 條、第 22 條之 1 之規定。

應由被上訴人負舉證之責。被上訴人就此部分之事實，並未能舉證證明，徒以均已將系爭連動債相關文件完整交付予上訴人云云為辯，自難僅以上開產品說明書及風險預告書上有上訴人之簽名或印文，即可認被上訴人之理財專員已盡上開說明及告知之善良管理人注意義務。故認上訴人請求被上訴人賠償其所受損害，即屬有據。

（3）本案評析

本案為晚近金融機構所設計發行或銷售複雜之結構型連動債與衍生性金融商品目標可贖回遠期契約（Target Redemption Forward, TRF）[36]產生爭議之典型案例，銷售各金融商品之銀行、保險業、證券商或證券投資信託事業以保本或高獲利金融商品之名義勸誘（induce）或勸募（solicit）客戶買賣，以賺取高額之傭金或手續費，其理專或從業人員術語用字遣詞往往誇大，加上商品之財務結構屬於高槓桿性與高複雜度，尚非一般投資人所能理解，其銷售對象本應屬專業投資人之程度，可是依特定用途信託或其他方式包裝之管道散戶投資人亦可購得，該商品之投資說明書、公開說明書、風險預告書或投資條件書（term sheets）等通常皆有記載，僅是內容繁複、用語專業、夾雜外文等，加上金融機構理專或從業人員有意或無意之虛為、隱匿或誤導，投資人在未理解情況下簽章購買或訂約，而在風險事故發生時爭議叢生，本案即屬此一類型。

惟類似本案之情景，是否即應論以詐欺之犯罪不無探討之餘地，行為人在銷售金融商品時是否具有詐欺之意圖為購成之主關犯罪要件，各該金融商品之設計通常需經過精算之程序與主管機關或同業公會之審核，在潛在之風險因子或事故未發生及時間條件符合之情況下，投資人獲客戶應能實現商品之獲利與保本期待，僅是潛在之風險事故發生或時間條件不符合時，就產生存在虛為、隱匿或誤導知情事，本文認為除非金融機構理專或從業人員在明知並有意，且意圖以積極行為實現完成使人誤導及財產之給

36　郭土木，目標可贖回遠期契約 TRF 交易衍生民事賠償之準據法適用問題探討，新時代法學理論之建構與開創──劉鐵錚大法官八秩華誕祝壽論文集，初版，2018 年 9 月，頁 823-832。

付情況，否則不應以刑事之法律責任苛責，而回歸民法債之法律關係解決。

第三節　共同基金侵占背信之型態與刑事責任

第一項　證券交易法與證券投資信託及顧問法之適用

　　對於市場發生之侵占背信行為，包括有價證券發行公司或交易市場之證券相關事業等，其以利益輸送、非常規交易、掏空公司資產或侵占客戶之財產等行為，原以刑法之侵占、背信罪或業務之侵占、背信罪論處，迨至民國 89 年及 93 年證券交易法修正時，考量已發行有價證券公司之董事、監察人、經理人及受僱人等相關人員，使公司為不合營業常規或不利益交易行為，嚴重影響公司及投資人權益，有詐欺及背信之嫌，因受害對象包括廣大之社會投資大眾，犯罪惡性重大，實有必要嚴以懲處，爰於證券交易法第 171 條第 1 項第 2 款及第 3 款加重刑事制裁增列處罰。包括以直接或間接方式，使公司為不利益之交易，且不合營業常規，致公司遭受重大損害，以及為違背其職務之行為或侵占公司資產之行為。證券投資信託及顧問法立法時並未相對訂定規定，鑑於證券投資信託事業及證券投資顧問事業就證券投資信託基金之募集，為有價證券發行之範圍，因此亦有證券交易法發行人相關法律規定之適用，至於未在有價證券發行人犯為部分回歸刑法之適用，例如投資顧問之委任與代客操作部分，因屬單獨客戶之一對一關係，其犯罪態樣與一般民事行為相同，尚無加重刑事責任之必要。

　　民國 107 年 1 月 31 日修正時，原為考量證券投資信託事業及證券投資顧問事業相關人員從事違背職務之行為，致生損害證券投資信託基金資產、委託投資資產或其利益者，對投資大眾之權益侵害甚大，爰參考證券交易法第 171 條、銀行法第 125 條之 2、刑法第 335 條及第 342 條等規

定，明定相關刑事責任[37]。依證券投資信託及顧問法第 105 條之 1 之規定，對於證券投資信託事業、證券投資顧問事業之董事、監察人、經理人或受僱人，意圖為自己或第三人不法之利益，或損害證券投資信託基金資產、委託投資資產之利益，而為違背其職務之行為，致生損害於證券投資信託基金資產、委託投資資產或其他利益者，處三年以上十年以下有期徒刑，得併科新臺幣 1,000 萬元以上 2 億元以下罰金。其因犯罪獲取之財物或財產上利益金額達新臺幣 1 億元以上者，處七年以上有期徒刑，得併科新臺幣 2,500 萬元以上 5 億元以下罰金。

　　前述新增規定與證券交易法第 171 條第 1 項第 3 款規定相當，證券交易法對於公開發行有價證券公司之董事、監察人或經理人，意圖為自己或第三人之利益，而為違背其職務之行為或侵占公司資產，致公司遭受損害達新臺幣 500 萬元以上者，處三年以上十年以下有期徒刑，得併科新臺幣 1,000 萬元以上 2 億元以下罰金；致公司遭受損害未達新臺幣 500 萬元者[38]，依刑法第 336 條及第 342 條規定處罰。107 年 1 月 31 日增訂證券投資信託及顧問法第 105 條之 1 之規定時，並未兼顧證券交易法之修正。然證券交易法規定行為之對象是針對公司所造成之損害；證券投資信託及顧問法則為對信託基金資產、委託投資資產或其他利益造成損害。換言之，兩者皆以對投資大眾之財產為保護標的，由於證券投資信託及顧問法無重大性區分之規定，無論行為輕重與金額之大小，只要有致生損害於證券投資

---

[37] 參見立法院議案關係文書，院總第 1539 號，政府提案第 15964 號，106 年 5 月 3 日印發，頁 20。

[38] 證券交易法第 171 條第 1 項第 2 款規定已依本法發行有價證券公司之董事、監察人、經理人或受僱人，以直接或間接方式，使公司為不利益之交易，且不合營業常規，致公司遭受重大損害。即所謂之非常規交易或利益輸送之行為，在犯罪構成上係以「以致公司遭受重大損害」為要件，而第 3 款之掏空犯罪未設定相同或相當要件，民國 101 年 1 月 4 日為因應立法院修法之要求，於參考德國刑法第 266 條規定及日商法第 484 條規定等立法例，與學者對於背信罪本質為實害結果犯之見解，以及參酌洗錢防制法第 3 條第 2 項序文規定該項各款所定之罪，其犯罪所得在新臺幣 500 萬元以上者亦屬重大犯罪之規定，於第 1 項第 3 款增訂「致公司遭受損害達新臺幣 500 萬元」之要件，以符合處罰衡平性及背信罪本質為實害結果之意涵。

信託基資產、委託投資資產或其他利益者一律至少處以三年以上之有期徒刑，此與證券交易法規定係以「致公司遭受重大損害」、「致公司遭受損害達新臺幣 500 萬元」為構成要件不同，相對而言證券投資信託及顧問法之規定似未有衡平之考量。

第二項　實務案例之解析

美國證管會（SEC）於 2005 年 4 月 12 日起訴紐約證交所（NYSE），就其未盡全力監督並容認所屬七家專業交易會員（specialists）在交易櫃檯之營業員，對於證券自營商之委託單有先跑及插單（interpositioning）而賺取利益之行為，並予以懲處[39]。與先跑類似行為之搶帽子[40]，係由證券商、期貨商或證券期貨顧問事業，在推介客戶買進或賣出有價證券或期貨交易契約之前，已先行買進或賣出放空，即先行上轎以後，再透過被抬轎之方式，短期間內在價格達到一定之價位時先行出售或買進以賺取利益之行為[41]，此類以製造交易機會幫個人或特定之第三人拉抬、打壓價位，或利用客戶交易之訊息搶取有利時機下單並謀取不正當利益之行為，自屬侵占罪或背信最之特殊型態犯罪，我國證券投資信託及顧問亦存在此一類型之犯罪，以下擬提出盈正、普格、華泰等案例加以論述探討。

一、盈正案

盈正豫順電子股份有限公司於登錄興櫃期間股價漲幅甚劇，且在掛牌

---

[39] 本案係以違反美國 1934 年聯邦證券交易法 Section 19(g)起訴，紐約證交所同意與美國證管會和解，包括接受糾正改進之處分，並設置 2,000 萬美元基金支付主管機關將派駐人員稽核之開銷費用，以及添置錄影錄音之監視設備。郭土木，期貨交易管理法規，增修再版，2017 年 3 月 23 日，作者自版，頁 383-385。

[40] 有翻譯為證券經紀商或證券投資顧問與客戶作相應買賣，詳參余雪明，證券交易法，4 版，2003 年 4 月，財團法人中華民國證券暨期貨市場發展基金會出版，頁 424。

[41] Scapling is a practice in which a person, such as an investment adviser, purchases a security for its own account before recommending that security, and then sells the security at a profit upon the rise in the market price following the recommendation.

上櫃後，基金或全委投資帳戶有追高買進並隨即出脫，產生虧損情事。證券櫃檯買賣中心於查核時發現甲投信及乙投信基金經理人、丙投信全委投資經理人涉有以他人帳戶買賣與所管理資產持有相同有價證券情事。當時證券櫃檯買賣中心清查彭○○的戶頭發現，在盈正公司上櫃前已經利用徐姓人頭戶買進，並在上櫃後股價 500 多元的高點賣出，大賺一票；但他操盤的甲投信基金卻在上櫃第一天大買，等到人頭戶下車後，他的基金才賣出，涉案經理人都先透過周邊人士開人頭帳戶，在低點買進股票，價位炒高時倒貨給政府基金[42]。

二、普格案

普格科技股份有限公司（下稱普格公司）於 101 年 10 間自行發布重大訊息表示公司遭受詐騙，財務受影響，主管機關即責成櫃買中心對普格公司進行查核，並將相關資料移送檢調機關偵辦。嗣檢調單位調查發現涉案人等為炒作普格股票，據檢調單位調查發現喬○○等 3 基金經理人操盤的第一金旗艦基金、大中華基金、店頭基金 3 檔基金，在去年 7 月間每股 26 元左右，進場承接普格股份，總金額近 5,000 萬元，但普格股在 8 月間持續無量下跌，導致第一金旗艦基金、大中華基金、店頭基金 3 檔虧損達 2,000 萬元。透過股市掮客給付回扣予丁投信之基金經理人，渠等愛利用基金資產買賣普格股票，致造成基金虧損，影響投資人權益。基金經理人利用投信公司賦予的基金管理權限，與公司派結合收取回扣，再利用基金進場拉抬股價，公司則發布利多消息配合，讓大股東趁機出貨中謀取自己不法利益，隨著大股東之出貨導致基金產生虧損達 2,000 萬元[43]。

---

[42] 今周刊，盈正案坑殺全民退休金另一人，參閱網站：https://www.ettoday.net/news/20121116/128156.htm#ixzz6FGT2qjyw，上網時間：2020/03/02。

[43] 劉俞青，基金經理人「認養」上櫃脫手賺暴利，今周刊，參閱網站：https://www.businesstoday.com.tw/article/category/80392/，上網時間：2020/03/02。

三、華泰案

檢調查出，戊投信公司之基金經理人黃男疑從 2018 年年中開始，先用林姓男子等人頭戶，私下買進華泰（2329）等 3 檔低價股票，戊投信基金經理人黃男然後再利用職務之便，把 3 檔股票加入基金投資組合，然後重複用人頭戶與基金進行雙邊反向操作，不斷在市場上買賣百張到數千張的股票，逐步墊高股價。最後基金以相對高價買進最後一次，黃男的人頭戶卻不再跟進，結果這 3 檔股價開始下滑，導致基金績效因此虧損達 2,200 萬元，檢調追查發現黃男利用人頭戶大賺約 1,500 萬元。此種趁基金買賣特定股票機會，提前買進卡位，等基金進場抬轎拉高股價，再趁機倒貨獲利了結，以此違法反向交易方式牟取私人暴利[44]，已違反證券交易法第 171 條第 1 項第 3 款與證券投資信託及顧問法第 105 條之 1 之規定。

第三項　主管機關之防治措施

前開案例，在犯罪態樣上皆由基金及全委投資經理人以人頭帳戶，買賣與公司管理之基金或全委投資資產持有相同之股票為自己或第三人圖利；各該案例係基金經理人收取他人財物，運用基金資產為自己或他人利益買賣股票，各該不法行為衍生基金或全委投資經理人在職業道德之問題，並與證券投資信託事業對人員管理是否確實之疑義，而類此共同基金舞弊之案件一再發生，主管機關曾提出問題檢討及因應方案，包括提升基金或全委投資經理人個人職業道德與訓練、強化投信事業內控之自律、強化政府基金委外代操監理資訊之通報機制與持續加強金融監理機制，要求證交所及櫃買中心針對不法及異常交易行為進行有效之監視，列管各投信事業提供該公司基金經理人及全委投資經理人其本人、配偶、未成年子女

---

[44] 劉昌松，群益投信經理人反向倒貨狂吸血！散戶慘被坑殺 2,200 萬他 3 個月 1,500 萬輕鬆賺，參閱網站：https://www.ettoday.net/news/20191106/1573772.htm，ETtoday 社會 ETtoday 新聞雲，上網時間：2020/03/02。

及所管理基金或全委投資帳戶，督促投信公司內部控制制度與風險管理機制之落實執行，以及誠信企業文化之養成，以遏阻投信事業或從業人員不法行為等，並依對投信事業財務、業務健全度採行差異化管理與檢查之措施，同時對於違犯者更應移請司法機關予以嚴懲以儆效尤，惟前述案例之發生已涉嫌違反證券交易法第 171 條及證券投資信託及顧問法第 105 條之 1 之共同基金侵占背信之犯罪，同時拉抬特別之個股倒或坑殺基金投資人亦涉及操縱之犯罪行為，司法機關應從重量刑。

第四節　共同基金之逾時交易

第一項　逾時交易之定義

逾時交易或稱遲延交易一詞，顧名思義係指超過法令或約訂交易時間以當日價位進行交易之行為，美國共同基金之申購一般應於東部時間下午 4 點為之，有口頭語稱之為「堅定之 4 點」（the hard 4）或「不能折讓之 4 點」（unyielding 4 p.m.），此乃紐約州證券交易所收盤時點，也是客戶下單之截止時點。在有價證券交易流程中之作業程序，係由管理人（third party retirement administrators）或其他中介商，這些中介商一定在下午 4 點截止收單，而基金公司得直至午夜仍可接收中介商之轉單。但基金公司與中介商之內部人以及避險基金業者以各種手法，違反截止時點之規定以獲得非法利益。

共同基金應每日計算每單位之淨資產價格（net asset value, NAV），提供基金投資人作為申購贖回之依據，美國共同基金以美東地區時間下午 4 點核算。每天下午 4 點以前到之基金贖回單、申購單或轉申購單，係以當日價格作為申購價或贖回價。相反地，下午 4 點以後之委託申購或贖回單則是以隔日之價格作為申購價或贖回價。若於下午 4 點截止收單以後所下的申購單，不得以當日之價格作為申購價而應以隔日之價格作為申購價，通融約定讓特定投資人能以下午 4 點以後之資訊套取其他基金股份持

有人無法取得的利益，亦就如同今日下注，賭昨日之賽馬[45]。

第二項　逾時交易禁止之理由

　　共同基金通常是需每日在股票收盤時進行評價一次，在證券市場收盤時之投資組合價格依發行單位計算為淨資產價值 NAV。其價值通常反映某一基金持有有價證券之收盤價值加上現金。基金公司則以該 NAV 為標準來計算申購或贖回（redemptions）其基金股份後受益權單位，其與公司股票不同的是，每一天在重新定價之前，基金之價格是不會變動。因此，在下午 4 點之前的任何申購，係以當日之 NAV 計算，但是下午 4 點 1 分及以後之申購，則以隔日之 NAV 計算。這稱為「前置定價」（forward pricing）規則。該規定已於 1968 年成為法律，前置定價之目的在於可確保投資人的條件公平，任何共同基金投資人在申購基金時，皆無法確切知道其所申購基金的價格，此與股票投資人一事價交易不同，因為淨值 NAV 是在股市收盤後才定價。任何 4 點以前之申購，係以當日之淨值 NAV 作為申購價，4 點以後之申購，則以隔日之淨值 NAV 為申購價。

　　共同基金之投資人在申購或贖回基金前，都有公平的機會去蒐集下午 4 點以前之資訊，投資人不得以下午 4 點以後之資訊作為下午 4 點下單前之投資決策依據。例如在下午 4 點以後有某事件發生，例如未預期的公司盈收利多消息發布獲市場上影響股價之重大訊息，而該事件很可能讓某基金所持有之股票在隔日大幅上漲，進而使隔日之 NAV 上漲，若能以當日 NAV 作為申購價，在資金未進入投資組合之前即有價差之利益。前置定價可確保公平性，使當日資訊發布前申購之投資人可以獲得應有之利益；資訊發布後才申購之投資人，則不得分享該利得。因此申購單應以隔日之淨值 NAV 計算申購價，由於市場已將該利多消息反應在較高之股票價格上，而基金也已將該利多消息反應在較高之淨值 NAV 上。

---

[45] 同前註 17，頁 81-82。

投資人若可以規避前置定價之規定，得以之前的淨值 NAV 作為申購價，則享有相當大的交易優勢。若在市場收盤後，有利多消息發布，可以先前較低且尚未反應利多消息的淨值 NAV 申購基金，隔日股市開盤後即可實現其獲利。而逾時交易所套取之利益是掠奪自其所投資之共同基金先前已到位之投資人。故就逾時交易者若被允許在收盤後以當日之 NAV 申購基金所分享之利益，原係竊取由基金長期投資人所應享有之利益。當逾時交易者贖回基金股份並實現利得，基金經理人必須出售股票或者運用持有之現金以應付贖回，而該股票及現金原應屬於長期投資人。因此逾時交易為零合遊戲，在逾時交易者持有基金股份這段短暫期間之基金投資結果為固定之條件下，逾時交易者之利得就是長期投資者之損失，前置定價規則訂定之目的即是為避免這種弊端。

第三項　逾時交易之實務案例

卡納利公司（Canary）私募之避險基金其以許多共同基金為目標[46]，在 2001 年及 2002 年股市走空頭之時期，該公司就投資策略及運作上，係直接透過美國銀行（Bank of America, BOA）擔任共同基金經理人。美國銀行將特殊之電腦設備提供在卡納利公司之營業場所，透過該電腦設備，卡納利公司得在紐約時間下午 4 點以後至 6 點 30 分前申購美國銀行之全國基金（nations funds）以及其他數以百計之基金。卡納利公司則允諾將數百萬美元之資產長期停泊於美國銀行之債券基金。這些停泊之資金在這個交易中，被稱為「停置資產」或「長駐資產」（sticky assets）。

卡納利公司由中介機構取得額外之逾時交易額度，這些中介機構包括提供信託管理服務（包括提供投資共同基金管道）及退休計畫之證券信託公司（security trust company），證券信託公司讓卡納利公司得從事額外數百支共同基金之交易至紐約時間下午 9 時前，由於逾時交易有利可圖，因

---

[46] 同前註 17，頁 83-86。

此證券信託公司最後要求並取得卡納利公司回饋其獲利之 1%。卡納利剛開始是以人工之方式下單，與 BOA 從事逾時交易，在下午 4 點以前卡納利會以 E-mail 或傳真之方式下達當日預備交易之數種基金指示。美國銀行的經紀人西波（Sihpol）或他的部門同仁接到指示後，即刻作交易單記錄時間，放在手邊備用。在下午 4 點以後卡納利公司會再以電話方式來告知西波或其同仁確定當日要交易之基金。一旦確認就將早已經記錄交易時間申購書傳至給美國銀行資產管理部門（BACAP）之清算部門，作為後續之處理及確認 NAV，如果其交易取消，則西波等人就將下午 4 點以前之申購書取消。如此程序，不但違反美國證管會之前置定價（forward pricing rule）及 BOA 法律遵循規定 Compliance 之作業原則，亦與其公開說明書所記載之規定相違背[47]。

　　嗣後卡納利使用直接連結之 ADP 電子系統進行交易，由於這個連結系統使卡納利不僅可以逾時交易原先議定之數種國家基金同時也擴及其他幾個由 BOA 在清算協議的公司基金，當在下午 4 點以後如有任何股市重大利多事件，在 ADP window 下午 6 點 30 分關閉之前皆可申購，NAV 則停滯於當天的收盤價格，使卡納利有潛在可能套取獲利的空間。

第四項　逾時交易之法律適用

　　本案為共同基金之投資人與基金經理人共同配合進行逾時交易之行為，綜據紐約州檢察長之起訴，其涉及違反之法律規定條款可整理如下：

一、違反一般公司法 352-c(1)(a)條，其涉及詐欺、欺騙、隱藏、隱匿、虛偽或假裝購買或出售從事證券或商品之發行、配銷、交易、銷售、協商或購買。

二、被告遲延交易之行為及作法，已涉嫌違反一般公司法 352-c(1)(c)條，

---

[47] 就以國家基金 National Fund Primary 所投資之 A 股而言，其於之 2001 年 8 月 1 日印製之公開說明書上已載明：「訂單在營業日結束以前收到（通常下午 4 點）以當日之 NAV 計價，在此時間以後收到，則以次日之 NAV 計算之。」

其涉及表達或陳述不實。

三、被告遲延交易之行為及作法，同時涉嫌違反一般公司法 352-c(2)條，其涉及偽造變造、同意、欺騙或計畫性地取得資金、利益或藉由違反規定獲利。

四、被告故意從事詐欺（fraud）、誘騙（deception）、隱匿（concealment）、扣留（suppression）、假裝（false pretense）、虛假買賣（fictitious and pretended purchase and sale）、並具詐欺意圖（with intent to deceive and defraud），在紐約州從事引誘或促銷有關證券之發行、散布、交換、商議或購買，因非法獲得超過價值超過 250 美元之財產。已觸犯重大偷取罪（grand larceny）之第一級違反刑法第 155.42 條 B 級重罪；及違反一般商業法第 352-c(6)條 E 級重罪[48]。

第五節　共同基金之擇時交易

第一項　擇時交易之定義

共同基金投資之標的與設計一般為配合長期投資之需求，因此成為投資人長期投資理財之首要工具，惟短線交易者利用共同基金淨值計算之漏洞，以短線申購贖回單一之共同基金謀取利益，對於其他投資人將造成損害，其中擇時交易即屬此類之操作短線買賣之典型態樣，由於基金投資標

---

[48] 紐約州檢察長在其網頁發布新聞，經由大陪審團（grand jury）之程序，被提起公訴（indictment），該起訴罪名其中有 7 項是重大偷取罪第一級，所偷取上百萬元之財產來自 6 個不同之基金群，美國商業銀行之關係企業共同基金群—國家基金信託（Nations Fund Trust）亦是被害基金，如果此部分被認定有罪，最重為二十五年有期徒刑，最輕為三年有期刑。另外，依州證券法（Martin Act）構成 2 項證券詐欺罪嫌及州刑法構成 2 項詐欺罪嫌，以及 29 項偽造商業紀錄及毀損交易憑證（Falsifying Business Records in connection with the fasification and destruction of order tickets for mutual fund trades.），此部分如定有罪，最重刑期為有期徒刑四年。依連續量刑之原則，如果所有罪名都被法院認定有罪，則刑期在十五年至三十年之間。

的存在之時區與市場不同之因素，基金若以過時之價格來計算其投資組合
之價值，在計算 NAV 時，所用的價格並非有價證券之公平價值，因此可
能形成套利之空間。就以基金組合之標的投資日本股票之美國共同基金為
例。由於時差之關係，日本股市在紐約時間上午 2 點收盤。該美國基金若
採日本股市之收盤價，則紐約時間下午 4 點計算基金之 NAV，其所參考
之資訊已是 14 小時以前之資訊。假如當日美國股市是呈上漲之格局，日
本股市開盤後將亦上漲，則這些過時之日本股票價格資訊將無法正確反映
該股票之公平價值，進而造成基金之淨值 NAV 被低估。換句話說，淨值
NAV 投資人以過時價格資訊計算之基金淨值 NAV 申購該基金，並於隔日
贖回，將因此可以實現獲利，這種交易策略稱為「時差套利」。若重複利
用此策略對某基金進行套利交易，被稱為對此基金進行擇時交易[49]。

　　另一類似之擇時交易型態可能存在於那些持有流動性不佳之有價證券
（如高收益債券及小型股股票）之基金，因為這些基金持有之有價證券在
紐約證交所收盤前數小時，可能都沒有交易，因此造成基金 NAV 不正
確，進而提供擇時交易之機會，這種情況被稱為「流動性套利」[50]。

第二項　擇時交易禁止之理由

　　擇時交易進行套利，對於長期投資者之影響就如同遲延交易一般，擇
時交易所套取之利得，係來自於長期投資人之口袋。當股市上揚時，擇時

---

[49] 一個特殊顯著的「時差套利」案例是 2000 年 6 月 10 在 The Street.Com 上一篇名為「你的國際型基金可能會招來套利者」的文章，該文章提及 1997 年 10 月 28 日，美國股市下挫 10% 後，亞洲股市緊接著重挫。但是美東時間下午 4 點收盤時美國股市已反彈回升。對於那些密切注意亞洲股市之投資人而言，很明顯隔日亞洲股市開盤後也會回升。惟某些投資亞洲股市之共同基金對此一情況並不清楚。這些基金以 13 小時前較低之收盤價計算其 NAV。許多知道隔天 NAV 將會上漲的套利者，等在那裡準備從事套利交易。他們將許多錢投入亞太基金並於隔日贖回，一天之內獲取約 10% 的報酬。這些利益係來自於那些長期投資人的口袋。到底這些亞太基金之長期投資人，因這些基金使用過時資訊計算 NAV 而損失多少錢？讓人不感到訝異地，這些基金不肯透露。但是依據 SEC 所建議之研究方法，許多基金之投資人可以很清楚的了解他們的帳戶在一夜之間損失了 2.5%。

[50] 同前註 17，頁 85-86。

交易者在最後一刻才申購，卻能與長期投資人共同分享股市上漲之利益，因此隔日仍未贖回之投資人所擁有之 NAV 便會相對地減少。假如擇時交易者在股市下挫時贖回，則該套利交易將使隔日基金之 NAV 較正常情況下為低，因而進一步擴大其他投資人之損失。

擇時交易套利除了造成基金投資人財富稀釋與移轉外，擇時交易者將交易成本轉嫁給長期投資人。例如讓基金在不適當之時機實現應課稅之資本利得，或者在股市下挫時出售股票，及因股票交易而須支出之手續費及其他成本等。因此，基金經理人為降低擇時交易者所帶來不利影響，會採增加現金部位之策略。但此種策略並不會消除擇時交易所帶來之財富移轉問題，而僅是減少財富移轉之管理成本。惟同時，因為基金將現金部位增加，使得風險資產部位減少，擇時交易亦會降低基金整體之績效。甚至有些基金經理人則是透過特殊之投資工具來消除擇時交易帶來之不利影響，因此造成該基金之投資策略與原先對外說明之投資策略有所偏離，因而進一步增加交易成本。

共同基金經理人有拒絕擇時交易者申購基金之權利，共同基金亦可以依契約或公開說明書之記載對短線交易人收取費用（提早贖回手續費），該贖回手續費之設計可有效的將擇時交易者套取之利得予以沒收。一般而言，贖回手續費係歸入那些受到擇時交易所影響之基金之資產。此外基金經理人被要求在證券交易所收盤前，若市場有新的變化，則應重新計算 NAV，以避免 NAV 不正確之情況發生。這種作業主要在賦予基金公平之價值，並能夠消除擇時交易者套利的機會。基金經理人為投資人之受信託人，因此其有義務盡其所能去保護其客戶不受擇時交易傷害其權益。

第三項　擇時交易之案例

卡納利公司為一避險基金，被起訴進行共同基金之擇時交易，雖類此將造成對其他基金投資人之傷害，且實務運作上共同基金是可防止其發生，惟擇時交易之案例仍然時有所聞，此乃在於共同基金之組成方式，實

務上常常一家管理公司會成立一系列的共同基金。例如，Bank of America Capital Management, LLC 是 Nations funds 系列，包括有國家全球股票型基金（nations international equity fund）、國家小型股基金（nations small cap fund）等之基金經理人，每一檔基金可以是獨立之個體，而由基金管理公司來管理這些公司。這些負責投資決策之基金經理人以及接受這些經理人報告之主管，都是基金管理公司之從業人員，而非個別基金本身之從業人員，基金管理公司對於每一基金及投資人皆負有受託人責任。而基金管理公司提供基金財務顧問及其他服務以收取顧問服務費，其顧問服務費為基金資產之一定比率，因此所管理基金之資產越多，所收取之顧問服務費就越多。擇時交易者非常了解這種情況，因此不斷向這些基金經理人提出以較多資產來換取擇時交易之機會。基金經理人於是臣服於這些誘惑，而同意擇時交易，以獲取較高之經理費。

本案卡納利公司發現許多基金經理人願意從事這項交易，所以在 2000 至 2003 年這段期間，卡納利公司與許多共同基金系列達成協議，透過標的基金提供時差套利或流動性套利，讓卡納利公司得以在多檔共同基金間移動以進行擇時交易，並於空檔時間將資金停泊於貨幣市場基金或類似基金。藉由將資金停泊於基金系列，卡納利公司可以確定無論其資金係停留於標的基金、貨幣市場基金或者在兩者間移動，基金經理人皆可獲得該資金之管理費，有時基金經理人會甚至會免除應收取之提前贖回之短線交易手續費。基金經理人如此做，將剝奪這些被從事擇時交易之基金受補償之機會。基金經理人通常會收到「停置資產」作為其允許擇時交易之額外誘因。其通常為長期投資，且不停泊於被允許從事擇時交易之標的基金，而是停泊於基金經理人之金融工具（例如債券基金或避險基金），以確定基金經理人能獲得穩定之顧問費用收入。

一般共同基金在公開說明書之記載，皆會明白規定投資人不得從事擇時交易。例如，Janus Income Funds 在 2002 年 2 月 25 日之公開說明書有關「過度交易政策」載明：在客戶帳戶或客戶所控制之帳戶頻繁的交易將會使基金投資策略無法執行，且會增加其他投資人之費用。本基金不希望

被投資人用來從事市場擇時交易或過度交易。為防範此類行為，本基金或其代理人將可能暫時或永久暫停或終止任何在一年之內轉換四次以上之投資人得進行轉換且禁止未來該投資人申購本基金。此外，如果相信該申購可能是在從事擇時交易，本基金或其代理人亦可能無限期地拒絕該投資人或申購（包括轉申購）本基金。投資人的申購違反轉申購之限制或者過度交易政策，或者本基金相信該申購是來自擇時交易者，將會被本基金取消。惟在其公開說明書做如此說明之前提下，前述配合之共同基金仍為各自之利益允許卡納利公司對該基金進行擇時交易。

第四項　擇時交易之法律適用

擇時交易與逾時交易相同皆會不當的分食其他投資人應享有之利益，美國紐約州檢察長史匹哲（Eliot Spitzer）之起訴所援引之法律規定，包括違反一般公司法與證券交易法所規定之涉及詐欺、欺騙、隱藏、隱匿、虛偽或假裝購買或出售從事證券或商品之發行、配銷、交易、銷售、協商或購買或陳述不實之犯罪。並認為已觸犯重大偷取犯罪（grand larceny）已如前述。然就我國之證券交易法與證券投資信託及顧問法之規定而言，證券投資信託事業或基金經理人若有配合從事擇時交易，亦應構成特別法上之詐欺與侵占、背信罪，依前述所分新之原則適用法律。

第六節　證券投資信託及顧問業務與內線交易

報載美國紐約南區聯邦檢察官於 2013 年 7 月 25 日對避險基金 SAC 資本（SAC Capital）提起內線交易及詐欺案之刑事起訴，指控史蒂文・科恩（Steven A. Cohen）所運營之 140 億美元避險基金，在十多年來不斷的從事猖獗的內幕交易[51]，並稱 SAC 是「一個名符其實的市場詐欺者聚集

51　SAC 為科恩在 1992 年用 2,500 萬美元創立，資產規模最高達到 150 億美元，是全球最為成功的避險基金之一，本案科恩由於無直接事證尚未受到任何不當行為的指控，詳參美國檢方對

地」，請求法院判處重刑。稍早之前 SAC 已於今年 3 月同意支付創紀錄的 6.16 億美元和解金，用以了結與美國證管會（SEC）提起的民事訴訟[52]，雖然科恩本人是否涉案之事證還在調查中，但因其未能正確管理被指控從事非法交易的基金經理人，所以美國證管會仍然通過一項民事訴訟禁制令禁止科恩繼續從事避險基金業務。本案不僅再度震驚美國華爾街之金融市場，全世界之金融界亦為之錯愕，本節擬就此一案件提出解析，包括案件發生之犯罪事實與構成內線交易及詐欺之法律要件，期盼能有助於我國金融界參考，並能引為借鏡。

第一項　SAC 案之犯罪事實

美國政府對於 SAC 刑事起訴書中列出該基金八名前基金經理人，認為他們在受雇期間有不法行為；其中六人已經對個人受到的刑事指控表示認罪，茲將其幾個重要違法事實張摘錄整理如下：

一、分析師艾嘉（Sandeep Aggarwal）於 2009 年 7 月 9 日透過他在微軟的親密朋友，知悉微軟和雅虎合併案將在兩週內敲定交易，微軟和雅虎的合併談判已經有重大進展，艾嘉將此一訊息告知避險基金 SAC 之基金經理人理查德・李（Richard Lee），理查德・李以 SAC 資本基金大量購進雅虎股票，一個星期後訊息被媒體報導，雅虎的股價上漲了約 4%。美國證管會（SEC）起訴訟控告艾嘉及理查德・李，以其違反美國 1934 年聯邦證券交易法第 10(b) 及 10(b)-5 規則有關詐欺及內線交易之規定[53]。

SAC 資本提起刑事指控，參閱網站：http://big5.ftchinese.com/story/001051651，上網時間：2020/03/02。

[52] 民事和解金之支付，乃考量調查案件有可能被查獲違法或查不出違法事證，但案件之拖延不利於公司之形象與營運，因此沒有承認、也沒有否認存在不當行為。

[53] SEC Charges Tipper of Confidential Information to S.A.C. Capital Portfolio Manager，參閱網站：https://www.sec.gov/servlet/Satellite/News/PressRelease/Detail/PressRelease/1370539735656https://www.sec.gov/servlet/Satellite/News/PressRelease/Detail/PressRelease/1370539735656，上網時間：2013/08/29。

二、分析師傑西・托爾托拉（Jesse Tortora）、斯皮里東・阿登達吉斯
（Spyridon Adondakis）及喬恩・霍瓦特（Jon Horvath），他們是早
年在保險集團保誠（Prudential）工作時結交的朋友。分析師喬恩・霍
瓦特在 2008 年 8 月 26 日給傑西・托爾托拉的一份電子郵件中詳述了
戴爾（Dell）公司的毛利率數據，而該訊息在兩天後才發布在公司之
季報中，霍瓦特從傑西・托爾托拉於得到此一訊息後，轉向科恩的老
朋友邁克爾・斯坦伯格（Michael Steinberg）提供報告。並特別提
醒：「我間接獲得了該公司某人提供的消息。請保密，因為這顯然不
是每個人都知道的事情。」霍瓦特的郵件被邁克爾・斯坦伯格轉發給
了科恩。科恩在得知此一訊息的 10 分鐘內就拋掉了其持有的價值
1,100 萬美元的戴爾股票。2012 年 9 月，霍瓦特被捕認罪，並承認向
斯坦伯格傳遞了非法信息。但 SAC 帶薪休假的斯坦伯格否認從事任
何不當行為。

三、馬修・馬拓瑪（Mathew Martoma）是 SAC 子公司 CR Intrinsic 的投資
組合之基金經理人。西德尼・吉爾曼博士（Dr. Sidney Gilman）是密
歇根大學（University of Michigan）知名神經學教授，吉爾曼參加了
一個監督一種老年痴呆症藥物臨床試驗的安全委員會，他也是格理集
團（Gerson Lehrman Group）的帶薪顧問，格理集團是一家專家人脈
公司，SAC 是其客戶。在臨床試驗結果公布，導致兩家公司股價暴
跌的大約一週前，馬拓瑪與吉爾曼通了話，吉爾曼曾告訴馬拓瑪，
Elan 和惠氏研發了一種被寄望很高的治療老年痴呆症的藥物，但它的
臨床試驗結果將令人失望，吉爾曼並向馬拓瑪提供了密碼，使他能夠
上訪到描述臨床試驗結果的機密報告。馬拓瑪立即發電子郵件給科
恩，稱兩人「有必要」聊聊。科恩和馬拓瑪交談了 20 分鐘，翌日科
恩開始對所持有之兩家製藥企業股票近 10 億美元的出售[54]，2008 年

---

[54] 對 SAC 的 10 年調查，詳參英國金融時報，卡拉・斯坎內爾紐約報導，2013 年 8 月 1 日，參
閱網站：www.ftchinese.com，上網時間：2013/08/29。

7 月 29 日吉爾曼公布新藥測試詳細報告，與事前提供給馬拓瑪相同，SAC 於 7 月 21 至 25 日五個交易日出售 Elan 公司千萬股，套現逾 5 億美元。

第二項　案例解析

一、內線交易之定義與法律責任之規定

有關內線交易（insider trading）之定義，一般係指公司之內部人員（insider），包括董事、監察人、經理人、大股東及重大訊息之受傳遞訊息者（tipper），利用未公開之公司內幕消息從事公司股票或其他具有股權性質有價證券之交易，基於訊息之不對稱，所為之交易行為，此種態樣之行為在有證券市場之國家皆立法明文禁止，除少數國家立法例採用行政處罰外，絕大多數國家包括美、英、日、澳、加拿大等皆明文以刑事制裁加以嚇阻，我國證券交易法第 157 條之 1 之規定，亦參考美國法之相關規定制定可科以刑責。

美國 1934 年聯邦證券交易法第 10 條第 b 項規定：「任何人不得直接或間接利用州際商務工具或郵件，或全國性證券交易所之設備，以違反證管會為維護公共利益或保護投資人所制定之規則，以詐欺或操縱之方法（manipulation or deception），買賣上市或非上市之證券。」於 1942 年 SEC 頒布規則 10b-5，該規則規定為：「任何人不得直接或間接利用州際商務工具或郵件，或全國性證券交易所之設備，在買賣證券的過程中，從事：（a）使用任何方法、計畫或技巧為詐欺之行為；（b）對重要事實作不實之陳述或省略其中重要事實之陳述，以致在實際情況下使人產生誤導之效果；（c）為任何行為、業務或商業活動，足以對他人產生詐欺之情事。」

對於違反內線交易禁止規定者，依該國證券交易法第 21 條規定，SEC 得依職權請求法院頒發禁止令（injunction）禁止該項行為或業務，

並向檢察長（attorney general）提出調查之證據，由檢察長進行刑事訴訟之程序。至於刑事責任部分，依同法第 32 條之規定，可處五年以下之有期徒刑，或科或併科 1 萬美元以下之罰金。而在 1984 年內部人員交易制裁法之規定，將此罰金金額提高至 10 萬美元以下；刑度並於 1988 年詐欺犯罪案件舉發法，提高為十年以下有期徒刑，罰金並提高至 250 萬美元；另於 2002 年 7 月 30 日通過之沙氏法案（Sarbanes-Oxley Act），已將其刑責提高為二十年以下有期徒刑，同時將其罰金並提高至 2,500 萬美元[55]。

我國證券交易法第 171 條規定違反第 157 條之 1 規定，刑責亦一再提高，現行規定違反者可處三年以上十年以下有期徒刑，得併科新臺幣 1,000 萬元以上 2 億元以下罰金，其犯罪所得金額達新臺幣 1 億元以上者，可處七年以上有期徒刑，得併科新臺幣 2,500 萬元以上 5 億元以下罰金。在行政處分上，證券投資共同基金違反者依證券投資信託事業及顧問法第 104 條規定，主管機關除得隨時命令該事業停止其一年以下執行業務或解除其職務外，並得視情節輕重，對該事業為停業或廢止營業許可之處分。

二、基金經理人是否可能為內線交易禁止處罰之對象

內線交易禁止處罰之對象為公司之內部人員，就傳統公司之內部人員而言，通常是指公司之董事、高級職員及持有公司股份超過百分之十之股東，而高級職員包括總經理、副總經理、總務長（secretary）、會計主任（comptroller）、財務主任（treasurer）等以及其他為發行公司履行類似職務之人，至於內部人員配偶、未成年子女、及利用他人名義等關係人持有之股票亦在規範之對象，公開召募之證券投資共同基金依美國 1940 年投資公司法規定，其投資組合（portfolio）持有單一標的公司股份不得超過股份總數百分之十，且基金持股不得參與被投資公司之經營，所以證券

---

[55] Sarbanes-Oxley Act section1106.

投資共同基金及其相關人員不能擔任董事及高級職員，避險基金通常為私募基金，基於股權分散之原則亦少有超過股份總數百分之十之情形，因此本案 SAC 及其基金經理人非屬傳統內線交易禁止處罰之對象之公司內部人員。

然在證券市場上居於策略地位者（strategic place），如證管會之職員、財務新聞之專欄作家記者、負責排版財務消息之人、為發行公司處理證券業務之律師、會計師、交易所、櫃檯買賣中心之負責人與職員等，可因其職務關係而獲有內幕消息者，因其非發行股票公司之內部人員身分，故稱之為「準內部人員」（quasi-insider），其與消息被告知者不同之處，乃在於準內部人員獲悉消息係由於職務執行，或由公司內部人員於基於職務需要將消息告知予準內部人員之。

本案 SAC 刑事起訴書所列基金經理人涉嫌違反內線交易之情節，其共同之特點即在 SAC 基金經理人所獲悉之內線消息，係來自相關提供資訊之分析師，而各分析師取得該訊息是直接或間接從公司之董事、監察人、經理人或基於職業或控制關係之準內部人員取得，換言之，SAC 之基金經理人非內部人員，亦非準內部人員，而係自公司內部人員，或由於得自職業或控制關係獲悉消息者，有如前述所分析內部人員或準內部人員之親朋好友，從其間接得知內部消息者，屬於消息之受傳遞者。

美國司法實務上認為在內線消息傳遞過程中，只要還未達到公開之程度時用以買賣股票等皆構成內線交易之違反，我國證券交易法第 157 條之 1 第 1 項第 5 款所定之犯罪主體為「從前四款所列之人獲悉消息之人」，從法律之文義解釋有認為應侷限於第一手之消息受領人，此乃立法當時考量避免株連過廣與認定之不易所明定，如此解釋相類似 SAC 基金經理人之手法在我國可能就不構成犯罪，惟持如此解釋將易於規避及形成法律規範之漏洞，與內線交易禁止之本旨亦有所不符，所以國內大多數學者與實務見解，認為應採取美國之做法。

第三項　重大未公開之內幕消息

內線交易之禁止係以知悉發行股票公司有重大影響其股票價格之消息而進行交易，應以該消息係重大（materiality）並足以影響有價證券之價格才構成，這包括涉及公司之財務、業務或該證券之市場供求、公開收購等，對正當投資人之投資決定有重要影響之消息，對於已存在或可合理預期將會發生之重大訊息，其公開可影響一般合理及理性投資人作成投資決策之判斷，美國學說及司法實務對於重大未公開之內幕消息之認定基準，一般可歸納為依法令規定應公開之事項、質量上之重大性認定、影響理性投資人投資之決定、造成改變理性投資人投資資訊組合決定，以及依事件發生之機率或對公司整體之影響程度依個案具體事實認定之[56]，前述微軟和雅虎合併案、戴爾公司的毛利率數據、Elan 和惠氏研發治療老年痴呆症的藥物臨床試驗結果不佳等訊息，很明顯足以影響理性投資人投資之決定，自屬於內線消息，知悉該重大訊息者，必須在公開後或公開後一定期間始能交易[57]。

第四項　小結

美國政府對避險基金 SAC 涉及內線交易案件提起訴訟，包括民、刑事與行政處分之追究處罰，旨在嚴懲不公平、不公正與不公開之違法行為，以保障市場投資人之權益。我國證券投資共同基金從建置以來，實務上甚少發現有觸犯內線交易禁止之案例，然這並不代表我國證券投資共同基金之運作不會有內線交易之情形，相對的可能是國人對基金及其經理人違規之行為較不關心所致，證券投資共同基金為資產管理之重要環節，基

---

[56] 郭土木，證券交易法論著選輯，2011 年 2 月 3 日，作者自版，頁 339-344。

[57] 我國證券交易法第 157 條之 1 第 1 項規定，實際知悉發行股票公司有重大影響其股票價格之消息時，在該消息明確後，未公開前或公開後 18 小時內，不得對該公司之上市或在證券商營業處所買賣之股票或其他具有股權性質之有價證券，自行或以他人名義買入或賣出。詳參拙著，期貨交易管理法規，增修再版，2017 年 3 月 23 日，作者自版，頁 319-381。

金運作制度之良窳關係基金受益人與市場投資人之權益，基金運作制度之
健全為我國金融產業發展所必備之條件，我國證券交易法第 157 條之 1 之
規定，係參照美國聯邦證券交易法制定，前開美國之立法與運作實務可為
我國之參考，SAC 內線交易案件之起訴正可提供我國基金經理人之借
鏡，亦可提供司法與行政主管機關在執行上之參考。

第七節　非法經營證券投資信託及顧問業務之犯罪

　　證券投資信託及顧問法參考證券交易法之立法體例，就應經許可之
事業其經營之業務項目與內容，由法律作定義性之規定，再明定各許可事
業得從事之業務事項，然後再規定許可之標準與財務、業務與人員之監督
管理。現行證券投資信託及顧問法從第 3 條第 1 項定義何謂證券投資信託
行為；第 4 條第 1 項定義何謂證券投資顧問行為；第 5 條第 10 款定義何
謂全權委託投資業務行為，並於第 3 條及第 4 條第 2 項、第 3 項規定證券
投資信託及顧問事業得經營之業務種類。最後於第 107 條規定違反未經主
管機關許可，經營證券投資信託業務、證券投資顧問業務、全權委託投資
業務或其他應經主管機關核准之業務，或違反第 16 條第 1 項規定，在中
華民國境內從事或代理募集、銷售境外基金者。可處五年以下有期徒刑，
併科新臺幣 100 萬元以上 5,000 萬元以下罰金。

　　證券投資信託及顧問與全權委託投資業務屬於金融服務業務之重要環
節，其對於投資人之資產管理攸關國家金融市場秩序與全體國民的權益，
因此對於有效預防遏阻與打擊擾亂金融市場之犯罪，建立穩健安全的市場
體系與形塑客戶對資產管理產業的信心，以維護金融服務產業之發展，非
金融機構金融犯罪之型態較為常見者有非法經營應經許可之金融業務、擾
亂金融秩序、詐欺、虛偽隱匿等之情形，由於金融犯罪其可能造成之危
害，不單純僅於金融機構本身或特定之對象而已，其若因犯罪行為引發市
場信心之動盪，或演變成系統性之風險，甚或可能造成整體性之經濟與金

融危機不可不慎，因此對於金融犯罪為有效防範與嚇止，課予重刑[58]，而所謂業務通常係指收受有報酬，並反覆及延續為同類之營業行為而言，刑法上將業務行為解釋係以事實上執行業務並以反覆同種類之行為為目的之社會的活動而言[59]；證券投資信託及顧問法第 107 條之規定加重原證券交易法第 18 條與第 175 條規定之刑事責任，其立法意旨即在加強取締非法之業者擾亂市場之行為。

第一項　非法經營證券投資顧問業務

一、犯罪之構成要件

由於投資顧問係對外提供證券交易有關之意見或建議為業，憑此獲致報酬，其服務之對象無論特定或不特定，必然多數，影響層面深廣，當受較諸普通人更為嚴格之要求。至於其意見或建議之來源如何，實屬內部問題。因此未經核准經營證券投資顧問業務之人，縱然所轉給客戶之專家意見或建議，係取自於合法之業者，無論為非法截取或依約而持有，亦不管有無加以編輯、分類、改稿、刪修，既不能改變其本身並非合法獲准之身

---

[58] 金融業務事涉金融秩序與廣大客戶權益，為安定金融市場與保護客戶及投資人權益，故在法律上將其設定為許可行業，其業務項目通常又以正面表列方式規定，各該經營業務之事業主體非經主管機關之許可，並取得許可證照不得營業，對違反者就其未經許可經營各項業務之行為科以刑責，以維護市場秩序並保障國家、社會及個人權益，準此，證券投資信託及顧問法、銀行法、信託業法、票券金融管理法等各專業法律，皆明定未取得主管機關許可經營證券投資顧問、銀行、證券、期貨、保險等業務者予以取締禁止。

[59] 基於連續犯以來，實務上之見解對於本條「同一罪名」之認定過寬，所謂「概括犯意」，經常可連綿數年之久，且在採證上多趨於寬鬆，每每在起訴之後，最後事實審判決之前，對繼續犯同一罪名之罪者，均適用連續犯之規定論處，不無鼓勵犯罪之嫌，亦使國家刑罰權之行使發生不合理之現象。因此，基於連續犯原為數罪之本質及刑罰公平原則之考量，其修正既難以周延，爰刪除有關連續犯之規定。至連續犯之規定廢除後，對於部分習慣犯，例如竊盜、吸毒等犯罪，是否會因適用數罪併罰而使刑罰過重產生不合理之現象一節，在實務運用上應可參考德、日等國之經驗，委由學界及實務以補充解釋之方式，發展接續犯之概念，對於合乎「接續犯」或「包括的一罪」之情形，認為構成單一之犯罪，以限縮數罪併罰之範圍，用以解決上述問題。為配合連續犯之刪除，並已刪除常業犯之相關規定。

分條件，其外部收費、給訊息之非法作為，當受非難，並無解免刑責之餘地　。

　　證券投資信託及顧問法第 4 條所謂之直接或間接自委任人或第三人取得報酬，就其報酬之取得明定包括基於委任契約直接給付，以及透過間接之方式提供者，實務上在電視媒體上購買時段製作節目，視聽人雖未給付費用，但其透過勸誘加入會員或銷售雜誌、看盤軟體等取得對價，縱其名稱為學費或工本費，亦認為是間接取得報酬之一種。又行為人形式上固約定與投資人共同購買某公司股票，惟實質上投資價額全由投資人出資，並依其所提供分析意見、推介建議而購買股票，行為人則依約定比例收取股票價差，從事分析、推薦，並從中獲利，而對該股票之投資與交易，經常性提供分析意見或推介建議為其業務，即為間接取得報酬而屬經營證券投資顧問之業務。

　　由於證券投資顧問事業在業務進行上，提供含括特定與不特定之投資人相關專業之諮詢建議意見，甚至公開進行傳述與勸誘之業務，其分析意見將實際影響一般投資人之判斷，對市場之健全發展具有相當重要之功能與角色，非法業者未有法令周全之監督，破壞金融市場秩序並嚴重影響合法證券投資顧問事業之經營空間。因此為避免劣幣逐良幣，保障及維護社會投資大眾與合法證券投資顧問業者之權益，對非屬證券投資顧問事業之從業人員於傳播媒體從事證券投資分析活動，應納入合理之規範，俾有助於證券市場健全之發展與投資人權益之保障。然在刑事犯罪構成要件上，對於下述幾點有賴主管機關以法規命令或立法方式加以補充[60]。

（一）釐清非法從事證券投資顧問業務與憲法言論自由保障之分際

　　依大法官釋字 634 號解釋，認為僅提供一般性之證券投資資訊，而非

---

[60] 郭土木，將非屬證券投資顧問事業之從業人員於傳播媒體從事證券投資分析活動納入金管會法規規範之可行性，中華民國證券投資信託暨顧問商業同業公會委託研究案，2016 年 1 月 31 日，頁 192。

以直接或間接從事個別有價證券價值分析或推介建議為目的之證券投資講習，為憲法言論自由與出版自由之範圍，自不受法律之限制。在解釋上應認為「一般性之證券投資資訊」同時「非屬以直接或間接從事個別有價證券價值分析或推介建議為目的」才在不需申請設立證券投資顧問事業許可之範圍，對非屬「一般性之證券投資資訊」同時非屬「以直接或間接從事個別有價證券價值分析或推介建議為目的」；非屬「一般性之證券投資資訊」而且屬「以直接或間接從事個別有價證券價值分析或推介建議為目的」；屬「一般性之證券投資資訊」同時「屬以直接或間接從事個別有價證券價值分析或推介建議為目的」此三種型態，建議應將其認定在應申請設立證券投資顧問事業取得專業許可之範圍。

（二）應將一般性之證券投資資訊與個別有價證券作具體之界定

一般性之證券投資資訊在認定上，證券投資資訊只是單純之引述未加加工，應屬一般性證券投資資訊範圍，若有加以改造加工或添附相關之資料，自已非屬一般性證券投資資訊，因此一般性證券投資資訊應可界定在對不特定人公開任何人皆可無償取得之資訊，且該資訊未經加工或改造者。另個別有價證券之認定，由於個別有價證券外之類股、一籃子有價證券或全體證券市場有價證券價值分析或推介建議為目的，證券市場之商品推陳出新，證券指數商品、指數股票型基金及其他衍生性金融商品不斷創新掛牌，新商品之設計與交易越趨複雜與專業，涉及更多之專業，更須證券投資顧問事業提供服務，故建議不應將其侷限於個別之有價證券。至於證券、期貨與衍生性金融商品之區分界線，在國內、外法律與實務之規定與見解相當歧異，證券投資顧問、期貨顧問與一般財務顧問或企管顧問業務之分界亦應加以釐清，否則將產生合法規範嚴格遵循法律成本高，未經許可之業者無法可管之劣幣逐良幣情形。

（三）參考美國立法例明文規定特定對象得排除於投資顧問業務範圍

為避免重複規範或與證券投資顧問規範意旨不符，可參考美國之立法，以法令明文規定得排除於證券投資顧問定義之範圍，例如銀行或任何銀行控股公司、任何律師、會計師、工程師或教師、任何證券經紀商或自營商、出版商、政府機關、信用評等機構、家族辦公室及其他由主管機關公告者。

二、實務案例

未經許可非法經營證券投資顧問業務實務案例甚多，茲舉一例加以分析探討如下：

（一）事實

被告甲並未具有期貨顧問及證券投資顧問相關執照，於 Multicharts 金融數據資料處理平台環境下，自行研發撰寫系爭程式，並於「股票健診器 LH index」之部落格刊登該程式之訊息，供不特定人上網點閱瀏覽而推銷，乙、丙嗣分別於 104 年 9 月 4 日、105 年 5 月 6 日匯款 1 年份租金 12 萬 8,000 元、4 萬 8,000 元至事實欄所載之被告國泰世華銀行帳戶中，以租用系爭程式，並提供使用教學等節。

（二）臺灣高等法院之判決[61]

1. 刑法上所謂「業務」，係以事實上執行業務者為標準，指以反覆同種類之行為為目的之社會活動而言，不論該事業是否「專營」或是否達一定之規模，均無礙其成立；又所謂「委託」，並不以接受多數人或不特定人委託為必要。又依現代電腦科技之進步，

---

[61] 台灣高等法院 108 年 11 月 29 日 108 年度金上訴字第 39 號刑事判決。

對於前述證券投資及期貨交易所列項目之投資、交易事項提供分析意見，不須限於人與人之間在現實上之當面溝通接觸始能為之，透過電腦程式之環境及條件設計，甚至利用 AI 人工智慧的開發，自動產出相對應之分析意見或判斷建議，在各種投資情境中同時滿足大量、不同的使用者決策需求，亦足以代替傳統上以實體之人經由個別的思考判斷後，親自面對面或以聲音、影像傳輸之方式進行期貨及證券投資顧問業務之功能。而開發此類電腦應用程式就前述投資或交易有關事項，提供分析意見或推介建議之行為，若未經主管機關許可而逸脫法律規範，亦同樣有其擾亂金融市場秩序及危害投資人權益之虞。為建立期貨、證券投資顧問之專業性，保障投資人於投資個別期貨商品及有價證券時，獲得忠實及專業之服務品質，以此類電腦程式所為之顧問行為，自應同屬期貨交易法、證券投資信託及顧問法規定適用之範圍。

2. 又按證券投資顧問事業，就經營或提供有價證券價值分析、投資判斷建議之業務而言，係在建立證券投資顧問之專業性，保障投資人於投資個別有價證券時，獲得忠實及專業之服務品質，並避免發生擾亂證券市場秩序之情事，依此立法目的及憲法保障言論自由之意旨，如僅提供一般性之證券投資資訊，而非以直接或間接從事個別有價證券價值分析或推介建議為目的之證券投資講習（例如講習雖係對某類型有價證券之分析，而其客觀上有導致個別有價證券價值分析之實質效果者，即屬間接提供個別有價證券價值分析之證券投資講習），始不受相關法律之限制（司法院釋字第 634 號解釋意旨參照）。此處所謂「一般性之證券投資資訊」應指對不特定人公開且可無償取得之資訊，倘單純提供未予篩選、編輯或加工之一般性證券投資資訊（例如臺灣證券交易所或櫃檯買賣中心提供之各類交易資訊），並未提供分析意見或推介建議，當非此處所稱之證券投資顧問；惟若提供自己或他人改造加工或添附之相關證券投資資訊（例如就前述臺灣證券交易所

或櫃檯買賣中心提供之各類交易資訊加工製作投資 K 線圖，用以呈現出個股股價之過去走勢、每日市場波動情形，藉以判斷未來股價走勢），或以資作為技術分析〔研究過去金融市場的資訊（通常經由使用圖表）作為預測價格趨勢與決定投資行為的策略依據〕，顯非「一般性之證券投資資訊」，縱使行為人並未直接推薦買賣特定有價證券商品，因已直接或間接從事個別有價證券之價值分析，仍屬應經許可始得經營之證券投資顧問業務[62]。

3. 本案被告開發之系爭程式本身已有原始設定之運算邏輯，利用公開、無償之資訊予以編輯加工，提供其分析判斷給使用者參考等情，系爭程式之使用者可以自行調整設定值，無非係為更貼近使用者之個人經驗、使用習慣或交易屬性所做之彈性微調。然電腦軟體在設計時，程式開發者對於技術分析之理解及所採用理論，即已透過參數設定與程式編寫置入其中，後續之使用者縱更改設定值，亦係透過其保守或積極之投資屬性改變參考之指標數值，但就程式操作之基本邏輯與運算方法而言，實屬一致，無論使用者有無更改設定值，系爭程式均已摻有程式設計者對於金融市場趨勢判斷之意見；且縱使操作者未再另予設定條件，系爭程式仍得運行無礙。是系爭程式操作者縱須就期貨商品或有價證券先自行選定欲觀察之標的，然該程式在被告設定下，已具有對程式使用者所選定個別期貨商品或其他有價證券之價位或趨勢研判提供建議及分析之功能，等同代替被告以自己之運算邏輯與操作經驗，與釋字第 634 號解釋所指單純提供一般性證券投資資訊亦屬有別。是被告以系爭程式，為蔡○○、楊○○於其等承租提供期貨顧問（蔡○○部分）及證券投資顧問之服務，自屬期貨顧問、證券投資顧問行為。

4. 綜上所述，被告之前開行為就期貨顧問事業部分，已有未經主管

---

[62] 台灣高等法院 108 年 10 月 29 日 108 年度金上訴字第 36 號刑事判決亦同此見解。

機關許可，反覆銷售期貨交易分析軟體之行為，且該軟體具有「對個別期貨交易契約提供未來交易價位研判分析或推介建議」之功能，該等功能無須經由購買該軟體者自行設定條件為運算提示，並直接自租用系爭程式之蔡○○取得報酬，而系爭程式之使用權與取得報酬之間，亦具有對價關係。另就證券投資顧問業務部分，其亦有未經主管機關許可，反覆銷售證券投資分析軟體之行為，且該軟體具有「對個別有價證券提供價值分析或推介建議」之功能，該等功能無須經由購買該軟體者自行設定條件為運算提示，並直接自租用系爭程式之蔡○○、楊○○取得報酬，而系爭程式之使用權與取得報酬之間，亦具有對價關係。被告取得上開報酬後，分別提供 1 年份系爭軟體之使用權限，就其等所擇定輸入特定標的之投資交易事項，反覆提供分析意，是被告非法經營期貨顧問事業、證券投資顧問業務等事實已臻明確，被告構成該犯罪足堪認定。

第二項　非法經營全權委託投資業務

一、非法經營全權委託投資業務之構成要件

有價證券之全權委託投資業務，一般稱為代客操作，係就投資人委託之資產從事代為種類、數量、價格、時間等各種因素之決定者，包括概括授權或特定因素之授權在內，此與證券經紀商之行紀業務不同，證券經紀商僅是忠實依照委託指示下單，不得有任何代為決定之行為，但與信託行為相當，信託行為有移轉形式之所有權於受託人名下，代客操作係以委任及代理之法律關係從事操作，依證券投資信託及顧問法第 107 條第 1 款規定之未經主管機關許可，經營全權委託投資業務得處以刑事法律責任，然依同法第 5 條第 10 款謂全權委託投資業務，係指對客戶委任交付或信託移轉之委託投資資產，就有價證券、證券相關商品或其他經主管機關核准

項目之投資或交易為價值分析、投資判斷，並基於該投資判斷，為客戶執行投資或交易之業務[63]。實務上認為本罪係屬集合犯之性質，若未經許可，且於一定期間接受客戶全權委託執行交易之行為，縱為受數人全權委託或為數次交易，仍僅成立一罪。然並不以必須受多數人全權委託為必要，即僅受一人之全權委託而為之執行投資或交易，仍足以成立本罪[64]。

二、實務案例

（一）事實

莊○○與告訴人黃○○簽訂「投資契約書」，然該投資契約書並未載明莊○○如何代為投資操作股票，僅記載代為轉匯新臺幣（下同）50 萬元之情形，然後由莊○○轉匯予鄭○○、魏○○共同代黃○○操作投資股票，由於莊○○不會操作股票，所以都聽命於鄭○○、魏○○夫妻，莊○○似僅居於提供帳戶供各告訴人匯款，隨即受鄭○○指示將資金轉匯由鄭○○操作投資股票，鄭○○、魏○○藉由代客操作股票賺取佣金，並陸續要求莊○○陸續引介他人將資金委託鄭○○代為操作股票買賣，莊○○於收到前揭各投資款項後，即依鄭○○指示轉匯至其名下帳戶，供其代操股票，莊○○之中國信託商業銀行股份有限公司高雄分行帳戶自民國 100 年 1 月間起迄 102 年 12 月間止之交易明細表，有「○○生技有限公司」、

63　郭土木，證券投資信託暨顧問業委託經營之法律問題探討，政大法學評論，第 66 期，2001 年 6 月，頁 69-107。

64　上訴人於民國 98 年 8 月 21 日，與姜○○簽訂委託書，載明：「甲方（即姜○○）自九十八年七月九日至八月二十日，交付新臺幣（下同）一百五十萬元整，委託乙方全權處理買賣股票。」上訴人即陸續收受姜○○交付之 150 萬元，再以自己名下之 A 證券股份有限公司帳戶、B 證券股份有限公司帳戶，代姜○○操作投資股票，以此方式未經主管機關金管會許可，從事全權委託投資股票業務等情。從 99 年 2 月間至同年 9 月間，而認其執行投資之期間長達約 1 年，最高法院認為未經許可經營全權委託投資業務罪，屬集合犯之性質，即凡於一定期間內接受客戶全權委託為客戶執行投資或交易，縱受數人全權委託或為客戶為數次執行投資或交易，仍僅成立一罪。然並不以必須受多數人全權委託為必要，即僅受一人之全權委託而為之執行投資或交易，仍足以成立本罪。最高法院 102 年度台上字第 3935 號刑事判決。

「○○貿易股份有限公司」、「○○生物科技有限公司」、「○○醫藥貿易有限公司」、「○○藥品有限公司」、「○○醫品」並匯入不等數額之款項，由於莊○○係從事藥品推銷業務，莊○○辯稱除上開引介告訴人投資、並轉匯該投資款項外，未有代客操作之投資股票行為，或與鄭○○、魏○○共同以各該資金從事股票買賣交易之行為，或分得本件犯罪所得之情事。

（二）法院之判決

本案除對未經許可之非法代客操作犯罪之認定外，法院基於下述理由，認為莊○○與鄭○○、魏○○於不成立共同正犯之法律適用[65]。

1. 基於其投資分析判斷，為客戶執行投資或交易之行為。而共同正犯既以自己犯罪之意思或參與犯罪構成要件之行為者為限，即必以共同實行或分擔實行犯罪構成要件之行為，且已達於著手之程度。另所謂參與犯罪構成要件以外之行為者，指其所參與者非直接構成某種犯罪事實之內容，而僅係助成其犯罪事實實現之行為而言，苟未分擔施行構成某種犯罪事實之一部行為，亦未以自己犯罪之意思而參與者，即難認屬共同正犯。是依上開未經主管機關許可，經營全權委託投資業務罪之規定以觀，若未參與該項為委託客戶執行投資或交易行為，而單純提供帳戶代為轉匯資金，亦無以自己共同犯罪之意思事先同謀之情形，自難謂為上開犯罪之共同正犯。

2. 本案莊○○雖曾與告訴人黃○○簽訂「投資契約書」，然該投資契約書並未載明莊○○如何代為投資操作股票，僅記載轉匯新臺幣（下同）50 萬元之情形，似難據為莊○○本人或其如何與鄭○○、魏○○共同代黃○○操作投資股票之證據，且黃○○亦於原審陳稱該投資契約書係因伊當初跟莊○○說怕事後沒有依據，所

65　最高法院 108 年度台上字第 1220 號刑事判決。

以就寫一個字據證明有拿 50 萬元給她。本案莊○○似僅居於提供帳戶供各告訴人匯款，隨即受鄭○○指示將資金轉匯，而由鄭○○操作投資股票，其並未參與全權委託投資操作股票交易業務罪之構成要件行為。

第三項　非法經營證券投資信託業務

一、非法經營證券投資信託業務之構成要件

　　證券投資信託業務之行為，係透過公開募集或私募以發行或交付受益憑證之方式，成立基金資產並從事於有價證券、證券相關商品或其他經主管機關核准項目之投資或交易。在違法行為態樣上，由於受益憑證為證券交易法第 6 條所規定之有價證券，其公開募集或私募之行為除證券投資信託及顧問法有特別規定外，並應遵守證券交易法之規定；其次經營證券投資信託業務為對有價證券、證券相關商品或其他經主管機關核准項目之投資或交易行為，其與代客操作主要之不同乃在一對一或一對多之專業理財方式，代客操作基於個人之私契約關係尊重意思自治，可為量身訂做與較彈性寬鬆之規範，證券投資信託基金之投資操作業務，與一般投資大眾權益息息相關，並涉及經濟及金融秩序，允宜較為嚴謹之規範。

二、非法募集證券投資信託基金之法律競合[66]

1.與銀行法非法吸收存款及信託資金犯罪競合

　　依銀行法第 29 條第 1 項規定：「除法律另有規定外，非銀行不得經營收受存款、受理信託資金、公眾財產或辦理國內外匯兌業務。」同法第 29 條之 1 規定：「以借款、收受投資、使加入為股東或其他名義，向多

66　郭土木，非銀行經營銀行業務刑事責任之探討，財產法暨經濟法，第 31 期，2012 年 9 月，頁 125-130。

數人或不特定人收受款項或吸收資金，而約定或給付與本金顯不相當之紅利、利息、股息或其他報酬者，以收受存款論。」其立法目的係為遏止地下投資公司等利用借款、收受投資等名義，大量吸收社會資金之脫法收受存款行為，而違法吸收資金之公司，所以能蔓延滋長，乃在於行為人與投資人約定或給付與本金顯不相當之紅利、利息、股息或其他報酬爰參考刑法第 344 條重利罪之規定，併予規定為要件之一。刑法第 344 條重利罪成立要件之一「取得與原本顯不相當之重利」，係指就原本利率、時期核算及參酌當地之經濟狀況，較之一般債務之利息，顯有特殊超額者而言 。

2.與信託業法未經許可募集共同基金犯罪競合

由於證券投資信託業務亦屬特殊信託業務之一種，對於信託業未經許可募集共同基金，依信託業法第 8 條及第 29 條規定，亦為信託業業務之範圍，但該共同基金其投資對象不以有價證券為限，尚可能包括動產、不動產、基金等，故對於未經核准或許可經營是項業務，信託業法第 48 條第 1 項之規定反較證券投資信託及顧問法第 107 條第 1 款之處罰為重，準此，非法經營募集信託基金業務者，應以較重刑度之信託業法第 48 條第 1 項規定論處。

3.與金融資產證券化條例及不動產證券化條例之犯罪競合

又依金融資產證券化條例第 108 條及不動產證券化條例第 58 條規定，對於未經主管機關核准或向主管機關申報生效，而發行受益證券、資產基礎證券者，其行為負責人得處一年以上七年以下有期徒刑，得併科新臺幣 1,000 萬元以下罰金。此二規定之刑度亦相較於信託業法第 48 條規定：「處三年以上十年以下有期徒刑，得併科新臺幣一千萬元以上二億元以下罰金。其犯罪所得達新臺幣一億元以上者，處七年以上有期徒刑，得併科新臺幣二千五百萬元以上五億元以下罰金。」為低。在解釋上信託業法第 33 條及第 48 條之規定係指自始至終未取得信託業之許可證照者，而金融資產及不動產證券化條例所規範者，是指已取得主管機關營業許可證照者，但其募集發行之行為未經主管機關核准或申請生效者，其間尚有

不同。

4.與多層次傳銷管理法違法吸金之犯罪競合

　　多層次傳銷有合法與非法之分，非法之多層次傳銷有稱之為老鼠會，因其參加人所得之佣金、獎金或其他經濟利益，主要係基於介紹他人參加，而最後參加者必因無法覓得足夠之人頭而遭經濟上之損失，其發起或推動之人則毫無風險，且獲暴利，可能破壞市場機能，甚或造成社會問題，多層次傳銷管理法第 18 條規定，多層次傳銷事業，應使其傳銷商之收入來源以合理市價推廣、銷售商品或服務為主，不得以介紹他人參加為主要收入來源[67]。其中所稱「主要」、「合理市價」之認定標準，係以參加人取得經濟利益之來源，推廣或銷售商品或勞務之價格為判斷，其範圍應屬可得確定。且多層次傳銷之營運計畫或組織之訂定，傳銷行為之統籌規劃，係由多層次傳銷事業為之，則不正當多層次傳銷事業之行為人，對於該事業之參加人所取得之經濟利益，主要係基於介紹他人加入，而非基於參加人所推廣或銷售商品或勞務之合理市價，依其專業知識及社會通念，非不得預見，並可由司法審查予以認定及判斷，符合法律明確性原則。合法之多層次傳銷，其經營之事業應經報備，遵守業務檢查之規定，財務報表應經會計師簽證並對外揭露，並應對參加人踐行告知之事項，至於參加契約內容、參加人權益保障、重大影響參加人權益之禁止行為及對參加人之管理義務等相關事項，由中央主管機關訂定辦法作進一步規範。未依規定之多層次傳銷與對特定多數人或不特定人吸收資金可能產生競合之法律適用情形，在法律適用上，應就其具體事實情況依銀行法、證券交易法與多層次傳銷管理法規定之輕重順序適用之[68]。

67　多層次傳銷管理法第 29 條第 1 項規定，違反第 18 條規定者，處行為人七年以下有期徒刑，得併科新臺幣 1 億元以下罰金。

68　多層次傳銷管理法第 30 條之規定，前條之處罰，其他法律有較重之規定者，從其規定。

第四項　非法經營證券投資信託及顧問業務之犯罪之刑事法律責任檢討

證券投資信託及顧問法第 107 條規定違反未經主管機關許可，經營證券投資信託業務、證券投資顧問業務、全權委託投資業務或其他應經主管機關核准之業務，或違反第 16 條第 1 項規定，在中華民國境內從事或代理募集、銷售境外基金者，處五年以下有期徒刑，併科新臺幣 100 萬元以上 5,000 萬元以下罰金。係參照證券交易法第 175 條及第 174 條第 2 項第 3 款之規定而來，為從前述各法律之競合關係與比較刑度，發現證券投資信託及顧問法之規定已經因為常年未配合其他法律之修正而調整，由於證券投資信託及顧問業務與證券金融秩序及投資人權益關係密切，故應適時檢討調整。

第八節　結論與建議

證券投資信託及顧問事業為專業理財之行業，屬於高技術性與高誠信之業務，本章對於現行證券投資信託及顧問法之規定與司法實務案例已提出介紹與探討有如前述，綜據前開分析可以發現隨時代之演進，證券投資信託及顧問法之規定與相關刑事責任構成要件仍有部分需待檢視與補強之處，為避免因採嚴格之罪刑法定而有導致規範效果無從發揮之窘境，應予適時檢討增修法律規定。同時為考量有效預防類此犯罪之發生，除法令規範之外，嚴格執法加強取締懲罰，亦為健全金融市場與秩序之重要課題，國內外在我國境內進行非法推介非法商品、違法募集吸金之犯罪行為案例所在多有，投資人血本無歸之事件亦時有所聞，因此加強取締與刑事制裁之遏止之工作為當今維護金融市場秩序之重要課題，同時亦應教育投資人分辨對於合法與非法之分際，與提醒投資可能之風險，如此才能維護金融市場之安全與保障社會投資大眾之權益。

第十二章

證券投資信託及顧問業務民事賠償責任之探討

第一節　前　言

　　從前述證券投資信託事業、證券投資顧問事業及各保管機構間之運作觀察，投資人與各業者間或業者與業者相互間之法律架構，存在民法或特別法所規定之委任、信託（包括積極與消極）、代理等法律行為，其或依締結契約之關係，或依法律之規定，基於業務之進行發生各式各樣之法律關係，證券投資信託及顧問法對於民事權利義務之法律關係規定，就如同其他證券或期貨交易管理之相關法律之體例，以明文規範者少之又少，因此有賴依契約、民法之相關規定與法理來銜接，至於證券投資信託事業、證券投資顧問事業與各保管機構在業務推動上與從業人員間之法律關係則以法令及契約之規定，證券從業人員無論是居於委任、僱傭關係，現行法令皆要求應盡善良管理人之注意義務及忠實義務，本誠實信用原則執行業務[1]，在公司之監督與授權下執行職務，也由於其從事業務之行為其影響證券期貨市場交易秩序與投資人（交易人）權益甚鉅，且又牽涉諸多之專業與具體細節業務之進行，因此證券投資信託及顧問法第 69 條明文規定：「證券投資信託事業及證券投資顧問事業，其應備置人員、負責人與業務人員之資格條件、行為規範、訓練、登記期限、程序及其他應遵行事項之規則，由主管機關定之。」授權以法規命令訂定之，在公司之監督與

---

[1] 依證券投資信託及顧問法第 7 條第 1 項規定，證券投資信託事業、證券投資顧問事業、基金保管機構、全權委託保管機構及其董事、監察人、經理人或受僱人，應依本法、本法授權訂定之命令及契約之規定，以善良管理人之注意義務及忠實義務，本誠實信用原則執行業務。

負責人或從業人員業務執行之法律責任區隔上，同法第 71 條第 2 項更規定，投信顧業之負責人、業務人員及其他受僱人，於從事第 3 條第 3 項（投信事業業務範圍）及第 4 條第 3 項（投顧事業業務範圍）各款業務之行為涉及民事責任者，推定為該事業授權範圍內之行為。準此規定若證券投資信託事業、證券投信顧業或各保管機構之負責人與業務人員執行職務之行為，致客戶（或他人）權益受侵害者，除業務人員本身應對被害人負侵權行為損害賠償責任外，業務人員所屬之證券投資信託或顧問業依法是否需負損害賠償責任，實務上之見解不一致。尤其從業人員「執行職務行為」之定義與範圍，業者對從業人員之選任監督是否盡相當注意之認定等，常成為民事訴訟程序攻擊防禦之重點。本章擬就證券投資信託與顧問事業及業務人員民事賠償責任之探討提出加以探討[2]。

第二節　我國法人僱用之自然人侵權行為之責任

證券投資信託與顧問事業依現行規定必須以股份有限公司之組織型態經營[3]，公司法人應否直接依民法第 184 條規定為其行為負侵權責任？依通說之「法人實在說」，肯認法人本身具有人格，似應承認法人本身負第 184 條侵權責任，以免法人脫免其賠償責任。惟過去我國法院向以法人無法直接侵害他人為由採否定見解，而另以同法第 28 條與第 188 條建立二者間之連帶損害賠償責任。故證券投信顧業為股份有限公司之法人團體，依公司法第 23 條第 2 項規定，負責人對於公司業務之執行，如有違反法令致他人受有損害時，對他人應與公司負連帶賠償之責。至於非負責人之一般人員，另依民法第 188 條第 1 項規定：「受僱人因執行職務，不法侵

---

[2]　本章之內容參酌自邱聰智、郭土木、姚志明、陳惟龍合著，證券、期貨及投信顧業為其業務人員負擔民法第 188 條連帶賠償責任之合理性研究，財團法人中華民國證券暨期貨市場發展基金會委託研究案，2013 年 3 月。

[3]　為期能適用公司法有關股份有限公司組織架構與財務、業務管理及運作規範，並就特殊之事項於證券投資信託及顧問法作適度的特別規定，爰於證券投資信託及顧問法第 67 條第 1 項規定，證券投資信託事業及證券投資顧問事業之組織，以股份有限公司為限。

害他人之權利者，由僱用人與行為人連帶負損害賠償責任。」前者與民法第 224 條同屬債務不履行契約責任，後者則為無契約關係之侵權行為責任。惟不論民法第 28 條或第 188 條之規定，均以公司負責人或受僱人對第三人之故意或過失行為要件，與民法第 184 條直接以法人本身為侵權行為人之責任類型有所不同。

證券投信顧業所從事之業務範圍及對客戶（他人）銷售之金融商品，均須依法律規定，經主管機關相關行政程序核准者。現行實務見解有認為證券業之受僱人私下銷售非合法發行之金融商品，性質屬個人之犯罪行為，並非執行職務之行為，個人犯罪行為非證券業所能監督，強令證券業者為其選任監督受僱人不周負損害賠償責任，不符實際，故證券業無須與業務人員負連帶責任。但亦有以證券業對受僱人所為之銷售行為是否逾越其職務範圍，外觀上難以辨識，應認其屬執行職務之行為，僱用人需為受僱人之行為負選任監督責任，而判決業者應負連帶賠償責任。實務與學說見解紛歧，爰有加以分析探討及尋求一致見解之必要。

第一項　法人自身之侵權行為責任

一、法人之本質

法人乃非自然人而基於法律之承認，與自然人同一視為具有法律上之人格，可為權利義務之主體者。惟對法人何以能取得獨立之人格，享有各種能力（權利能力、意思能力、行為能力及侵權行為能力），其本質為何？為 18 世紀以來學者爭論的重要問題，主要學說歸納有三：

（一）法人擬制說

以法人之得為權利義務之主體，乃法律之所擬制，其本身並有實體之存在。

（二）法人否認說

以法人為空物，非有實體存在，應無獨立人格之可言。

（三）法人實在說

法人有其實體的存在，非由擬制而來。此說又可分為下列三種主張：

1.有機體說

把法人視同自然人，為具有意思之有機體。人具有二種意思：一為個人意思，一為共同意思，共同意思相結合，成為團體意思。人因團體有其獨立之意思與生活，法律遂對此團體，賦予一定之人格，稱之為團體人。

2.組織體說

以法人為適於為權利義務主體之組織體，即具備法律所要求之一定的組織者，其所表示之意思，乃法律所認定之意思。

3.社會作用說

此乃近年來，從法人所擔當之獨特的社會作用，以探求法人之本質者。認為法人之所以為權利義務之主體者，乃為營其獨特的社會作用之故。因此，法人之存在。實有其適於為權利義務主體之社會價值。

我國對法人本質，依民法立法理由之說明：「謹按自來關於法人本質之學說雖多，然不外實在之團體。其與自然人異者，以法人非自然之生物，乃社會之組織體也。故本案以法人為實在之團體。」係採「法人實在說」之組織體說[4]。

---

4 依民法立法理由之說明：「謹按自來關於法人本質之學說雖多，然不外實在之團體。其與自然人異者，以法人非自然之生物，乃社會之組織體也。故本案以法人為實在之團體。」係採法人實在說之組織體說。參見中華民國民法制定史料彙編，司法行政部，頁267。

二、法人侵權行為能力之探討

（一）法人侵權行為能力之爭議

　　法人是否具有侵權行為能力，因法人本質學說之不同，而有差別。採「法人擬制說」者，否認法人有侵權行為能力，因侵權行為以行為人有意思能力為前提，法人既無意思能力，即不可能有侵權行為能力，且法人之董事係法人之代理人，依「代理」之法理，代理人僅能為合法行為之代理，不可能代理法人為不法之行為，故董事所為之不法行為，並非法人之侵權行為，而應由董事自負其責。

　　我國通說對法人本質採「法人實在說」之組織體說，在此說之下，法人之機關（如董事、清算人、重整人）乃居於法人代表人之地位，依「代表」之法理，代表人為行為時，其人格為其所代表之法人所吸收，代表人在執行職務時，如有侵權行為發生者，該侵權行為即為法人之侵權行為，應由法人負損害賠償責任，認為法人具侵權行為能力。

（二）法人侵權行為責任

1.機關行為（民法第 28 條）

　　我國法人本身之侵權行為責任基礎，通說係以民法第 28 條為依據，民法第 28 條規定：「法人對於其董事或其他有代表權之人因執行職務所加於他人之損害，與該行為人連帶負賠償之責任。」

2.受僱人行為（民法第 188 條）

　　法人之受僱人侵害他人權利時，法人依民法第 188 條：「受僱人因執行職務，不法侵害他人之權利者，由僱用人與行為人連帶負損害賠償責任。但選任受僱人及監督其職務之執行已盡相當之注意或縱加以相當之注意而仍不免發生損害者，僱用人不負賠償責任。」之規定，亦應負損害賠償責任。

3.民法第 28 條及第 188 條之比較

　　民法第 28 條及民法第 188 條之法人侵權責任，均限於「執行職務」，倘非執行職務時，原則上不適用這兩個條文。此外，該兩個條文亦均以董事或受僱人具有「侵權行為」為要件[5]，如果不合於第 184 條的侵權行為要件，則不適用民法第 28 條及民法第 188 條。

　　惟上述兩條文在適用上有下列之差異，茲表列如下[6]：

項目	民法第 28 條	民法第 188 條
主體	僅限於法人	僱用人包括自然人跟法人
客體	董事及有代表權的人	受僱人
性質	法人自己責任	法人對他人行為負責
要件	1.行為人須為董事或其他有代表權之人 2.須因「執行職務」 3.須具備一般侵權行為要件	1.行為人須為受僱人 2.須因「執行職務」 3.須具備一般侵權行為要件
舉證責任	無免責規定	得舉證免責，僱用人可以例外的在能證明已盡相當注意的情況下，免除連帶賠償責任。
對行為人之求償	損害賠償後得依關於「委任」規定，對行為人求償（參見民法第544 條規定）	損害賠償後對於行為人有求償權（參見民法第 188 條第 3 項規定）

　　民法第 28 條之行為人為「董事或其他有代表權之人」，而第 188 條規範之行為人為「受僱人」，兩者間並沒有必然的重疊或排斥。受僱人可以是董事或有代表權之人，也可以僅僅是受僱人（一般員工）。相對地，董事及有代表權之人可以是受僱人，也可以只是董事或有代表權人。

　　民法第 28 條性質上係法人就自己行為負責，故不得舉證機關之選任無過失而免責，民法第 188 條則屬代負責任性質，故得舉證免責。而在法規適用順序上，民法第 28 條排除民法第 188 條之適用，即民法第 28 條優

5　陳聰富，法人團體之侵權責任，臺大法學論叢，第 40 卷第 4 期，2011 年。

6　彙整自王澤鑑，民法總則，2001 年 2 月，頁 187-192。

先於民法第 188 條之適用。

（三）公司法人侵權行為

1.公司之侵權行為能力

　　本報告以證券商、投信投顧業者、期貨業者為研究範圍，依法該等業者的設置型態均以股份有限公司為限，公司亦為法人之一種，若肯認法人具備侵權行為能力，公司亦應具有侵權行為之能力。因此，關於公司的侵權行為責任，理應可適用民法第 28 條的規定。惟我國公司法第 23 條第 2 項另規定：「公司負責人對於公司業務之執行，如有違反法令致他人受有損害時，對他人應與公司負連帶賠償之責。」依此條文，公司及公司負責人均應負責。蓋依法人實在說，公司法人有行為能力，公司機關執行業務之行為即為公司行為，則公司機關之侵權行為，自應屬公司之侵權行為，公司即應以侵權行為人身分負責[7]。而由於公司業務執行事實上由機關擔當人擔任，為防止機關擔當人濫用其權限致侵害公司之權益，法律亦令機關擔當人與公司負連帶責任[8]。

2.構成要件

　　（1）必須為公司負責人之行為。

　　（2）必須公司負責人之行為具備侵權行為之要件。

　　學說及實務上對公司法第 23 條第 2 項規定之法律性質，向來存在極大歧見，以致公司侵權行為之法律適用關係，亦形成極度對立，茲簡要彙整公司侵權責任法律適用之爭議如下[9]：

---

[7]　林大洋，公司侵權責任之法律適用—民法第 28 條與公司法第 23 條第 2 項交錯與適用，台灣法學雜誌，第 175 期，2011 年 5 月，頁 69-86。

[8]　柯芳枝，公司法論（上），2002 年 11 月，三民書局，頁 33。

[9]　同前註 7，頁 69-86。

	主張	說明
學說上之爭議	1.特別侵權行為責任說（通說）	1.主張公司法第 23 條第 2 項及民法第 28 條均屬特別侵權行為，尚需另具一般侵權行為要件始可請求。準此，通說認為公司侵權責任之成立，須以公司負責人有故意或過失之主觀要件 2.公司法第 23 條第 2 項應優先於民法第 28 條之適用，其構成要件不完備之處，應依一般侵權行為之要件補充
	2.法定特別責任說	1.主張公司法第 23 條第 2 項為法律特別規定，對公司及負責人所加之責任，異於一般侵權行為，就其侵害第三人之權利，只須有執行業務違反法令之事實，即已足矣，不以該負責人有故意或過失為必要，亦即屬於無過失責任，否則不足以保障第三人 2.公司法第 23 條第 2 項無優先於民法第 28 條之適用，可能與民法第 28 條形成請求權競合關係
	3.侵權行為責任兼負責人責任	主張公司法第 23 條第 2 項係在公司具侵權行為能力之前提下，規定公司負責人之責任。公司負責人對於執行業務，需有違反法令致他人受有損害時，始與公司負連帶賠償責任，如公司負責人對於業務之執行，並無違背法令，縱然他人受有損害，行為人並無須負責，而由公司單獨負責
實務上之爭議	1.侵權行為能力之規定	最高法院 84 年台上字第 1532 號判決 最高法院 88 年台抗字第 341 號判定
	2.基於法律之特別規定	最高法院 73 年台上字第 4345 號判決 最高法院 76 年台上字第 2474 號判決
	3.公司負責人與公司連帶負侵權行為損害賠償之規定	最高法院 98 年台上字第 2038 號判決

　　目前多數說見解傾向於公司法第 23 條第 2 項之法律性質，以「特別侵權行為責任」為當。認為有關公司侵權行為責任之法律適用，公司法第 23 條第 2 項為民法第 28 條之特別規定，應優先適用；其構成要件規定不完整之處，應依民法第 184 條一般侵權行為要件予以補充。因此，公司侵權行為仍應具備一般侵權行為之要件，亦即在主觀要件上，仍須有公司負

責人具有故意或過失為必要[10]。

（3）公司負責人之侵權行為必須係因「執行業務」而發生。

3.公司法第 23 條第 2 項與民法第 28 條之比較

公司為永續發展，促進經濟繁榮，在其存續中將不斷有業務執行之行為，而公司負責人因業務執行侵害他人權益時，應如何適用法律，由於公司法第 23 條第 2 項之性質不明，且與民法第 28 條重疊交錯規定，以致在解釋適用上產生極大爭議。

觀察公司法第 23 條第 2 項規定：「公司負責人對於公司業務之執行，如有違反法令致他人受有損害時，對他人應與公司負連帶賠償之責。」與民法第 28 條之規定：「法人對於其董事或其他有代表權之人因執行職務所加於他人之損害，與該行為人連帶負賠償之責任。」之條文用語，並非完全一致，兩者於適用對象、違法之態樣等部分皆有不同，規範重點亦不盡相同，茲就多數說學者看法比較分析兩者差異如下表[11]：

	公司法第 23 條第 2 項	民法第 28 條
規範重點	著重於公司負責人損害賠償責任	著重於法人本身侵權行為能力而為規定
適用對象	1.公司 2.公司負責人	1.法人 2.法人之董事或能代表公司之人
適用順序	特別法 優先適用	補充法 補充適用
違法態樣	公司業務之執行，如有違反法令致他人受有損害	因執行職務所加於他人之損害

公司法第 23 條第 2 項規範對象為公司及公司負責人，至於公司負責人以外之職員，倘因執行業務致他人受損害時，自應依民法第 28 條、第 188 條規定處理[12]。惟針對公司法第 23 條第 2 項是否為民法第 28 條之特

10　同前註 7，頁 85。

11　彙整自梁宇賢，公司法實例解說，興大法學叢書，1994 年 10 月，頁 120-121。

12　同前註 11，頁 94-95。

別規定，抑二者為併存之關係等適用問題，長久以來，眾說紛紜，莫衷一是，有待未來學術與實務之交流定調，解決此一困擾多時之法律問題。

第二項　法人為受僱人之侵權行為負連帶損害賠償責任

一、民法第 188 條為特殊侵權行為責任類型

依通說見解[13]，民法第 188 條僱用人侵權責任之成立要件有：

（一）行為人應負侵權行為責任。

（二）行為人與僱用人有僱用關係。

（三）行為人係執行職務。

其中，「行為人係執行職務」中「執行職務」之定義，目前實務及學說對此尚未有統一之見解。此外，依同條第 1 項但書規定：「選任受僱人及監督其職務之執行，已盡相當之注意或縱加以相當之注意而仍不免發生損害者，僱用人不負責任。」僱用人連帶賠償責任之成立，有賴僱用人對行為人執行職務行為之監督疏失，與被害人受損有因果關係之存在，故因果關係之認定將影響責任歸屬與損害賠償範圍。本研究從實務、學說以及外國法比較等三角度進行觀察，從而探討責任成立認定判斷之最適標準。

（一）「執行職務」之認定標準

受僱人「執行職務」之認定標準，約有以下見解[14]：

1.僱用人（主觀）意思說

執行職務之範圍，係依僱用人所命辦理之事務而定，包含僱用人命令及委託行為，以及和其命令、委託有關之行為均包含在內。而若為受僱人

---

[13] 參見王澤鑑，特殊侵權行為，民法學說與判例研究（六），臺大法學叢書，1991 年 5 月，頁 118 以下；孫森焱，民法債編總論上冊，頁 300 以下；黃立，民法債編總論，頁 310 以下。

[14] 孫森焱，同前註 13，頁 302；黃立，同前註 13，頁 314。

私自決定之作為，縱係為僱用人之利益，亦非屬執行職務。惟僱用人之意思，甚難從行為外觀得知，故此說對受害人保障較為不周，實務多不採。此說有 96 年度金上字第 2 號判決理由可資參照，簡述如下：

（1）民法第 188 條之執行職務行為，包括執行職務範圍內行為與執行職務相牽連或職務上給予機會之行為。褚○○受僱元信證券公司擔任營業員，係證券交易法第 54 條及第 70 條規定所稱之業務人員。關於證券商業務人員之職務範圍，依證券交易法施行細則第 9 條第 3 款及證券商負責人與業務人員管理規則第 2 條第 2 項第 4 款、第 5 款規定，並未及於偽造銀行明細紀錄以開立信用交易帳戶等行為。

（2）褚○○之職務僅限於辦理受託買賣有價證券，並非辦理融資融券信用帳戶之承辦人員，上訴人公司所稱褚○○偽造銀行明細紀錄以開立信用交易帳戶之行為，非其職範圍內行為，而係個人之犯罪行為，與執行職務無關。

（3）縱令褚○○成立侵權行為，惟其所為既非職務範圍內之行為，亦非與職務相牽連或職務上給予機會之行為，與民法第 188 條規定執行職務侵害他人權利之要件有間，伊無須負擔僱用人之侵權行為損害賠償責任。

2.受僱人（主觀）意思說

此說擴充前說之範圍，除僱用人所指示之行為及相關行為外，若受僱人之行為係為僱用人利益所為時，則亦屬執行職務之範疇。惟主觀意思甚難從行為外觀得知，且受僱人之意思未必符合僱用人之意思，如此認定對僱用人而言，有責任過重之虞，故此說亦失之偏頗。參照 98 年度金上字第 2 號判決理由：「民法第 188 條第 1 項所謂受僱人，並非僅限於僱傭契約所稱之受僱人，凡客觀上被他人使用為之服務勞務而受其監督者均係受僱人，故不以事實上有僱傭契約者為限，然仍須依一般社會觀念，客觀上確有被他人使用，為之服勞務且受其監督之客觀事實存在。是受僱人之行

為在客觀上具備執行職務外觀，縱係濫用職務或利用職務上之機會、時間、處所有密切關係之行為，在外觀上因已足認為與執行職務有關，而侵害第三人之權利，不問僱用人或受僱人之意思如何，均應認係執行職務所為之行為。」

3.客觀說（行為外觀說）

此說認為是否為「執行職務」，應依行為之外觀判斷。即不問僱用人或受僱人之意思，凡受僱人之「行為外觀」具有執行職務之形式，在客觀上足以認定其為執行職務者，即屬執行職務之範疇。此說就行為外觀純作客觀判斷，判斷標準明確，為學說之通說，亦為司法實務所採。有最高法院 42 年台上字第 1224 號判例可稽：「民法第 188 條第 1 項所謂受僱人因執行職務不法侵害他人之權利，不僅指受僱人因執行其所受命令，或委託之職務自體，或執行該職務所必要之行為，而不法侵害他人之權利者而言，即受僱人之行為，在客觀上足認為與其執行職務有關，而不法侵害他人之權利者，就令其為自己利益所為亦應包括在內。」在客觀說操作之下，只要客觀上得判斷其為執行職務之行為，無論實際情形如何，並不影響其即為執行職務行為之認定結果[15]。

實務晚近多採此說，舉下列判決說明：

（1）營業員盜賣股票案（最高法院 96 年度台上字第 2149 號民事判決）

　　A.第一審共同被告賴○○係上訴人（國票證券）合併之協和證券股份有限公司營業員，竟自 89 年 3 月 8 日起至同年 5 月 17 日止，利用其為該公司營業員之機會，偽造被上訴人電話語音下單紀錄，以行使業務登載不實文書及偽造私文書之方式，於營業時間內盜賣被上訴人股票，進而取得該股款，賴○○利用其為該公司此部分行為之「外觀」而為，顯然已具有執行職務之

---

15 陳洸岳，2002 年有關「侵權行為」之最高法院判決的回顧與淺析，台灣本土法學，第 52 期，頁 109。

形式，應認屬賴○○執行職務之行為，上訴人國票證券自應與賴○○連帶負民法第 188 條第 1 項所定之損害賠償責任。

B.賴○○不法盜賣被上訴人之系爭股票，並侵占股款，已實際有不法所得，被上訴人雖未舉證證明所失利益，但賴○○將盜賣股票所得之股金提領時，被上訴人最少之損害即告確定，依民法第 213 條第 3 項及同法債編施行法第 12 條之規定，被上訴人請求按賴○○實際侵占之股款新臺幣（下同）402 萬 1,158 元以為金錢賠償之數額，為屬適當。

C.審酌賴○○應負百分之七十過失責任比例為過失相抵計算，再扣除賴○○事後已返還之股票價額及現金 53 萬元後，尚有 231 萬 3,061 元之損害，則被上訴人據以請求上訴人連帶給付該金額本息，即屬正當。

（2）利用代銷基金之機會挪用客戶帳戶（新竹地院 97 年度訴字第 696 號民事判決）

A.民法第 188 條第 1 項規定之受僱人因執行職務不法侵害他人之權利者，不僅指受僱人因執行其所受命令或執行該職務所必要之行為，而不法侵害他人之權利，如係受僱人個人行為，而在客觀上足認為與其執行職務有關，或受僱人於執行職務時為自己利益而為之行為，均包括在內。

B.本件行為人之業務為辦理有價證券買賣之開戶、徵信、招攬、推介、受託、申報、結算、交割或為款券收付、保管等，而其僱用人另賦予其代銷基金之業務，故可認代銷基金屬行為人之附隨業務，行為人利用代銷基金之機會，未經原告同意而將原告申購基金之款項轉匯入自己及其他私人帳戶內，自屬執行職務不法侵害他人之權利之行為，其僱用人應負連帶賠償責任。

（3）受僱人未依正規交易程序之違法交易（最高法院 98 年度台上字第 763 號民事判決）

A.僱用人藉使用受僱人而擴張其活動範圍，並享受其利益。就受

僱人執行職務之範圍，或所執行者適法與否，恆非與其交易之第三人所能分辨，為保護交易之安全，如受僱人之行為在客觀上具備執行職務之外觀，而侵害第三人之權利時，僱用人固應依民法第 188 條第 1 項規定與受僱人負連帶賠償責任。然若於客觀上並不具備受僱人執行職務之外觀，或係受僱人個人之犯罪行為而與執行職務無關，自無命僱用人負賠償責任之理。

B. 依證券交易法第 54 條第 2 項及第 70 條規定所訂定之證券商負責人與業務人員管理規則第 3 條規定：證券商之業務員，其職務為從事有價證券之承銷、自行買賣及受託買賣。及財政部以 84 年台財證（三）字第 29 號函發布實施之「有價證券集中交易市場實施全面款券劃撥制度注意事項」明定：一、委託人與證券經紀商簽訂「委託買賣證券受託契約」辦理開戶手續時，應同時開設有價證券集中保管帳戶及在證券經紀商指定之金融機構開立存款帳戶（下稱款券劃撥帳戶），該存款帳戶並應與金融機構簽訂委託其代收付交割款項之委託書後，證券經紀商始得接受委託人委託買賣證券；二、……；三、證券經紀商受託買賣向委託人收付款券，均應透過委託人開設之款券劃撥帳戶，以帳簿劃撥方式為之……等旨。足見自 84 年 2 月 4 日實施「全面款券劃撥交易制度」以來，有價證券交易行為之流程：首需委託人（投資人）與證券經紀商簽立委託買賣有價證券契約書，於辦理開戶手續之同時開設有價證券集中保管帳戶及在證券經紀商指定之金融機構開立存款帳戶，由證券商、銀行分別核發「證券存摺」、「存款存摺」予投資人後，投資人始得委託證券經紀商買賣特定公司於特定價格之特定數量股票，再由該經紀商之受僱人即營業員依其指示下單購買（或出售）。股票買賣契約一旦成立，則以臺灣證券交易所為結算機構，由臺灣集保結算所股份有限公司、中央銀行為交割機構，分別從事有價證券（股權）之移轉及股款之交付（受領）。換言之，

有價證券買賣契約成立後，股權與股款之移轉，均只透過款券劃撥程序處理，證券經紀商所屬營業員依證券交易正規程序，並無任何機會持有該買賣標的之有價證券或股款。

（4）挪用或代客戶保管有價證券、款項、印鑑或存摺（99 年度上字第 195 號判決）

　A.民法第 188 條第 1 項本文規定，受僱人因執行職務，不法侵害他人之權利者，由僱用人與行為人連帶負損害賠償責任。所謂執行職務，除受僱人因執行其所受命令、受委託職務、執行該職務所必要之行為以外，雖非其職務上行為，然在客觀上足認為與其執行職務有關之行為亦屬之。

　B.依據證券商負責人與業務人員管理規則第 18 條第 2 項第 11 款規定，證券商之負責人及業務人員，除另有規定外，不得挪用或代客戶保管有價證券、款項、印鑑或存摺，復因同規則第 20 條規定，證券商之業務人員從事業務所為之行為，視為該證券商授權範圍內之行為。如證券業務人員執行職務時不法侵害他人權益，證券商除能證明已盡相當注意或縱加以相當注意仍不免發生損害者外，自應與業務人員連帶負損害賠償責任。

（5）客戶委託業務人員保管欲買進有價證券之股款致遭侵占（99 年上易字第 1131 號）

　A.證券商負責人與業務人員管理規則第 3 條規定，其職務為從事有價證券之承銷、自行買賣及受託買賣；又依同管理規則第 18 條第 1 項、第 2 項第 11 款規定，證券商之業務人員執行業務應本誠實及信用原則，不得有挪用或代客戶保管有價證券、款項、印鑑或存摺之行為。又委託買賣有價證券，先在主管機關核准之金融機構或外匯指定銀行開立及設置銀行帳戶，作為買賣有價證券之手續費及費用之支付及其帳戶下證券交易之應付、應收款項之劃撥且僅於下單購買時將款項劃撥至證券商之交割專戶，透過款券劃撥之程序處理，無需將辦理交割之款項

交付予業務人員。又若已知悉委託業務人員保管欲買進有價證券之股款，乃非屬業務人員執行業務之範圍，而交付、委託，致業務人員有機會侵占，應屬業務人員個人之不法行為，難認具有客觀上執行職務之外觀。

B.民法第 188 條第 1 項規定，受僱人因執行職務，不法侵害他人之權利者，由僱用人與行為人連帶負損害賠償責任。但選任受僱人及監督其職務之執行，已盡相當之注意或縱加以相當之注意而仍不免發生損害者，僱用人不負賠償責任。又僱用人之連帶賠償責任，以受僱人因執行職務不法侵害他人之權利，始有其適用。

4.限制客觀說

除原則上採行客觀說者認為完全以受僱人之行為外觀作為判斷標準外，尚須非受僱人個人之犯罪行為者始足當之。茲舉最高法院判決說明如下[16]：

（1）按僱用人藉使用受僱人而擴張其活動範圍，並享受其利益。就受僱人執行職務之範圍，或所執行者適法與否，恆非與其交易之第三人所能分辨，為保護交易之安全，如受僱人之行為在客觀上具備執行職務之外觀，而侵害第三人之權利時，僱用人固應依民法第 188 條第 1 項規定與受僱人負連帶賠償責任。然若於客觀上並不具備受僱人執行職務之外觀，或係受僱人個人之犯罪行為而與執行職務無關，自無受僱用人負賠償責任之理。

（2）投資人甲委託證券經紀商（金鼎證券）進行股票交易行為，本無需交付銀行存摺、印章，營業員（薛○○）又無任何機會得以操控投資人之銀行帳戶款項。苟投資人自行將銀行存摺、印章交付營業員或由其保管，能否謂「為證券交易而交付」？營業員持投

16　最高法院 98 年度台上字第 763 號民事判決。

資人之存摺、印章自投資人之銀行帳戶取款，是否仍屬「在業務上有機會可資利用」並「具備執行職務之外觀」？自應先予釐清。能否謂甲不知存摺、印鑑章由營業員薛○○保管，並非營業員之業務範圍？其明知此非屬薛○○執行業務之範圍，卻基於多年同窗、好友之信賴關係，任由薛○○持有其存摺、印章，致有機會盜領、侵占其銀行存款。迨於事後，甲始主張薛○○之侵占行為，具有「客觀上執行職務之外觀」，是否無違經驗法則？均非無研求之餘地。原審未遑詳為勾稽審認，遽為金鼎公司不利之判決，殊嫌速斷。

其他可參考之判決有：97 年度台上字第 1844 號判決，95 年度台上字第 2941 號判決，95 年度台上字第 38 號判決，94 年度台上字第 1855 號判決，94 年度台上字第 297 號判決，94 年度台上字第 173 號判決，93 年度台上字第 2059 號判決，89 年度台上字第 2539 號判決，90 年度台上字第 1235 號判決，90 度年台上字第 1440 號判決等。

（二）晚進實務發展

晚近實務奠基於「客觀說」之上，又進一步擴大「執行職務行為」之概念，認為以下三類型之行為，在客觀上足認與執行職務有關者，亦屬執行職務之範疇[17]：

1. 職務上之行為。
2. 職務上予以機會之行為。
3. 與執行職務之時間或處所有密切關係之行為。

學說對第 1 類型「職務上之行為」屬執行職務之範疇，並無爭議。惟對於第 2、3 類型，亦即「職務上予以機會之行為」以及「與執行職務之時間或處所有密切關係之行為」二類型之行為亦認屬執行職務之範疇，則

---

[17] 臺北地方法院 94 年度重訴第 1507 號民事判決、最高法院 93 年度台上字第 2341 號民事判決、最高法院 90 年度台上字第 1235 號民事判決、最高法院 89 年度台上字第 2706 號民事判決。

有不同意見。有認為第 2、3 類型之行為未必即為執行職務之行為，而需
審究該行為是否與職務本身有密切相關[18]。亦有認為，在第 2 類型之行
為，亦即「職務上予以機會之行為」，需在善意第三人有正當理由信其為
執行職務時，其行為與職務間，始認為有關係[19]。而在第 3 類型之行為，
亦即「與執行職務之時間或處所有密切關係之行為」，則需其行為非在執
行職務之時間或處所不能發生者，始可認為與職務有關。

二、舉證責任與因果關係之認定

民事責任係由投資人就其損害對被告提起訴訟請求賠償，故原告承擔
相當程度的舉證責任，「因果關係」的認定為其中之關鍵問題。關於侵權
行為因果關係之認定，司法實務向採相當因果關係之見解。

（一）推定因果關係理論

1.定義

因果關係通常應由原告證明，但在某些特殊情況下可以推定因果關係
存在。然而，因果關係之推定係一種補助性的技術方法，只有在保護受害
人必要且符合立法目的前提下才能採用。證券侵權行為涉及金融專業知識
與電腦網路科技，為新型侵權行為。原告欲證明因果關係存在必須具備一
定專業知識，或有取得證券之管道，在證券侵權行為與損害間複雜因果關
係之狀態下，舉證困難往往影響受害者之求償權。基於此，為保護投資人
權益，具體實現法律之公平正義，故允許特定情況下直接推定侵害與損害
間有因果關係存在，由被告進行舉證證明因果關係不成立，又稱之為推定
過失責任。

---

[18] 陳聰富，受僱人執行職務之行為—最高法院 86 年台上字第 1497 號判決評析，侵權歸責原則
　　與損害賠償，頁 143。
[19] 王伯琦，民法債編總論，頁 94。

2.證券交易法及其相關授權法令是否屬「保護他人之法律」？

　　參照 99 年度上易字第 335 號判決：「民法第 184 條第 2 項本文規定，違反保護他人之法律，致生損害於他人者，負賠償責任。所謂違反保護他人之法律，係指違反一般防止妨害他人權益或禁止侵害他人權益之法律而言。依據『證券商負責人與業務人員管理規則』第 18 條第 2 項第 13 款固規定，證券商之負責人及業務人員不得有未依據客戶委託事項及條件，執行有價證券之買賣，惟證券交易如出現無法『當沖』交易之情況，業務人員仍得於投資人指示範圍內，先執行委託復告知客戶，難謂有違反保護他人法律。又依據該規則第 3 條規定，業務人員之職務僅係受託買賣，在業務員緊密處理眾多客戶下單情況，其不知或未告知其中一客戶信用額度可能超過，尚難認有法律上責任。」實務見解認為依證交法授權制定之法規，性質上並非「保護他人之法律」，故難以據以援引民法第 184 條第 2 項規定，認其屬推定過失責任。

（二）相當因果關係理論

　　證券市場投資人之損害往往由多種不同因素造成，且這些因素彼此錯綜複雜，不易分辨。相當因果關係理論認為，原告只需證明於通常情況下，依一般社會大眾之經驗，被告之違法行為可能導致原告之損失，即認為有因果關係存在。故依一般證券市場常識，認定行為具有侵害他人權利，引起損害發生之可能性，即認定損害與行為間有因果關係，惟被告不同意者可提出反證推翻。100 年度台上字第 141 號判決認為：「損害賠償責任之債，以有損害之發生，及有責任原因之事實，並二者之間有相當因果關係為成立要件。……所謂相當因果關係係指，無此行為，雖必不生此損害；有此行為，通常即足生此損害，是為有相當因果關係。無此行為，必不生此種損害；有此行為，通常亦不生此種損害者，即無因果關係。」

（三）舉證責任倒置理論

　　於某些特定情形下，不應按舉證責任分配原則決定個案中舉證責任之

分配，而應實行與該原則相反的分配，並將原來由原告負擔之舉證責任予以免除。也就是先假定該待證事實之反面為事實，轉由原告負舉證責任，將本應由原告證明侵權行為與損害間存有因果關係，基於案件證明難度高，為保護弱勢以宣揚法律公平之精神，而將舉證責任轉由被告負擔。

三、被害人與有過失之認定

99 年度重訴字第 120 號判決認為：「受僱人若違反臺灣證券交易所營業細則第 85 條第 1 項規定，證券經紀商不得接受對有價證券買賣代為決定種類、數量、價格或買入賣出之全權委託規定之行為。僱用人對於受僱人所為之行為應依民法第 188 條第 1 項規定負連帶損害賠償責任。又被害人之可歸責性顯屬重大，造成損害之發生或擴大依民法第 217 條第 1 項規定，損害之發生或擴大，被害人與有過失者，法院得減輕賠償金額或免除之。」

四、外國法例

民法為侵權行為主要規範，僱用人責任屬特殊侵權行為類型，應以民法為主要適用依據，與金融業者依業法規定不法行為責任屬自己責任不同。簡述如下：

（一）美國

1.民法

英美法對僱用人（master）於其受僱人（servant）從事職務時，因侵權行為致他人受損害應負賠償責任，其性質屬於嚴格責任（strict liability）。除僱用人不得主張選任或監督受僱人已盡相當注意而免責；僱用人本身雖無任何過失，仍應就受僱人之行為負責，偏向無過失主義，又稱為代替責任（vicarious liability）。

（1）「法律第二次整編—侵權行為」（Restatement of The Law, Second, Torts）[20]第 317 條「僱用人之監督受僱人之責任」（b）項規定：「僱用人(i)知悉或有理由知悉其有能力監督其受僱人；並且(ii)知悉或應知悉行使此種監督之必要與機會。」則僱用人有行使合理注意而於受僱人之執行業務範圍以外之行為加以監督，以避免受僱人故意傷害他人或避免受僱人之行為致他人受身體傷害之不合理危險之責任。又第 877 條規定：「就他人侵權行為致第三人受傷害，如符合下列規定之一者，行為人亦應負責任：(a)行為人知悉或應知悉其情況將使該行為如由行為人自行為之係侵權行為，而命令或誘使（他人）作該行為；(b)行為人從事一活動而由第三人之協助，且行為人於僱用該第三人有過失；(c)行為人知悉或有理由知悉他人作侵權行為或將作侵權行為而准許該他人於其土地或以其工具而為該行為；(d)行為人雖就如未監督可能致傷害之他人加以監督，或有行使注意以監督（conreolled）他人之責任，而怠於行使注意以監督該他人；(e)行為人就第三人之人身或其財產有提供保護責任或行使注意以保護第三人之人身或其財產之責任，而將其責任之履行委託他人；因該他人之怠於履行責任而致傷害，或怠於避免傷害。」認為嚴格責任係基於僱用人對於受僱人具有控制關係，應為其行為失控負責。

（2）又「法律第二次整編—代理人法」（Restatement of the Law, second, agency）第 228 條規定[21]：「在下列情況下，但不僅限於

20　美國法律整編（第二次）侵權行爲法（Restatement of The Law, Second, Torts），司法周刊雜誌社，美國法律整編—侵權法，1988 年版，參閱網站：http://merchantmarine.financelaw.fju.edu.tw/data/Teaching/English /US%20Restatement%202%20Torts.pdf。

21　Restatement of the Law, second, agency (1958) Section 228 general statement: (1) Conduct of a servant is within the scope of employment if, but only if: (a) it is of the kind he is employed to perform; (b) it occurs substantially within the authorized time and space limits; (c) it is actuated, at least in part, by a purpose to serve the master, and (d) if force is intentionally used by the servant against another, the use of force is not unexpectable by the master. (2) Conduct of a servant is not within the scope of employment if it is different in kind from that authorized, far beyond the

下列情況,受雇人的行為屬於僱傭工作期間:其行為履行職務行為;其行為主要發生在授權期間和授權地點;其行為事實是(或至少部分是)出於為僱用人服務的目的;若受僱人對他人實施了暴力,則暴力的使用並不是僱用人不可能預見的。」認為損害發生源自於僱傭行為,無僱傭行為,即無損害,故僱用人應負責。

(3)責任成立須以受僱人構成侵權行為為要件,即除受僱人的行為屬不法外,尚須具備故意或過失,始足使僱用人負賠償責任。現行學說均認為:僱用人代負責任之主要理由係基於公共政策(public policy),現代社會危險分擔理念,僱用人可透過提高商品或勞務的價格,或依責任保險的方式,將所受的損失分散給社會大眾。此外,無過失責任可促使僱用人慎選受僱人,並嚴格監督,以維護社會安全[22]。

2.其他特別法之規定

(1)證券業

美國證管會透過訂頒規則、發布解釋及對某些證管會認為涉及操縱、詐欺或其他違法行為發動執法行動落實規範目的。經紀商、自營商於執行業務時應遵守相關原則以免違法。簡述與本研究相關內容包括:

A.誠實處理事務之義務(duty of fair dealing)

證券經紀商、自營商對其客戶負有誠實處理事務(fair dealing)之義務,此義務為反詐欺的最基本義務,美國證管會透過解釋、向法院對違反此義務之行為採取法律行動並經過法院肯認等方式建立此基本義務。誠實處理事務義務之內涵包括立即執行客戶指令、揭露相關重要資訊、收取合理報酬及充分揭露任何利益衝突之情事。

---

authorized time or space limits, or too little actuated by a purpose to serve the master. http://www.realagency.org/RestatementCommonLawofAgency.pdf.

[22] 尹海文,論雇主轉承責任構成要件的理論基礎與適用規則,中南大學學報,2006年6月。

　　B.最佳執行義務（duty of best execution）

　　　　最佳執行義務要求證券經紀商、自營商為其客戶尋求並獲得最佳利益的交易條件。此義務也是自忠實義務衍生而來。

　　美國在業者法律規範方面，並未訂立一部一體適用於所有從事與金融活動有關之中介服務機構的法令，而是透過規範個別金融中介服務機構的法令（沙賓法案、投資公司法及投資顧問法等）個別立法規範，其規範內容固有差別，但其基本規範精神，亦即市場中介機構對於其客戶負有最高程度的誠信及忠實義務並無二致。

　　美國對市場中介機構之規範，除了法律、行政命令之外，並有由自律機構（如上所述之全國證券商同業公會、全國性證券交易所、FINRA等）制定應遵循的規則，並藉由法院判決建立判斷標準，希望達到保障投資人權益之目標。行為人或該中介機構違反法令之行為，可能負擔刑法、行政法及民法上的法律責任。惟違反自律機構所訂之規則者，美國法院之判決並不承認該等自律規則具有法律地位，故不構成違反保護他人法律之侵權行為。法院認為該等違背自律規則之行為具有證據力，足以證明該中介機構或行為人違反業界標準之善良管理人注意義務，據以認定應負賠償責任。

　　（2）期貨業

　　美國對期貨經紀商受僱人員之責任，依「商品交易法」（Commodity Exchange Act, CEA）第 2 條(a)(1)(B)規定，任何個人、團體、合夥、公司或信託財產僱用之任何職員、代理人，或其他人，於其受僱或任職之職務範圍內之任何作為、不作為或違失，應視為上述個人、團體、合夥、公司或信託財產與各該人員之行為或違失[23]。

---

[23] Commodity Exchange Act Section 2 (a)(1)(B): "LIABILITY OF PRINCIPAL FOR ACT OF AGENT.—Theact, omission, or failure of any official, agent, or other person acting for any individual, association, partnership, corporation, or trust within the scope of his employment or office shall be deemed the act, omission, or failure of such individual, association, partnership, corporation, or trust, as well as of such official, agent, or other person." 7 U.S.C. As Amended Through P.L. 107-8, May 11, 2001. http://www.cftc.gov/files/ogc/comex060601.pdf.

美國法院實務上認為，除受僱人基於職務範圍內之行為，僱用人需負責外，對於逾越職務範圍之行為，仍須負監督責任[24]。以期貨商受僱人為例，如：Inre Big Red Commodity Corp.乙案中，FCM 業務員兼任期貨基金經理人從事募集之行為涉嫌詐欺，上訴法院認為 FCM 亦須為此負監督責任[25]。其立論基礎，係認為期貨經紀商係基於監督關係，有未盡注意義務之情形，致業務人員或其他受僱人侵害客戶權益，因而必須負責。

（3）投信投顧業

「1940 年投資公司法」及「1940 年投資顧問法」為避免基金經理人與投資顧問與客戶間發生利益衝突，明確規範二者間之報酬、費用與償付關係，以強化傳統信託法中忠實義務與善良管理人之注意義務，而產生所謂「忠誠義務」。受託人須以受益人之利益處理信託事物，不得於處理事務時，考慮自己利益或圖利他人，且避免與受益人間產生利益衝突情事。注意義務本質為投資風險管理及監督，受託人履行其職責時，應具備通常技能、謹慎及注意，與管理客戶資產時，須出於善意，且採取警覺、勤勉及謹慎之態度，以如同處理自己事務之標準以上之態度為之，違反者須承擔相對應之責任。

（二）日本

1.民法

日本民法第 715 條規定：「為某種事業使用他人者，對於受僱人就其事業的執行致第三人受損害，應負賠償責任。但僱用人對於受僱人之選任及其事業的監督已盡相當注意者，不在此限[26]。」適用本條時，首先應以

---

[24] 郭土木，期貨交易管理法規，增修再版，2017 年 3 月 23 日，頁 142 以下。

[25] Comm, Fut L. Rep. (CCH), 22,700. (CFTC, 1985).

[26] 第 715 条：ある事業のために他人を使用する者は、被用者がその事業の執行について第三者に加えた損害を賠償する責任を負う。ただし、使用者が被用者の選任及びその事業の監督について相当の注意をしたとき、又は相当の注意をしても損害が生ずべきであったときは、この限りでない。2.使用者に代わって事業を監督する者も、前項の責任を負う。3.前二項の規定は、使用者又は監督者から被用者に対する求償権の行使を妨げない。

受僱人存在故意或過失為前提，僱用人若無法證明對受僱人的選任、監督沒有過失，就要對受僱人造成的損害負責，屬於代位責任；並得於內部向加害者（即受僱人）求償。但近期學說與判例傾向認為僱用人疏於對受僱人的選任、監督，屬於僱用人自身過失責任。亦有學說認為屬「補償責任」，即僱用人利用他人勞動力擴大自己活動範圍，並因此擴大獲利可能，所以應該對其擴張的範圍內發生的損害承擔責任，惟此學說有導向無過失責任之可能，尚非可採。

　　日本司法實務認為：不論係「交易上侵權行為」或是「事實上侵權行為」，均採「外觀標準說」，亦即只要在外觀上與其職務行為有相當之牽連關係，縱使實質上為職務範圍外之行為或逾越權限之行為，仍屬執行職務之範疇。惟有學說認為：就「事實上侵權行為」部分，其並無外觀信賴，若採外觀標準說並不適當，而應從客觀上是否在使用人之控制範圍內出發，就被使用人所造成之損害應否由使用人承擔風險，進行價值判斷，較為合理。

2.金融商品交易法之相關規定

　　金融商品交易法（簡稱「金商法」）統合規範涵蓋與投資相關之金融商品，及其募集、發行與交易之多行為，更規範金融商品交易所、仲介業者行為規範。依金商法第 64 條規定，金融商品交易業者不論其名為勸誘員、銷售員、推廣公關或其他名稱的負責人或員工，若為下列行為，應為營業人員登記：

（1）有價證券的販賣、市場衍生性金融商品交易、外國市場衍生性金融商品交易，以及其之媒介、代銷、代理；委託前之媒介、代銷、代理；有價證券等清算代銷；有價證券的出賣；處理有價證券的募集、私募、出賣。買賣或其居間、行紀（有價證券等清算代銷除外）或代理之應募勸誘以及市場衍生性商品交易或外國市場衍生性商品交易及其居間、行紀（有價證券等清算代銷除外）或代理之應募勸誘。

（2）店頭衍生性金融商品交易及其媒介、代銷、代理；有價證券的認購；有價證券的認購；櫃檯衍生性商品交易之應募勸誘。

　　金商法訂有金融商品交易業者之一般行為規範，包括基於受任人地位之善良管理義務、忠實義務、親自執行受託事項之義務、受任財產與自己財產分管理之義務、遵守適當性原則規範之義務等。除金融廳對證券商實施檢查外，日本證券業協會（Japan Securities Dealers Association，簡稱JSDA）亦訂定自律規則以為共同遵守之準繩。茲整理比較金融商品交易法相關規範如下表[27]：

對客戶應秉誠實及公正之態度進行業務（第 36 條）	
揭露標示的義務（第 36 條之 2）	必須在各營業場所、辦公室等公眾容易看見之處揭露標誌
名義貸與之禁止（第 36 條之 3）	不得以自己名義，使他人從事金融商品交易業之行為
公司債管理者之禁止（第 36 條之 4 第 1 項）	不得為依公司法第 702 條所規定之公司債的管理者或附擔保公司債信託法第 2 條第 1 項規定之信託契約的受託公司
簽訂契約前、簽訂契約時交付書面資料的義務（第 37 條之 3、4）	
其他禁止行為	1.不得有「告知虛偽事項的行為」或「對於不確實的事項提供斷定式的判斷及說服的行為」（第 38 條之 1、2） 2.針對沒要求推銷的客戶不得從事電話、訪問的推銷（第 36 條之 3） 3.客戶有不簽訂契約之表示時不得繼續推銷（第 36 條之 4、5）
禁止損失補償（第 39 條）	針對特定存款、外幣存款、風險性保險年金均不得對損失做補償。不僅是不能以現金或物品作為補償，亦不得以優惠利率或手續費作為補償
適合性原則（第 40 條）	依照客戶的知識、經驗、財產狀況及簽訂契約的目的，不得從事不適當的推銷或欠缺投資者保護之行為

　　日本法例認為從業人員具有代其所屬公司，從事各類金融商品交易等一切訴訟外行為之權限，顧業務員為所屬證券、期貨、投信顧業者與客戶

---

[27] 有關金融商品交易法相關行為規範之整理，詳參該法第 36 條、第 39 條及第 40 條之規定。

成立之法律行為，係以本人代理之身分為之，業務員居於代理人地位，同時為債務履行輔助人，應負擔者為使用人責任[28]。法院實務上曾認為在商品期貨市場為其或經紀商進行交易之業務員，認定其屬於期貨經紀商之使用人，即使是無僱用之契約關係，但若外觀上期貨經紀商願意為其申請交易所之登記，其後雖然註銷登記，仍認為有僱用關係[29]。甚至有認為未經登記業務員所為之違反法令行為，若從行為外觀無從辨識，亦認為期貨經紀商亦應負責，立論基礎偏向民法表見代理責任[30]。

3.日本司法實務之判決

　　證券投資信託及顧問事業與其他金融機構與從業人員間之法律關係，若是本於僱傭契約而產生之僱用人與受僱人關係，基於金融業務為具有高度誠信之服務性質，故在僱傭契約中受僱人應具備有積極資格及不得有消極資格之情況，而僱傭契約具有專屬性，受僱人及僱用人除非經對方之同意，否則應親自服務其不得將勞務請求權讓與他人，因此業務員必須專職專任以專心致力於工作，至於在僱傭契約下，從業人員是否有代理證券投資信託及顧問事業與其他金融機構從事業務之權限，依民法第 167 條規定：「代理權係以法律行為授與者，其授與應向代理人或向代理人對之為法律行為之第三人，以意思表示為之。」故只要本人有授與代理之意思表示，即生效力，係單獨行為，不待代理人之同意，可是就證券投資信託及顧問事業與其他金融機構本身之授權，或從證券投資信託及顧問事業與其他金融機構與從業人員間簽訂之僱傭契約條款，除非有明示排除代理權之授與，且在法令亦無禁止之規定下，甚至產生部分從業人員在招攬業務之過程中，其為金融機構之代理人、客戶之代理人或雙方之代理人仍有不明確之情況，相關因受僱人產生之侵權行為責任如何分配，茲舉日本 1975

---

[28] 同前註 24，頁 144。

[29] 日本昭和 57 年（1982 年）5 月 13 日東京高等法院判決，判例時報，第 476 號，頁 185。引自同前註 24，頁 143。

[30] 同前註 24，頁 144。

年最高法院第 478 號判決有關金融機構與從業人員權利義務爭議之案例加以說明討論如下。

（1）事實摘要

　　本案 X 原告（第二審被上訴人，第三審之上訴人）為客戶，於 1963 年即與被告 Y 期貨經紀公司（第二審上訴人，第三審被上訴人）之外務員 M 相識，並委託其從事期貨交易，M 於 1964 年 1 月始受僱於 Y 公司，並於 Y 公司受 X 委託從事期貨交易，X 以本人名義所交易之神戶蠶絲期貨商品交易，自 1965 年 3 月 11 日至同年 6 月 5 日止連手續費損失共計 425 萬多日元，X 又依 M 之勸誘，於 1965 年 3 月另以 X 之妻名義開戶並交付交易保證 500 多萬日元，但 X 鑑於是本身學校之負責人不便以親自或配偶名義交易，由 M 提供借用他人「三浦」之帳戶名義交易，之後並以 728 個單位之受益憑證抵繳保證金，X 訴請 Y 返還其膯餘之保證金 74 萬餘元及抵繳之受益憑證，Y 反訴主張 X 之損失除 425 萬多元部分外，尚有以「三浦」名義的 3,164 萬多元之損失須支付。

（2）判決主要內容

　　本案一審東京地方法院於 1967 年 5 月 19 日判決 X 勝訴，二審東京高等法院於 1973 年 2 月 26 日判決認為外務員 M 就以「三浦」名義之交易係屬於以 X 代理人之地位而委託者，另有部分認定 M 具有 Y 表見代理之情況，故駁回 X 部分之請求，而第三審之最高法院廢棄第二審對 X 不利之判決，認為就商品交易業者與客戶間之交易，有業務員介在中間，而商品交易業者之外務員與客戶之間是否存有逾越一般交易關係之信任以上的特別信賴關係，使客戶要求外務員捨去作為商品交易業者僱用人地位而為自己利益行為，除非存在可認定外務員答應要求的特別情事，否則應以外務員通常係代理商品交易業者來解釋，本案中 M 本來為商品交易業者之僱用人居於其輔助人地位，故在客戶未曾前往商品交易業者營業場所，僅透過特定外務員作交易之委託，縱使有客戶以他人名義乃至虛假名義委託交易，外務員也未將該客戶姓名告知商品交易業者的事實，但單憑此事實不能認定客戶與 M 間存有特別信賴關係之情事，而且 M 自從任職 Y 公

司以後只有 X 一個客戶，X 透過 M 所從事之交易大多損失，「三浦」帳戶為 M 所提供，X 曾限制 Y 公司有關交易之損失額應止於已繳之保證金範圍內等情事，故認定 M 非屬 X 之代理人而應為 Y 之代理人，所以 Y 對於 M 所為之行為亦應有所認識，故為對 Y 不利之判決。

（3）本案分析與評述

　　由於本案發生於 1975 年日本修正商品交易所法第 91 條之 2 第 6 項之前，修正前法令並未明確的規定外務員對於期貨經紀商是否有代理之權限，日本證券交易法 1964 年修正前，最高法院就證券實務上亦有持相同看法之判決，而這些判決時空背景類似我國目前之法令環境，現行證券交易法、期貨交易法或相關函令，並未規定業務員對所屬之公司是否具有代理權，以致業務違規對客戶造成損害時，業者每每推諉其屬於個人之行為與公司無關，就以本案而言，其爭議法律關係之關鍵，在於外務員 M 究竟是以商品交易業者（期貨經紀商）Y 之僱用人地位而接受委託，或是以客戶 X 代理人之地位來從事委託，從判決中亦可看出法院就外務員與客戶間，認為若具備有超越一般交易的個人間信賴關係者，則可認定為外務員是客戶的代理人，日本學者甚至有認為即使商品交易會員期貨經紀商之外務員居於該公司代理人之地位，其代理權亦由法律所擬制規定，但也不能否定在特殊之情況下，外務員也得站在客戶代理人之地位，因此證券或期貨經紀商對於客戶不必負契約責任，至於在認定業務員與客戶間有超越一般交易之個人信賴關係之特殊情況時，其基準為何則有疑義，從業務員與期貨經紀商為僱傭關係，無論是法定、約定或從僱傭契約本質解釋，具有代理權應屬常態，而相反地，業務員為客戶之代理人之情況應屬例外之情形，因此對於業務員居於客戶代理人之狀況應從嚴認定，而且應依個案之具體狀況作認定，茲舉日本實務上有關之案例說明如下：

　　A.客戶與外務員之關係是在該外務員任職外務以前之舊識，而關於信賴其才幹，該外務員受到一定金額之委託，除股票之外還廣定成數之利潤，證券業者也確認客戶與外務員的特別的信賴關係，默認外務員負責受委託資金之一切責任等事實，判示該外務員與客戶係依特別的個人信賴關

係而結合，該外務員為客戶之代理人。

B.客戶為一名醫師，其委託與外務員之交易雖採取按正常規定之手續，惟嗣後卻因違約未被履行，由於客戶對外務員給付太高金額之禮金，以及依該交易獲得鉅額利益等情況下，而被認定有特別情事的案例。

C.客戶本身並未到證券業者之營業處委託交易，而係透過特定外務員下單交易，縱使客戶用虛假名義或帳戶交易而姓名亦未報知證券業者，單憑此尚不夠充分藉以認定證券商之外務員與客戶間有特別情事之存在。

日本在 1965 年及 1975 年證券交易法第 64 條及商品交易所法第 91 條修正後之情況，業務員得充分地行使公司得為之業務行為，但卻未相對地明定授與代理之權限，所以類似本案之情節將同樣地會發生，而日本實務上之見解容認在有特殊情況下，依照業務員與客戶間之個人信賴關係，得認定業務員為客戶之代理人已如上述，若解釋業務員在僱傭契約下存在特殊情況時得為客戶之代理人，將可能造成雙方代理之情況，其間利益之衝突將無可避免，因此除非把特殊情況解釋為該金融機構在事前之許諾，否則應不得作如此認定，而該金融機構是否得許諾業務員為客戶之代理人，由於從業人員在從事業務所為之行為，視為該金融機構授權範圍之行為，故不可能存有許諾之情形，同時從業人員之業務性質若屬被動之受託，在一般客戶之認知上，從業人員是站在所屬公司之立場接受委託，其當然代理公司。另前述所舉之日本相關案例，亦很難劃分出所謂特殊狀況之明確界線，因此基於代理關係，就受僱之從業人員對客戶造成之損害應依法負損害賠償之責任。

第三節　民法第188條與第224條之適用差異

第一項　民法第 224 條債務履行輔助人之責任

一、構成要件

（一）責任主體

1.代理人

通說及實務見解（68 年第 3 次民事庭會議）均認為包括意定代理人與法定代理人，法定代理人係基於法律關係，其目的乃在於維護被代理人之利益，使被代理人能參與交易活動獲有利益，故被代理人應承擔代理人之故意或過失。且當被代理人無識別能力時，王澤鑑教授主張宜認為故意或過失僅就法定代理人之行為及其識別能力認定之，且法定代理人應擴大解釋包括夫妻間關於日常事務之代理、遺囑執行人及破產管理人

2.使用人

依債務人之意思，事實上為債務履行之人。第三人介入債之履行，須基於債務人之意思，始能將該第三人之故意過失歸由債務人負擔（即「與因關係」）。其範圍包括：

（1）法人之機關

有學者認為「董事雖為法人代表，仍應類推適用本條規定」；亦有學者認為，機關之行為為法人之行為，機關就債之履行具有故意或過失時，即為法人本身之故意或過失，似無適用或類推適用民法第 224 條之規定之必要。

（2）代替人

係指債務人以他人代替其地位，而以該代替人負其責任，債務人僅就選任或指示過失負責。現行法就委任及寄託設有規定，如民法第 537 條、第 598 條或第 592 條及第 593 條規定，此時債務人

僅就該第三人之選任或指示負責。

(3) 使用人之使用人

履行輔助人為履行債務再使用他人之情況，學說上肯定之。其法律關係應分二種情況論之：A.使用人得再使用他人履行債務者，該間接使用人亦屬債務人之使用人；B.使用人不得再使用他人履行債務時，此時當使用他人履行債務有故意或過失時，即應負責，無論次使用人有無故意過失在所不問。

(4) 利用輔助人

債務人對標的物有使用之權能，而使第三人加以利用，該第三人即為所謂之利用輔助人。其法律關係可分為二種情況：A.承租人未違反約定或借用人同意之情況下，此時針對第三人故意或過失負損害賠償責任；B.承租人違反約定或借用人未同意下，直接具可歸責事由，負債務不履行之責。

（二）履行輔助人須有故意或過失

其歸責事由之標準，應以債務人依其債之關係所負之歸責要件為準。

（三）債之履行範圍

係指有關給付義務與附隨義務之部分，學說上有爭議在於因履行債務機會而為之行為是否屬債之履行範圍？學說上認為應與在民法第 188 條僱用人責任採相同見解，主張必須該「利用履行債務給予機會之行為」與債務履行「具內在關連」為限，方有民法第 224 條之適用。

二、責任性質

債務人履行債務時，除具有高度屬人性之義務或當事人另有特約外，原則上可使第三人履行之。此時若債務履行輔助人關於債之履行有故意或過失時，債務人應如何負其責任，債權人得向何人請求損害賠償？我國民

法第 224 條：「債務人之代理人或使用人，關於債之履行有故意或過失時，債務人應與自己之故意或過失負同一責任。但當事人另有訂定者，不在此限。」惟對於責任性質及其範圍，則有不同見解：

（一）法定擔保責任

在債之關係中（尤其是契約關係）債權人所信賴者，係債務人本人，而非其履行輔助人。債務人因分工役使他人而受益，理應承擔其危險性，何況債權人對於債務人之選任輔助人通常無影響力，使債務人負擔保義務亦可促使其慎選履行輔助人、監督履行輔助人[31]。債務不履行責任之成立，僅須履行輔助人具有故意過失，即可成立，不以債務人本身具有故意過失為要件。依此觀點，認為債務人所負之責任為無過失，自有所據。所謂「債務人應與自己故意或過失，負同一責任」，與「債務人應負其責任」，用語雖有差異，本質上卻無不同[32]。而依民法第 224 條之規定，債務不履行責任之成立，僅須履行輔助人具有故意或過失，即可成立，不以債務人本身具有故意過失為要件，準此觀點，認為債務人所負之責任為無過失，自有所據。

（二）過失責任

履行輔助人之行為應負無過失責任，性質上屬於法定擔保責任，係基於與因關係及誠信原則而來。所謂「與因關係」，即債務人利用履行輔助人擴張其活動範圍之結果，而產生新的債權侵害危險，此種危險乃源於債務人。惟「與因關係」必須債務人與履行輔助人間有監督之可能始足當之。故此說認為條文規定「債務人應與自己之過失負同一責任」，而不規定「債務人應負責任」，顯然可見非純粹無過失責任。且民法第 224 條債務人尚可舉證證明履行輔助人並無過失而免責，與無過失責任下，債務人

完全沒有免責之情形不同。乃係將履行輔助人之故意或過失擴大及於債務人，使之負責，性質上為過失責任之擴大化，而非無過失責任[33]。

依德國法例，履行輔助人承擔責任的法理依據為：既然債務人履行債務，為擴大其業務活動範圍而使用輔助人，即為了自身的利益而進行勞動分工，則債務人應當承擔因此而產生的風險，故認為在此應實踐嚴格責任制度，而朝向債務人無過失責任方向發展[34]。

三、得類推適用之範圍

（一）債之關係

民法第 224 條之規定於債編總論中，只要有債之發生原因均有適用之餘地。

（二）締約上過失

於締約階段，雖無債之關係存在，但當事人已進入他方當事人信賴地位，故民法第 224 條之規定應可類推適用。

（三）與有過失

民法第 217 條第 1 項規定：「損害之發生或擴大，被害人與有過失者，法院得減輕賠償金額，或免除之。」第 2 項規定：「重大之損害原因，為債務人所不及知，而被害人不預促其注意或怠於避免或減少損害者，為與有過失。」第 3 項之規定：「前二項之規定，於被害人之代理人或使用人與有過失者，準用之。」惟應如何準用？學說上有三說：

33　參見林誠二，債務不履行歸責事由之檢討，中興法學，第 6 期，頁 392。
34　〔德〕羅伯特‧霍恩、海因‧科茨、漢斯‧G‧萊塞，德國民商法導論，楚建譯，1996 年，中國大百科全書出版社，頁 124。

1.法律要件準用說

在準用民法第 224 條之規定時，除法律效果外（被害人對其使用人與代理人之故意過失負同一責任），其法律要件（需在債之履行中）亦應一併準用。故以被害人與加害人間於損害發生之前已有債之關係存在為限。

2.法律效果準用說

認為僅應準用民法第 224 條之法律效果，則無論加害人與被害人間是否具有債之關係，被害人均應承擔其代理人或使用人之故意或過失。

3.折衷說

有債之關係時，無論是代理人或使用人之與有過失者，以本人（被害人）均需就其履行輔助人負責。惟無債之關係時，應區分下列情形：

（1）使用人或意定代理人之故意過失：有認為使用他人應承擔其危險性，況且其乃基於本身意思所為之選任、監督，自應與履行輔助人負同一責任[35]。另有認為此問題涉及使用人之過失危險應由何人承擔之問題，即何人須承擔使用人無資力無法求償之危險。其認為應視被害人與第三人之關係為有償或無償關係，蓋使用人係無償提供被害人服務，因而對被害人發生損害，卻需負擔損害賠償責任，不免使被害人過度受益，不符事理之平。因而，被害人應承擔無償使用人之與有過失，使該使用人無須負責。反之，若使用人係有償提供服務，因而對被害人發生損害，使用人既應負擔損害賠償。此時被害人即無需承擔使用人之與有過失[36]。

（2）法定代理人之故意過失：實務見解採法律效果準用說，認為無論是意定代理人或法定代理人，本人均需承擔其故意或過失之責。王澤鑑教授則採否定見解，認為法定代理人非由本人所選任，而係由法律規定與使用人之情形不同。且法定代理制度旨在保護未

---

[35] 王澤鑑，民法學說與判例研究（六），臺大法學叢書，1991 年 5 月，頁 71-72。
[36] 陳聰富，侵權違法性與損害賠償，元照出版，2008 年 12 月，頁 57-58。

成年人，在無求利益之情況下（有償之關係）不能使未成年人因而遭受不利益。保護未成年人為民法之基本原則，倘未成年人需承擔其法定代理人之與有過失，不能向加害人請求全部損害賠償，於法定代理人無資力時，未成年人將難以獲得全部之回復原狀。

第二項　與民法第 188 條適用之差異

承上所述，我國民法有關僱用人就受僱人侵權行為需負連帶賠償責任之規定，係建立於過失責任之基礎上，以僱用人對於受僱人之選任及監督有所疏忽作為歸責原因，其次考量經濟上因素而為橫平之責任，與第 224 條規定債務人就履行輔助人之故意或過失負同一責任，係採無過失責任主義不同。原則上於發生法條競合之情形，主張民法第 224 條，則僱用人不得舉證免責，且對於使用人履行債務之故意或過失，由債務人負舉證責任，對被害人較為有利[37]。

一、履行輔助人責任屬於契約責任

有關履行輔助人（使用人）是否以受債務人指示或監督為必要？對此存有兩不同見解：

（一）干涉可能性必要說

為成為履行輔助人，儘管不以輔助人和債務人之間存在支配、從屬關係為必要，但債務人對履行輔助人應有干涉可能性。此說於二十世紀初德國民法學說上有相當大的影響力，且於日本亦居於通說之地位。日本學者通說認為：所謂履行輔助人，指債務人出於債務履行之目的使用的人，並

37　王澤鑑，為債務履行輔助人而負責，民法學說與判例研究（六），臺大法學叢書，1991 年 5 月，頁 72 以下。

不限於其有類似僱傭契約關係者，只要有事實上的使用關係即可，故基於友誼好意輔助履行場合亦得成為履行輔助人。再者，不限於對債務人有社會的、經濟的從屬地位的人，即使是獨立的企業，如對於小規模運輸業人債務人為適合搬運標的物等的需要而具有施加干涉（選任、指揮、監督）的可能性的場合方可被解釋為債務人的履行輔助人[38]。因此，雖將運送業者納入履行輔助人之行列，但對於郵電、鐵路之類服務，債務人沒有選擇的自由，而且，對於他們的經營也無法施以干涉，不應為履行輔助人。我國通說亦認為債務人對於履行輔助人之行動可得干涉為必要，否則為非履行輔助人[39]。

（二）干涉可能性不要說

有日本學者否定干涉可能性要件，主張將郵電、鐵路等壟斷性企業也包括在履行輔助人之內。其理論上的依據如下：

1. 即使沒有干涉可能性，債務人因利用輔助人而擴張自己的活動領域，由此而獲得利益，因而自應負擔其相應的危險。債務人和輔助人之間的關係，屬債權人不能夠充分了解的內部事情；債務人預測到損害發生的危險性，比較容易地採取如保險或者價格轉嫁的自衛方法。

2. 現代經濟社會以市場經濟和大量生產為前提，是高度勞動分工的體制，對於債務人對輔助人具有干涉可能性，根本無法接受。即便仍然維持干涉可能性之要件，仍屬恣意的擬制。

3. 干涉可能性的思考方法，乃是以選任、監督責任為前提，與債務人客觀責任的法律構成要件並不協調。

---

[38] 山崎賢一，履行補助人的過失和債務人的責任，載於加藤一郎、米倉明，民法的爭點 II，1985 年，有斐閣，頁 20。

[39] 史尚寬，債法總論，1954 年台初版，頁 35；鄭玉波，民法債編總論，三民書局，2002 年 6 月 1 日，頁 273；孫森焱，民法債編總論，三民書局，2010 年 5 月 1 日，頁 353；王伯琦，民法債篇總論，國立編譯館，1964 年台 1 版，頁 159。

4. 從債務人為債務履行輔助人負責為擔保責任之定性出發,則此種擔保責任並非基於指示或監督之過失,故自法律之規範目的以言,似不以使用人對於債務人居於從屬地位為必要,故醫生、律師、會計師、承攬人均得為履行輔助人[40]。

5. 在德國、法國或英美諸國,干涉可能性已不再是債務人責任的要件,從比較法上來看,干涉可能性必要說已失其支持[41]。德國學者認為債務人之輔助人是為了協助契約的履行而進行活動,契約輔助人協助履行契約,必須得到雇主的同意,其行為也只能圍繞著契約的履行展開。輔助人可以是債務人手下工作人員或親屬中的任何人,甚至還可以是其為履行義務而利用的獨立的第三人,其中之界線很難確定。例如:債務人所利用的一家銀行或一家運輸公司,如果契約中的出賣方指示某製造商或第三人直接向買受方交付貨物,則該製造商或第三人就有可能被視為是出賣方的契約輔助人。

二、民法第 188 條性質非契約責任

依最高法院 56 年 06 月 14 日台上字第 1612 號判例見解:「僱傭契約於當事人間,固以約定一方於一定或不定之期限內為他方服務勞務,他方給付報酬為其成立之要件,然其與第三人間之關係,受僱人既係以聽從僱用人之指示而作為,倘受僱人確係因服勞務而生侵害第三人權利之情事時,僱用人即不能藉口曾與受僱人有何約定,而諉卸其對第三人之責任。」又參照最高法院 88 年度台上字第 2618 號判決意旨:「民法第 188 條第 1 項規定僱用人之連帶賠償責任,係為保護被害人,避免被害人對受僱人請求賠償,有名無實而設。故此之所謂受僱人,並不以事實上有僱傭

40　王澤鑑,民法學說與判例研究(六),頁78。

41　落合誠一,因補助人行為的運輸人責任,法學協會雜誌,第 94 卷第 12 號~第 95 卷第 3 號;運送責任的基礎理論,1979 年,頁 216 以下。

契約者為限，凡客觀上被他人使用，為之服勞務而受其監督者，均屬受僱人。換言之，依一般社會觀念，若其人確有被他人使用，為之服勞務而受其監督之客觀事實存在，自應認其人為該他人之受僱人。」可知民法第188 條之規範性質屬於侵權行為責任，只要證明僱用人與受僱人間具有債之關係即可，無須證明二者間具有契約關係。

第四節　我國證券投資信託及顧問事業相關民事賠償案例

我國證券投資信託與顧問事業之負責人及業務人員對於侵權行為損害賠償之法律責任，依公司法第 23 條第 2 項、民法第 28 條與民法第 188 條規定應負之民事賠償責任，已經累積相當多之案例，茲舉四個案例說明如下。

第一項　華信投顧案[42]

一、事實說明

依判決書所載，巫○○為華信證券投資顧問股份有限公司（下稱華信公司）業務員，巫○○慫恿原告加入華信公司之頂級會員，原告向被告○○表示要先獲利才肯加入頂級會員，巫○○回覆稱公司同意待實際獲利達200 萬元後再行繳納頂級會員入會費 100 萬元。

後於 96 年 7 月原告因巫○○以簡訊所提供之相關操作訊息而投資買進旺玖公司股票獲利約 120 萬元，巫○○要求原告分紅 16 萬元，並要求原告先支付半數會費 50 萬元。此外，巫○○又原告借款 20 萬元。而此後巫○○所提供之華信操作訊息均導致原告損失。

原告向巫○○請求返還借款時方知巫○○證券投資顧問事業業務員之

---

[42] 台灣台北地方法院 99 年度金字第 87 號民事判決。

資格，經原告向華信公司協商，華信公司以此為巫○○個人行為，公司已經針對巫○○之違法行為開除巫○○。

二、請求權基礎

本案原告之請求如下：

（一）依民法第 184 條規定請求損害賠償

被告巫○○不具專業合法執照，以詐欺行為使原告陷於錯誤，因而交付入會費 50 萬元；或以侵占行為侵吞原告委託其代為繳付被告華信公司之入會費 50 萬元，違反證券投資信託及顧問法第 7 條、第 8 條規定，原告得依民法第 184 條規定請求損害賠償。

（二）依民法第 188 條規定請求僱用人負連帶賠償責任

依民法第 188 條規定而被告華信公司為被告巫○○之僱用人，明知被告巫○○不具專業合法執照，雇用為其業務員，從事證券投顧業務之招攬及操作訊息之傳遞，除有違關於業務人員資格之規定，其對於受僱人即被告巫○○之選任監督顯有故意或過失，且依證券投資信託及顧問法第 71 條第 2 項規定，被告巫○○上開行為視為該事業授權範圍內之行為，屬於執行職務之行為，被告華信公司自應依民法第 188 條規定，與被告巫○○連帶賠償原告因此所受之損害。

（三）依證券投資信託及顧問法第 9 條第 1 項規定請求懲罰性賠償金

原告所受之直接損害為入會費 50 萬元，而被告巫○○係以故意行為造成該項損害，故原告除得請求 50 萬元之損害外，尚得依證券投資信託及顧問法第 9 條第 1 項規定，請求損害額三倍以下之懲罰性賠償金，是被告應連帶賠償原告 200 萬元。

三、本案之爭點整理

（一）原告得否依民法第 184 條規定請求巫○○負損害賠償責任並依證券投資信託及顧問法第 9 條第 1 項規定，請求損害額三倍以下之懲罰性賠償金？

（二）僱用人華信公司是否與受僱人巫○○負連帶賠償責任？

四、法院見解

　　本案法院基於限制客觀說為原告敗訴之判決，其判決理由如下：

（一）按未取得證券投資顧問之證照，推薦股票之行為屬證券投資信託及顧問法第 107 條第 1 款規定，未經主管機關許可，經營證券投資信託業務、證券投資顧問業務、全權委託投資業務或其他應經主管機關核准之業務之行為。又所謂「報酬」，並不以顧問費或諮詢費為限，雖係以其他名義方式收取，如與提供證券顧問服務具有對價關係，仍屬收取報酬之範疇，即實質上仍涉及從事證券投資顧問業務，又證券投資信託及顧問法之立法為兼有發展國民經濟，並保障投資之目的，自屬保護他人之法律，故行為人違反保護他人之法律，應負損害賠償責任，惟按關於民法第 184 條侵權行為賠償損害之請求權，以受有實際損害為成立要件，倘無損害，即不生賠償問題。

　　本件原告主張其所受損害為其所交付被告之 50 萬元會費，惟如前述，該 50 萬元原告業已自承係依其與被告巫○○之約定而交付，與此被告巫○○違反證券投資信託及顧問法第 107 條第 1 款規定，未取得證券投資顧問之證照，而為證券投資顧問業務之行為，二者間尚無因果關係，原告即無得主張損害賠償請求權，遑論原告另行主張之三倍之懲罰性賠償金。

（二）民法第 188 條所規定僱用人之連帶賠償責任，以受僱人因執行職務

不法侵害他人之權利，始有其適用。倘係受僱人個人之犯罪行為而與執行職務無關，即與該條規定之要件不合，殊無因受僱人濫用職務或利用職務上之機會及與執行職務之時間或處所有密切關係之行為，其外觀在客觀上認與執行職務有關，不法侵害他人之權利，遽認僱用人應與該受僱人負連帶賠償責任。

（三）本件巫○○身為業務員之職權，僅係負責招攬會員入會，原即不包括推薦股票，故巫○○與原告間之推薦股票等行為，應屬其個人之不法行為，難認具有客觀上執行職務之外觀，而與被告華信公司有何關涉。況如前述，原告並無損害，而不得對被告巫○○請求損害賠償，自不得向被告華信公司請求連帶賠償責任。

第二項　亞洲投顧案[43]

一、事實說明

依判決書所載，原告與亞洲證券投資顧問股份有限公司（下稱亞洲投顧公司）簽訂委任契約，委任亞洲投顧公司為證券投資顧問，由亞洲投顧公司之分析師林○○擔任諮詢老師，服務期間為 96 年 6 月 28 日至 96 年 9 月 28 日，另加贈會期至 96 年 10 月 15 日，顧問費為 20 萬元。

林○○另向原告表示其有經營代為買賣股票之業務，原告因信賴被告林○○之專業，故交付大約 250 萬元價值之股票予被告林○○，並授權被告林○○代為下單買賣股票，然原告並未授權被告林○○以融資買股。嗣於 97 年 1 月間，原告接獲國票綜合證券股份有限公司（下稱國票公司）通知，原告需補繳 512,452 元，邱助理打電話稱需簽名繳利息，不然股票就會不見，而未詳細說明，原告補足上開金額後，於 97 年 7 月 14 日，國票公司又以股價下跌再次要求原告補款，原告欲洽詢被告林○○，然被告

43　台灣台北地方法院 99 年度訴字第 3626 號民事判決。

林○○竟避不見面，後因原告未補款，融資之股票即遭賣出，致原告受有742,346 元之損失，並發現林○○竟未經原告同意，擅自以融資買股方式為原告下單，且未告知原告曾以融資買股方式下單，亦未向原告報告盈虧，且未交付融資對帳單給原告，甚者，林○○並未親自買賣股票，而是委由訴外人邱助理操作股票。

　　嗣後原告要求亞洲投顧公司出面協商，亞洲投顧公司表示只願退還部分會費 15 萬元，雙方就賠償部分尚未談及，嗣原告向金管會投訴，經金管會調查，被告亞洲投顧公司之業務人員即被告林○○代理客戶從事有價證券投資，違反證券投資顧問事業負責人與業務人員管理規則第 15 條第2 項第 2 款之規定，亞洲投顧公司未善盡監督管理之責，容任林○○逾越權限為原告融資買賣股票，造成原告損失，且亞洲投顧公司亦未依委任契約提供原告諮詢顧問服務。

二、請求權基礎

　　本案原告之請求如下：

（一）請求亞洲投顧公司

1. 依委任契約之債務不履行法律關係，請求買賣股票所受之損失。
2. 依民法第 184 條第 1 項、第 2 項請求損害賠償。
3. 依民法第 188 條規定負連帶賠償責任。

（二）請求林○○（亞洲投顧公司分析師）

1. 依民法第 540 條及第 544 條。
2. 依民法第 184 條第 1 項前段、第 2 項規定。

三、本案之爭點與法院之見解

本案法院基於下述理由判決原告敗訴：

（一）原告與亞洲投顧公司於 98 年 5 月 4 日達成和解之範圍為何？法院認為協議書是針對被告亞洲投顧公司之受僱人林○○違法受原告委任「代客操作」，亞洲投顧公司依法應負之責任部分，雙方達成和解，且該協議書已明確約定原告同意不再對被告提起「任何」訴訟，自應包括「損害賠償」在內，原告就此部分自不得再向被告亞洲投顧公司請求賠償。

（二）亞洲投顧公司是否未依委任契約提供原告諮詢顧問服務？法院認為亞洲投顧公司表示於委任契約之服務期間，均有於營業日以傳真、手機簡訊之方式提供個股之投資建議予原告，並已證明其有以簡訊發送 call 訊至原告手機，惟原告未能舉他證證明其未收到上開簡訊，則原告此部分之主張不可採。

（三）被告林○○有無違反對原告應負之受任人報告義務而致原告受有損害？法院認為本件情形適用民法第 540 條規定，原告既然由國票公司定期寄發買賣報告書等得以知悉委任事務進行之狀況，故縱使原告因委任林○○全權買賣股票受有損害，亦與林○○未為報告之行為無因果關係，原告以林○○未盡報告義務，請求林○○賠償買賣股票所受之損失或虧損，亦無理由。

（四）被告林○○代原告融資買賣股票，有無逾越原告之授權範圍而致原告虧損？法院認為原告授權被告林○○代其買賣股票，並書立承諾書。信用交易為有價證券買賣方式之一，除非委任書或授權書明文排除信用交易，若委任書或授權書之範圍並未區分有價證券買賣方式之類型為普通交易或信用交易，則前述交易均涵括在授權範圍內。查上述承諾書文字未明文排除信用交易，且原告授權範圍若未包括信用交易，被告何需於 99 年 6 月 29 日傳真「可融資金額表」予原告。又國票公司定期皆會寄發買賣報告書予原告，當可從上開

報告書得知有融資之事實，原告有收到知悉林○○代其融資買股卻均未表示意見，顯然有事先同意。綜上，堪認原告確有授權林○○可代其以融資融券方式買賣股票。

（五）被告林○○違反證券投資顧問事業負責人與業務人員管理規則第15條第2項第2款之規定，代理原告從事股票投資行為，是否對原告應負侵權行為責任？法院認為按97年5月2日修正前之證券投資顧問事業負責人與業務人員管理規則第15條第1項、第2項第2款規定，證券投資顧問事業之負責人、部門主管、分支機構經理人、業務人員或其他受僱人應以善良管理人之注意義務及忠實義務，本誠實信用原則執行業務。前項人員，除法令另有規定外，不得有代理他人從事有價證券投資或證券相關商品交易行為。若身為證券投資顧問事業之業務人員代理他人為股票之買賣，即違反該規則第15條第2項第2款規定。又民法第184條第2項前段規定，違反保護他人之法律，致生損害於他人者，負賠償責任。惟是否應負損害賠償之責，仍應視是否符合他人因此受有損害，且二者之間是否有相當因果關係之要件為斷，若業務人員違法代客操作之行為，依客觀審查，並非必然發生導致他人發生交易虧損之結果，是業務人員未經核准從事代客操作行為，與他人發生虧損之結果間，並無相當因果關係，因此並未構成侵權行為。

（六）亞洲投顧公司是否應依民法第188條規定對原告負連帶賠償責任？法院認為僱用人依**民法第188條第1項對被害人負連帶損害賠償責任之前提要件，為受僱人因執行職務對被害人構成侵權行為**。查本件被告亞洲投顧公司之受僱人林○○代理原告買賣股票之行為，並**未對原告構成侵權行為**，既然受僱人未有侵權行為，則被告亞洲投顧公司也不需負僱用人之連帶損害賠償責任。

（七）本件原告之侵權行為請求權，是否業已罹於消滅時效？

第三項　永豐投顧案[44]

一、事實說明

　　依判決書所載，原告夫婦為永豐證券投資顧問股份有限公司（下稱永豐公司）之客戶，原告起訴主張其與永豐公司間有委任契約關係存在，並於 93 年 5 月 19 日因任職於永豐公司之業務經理許○○之顧問、推介，購買未經我國主管機關核准或向主管機關申報生效境外基金即阜豐基金（下稱系爭基金）。阜豐集團基金管理公司於 97 年、98 年間突然關閉，原告爰依據委任及侵權行為之法律關係，主張永豐公司應就原告所受之損害負賠償責任。

二、請求權基礎

　　本案原告之請求如下：

（一）請求被告永豐公司：

　　1. 依民法第 544 條規定，請求委任人應負賠償之責。

　　2. 依民法第 184 條第 2 項規定，對原告負損害賠償責任。

　　3. 依民法第 188 條第 1 項規定就受雇人之侵權行連帶負賠償責任。

（二）請求被告許○○：

　　1. 依民法第 184 條第 1 項前段規定，負損害賠償責任。

　　2. 依民法第 110 條規定，負損害賠償責任。

三、爭點整理

（一）原告與被告永豐公司間，就系爭基金有無成立投資、顧問之委任契約？法院認為原告當時信賴並接受被告永豐公司業務經理許○○之

44　台灣台北地方法院 100 年度訴字第 3750 號民事判決。

推介，並且經由被告永豐公司辦理購買阜豐基金，故原告與被告永豐公司間，就阜豐基金自有投資顧問之委任契約關係存在。惟原告對此有利於己之主張，就其事實應有舉證之責任，然原告所提出之證據（包括：1.原告於永豐公司營業場所辦理購買系爭基金，並匯款至系爭基金帳戶；2.許○○代為填寫申購書、客戶基本資料、英文申購契約書、認購確認書等；3.電話通話錄音光碟等等），均無從認定被告永豐公司受原告委任並同意就系爭基金向原告提供分析意見或推介建議，以及被告永豐公司就系爭基金有為原告分析意見或者推介建議之具體行為，故未能舉證原告與被告永豐公司間有委任契約關係存在。

（二）許○○是否無權代理永豐公司而向原告推介、建議原告購買系爭基金？被告許○○對於原告應否負侵權行為或無權代理之損害賠償責任？被告永豐公司應否以被告許○○之僱用人之地位就被告許○○之侵權行為連帶負賠償責任？法院認為原告所提出之證據（包括：許○○名片、阜豐公司所發行之文件資料影本、華南銀行之外匯水單影本、申購書、客戶基本資料、英文申購契約書、認購確認書、原告與被告許○○之通話錄音光碟與譯文、系爭基金淨值月結單、傳真資料、快遞公司送件存根聯、被告永豐公司信封袋、申索書等）無法證明被告永豐公司、許○○就系爭基金對原告提供分析意見、推薦或建議，亦不足以證明被告許○○偽裝有權代理被告永豐公司而詐騙原告之行為。據此，原告主張被告許○○有上開侵權與無權代理之行為，對原告應負上開侵權行為或無權代理之損害賠償責任，為無理由。

（三）被告永豐公司是否應依表見代理規定，負授權人之責任？法院認為無事證足以證明被告許○○曾無權代理被告永豐公司向原告推介、建議購買系爭基金，故原告主張被告永豐公司應依民法第169條規定就許○○之無權代理行為負表見代理之責任，顯無理由。

（四）當時有效之證券投資顧問事業管理規則第 39 條規定，是否屬於民

法第 184 條第 2 項之保護他人之法律？法院認為民法第 184 條第 2
項所謂保護他人之法律，係指保護他人為目的之法律，亦即一般防
止危害他人權益或禁止侵害他人權益之法律。又依證券交易法第
18 條第 2 項所制定之證券投資顧問事業管理規則，應為主管機關
為管理證券投資顧問事業所制定，縱投資顧問事業當時違反該規則
修正前第 39 條規定於國內募集、發行或買賣國外有價證券，然他
人權益應非因此即遭受危害或者侵害，是該規則應屬主管機關為管
理投資顧問事業所制定，並非以保護他人為目的所制定。

第四項　安泰投信案[45]

本案楊○○於任職安泰投信公司（前身荷銀投信）期間，利用職務上
之機會詐欺原告參與買賣基金及公關股票，使其自 93 年 2 月下旬開始匯
款予楊○○，楊○○之詐欺犯行已經法院判決確定在案。原告主張安泰投
信公司為楊○○之僱用人，楊○○上開詐欺犯行客觀上與其執行之職務範
圍有關，不法侵害原告權利，致原告受有 1 億 2,274 萬 4,354 元之損害，
被告安泰投信顯未盡其監督與管理之責，依民法第 188 條規定僱用人負連
帶賠償責任之規定應與楊○○負連帶損害賠償責任。台灣台北地方法院採
限制客觀說，為原告敗訴之判決，其理由如下：

一、所謂受僱人因執行職務不法侵害他人之權利，不僅指受僱人因執
行其所受命令，或委託之職務自體，或執行該職務所必要之行為，而不法
侵害他人之權利者而言，即受僱人之行為，在客觀上足認為與其執行職務
有關，而不法侵害他人之權利者，就令其為自己利益所為亦應包括在
內[46]。準此，受僱人之不法行為，客觀上須足認與其執行職務有關，倘係
受僱人個人之犯罪行為而與執行職務無關，即與該條規定之要件不合，殊
無因受僱人濫用職務或利用職務上之機會及與執行職務之時間或處所有密

45　台灣台北地方法院 97 年度重訴字第 212 號民事判決。
46　參照最高法院 42 年台上字第 1224 號判例。

切關係之行為，其外觀認與執行職務有關不法侵害他人之權利，即遽認僱
用人應與該受僱人負連帶賠償責任。

　　二、證券投資信託事業依法不得為有價證券買賣之居間、代理仲介業
務，或為有價證券之承銷業務，故安泰投信不得介紹他人購買上市櫃公司
之承銷新股，亦不可能與投資人私下進行股票交易。故楊○○與原告間之
投資或仲介買賣股票交易，與安泰投信公司之業務無涉，足徵被告之業務
不包括股票之買賣，亦不包括公關股票之仲介或買賣。

　　三、原告與楊○○間之交易，並無安泰投信公司出具之任何單據，且
原告亦自承楊○○任職於安泰投信公司之前，即已陸陸續續匯款給楊○○
購買圈購之股票，是原告與楊○○之交易，自始即與安泰投信公司無關，
亦非楊○○於安泰投信公司業務範圍內之行為，至於楊○○利用安泰投信
辦公室之傳真、電子郵件、辦公處所等，僅係楊○○個人處理事務時利用
公司資源之行為，尚難以楊○○任職於安泰投信公司交易部之經理，即認
原告與楊○○間之交易行為具有執行安泰投信公司業務行為之外觀。

　　四、安泰投信之業務範圍既不包括股票之受託買賣，邀約原告並受其
委託仲介買賣股票，客觀上核與楊○○擔任安泰投信交易部經理之職務無
關，屬其個人私下行為；又以原告證券業從業人員，其從事有價證券之買
賣將近 20 年，自始即應知悉其交易對象為楊○○個人而非安泰投信，其
交易標的為上市、櫃公司之股票，而非安泰投信之營業項目範圍，楊○○
利用與執行職務之時間或處所有密切關係之行為，而不法侵害原告之權
利，亦難遽認楊○○之行為客觀上具有為安泰投信公司執行職務上之行
為，縱令原告因楊○○之詐騙行為而受有損害，與安泰投信公司對楊○○
之行為監督無關，二者間並無因果關係，被告自無須與楊○○對原告負連
帶賠償責任。是被告抗辯本件應無民法第 188 條第 1 項前段之適用，應可
採信。

第五節　結　論

　　證券投資信託及顧問事業與其他金融機構僱用人是否應為其受僱人侵權行為負連帶損害賠償責任，對於受僱人之行為基於「執行職務之關係」，並據以認定是否有「民法」第 188 條規定適用，對「執行職務行為」存在之認定，若金融機構就受僱人已盡防範之注意，並採取相關預防措施、監督程序，內化經營風險控制，或可主張其已盡到監督注意責任。若採客觀說，認為依僱用人所指示辦理之事件固然為依職務之行為，然在外表上係以執行職務之形式為之者，亦屬於執行職務之範圍，依此見解僱用人仍須負責，甚至不管與業務有無直接關聯尚屬過於嚴苛。因此受僱人因執行其所受命令，或委託之職務自體；或執行該職務所必要之行為，其濫用職務或利用職務上之機會；及與執行職務之時間或處所有密切關係之行為。即受僱人之行為在客觀上足認為與其執行職務有關，而不法侵害他人之權利者，及使係受僱人為自己之利益所為，尤其就受害人與受僱人關係較為密切者，被侵害之請求權人亦應分擔相關之過失責任。

第十三章

債券型基金監管規範
與退場機制之探討

第一節 前 言

2004 年 7 月 12 日發生債券型基金違約擠兌之重大事件，當時聯合證券投資信託公司因處分所經理之債券型基金中所持有上市公司衛道科技股份有限公司可轉換公司債時，因市場謠傳發行公司有可能產生債券違約虧損之問題，在外資股東澳洲麥奎爾基金公司（Macquarie）堅持要求下，將該公司債券虧損立即反映於基金淨值上，導致基金淨值大幅下降百分之三點四六，由於投資人信心不足爭相贖回，引爆投資人大舉贖回該基金，因而擴及整體債券型基金之回贖擠兌潮流，在短短 2 星期內被贖回新臺幣（以下同）3,230 億元，發生類似銀行擠兌之慘狀[1]。

債券本來就存在違約之風險，債券發行主體之營運與財務結構發生困難之事件時有所聞，公司債或政府公債常因發行主體信用發生問題以致無法如期還本付息之違約事件（default events），即使像南韓、冰島、阿根

---

[1] 2004 年 7 月 12 日，台灣聯合投信證券投資信託股份有限公司經理之「聯合雙盈債券基金」因處分衛道科技股份有限公司可轉換公司債產生虧損，聯合投信應外資股東要求，將該虧損立即反映於基金淨值上，導致基金淨值大幅下降 3.46%，引爆投資人大舉贖回該基金之類似銀行擠兌狀況。聯合投信為因應上開贖回，乃大量出售基金資產，造成市場因突然供給過多而價格下跌，進而導致基金淨值繼續下跌；而在流動準備不足情況下，聯合投信經報請主管機關暫停基金贖回獲准，但其結果反使所有基金持有人對市場上之債券型基金產生高度疑慮而引發大舉回贖，一時間投資人爭相贖回國內其他各投信公司債券型基金，整體債券型基金 2 週內被贖回 3,230 億元，公司規模較小者，尤受衝擊；台灣證券市場上稱之為「聯合投信事件」。詳參監察院 2017 年 3 月 8 日 106 財調字第 0011 號調查報告。參閱網站：http://www.cy.gov.tw/sp.asp?xdUrl=.，上網時間：2017/09/04。

廷等國家在金融危機時都曾經出現政府債券無法清償給付之窘境，投資之行為有報酬亦相對的有風險，投資人投資債券發生違約事件自應承擔損失之風險，惟投資人透過債券型共同基金投資公司債或政府公債，基金經理公司（manager）經過審慎的蒐集資訊、分析研判形成投資決策與判斷，並選擇投資組合之標的，債券型基金投資組合標的發生信用問題，違約標的之公司債或政府公債如何反應價格已記入基金之資產池（pool），並反映在基金之單位淨值（Net Asset Value, NAV）上，這牽涉到違約事件之認定、標的評價之時間與價格、違約之處理、債券型基金之退場機制與投資人權益之保護等，其中任何一點稍有不慎都可能釀成巨大之金融風暴。現行以債券為投資組合標的之共同基金，尚包括平衡型基金（balanced fund）、貨幣型基金（money market fund），規模相當龐大，投資人眾多[2]；大陸之證券市場之債券型、平衡型與貨幣型基金規模亦然，2016 年至2017 年 8 月 23 日期間，大陸公開募集債市場共有 33 個發行主體出現實質性違約，涉及 77 檔債券，債務總額近 600 億人民幣[3]，引起對持有問題債之債券型基金之處理問題，如何避免發生類似聯合投信擠兌之事件，當為各界所關心。準此，本文擬以債券型基金之結構、退場機制與投資人權益之保護等提出探討，期能對證券市場中債券型基金之健全監理歸納並提出防微杜漸有力之建言。

第二節　證券投資信託基金與債券型基金之定義

第一項　證券投資信託基金之定義

專家理財時代，投資人往往礙於時間、專業等因素，無法親自從事投資，因此需要委託專業機構從事財富之管理，證券投資信託為委由專業機

---

[2]　有關境內外基金之統計。請參閱中華民國證券投資信託暨顧問商業同業公會，參閱網站：http://www.sitca.org.tw/ROC/Industry/IN1001.aspx?PGMID=FD01，上網時間：2017/09/21。

[3]　參閱網站：http://toutiao.xkb.com.cn/a/170829171259004.html，上網時間：2017/09/28。

構從事投資信託管理財產之一種，證券投資信託事業以發行或交付受益憑證之方式，募集或私募成立證券投資信託基金，並運用證券投資信託基金從事有價證券、證券相關商品等之投資或交易，而將投資或交易所得之利益分配予受益憑證持有人，其目的在於集合多數投資人之資金，委由專業投資機構與基金經理人負責管理運用，並由保管機構負責保管基金資產，以兼具專業經營與分散投資風險之特質。故所謂證券投資信託基金，係指證券投資信託契約之信託財產，包括因受益憑證募集或私募所取得之申購價款、所生孳息及以之購入各項資產[4]，因此證券投資信託基金是以受益憑證募集或私募之資金，或以該資金取得資產之組合。

　　證券投資信託基金依其投資之標的可區分為股票型基金（stock funds）、債券型基金（bond and income funds）、貨幣型基金（money market funds）[5]等。股票型基金（stock funds）一齊投資標的公司股票之屬性又可分為積極成長型（aggressive growth stock funds）、成長型（growth stock funds）、穩健型（growth and income stock funds）等[6]；債券型基金（bond and income funds）依其債券之風險與報酬率又區分為彈性組合債券型基金（flexible portfolio bond and income funds）、高收益債券型基金（high-yield bond and income funds）、平衡債券型基金（balanced bond and income funds）等。另以組織型態、投資人可否要求贖回、投資標的及其他標準區分，尚可包括開放式與封閉式基金、組合基金（fund of fund）、保本基金（capital guarantee fund）、傘型基金（umbrella funds）、指數股票型基金（Exchange Traded Funds, ETF）等[7]。

---

[4] 證券投資信託基金資產通常包括：1.申購受益權單位之發行價額；2.發行價額所生之孳息；3.以基金購入之各項資產；4.每次收益分配總金額獨立列帳後給付前所生之利息；5.基金購入之資產之孳息及資本利得；6.因受益人或其他第三人對基金請求權罹於消滅時效，基金所得之利益；7.買回費用；8.其他依法令或信託契約規定之基金資產。

[5] 有關共同基金之種類包括以組織型態、投資人可否要求贖回、投資標的及其他標準區分等，詳參覃正祥、郭土木合著，懲與治，初版，2004 年 7 月，自版，頁 8-17。

[6] 參閱 Robert C. Pozen, The Mutual Fund Bussiness 59, 1998。

[7] 參閱 Robert C. Pozen, The Mutual Fund Bussiness 60, 1998。

第二項　債券型基金之定義

　　債券型基金顧名思義係以公司債、政府公債等固定收益（fixed income）之有價證券為投資組合（portfolio）標的之共同基金（mutual fund），為證券投資信託基金之一種，狹義之債券型基金為純粹以債券為標的組合之證券投資信託基金，廣義之債券型基金為只要有以債券為組合標的之證券投資信託基金即是，包括平衡型基金[8]、類貨幣型基金與貨幣型基金[9]，為探討債券型基金所面對其組合標的之債券在發生信用風險時之處理，本文將以廣義之債券型基金為論述之範圍。現行台灣對於債券型基金之投資標的係以負面表列之方式作規範，原則上不得投資股票、結構式利率商品、具有股權性質之有價證券（但轉換公司債、附認股權公司債及交換公司債不在此限[10]），因此債券型基金主要投資在公司債、政府公債、金融債券、債券附買回交易等標的[11]，至於較複雜、高收益或結構型之債券則須較特殊型態之債權型基金始得投資，至於各該標的之債券可能上市、上櫃或未上市櫃，亦可能是國內或國外發行主體所發行，所以報酬率與風險屬性須依基金之屬性來決定，由於其投資是取得一定之利息報酬與收益，故屬於固定收益之有價證券，惟若其連結衍生性之金融商品，則

---

[8]　依證券投資信託基金管理辦法第 30 條規定，平衡型基金指同時投資於股票、債券及其他固定收益證券達基金淨資產價值之百分之七十以上，其中投資於股票金額占基金淨資產價值之百分之九十以下且不得低於百分之十者。主管機關得視國內外證券市場及證券投資信託事業發展狀況，調整前項投資比率。

[9]　依證券投資信託基金管理辦法第 47 條規定，貨幣市場基金指運用於銀行存款、短期票券及附買回交易之總金額達基金淨資產價值百分之七十以上者。前項附買回交易標的，包含短期票券及有價證券。

[10]　依證券投資信託基金管理辦法第 27 條規定，證券投資信託事業運用債券型基金投資於轉換公司債、附認股權公司債及交換公司債總金額，不得超過基金淨資產價值之百分之十。債券型基金持有轉換公司債、附認股權公司債及交換公司債於條件成就致轉換、認購或交換為股票者，應於 1 年內調整至符合規定。

[11]　債券附買回交易（Repurchase Agreement, RP），是指投資人與交易商在進行債券交易時即約定一定利率與一定承作天期，到期時，賣方（交易商）再以原金額加上事先約定的利率買回該債券。債券附賣回交易（Reverse Repurchase Agreement, RS），則是買方（交易商）再以原金額加上事先約定的利率賣回該債券。所以投資人並不承擔債券本身價格波動的風險，只是賺取固定的利息收入而已。

將可能隨著連結標的之內容與特性使基金性質發生變化。

第三節　證券投資信託基金與債券型基金運作之法律架構

證券投資信託基金係由投資人依證券投資信託契約所籌措之資金與資產，因此在探討證券投資信託基金法律性質前，首先必須先了解證券投資信託契約之定位與其各當事人間之法律關係，就證券投資信託之法律性質，實務及學說向來有不同見解。原財政部證期會曾經函釋，認為在證券投資信託制度開始運作時，信託法尚未立法，證券投資信託制度非基於信託法上信託關係運作，當事人之法律關係，如勉強解釋為信託、寄託或委任者，均有窒礙之處，故認為證券投資信託制度係基法令所設之特殊制度，與信託法上之信託不同，三方當事人之權利、義務與責任在證券投資信託契約上均有明確之規定，證券投資信託事業與基金保管機構係依相關法令、契約規定及主管機關指示，以善良管理人注意義務分別為經理證券投資信託基金與保管該基金資產，現行證券投資信託及顧問法已明確定位證券投資信託契約之法律架構，以證券投資信託事業為委託人，基金保管機關為受託人，並以基金之投資人為受益人，其法律關係已如第六章第三節所述。

第一項　特殊型態之信託關係之內容

證券投資信託及顧問法參考日本之立法例，已明定證券投資信託法律關係為特別法上之信託關係，日本於 1998 年訂定有證券投資信託及證券投資法人法，第 2 條對於「證券投資信託」之定義，係指依本法設立，將信託財產基於委託人之指示，以對有價證券投資為主而運用，並將受益權分割由複數人取得為目的者；第 4 條規定：證券投資委託公司與信託公司間，係依據大藏大臣核准之信託條款訂定信託契約，由證券投資委託公司

為委託人，以信託公司或經營信託業務之銀行為受託人，使受益人取得受益權，屬於他益信託契約。即依日本法制，證券投資信託契約為「信託」契約，以證券投資信託契約結合委託人（證券投資委託公司）、受託人（信託公司）及受益人三方，委託人為信託財產之運用指示；受託人為信託財產之保管處分；受益憑證之應募人取得受益人地位。亦即依日本法制，證券投資信託為依該特別法所設立之信託法律關係。

另就證券投資信託特性而言，觀諸原證券交易法第 18 條之 2 及現行證券投資信託及顧問法第 21 條之規定，證券投資信託事業及基金保管機構之財產與證券投資信託基金應分別獨立，就其自有財產所負債務，其債權人不得對基金資產為任何請求或行使其他權利，基金保管機構應成立基金帳戶設帳保管之。其與信託法第 24 條所定信託財產應與受託人自有或其他財產分別管理並設帳；信託法第 10 條至第 14 條，信託財產係為信託目的而獨立存在，具有遺產及破產財團之排除、強制執行之禁止、抵銷及混同之限制等分立性及獨立性之特性相符。證券投資信託事業與基金保管機構簽訂證券投資信託契約時，依原證券投資信託基金管理辦法第 5 條規定契約應記載事項，其範圍包括受益人之權益，但受益人非契約當事人而係利害關係人；另受益人因投資信託事業募集資金，認購其所發行之受益憑證，其權利義務與一般民法所規定有名契約型態不同，而係等同擁有信託財產之受益持分權，具有所有權與管理權分離之信託性質，顯見及接受信託之法律關係已介入整個證券投資信託運作程式而受益人更有默認既存之證券投資信託契約之規定。且就證券投資信託契約之文義觀之，原本即有「信託」二字，應解其為信託契約，始稱名實相符。另按證券投資信託基金管理辦法僅規範一種契約，即證券投資信託契約，以此法制觀之，可見證券投資信託契約為單一之信託契約，契約當事人為證券投資信託事業與基金保管機構，受益人僅為關係人而非契約當事人。

另信託行為為民事法律行為，除有違反公共秩序、善良風俗、強制禁止規定、以進行訴訟為主要目的、依法不得受讓特定財產權之人為受益人

等情形外[12]，原則上可因任何經濟、商業或民事上等各種原因而成立信託關係，並非專為所謂集團信託或商事信託而特別設計。而因證券投資信託性質上屬於集團信託或商事信託，並有其獨特性質之基本架構設計，原則上雖建立於一般民事信託法律關係所具有之所有權與管理權分離、信託財產獨立性等原理上，但為其商業目的或功能設計上，勢必應就信託當事人或受益人之權利義務關係及實質基本構造，除了透過契約機制加以適度補充或修正外，乃至於特別法中另行規定或修正現行信託法之相關規定。準此，自須考慮證券投資信託制度所具有之特殊性，並著重有利其商業發展之設計。例如，為加強保護受益人權益及強化相互監督機能，證券投資信託基金係採「經理與保管分離原則」，將基金之運用指示權與管理處分權分開，由委託人證券投資信託事業為基金之運用指示，並由證券投資信託事業具主導地位，發行受益憑證以募集證券投資信託基金而負發行人責任；受託人基金保管機構則負責保管、收付證券投資信託基金，並負勾稽控管之制衡機能，但不負信託財產之運用指示決策之責任，其乃依法令或契約處理相關事項，並具受益憑證及年報之簽署、受益人會議之召集、對於證券投資信託事業違法行為之報告等監督功能[13]。

　　至於受益人雖非信託契約之當事人，但其受益憑權之內容及行使，除受信託契約之規範外，應受相關法令之保障，如公開說明書交付、財業務揭露、關係人交易防免、證券投資信託事業與基金保管機構就業務經營，

---

[12] 依信託法第 5 條規定，信託行為，有左列各款情形之一者，無效：1.其目的違反強制或禁止規定者；2.其目的違反公共秩序或善良風俗者；3.以進行訴願或訴訟為主要目的者；4.以依法不得受讓特定財產權之人為該財產權之受益人者。

[13] 為發揮監督控管之制衡機能，證券投資信託事業與基金保管機構不應具有利害關係人之情形，現行證券投資信託及顧問法第 22 條第 2 項規定，有下列情形之一，除經主管機關核准外，不得擔任各該證券投資信託事業之基金保管機構：1.投資於證券投資信託事業已發行股份總數達一定比率股份；2.擔任證券投資信託事業董事或監察人；或其董事、監察人擔任證券投資信託事業董事、監察人或經理人；3.證券投資信託事業持有其已發行股份總數達一定比率股份；4.由證券投資信託事業或其代表人擔任董事或監察人；5.擔任證券投資信託基金之簽證機構；6.與證券投資信託事業屬於同一金融控股公司之子公司，或互為關係企業；7.其他經主管機關規定不適合擔任基金保管機構。大陸證券投資基金法第 36 條更規定，基金託管人與基金管理人不得為同一人，不得相互出資或者持有股份。

應負忠實義務、善良管理人注意義務、保密義務，民、刑事責任及行政監督機制。另因信託法原係為個別信託所設，雖設有信託監察人之執行職責，但並無受益人會議，也未針對多數受益人行使撤銷權、監督權之方法範圍予以規範，而為符合商事信託或集團信託特性及需求，爰有規定受益人之權利非經受益人會議決議不得行使，但行使其他僅為該受益人自身利益之行為不在此限制。又如信託法第 16 條關於有權聲請法院變更信託財產管理方法之人；第 32 條關於委託人及受益人閱覽請求權等，亦有需要明文排除適用。故對於證券投資信託制度具商事、集團性或事業性，雖基於一般民事信託法理，但為其架構及功能需要，就信託當事人權利義務關係及實質構造，均予以法令明定之必要。

第二項　證券投資信託基金與債券型基金之淨值計算

證券投資信託契約之法律性質依前述說明，在採行特殊型態之信託契約架構，同是為防止監守自盜之前提下，使資產之管理人與保管人分離以發揮制衡之效果，因此委託人之證券投資信託事業對於投資組合標的之選擇保留指示運用權，保管機構則負責勾稽控管，惟對於證券投資信託基金之評價與淨值計算由證券投資信託事業或保管機構負責，不無疑義。在理論上基金保管機構本於信託關係，受證券投資信託事業委託辦理基金之開戶、保管、處分及收付基金。受益人申購受益權單位之發行價額及其他本基金之資產，應全部交付基金保管機構。基金之資產已信託在保管機構名下，且在保管機構實質之保管中，對於基金資產應知之最稔，應由其擔任評價與淨值計算之工作較為洽當，同時更具有公信力，但現行實務上規定計算基金淨資產價值之基金後台帳務處理作業，包括基金資產評價、基金淨值計算[14]及基金會計等，係由證券投資信託事業於每一營業日計算基金

---

[14] 基金受益權單位之淨資產價值，以計算日之基金淨資產價值，除以已發行在外受益權單位總數計算之。

之淨資產價值[15]，同時規定證券投資信託事業應於每一營業日公告前一營業日基金每受益權單位之淨資產價值[16]，俾便作為基金受益人申購贖回之依據。

　　對於計算公告基金資產淨值與確定基金份額申購、贖回之價格明定為基金經理公司之職責，基金保管機構應履行覆核、審查基金管理人計算的基金資產淨值與確定基金份額申購、贖回之價格[17]，其立法理由認為確保計算準確，減少、消除錯誤，並防止基金管理人弄虛作假，然從計價與評價之獨立性及公正性言，基金託管人士實際保管資產與非操作者應更具客觀與精確，並與基金受益人不具利害關係，不至於有產生故意作價損及受益人權益之情事，因此本文認為應由基金保管機構擔任證券投資信託基金與債券型基金淨值計算之工作較妥。

第四節　債券型基金之投資組合與評價

　　債券型基金之投資組合，包括債券買賣斷、票券附買回、短期票券以及存放金融機構之存款等，為因應申購贖回之依據與解散清算時之計算，證券投資信託基金必須逐日計價，對於組合中之信託資產財務與會計清楚，債券型基金所投資之債券存在有利率風險[18]、信用風險[19]、流動性風險[20]、通膨風險、匯率波動風險、提前解約之懲罰性風險、法律風險、作

---

[15] 依證券投資信託事業將依證券投資信託基金管理辦法第 72 條規定。

[16] 證券投資信託基金管理辦法第 73 條規定，惟對在國外發行受益憑證募集之基金，依募集所在地之法令規定辦理。

[17] 大陸原證券投資基金法第 29 條第 8 款規定，修正後為第 37 條第 8 款規定。

[18] 基金若購買政府公債、上市櫃公司債及金融債券、短期票券等，須依計算日之收盤價格計算其價值，由於債券價格與利率成反方向，市場利率下跌會造成此類投資標的之價值上揚，市場利率上揚會造成此類投資標的之價值下跌。

[19] 債券之信用風險（credit risk）係指發行主體或交易相對人屆期未能條件及時間履行約定而造成經濟損失的風險。債券發行人若發生財務困難無法還本付息，將造成持有人財務上之損失。尤其在基金若投資無擔保公司債，因無擔保債權，若投資標的公司因財務狀況或經營情形不佳等因素導致公司債信降低，將影響基金投資此部分債券之價值。

[20] 債券之流動性風險（liquidity risk）係指因債券之市場成交量不足或缺乏願意交易的對手，因此債券若因出售之需要可能無法在理想的時點與價格達到變現買賣的目的。換言之，債券型

業風險等[21]，計算與評價相當複雜，因此債券價格如何計算，在財務管理上相當重要，對於債券型基金之投資組合整體淨資產價值及受益權單位淨值如何計算與評價，由於現行應由基金經理公司應每營業日以基準貨幣依下列方式計算本基金之淨資產價值，但也因為存在跨國投資可能之時差問題，故每營業日之基金淨資產價值計算，於次一營業日（計算日）完成。基金之淨資產價值，應依有關法令及一般公認會計原則，以基金總資產價值扣除總負債計算之，以下擬依市場型態分述債券型基金之評價。

第一項　集中市場之債券評價

一、境內部分

由於集中市場依競價或議價之機制，以買賣供需之價量時間等因素形成較為公平客觀之市場，因此就價集中交易市場交易者，上市者應以計算日集中交易市場之收盤價格為準；上櫃買賣者以計算日櫃檯買賣中心公告之平均價格為準，並以其面值加計至計算日應收到之利息；短期票券已買進成本加計自買進日止應收之利息為準[22]。

二、境外部分

對於境外之上市、上櫃債券，以計算日台灣時間上午 11 點彭博資訊（Bloomberg）所取得之最近價格加計至計算日前一營業日止之應收利息為準。如計算日台灣時間上午 11 點無法取得彭博資訊所提供之最近價格

基金若因資金購買政府公債、上市櫃公司債及金融債券、短期票券，在需要出售此類投資標的時，將可能因市場交易量不活絡，而產生流通性不足之風險。尤其在基金遭大量買回時，為確保資產之流動性，所投資的定存等必須提前解約，將影響基金之淨值。

[21] 王慎、黃信昌、簡忠陵，債券市場理論與實務，2003 年 7 月，財團法人證券暨期貨市場發展基金會，頁 238-240。

[22] 李存修、邱顯比，發展共同基金市場之研究，2001 年 5 月，中央銀行、財政部證期會共同委託，頁 4-12。

時，以路透社（Reuters）所提供之最近價格代之。非上市、上櫃者，以面值加計至計算日前一營業日止之應收利息並依規定按時攤銷。如持有暫停交易或久無報價與成交資訊者，以基金經理公司洽商其他獨立專業機構或經理公司評價委員會提供之公平價格為準。

第二項　非集中交易市場交易

債券之價值是決定該債券資產現金流量之現值，非集中交易市場交易者，一般係以計算日自證券投資信託契約所約定之價格資訊提供機構所取得之價格或交易對手所提供之價格為準。惟對於未有交易之債券評價，仍可依理論算出該債券之當時面值，在財務學上，就以附有利息支付之標準債券為例，在財務工程上歸納出其計算公式如下[23]：

$$當時之債券面值 = \sum_{t=1}^{N} \frac{INT}{(1+rd)^t} + \frac{M}{(1+rd)^N}$$

第三項　非集中交易市場交易之債券實際評價

非集中交易市場交易之債券其實際評價與評比，可能會受到發行債之主體、客體與其他主客觀環境因素之影響，例如各種財務與負債比率、抵押貸款條款、次順位條款、擔保條款、償債基金、到期期間、穩定性、是否受管制、反托拉斯、海外經營、環保因素、產品責任、退休基金、勞資糾紛、會計政策等之影響，因此評比或評價機構有些難免是以主觀判斷為之[24]。債券型基金之投資資產，如普通公司債、金融債甚至結構式債券，並無逐日依合理市價評價，而且基金淨值又由投信公司自行計算，未由保

---

[23] rd 為當時之債券市場利率；N 為債券到期年數；INT 為每年支付之利息；M 為債券到期面值。參見 Eugene F. Brigham、Joel F. Houston 著，姜堯民編譯，現代財務管理（Fundamentals of Financial Mangement），2007 年 12 月，華泰文化出版，頁 190-194。

[24] Eugene F. Brigham、Joel F. Houston 著，姜堯民編譯，現代財務管理（Fundamentals of Financial Mangement），2007 年 12 月，華泰文化出版，頁 207-208。

管機構或獨立專業機構計算，導致投信公司容易操縱基金淨值[25]，且根據主觀判斷所為之資產價值自然會產生利或不利於受益人權益之結果，在監理機制上如何公平處理與權衡利弊，必須審慎為之。

第五節　債券型基金之債券違約之原因與處理方式

對於債券型基金持有之公司債，在該基金所購入之公司債未獲清償前，有明確或可疑之跡象顯示可能違約之情形，包括其發行主體發生就所發行公司債或其他公司債未依所定之日期返還本金付息；發行主體或其關係人所簽發之票據因存款不足而遭退票；或有停止營業、聲請重整、破產、解散、出售對公司繼續營運有重大影響之主要資產或與其他公司進行合併，且無力即時償還本息；或發行公司於公開場合中，表明發行公司將無法如期償還其所發行公司債之本息或其他債權；其所發行之上市或上櫃股票於證券集中交易市場或證券櫃檯買賣中心交易時，發生違約交割情事，且違約交割者為發行主體之關係人；或發行主體之資產遭受扣押、查，自該扣押查封之日起 15 日內未能解除，足以嚴重影響發行公司之清償能力；發行主體發生其代表人或董事有違反法令而遭法院收押或檢調機關偵辦，而其情節重大，足以影響發行主體之清償能力者；其他足以嚴重影響該主體清償本金或利息能力之情事[26]。

債券發行主體之違約事件通常不是驟然發生，而可能是一連串接續違約徵兆逐步形成，例如信用評等被下調，季度經營出現虧損，關係企業欠息、重整、破產，銀行借款無法續借，貸款逾期欠息，人事發生重大變動，債券兌付資金來源不確定，推遲揭露財報，處分重大資產等，而終至所發行債券違約無法還本付息，就每一徵兆之時點，債券型基金持有之債

25　陳其財，行政院金融監督管理委員會處理國內債券型基金持有結構式債券問題之探討，證券暨期貨月刊，第 24 卷第 12 期，2006 年 12 月，頁 51。
26　問題公司債處理規則第 2 條規定，2009 年 8 月 11 日證券投資信託暨顧問商業同業公會中信顧字第 0980006605 號函修正發布。

券如何評價，可分析如下：

第一項　集中市場交易之債券

在集中市場交易之債券因為有供需形成市價之機制，各種徵兆影響市價之程度，由投資依其判斷並決定買賣，存在基金組合之債券可依當時之市價評價，因此除非有操縱作價之情事，該市價為市場公平客觀之計價標準。

第二項　非在集中市場交易之債券

非在集中交易市場交易之債券，由於債券發行主體或客體已出現可能違約之徵兆，除非賤賣否則將無人敢接手，但即使是賤賣仍有交易，因此尚可依交易對手所提供之價格為計價基準。惟對於未有交易之債券評價，由於影響之因子太多，所以在財務工程上提出之計算公式所得之價值將可能失真，債券型基金持有之債券之在此情況下之評價方式，可歸納為以下三種。

一、違約或問題債券之評價歸零[27]

對於已出現債券發行主體或客體可能違約徵兆之債券，直接評價為無價值之資產，切割出該可能或已經違約之問題債券，使受益人欲進行贖回時措手不及，由於必須依切割後之基金資產計算淨值，待違約或問題債券處理完結時再剩餘價值計入基金資產，此種方式可防止受益人爭相急於贖回，導致無法應付贖回價金及擠兌之惡性循環，惟此種計價方式須面臨違約徵兆如何認定，違約或問題債券處理之時程長短等不確定因素，受益人權益將蒙受無法預期之損害，也由於掌握之訊息與認定標準各基金或同業

---

[27] 同前註 1，澳洲麥奎爾基金公司（Macquarie）所提看法。

間可能有所不同，將危及持有相同或相類債券之基金或同業產生擠兌贖回之經營與風險。同時也與證券投資信託事業及保管機構應以善良管理人之注意義務與忠實義務相違背[28]。

二、違約或問題債券由證券投資信託事業或其大股東先行承擔

　　基於已出現債券發行主體或客體可能違約徵兆之債券，該投資組合標的係由證券投資信託事業所作成之判斷與決策，證券投資信託事業與基金經理人應本於善良管理人之注意義務與忠實義務從事投資，之所以會導致所選擇標的出現瑕疵，證券投資信託事業對對基金經理人之監督顯有不周，因此應切割出該可能或已經違約之問題債券移由證券投資信託事業或其大股東先行承擔，不應由受益人承擔此一損失[29]。惟證券投資信託事業為資產管理業，原則上投資本存在風險，資產管理業務不得保證獲利與分擔盈虧，此一做法與此原則不符，且實務上證券投資信託事業或其大股東面臨此一可能違約或存有問題之債券時，自不願承受此一損失與風險，通常係由主管機關以行政指導方式進行，強制承擔與法治體制亦有所違背。

---

[28] 證券投資顧問法第 7 條第 1 項及第 3 項規定，證券投資信託事業、證券投資顧問事業、基金保管機構、全權委託保管機構及其董事、監察人、經理人或受僱人，應依本法、本法授權訂定之命令及契約之規定，以善良管理人之注意義務及忠實義務，本誠實信用原則執行業務。……違反前二項規定者，就證券投資信託基金受益人或契約之相對人因而所受之損害，應負賠償之責。

[29] 包括：1.對於債券型基金投資決策錯誤，購買過多低流動性之結構債，卻又允許投資人可於申請贖回之隔天取回價款，形成資產流動性低又給客戶流動性高之方便；2.債券型基金進行分券作價操作模式，操縱基金淨值「只漲不跌」，使投資人誤認債券型基金具保本性質；3.投信公司經理之債券型基金為追求短期績效及規模成長，亦不斷將資金投入結構債，淪入重視短期報酬、漠視風險之惡性循環等節，因而認定基金經理人違背其專業、投信公司缺乏市場價格風險及流動性風險之危機管理意識，核有違善良管理人之義務，影響受益人權益，故依證券投資顧問法第 7 條規定，由投信公司及其股東負擔基金受益人因而所受之損害。同前註 1，金管會 2015 年 7 月 30 日金管證投字第 1040029829 號函復監察院之說明。

三、分離違約或問題債券設置子帳戶

　　證券投資信託事業對問題公司債之分離，另行於基金保管機構設置之獨立帳戶，專記載各問題公司債之資產處理，證券投資信託事業及基金保管機構應為每一子帳戶製作個別之帳冊文件，以區隔子帳戶資產與原基金專戶之資產。自基準日起證券投資信託事業對基金設有子帳戶者，應於基準日公告子帳戶資產帳面價值、子帳戶單位數、子帳戶單位淨資產價值及備抵跌價損失金額，有明確證據顯示子帳戶資產之價值有變化時，應重新公告並以書面通知子帳戶受益人。並向問題發行公司追償、收取債權及處分子帳戶之資產。對子帳戶資產之經理權限，除追償、收取問題公司債之本息債權，及處分問題公司債以換取對價之決定權外，不得再運用子帳戶之資產從事任何投資[30]。

　　分離違約或問題債券設置子帳戶，其實亦將基金資產中之分離違約或問題債券切除，撥入子帳戶以問題公司債帳面價值及至基準日前一日止應收之利息、本息所生之孳息、因子帳戶受益人對於子帳戶之分配請求權罹於時效所遺留之資產、經理公司處分問題公司債所得之對價及其孳息等，保留由子帳戶之受益人分配，此種處理方式與前述違約或問題債券之評價歸零之方式同，僅是保留受益人未來分配之權益，仍須面臨問題公司債發生問題之時點如何認定，受益人權益取回遙遙無期之損害，亦很難消除危及持有相同或相類債券之基金或同業產生擠兌贖回之經營與風險。

第六節　債券型基金之退場與清算

　　證券投資信託事業經理之債券型基金淨資產價值低於主管機關所定之標準[31]或因市場狀況、基金特性、規模，或其他法律上或事實上原因致基

---

[30] 問題公司債處理規則第 6 條規定。

[31] 已經不符合繼續經理之經濟規模時，例如基金淨資產價值最近三十個營業日平均值低於新臺幣 2 億元時，經理公司應即通知全體受益人、基金保管機構及金管會終止信託契約者。

金無法繼續經營時，證券投資信託契約之應予終止，信託契約終止時，必
須進行清算，在清算過程中清算人原則上由經理公司擔任[32]，經理公司為
基金了結現務並進行收取基金債權及償還基金債務，處分基金資產，最後
才分配剩餘財產給基金受益人，依受益權單位數之比例分派予各受益人，
對於基金持有之資產除在清算必要範圍內，信託契約繼續有效外，信託契
約自終止之日起失效。

　　債券型基金因退場與清算須處分持有之債券，基於前述之流動性與評
價等因素，可能無法及時處分債券，或問題債券之發行公司進行重整、破
產之程序，在處理上須延宕一段時日，甚至有基金稅務之處理問題等，因
此基金雖然基金在清算完畢後不再存續，但為迅速清理基金資產，因此證
券投資信託契約通常明定清算人應於 3 個月內完成。但有正當理由無法於
3 個月內完成清算者，於期限屆滿前，得向主管機關申請展延一次，並以
3 個月為限[33]。

第七節　結論與建議

　　證券市場中就持有債券標的之債券型基金規模相當龐大，投資人人數
眾多，就聯合投信案所發生評價、問題債券處理與投資人權益保護等之困
境，由於證券投資信託事業之經理不保證本基金之最低投資收益；證券投
資信託事業除盡善良管理人之注意義務外不負責本基金之盈虧，亦不保證
最低之收益，綜據本文前述論證，就如何做好債券型基金之健全監理歸納
提出以下建言。

---

[32]　但證券投資信託事業有解散、破產、撤銷或廢止核准之情事，或因對證券投資信託基金之經
　　理或保管顯然不善，經主管機關命令更換，致不能繼續執行職務，或受益人會議決議更換證
　　券投資信託事業。由基金保管機構擔任清算人，除法律或信託契約另有規定外，清算人及基
　　金保管機構之權利義務在信託契約存續範圍內與原經理公司、基金保管機構同。

[33]　證券投資信託及顧問法第 47 條及證券投資信託基金管理辦法第 80 條規定。

一、組成公正客觀之專案小組，統一處理評價之原則與 方法

　　違約或問題債券之評價涉及違約徵兆之認定情狀與時點，違約或問題債券處理之時程，同業間對違約或發行主體財務業務發生問題訊息與認定標準之異同，前述三種違約或問題債券之評價與處理方式，似仍無法完全解決債券型基金之投資組合存在違約債券之問題，本文認為對於違約或問題債券之發生與評價處理，貴在時效與公平精確，與其面臨擠兌危機急就章之處理，以致造成無法預期之效果，不如由主管機關召集同業公會組成專案小組，統一處理評價之原則與方法，除規定各基金或債券型基金淨資產價值（NAV）交由保管機構或外部公正第三者計算，以求基金評價標準之客觀性外，並集合專家學者組成委員會對於違約或問題債券於隔離切除後，儘速處理與合理評價分配與受益人，以保障受益人之權益，並避免機隊風暴之發生。

二、貨幣市場基金及狹義之債券型基金分流

　　為區隔債券型基金之持有債券結構，應配合將債券型基金作合理之分流，區分為貨幣市場基金及狹義之債券型基金，貨幣市場基金持有債券之內容應屬於比較短期、流動性強、信用較佳之標的，且持債比率不得超過五成以上，持債部位應持有至到期，其獲利能力雖然較低，但違約機率小，所以受益人買回價款可在 T+1 日交付（申請贖回日之次一個交易日），其以趨近於貨幣與存款，故應有較大之保障與變現性[34]。其次對於狹義之債券型基金，其持有債券比率可較高，債券到期時間可較長，其持有債券之風險較高，高風險高報酬，因此收益率自然較高，為因應違約之處理與評價之需要，其買回價款支付日可依該債券型之屬性給予 T+2 日之後較長之準備時間。

---

[34] 例如類似銀行必須提列準備金或存款保險、保證付款等機制。

三、高收益債券與高複雜性之債券型基金應作特別之規範

在高收益債券（high yield bonds）為追求報酬，其投資標的之信用評等通常未達投資等級或未經信用評等，未達投資等級或未經信用評等之債券，對利率變動的敏感度甚高，故基金可能會因利率上升、市場流動性下降，或債券發行機構違約不支付本金、利息或破產而蒙受虧損。此類基金本不適合無法承擔相關風險之投資人，適合能承受較高風險之非保守型投資人。相對公債與投資級債券，高收益債券波動較高，投資人進場宜謹慎考量。投資人投資以高收益債券為訴求之基金不宜占其投資組合過高之比重。

四、應充分說明基金投資策略、投資標的之信評等級、存續期間與風險

另為考量債券型基金受益人對於投資風險承擔之適當性，對於較複雜之高收益債券型基金，應合理區隔為有承擔高風險能力者始得申購，例如機構法人、熟練經驗或高所得之受益人，基金如投資於國內外私募債券，故較可能發生流動性不足，財務訊息揭露不完整或因價格不透明導致波動性較大之風險。故同時應於證券投資信託契約及公開說明書明確敘述基金投資策略、投資標的之信評等級、存續期間、風險揭露，並充分告知投資人該類型基金可投資標的之價格風險、利率風險與信用違約風險等。以避免在面對違約債券處理造成損失時之爭議。

第十四章

指數股票型基金（ETF）之創造贖回與公司證券法令適用之探討

第一節　前　言

　　大陸上海市第二中級人民法院 2015 年 9 月 30 日民事判決，對於光大證券公司 2013 年 8 月 16 日所進行指數股票型證券投資信託基金 ETF（大陸稱之為交易型開放式指數基金）創造贖回過程中，因策略交易系統造成錯帳之處理，在未發布公告前私自沖銷，並放空指數成分股之期貨契約行為[1]，為構成證券法及期貨管理條例所定內線交易禁止之違反[2]。本案件之發生自 2013 年 8 月 16 日以來一直為大陸法律學者廣泛激烈討論，其中涉

---

[1] 2013 年 8 月 16 日 9 點 41 分，光大證券公司資深交易員鄭東雲，通過套利策略訂單生成系統發出第一組 180ETF 成分股的訂單合共 171 筆委託，委託金額不超過 200 萬人民幣。10 點 13 分發出第二組買入訂單 102 筆委託，委託金額不超過 150 萬人民幣。11 點 02 分發出第三組買入 180ETF 成分股的訂單 177 筆，委託金額合計不超過 200 萬人民幣。其中有 24 支股票未成交，爰使用系統中的重新下單功能對未成交的股票自動補單，但實際執行的指令卻為「買入 24 組 ETF 一籃子股票」而非僅僅只是「24 支股票」。在下單後 2 秒內瞬間生成 2 萬多筆委託訂單。其中 6,413 筆委託直接發送到交易所，截至當日中午收盤之 11 點 30 分止，光大累計申報買入股票 234 億元，實際成交 72.7 億人民幣。鄭東雲依據相關規定緊急調用帳戶內所有期貨保證金賣空股指期貨對沖買入的巨量股票以避險。賣出的股指期貨空頭合約共 253 張。下午 13 點開盤後，光大策略投資部將已買入的股票申購成上證 50ETF 以及上證 180ETF 在二級市場上賣出，同時逐步賣出股指期貨 IF1309、IF1312 空頭合約共 7,000 多張。據事後統計，下午交易時段策略投資部總共賣出 50ETF、180ETF 金額約 18.9 億人民幣，其累計用於對沖而賣出的股指期貨合約總計為 7,130 張。證監會於 2013 年 8 月 30 日認定構成內線交易，光大證券在 8 月 16 日公開披露錯單前，通過轉化賣出 ETF、賣空股指期貨等的獲利 7,414 萬人民幣，及披露後繼續賣空避險獲利 1,307 萬人民幣合計 8,721 萬人民幣為非法獲利。沒收光大證券違法所得並處以五倍罰款 5.2 億元人民幣。參見維基百科，參閱網站：https://zh.wikipedia.org/wiki/2013，上網時間：2015/12/04。

[2] 違反證券法第 5 條、第 67 條、第 70 條、第 75 條、第 76 條；期貨管理條例第 3 條、第 80 條規定。

及指數股票型證券投資信託基金 ETF 之申購贖回，在兩岸已發行將近 100 多檔 ETF 之同時，ETF 之法律適用仍然混沌未明迭有爭議，實有進一步探討之必要。

　　自 1993 年美國證券交易所將 S&P 500 指數予以證券化並創造出全世界第一檔指數股票型基金（ETF-SPDR）以來，德國、英國、日本等國陸續推出有關指數股票型基金之金融商品問世，尤其在 1997 年 7 月 2 日後發生之東南亞金融風暴，當時由於泰國政府宣布放棄固定匯率制實行浮動匯率制，泰銖兌換美元的匯率下降百分之十七，引發一連串之金融秩序動盪，更演變成襲捲亞洲及全世界之金融危機[3]。期間 1997 年 11 月索羅斯曾利用所主導避險基金之量子基金（quantum fund），對香港港元及港股發動全面式攻擊，索羅斯之炒作手法整體而言係透過基金之槓桿操作（leverage），以大量美元換匯為港幣，再以港幣購進港股抬高港幣匯率與港股價格，同時放空港元及港股期貨並在恒生指數期貨市場大量拋售期指契約，然後在股市拋售港股現貨並將港幣兌換美元匯出，期能在港股與港元雙重獲取暴利，1998 年 8 月香港政府為避免股匯市崩盤，大量動用外匯儲備之美元承接港元，再將港元購入香港藍籌股作為長線投資，最終以大量購入港股擊退索羅斯的突擊，但也使港府成為部分公司的大股東，為避免政府拋售持股造成對股市之衝擊，香港政府於 1999 年 11 月將購買的港股設計成指數股票型證券投資信託基金（Exchange Traded Funds, ETF）之盈富基金（Tracker Fund of Hong Kong）[4]，允許其掛牌在交易所

---

[3]　此一危機導致大批企業、金融機構破產和倒閉。泰國和印尼分別關閉了 56 家和 17 家金融機構，韓國排名居前的 20 家企業集團中已有 4 家破產，日本則有多家全國性金融機構出現大量虧損和破產倒閉，印尼、馬來西亞、韓國、泰國和菲律賓私人資本淨流入由 1996 年的 938 億美元轉為 1998 年的淨流出 246 億美元，同時日元在 1998 年 6 月和 8 月日元兌美元兩度跌至 146.64 日元；東南亞金融風暴演變成經濟衰退並向世界各地區蔓延。香港、韓國與日本經濟都呈負增長，更引發了俄羅斯的金融風暴波及巴西資金大量外逃，哥倫比亞貨幣大幅貶值，進而導致全球金融市場劇烈震盪。參閱網站：https://zh.wikipedia.org/wiki/，上網時間：2015/09/17。

[4]　盈富基金為香港交易所上市之證券投資信託基金，其買賣方式像股票一樣，以 500 股為一單位，價格大約是當日恆生指數的點數除以 1,000。以道富環球投資管理亞洲有限公司（State

上市，以實物申購一籃子股票創造（created）成基金單位，鼓勵投資人認購長期持有之方式將政府持股份售予全民共同持有，成功化解股市下挫以及匯市衝擊之雙重危機。

　　香港成功之案例更激發全世界發行 ETF 之熱潮，台灣當時雖受東南亞金融風暴之影響較少，然在金融創新及擴大開創金融業務之需要下，在 2003 年 1 月開始研擬開放 ETF 之上市，當時作者忝任主管機關組長奉命擔當此一重任，在短短不到 6 個月期間內增修將近二十五部相關法令下，並建置完善交易平台，順利的讓第一檔 ETF 台灣 50 指數在 2003 年 6 月 30 日於台灣證券交易所正式上市掛牌[5]，截至 2020 年 4 月 30 日台灣已上市掛牌之 ETF 包括現貨及合成之 ETF 共有 221 檔[6]，大陸易有超過百檔之 ETF 掛牌[7]，ETF 之發展已儼然成為當金證券市場非常受歡迎之重要金融商品，然由於 ETF 從上市櫃之一籃子股票現貨包裝創造成基金單位，在實物申購與基金贖回之過程中牽涉到相當多之公司與證券法令規範，尤其是參與證券商在自行或受託辦理指數股票型基金實物申購及買回業務時，面臨對指數成分股之買賣是否牴觸公司股份回籠禁止之規定、基金買賣有無內部人員股權管理及內線交易禁止之適用等爭議，準此，本文擬就相關問題提出探討以分享 ETF 在商品設計、交易之架構上與法令適用爭議之

Street Global Advisors Asia Limited）爲基金經理人，美國道富銀行（State Street Bank and Trust Company）爲保管銀行。投資者可透過購入盈富基金，而買入代表相當之恒生指數的證券組合。該信託基金爲複製恆生指數的表現之被動式管理，共同基金屬開放式單位投資信託，而且代表了 50 之恆生指數成分股的實體股票權益，投資者可追蹤在香港證券交易市場最大股票公司中即時獲得風險分散及承受之功能。

[5] 相較一般歐美國家發行時間通常虛耗一年半至二年時間方能籌備完成。詳參歐宏杰、劉宗聖，台灣 50 指數 ETF 投資實務，初版，2003 年 6 月，育智圖書股份有限公司，頁 45。

[6] 截至 2020 年 4 月現行指數股票型基金（ETF）規模，包括國內股票型 ETF22 檔，國外股票型 ETF40 檔，債券型 ETF105 檔，槓桿及反向型證券 ETF35 檔、境外 ETF1 檔、期貨 ETF7 檔，槓桿及反向型期貨 ETF9 檔，其他類型之 ETF2 檔，合計 221 檔，淨資產價值新臺幣 16,614 億元。名單參見證券暨期貨市場重要指標，網址：sfb.gov.tw/ch/，上網時間：2020/07/07。

[7] 詳細 ETF 名單參見上海證券交易所，參閱網站：http://www.sse.com.cn/；深圳證券交易所，參閱網站 http://www.szse.cn/，上網時間：2020/07/07。

情形，並期盼能就教於各界前輩先進。

第二節　指數股票型證券投資信託基金ETF之定義與種類

第一項　指數股票型證券投資信託基金 ETF 之定義

　　ETF（Exchange Traded Funds），原來從字義上直接翻譯為交易所交易之基金，嗣後改稱為指數股票型證券投資信託基金，簡稱為指數股票型基金，在商品之設計上為將指數（index）予以證券化，由於指數係提供市場漲跌趨勢之指標，ETF 在基本上是由發行機構將指數證券化，以持有與指數相同之股票為主，分割成眾多單價較低之投資單位，發行受益憑證[8]。投資人可以購買相對應之股票現貨創設為指數股票型基金；投資人亦可以不需直接進行一籃子股票之投資，而以認購持有表彰指數標的股票權益的共同基金受益憑證來進行投資；ETF 之共同基金受益憑在證券交易所或櫃檯買賣中心掛牌交易，提供投資人參與指數表現之管道，投資人可以買進一籃子之現貨股票創造單位之 ETF，亦將 ETF 要求買回轉換成一籃子股票現貨，在一籃子股票現貨與 ETF 價格產生不一致時，並可透過套利之機制使一籃子股票現貨與 ETF 價格一致，因此指數股票型基金之設計屬於被動式管理追蹤指數變化之共同基金。其創造贖回與交易之架構圖詳如第六章第四節。

---

[8]　指數股票型基金 ETF 指以追蹤、模擬或複製標的指數表現，並在證券交易市場交易，且申購、買回採實物或依據證券投資信託契約規定方式交付之基金。此外對於尚有追蹤、模擬或複製標的指數之正向倍數或反向倍數表現（含直接追蹤具有正向倍數或反向倍數表現之標的指數）之槓桿型 ETF 或反向型 ETF。參見證券投資信託基金管理辦法第 37 條第 1 項及第 37 條之 1 第 1 項規定。

第二項　指數股票型證券投資信託基金 ETF 之種類

證券投資信託事業依規定募集指數股票型證券投資信託基金所發行之受益憑證。依基金之標的指數成分證券可能全部為國內有價證券者，亦可能含一種以上之國外有價證券者，或該基金為連結另一指數股票型基金，該基金以追蹤、模擬或複製標的指數之正向槓桿倍數或反向槓桿倍數之表現者，茲簡要敘述其分類如下。

一、依投資標的是否為股票區分

（一）現貨 ETF

基金淨資產價值之百分之八十或以上之價值，直接投資於標的指數之成分證券或所追蹤標的之現貨，以追蹤指數表現之 ETF，尚可進一步區分完全買齊所有成分證券或所追蹤標的之現貨之 ETF，例如元大寶來台灣卓越 50 證券投資信託基金，係以複製臺灣證券交易所與英國富時 FTSE 合作編製之標的股票，其範圍包括臺灣證券市場中市值前 50 大之上市公司，該組合代表各該股票綜合之績效表現，由發行基金受益憑證之證券投資公司完全買齊所有成分證券，所以基金之投資組合標的股票與基金規模之額度幾乎相符；另有僅買進部分有代表性之樣本成分股票，未建置股票組合部分則以期貨或其他可替代之標的複製而成。

（二）合成 ETF

不直接投資於指數成分證券現貨，而是運用衍生性金融工具，如：期貨、選擇權、交換契約（swap agreement）等作為追蹤工具，以複製或模擬指數報酬之 ETF。例如富邦深圳 100 證券投資信託基金，主要在複製深圳證券交易所編製之 100 指數，該基金並未實際投資在深圳證券交易所掛牌之股票，而是運用可追蹤該 100 種股價指數變化之衍生性金融工具代替。

二、依投資標的之變動是否調整成分內容之權數為區分

（一）追蹤型之 ETF

　　為追蹤特定指數標的之基金，包括市場指數（如道瓊工業指數、NASDAQ100 指數）、產業指數（如半導體指數、金融類指數）與國家指數（如美國指數、MSCI 英國指數），此一類型係以複製或抽樣之方式追蹤標的指數之變化，指數成分股若有變動時，ETF 之成分股之樣本股票或權數必須加以調整，如此才能貼近現貨市場指數之變化，投資人所追求者為投資報酬率與大盤指數相近，方便以單一之金融商品投資整體市場或特定指數其所構成組合之成分個股。

（二）包裹型之 ETF

　　此種類型之指數股票型證券投資信託基金由於不以特定指數為追蹤標的，由發行機構為投資人選取所欲組合之一籃子股票為對象，因此用以組合之標的股票，一經建置完成，即使標的股票公司發生合併、收購、下市等特殊情況，亦不會新增任何公司股票於原組合之成分股，例如組合中原有 50 家公司之股票，其中有一公司被合併解散下市，消滅公司之股份從原組合中刪除，存續公司亦不加入此一組合之權數中。

三、依投資標的股票公司所在國家地區為區分

（一）單一國家市場

　　該指數股票型證券投資信託基金投資標的為國內所發行之公司之股票，例如元大寶來台灣中型 100 證券投資信託基金、富邦台灣科技指數證券投資信託基金、永豐台灣加權 ETF 證券投資信託基金等，其投資標的為國內所發行之公司股票為組合之標的台灣中型 100 指數、台灣資訊科技指數、臺灣證券交易所之發行量加權股價指數與成分股。

（二）全球或跨區

全球或跨區指數股票型證券投資信託基金，其投資標的為組合全球或跨區公司所發行之股票，例如元大寶來中國傘型證券投資信託基金之上證50 證券投資信託基金、富邦深圳 100 證券投資信託基金、元大寶來標智滬深 300 證券投資信託基金等，其投資標的為大陸地區公司所發行之股票為組合之標的，包括上證 50 指數、深圳 100 指數、滬深 300 指數。

四、其他依股票之資產類別、投資策略、股本市值或正反向槓桿操作為區分

指數股票型證券投資信託基金若屬以股票為標的之 ETF，尚可依股票之資產類別、投資策略、股本市值或追蹤、模擬或複製標的指數之正向倍數或反向倍數（簡稱反向型 ETF）表現為區分標準，分類為股票型債券型與綜合型、成長型與價值型、大型公司股票型與中小公司股票型、新臺幣加掛其他幣別之雙幣型[9]、商品期貨指數型[10]、槓桿型或反向型[11]。

---

[9] 所謂新臺幣指數股票型證券投資信託基金加掛其他幣別之受益憑證，簡稱加掛 ETF，就已經上市櫃之以新臺幣計價之 ETF，加掛其他幣別（例如人民幣、美元）等之交易，就已上市櫃之 ETF 發行證券投資信託事業，提出修正後之公開說明書及契約之內容，於主管機關核准後，尋求有意願之流動量提供者，就已上市之 ETF 部位向證交所或櫃買中心申請轉換，經集保結算所確認，增加加掛部位，送證交所或櫃買中心審查通過即可上市櫃，並進行交易；或新申請新臺幣 ETF 新上市櫃時亦同時申請加掛其他幣別之 ETF，新臺幣及加掛 ETF 以「雙幣」模式上市櫃買賣，例如：富邦上證（新臺幣）／富邦上證+R（人民幣）、國泰日經 225（新臺幣）／國泰日經 225+U（美元）。參見台灣證券交易所股份有限公司網站：https://www.twse.com.tw/zh/page/products/trading/introduce12.html，上網時間：2020/07/03。

[10] 商品期貨 ETF 與一般 ETF 相類似，係以投資一籃子期貨指數之方式，主要在追蹤、模擬或複製一籃子期貨指數之變化，其運作之方式與一般股票之 ETF 在追蹤、模擬或複製一籃子現貨股票指數之表現相同，並得於初級市場進行申購與贖回，惟其申購贖回採現金之方式，不採實物之方式。主管機關於 2014 年 4 月 25 日發布修正「期貨信託基金管理辦法」及「期貨信託事業募集期貨信託基金公開說明書應行記載事項準則」等法規及相關函令，開放期貨信託事業得募集發行指數股票型期貨信託基金（以下簡稱期貨 ETF），剛開始以追蹤黃金期貨指數及原油期貨指數為主，現行開放之商品期貨 ETF 以國外之黃金、原油等商品期貨之指數為追蹤標的，例如：元大 S&P 黃金係以追蹤標普高盛黃金 ER 指數（S&P GSCI Gold Excess Return Index）為標的、元大 S&P 石油係以追蹤標普高盛原油 ER 指數（S&P GSCI

第三節 指數股票型證券投資信託基金ETF之運作

指數股票型證券投資信託基金 ETF 在證券交易所或櫃檯買賣中心掛牌買賣，為有價證券之一種，為了解其運作過程可能產生之法律爭議，必須就 ETF 發行面之募集發行與交易面之買賣交割結算運作進一步之分析。

第一項 發行面

指數股票型證券投資信託基金 ETF，由於其實體資產即為組成標的指數之一籃子股票。為追蹤由一籃子股票組合之基金貼近指數之變化，在實務運作上與傳統型態之共同基金有所不同，傳統型態之共同基金是以受益憑證募集或私募為基金資產池，再以基金資產池購買組合之標的，而指數股票型證券投資信託基金是透過種子基金（seed fund）之方式進行創造贖回，投資者包括參與證券商（Participating Dealer, PD）或大額之客戶交付一籃子股票以交換一定數量 ETF 之實物申購方式，另外相對應之投資者

Crude Oil Enhanced Excess Return）爲標的。詳參魏秀陵，開放期貨信託事業募集槓桿型及反向型期貨 ETF 之介紹，證券暨期貨月刊，第 34 卷第 12 期，2016 年 12 月 16 日，頁 5-6。

11 槓桿型 ETF（Leveraged ETF）之基本架構，係以追蹤、模擬或複製標的指數之單日正向倍數表現，或直接追蹤、模擬或複製具有正向倍數表現之標的指數，常見倍數爲 2 倍、3 倍。舉例來說，標的指數當日上漲 1%，正向 2 倍 ETF 在不考慮相關費用下，當日會上漲約 2%。在投資組合方面，若爲正向 2 倍 ETF，則其「持有股票及傳統 ETF」（30%）＋「流動性資產及期貨保證金」（70%），其中期貨保證金部分將買進 170%期貨契約，正 2 倍 ETF 所買進之期貨契約及持有之有價證券部位，其當日總風險暴露爲基金淨資產價值之 200%，以達成標的指數之單日正向 2 倍報酬表現。反向型 ETF（Inverse or Short ETF）係指以追蹤、模擬或複製標的指數之「單日」反向倍數表現，或直接追蹤具有反向倍數表現之標的指數，常見反向倍數爲 1 倍、2 倍、3 倍。若標的指數當日上漲 1%，反向 1 倍 ETF 在不考慮相關費用下，當日會下跌約 1%，就以反向 1 倍 ETF 而言，「不持有有價證券」（0%）＋「流動性資產及期貨保證金」（100%），其中期貨保證金部分將賣出 100%期貨契約。反向 1 倍 ETF 所賣出期貨契約總市值部位，其當日總風險暴露爲基金淨資產價值之反向 100%，以達成標的指數之單日反向 1 倍報酬表現。由於主要資產運用於期貨交易契約，已涉及期貨信託基金之業務因此主管機關必須同時豁免投信事業募集槓桿型 ETF 及反向型 ETF 者，得無須申請兼營期貨信託事業。參見陳其財，開放投信事業募集槓桿型及反向型 ETF，證券暨期貨月刊，第 32 卷第 12 期，2014 年 12 月 16 日，頁 5-6。

係以申購一定數量之 ETF 買回換成一籃子股票之實物買回方式。一定數量係進行申購買回程序之最小單位，一般稱為實物申購與買回之基數。ETF 發行人之證券投資信託事業在發行時必須訂定好實物申購與買回基數，並且於掛牌交易後每日公布實物申購買回清單（Portfolio Composition File, PCF），申購、買回只能以此基數或其整數倍進行，並且只能以實物股票形式，因此 ETF 在發行過程係以大宗數量，透過參與證券商進行。

第二項　交易面

發行與創造後之 ETF，可以透過實物申購買回機制，降低其溢折價之情形。在申購之程序而言，當 ETF 在次級市場的報價高於其資產淨值（Net Acset Value, NAV），亦即發生溢價時，機構投資人可以在次級市場買進一籃子股票，並同時賣出 ETF，並將其所持有之一籃子股票在初級市場申購 ETF，以因應同日賣出 ETF 之交割，藉此賺取價差套利。亦可藉由投資人後參與證券商在次級市場賣出 ETF 的動作，促使 ETF 價格下滑，縮小了溢價空間，亦間接使得 ETF 市價與淨值之間的差距縮小。另就買回之程序而言，當 ETF 在次級市場的市價低於基金資產淨值時，代表折價情形，機構投資人可以在次級市場買進 ETF，並同時賣出一籃子股票，並以買進的 ETF 在初級市場申請買回，以因應賣出一籃子股票的交割。由於此一套利交易機制，促使 ETF 在初級市場的價格受到機構投資人套利買盤帶動上揚，因而使 ETF 的市價往上緊貼淨值，而當 ETF 市價和淨值的價差接近零時，同時機構法人的套利活動也將因活動的利差歸零而停止。這就是市場套利交易的進行，讓 ETF 市價與淨值趨於一致的效果。由於 ETF 具備創造贖回即在集中市場交易之特性，是同時存在次級及初級市場，兼具股票和開放式與封閉式基金之性質。

因此投資人要買賣 ETF 通常有兩種方式，其一是在集中市場進行交易，由於 ETF 經過上市掛牌後已經是上市之基金，其與封閉式基金相同，只要委託證券經紀商下單買賣即可；另外投資人也可以將一籃子股票

550 of 668 證券投資信託及顧問法理論及實務

透過參與證券商交給證券投資信託事業，再由證券投資事業發行創造 ETF 之受益憑證交付給投資人，投資人亦可將 ETF 受益憑證交還給證券投資信託事業，申請證券投資信託事業贖回，由投資人取得一籃子股票。

第四節　指數股票型基金ETF之法律定位

指數股票型基金 ETF 為證券投資信託事業發行受益憑證所募集或私募證券投資信託共同基金之一種，依證券交易法第 6 條第 1 項規定，本法所稱有價證券，指政府債券、公司股票、公司債券及經主管機關核定之其他有價證券。而受益憑證為本項後段規定經主管機關核定之有價證券[12]，然依傳統分類之標準將有價證券區分為權益（equity）之有價證券與固定收益（fixed income）之有價證券，由於 ETF 可以透過購買一籃子股票加以創造，亦可將 ETF 申請買回轉換成一籃子股票，因此從 ETF 所表彰者為一籃子股票之組合，在本質上已蘊含具有股權之本質，惟一籃子股票之組合或衍生之金融商品是否為有價證券，甚至為具有股權性質之有價證券不無疑義。現行證券交易法施行細則第 11 條第 1 項規定，所稱具有股權性質之其他有價證券，指可轉換公司債、附認股權公司債、認股權憑證、認購（售）權證、股款繳納憑證、新股認購權利證書、新股權利證書、債券換股權利證書、台灣存託憑證及其他具有股權性質之有價證券。由於指數股票型基金是否屬於具有股權性質之有價證券，將關係證券交易法有關內部人員短線交易歸入權與內線交易禁止等規定之適用，ETF 未在該條明文規定所列舉之範圍，因此有關股權性質有價證券之規定是否適用有進一步釐清之必要，為釐清法律適用之疑義可加以分析探討如下：

---

[12] 證券投資信託事業為募集證券投資信託基金所發行之受益憑證（Mutual Funds）為經主管機關核定之其他有價證券。參見原財政部（77）台財證（三）字第 09030 號函。

第一項 一籃子股票指數之組合衍生之金融商品是否為有價證券

一、美國對於有價證券衍生性商品管轄之界定

美國對於有價證券範圍之界定原兼採列舉與概括規定[13]，惟對於一籃子股票指數之組合衍生之金融商品是否為有價證券產生爭議，尤其對於股票與股價指數衍生之金融商品牽涉證管會與期管會之管轄權與法律適用問題之解決，因此該國國會於 2000 年 12 月，建立一個區分管轄之架構，對於單一證券期貨商品和窄基證券指數（narrow-based security index）期貨商品之交易，由商品期貨交易委員會與聯邦證管會共同管理。這些商品稱為證券期貨商品（security futures products）或者 SFPs，SFPs 有證券和期貨的二種特徵。窄基證券指數或個股期貨契約則依美國商品期貨現代法（The Commodity Futures Modernization Act of 2000）規定，由聯邦證管會與商品期貨交易委員會共同管轄[14]。

所謂窄基證券指數，依據商品交易法以及 1934 年證券交易法之規定，假如：（一）其構成證券總數不超過 9 檔；（二）其中單一構成證券占指數權重超過百分之三十；（三）權重最大之前 5 檔證券占指數權重超過百分之六十；（四）以最低權重開始計算，累積達指數權重之百分之二

---

[13] 1933 年證券法 Section 2(1)及 1934 年證券交易法 Section 3(a)(10)對於有價證券之規定如下：1. 債權證明（evidence of indebtedness）；2.任何利潤分享或石油、天然氣、礦產的採取權或租賃權的股權憑證（certificate of interest）或參與協議；3.任何擔保信託憑證、發起設立前之憑證或認購、可轉讓股份、投資契約、表決權信託憑證、存託憑證；4.任何股票、存託憑證、證券之集合（group）或指數（包括其上的利益或價值）之買權、賣權、跨式選擇權、選擇權、優先權（privilege）；5.任何於全國性證券交易所有關外國貨幣之買權、賣權、結構式選擇權、選擇權或優先權；6.前述各種證券之任何股權或參與憑證、臨時或暫時的憑證、繳納憑證、選擇權、認購權或購買權；7.不包括到期日不超過 9 個月之貨幣或任何票券、匯票、國外匯票或銀行承兌匯票，但寬限期或任何到期間受限之延展期則不計算在內；8.具備投資契約之要件。

[14] 黃銘傑，證券期貨交易法制規範客體整合之試論，公司治理與資本市場法制之落實與革新，2011 年 12 月，元照出版，頁 247。

十五之有價證券之平均日交易量低於 5,000 萬美元[15]。

　　廣基證券指數雖然沒有定義在商品交易法中，但廣基證券指數一般指任何證券指數其並未歸類為商品交易法和證券交易法的窄基證券指數或者符合某些特定標準指定由商品期貨交易委員會與聯邦證管會共同管理。不像 SFPs，由商品期貨交易委員會與聯邦證管會共同管理，廣基證券指數期貨商品係由商品期貨交易委員會專屬管轄。

　　然而 2010 年 7 月 10 日通過之 Dodd-Frank 法案對於店頭市場交易之衍生性商品，其管轄權之界定，就有關管轄權之範圍主要分類為[16]：

（一）聯邦證管會管轄證券基礎類之交換商品（security-based swaps），包含單一標的證券或貸款（swaps based on single security or loan）、窄基指數或少數證券（通常為 9 檔以下）信用事件交換之交換交易；並有權監理從事以證券為基礎之交換交易之交易商（dealers）[17]、主要參與者（major participants）[18]、資料集中保管中心（data repositories）[19]、與交易商及主要參與者之關聯者（Persons associated with dealers and major participants）、適格之合約參與者（eligible contract participants）[20]及交換執行機構（swap execution

---

[15] CEA Section 1a(35)(A)(i)-(iv).

[16] 程國榮，出席 2010 年美國商品期貨交易委員會（CFTC）衍生性商品、市場及中介機構之監理研討會之出國報告，2010 年 12 月，頁 3-4。

[17] 交易商係指：1.自認為交易商者；2.創造市場者；3.以進行交換交易為常業者；4.行為人所為之行為一般均認為係交易商之行為，但不包括以自己名義為非經常性交易者，及與客戶或為客戶從事未達一定金額之交換交易者。上述金額限制將由主管機關另行訂定之。

[18] 主要參與者係指非交易商，而符合下列條件者：1.非為分散或降低商業風險目的而持有相當部位之交換交易者；2.未結算交易之交易相對人風險極高，有嚴重危害美國銀行體系或金融市場安定之虞；3.就交換交易言，所為之交易金額相較其資本額屬高槓桿操作，且不受聯邦主管機關資本要求之金融機構。相當部位之標準將由主管機關另定之。參與者欲排除主要參與者規定之適用，必須符合下列條件：1.為進行避險或降低商業風險而持有部位；2.依 1974 年員工退休收入保障法（Employee Retirement Income Security Act of 1974）規定，為避免或降低員工福利計畫相關風險而持有部位。

[19] 資料集中保管中心係指任何蒐集或維護與交易、交易部位或交易條件相關之集中資料保存機構。

[20] 交換執行機構係指可使多數參與者接受其他參與者之出價或對其他參與者提出要約，以進行或執行交換交易之機構或系統，惟不包括指定之合約市場（designated contract market）。

facilities），並要求其等依規定進行申報並保管文件。

（二）商品期貨交易委員會管轄一般交換商品交易，包含商品交換（commodity swaps）、信用違約交換（credit default swaps）、利率交換（interest rate swaps）、貨幣交換（currency swaps）、廣基證券指數交換（swap on broad-based security indices）等。

（三）若部分混合型金融商品性質兼具二者特性，則由二機關共同管轄、監督；若性質不明確，則由二機關協商後確認。以避免對於店頭市場交易之衍生性商品交易之監理有所疏漏。

（四）雖採雙軌制管理，惟管理原則一致，聯邦證管會與商品期貨交易委員會雙方必須於 Dodd-Frank 法案頒布後訂定明確之法規。針對法規制定應互相討論、諮詢，以確保彼此訂定之法規具有一致性。

　　2012 年 7 月 10 日美國聯邦證管會及商品期貨交易委員會，針對 Swap、證券基礎 Swap（Security-Based Swap, SBS）、混合型 Swap（Mixed Swap）商品之定義，及 SBS Agreement 之簿記（book and record）規定，共同發布最終的規定[21]。針對上開規定可歸納幾點：

（一）關於 Swap[22]或 SBS[23]範疇之交易或 Mixed Swap 商品，應於交易契

---

[21] http://www.cftc.gov/ucm/groups/public/@newsroom/documents/file/fd_factsheet_final.pdf；http://www.sec.gov/news/press/2012/2012-130.htm。

[22] 關於 Swap 之基本定義，依據 Dodd-Frank 法案第 721 條規定，所稱 Swap 係指下列之協議（agreement）、契約（contract）或交易（transaction）：1.以利益、利率、貨幣、商品、證券、債券、指數、數量指標、其他財務或經濟利益或財產為買賣標的，或以該等標的之價值為交易基礎之各式選擇權；2.以某一事件（event）或以與潛在財務或經濟結果有關聯性之或有事件（contingency）之發生、未發生或發生程度，作為買賣、支付或實務交割標的之協議、契約或交易；3.依據前述第 1.點所列標的之價值（value）或水準（level），作為交易雙方固定支付或有支付之交換執行基礎，且將該等標的價值與水準變動之財務風險移轉予交易對手，但並未改變交易對手於與該財務風險有關聯之資產或負債之所有權，符合此節規定之協議、契約或交易包括商品交換、信用違約交換、利率交換、貨幣交換與權益指數交換（equity index swap）等計 22 種；4.於交易時普遍被認為是 Swap 之協議、契約或交易；5.符合 Gramm-Leach-Biley Act 第 206A 條 Swap Agreement 定義之 SBS Agreement，且主要交易條件係以任一證券或任一證券指數或證券組合之價格、孳息、價值或變動程度為基礎。所稱 Swap Agreement 係指由商品交易法（CEA）所定義之合格契約參與者（Eligible Contract Participants, ECP）雙方所進行之協議、契約或交易，且主要交易條件是由交易雙方議定；6.由前揭任一項 Swap 進行組合、排列而成之協議、契約或交易，或以任一項 Swap 為交易標的

約執行前確定，而且不得晚於交易人提出對於交易契約報價之時點。如交易條件無重大變更，交易契約所隸屬之 Swap 類別於交易契約存續期間內將維持不變。例如以單一窄基證券指數為標的之 Swap 依規定應為 SBS 類別，如該標的於契約存續期間內轉變為廣基證券指數，則該 Swap 仍屬 SBS 類別並由聯邦證管會監理。

（二）以指數為標的之 Swap，依據 Dodd-Frank 法案第七章之定義，係以「窄基證券指數」或以與「窄基指數所含證券之發行者」有關之事件等為交易標的之 Swap 為 SBS 類別。CFTC 及 SEC 採用過去對於「窄基證券指數」之解釋，窄基證券指數之定義（指數成分股應少於 9 檔。單一成分股權重超過百分之三十。權重總計百分之二十五之小型成分股，於過去 6 個月內每日平均交易總金額應低於 5,000 萬美元）。如交易對手有權變更交易標的有價證券之組成成分或是權重，則該交易契約為 SBS 類別。如交易標的有價證券指數本身具有調整指數之先決條件（predetermined criteria）或自動執行公式（self-executing formula），以該指數為標的之交易契約是否為 Swap 類別或 SBS 類別，須視該指數之組成與權重而定，如該先決條件或自動執行公式可使指數由窄基轉為廣基或廣基轉為窄基，則以該指數為標的之交易契約為 Mixed Swap 類別。以廣基證券指數為標的之 CDS（Credit Default Swap），如該 CDS 以實物交割，則該 CDS 為 Mixed Swap 類別；又該 CDS 如以現金交割或競價交割，則為 Swap 類別而非 SBS 類別或 MS 類別。

（三）針對混合型 Swap 交易人法令遵循之特別規定，聯邦證管會與商品期貨交易委員會均認為 Mixed Swap 之範圍有限（narrow），又因該交易之交易人須同時遵循聯邦證管會與商品期貨交易委員會之規

之選擇權交易。

[23] 依據 Dodd-Frank 法案第 761 條規定，SBS 係指以：1.單一證券（single security）；2.單筆放款（loan）；3.單一窄基證券指數；4.與單一發行者或窄基指數所含證券之發行者有關之事件等為基礎之 Swap 商品。

定，所以於 Swap 商品定義最終規定中特別制定以下兩項法令遵循程序，俾利管理 Mixed Swap。第一，針對場外交易、非集中結算之 Mixed Swap，且該交易之交易對手至少有一人同時向聯邦證管會與商品期貨交易委員會註冊登記為 Swap 交易商（SD）、SBS-SD 或主要市場參與者（Major Swap Participants, MSP）、SBS-MSP，最終規定已提供一套法令架構，俾利該 Mixed Swap 交易人遵循特定規範與要求。第二，針對其他 Mixed Swap 之交易人，最終規定亦制定一行政程序，交易人可依循該行程程序向聯邦證管會及商品期貨交易委員會申請共同發布命令（order）修正所須遵循之各項規範[24]。

二、日本金融商品交易法之規定

日本 2006 年制定之金融商品交易法第 2 條第 1 項及第 2 項對於有價證券，明定包括有狹義有價證券、表彰有價證券之權利及準有價證券等三種，其第 2 項第 5 款、第 6 款所列舉之準有價證券包括集體投資計畫持分、外國集體投資計畫持分；集體投資計畫係泛指民法上的合夥契約、商法上的隱名合夥契約、投資事業有限責任合夥契約、有限責任事業合夥契約或者其他契約形式等，均在所不問，而符合以下三個要件者：（一）自他人處接受出資；（二）運用該資產進行投資；（三）將由該投資所生之收益或事業財產分配給出資者之相關權利均屬準有價證券，為金融商品交易法之規範對象。例如，接受他人出資而從事期貨商品投資（即所謂期貨商品基金）、接受出資而從事不動產信託受益權投資（即所謂不動產基金）或者從事各種事業投資（即所謂事業型基金）等，均為日本金融商品交易法所稱之集體投資計畫[25]。

---

[24] 郭土木、郭大維、劉春堂、姚志明合著，Dodd-Frank 法案通過後對境外交易所、結算機構及期貨商之管理，2013 年 1 月，台灣期貨交易所股份有限公司委託研究計畫，頁 51-54。

[25] 郭土木，證券交易法論著選輯，初版，2011 年 2 月 3 日，頁 3-7。

三、韓國資本市場整合法之規定

　　韓國於 2009 年 4 月施行之資本市場整合法，統合將各相關業法所定之有價證券修正為證券，依該法第 4 條之規定，所稱的證券係指本國人或外國人發行的金融投資商品[26]，投資者在取得的同時所支付的金錢等之外，不必負擔任何名目的追加支付義務而言。其證券區分為債務證券、持份證券、收益證券、投資契約證券、衍生性結合證券、證券存託（deposit）證券等六種，其中對於衍生性結合證券，係指以基礎資產之價格，利率、指數、單位，或以此為基礎的指數等的變動加以連動，依照原訂定的方法，以決定應該支付的金額或是回收的金額的權利而言[27]。

四、指數股票型基金應屬具股權性質有價證券

　　檢視現行之指數股票型基金指數股票型基金，如元大寶來台灣卓越50 證券投資信託基金係以臺灣證券市場中市值前 50 大之上市公司之組合為追蹤之標的，依據前述美國窄基證券指數之定義，並不符合所謂指數成分股應少於 9 檔，單一成分股權重超過百分之三十，權重總計百分之二十五之成分股，於過去 6 個月內每日平均交易總金額應低於 5,000 萬美元等之要件，所以應歸類為廣基證券指數，廣基證券指數連結期貨等衍生性金融商品，由於美國對於證券與期貨交易分屬於不同之管轄機關爰有前述屬性與定位之論爭，在台灣對於證券投資信託事業為募集證券投資信託基金所發行之受益憑證早經主管機關核定之其他有價證券，且證券與期貨同屬金管會證期局所主管，故尚無管轄權爭議之問題。

　　惟較具疑義者為指數股票型基金應否屬具股權性質有價證券。從受益

---

[26] 依韓國資本市場整合法第 3 條之規定，所稱的「金融投資商品」指以獲得利益或迴避損失為目的，在現在或將來特定的時點，約定以金錢或此外具有財產價值的物品支付所取得的權利，為取得此權利而已經支付或應該支付金錢等的總額可能超過從上述權利回收或是可以回收金錢等的總額的風險。即所謂之具有投資性而言。

[27] 同前註 25，頁 8。

憑證與一籃子股票可透過申購贖回機制相互轉換觀之，應屬具股權性質有價證券，又證券投資信託事業行使證券投資信託基金持有股票之投票表決權，在受益人持有 ETF 期間雖原則上應由證券投資信託事業指派該事業人員代表，且應基於受益憑證持有人之最大利益為之[28]，證券投資信託事業指派該事業人員既係代表出席行使股東權限，顯示 ETF 還是可以行使股東權，且組合股票之配股配息通常記入基金資產，顯現在基金之淨值中，由基金持有人所持分與共享，因此應以具有股權性質之有價證券適之較妥，另參照台灣存託憑證（TDR）之發行，其表彰之股東權係由保管銀行代為或代理行使，依證券交易法施行則第 11 條第 1 項規定，將其納入具股權性質之有價證券，指數股票型基金指數股票型基金亦應納入該範圍。受益人究所持有之 ETF 申請贖回轉換成組合之一籃子股票，一籃子股票為股票現貨自屬具股權性質之有價證券。

第二項　商品期貨指數型及槓桿型或反向型 ETF 是否為有價證券

如前所述對於基金受益憑證是否屬於證券交易法第 6 條所稱之有價證，在法律定位上涉及募集、發行、私募及交易應適用之法律依據，以及相關法律責任基礎之規範。證券投資信託事業為募集證券投資信託基金所發行之受益憑證早經主管機關核定為證券交易法第 6 條第 1 項後段之有價證券[29]，另就期貨信託事業為募集期貨信託基金所發行之受益憑證，亦經主管機關所核定為證券交易法所稱之有價證券[30]，至於證券投資信託基金

---

[28] 依證券投資信託事業管理規則第 23 條第 1 項至第 3 項規定，證券投資信託事業行使證券投資信託基金持有股票之投票表決權，除法令另有規定外，應由證券投資信託事業指派該事業人員代表為之。證券投資信託事業行使前項表決權，應基於受益憑證持有人之最大利益，且不得直接或間接參與該股票發行公司經營或有不當之安排情事。證券投資信託事業於出席基金所持有股票之發行公司股東會前，應將行使表決權之評估分析作業，作成說明。

[29] 財政部證券管理委員會民國 77 年（77）台財證（三）字第 09030 號函。

[30] 行政院金融監督管理委員會民國 96 年 8 月 8 日金管證七字第 0960038704 號令。

與期貨信託基金之分際，證券主管機關更進一步規定證券投資信託事業募集或私募發行證券投資信託基金從事期貨交易，除因避險目的，或依證券投資信託基金管理辦法第 37 條之 1 規定之槓桿型 ETF 及反向型 ETF 外，其期貨交易契約價值超過其基金淨資產價值百分之 40%者，應依規定申請兼營期貨信託事業[31]，屬於期貨信託基金之範圍。因此證券投資信託事業或期貨信託事業募集發行之指數股票型期貨信託基金（期貨 ETF），其受益憑證亦為證券交易法第 6 條所稱之有價證券。

第五節　指數股票型基金ETF之買回與股份回籠禁止之豁免

　　傳統公司法在考量股東有限責任之前提下，為保護公司債權人與股東權益，爰有資本三大原則之確立，然前述 ETF 在證券商及投資人創造贖回之機制下，對於種子基金創造者之參與證券商，或法人投資者若屬於 ETF 組合標的之公司，即面臨可否買回自己公司股票參與創造之問題，為因應金融商品創新發展之客觀環境與產業競爭態勢之需要，公司資本三大原則是否必須修正，是值得進一步探討之課題。公司法第 167 條規定，公司除依特別股股份收回、轉讓予員工、少數股東買回請求、股東因清算或受破產之宣告按市價收回其股份，抵償其於清算或破產宣告前結欠公司之債務等情形外[32]，不得自將股份收回、收買或收為質物。此乃公司資本維持原則所指公司於存續中，應維持相當於資本總額的財產，為發展 ETF 之金融商品，如何調整股份回籠禁止之例外與資本維持原則，不無探討之餘地。

---

[31]　金融監督管理委員會民國 103 年 7 月 8 日金管證投字第 0300250037 號令。

[32]　對於母子公司間及其他關係企業間亦有相同之規定與問題，公司法第 167 條第 3 項及第 4 項規定，被持有已發行有表決權之股份總數或資本總額超過半數之從屬公司，不得將控制公司之股份收買或收為質物。前項控制公司及其從屬公司直接或間接持有他公司已發行有表決權之股份總數或資本總額合計超過半數者，他公司亦不得將控制公司及其從屬公司之股份收買或收為質物。

　　參與證券商買回自己公司之股份，或被持有已發行有表決權之股份總數或資本總額超過半數之從屬公司，將控制公司之股份收買或收為質物。甚至控制公司及其從屬公司直接或間接持有他公司已發行有表決權之股份總數或資本總額合計超過半數者，違反公司法第 167 條第 1 項之規定，公司法原規定可處一年以下有期徒刑之刑事責任，但於 2001 年 11 月 12 日修正後修正為民事賠償責任，於同條文第 5 項規定公司負責人違反前四項規定，將股份收回、收買或收為質物，或抬高價格抵償債務或抑低價格出售時，應負賠償責任。仍屬法令之禁止規定。

　　又上市公司為指數股票型證券投資信託基金之成分股票者，對於依據證券交易法第 28 條之 2 第 1 項規定買回本公司股份期間，其依公司法第 369 條之 1 規定之關係企業或董事、監察人、經理人之本人及其配偶、未成年子女，因委託同一參與證券商於同日在同一帳戶買進指數股票型基金之受益憑證，或加計原持有、借券及前一日買進餘額之該受益憑證，進行實物買回該受益憑證表彰之股票組合，並賣出該受益憑證表彰之股票組合，亦有牴觸證券交易法第 28 條之 2 第 6 項規定[33]。因此主管機關一併排除適用。[34]

　　另依金融控股公司法第 38 條規定，金融控股公司之子公司或子公司持有已發行有表決權股份總數百分之二十以上或控制性持股之投資事業，不得持有金融控股公司之股份。金融控股公司體系下之參與證券商，若為金融控股公司之子公司或子公司持有已發行有表決權股份總數百分之二十以上或控制性持股之投資事業，其因投資指數股票型證券投資信託基金 ETF，執行 ETF 實物申購買回機制而持有該金融控股公司之股份時，將牴觸金融控股公司法第 38 條規定[35]，為排除 ETF 發行之障礙，主管機關函

---

[33] 違反第 28 條之 2 第 2 項、第 4 項至第 7 項或主管機關依第 3 項所定辦法有關買回股份之程序、價格、數量、方式、轉讓方法及應申報公告事項之規定，依同法第 178 條第 1 項第 8 款 2 規定，可處新臺幣 24 萬元以上 240 萬元以下罰鍰。

[34] 參見 2003 年 6 月 23 日台財證三字第 0920002623 號令。

[35] 違反者依同法第 60 條第 8 款規定，可處新臺幣 200 萬元以上 1,000 萬元以下罰鍰。

示符合下列規定者，不適用金融控股公司法第 38 條之規定[36]：

（一）因執行上開機制而持有之股票，必須設立獨立之專戶保管。

（二）買回當日起，必須持續於公開市場出售，直至不再持有為止。非因
市場失能等不可控制之因素而未出售者，自持有日起即視為金融控
股公司未發行股份，並應於買回之日起 1 個月內辦理變更登記。

（三）於持有期間不得享有股東權利，並應依金融控股公司財務報告編製
準則之規定辦理。

公司資本三大原則之確立原在考量股東以所認之股份負有限責任，公
司之資本對於股東、公司交易之相對人與債權人權益之保障深具重要性，
然此三大原則面臨公司籌集資金之方便性需求、公司營運與資訊之即時揭
露、公司會計與法治制度之變革、金融商品之創新等時代潮流交互衝擊
下，權衡利弊得失下已有逐漸彈性化之趨向，尤其是公司為因應營運發展
之客觀環境與產業競爭態勢之需要，在結合金融市場之創新與實務運作，
指數股票型基金 ETF 之發行即是一個典型之例子，傳統之公司資本三大
原則就此必須配合作質與量之退讓，惟前開主管機關為因應 ETF 之開放
所作之配合解釋函令，以函令排除法律規定適用，甚至各該法律附隨有相
關之民、刑事與行政責任，雖為權宜措施但明顯與法制不符，長遠而言應
以配合於公司法第 167 條、證券交易法第 28 條之 2、金融控股公司法第
38 條增訂例外排除或但書之規定，或於證券投資信託及顧問法共同基金
專章作特別之規定。

第六節　指數股票型基金ETF之買回與場外交易禁止之豁免

現行證券交易法明定，上市有價證券之買賣，應於證券交易所開設之

---

[36] 明定金融控股公司之子公司或子公司持有已發行有表決權股份總數百分之二十以上或控制性
持股之投資事業，投資 ETF 不適用金融控股公司法第 38 條之釋示。參見 2003 年 6 月 23 日
台財融（一）字第 0928011000 號令。

有價證券集中交易市場為之。但左列各款不在此限：一、政府所發行債券之買賣；二、基於法律規定所生之效力，不能經由有價證券集中交易市場之買賣而取得或喪失證券所有權者；三、私人間之直接讓受，其數量不超過該證券一個成交單位；前後兩次之讓受行為，相隔不少於 3 個月者；四、其他符合主管機關所定事項者。違反此一禁止規定依同法第 177 條第 1 項規定，可處 1 年以下有期徒刑、拘役或科或併科新臺幣 120 萬元以下罰金。其乃考量上市有價證券之價格係以公開競價依供需形成之機制撮合完成，為維護公平、公正之交易原則，因此除非有法律明文規定不影響前開機制之情形外，應於證券交易所開設之有價證券集中交易市場為之[37]。上櫃之有價證券之交易法律上雖無相同禁止之規定[38]，然現行上櫃有價證券除興櫃股票採行推薦證券商之議價情形外，與上市交易之型態幾乎相同，其未有場外交易禁止之規定實屬法律未填補之漏洞[39]，允宜作相同之規定。

　　由於指數股票型基金 ETF 既掛牌上市、上櫃又得隨時申購贖回，兼具股票與基金受益憑證之特性，同時又與有封閉式共同基金與開放式共同基金可於集中市場買賣及隨時申購贖回之功能，從一籃子股票創造與申購贖回之交付而言，組合之股票自屬上市、櫃之有價證券，其並未依市場交易與交割結算之程序完成，因此必須明文排除場外交易禁止之規定；另從指數股票型基金 ETF 受益憑證之上市、櫃交易而言，其既屬於封閉式基金之一種，本有場外交易禁止之適用，由 ETF 之受益憑證轉換為一籃子股票，可以不須透過市場交易與交割結算機制，亦為 ETF 之商品設計之

37　證券交易法第 150 條規定。

38　現行證券交易法第 62 條規定，證券經紀商或證券自營商，在其營業處所受託或自行買賣有價證券者，非經主管機關核准不得為之。前項買賣之管理辦法，由主管機關定之。第 156 條及第 157 條之規定，於第 1 項之買賣準用之。另從第 155 條第 2 項規定，有關操縱行為禁止之規定於證券商營業處所買賣有價證券準用之。其餘付之闕如，相關填補不足之法律草案主管機關雖多次討論，但仍未提出立法。

39　晚近有認為應參考美國證券市場之體例廢除場外交易禁止之規定，由於市場規模與發行交易體制有別，其牽涉交易制度與相關整體法令規範，宜審慎研議。

特性,亦不影響前開供需競價機制與公平、公正交易之原則,惟為因應此
一特性在法治上必須明文排除場外交易禁止之規定。準此,指數股票型基
金 ETF 之申購贖回顯與場外交易禁止之規定相牴觸,本文認為豁免之道
可不必增修法律規定,而依同條第 4 款規定以其他符合主管機關所定事項
者明文排除場外交易禁止之規定即可。

第七節　指數股票型基金ETF之內部人員持股管理法令之適用

符合一定條件之指數股票型基金 ETF 持有人或參與證券商可以要求
基金發行之證券投資信託事業,將基金受益憑證贖回為一籃子股票,此際
持有人或參與證券商即成為一籃子股票之各上市、櫃公司股東,持有人或
參與證券商若為該上市、櫃公司之內部人員(insider)是否有內部人股權
管理法令之適用,又指數股票型基金 ETF 隱含有各一籃子股票股權組合
之性質,該上市、櫃公司之內部人員其買賣 ETF 有無短線交易歸入權及
內線交易禁止之適用,不無進一步探討之空間。

第一項　內部人員股權管理法令之適用

指數股票型基金 ETF 無論是基於套利或長期持有之目的,可透過參
與證券商向基金發行之證券投資信託事業申請贖回為一籃子股票,組合中
各股票之權重雖不相同,理論上申請贖回之 ETF 持有人或參與證券商可
取得現貨之股票;相反的若將一籃子之現貨股票申購創造為基金受益憑
證,股票轉成基金之成分是否屬於轉讓,從股票之移轉過程言,股票與基
金受益憑證為不同型態之有價證券,因此其轉換會有讓與受之行為,準此
本文認為應有內部人員股權管理法令之適用,包括依規定轉讓之申報公
告[40]、股權與設定質權異動之申報公告[41]、取得超過百分之十股東身分之

---

[40] 證券交易法第 22 條之 2 第 1 項規定,已依本法發行股票公司之董事、監察人、經理人或持

申報[42]等。

第二項　內部人員短線交易歸入權之適用與差價利益計算

由於指數股票型基金 ETF 所具有之股權性質與掛牌上市、櫃交易，對於 ETF 可於交易所或櫃檯買賣中心直接買賣，又可申購贖回進行場外交易，因此除直接於市場買賣 ETF 與現股外，實務上可能會產生買 ETF 贖回成股票現股，或買股票後申購 ETF，持有人或參與證券商若為該上市、櫃公司之內部人員時，於取得股票或 ETF 後 6 個月內再行賣出該公司股票或具成分股之 ETF，或於賣出後 6 個月內再行買進，因而獲得利益者，公司可否請求將其利益歸於公司[43]，可進一步分析如下：

一、於證券交易所或櫃買中心單純買賣 ETF

由於指數股票型基金 ETF 為具有股權性質之有價證券，依證券交易法第 62 條及第 157 條之規定，應有內部人員短線交易歸入權之適用，至於差價利益計算可依證券交易法施行細則第 11 條第 1 款規定，取得及賣出之有價證券，其種類均相同者，以最高賣價與最低買價相配，次取次高賣價與次低買價相配，依序計算所得之差價，虧損部分不予計入。惟 ETF

有公司股份超過股份總額百分之十之股東，其股票之轉讓，應依規定方式之一為之。

[41] 證券交易法第 25 條第 1 項至第 3 項規定，公開發行股票之公司於登記後，應即將其董事、監察人、經理人及持有股份超過股份總額百分之十之股東，所持有之本公司股票種類及股數，向主管機關申報並公告之。前項股票持有人，應於每月 5 日以前將上月份持有股數變動之情形，向公司申報，公司應於每月 15 日以前，彙總向主管機關申報。必要時，主管機關得命令其公告之。第 1 項之股票經設定質權者，出質人應即通知公司；公司應於其質權設定後 5 日內，將其出質情形，向主管機關申報並公告之。

[42] 證券交易法第 43 條之 1 第 1 項規定，任何人單獨或與他人共同取得任一公開發行公司已發行股份總額超過百分之十之股份者，應於取得後 10 日內，向主管機關申報其取得股份之目的、資金來源及主管機關所規定應行申報之事項；申報事項如有變動時，並隨時補正之。

[43] 證券交易法第 157 條第 1 項規定，另於同條第 6 項規定關於公司發行具有股權性質之其他有價證券，準用本條規定。

所表彰所屬公司之股權權重有所不同，因此應依指數編製之權重換算實際交易之成分股股數計算。

二、於交易所或櫃買中心買賣 ETF 或現貨股票

由於取得及賣出之有價證券，其種類不同者，依證券交易法施行細則第 11 條第 2 款規定，除普通股以交易價格及股數核計外，其餘有價證券，以各該證券取得或賣出當日普通股收盤價格為買價或賣價，並以得行使或轉換普通股之股數為計算標準；其配對計算方式，仍以最高賣價與最低買價相配，次取次高賣價與次低買價相配，依序計算所得之差價，虧損部分不予計入。

三、於交易所或櫃買中心買賣 ETF 或現貨股票並有申購贖回

買 ETF 贖回為股票，或買股票申購為 ETF，因為存在買賣與轉讓之情形，因此在歸入權計算上本應以取得及賣出之有價證券種類不同加以認定，以 ETF 取得或賣出當日普通股收盤價格為買價或賣價，並以得行使或轉換普通股之股數為計算標準；其配對計算方式，仍以最高賣價與最低買價相配，次取次高賣價與次低買價相配，依序計算所得之差價，虧損部分不予計入。惟依前述創造贖回屬於場外之轉換行為，證券交易法第 157 條第 1 項明文規定，對公司之上市股票，於取得後 6 個月內再行賣出，或於賣出後 6 個月內再行買進，因而獲得利益者，才有歸入權之適用，非上市、櫃交易之轉換型從文義解釋應不包括在內，也唯有如此解釋，ETF 商品精神所在之以創造贖回進行短期套利達到市價趨於一致之機制才不至於遭到扼殺。

第三項　內部人員內線交易禁止之適用

上市、櫃公司之內部人員買賣含有所屬公司成分股之 ETF 或申購贖回 ETF 時，涉及所屬公司股權性質有價證券之買賣，於實際知悉發行股票公司有重大影響其股票價格之消息時，在該消息明確後，未公開前或公開後 18 小時內，對該公司之上市或在證券商營業處所買賣之股票或具有所屬公司股權成分之 ETF，自行或以他人名義買入或賣出，是否構成內線交易禁止規定之違反，不無疑義。

美國對於內線交易禁止在立法例上為延伸自證券交易法第 10 條第 2 項之反詐欺條款，實務上規則 10b-5 之認定大多肯認被告須具有詐欺的意圖（scienter）才可成立，美國司法實務上對於犯罪構成之主觀構成要件要素，若是基於避險之運作則不構成違反先跑之行為規範，甚至認為有一些行為是被期待的，例如因實務之需要，對於股票選擇權交易之設計是在提供一個股票部位避險的機制，而這些避險活動可能在交易人持有鉅額的股票現貨部位時發生，所以需要同時賣出買進權之選擇權。尤其是當交易人相信市場將會急劇之上漲或下跌時即須要以此填補損失，交易人也許不希望去處理現貨之股票，因為他相信那價位變動將會很快的填補。由於賣出股票選擇權之買權，交易人得以規避因為賣出鉅額股票造成交易成本損失之風險，以抵銷其從股票之賣出中可能之損失而無法填補之風險，也許因為股票交易造成之價格損失可從選擇權取得之權利金部分得到補償，換言之，如果因交易人之判斷錯誤，股票之賣出之損失及選擇權取得之利潤將得以平衡。準此以解，持有鉅額現貨部位之交易者買進或賣出股票希望有其他形式之避險管道，在鉅額出售轉讓持股時，可能預期其出售之行為會導致股票市場價格之下跌，相反地，鉅額買進股票者可能因其買進之行為而使股票行情上漲，鉅額交易之買賣者，可能會承受股票市場價格因其未持續高價賣出或買到高價而造成差價之損失，因此鉅額之交易者可以透過避險管道在規避因其價格漲跌之虧損。賣出現貨者可借由買進賣權之選擇權或賣出買權之選擇權，而且還可利用從買權者取得權利金去沖銷損失，

至少有部分股票價格損失的風險可以規避掉，而買進鉅額股票之交易人亦可能買進買權，因而可規避因其連續買進現貨而造成價格上張之風險，而其利潤至少有部分是來自價格上漲沖銷之後之差價所得。此種為使避險之行為達到最大報酬之功能（maximizing the return），美國實務上認為透過證券商委託下單若是利用知悉重要的股票交易消息時，或在急迫之情況下是被允許的，這個例外情形將默認對於客戶鉅額交易，可能必須以買進相對應之選擇權以作為規避風險之用，此一部分不認為構成詐欺行為，亦即利用自我有之消息買賣不構成內線交易之行為。此乃因為自我知悉將從事交易之訊息為避險需要，係基於避險之經濟功能與在主觀上是可被預期的，所以不認為係屬於違法行為[44]。準此以解，若是基於套利行為之 ETF 申購贖回應認為非屬詐欺之意圖，應不構成內線交易禁止之範圍。

至於非屬 ETF 套利機制所需之買賣行為，雖 ETF 成分股權值輕重各不相同，權值小的成分股，其買賣 ETF 所得以換算之現貨股票影響輕微，從證券交易法第 157 條之 1 之文義言，並無豁免適用之空間，惟為避免情輕罰重之失衡現象，可參考美國對於窄基證券指數認定為有價證券之要件，以指數成分股應少於 9 檔，單一成分股權重超過百分之三十，權重總計超過百分之二十五之成分股於過去 6 個月內每日平均交易總金額應低於 5,000 萬美元等之標準，就 ETF 內線交易禁止之範圍界定以 ETF 單一成分股權重超過百分之三十，且該 ETF 於過去 6 個月內每日平均交易總金額高於一定金額等之標準，符合此一要件之成分股之 ETF，始有內線交易禁止之適用。

第八節　指數股票型基金ETF之操縱行為禁止之法令適用

報載大陸青島東海恒信投資管理有限公司涉嫌使用人頭帳戶從事 ETF

---

44 Jerry W. Markham, "Front-Running" - Insider Trading Under the Commodity Exchange Act. 38 Cath. U.L. Rev. 69 (1988), at 89.

之操縱行為被主管機關處罰乙案[45]，並稱此為 ETF 涉及操縱行為被處罰之第一案，指數股票型基金 ETF 為上市櫃之有價證券之一種，為衍生並包裝自一籃子股票之成分股，在 ETF 與成分股皆屬於上市櫃之有價證券情形下，在 ETF 創造贖回與交易之過程中是否有操縱行為禁止之法令適用，不無疑義。

第九節　結論與建議

指數股票型證券投資信託基金 ETF 為金融創新之時代趨勢下，典型經創設與推展順利成功之金融商品，其財務之結構與運作之機制設計，兼具跨市場界限、商品範圍交易之特色，ETF 新上市之初或許是基於時間與效率之需要，在法制上須突破眾多扞格難行之障礙，因此難免會有因陋就簡之情形，然上市、櫃以來，由於深受市場與投資大眾之歡迎，所以不僅質與量更精進，產品也更演化、更複雜，結合損桿操作與衍生性商品後使 ETF 邁向新的衍生性商品，回首檢討 ETF 之法制基礎，可發現尚有諸多未完善之處亟待補強，綜據本文前開探討，可提供以下建議供未來增修法令時之參考。

一、未釐清指數股票型基金 ETF 之法律定位，應以證券交法施行細則第11 條明定或函令明定其未具股權性質之有價證券。

二、在未有法律明文授權下，以函令排除公司法、證券交易法及金融控股公司法之適用，包括其中所涉及之民、行事與行政責任之規定，雖屬權宜之措施，但非法制之正軌，允宜透過增修法律為之。

三、ETF 之申購贖回與套利機制，為其成功上市、櫃並廣受市場肯定之重

---

[45] 東海恒信投資管理有限公司控制使用千石資本—東海恒信 1 期等 12 個帳戶，於 2015 年 6 月 18 日至 7 月 30 日，在自己實際控制的帳戶之間進行 180ETF 交易，影響 180ETF 交易量，變相進行 180EFT 與相應成分股日內回轉交易套利，非法獲利 1.84 億人民幣，除被主管機關沒收外，罰款 5.52 億人民幣，並對東海恒信投資管理有限公司法定代表人、總經理給予警告及罰款 60 萬元；對東海恒信投資管理有限公司副總經理給予警告並罰款 30 萬元。參閱網站：http://www.haixiaol.com/n522520.html，上網時間：2015/12/04。

要因素，為配合各該特性之發揮，對於法律明定之場外禁止、內部人員短線交易規入權與內線交易禁止規定適用之疑慮應予釐清，並檢討其適用之範圍或適時適切予以豁免。

四、指數股票型證券投資信託基金 ETF 在定義上，屬於證券投資信託事業發行之證券投資信託基金，因此就長遠與健全之法律體制而言，應於證券投資信託及顧問法專章中作規定，依特別法與普通法之關係作較完整之規範，方能提供市場更明確遵循之標準。

第十五章

目標可贖回遠期契約（TRF）
交易衍生民事賠償之準據法適用
問題探討

第一節　前　言

　　自 2008 年 3 月美國發生次級房貸事件引發國際金融海嘯以來，過度金融創新商品之銷售未受合理規範，且由於國內金融業者對此類商品發行較欠缺發行能力，以致大部分淪為境外發行機構於國外發行並透過國內銷售機構之通路推介者充斥，當時境外結構型商品（structure notes）之規模已超過新臺幣兆元，由於該種商品複雜度高，一般投資人不易充分了解其商品特性及風險，尤其在國外屬於專業投資人之金融商品，在國內卻可流通於一般投資人，在雷曼兄弟控股公司（Lehman Brothers Holding Inc.）於 2008 年 9 月 15 日依美國聯邦法典（U.S. Code）第十一章之規定，向美國紐約州南區破產法院聲請破產保護之案件，單單一檔之雷曼結構型商品，國內就將近有 5 萬多人合計新臺幣 800 億元購買該集團結構型商品之投資人造成血本無歸之困境[1]。

　　無獨有偶，自 2014 年以來由於人民幣回貶衍生之目標可贖回遠期契約（Target Redemption Forward, TRF）崩跌，該商品在亞洲發行約有 1,000億至 2,000 億人民幣，包含香港、新加坡、台灣等地，在台灣據估計整體規模約在 300 億至 500 億人民幣之間。國內投資人買進時點大多落在2014 年年初，當時人民幣兌換美元匯價在 6.05，上方保護價集中在 6.2～

---

[1] 郭土木，證券交易法論著選輯，初版，2011 年 2 月 3 日，自版，頁 451。

6.3 人民幣，由於 2015 年以後人民幣繼續走貶已經來到 6.8 左右，很多投資者無力補繳保證金，面臨被斷頭提前認賠殺出，或凍結公司貨款，銀行又面對上手需繳交保證金下手追討無門之悲慘情狀。結構型商品與目標可贖回遠期契約皆是金融創新時代之衍生性金融商品（derivatives），由於國內金融機構受限於規模與財務研發技術尚乏發行能力，故大多由國外金融機構發行並由國內金融機構充當銷售機構，賺取中間之手續費或權利金（premium）價差後銷售與投資人，所不同者是結構型商品之銷售，通常係由國內金融機構以特定用途信託方式化整為零銷售與投資人，目標可贖回遠期契約則直接銷售予專業資格條件之投資人，災難事件發生後，或國外發行機構倒閉國內投資人一片哀鴻遍野，或國內投資人不理解應承擔之風險發生給付困難，甚至國內金融機構為了有限之利潤承擔了將近無限風險與糾紛之處理，以致糾紛叢生。

　　然類似之慘狀一再發生，而且還可預期不會就此終止，除了要深切檢討國內金融機構之經營方式與主管機關之監理體制外，從國外衍生金融商品之發行與銷售過程所衍生法律適用問題亦值得進一步探討。準此本文擬就國內投資人與境內外金融機構就發行、銷售或受託從事買賣衍生性金融商品之交易所衍生之爭議，包括基於契約、不當得利及侵權行為糾紛適用準據法之爭議提出探討，期能有益於各界先進之參考。

第二節　事實案例

　　甲公司為生產電子產品設計開發及專業代工之廠商，工廠設於大陸，因支付員工薪資及公司營運需要每月約有美金 300 萬元間之人民幣需求，其經常業務往來之乙銀行之業務員 A 向甲公司董事長 B 之夫人 C，推銷人民幣之目標可贖回遠期合約（Target Redemption Forward, TRF），於 2013 年 10 月 13 日以甲公司與乙銀行之名義簽署（ISDA 2002 Master Agreement），由於契約之本文及附件（其中附件 Schedule 第 4 部分之其他約定第 h 項明定，該契約及與有關之非契約義務均應以英國法為準據

法）更多達 50 多頁，乙銀行未於甲簽署該等契約前提供詳細之說明，亦未提供中文譯本供其審閱，甲公司董事長 B 之及其夫人 C 遂於信任乙為長久往來之銀行情況下簽署。甲於 2013 年 12 月 1 日開始進行人民幣 TRF 交易，交易模式大抵為乙銀行業務員 A 以電話、電子郵件或傳真之方式，提供 TRF 產品之合約時間、金額、賣出履約價（strike rate）、賣出保護價（knock-in rate）及提前出場條件等交易條件予甲公司董事長夫人 c，甲公司董事長夫人 c 再以電話方式確認進行該次交易。乙於 trf 交易成交後提供交易確認書（confirmation of target redemption product），於確認交易價位後隨即以甲公司董事長 B 簽名擲回予乙銀行，歷經多筆交易，在 2014 年以前人民幣依然處於走升之趨勢，甲有獲利並無爭議。直到 2014 年人民幣走勢開始反轉下跌，TRF 合約產生鉅額虧損，甲公司開始警覺乙銀行之 TRF 產品販售並不公平，且無任何機制提前終止契約出場，導致甲公司最終於 2015 年 10 月要求平倉出場時，乙銀行主張甲應給付之平倉金額總計為美金 2,000 萬元，甲於給付後，主張以契約無效、不當得利及侵權行為提出請求返還已給付之美金 2,000 萬元，乙銀行基於契約約定拒不給付。本案之請求涉及應如何適用契約、不當得利及侵權行為準據法之爭議，類此爭議問題在以往之結構型商品與晚近之目標可贖回遠期契約一再發生，為釐清此一爭議，本文擬提出進一步探討。

第三節　金融機構辦理衍生性金融商品交易業務之規範

衍生性金融商品（derivatives）顧名思義為衍生自其他現貨商品或其他金融工具（financial instrument）所產生之變形或混血（hybrid）商品，例如衍生自農林漁牧產品、工礦產品、能源產品、貴金屬產品之一般商品，與利率、貨幣、指數等之金融商品，透過財務工程與金融創新所設計衍生出各種期貨、選擇權等之金融商品，衍生後之商品已經與原來相對應之商品（underly）產生本質與數量改變之反應，因此金融機構辦理各種衍

生性金融商品之發行與交易，在監理角度上必須考量其金融商品之屬性與金融機構業務之本質，同時更應兼顧風險控管之機制與客戶權益之保護等事項，準此，以下擬就衍生性金融商品之發行設計及交易規範提出探討。

第一項　衍生性金融商品之法律定位與發行之規範

現行金融監理法令對於衍生性金融商品與結構型商品之定義與範圍規定並不一致，衍生性金融商品為證券交易法之有價證券，或屬期貨交易法第 3 條之期貨交易契約，甚至是否屬於保險法所規定之保險契約，爭議不斷。期貨交易法第 3 條第 1 項規定之期貨交易，指依國內外期貨交易所或其他期貨市場之規則或實務，從事衍生自商品、貨幣、有價證券、利率、指數或其他利益之下列契約或其組合之交易。另依銀行辦理衍生性金融商品業務內部作業制度及程序管理辦法第 2 條第 1 項及第 2 項規定，所稱衍生性金融商品係指其價值由利率、匯率、股權、指數、商品、信用事件或其他利益及其組合等所衍生之交易契約及所稱之結構型商品；同時就所稱結構型商品係指銀行以交易相對人身分與客戶承作之結合固定收益商品或黃金與衍生性金融商品之組合式交易。至於境外結構型商品，依境外結構型商品管理規則第 2 條規定，係指結合固定收益商品（例如定期存款或債券）與衍生性金融商品（例如選擇權）的組合型式商品交易，其商品可連結之標的包括利率、匯率、股價、指數、商品、信用事件或其他利益及其組合等所衍生之交易契約。衍生性金融商品於各法令規定之定義與內容不一，範圍自有所差異。

若以結構型商品而言，該商品基礎資產之債券、定存單或保險單等之價格、利率、指數、單位，或以此為基礎的指數等的變動加以連動，依照設計工程之結構，用以決定應該支付的金額或是回收的金額的權利者。例如連動債、結構式定存及投資型保單等，衍生性結合證券在美國、日本與

韓國將其列入有價證券[2]，為考量對於金融與證券市場之監督管理與國際接軌及保護投資人權益，尤其是國外發行之衍生性金融商品，參照主管機關已核定就外國之具有投資性質之有價證券為有價證券，國外發行之衍生性金融商品自宜納入有價證券，而須遵行證券交易法有關募集、發行、私募與買賣等之規範。我國現行金融監理法規就結構型商品並未定位為有價證券亦非期貨交易契約，現行法令除就境外結構型商品訂定有管理規則外，其餘回歸各金融機構依其特性訂定發行、交易及內部控制與稽核之監理措施，以致監理機制寬嚴不一，弊端叢生，本章所討論之目標可贖回遠期契約（TRF）即是一例。

第二項　衍生性金融商品交易業務之規範

為釐清金融機構與投資人就境外結構型商品與目標可贖回遠期契約交易產生之爭議與法律適用，首先有必要就金融機構辦理衍生性金融商品交易業務規範加以分析，由於衍生性金融商品發行與管理者之註冊地而言可區分為境內（on shore）及境外（off shore）發行者，其種類相當複雜，境內投資於境外衍生性金融商品在雷曼兄弟集團宣布破產保護之後，境內購買該集團於發行之連動債投資人造成嚴重之損害，因此主管機關一改原來對於銀行、保險、證券等金融機構之銷售境外結構型商品管理寬嚴不一、管理法令依據分散、各該法規之規範架構、審查機制與審查基準均有所差異，統合銀行、信託業、保險與證券等金融機構之銷售境外結構式金融商品之監理，以落實功能性規範避免法規與監理套利及保護投資人之權益之需要，於 2009 年 7 月 23 日發布境外結構型商品管理規則[3]，茲就相關規範說明如後。

---

[2]　郭土木，證券交易法論著選輯，增修再版，2016 年 7 月 21 日，頁 20-22。

[3]　行政院金融監督管理委員會 2009 年 7 月 23 日金管法字第 09800702600 號令訂定發布全文 26 條；並自發布後 1 個月施行。另於行政院金融監督管理委員會 2010 年 10 月 11 日金管法字第 09900707050 號令修正發布第 19、22 條條文。

一、衍生性金融商品交易業務規範之主要內容

　　境內外衍生性金融商品之法令規範，主管機關原定頒有銀行辦理衍生性金融商品業務應注意事項[4]，然因其屬於行政規則，對於銀行辦理衍生性金融商品業務可能涉及權利義務事項，為免法規位階之不足，爰於銀行法第 45 條之 1 第 4 項授權，對於銀行辦理衍生性金融商品業務之範圍、人員管理、客戶權益保障及風險管理，及應訂定之內部作業制度及程序之相關辦法，授權由主管機關定之。主管機關已頒布銀行辦理衍生性金融商品業務內部作業制度及程序管理辦法[5]，並廢除銀行辦理衍生性金融商品業務應注意事項，在銀行辦理衍生性金融商品業務內部作業制度及程序管理辦法規範下，銀行業同業公會同時配合訂定銀行辦理衍生性金融商品自律規範及銀行辦理衍生性金融商品業務風險管理自律規範。

　　為強化銀行辦理衍生性金融商品業務之風險管理，並保障客戶權益，依據銀行法第 45 條之 1 第 4 項授權，並參照上原銀行辦理衍生性金融商品業務應注意事項，就衍生性金融商品業務之運作，包括交易契約、銀行辦理人員對市場及商品應具備之專業能力與其他財務業務應行遵循之規範加以明定，以為落實客戶權益保障及基於公司治理原則。以下擬就前開事實案例之發生與法律適用較為相關之法令規範提出整理與說明。

（一）銀行應訂有客戶分級管理制度，將客戶區分為專業客戶（再細分為專業機構投資人、非屬專業機構投資人）及一般客戶，並強化對非屬專業機構投資人及一般客戶交易流程之規範[6]，以減少糾紛及健

---

[4]　金融監督管理委員會 2015 年 6 月 4 日金管銀外字第 10450001710 號函，廢止銀行辦理衍生性金融商品業務應注意事項。

[5]　金融監督管理委員會 2015 年 6 月 2 日金管銀外字第 10450001700 號令訂定發布全文 39 條；並自發布日施行。

[6]　銀行辦理衍生性金融商品業務內部作業制度及程序管理辦法第 3 條：「本辦法所稱專業客戶，係指法人與自然人符合下列條件之一者：
　　一、專業機構投資人：係指銀行、保險公司、票券金融公司、證券商、基金管理公司、政府投資機構、政府基金、退休基金、共同基金、單位信託、證券投資信託公司、證券投資顧問公司、信託業、期貨商、期貨服務事業、全國農業金庫、辦理儲金匯兌之郵政機構及其他經金融監督管理委員會核准之機構。

全市場發展。

（二）銀行與非屬專業機構投資人之客戶簽訂衍生性金融商品契約及提供
　　　交易文件，包括總約定書、產品說明書、風險預告書及交易確認書
　　　等，如為英文者應提供中文譯本。提供給一般客戶的風險預告書，
　　　並應以粗黑字體標示最大風險或損失。

（三）銀行向非屬專業機構投資人提供服務，應進行商品屬性評估、了解

二、同時符合下列條件之法人，或由該法人持股百分之百且提供保證之子公司，或同時符合
　　下列條件之外國法人之在臺分公司，並以書面向銀行申請為高淨值投資法人：
　　（一）最近一期經會計師查核或核閱之財務報告淨資產超過新臺幣二百億元者。
　　（二）設有投資專責單位負責該法人或其持股百分之百之子公司或其在臺分公司之衍生
　　　　　性金融商品交易決策，並配置適任專業人員，且該單位主管具備下列資格條件之
　　　　　一：
　　　　　1.曾於金融、證券、期貨或保險機構從事金融商品投資業務工作經驗三年以上。
　　　　　2.金融商品投資相關工作經驗四年以上。
　　　　　3.有其他學經歷足資證明其具備金融商品投資專業知識及管理經驗，可健全有效
　　　　　　管理投資部門業務者。
　　（三）最近一期經會計師查核或核閱之財務報告持有有價證券部位或衍生性金融商品投
　　　　　資組合達新臺幣十億元以上。
　　（四）內部控制制度具有合適投資程序及風險管理措施。
三、同時符合下列條件，並以書面向銀行申請為專業客戶之法人或基金：
　　（一）最近一期經會計師查核或核閱之財務報告總資產超過新臺幣一億元。
　　（二）經客戶授權辦理交易之人，具備充分之金融商品專業知識、交易經驗。
　　（三）客戶充分了解銀行與專業客戶進行衍生性金融商品交易得免除之責任後，同意簽
　　　　　署為專業客戶。
四、同時符合下列條件，並以書面向銀行申請為專業客戶之自然人：
　　（一）提供新臺幣三千萬元以上之財力證明；或單筆交易金額逾新臺幣三百萬元，且於
　　　　　該銀行之存款及投資往來總資產逾新臺幣一千五百萬元，並提供總資產超過新臺
　　　　　幣三千萬元以上之財力聲明書。
　　（二）客戶具備充分之金融商品專業知識、交易經驗。
　　（三）客戶充分了解銀行與專業客戶進行衍生性金融商品交易得免除之責任，同意簽署
　　　　　為專業客戶。
五、簽訂信託契約之信託業，其委託人符合前三款之一規定。
前項各款有關專業客戶應符合之資格條件，應由銀行盡合理調查之責任，向客戶取得合理可
信之佐證依據，並應至少每年辦理一次覆審，檢視客戶續符合專業客戶之資格條件。但對屬
上市上櫃公司之客戶，得免向客戶取得投資專責單位主管或經授權辦理交易之人具備資格條
件之佐證依據。
銀行針對非屬專業機構投資人之專業客戶具備充分金融商品專業知識、管理或交易經驗之評
估方式，應納入瞭解客戶程序，並報經董（理）事會通過。」

客戶程序及客戶屬性評估，告知該商品、服務及契約重要內容及揭露相關風險，建立交易紛爭處理作業程序。

（四）對於複雜性高風險商品交易[7]，並應以錄音或錄影方式留存紀錄。

（五）銀行辦理衍生性金融商品業務應訂定經營策略及作業準則，包括建立業務流程、內部控制制度、內部稽核制度及風險管理制度等，定期檢討風險容忍度及業務承作限額，應訂定新種衍生性金融商品審查作業規範，組成商品審查小組[8]。

（六）若屬新種複雜性高風險商品，經商品審查小組審定後，另須提報董（理）事會或常務董（理）事會通過。銀行所訂定之業務人員酬金制度及考核原則，應避免直接與特定金融商品銷售業績連結，並應納入非財務指標項目。

（七）為保護消費者權益及配合電子化交易之規定如下：

1. 參照金融消費者保護法第 11 條之 2 第 2 項複雜性高風險商品類型，明定所稱複雜性高風險商品之定義改由主管機關訂定。

2. 考量銀行實務需求，開放外匯指定銀行（總行）得授權其外匯指定分行辦理衍生性金融商品推介業務。

3. 參照中央銀行修正「銀行業辦理外匯業務管理辦法」之方向，訂定銀行辦理衍生性金融商品業務人員及推介人員應具備之資格條件、每年接受教育訓練時數等規定。

4. 配合推動 Bank3.0 政策，訂定銀行得以電子設備告知客戶重要交易內容，並留存軌跡；另放寬同類型結構型商品之非首次交易，得免派專人解說。

---

[7] 銀行辦理衍生性金融商品業務內部作業制度及程序管理辦法第 2 條第 3 項所稱複雜性高風險商品，係指具有結算或比價期數超過三期且隱含賣出選擇權特性之衍生性金融商品，但不包括：1.前項所稱結構型商品；2.交換契約（swap）；3.多筆交易一次簽約，客戶可隨時就其中之特定筆數交易辦理解約之一系列陽春型選擇權（plain vanilla option）或遠期外匯；4.其他經主管機關核定之商品類型。

[8] 許杏宜、蔡宜樺，裹著糖衣的毒藥：談 TRF 的法律問題，會計研究月刊，第 364 期，2016 年 3 月，頁 4。

二、主管機關對於金融機構從衍生性金融商品業務之查核與處分

　　主管機關對於目標可贖回遠期契約產生爭議之事態擴大，遂於 2014年中對於銀行之財務行銷部門（TMU）業務實行專案檢查，向多家銀行寄出糾正、罰鍰及停止承作新交易等制裁，2015 年 10 月至 2016 年 1 月再發動多次之查核金融機構查核行動，除再處分 9 家不當銷售的銀行，缺失未改前，禁賣目標可贖回遠期契約，並將提高專業法人戶資格條件從總資產新臺幣 5,000 萬提高到 1 億元、再降商品交易損失上限（最大損失三點六倍）、限制商品期限為 1 年禁賣 2 年期的 TRF、銀行須向客戶收期初保證金、建立客戶額度控管機制等外，禁止以再賣一個 TRF 的方式讓客戶「以債養債」，要求銀行不應鼓勵客戶新約換舊約，就客戶平倉損失，若以放款支應或暫列應收款項，除非是為協助客戶業務正常營運，否則不得為之。或以再賣一個新的 TRF 給客戶，以辦理新交易之短期取得的權利金或利益彌補虧損，因不知未來匯率走向，讓客戶可能承擔更大部位風險，禁止以擴大額度或延長契約期限等方式，讓客戶承擔更大之風險。

三、金融機構之違規或不當行為之民事法律賠償爭議

　　境內外結構型商品與目標可贖回遠期契約之銷售，原應以專業機構投資人及高淨值投資法人為銷售對象，惟實務上金融機構在經營利益與業務競爭考量上，並非全然依規定辦理，金融機構在整體過程中涉有之違規或不當行為，雖行政與民事法律責任個別獨立，但投資人在舉證上往往處於較不利之狀況，故對於違規事實之糾正處分事證，常為民事賠償之參考證據，就實務上發生爭議之境內外結構型商品與目標可贖回遠期契約案件，投資人常以契約條款顯不公平主張撤銷交易契約或負賠償義務其次為對不具專業客戶資格為銷售，未確實依公司營收、性質及需求等為核實適當額度；再者為金融機構之從業員工不具推銷衍生性金融商品之資格與未盡風

險預告說明及交易模式、計算方式、銀行提前出場約款未有充分揭露等義
務之違反；未考量投資者適合度等事由而違反相關法規範義務，進而主張
侵權、違反受任人義務、締約上過失及違反金融消費者保護法等，甚至進
而主張以因此所生之損害為抵銷[9]。因此就前開案例事實之爭議點亦同，
其爭議點包括甲公司及董事長 B 與其夫人 C 是否符合專業資格條件之徵
信、有無一般所謂一條龍式的幫忙製作開戶行為[10]、說明義務之踐行、客
戶交易風險之適當性、交易資訊或清算資訊之揭露等，原雷曼連動債之違
規態樣主管機關歸納為九大態樣亦可參照[11]，而類此爭議點除事實、法律

9　參見台北地方法院 104 年度重訴字第 1258 號刑事判決、台北地方法院 105 年度重訴字第 195
　　號刑事判決。
10　即偽造、變造符合資格條件之幫忙開戶。
11　參見銀行公會於 2008 年 12 月 11 日理監事聯席會議通過雷曼連動債之爭議態樣及其處理原
　　則，並經於 2008 年 12 月 29 日經主管機關函復准予備查。其所謂相關爭議九大態樣如下：
　　一、雷曼商品年限加上信託時年齡超過我國生命表之生命年限，無發行人中途買回機制，且
　　　　屬第一次投資連動債，並未簽署同意書者。
　　二、雷曼連動債於發行前即跌破下檔保護而未通知委託人。
　　三、更換發行機構及閉鎖期：
　　　　（一）更換連動債發行機構為雷曼公司而未通知委託人。
　　　　（二）第一次贖回之期間（閉鎖期屆滿）在雷曼公司申請破產保護後，且委託人於雷曼公
　　　　　　　司申請破產保護前之閉鎖期內要求贖回，受託人未向發行機構洽商辦理。
　　四、未定期寄送有關資產淨值之對帳單，亦無其他公告方式，致委託人無從知悉連動債淨值
　　　　（或最新參考報價）者。
　　五、商品文件有下列情事：
　　　　（一）雷曼商品 DM 與商品說明書之內容對風險揭露有違反法令規定、有虛偽不實或隱
　　　　　　　匿之情事。
　　　　（二）雷曼商品 DM 與商品說明書使人誤信能保證本金之安全或保證獲利。
　　　　（三）申購文件印鑑雖為真正，但註明應由委託人親簽處，係由理專代簽。
　　六、未執行充分了解委託人程序，且有下列情事：
　　　　（一）非積極型委託人以本人當時同一銀行定存轉投資雷曼不保本連動債，無股票投資經
　　　　　　　驗，且屬第一次投資連動債者。
　　　　（二）保守型委託人投資雷曼不保本連動債時，資產配置 60%以上集中於不保本連動債
　　　　　　　者。
　　　　（三）委託人已有不願承受任何風險或不願損及本金等書面意思表示，評等仍為積極型，
　　　　　　　且投資雷曼不保本連動債時，資產配置 70%以上集中於不保本連動債者。
　　七、委託人年齡或學識有下列情形者：
　　　　（一）委託人投資雷曼不保本連動債時，年齡 70 歲（含）以上，無股票投資經驗，且屬
　　　　　　　第一次投資連動債者。

爭議外尚包括程序上之舉證責任與涉外民事準據法等之法律適用問題。

第四節　ISDA契約簽訂之準據法適用

依修正前銀行從事衍生性商品注意事項第 21 條第 1 項規定，銀行向專業客戶提供衍生性金融商品交易服務，應與交易相對人簽訂 ISDA 主契約（ISDA Master Agreement），或依其他標準契約及市場慣例辦理。ISDA（International Swaps and Derivatives Association）為國際交換交易暨衍生性商品協會，該協會組織之目的在通過促進行動來鼓勵發展和維持高效率的衍生性商品市場[12]，其發布之制式契約範本包括：ISDA Agreement（Master Agreement & Schedule，主約及附約）、Confirmation（交易確認書）、ISDA Definitions（ISDA 定義）、Credit Support Annex（信用補充文件）、Legal opinions（法律意見）、User's Guides（使用者手冊）及 Protocol（議定書）等[13]，ISDA 標準契約之結構主要包含主契約、附約及交易確認書，從一般條款到特定交易條件。主契約主要記載基本條款，而適用於所有之交易；附約則為補充性質，補充主約之不足並增加特約條款；交易確認書則因大部分條款已規定於前揭約定中，交易相對人間僅須再就個別交易中之交易條件為約定。在此設計之下，主約篇幅最長，附約次之，確認書則最短僅需列明詳細交易條件及與 ISDA 合約關係等。此方式將大幅降低交易相對人約定契約約款之時間並在管理上亦更為方便因僅

（二）委託人投資雷曼不保本連動債時，教育程度為國中畢業（含）以下，無股票投資經驗，且屬第一次投資連動債者。

八、個別銷售案件經金融檢查確認有缺失。

九、其他有具體事證顯示銀行不當銷售者。

[12] By-Laws of International Swaps And Derivatives Association, INC (As Amended through March 14, 2018) Article II - Purposes, at https://www.isda.org/a/cDOEE/ISDA-By-Laws-March-14-2018.pdf (last visited: June 21, 2018).

[13] 簡榮宗，銀行辦理金融衍生性商品程序及 ISDA 合約（下），參閱網站：http://www.lawtw.com/article.php?template=article_content&area，上網時間：2018/08/09。

需審查交易確認書[14]。

　　依金融商品交易習慣所定之各式法律協議，如 ISDA 協議、產品說明書、交易確認書、衍生商品操作準則等皆視為契約之一部，在簽訂 ISDA 主契約之情況下，由於主契約第 13 條所定準據法條款中，若限定英國法或美國法，則與我國相關之契約當事人是否亦僅能依國外之法律及到國外法院主張權利即有疑慮。ISDA 主契約為國際通用範本，本身內容無法做修改，固於準據法條款修訂時應於附約內為之。在修訂上，為使我國具管轄權及適用我國法律，依 2018 ISDA 選法及管轄指導書，可以於附約中訂定非專屬條款來修改主契約內容。就於我國境內從事交易之衍生性金融商品，為保護國內之投資人，金融機構與客戶簽訂之金融交易總約定書通常會將準據法約定「除立約人與銀行另以書面約定外，本約定書及交易相關合約文件之準據法為中華民國法律」，因此依我國法令強制規定金融機構與投資人間簽訂 ISDA 條款附約應訂定我國具管轄權及適用我國法為準據法時，其約定與 ISDA 條款附約明定之英國法或美國法為準據法，契約約定適用英、美國法或僅於英、美法院為提訴與我國法令規定不符，其效力為何不無疑義，這將嚴重影響一般投資人之權益。由於行為地發生在我國境內，國人對於英國法與美國法並不熟悉，從保障專業度較不足之一般投資人而言應排除該外國準據法之適用，然從金融交易國際化之角度言，承認 ISDA 主契約或附約約定之準據法適用為國際上之趨勢，我國司法實務應不能自外於國際之發展。

第五節　目標可贖回遠期契約所發生侵權行為與不當得利之準據法

　　前開案例依 ISDA 主契約之附件第 4 部分「其他約定」

---

[14] ISDA 標準契約之結構、契約、附約及交易確認書之內容，詳參李宜芬，衍生性金融商品規範研究－以 TRF 為中心，天主教輔仁大學財經法律研究所碩士論文，2018 年 7 月，頁 133-143。

（miscellaneous）第(h)項約定該契約及與該契約有關之非契約義務均應以英國法為準據法，惟依當時主管機關訂定之銀行從事衍生性商品應行注意事項並無規定，因此本案就兩造當事人主張之 ISDA 契約效力、侵權行為與不當得利之準據法適用即產生爭議，為釐清法律適用，本案應依中華民國之法律或英國法律為準據法，可進一步論述比較探討如後。

第一項　應適用中華民國法律為準據法

依新主契約之附件約定該契約及與該契約有關之非契約義務均應以英國法為準據法，就新主契約之附件約定之準據法與侵權行為、不當得利之規定應屬無效力。其理由如下：

一、本案新主契約之附件約定準據法之約定，違反民法第 247 條之 1 之規定，應屬無效，爭議有關契約之準據法，應回歸我國涉外民事法律適用法與民法規範定之：

（一）司法實務見解

就本案之契約屬於定型化契約，應有民法第 247 條之 1 規定之適用[15]，若其情形顯失公平者，該部分約定無效，依司法院大法官與最高法院實務之見解，認為契約之一方當事人為與不特定多數相對人訂立契約，而預先就契約內容擬定交易條款，經相對人同意而成立之契約之附合契約或定型化契約，本於私法自治及契約自由原則，固應承認其效力。惟因此種契約，締約當事人之地位每不對等，契約之文字及內容恆甚為繁複，他方當事人（相對人）就契約之一般條款輒無個別磋商變更之餘地。為防止預定契約之一方（預定人），挾其社經上優勢之地位與力量，利用其單方

---

[15] 依民法第 247 條之 1 規定；「依照當事人一方預定用於同類契約之條款而訂定之契約，為左列各款之約定，按其情形顯失公平者，該部分約定無效：一、免除或減輕預定契約條款之當事人之責任者。二、加重他方當事人之責任者。三、使他方當事人拋棄權利或限制其行使權利者。四、其他於他方當事人有重大不利益者。」

片面擬定契約之機先，在繁雜之契約內容中挾帶訂定以不合理之方式占取相對人利益之條款，使其獲得極大之利潤，造成契約自由之濫用及破壞交易之公平。於此情形，法院應於具體個案中加以審查與規制，妥適調整當事人間不合理之狀態，苟認該契約一般條款之約定，與法律基本原則或法律任意規定所生之主要權利義務過於偏離，而將其風險分配儘移歸相對人負擔，使預定人享有不合理之待遇，致得以免除或減輕責任，再與契約中其他一般條款綜合觀察，其雙方之權利義務有嚴重失衡之情形者，自可依民法第 247 條之 1 第 1 款之規定，認為該部分之約定係顯失公平而屬無效[16]。

（二）銷售行為發生地在我國境內

乙銀行為依照我國法律設立之公司、於我國境內推介及販售系爭交易之複雜性高風險衍生性金融商品，在新主契約中預定準據法為英國法，投資人並無所未依照交易性質及個案情況個別磋商討論之機會，且其業務員招攬業務時，亦未說明該等條文之意義及說明英國法究竟如何規範系爭交易，因此乙銀行利用定型化契約適用於不特定交易且投資人完全無從掌握的外國準據法，藉以排除我國相關法律之適用及主管機關的監管，係以不合理之方式占取利益，明顯對投資人有重大不利而有顯失公平之情形。

（三）當事人得任意約定應適用之準據法須在符合正義公平之原則

乙銀行以外國法為準據法製造求償之高度障礙，約定選用英國法為準據法對於我國之兩造將無法作合理之商業考量，我國涉民法第 20 條第 1 項雖允許當事人約定應適用之準據法，惟此等任意規定亦應僅許當事人以其他正當之規範取代之，而新主契約中關於準據法之約定顯係為製造投資人之求償之障礙而顯非所謂之正當規範，明顯有重大不利而有顯失公平之

16　最高法院 104 年度台上字第 472 號民事判決、司法院釋字第 576 號、580 號解釋。

情形，故依新主契約之附件第 4 部分第(h)款之準據法約定依我國民法第 247 條之 1 第 4 款規定應屬無效。

二、本案新主契約之附件約定準據法之約定，違反民法第 247 條之 1 之規定，應屬無效，爭議有關之不當得利及侵權行為之準據法，應依我國民法之相關規範定之：

（一）涉外民事法律適用法僅就發生債之關係得由當事人自由選法

本案新主契約雖已約定「契約」及「非契約」所生之爭議皆應以英國法為準據法，惟涉外民事法律關係，依據涉外民事法律適用法規定應依其不同連結因素決定涉外民事法律關係應適用之準據法之規定。涉外民事法律關係之當事人得以「當事人自主原則」作為「契約」及「非契約」涉外民事法律關係之連結因素，進而應以當事人所約定之準據法作為「契約」及「非契約」涉外民事法律關係之準據法。然依涉外民事法律適用法之規定，其以「當事人自主原則」作為涉外民事法律關係之連結因素者，僅有第 20 條及第 31 條，故現行涉外民事法律適用法僅容許涉外民事法律關係之當事人得就依法律行為發生債之關係者及非依法律行為而生之債，其當事人於中華民國法院起訴後之兩種情況，以當事人意思自主原則作為連結因素決定準據法。而涉外民事法律適用法第 20 條之規定，於侵權行為及不當得利等法定之債之情形並無適用。

（二）不當得利及侵權行為準據法之規定應屬強行規定

涉外民事法律適用法第 24 條及第 25 條有關不當得利及侵權行為準據法之規定應屬強行規定，而涉外民事法律適用法第 7 條及民法第 71 條分別規定「涉外民事之當事人規避中華民國法律之強制或禁止規定者，仍適用該強制或禁止規定。」及「法律行為，違反強制或禁止之規定者，無效。」新主契約雖約定與該契約有關之非契約義務包括不當得利及侵權行為應以英國法為準據法，此一約定明顯違反上開涉民法及民法之規定，故

屬無效,而應分別適用涉民法第 24、25 條定其準據法。再者,民法第 72 條規定:「法律行為,有背於公共秩序或善良風俗者,無效。」本案並無其他涉外因素,若認此等準據法約定有效,將使得我國司法權失去對於發生於我國境內之不當得利及侵權行為之管轄權,顯有背於我國之公共秩序應屬無效。

(三)多元之聯結因素之準據法得分割適用

民商法律關係若由數個不同之次法律關係組合而成,因涉外民商法之關係極為複雜多樣而具有多元之聯結因素,該數個不同之次法律關係所組合成之主法律關係,若僅適用單一之衝突法則決定其準據法,恐有違具體妥當性之要求,故不妨分割該主要法律關係為數個平行之次法律關係,以適用不同之衝突法則來決定準據法,用以追求個案具體之妥當性[17]。故縱認本件主契約之準據法約定有效,但就非契約之請求權基礎應適用,考量本金融產品業務運作均於我國進行、負責人及交易窗口均為我國國民、銷售銀行為我國公司且僅在境內營業、交易均在我國境內進行、金融機構係依照我國銀行法規及金管會相關規定販售 TRF 產品等情形,其交易所生之不當得利及侵權行為關係,皆應適用我國法律審理,方可符合前開最高法院判決強調之個案具體妥適性要求。

(四)司法實務之見解

最高法院層認為涉外民事法律適用法第 6 條規定因法律行為發生債之實體法律關係,及因同法第 8 條關於由不當得利或同法第 9 條關於由侵權行為而生債之實體法律關係,所應適用之準據法不同;而因契約涉訟、因侵權行為涉訟,於訴訟程序上所定法院管轄權之誰屬係屬二事。該案兩造訂定授權合約,固約定就授權合約以日本法為解釋及適用之準據法,就關於授權合約或附隨所生爭議之訴訟,以日本大阪地方法院為第一審專屬管

17　最高法院 97 年台上第 1838 號及 96 年台上字第 1804 號等民事判決。

轄法院，惟亦僅止於關於兩造間授權合約所發生債之法律關係適用之準據法並因授權合約涉訟管轄法院之約定，並不包括因侵權行為而生之債在內[18]。肯認即便契約雙方就契約所生爭議有準據法之約定，此等約定僅及於因該契約所生之債之關係，而不包括因侵權行為或不當得利所生之債。

第二項　應適用英國法律為準據法

就乙銀行而言，其主張系爭交易相關爭議應適用英國法為準據法，不適用我國法律，其理由可歸納為以下幾點：

一、ISDA 契約及附件之約定條款有其效力

（一）最高法院之實務見解

依最高法院之實務見解認為，法律行為發生債之關係者，其成立要件及效力，依當事人意思定其應適用之法律，為涉外民事法律適用法第 6 條第 1 項所明定。若依授權契約已有約定荷蘭法為準據法，可知系爭契約之效力、解釋及履行悉依荷蘭法，如同本合約係完全於荷蘭簽訂和履行一般，其準據法應為荷蘭法，至於兩造間簽訂系爭授權契約是否有顯失公平而生無效之情形自應以荷蘭法律之規定為準[19]。類此肯定約定準據法之司法實務見解甚多[20]，再例如兩造依系爭協議書請求履行該協議給付稅款，該協議書第 15 條既經兩造合意適用英國法，則原審以英國法為其準據法，亦符合上開修正前涉外民事法律適用法第 6 條第 1 項，依當事人意思

---

[18] 最高法院 94 年度台抗字第 164 號民事裁定。

[19] 最高法院 98 年度台上字第 1933 號民事判決。

[20] 最高法院 98 年度台抗字第 396 號民事裁定：「按仲裁係基於私法上契約自由原則而設立私法紛爭自主解決之制度。當事人間約定以仲裁解決爭議，基於契約信守之原則，均應受其拘束。前揭系爭傭船契約第十九條約定，意指『若有爭議的話，在香港依英國法為仲裁』，為原法院所認定。該契約既載明以仲裁方式解決爭議，並明定仲裁之管轄地及適用之準據法，足認兩造間已有仲裁協議。依上說明，兩造均應受該協議之拘束。」

定其應適用法律之規定[21]。兩造所簽訂之買賣契約已約定，合約有關之爭議均應由英國法院管轄，並以英國法為準據法，上開標準合約有關準據法及合意管轄條款之約定，自對契約當事人發生拘束力[22]。依兩造之約定以英國法律及慣例為準據法，該保險契約之法律關係，應以英國法律及慣例為準據法[23]。

（二）判定準據法約定之效力應依所適用之準據法

就兩造簽署 ISDA 2002 Master Agreement，該約定：「本合約，以及任何因本合約所生或與本合約相關之任何非契約性質之義務，其準據法及解釋依據為英國法」（"This Agreement, and any non-contractual obligations arising out of or in relation to the Agreement, will be governed by and construed in accordance with English law."），明確約定以英國法為兩造間系爭 ISDA 合約及後續交易之準據法，此一準據法之約定，與我國涉外民事法律適用法第 20 條第 1 項尊重當事人選法自由之意旨相符，依我國最高法院之實務見解，肯認其合法效力。既已約定系爭 ISDA 合約所生或與系爭 ISDA 合約相關權利義務之準據法為英國法，則該約定是否有無效之事由，實應依英國法之規定判斷，而不得適用我國民法之規定。是聲請人直接援引民法第 247 條之 1 顯失公平而主張契約無效。

（三）不當得利及侵權行為均屬因系爭 ISDA 合約所生或與其相關之爭議

兩造已於契約中明確約定準據法，則與該契約相關之其他非契約上請求權基礎（例如不當得利或侵權行為），以及有無違反強制或禁止規定，或背於公序良俗之情事，均應依該約定準據法定之，而非適用我國法律。最高法院認為兩造所訂系爭授權契約約定，與契約是否有效及其履行之爭

---

[21] 最高法院 102 年度台上字第 1040 號民事判決。
[22] 最高法院 93 年度台抗字第 938 號民事裁定。
[23] 最高法院 96 年度台上字第 206 號民事裁定。

議，明定以荷蘭法為準據法，有則有關兩造間簽訂系爭授權契約是否有因違反公平交易法第 10 條第 2 款、第 4 款等節而無效之情形，有無情事變更原則之適用，其給付是否有不當得利，是否應負損害賠償等爭執事項，似應以荷蘭法律之規定為準[24]。而該案請求損害賠償之依據，為我國公平交易法修正前第 31 條及第 32 條第 2 項有關侵權行為之規定，顯見最高法院認為與契約履行爭議相關之其他請求權基礎包括侵權行為或不當得利，均應依當事人約定準據法定之，而不得適用我國法律。

（四）系爭 ISDA 合約約定完善可避免因契約撰擬不當所衍生之不必要風險及爭議

由於 ISDA 合約為國際交換交易暨衍生性商品協會（International Swaps and Derivatives Association，下稱 ISDA 協會）研擬適用於衍生性金融商品之契約，ISDA 協會自 1985 年設立，目前已有來自 68 個國家並超過 850 名機構會員。由於該合約內容約定完善，有助於避免因契約撰擬不當所衍生之不必要風險及爭議，不僅為國際金融機構與投資人所廣為採用，更為系爭交易當時之「銀行辦理衍生性金融商品業務應注意事項」（2013 年 1 月 30 日版，下稱應注意事項）第 21 點：「銀行向專業客戶提供衍生性金融商品交易服務，應與交易相對人簽訂 ISDA 主契約（ISDA Master Agreement），或依其他標準契約及市場慣例辦理。」所明文要求，實無聲請人指為顯失公平之可能。又 ISDA 合約係由主契約、附約和個別交易之確認書所共同組成，依據 ISDA 主契約第 1(c)條約定，三者應為整體觀察而視為單一契約。所有個別交易之商業條件均得由當事人依交易性質及個案情況個別磋商討論，載明於個別交易之確認書，故非定型化契約。

---

[24] 最高法院 101 年度台上字第 1997 號民事判決。

第三項　本案爭議應適用準據法之解析

依現行涉外民事法律適用法第 20 條第 1 項及第 2 項規定，法律行為發生債之關係者，其成立及效力，依當事人意思定其應適用之法律。當事人無明示之意思或其明示之意思依所定應適用之法律無效時，依關係最切之法律。原條文關於債權行為適用之法律，於當事人意思不明時係以硬性之一般規則予以決定，有時發生不合理情事。爰參考德國民法施行法第 28 條規定之精神，於本條第 2 項改採關係最切之原則，由法院依具體案情個別決定其應適用之法律，並在比較相關國家之利益及關係後，以其中關係最切之法律為準據法，以兼顧當事人之主觀期待與具體客觀情況之需求。當事人無明示之意思或其明示之意思依所定應適用之法律無效，以重申第 1 項當事人之意思限定於明示之意思，且當事人就準據法表示之意思，應依其事實上已表示之準據法，決定其是否有效成立之問題。本案當事人在新主契約中預定準據法為英國法，即已有明示之表示，至於該定型化契約條款是否得依我國民法第 247 條之 1 規定認定是否顯失公平而無效，司法實務容有不同見解，但系爭 ISDA 合約所生或與相關之任何非契約性質之義務部分，除我國涉民法另有規定外，原則上應以英國法作為準據法，該 ISDA 合約之準據法條款，尚符合國際上衍生性商品交易之慣例，並無顯失公平而無效之情形。經查系爭 ISDA 合約附約第 4 部分第(h)款明文約定：「本合約，以及任何因本合約所生或與本合約相關之任何非契約性質之義務，其準據法及解釋依據為英國法。」故系爭 ISDA 合約之所生或與本合約相關之任何非契約性質之義務，除我國涉民法另有規定外，原則上其準據法及解釋依據應為英國法。

另關於不當得利與侵權行為之法律關係部分，由於契約雙方就契約所生爭議雖有準據法之約定，惟此等約定應僅及於因該契約所生之債之關係，而不包括因不當得利或侵權行為所生之債。關於侵權行為或不當得利所生之債，仍應依涉民法第 24 條及第 25 條規定判定之。依涉民法第 24 條規定：「關於由不當得利而生之債，依其利益之受領地法。但不當得利

係因給付而發生者，依該給付所由發生之法律關係所應適用之法律。」及涉民法第 25 條前段規定：「關於由侵權行為而生之債，依侵權行為地法。」本件聲請人 TRF 產品業務運作均於我國進行、負責人及交易窗口均為我國國民、相對人為設立在我國之公司，且在我國境內營業、聲請人與相對人之交易均在我國境內進行、相對人係依我國銀行相關法令及金融監督管理委員會所發布之相關函令販售 TRF 產品予聲請人等情形，故本件兩造因新主契約所為給付而發生之不當得利關係，依涉民法第 24 條但書規定，應依該給付所發生之法律關係所適用之英國法為準據法；反之，關於侵權行為之債則應依侵權行為地之我國法為準據法，以維法律適用之具體妥適性。

第六節　結論與建議

　　近十年來我國金融機構因銷售結構型商品與目標可贖回遠期契約造成之違約與糾紛，可謂為重大金融災難事件，爭議之處理迄今餘波為了，境外衍生性商品糾紛處理之準據法之適用尤為重要環節，本章嘗試提出探討，希望有助於司法審判實務與仲裁、調解等之參考，金融監理之主管機關對於金融機構從事境內外衍生性金融商品之監理，從原證券業與保險業以類似有價證券之申請核准與申報生效制度採較嚴謹之規範外，銀行業自行買賣衍生性商品或擔任發行管理機構、銷售係以較寬鬆之監理，而銀行辦理衍生性金融商品業務應注意事項似比較偏向以契約自治及銀行內控內稽之方式為規範，金融業與投資人在承平之際，或由於各有豐厚之利潤，欲加以管理規範事涉龐大既得利益，為各方所反對，然金融海嘯發生之後，政府與投資人遽然發現損失慘重，尤其像目標可贖回遠期契約與雷曼兄弟集團之相關公司於境內透過銷售，或以特定金錢信託或受託買賣方式所行銷之境外金融商品，其發行機構為荷蘭子公司，保證機構為美國母公司，該二公司若於境內並未發現有任何資產，有資產者卻為其他子公司。該集團以複雜之轉投資架構與多層次子公司之運作模式，將其在境內之資

產與負債切割分屬不同之子公司，故無法充分保障境內投資人之權益，即使發生爭議其準據法之適用亦屬不明確，實有加以釐清之必要。

國內外在後金融海嘯時期對於金融改革之殷切期盼下，主管機關對於銀行辦理衍生性金融商品之監理已朝向更嚴謹之態度，從曝險與整體系統性風險之控管上趨於與國際接軌，對於境內外衍生性金融商品包括以專業及非專業投資人為對象之商品設計已納入嚴格之監理與審查機制，銷售前後之行為包括明定應盡徵信、風險預告、推介之適當性與說明義務等要求，並禁止不當之勸誘行為，希望能兼顧發行機構、銷售機構與投資人間之利益，並達到健全金融市場秩序與有效保護投資人權益之目的。

第十六章

結論與建議

　　證券投資信託及顧問業務行為之法令規範，從散見於個別之法令規章到整合立法之建制，證券投資信託及顧問法自 2004 年 6 月 30 日制定公布及同年 11 月 1 日施行以來，亦歷經 4 次修正，最近一次修正公布日期為 2018 年 1 月 31 日。隨著證券與金融市場之日益發達，國內、外證券投資信託及顧問業務發展亦突飛猛進，基金商品與理財服務之型態不斷推陳出新，投資與財富管理業務需配合時代之發展趨勢與競爭態勢與時俱進，證券投資信託及顧問業務為投資與財富管理之核心，更應正面迎接創新之需求與競爭之環境，我國在證券投資信託及顧問法正式立法以來，亦已屆滿 15 年，回顧這段期間我國證券投資信託及顧問業務之運作確實在穩健中發展，然學如逆水行舟不進則退，證券及金融業為之推展亦然，如何發展成國際金融服務之重鎮一直為政府努力之目標，證券投資信託及顧問業務既然為資產管理之中心，當然無法自外於國際之競爭環境與國人對投資理財之殷切期盼，韓非子言法與時轉則治，證券投資信託及顧問業務之鬆綁創新與法令規範之健全完整本為相輔相成，自不宜固步自封。因此如何提升加強證券投資信託及顧問業務之質與量，配合開創新局與健全法制建設，則攸關我國金融服務之健全發展與國際競爭，本書綜據前開各章之論述，謹總結以下幾點建議，以供各界參考。

一、資產管理法令之統合規範

　　我國早期資產管理法制延續傳統分業立法方式，依事業別分由不同法令規範，諸如，信託業依信託業法及其授權訂定之共同信託基金管理辦法募集共同信託基金；期貨投資信託事業、期貨經理事業、期貨顧問事業或

其他期貨服務事業依期貨交易法及其授權訂定之管理辦法募集期貨信託基金、經理期貨交易或為其他期貨服務業務；都市更新投資信託公司依都市更新條例及其授權訂定之都市更新投資信託公司設置監督及管理辦法與都市更新投資信託基金募集運用及管理辦法募集都市更新投資信託基金；創業投資事業依促進產業升級條例募集創業投資資金等。前開資產管理事業亦分屬跨部會不同主管機關職掌，諸如：金融局、證期會、經濟部等，並涉及證券、期貨、金融、信託、創投等諸多產業既有業務之重組，牽連層面較為深遠。

　　證券投資信託及顧問法立法當時，為考量資產管理服務之專業性，及為進一步有效統合資產管理法制之目的，經參考外國立法例採統合立法之形式，並預留將來增訂其他各種基金商品或業務之規範空間，故採分段立法方式，暫以證券投資信託與證券投資顧問為主要規範架構，兼採開放業務之兼營、引進新種類之基金商品、及擴大基金投資標的之方式，以預留未來增列其他投資信託、顧問業務及新種基金商品之空間，同時也考量管轄權分別隸屬於不同單位，統合之工作尚須逐步進行，故先就有價證券有關之領域為規範，期能以漸進方式，達成整合資產管理法制之遠程立法方向，然時空因素已過十五年原立法當時之期許與現代金融環境之成熟，允宜再考量資產管理法或類似英國及日本、韓國之金融服務法令整合，以避免監理與法規套利並促進我國資產管理服務業之規模與發展。

二、證券投資顧問事業定義範圍之明確界定

　　司法院大法官會議釋字第 634 號解釋，認為證券投資信託及顧問法第 4 條第 1 項將證券投資顧問定義為直接或間接自委任人或第三人取得報酬，對有價證券、證券相關商品或其他經主管機關核准項目之投資或交易有關事項，提供分析意見或推介建議，未設有例外排除或豁免規定，導致於管理投顧事業之同時，對人民言論自由與職業自由之基本權利產生過度干預之虞，因此明確解釋投資顧問不包括「提供一般性之證券投資資訊，

而非以直接或間接從事個別有價證券價值分析或推介建議為目的之證券投資講習」，主要在考量言論、出版與講學自由之界線 。

由於所謂之一般性證券投資資訊範圍，由於法令並無規定，應如何作明確之界定時有其困難度，資訊（information）是反應事實與提供判斷之內容，對於證券投資相關資料事實之描述與判斷之提供，有些是既成且公開的資料，例如臺灣證券交易所或櫃檯買賣中心提供之交易資訊、基本市況報導、上市櫃公司於股市觀測站、證券期貨資料雲服務平台、網路資訊商店之盤後資訊及指數資訊與買賣日報表、公開揭露之財務業務資料，甚至是報章雜誌媒體或網路等提供之資料，就以臺灣證券交易所或櫃檯買賣中心提供之資訊，尚包括有關的證券統計資料、證交資料月刊、證券統計資料、上市櫃證券概況等，證券投資資訊只是單純之引述未加加工，應屬一般性證券投資資訊範圍，若有加以改造加工或添附相關之資料，例如就臺灣證券交易所或櫃檯買賣中心提供之交易資訊加工為投資 K 線圖，或以資作為技術分析，自已非屬一般性證券投資資訊，因此一般性證券投資資訊應可界定在對不特定人公開任何人皆可無償取得之資訊，且該資訊未經加工或改造者，如此方能讓各界有可資遵循之界線。

三、適度擴大證券投資顧問事業之業務範圍

證券投資顧問事業在業務經營範圍上，國外立法例上除基於本業得提供之服務內容包括諮詢、顧問、資產管理之共同基金操盤與代客操作外，尚包含保險、年金、信託、房地產投資計畫管理、稅務規劃與代理等，已如前述。我國之證券投資顧問事業在現行證券投資信託及顧問法規範之下，對於業務範圍係採行正面表列方式，證券投資顧問事業經營之業務種類，除傳統之證券投資顧問業務，必須經主管機關核准始得為之。然有鑑於現行無須經目的事業主管機關許可及兼理之業務，例如財務顧問公司、企管顧問公司、投資公司等之相關業務，法令並無管制之規定，惟證券投資顧問事業若未經證券主管機關核准仍不得為之，導致證券投資顧問事業

家數遞減，並有轉化為其他未受限制類型公司之趨勢，證券投資顧問事業為專業投資理財者，本應更有經營之能力，準此，建議主管機關審度依投信投顧法第 4 條第 3 項第 3 款「其他經主管機關核准之有關業務」之規定，適度開放證券投資顧問事業得經營包括養老、稅務及保險規劃等業務，並以適度之監理，以迎合普惠金融及提供全方位理財服務。

四、法律明文排除豁免證券投資顧問事業之主體適用範圍

美國 1940 年投資顧問法明文規定得排除於投資顧問定義之情形。包括：銀行與銀行控股公司、任何律師、會計師、工程師或教師、任何經紀商或自營商、任何善意（bona fide）報紙、雜誌或客觀非個人化且定期出版之商業或財務刊物之出版商、政府證券顧問、信用評等機構（credit rating agencies）、家族辦公室（family offices）、政府與政治上的從屬部門（governments and political subdivisions）及其他由 SEC 以法規、規則或指令指定之其他非屬投資顧問者。而我國證券投資信託及顧問法及其相關法令並未規定，由於事涉刑事法律責任之犯罪行為與處罰，為避免重複規範或與證券投資顧問規範意旨不符，可參考美國之立法例，以法令明文規定得排除於證券投資顧問定義之範圍，例如銀行或任何銀行控股公司、律師、會計師、工程師或教師、任何證券經紀商或自營商、出版商、政府機關、信用評等機構、家族辦公室及其他由主管機關公告者。

五、開放公司型基金與國際接軌並符功能性規範

我國證券投資信託與顧問業務之運作與發展已臻成熟，境外基金以公司型方式在國內銷售更是不計其數，國內以投資公司或創投公司之運作及適用公司法之規範，雖屬簡便及便宜行事，但其運作與公司型基金之實務不同，基金資產並非由保管機構保管與監督，投資標的範圍之規定亦有所差異，因此是否違反非法經營證券投資信託事業及是否應取得許可之規定

尚值得商榷，現行法令規定分歧與實務運作體系紊亂且良窳不一，無法賦予適當之監督與管理，對於金融市場之法令規範、投資人權益之保障等顯有不足，更與國際化證券投資基金之運作制度無法接軌，似有儘速檢討開放及立法規範之必要。

六、統一授權訂定內部控制制度之法源依據

民國 93 年 6 月 30 日證券投資信託及顧問法立法前，有關證券投資信託事業及經營接受客戶全權委託投資業務之證券投資顧問事業其內部控制制度之處理，係依據證券交易法之規定，證券投資信託及顧問法立法後依證券投資信託及顧問法第 93 條規定，授權訂定之「證券投資信託事業及經營接受客戶全權委託投資業務之證券投資顧問事業建立內部控制制度處理準則」，然於民國 99 年 3 月 24 日廢止該準則，將相關規定納入「證券暨期貨市場各服務事業建立內部控制制度處理準則」。對於違反證券交易法第 14 條之 1 第 1 項之規定，可依證券交易法第 178 條第 1 項第 2 款與第 178 條之 1 第 1 項第 2 款之規定，處新臺幣 24 元以上 480 萬元以下罰鍰，並得命其限期改善；屆期未改善者，得按次處罰。期貨交易法第 97 條之 1 第 1 項規定者，依同法第 119 條第 1 項第 1 款規定可處新臺幣 12 萬元以上 240 萬元以下罰鍰，並得命其限期改善；屆期未改善者，得按次處罰。

由於各法律規定內容不同，勉強統合於同一處理準則中，尤其是證券投資信託及顧問法未有違反內部控制制度處罰鍰之規定，統一規定在「證券暨期貨市場各服務事業建立內部控制制度處理準則」之後，除依證券交易法設立之證券服務事業外，依其他法律設立之證券或期貨服務事業，就其違反內部控制制度之規定，可否依證券交易法規定處以罰鍰，或僅能科以各該法律範圍之罰則，則有商榷之餘地，本文從事業體之不同有其獨立特性，認為仍以依其授權母法之規定處罰為妥。

七、再檢討修正證券投資信託及顧問法反詐欺條款之刑事責任規定

證券投資信託及顧問法參照證券交易法之立法明定反詐欺條款之規定，於該法第 8 條規定，經營證券投資信託業務、證券投資顧問業務、全權委託投資業務、基金保管業務、全權委託保管業務或其他本法所定業務者，不得有虛偽行為、詐欺行為或其他足致他人誤信之行為。其申報或公告之財務報告及其他相關業務文件，內容亦不得有虛偽或隱匿之情事。違反者在刑事責任上，依同法第 105 條第 1 項規定，經營證券投資信託業務或基金保管業務，對公眾或受益人違反該行為者，處三年以上十年以下有期徒刑，得併科新臺幣 1,000 萬元以上 2 億元以下罰金。同法第 2 項規定經營證券投資顧問業務、全權委託投資業務、全權委託保管業務或其他本法所定業務，對公眾或客戶違反規定者，處一年以上七年以下有期徒刑，得併科新臺幣 5,000 萬元以下罰金。就民事責任方面規定證券投資信託基金受益人或契約之相對人因而所受之損害，應負賠償之責。

前開規定立法當時原係參照證券交易法部分條文當時之修正草案第 171 條之規定，然證券交易法部分條文修正草案第 171 條之規定，自 2004 年 6 月 30 日證券投資信託及顧問法立法之後已經多次增修，證券投資信託及顧問法僅於 2018 年 1 月 31 日因配合刑法沒收專章之增訂作小部分修正外，尚未有所更動。證券投資信託及顧問法既為證券交易法之特別法，然反詐欺之規定證券交易法多次增修後刑度較重且完整，其規定內容尚包括加重、自首、自白等之規定，因此在法規競合時如何適用法律，不無商權之餘地，基於證券交易法修正在後且為重法，應適用證券交易法論處。

八、增訂證券投資信託及顧問法虛偽隱匿罪之重大性要件

對於公開說明書、投資說明書及相關財務業務報告之需為隱匿之刑事

責任是否應具備重大性之要件，以及重大性之認定，就證券交易法部分之見解，司法實務上以證券交易法第 20 條第 2 項規定「發行人依本法規定申報或公告之財務報告及財務業務文件，其內容不得有虛偽或隱匿之情事」，違反者，依同法第 171 條第 1 項第 1 款規定論處罪刑。所稱不得有虛偽或隱匿情事之「內容」，係指某項資訊的表達或隱匿，對於一般理性投資人的投資決定，具有重要的影響者而言；參諸同法第 20 條之 1 規定，依目的性解釋、體系解釋及比較法之觀點，目前學界及實務上通認應以具備「重大性」為限，亦即應以相關資訊之主要內容或重大事項之虛偽或隱匿，足以生損害於（理性）投資人為限。而此「重大性」原則之判斷標準，雖法無明文，然實務已漸次發展出演繹自現行法規命令之「量性指標」，例如行為時之財報編製準則第 13 條之 1 第 1 款第 7 目（即現行財報編製準則第 17 條第 1 款第 7 目）所規定「與關係人進、銷貨之金額達 1 億元或實收資本額 20%以上者」；第 8 目（即現行財報編製準則第 17 條第 1 款第 8 目）所規定「應收關係人款項達 1 億元或實收資本額 20%以上」，及證券交易法施行細則第 6 條第 1 項第 1 款之「應重編財務報告」門檻（即更正稅後損益金額在 1,000 萬元以上，且達原決算營業收入淨額 1%或實收資本額 5%者；現行已依個體或個別財務報告、合併財務報告，分設不同重編門檻）等量化規定。

另外，應參考美國證管會發布之「第 99 號幕僚會計公告」（Staff Accounting Bulletin No.99）所列舉之不實陳述是否掩飾收益或其他趨勢、使損失變成收益（或收益變成損失）、影響發行人遵守法令之規範、貸款契約或其他契約上之要求、增加管理階層的薪酬、涉及隱藏不法交易等因素，而演繹出「質性指標」；而此「質性指標」，並非單純以關係人間之「交易金額」若干為斷，尚含括公司經營階層是否有「舞弊」、「不法行為」的主觀犯意，或該內容是否足以「掩飾營收趨勢」、「影響履約或償債能力」及「影響法律遵循」等各項「質性因子」，加以綜合研判。

為求更能具體明確，可參酌美國聯邦最高法院針對內線交易訊息重大性之判斷主要採取「事件發生可能性／事件影響幅度標準」（probability /

magnitude analysis）之相對客觀分析模式，進一步提出判斷方向及指標。證券交易法第 20 條第 2 項及第 171 條第 1 項第 1 款所規定之財務報告不實罪縱然僅以財務報告之「內容」含有虛偽或隱匿之情事為要件，應認為必須具備重大性與重要內容涉有虛偽或隱匿之陳述始得構成犯罪。而所謂重要內容，係指某種資訊之表達或隱匿對於投資人之投資決策具有重要影響而言。就重大性應以「量性指標重大」與「質性指標重大」兼具時當然構成；「量性指標重大」與「質性指標不具備或不重大」、「量性指標不具備或不重大」與「質性指標重大」是否構成犯罪應視具體情節認定；「量性指標不具備或不重大」與「質性指標不具備或不重大」自無構成犯罪之可能。

九、公平對待境內外基金之管理

　　證券投資信託及顧問法通過後正式開放境外基金之募集、私募及銷售業務，惟其是否排擠國內（local）業者之營運發展，允宜應審慎考量，由於境外基金管理機構通常擁有久遠之豐富經驗，累積一定之績效與品牌，故應審慎考量適度開放境外基金與扶助國內資產管理業者之發展應行並重，同時必須考量稅捐、工作機會、國家主權與司法管轄等成本與因素，我國境外基金之管理可參考香港、新加坡之開放程度，但不宜使境外基金成為超國民待遇，以求得國內外業者競爭之均衡。尤其在私募基金之投資標的之限制方面，國外之避險基金與私募股權基金得從事之投資範圍與標的，國內合法之私募基金亦應在合理規範下予以開放，從功能上為一致性之管理，同時為掌握資訊之完整性及監理之公平，對於境外私募基金宜公平檢討保障國人投資安全之必要，包括在資訊揭露與法律公平性之對待。

十、開放私募避險基金與私募股權基金之管道

　　國內證券市場從民國 70 年代證券投資信託基金之開放以來，迄今已經將近四十年，在境內外基金之募集、發行、私募、銷售、投資顧問等各

項業務進行與運作，皆能與世界各先進資產管理國家或地區並駕齊驅，投資操作之對象更是跨越時區與領域，參與之投資人亦不分自然人、法人或專業之特定人，我國證券投資信託事業在長期之經營下，在基金商品的創新亦有長足之進步，在國際金融競爭環境下，對於私募避險基金與股權基金勸募之監理仍採比較保守之態度，無論對於標的之組合內容、操作槓桿倍數、基金之操作模式仍多所限制，為培養我國證券投資信託事業與相關事業之資產管理經驗與能力，應在建立區分投資人信用能力、風險分級與建全市場監理之配套規範之下，開放私募避險基金與股權基金之勸募管道。

十一、強化指數股票型證券投資信託基金之法律規定內容

指數股票型證券投資信託基金 ETF 為金融創新之時代趨勢下，典型經創設與推展順利成功之金融商品，其財務之結構與運作之機制設計，兼具跨市場界限、商品範圍交易之特色，新型態之 ETF 亦不斷創新，包括反式 ETF、槓桿型 ETF 及對應其他標的之討 ETF，在法制基礎上，可發現尚有諸多未完善之處亟待補強，是否為具股權性質之有價證券，以及是否排除公司法、證券交易法及金融控股公司法之適用，包括其中所涉及之民、刑事與行政責任之規定，雖屬權宜之措施，但非法制之正軌，允宜透過增修法律為之。在交易上對於是否需以法律明定之場外禁止、內部人員短線交易歸入權與內線交易禁止規定適用之疑慮更應予釐清，必要時應檢討其適用之範圍或適時適切予以豁免。

十二、為避免基金擠兌事件特殊型基金應有特別之監理規定

為避免類似民國 93 年聯合投信發生給付不能之擠兌事件，對於特殊型基金包括其投資之標的含有流通性不佳、高風險、高複雜度且無客觀公平市價之標的或衍生性金融商品，為健全治理運作機制所需，對於違約或

問題標的之評價涉及違約徵兆之認定情狀與時點與處理之時程等，並應以法律明定由主管機關或同業公會組成公正客觀之專案小組，統一處理評價之原則與方法，賦予一定之公權力。其次就貨幣市場基金及狹義之債券型基金應依定性分流，差異化其屬性並給予不同贖回付款之準備時間，對於高風險屬性或高收益債券（High yield bonds）之投資標的，應依投資人承擔風險能力區分基金之投資組合比重。同時應充分說明基金投資策略、投資標的之信評等級、存續期間與風險，區隔基金受益人對於投資風險承擔之適當性，對於較複雜性之高收益債券型基金，應合理區隔為有承擔高風險能力者始得申購，例如機構法人、熟練經驗或高所得之受益人，同時應於證券投資信託契約及公開說明書明確敘述基金投資策略、投資標的之信評等級、存續期間、風險揭露，並充分告知投資人該類型基金可投資標的之價格風險、利率風險與信用違約風險等。以避免在面對違約處理造成損失時之法律爭議。

十三、結合他律自律與契約之制約以有效規範資產管理之運作

　　證券投資信託法及信託業法之立法，全面開放各項相關業務，可配合提供一般散戶之投資人委託或信託予專業機構經營操作之法律依據，同時也可提供非專業資產管理機構委託經營之管道，例如公務人員退休撫卹基金、勞工退休基金、勞工保險基金、郵政儲金及其他基金之運用，而在專業理財投資分析與判斷之資產管理時代中，有賴委託專家經營，並依證券投資信託及顧問法及各相關管理規範，以有效保障投資人及發揮最大投資效益下，然證券投資信託事業、證券投資顧問事業或信託業者從事投資及各項服務業務之推展，尚有賴業者之自律與共同努力，在結合他律自律與契約之制約以有效規範資產管理之運作下，開創良好之績效，同時可提升同業之形象，也只有嚴格遵守市場共通之規範，維護金融市場秩序，才能得到投資人之認同與信賴，並引導整體市場朝向理性與穩定之發展。

十四、創新金融商品應兼顧投資人權益之保護

現行金融監理雖由金融監督管理委員會統合管轄，然金融監督管理委員會長管理將近 40 幾部法律，法規命令更超過千個，其他行政命令則不勝枚舉，同樣之衍生性商品，其結構架在銀行、保險、證券、期貨或信託，可能產生不同之屬性與適用不同之法令，更涉及不同之局處之監理，監理政策之不一致將使類似（TRF）遠期協議契約違約問題不斷的反覆發生，因此主管機關對於金融機構從事境內外衍生性金融商品之監理，除原證券業與保險業以類似有價證券之申請核准與申報生效制度較嚴謹之規範外，銀行業自行買賣衍生性商品或擔任發行管理機構、銷售係以較寬鬆之監理，並比較偏向以契約自治及銀行內控內稽之方式為規範，國內外在後金融海嘯時期對於金融改革之殷切期盼下，主管機關對於銀行辦理衍生性金融商品之監理應以更嚴謹之態度，從曝險與整體系統性風險之控管上趨於與國際接軌，對於境內外衍生性金融商品包括以專業及非專業投資人為對象之商品設計已納入嚴格之監理與審查機制，銷售前後之行為包括明定應盡徵信、風險預告、推介之適當性與說明義務等要求，並禁止不當之勸誘行為，希望能兼顧發行機構、銷售機構與投資人間之利益，並達到健全金融市場秩序與有效保護投資人權益之目的。

十五、增訂特殊型態行為民事法律責任之規定

證券投資信託及顧問法對於民事法律責任之規定，僅象徵性於第 9 條規定懲罰性賠償之規定，內容抽象模糊，與證券交易法、期貨交易法相類似，僅能就交易或相關活動產生之民事法律爭議，以回歸民法或相關法理之方式解決，然證券、期貨、投資信託及投資顧問等為新興之特別民事與金融行為，尤其在金融不斷創新與跨國際金融往來頻繁的競爭環境，傳統之民法已形捉襟見肘，顯然很難承擔時代發展下之負荷，就例如基金經理人為圖利自己或他人，以基金之資產為特定人擡轎之偷跑行為，基金本身

之損失及違法行為之獲利如何計算，參照證券交易法短線交易歸入權差價利益計算之規定，其採先進先出、基金受益憑證號碼、平均成本或最高賣價減最低買價之計算方法，結果將完全不同。實務上一再發生的基金炒作弊案如「盈正案」、「友輝案」、「普格案」及「華泰案」等，其民事法律賠償責任往往私下和解，以致懲罰性不足，難杜悠悠眾口，爰有加以明定之必要。

參考文獻

（依姓氏筆劃順序排列）

一、書籍

1. 王伯琦，民法債編總論，自刊，1962 年。
2. 王慎、黃信昌、簡忠陵，債券市場理論與實務，2003 年 7 月，財團法人證券暨期貨市場發展基金會。
3. 王澤鑑，特殊侵權行為，民法學說與判例研究（六），臺大法學叢書，1991 年 5 月。
4. 王澤鑑，侵權行為法，2015 年 6 月 1 日。
5. 余雪明，證券交易法，財團法人中華民國證券暨期貨市場發展基金會，2000 年 11 月。
6. 林宗勇，證券投資信託制度之理論與實務，1984 年 10 月，實用稅務出版社，
7. 邱聰智，新訂民法債編通則（上），2000 年 9 月。
8. 姜堯民編譯，現代財務管理（Fundamentals of Financial Management），2007 年 12 月，華泰文化。
9. 柯芳枝，公司法論（上），2002 年 11 月，三民書局。
8. 孫森焱，民法債編總論上冊，自刊，2001 年。
9. 黃立，民法債編總論，2004 年 10 月，元照出版。
10. 郭土木，證券交易法論著選輯，增修再版，2016 年 7 月 21 日，自版。
11. 郭土木，金融管理法規（上、下），2006 年 7 月，三民書局。
12. 郭土木、覃正祥合著，懲與治－美國華爾街共同基金與分析師弊案剖析，2014 年 7 月。
13. 梁宇賢，公司法實例解說，興大法學叢書，1994 年 10 月。
14. 陳春山，證券投資信託專論，1997 年 9 月，五南出版。
15. 黃銘傑，證券期貨交易法制規範客體整合之試論，公司治理與資本市

場法制之落實與革新，2011 年 12 月，元照出版。

16. 陳聰富，侵權違法性與損害賠償，2008 年 12 月，元照出版。

17. 劉連煜，現代證券交易法實例研習，2019 年 9 月，元照出版。

18. 賴英照，證券交易法逐條釋義——總則，1984 年 11 月。

19. 賴英照，最新證券交易法解析，2020 年 4 月，元照出版。

20. 賴源河、王志誠合著，現代信託法論，2001 年 3 月 1 日，五南出版。

21. 賴源河著、郭土木修訂，證券法規，2018 年 6 月 3 日，元照出版。

二、大陸學者出版之書籍

1. 何永堅，中華人民共和國證券投資基金法解讀，2013 年 2 月，中國法制出版社。

2. 郭鋒、陳夏，證券投資基金法導論，2008 年 8 月，法律出版社。

3. 湯欣，我國契約型投資基金當事人法律關係模式的選擇，證券投資基金法規體系研究，2002 年，中國法制出版社。

4. 葉林，證券法教程，2014 年 2 月第 2 次印刷，法律出版社。

5. 趙振華，證券投資基金法律制度研究，2005 年 3 月，中國法制出版社。

三、期刊論文

1. 王文宇，日照無私——論私募股權基金的蛻變，台灣法學雜誌，第 128 期，2009 年 5 月。

2. 尹海文，論雇主轉承責任構成要件的理論基礎與適用規則，中南大學學報，2006 年 6 月。

3. 王巧雲，證券投資信託及顧問法制發展史與演變，證券暨期貨月刊，第 29 卷第 11 期，2011 年 11 月 16 日。

4. 古坤榮，簡介主要國家對於期貨交易為主之集合投資計畫之規範，證

券暨期貨月刊，第 25 卷第 2 期，2007 年 2 月 16 日。

5. 李詩婷，從聯合投信事件看國內債券型基金的轉型與蛻變，證券暨期貨月刊，第 22 卷第 11 期，2004 年 11 月。

6. 杜徽、李奎，投資基金的法律構造淺析，金融時報，第 1 期，2001 年。

7. 林大洋，公司侵權責任之法律適用——民法第 28 條與公司法第 23 條第 2 項交錯與適用，台灣法學雜誌，第 175 期，2011 年 5 月，。

8. 林坤鎮，淺談我國證券市場百年發展史，證券暨期貨月刊，第 29 卷第 9 期，2011 年 9 月 16 日。

9. 林誠二，債務不履行歸責事由之檢討，中興法學，第 6 期。

10. 許杏宜、蔡宜樺，裹著糖衣的毒藥：談 TRF 的法律問題，會計研究月刊，第 364 期，2016 年 3 月。

11. 郭土木，證券投資信託及顧問法之立法芻議，律師雜誌，第 273 期，2002 年 6 月。

12. 郭土木，證券投資信託及顧問法立法重點及其影響，第 355 期，實用稅務出版社，2004 年 7 月。

13. 郭土木，證券投資信託及顧問法，中律會訊，第 8 卷第 2 期，2005 年 10 月。

14. 郭土木，境外基金管理法令架構之探討，收錄於賴英照大法官六秩華誕祝賀論文集——現代公司法制之新課題，初版，2005 年 8 月，元照出版。

15. 郭土木，我國金融法規整合之芻議，企業與金融法制：余雪明大法官榮退論文集，2009 年 1 月 1 日。

16. 郭土木，證券投資信託暨投資顧問事業之現況與展望（下），實用月刊，第 328 期，2001 年 5 月 31 日。

17. 郭土木，目標可贖回遠期契約 TRF 交易衍生民事賠償之準據法適用問題探討，新時代法學理論之建構與開創——劉鐵錚大法官八秩華誕祝壽論文集，初版，2018 年 9 月。

18. 郭土木，證券交易法財務報告刑事責任辨析，台灣法學雜誌，第 237 期，2013 年 12 月 1 日。

19. 郭土木，臺灣境外衍生性金融商品准入與監理架構之探討——以境外結構型商品為中心，香港大學國際學術研討會報告，2013 年 4 月 13 日。

20. 陳其財，行政院金融監督管理委員會處理國內債券型基金持有結構式債券問題之探討，證券暨期貨月刊，第 24 卷第 12 期，2006 年 12 月。

21. 陳茵琦，日本金融管理法制改革新趨勢——日本金融商品交易法簡介與啟發，證券暨期貨月刊，第 24 卷第 8 期，2006 年 8 月 16 日。

22. 黃佩佩，淺談承銷制度與改革，證券暨期貨月刊，第 29 卷第 5 期，2011 年 5 月 16 日。

23. 陳洸岳，2002 年有關「侵權行為」之最高法院判決的回顧與淺析，台灣本土法學，第 52 期。

24. 程國榮，出席 2010 年美國商品期貨交易委員會（CFTC）衍生性商品、市場及中介機構之監理研討會之出國報告，2010 年 12 月。

25. 黃隆豐，大陸證券投資基金法律規範的探討，證券暨期貨月刊，第 27 卷第 2 期，2009 年 2 月 16 日。

26. 陳肇鴻，連動債糾紛之司法實踐——2009 至 2010 年間相關判決之研究.，中央研究院法學期刊，第 10 期，2012 年 3 月。

27. 陳銘賢，從美國 2003HedgeFundRoundtable 再認識 HedgeFund，證券暨期貨月刊，第 21 卷第 12 期，2003 年 12 月 16 日。29.陳聰富，受僱人執行職務之行為——最高法院 86 年台上字第 1497 號判決評析，侵權歸責原則與損害賠償。

28. 陳聰富，法人團體之侵權責任，臺大法學論叢，第 40 卷第 4 期，2011 年。

29. 陳麗雯，初探都市更新投資信託公司之制度，台灣法律網。

30. 張心悌，證券投資顧問事業之定義——兼論大法官會議釋字第六三四

號解釋，月旦民商法雜誌，2008 年 3 月第 19 期。

31. 賴上林，保險受益人法律地位之研究——兼評最高法院 85 年度台上字第 2586 號判決，法學叢刊，第 46 卷第 1 期，2001 年 1 月。

32. 戴銘昇，美國證券法規上「證券」之重要判斷原則，證券期貨月刊，第 24 卷第 12 期，2006 年 12 月 1 日。

四、博碩士論文、研究報告及其他

1. 王育慧，全權委託投資業務法律關係之研究，政治大學法律學系研究所碩士論文，2002 年 7 月。

2. 江家儀，我國證券投資顧問（事業）規範之問題探討——附論金融商品推介行為之規範設計，國立臺灣大學法律學系碩士論文，2010 年 10 月。

3. 伍偉華，論有價證券處分行為之準據法，國立政治大學法律學系博士論文，2008 年 1 月。

4. 李存修、邱顯比，發展共同基金市場之研究，2001 年 5 月，中央銀行、財政部證期會共同委託研究案。

5. 李宜芬，衍生性金融商品規範研究——以 TRF 為中心，天主教輔仁大學財經法律研究所碩士論文，2018 年 7 月。

6. 林男錡，英國金融監理制度之改革，中央銀行出國考察報告，2013 年 12 月 13 日。

7. 范瑞華律師譯，日本投資信託及顧問法，中華民國證券投資信託暨顧問商業同業公會、中華民國信託業商業同業公會委託研究案，2001 年 12 月 12 日。

8. 范瑞華，從美英二國就投顧事業之監管情形看我國司法院大法官釋字第 634 號解釋對投顧事業之影響，中華民國證券投資信託暨顧問商業同業公會委託研究案，1998 年 7 月。

9. 洪淑英，以國內某投信弊案——探討公司治理和道德風險防範的重

要，國立政治大學碩士論文，2013 年 7 月。

10. 殷乃平、沈中華，各國對於金融危機處理策略及我國因應之道，行政院研究發展考核委員會委託研究報告，1999 年 5 月。

11. 惇安律師事務所，境外基金比較法制研究報告，中華民國證券投資信託暨顧問商業同業公會委託研究案，2005 年 3 月 1 日。

12. 許黃捷，期貨信託基金運作與稅賦法律問題之研究，天主教輔仁大學法律學系博士論文，2015 年 7 月。

13. 高筱茹，我國證券投資顧問監理法律問題之探討，輔仁大學財經法律研究所碩士論文，2018 年 5 月。

14. 郭土木、郭大維、劉春堂、姚志明合著，Dodd-Frank 法案通過後對境外交易所、結算機構及期貨商之管理，台灣期貨交易所股份有限公司委託研究案，2013 年 1 月。

15. 郭土木、朱德芳、黃詩婷合著，我國證券投資顧問事業業務範圍擴大之研究，中華民國證券投資信託及顧問商業同業公會委託研究案，2014 年 8 月。

16. 郭土木、楊培侃、邱晨合著，將非屬證券投資顧問事業之從業人員於傳播媒體從事證券投資分析活動納入金管會法規規範之可行性，中華民國證券投資信託暨顧問商業同業公會委託研究案，2016 年 01 月 31 日。

17. 郭土木，將非屬證券投資顧問事業之從業人員於傳播媒體從事證券投資分析活動納入金管會法規規範之可行性，中華民國證券投資信託暨顧問商業同業公會委託研究案，2016 年 1 月 31 日。

18. 郭土木、邱聰智、姚志明、陳惟龍合著，證券、期貨及投信顧業為其業務人員負擔民法第 188 條連帶賠償責任之合理性研究，財團法人中華民國證券暨期貨市場發展基金會委託研究，2013 年 8 月。

19. 陳忠儀，證券投資信託契約法律關係之研究，輔仁大學法律研究所碩士論文，1998 年 6 月，

20. 陳春山，發展全權委託投資業務之研究，財政部證期會、中央銀行外

匯局委託研究案，90 年 5 月 15 日。

五、參考網站

1. 行政院新聞傳播處網站：https://www.ey.gov.tw/Page/。

2. 司法院網站：https://www.judicial.gov.tw/constitutionalcourt/。

3. 監察院網站：http://www.cy.gov.tw/sp.asp?xdUrl。

4. 金管會證期局網站：https://www.sfb.gov.tw/ch/。

5. 中華民國證券投資信託暨顧問商業同業公會網站：https://www.sitca.org.tw/ROC/industry/。

6. 中華民國信託業商業同業公會網站：https://www.trust.org.tw/tw。

7. 臺灣證券交易所股份有限公司，日本證券市場相關制度，網站：https://www.twse.com.tw/staticFiles/product/publication/。

8. 財團法人中華民國證券櫃檯買賣中心網站：https://www.tpex.org.tw/web/。

9. 臺灣集中保管結算所股份有限公司網站：https://www.tdcc.com.tw/portal/zh/。

10. 財團法人中華民國證券暨期貨市場發展基金會網站：http://www.sfi.org.tw/。

附錄

證券投資信託及顧問法

1. 中華民國 93 年 6 月 30 日總統令制定公布全文 124 條；本法施行日期，由行政院以命令定之。
   中華民國 93 年 8 月 18 日行政院令發布定自 93 年 11 月 1 日施行。
2. 中華民國 99 年 1 月 13 日總統令修正公布第 68、124 條條文；並自公布日施行。
3. 中華民國 99 年 6 月 9 日總統令修正公布第 2 條條文。
   中華民國 101 年 6 月 25 日行政院公告第 2 條所列屬「行政院金融監督管理委員會」之權責事項，自 101 年 7 月 1 日起改由「金融監督管理委員會」管轄。
4. 中華民國 104 年 2 月 4 日總統令修正公布第 2 條條文。
5. 中華民國 107 年 1 月 31 日總統令修正公布第 11、17、30、62、105、108、111 條條文；並增訂第 6-1、16-1、105-1 條條文。

第一章 總則

第 1 條

為健全證券投資信託及顧問業務之經營與發展，增進資產管理服務市場之整合管理，並保障投資，特制定本法；本法未規定者，適用證券交易法之規定。

第 2 條

本法所稱主管機關，為金融監督管理委員會。

第 3 條

本法所稱證券投資信託，指向不特定人募集證券投資信託基金發行受益憑證，或向特定人私募證券投資信託基金交付受益憑證，從事於有價證券、證券相關商品或其他經主管機關核准項目之投資或交易。

本法所稱證券投資信託事業，指經主管機關許可，以經營證券投資信託為業之機構。

證券投資信託事業經營之業務種類如下：

一、證券投資信託業務。

二、全權委託投資業務。

三、其他經主管機關核准之有關業務。

證券投資信託事業經營之業務種類，應報請主管機關核准。

第 4 條

本法所稱證券投資顧問，指直接或間接自委任人或第三人取得報酬，對有價證券、證券相關商品或其他經主管機關核准項目之投資或交易有關事項，提供分析意見或推介建議。

本法所稱證券投資顧問事業，指經主管機關許可，以經營證券投資顧問為業之機構。

證券投資顧問事業經營之業務種類如下：

一、證券投資顧問業務。

二、全權委託投資業務。

三、其他經主管機關核准之有關業務。

證券投資顧問事業經營之業務種類，應報請主管機關核准。

第 5 條

本法其他用詞定義如下：

一、證券投資信託契約：指由證券投資信託事業為委託人，基金保管機構為受託人所簽訂，用以規範證券投資信託事業、基金保管機構及受益人間權利義務之信託契約。

二、基金保管機構：指本於信託關係，擔任證券投資信託契約受託人，依證券投資信託事業之運用指示從事保管、處分、收付證券投資信託基金，並依本法及證券投資信託契約辦理相關基金保管業務之信託公司或兼營信託業務之銀行。

三、受益人：指依證券投資信託契約規定，享有證券投資信託基金受益權之人。

四、證券投資信託基金：指證券投資信託契約之信託財產，包括因受益憑證募集或私募所取得之申購價款、所生孳息及以之購入之各項資產。

五、受益憑證：指為募集或私募證券投資信託基金而發行或交付，用以表彰受益人對該基金所享權利之有價證券。

六、境外基金：指於中華民國境外設立，具證券投資信託基金性質者。

七、證券投資顧問契約：指證券投資顧問事業接受客戶委任，對有價證

券、證券相關商品或其他經主管機關核准項目之投資或交易有關事項提供分析意見或推介建議所簽訂投資顧問之委任契約。

八、有價證券：指依證券交易法第六條規定之有價證券。

九、證券相關商品：指經主管機關核定准予交易之證券相關之期貨、選擇權或其他金融商品。

十、全權委託投資業務：指對客戶委任交付或信託移轉之委託投資資產，就有價證券、證券相關商品或其他經主管機關核准項目之投資或交易為價值分析、投資判斷，並基於該投資判斷，為客戶執行投資或交易之業務。

十一、全權委託保管機構：指依本法及全權委託相關契約，保管委託投資資產及辦理相關全權委託保管業務之信託公司或兼營信託業務之銀行。

十二、委託投資資產：指客戶因全權委託投資，委任交付或信託移轉之資產、所生孳息及以之購入之各項資產。

第 6 條

非依本法不得經營證券投資信託、證券投資顧問及全權委託投資業務。

信託業募集發行共同信託基金投資於有價證券為目的，並符合一定條件者，應依本法規定申請兼營證券投資信託業務。

前項一定條件，由主管機關會商信託業法主管機關定之。

第 6-1 條

為促進普惠金融及金融科技發展，不限於證券投資信託事業及證券投資顧問事業，得依金融科技發展與創新實驗條例申請辦理證券投資信託、證券投資顧問及全權委託投資業務創新實驗。

前項之創新實驗，於主管機關核准辦理之期間及範圍內，得不適用本法之規定。

主管機關應參酌第一項創新實驗之辦理情形，檢討本法及相關金融法規之妥適性。

第 7 條

證券投資信託事業、證券投資顧問事業、基金保管機構、全權委託保管機構及其董事、監察人、經理人或受僱人，應依本法、本法授權訂定之命令及契約之規定，以善良管理人之注意義務及忠實義務，本誠實信用原則執行業務。

前項事業、機構或人員對於受益人或客戶個人資料、往來交易資料及其

他相關資料，除其他法律或主管機關另有規定外，應保守秘密。

違反前二項規定者，就證券投資信託基金受益人或契約之相對人因而所受之損害，應負賠償之責。

第 8 條

經營證券投資信託業務、證券投資顧問業務、全權委託投資業務、基金保管業務、全權委託保管業務或其他本法所定業務者，不得有下列情事：

一、虛偽行為。

二、詐欺行為。

三、其他足致他人誤信之行為。

證券投資信託事業、證券投資顧問事業、基金保管機構及全權委託保管機構申報或公告之財務報告及其他相關業務文件，其內容不得有虛偽或隱匿之情事。

違反前二項規定者，就證券投資信託基金受益人或契約之相對人因而所受之損害，應負賠償之責。

第 9 條

違反本法規定應負損害賠償責任之人，對於故意所致之損害，法院得因被害人之請求，依侵害情節，酌定損害額三倍以下之懲罰性賠償；因重大過失所致之損害，得酌定損害額二倍以下之懲罰性賠償。

本法規定之損害賠償請求權，自有請求權人知有得受賠償之原因時起二年間不行使而消滅；自賠償原因發生之日起逾五年者，亦同。

第二章　證券投資信託基金

第一節　基金募集、私募、發行及行銷

第 10 條

證券投資信託事業募集證券投資信託基金，非經主管機關核准或向主管機關申報生效後，不得為之；其申請核准或申報生效應檢附之書件、審核程序、核准或申報生效之條件及其他應遵行事項之準則，由主管機關定之。

基金之募集、發行、銷售及其申購或買回之作業程序，由同業公會擬訂，報經主管機關核定。

前二項基金，如為國外募集基金投資國內或於國內募集基金投資國外

者，應經中央銀行同意。

第 11 條

證券投資信託事業得對下列對象進行受益憑證之私募：

一、銀行業、票券業、信託業、保險業、證券業或其他經主管機關核准
　　之法人或機構。

二、符合主管機關所定條件之自然人、法人或基金。

前項第二款之應募人總數，不得超過九十九人。

證券投資信託事業應第一項第二款對象之合理請求，於私募完成前負有
提供與本次證券投資信託受益憑證私募有關之財務、業務或資訊之義
務。

證券投資信託事業應於私募受益憑證價款繳納完成日起五日內，向主管
機關申報之；其應申報事項，由主管機關定之。擬於國外私募資金投資
國內或於國內私募資金投資國外者，申報時應併同檢具中央銀行同意函
影本。

有關私募受益憑證轉讓之限制，應於受益憑證以明顯文字註記，並於交
付應募人或購買人之相關書面文件中載明。

證券交易法第四十三條之七及第四十三條之八第一項規定，於私募之受
益憑證，準用之。

第 12 條

證券投資信託契約除主管機關另有規定外，應記載下列各款事項：

一、證券投資信託事業及基金保管機構之名稱及地址。

二、證券投資信託基金之名稱及其存續期間。

三、證券投資信託事業之權利、義務及法律責任。

四、基金保管機構之權利、義務及法律責任。

五、受益人之權利、義務及法律責任。

六、運用證券投資信託基金投資有價證券及從事證券相關商品交易之基
　　本方針及範圍。

七、證券投資信託之收益分配事項。

八、受益憑證之買回事項。

九、證券投資信託基金應負擔之費用。

十、證券投資信託事業及基金保管機構之經理或保管費用。

十一、證券投資信託基金及受益權單位淨資產價值之計算。

十二、證券投資信託契約之終止事項。

十三、受益人會議之召開事由、出席權數、表決權數及決議方式。

證券投資信託契約範本，應由同業公會洽商信託業商業同業公會擬訂，報經主管機關核定。

第 13 條

受益人購買或請求買回受益憑證之費用與證券投資信託事業、基金保管機構所收取經理或保管費用之上限及證券投資信託基金應負擔費用之項目，主管機關得視市場狀況限制之。

第 14 條

證券投資信託事業得募集或私募證券投資信託基金之種類、投資或交易範圍及其限制，由主管機關定之。

前項基金之投資或交易涉及證券相關商品以外之項目者，主管機關應先會商相關目的事業主管機關之同意；其涉及貨幣市場者，應另會商中央銀行同意。

第 15 條

證券投資信託事業募集證券投資信託基金，應依主管機關規定之方式，向申購人交付公開說明書。

證券投資信託事業向特定人私募證券投資信託基金，應應募人之請求，負有交付投資說明書之義務。

證券投資信託事業未依前二項規定交付公開說明書或投資說明書者，對於善意相對人因而所受之損害，應負賠償責任。

公開說明書或投資說明書應記載之主要內容有虛偽或隱匿之情事，對於善意相對人因而所受損害之賠償責任，準用證券交易法第三十二條規定。

第一項公開說明書及第二項投資說明書，其應記載之事項，由主管機關定之。

第 16 條

任何人非經主管機關核准或向主管機關申報生效後，不得在中華民國境內從事或代理募集、銷售、投資顧問境外基金。

境外基金之私募，應符合第十一條第一項至第三項規定，並不得為一般性廣告或公開勸誘之行為。不符合規定者，視為募集境外基金；境外基金之投資顧問為一般性廣告或公開勸誘之行為者，亦同。

證券投資信託事業、證券投資顧問事業、證券商、境外基金發行者與其指定之機構及其他經主管機關指定之機構，得在中華民國境內從事第一

項所定業務；其資格條件、申請或申報程序、從事業務之項目及其他應遵行事項之辦法，由主管機關定之。

在中華民國境內得從事或代理募集、銷售、投資顧問境外基金之種類、投資或交易範圍與其限制、申請或申報程序及其他應遵行事項之辦法，由主管機關定之。

在中華民國境內從事或代理募集、銷售第一項境外基金，涉及資金之匯出、匯入者，應經中央銀行同意。

第 16-1 條

證券投資信託事業或證券投資顧問事業依法規以自己名義為投資人取得之資產，與證券投資信託事業或證券投資顧問事業之自有財產，應分別獨立。

證券投資信託事業或證券投資顧問事業就其自有財產所負債務，其債權人不得對前項資產，為任何之請求或行使其他權利。

第二節　基金之操作

第 17 條

證券投資信託事業運用證券投資信託基金投資或交易，應依據其分析作成決定，交付執行時應作成紀錄，並按月提出檢討，其分析與決定應有合理基礎及根據。

前項分析、決定、執行及檢討之方式，證券投資信託事業應訂定於內部控制制度，並確實執行；其控制作業應留存紀錄並保存一定期限。

前項保存期限，由主管機關定之。

第 18 條

證券投資信託事業運用證券投資信託基金從事投資或交易之方式與為指示保管、處分、收付及其他相關事項之辦法，由主管機關定之。

證券投資信託事業運用證券投資信託基金所持有之資產，應以基金保管機構之基金專戶名義登記。但持有外國之有價證券及證券相關商品，得依基金保管機構與國外受託保管機構所訂契約辦理之。

第 19 條

證券投資信託事業應依本法、本法授權訂定之命令及證券投資信託契約之規定，運用證券投資信託基金，除主管機關另有規定外，不得為下列行為：

一、指示基金保管機構為放款或提供擔保。

二、從事證券信用交易。

三、與本證券投資信託事業經理之其他證券投資信託基金間為證券交易行為。

四、投資於本證券投資信託事業或與本證券投資信託事業有利害關係之公司所發行之證券。

五、運用證券投資信託基金買入該基金之受益憑證。

六、指示基金保管機構將基金持有之有價證券借與他人。

前項第四款所稱利害關係之公司，其範圍由主管機關定之。

第 20 條

證券投資信託事業及基金保管機構應將證券投資信託基金之公開說明書、有關銷售之文件、證券投資信託契約及最近財務報表，置於其營業處所及其代理人之營業處所，或以主管機關指定之其他方式，以供查閱。

第三節　基金之保管

第 21 條

證券投資信託事業募集或私募之證券投資信託基金，與證券投資信託事業及基金保管機構之自有財產，應分別獨立。證券投資信託事業及基金保管機構就其自有財產所負之債務，其債權人不得對於基金資產為任何請求或行使其他權利。

基金保管機構應依本法、本法授權訂定之命令及證券投資信託契約之規定，按基金帳戶別，獨立設帳保管證券投資信託基金。

第 22 條

有下列情形之一者，不得擔任基金保管機構：

一、經主管機關依第一百十五條規定處分，處分期限尚未屆滿。

二、未達經主管機關核准或認可之信用評等機構一定等級以上評等。

有下列情形之一，除經主管機關核准外，不得擔任各該證券投資信託事業之基金保管機構：

一、投資於證券投資信託事業已發行股份總數達一定比率股份。

二、擔任證券投資信託事業董事或監察人；或其董事、監察人擔任證券投資信託事業董事、監察人或經理人。

三、證券投資信託事業持有其已發行股份總數達一定比率股份。

四、由證券投資信託事業或其代表人擔任董事或監察人。

五、擔任證券投資信託基金之簽證機構。

六、與證券投資信託事業屬於同一金融控股公司之子公司，或互為關係企業。

七、其他經主管機關規定不適合擔任基金保管機構。

董事、監察人為法人者，其代表或指定代表行使職務者，準用前項第二款規定。

第二項第一款及第三款之一定比率，由主管機關定之。

第二項第六款所稱子公司，指金融控股公司法第四條所稱之子公司。

第 23 條

基金保管機構知悉證券投資信託事業有違反證券投資信託契約或相關法令，應即請求證券投資信託事業依契約或相關法令履行義務；其有損害受益人權益之虞時，應即向主管機關申報，並抄送同業公會。

證券投資信託事業因故意或過失致損害基金之資產時，基金保管機構應為基金受益人之權益向其追償。

第 24 條

基金保管機構因故意或過失違反本法、本法授權訂定之命令及證券投資信託契約之規定，致生損害於基金之資產者，應負損害賠償責任。證券投資信託事業並應為基金受益人之權益向其追償。

基金保管機構之代理人、代表人或受僱人，履行證券投資信託契約規定之義務有故意或過失時，基金保管機構應與自己之故意或過失負同一責任。

第四節　基金之買回

第 25 條

證券投資信託契約載有受益人得請求買回受益憑證之約定者，除主管機關另有規定外，受益人得以書面或其他約定方式請求證券投資信託事業買回受益憑證，證券投資信託事業不得拒絕；對買回價金之給付不得遲延。

證券投資信託基金買回價格之核算、給付買回價金之期限、請求買回一部分時受益憑證之換發、買回價格之暫停計算、買回價金之延緩給付及其他應遵行事項之辦法，由主管機關定之。

第五節　基金之會計

第 26 條

證券投資信託事業募集或私募之各證券投資信託基金，應分別設帳，並應依主管機關之規定，作成各種帳簿、表冊；其保存方式及期限，依商業會計法及相關規定辦理。

第 27 條

證券投資信託基金之會計年度，除證券投資信託契約另有約定或經主管機關核准者外，為每年一月一日起至十二月三十一日止。

第 28 條

證券投資信託事業應於每一營業日計算證券投資信託基金之淨資產價值。同業公會應對證券投資信託基金淨資產價值之計算，擬訂計算標準，報經主管機關核定。

第 29 條

證券投資信託事業應於每一營業日公告前一營業日證券投資信託基金每受益權單位之淨資產價值。但對在國外發行受益憑證募集之證券投資信託基金，依募集所在地之法令規定辦理。

證券投資信託事業向特定人私募之證券投資信託基金，不適用前項規定。但應依證券投資信託契約之規定，向受益人報告證券投資信託基金每一受益權單位之淨資產價值。

第 30 條

證券投資信託事業就每一證券投資信託基金之資產，應依主管機關所定之比率，以下列方式保持之：

一、現金。

二、存放於銀行。

三、向票券商買入短期票券。

四、其他經主管機關規定之方式。

前項第二款或第三款之銀行或短期票券，應符合主管機關核准或認可之信用評等機構評等達一定等級以上者。

國內募集或私募之證券投資信託基金，持有第一項第二款至第四款之總額，不得超過一定比率；其一定比率，由主管機關會商中央銀行定之。

第 31 條

證券投資信託基金投資所得依證券投資信託契約之約定應分配收益，除

經主管機關核准者外，應於會計年度終了後六個月內分配之，並應於證券投資信託契約內明定分配日期。

第六節　受益憑證

第 32 條

受益憑證應為記名式。

發行受益憑證得不印製實體，而以帳簿劃撥方式交付之。

受益憑證事務之處理規則，由同業公會擬訂，報請主管機關核定。

第 33 條

受益憑證為數人共有者，其共有人應推派一人行使受益權。

政府或法人為受益人時，應指定自然人一人代表行使受益權。

第 34 條

受益憑證，除法律另有規定者外，得自由轉讓之。

受益憑證之轉讓，由受益人以背書交付，並將受讓人姓名或名稱記載於受益憑證。

前項轉讓，非將受讓人姓名或名稱、住所或居所記載於證券投資信託事業之受益人名簿，不得對抗該事業。

受益憑證之轉讓以帳簿劃撥或登錄方式為之者，不適用前項規定；其帳簿劃撥或登錄之作業辦法，由主管機關定之。

第 35 條

證券投資信託基金之受益權，按受益權單位總數，平均分割，每一受益憑證之受益權單位數，依受益憑證之記載。

受益人對於受益憑證之權利，依其受益憑證所載內容，按受益權之單位數行使之。基金追加募集或私募發行之受益權，亦享有相同權利。

第 36 條

受益憑證，除不印製實體者外，由證券投資信託事業依主管機關所定格式，載明其應記載事項，經基金保管機構簽署後發行之。

前項受益憑證，應記載下列事項：

一、證券投資信託基金名稱、受益權單位總數、發行日期、存續期間及得否追加發行之意旨。

二、證券投資信託事業及基金保管機構之名稱及地址。

三、受益人之姓名或名稱。

四、本受益憑證之受益權單位數。

五、購買每一受益權單位之價金計算方式及費用。

六、證券投資信託事業及基金保管機構所收取經理或保管費用之計算方法、給付方式及時間。

七、受益人請求買回受益憑證之程序、時間、地點、買回價金及買回費用之計算方法、證券投資信託事業給付買回價金之時間、方式。

八、受益權單位淨資產價值之計算及公告方法。

九、受益憑證轉讓對象設有限制者，其限制內容及其效力。

十、其他經主管機關規定應記載事項。

發行受益憑證，除不印製實體者外，應經簽證；其簽證事項，準用公開發行公司發行股票及公司債簽證規則之規定。

第 37 條

受益人之收益分配請求權，自收益發放日起五年間不行使而消滅，因時效消滅之收益併入該證券投資信託基金。

受益人買回受益憑證之價金給付請求權，自價金給付期限屆滿日起，十五年間不行使而消滅。

基金清算時，受益人之賸餘財產分配請求權，自分配日起，十五年間不行使而消滅。

受益人於本條所定消滅時效完成前行使前三項之權利時，不得請求加計遲延利息。

第七節　受益人會議

第 38 條

受益人權利之行使，應經受益人會議決議為之。但僅為受益人自身利益之行為，不在此限。

第 39 條

下列情事，應經受益人會議決議為之。但主管機關另有規定者，不在此限：

一、更換基金保管機構。

二、更換證券投資信託事業。

三、終止證券投資信託契約。

四、調增證券投資信託事業或基金保管機構之經理或保管費用。

五、重大變更基金投資有價證券或從事證券相關商品交易之基本方針及範圍。

六、其他修正證券投資信託契約對受益人權益有重大影響。

第 40 條

依法律、命令或證券投資信託契約規定，應由受益人會議決議之事項發生時，由證券投資信託事業召開受益人會議。證券投資信託事業不能或不為召開時，由基金保管機構召開之。基金保管機構不能或不為召開時，依證券投資信託契約之規定或由受益人自行召開；均不能或不為召開時，由主管機關指定之人召開之。

受益人自行召開受益人會議時，應由繼續持有受益憑證一年以上，且其所表彰受益權單位數占提出當時該基金已發行在外受益權單位總數百分之三以上之受益人，以書面敘明提議事項及理由，申請主管機關核准後，自行召開之。

受益人會議非由證券投資信託事業召開時，證券投資信託事業應依基金保管機構、受益人或經主管機關指定之人之請求，提供召開受益人會議之必要文件及資料。

第 41 條

基金保管機構執行基金保管業務，遇有依第二十三條第一項規定請求證券投資信託事業履行義務而不履行，致損害受益人權益之情事，經書面通知證券投資信託事業限期改善而屆期不改善時，得經報請主管機關核准後，召開受益人會議更換證券投資信託事業。

第 42 條

受益人會議召開之期限、程序、決議方法、會議規範及其他應遵行事項之準則，由主管機關定之。

證券投資信託契約有關受益人會議出席權數、表決權數及決議方式之規定，主管機關基於保護公益或受益人權益，認有必要時，得以命令變更之。

第 43 條

證券投資信託契約之變更程序如下：
一、募集證券投資信託基金者，應報經主管機關核准；經核准後，證券
　　投資信託事業應於二日內公告其內容。
二、私募證券投資信託基金者，應於變更後五日內向主管機關申報。

第 44 條

信託法第六條第三項、第十六條、第三十二條、第三十六條第一項至第三項、第三十九條至第四十二條第一項、第四十三條、第五十二條至第

五十九條規定，於證券投資信託，不適用之。

第八節　基金之終止、清算及合併

第 45 條

證券投資信託契約有下列情事之一者，應經主管機關核准後予以終止：

一、證券投資信託事業或基金保管機構有解散、破產、撤銷或廢止核准之情事，或因對證券投資信託基金之經理或保管顯然不善，經主管機關命令更換，致不能繼續執行職務，而無其他適當之證券投資信託事業或基金保管機構承受原事業或機構之權利及義務。

二、受益人會議決議更換證券投資信託事業或基金保管機構，而無其他適當之證券投資信託事業或基金保管機構承受原事業或機構之權利及義務。

三、基金淨資產價值低於主管機關所定之標準。

四、因市場狀況、基金特性、規模，或其他法律上或事實上原因致證券投資信託基金無法繼續經營。

五、受益人會議決議終止契約。

六、受益人會議之決議，證券投資信託事業或基金保管機構無法接受，且無其他適當之證券投資信託事業或基金保管機構承受原事業或機構之權利及義務。

七、其他依證券投資信託契約所定終止事由。

基於保護公益或受益人權益，以終止證券投資信託契約為宜者，主管機關得命令終止之。

證券投資信託契約因存續期間屆滿而終止者，應於屆滿二日內申報主管機關備查。

證券投資信託契約之終止，證券投資信託事業應於申報備查或核准之日起二日內公告之。

第 46 條

證券投資信託事業得為證券投資信託基金之合併；其合併之條件、程序及其他相關事項之辦法，由主管機關定之。

第 47 條

證券投資信託契約終止時，清算人應於主管機關核准清算後三個月內，完成證券投資信託基金之清算，並將清算後之餘額，依受益權單位數之比率分派予各受益人。但有正當理由無法於三個月內完成清算者，於期

限屆滿前，得向主管機關申請展延一次，並以三個月為限。

清算人應將前項清算及分配之方式，向主管機關申報及公告，並通知受益人。清算程序終結後應於二個月內，將處理結果向主管機關報備，並通知受益人。

第 48 條

基金之清算人由證券投資信託事業擔任之，證券投資信託事業有第四十五條第一項第一款或第二款之情事時，應由基金保管機構擔任。基金保管機構亦有第四十五條第一項第一款或第二款之情事時，由受益人會議以決議選任符合主管機關規定之證券投資信託事業或基金保管機構為清算人。

基金因基金保管機構有第四十五條第一項第一款或第二款之情事致終止契約者，得由清算人選任適當之基金保管機構報經主管機關核准後，擔任清算時期基金保管職務。

除法律或契約另有規定外，清算人及基金保管機構之權利義務在基金存續範圍內，與原證券投資信託事業、基金保管機構相同。

第 49 條

清算人應自清算終結申報主管機關之日起，就各項帳簿、表冊保存十年以上。

第三章　全權委託投資業務

第 50 條

證券投資信託事業或證券投資顧問事業經營全權委託投資業務，應符合主管機關所定之條件，並經主管機關核准，始得為之。

前項條件、資格、申請程序、人員管理、契約簽訂、帳務處理及其他應遵行事項之辦法，由主管機關定之。

第 51 條

證券投資信託事業或證券投資顧問事業接受客戶之委託投資資產，與證券投資信託事業或證券投資顧問事業及全權委託保管機構之自有財產，應分別獨立。

證券投資信託事業或證券投資顧問事業及全權委託保管機構對其自有財產所負債務，其債權人不得對委託投資資產，為任何之請求或行使其他權利。

第 52 條

證券投資信託事業或證券投資顧問事業經營全權委託投資業務者，應向金融機構提存營業保證金。

信託業兼營全權委託投資業務已提存賠償準備金者，免提存營業保證金。

營業保證金之提存方式、金額及得為提存金融機構之資格條件，由主管機關定之。

因全權委託投資業務所生債務之委任人、委託人或受益人，對於第一項營業保證金及第二項賠償準備金，有優先受清償之權。

第 53 條

證券投資信託事業或證券投資顧問事業以委任方式經營全權委託投資業務，應由客戶將資產全權委託保管機構保管或信託移轉予保管機構。

信託業兼營全權委託投資業務者，得自行保管信託財產；其自行保管者，應指定專責人員辦理。

證券投資信託事業或證券投資顧問事業，除前項情形外，不得保管受託投資資產。

全權委託投資業務之客戶為信託業或其他經主管機關核准之事業，得由客戶自行保管委託投資資產。

第 54 條

全權委託保管機構與證券投資信託事業或證券投資顧問事業間具有控制關係者，證券投資信託事業或證券投資顧問事業對客戶應負告知義務。

前項控制關係，由主管機關定之。

第 55 條

證券投資信託事業或證券投資顧問事業經營全權委託投資業務，其接受單一客戶委託投資資產之金額不得低於一定數額。

證券投資顧問事業經營全權委託投資業務，接受委託投資之總金額，不得超過其淨值之一定倍數。但其實收資本額達一定數額者，不在此限。

前二項一定倍數及數額，由主管機關定之。

第 56 條

證券投資信託事業或證券投資顧問事業經營全權委託投資業務之投資或交易之範圍及其限制，由主管機關定之。

證券投資信託事業或證券投資顧問事業經營全權委託投資外國有價證券業務，涉及資金之匯出、匯入者，應經中央銀行同意。

證券投資信託事業或證券投資顧問事業經營全權委託投資業務而為有價
證券之投資者，除法令另有規定外，應委託證券經紀商，於集中交易市
場或證券商營業處所為之。

第 57 條

證券投資信託事業或證券投資顧問事業辦理全權委託投資業務，應依業
務操作之規定為之。

前項有關簽約、開戶、買賣、交割、結算及其他處理事項之業務操作規
定，由同業公會擬訂，報經主管機關核定；修正時，亦同。

第 58 條

證券投資信託事業或證券投資顧問事業運用全權委託投資資產之投資決
定，準用第十七條規定。

證券投資信託事業或證券投資顧問事業運用委託投資資產應分散投資；
其投資標的分散比率，由主管機關定之。

第 59 條

經營全權委託投資業務不得有下列行為：

一、利用職務上所獲知之資訊，為自己或客戶以外之人從事有價證券買
　　賣之交易。

二、運用委託投資資產買賣有價證券時，從事足以損害客戶權益之交
　　易。

三、與客戶為投資有價證券收益共享或損失分擔之約定。但主管機關對
　　績效報酬另有規定者，不在此限。

四、運用客戶之委託投資資產，與自己資金或其他客戶之委託投資資
　　產，為相對委託之交易。但經由證券集中交易市場或證券商營業處
　　所委託買賣成交，且非故意發生相對委託之結果者，不在此限。

五、利用客戶之帳戶，為自己或他人買賣有價證券。

六、將全權委託投資契約之全部或部分複委任他人履行或轉讓他人。但
　　主管機關另有規定者，不在此限。

七、運用客戶委託投資資產買賣有價證券時，無正當理由，將已成交之
　　買賣委託，自全權委託帳戶改為自己、他人或其他全權委託帳戶，
　　或自其他帳戶改為全權委託帳戶。

八、未依投資分析報告作成投資決策，或投資分析報告顯然缺乏合理分
　　析基礎與根據者。但能提供合理解釋者，不在此限。

九、其他影響事業經營或客戶權益者。

第 60 條

證券投資信託事業或證券投資顧問事業與客戶簽訂全權委託投資契約前，應辦理下列事項：

一、應將全權委託投資之相關事項指派專人向客戶做詳細說明，並交付全權委託投資說明書。

二、應有七日以上之期間，供客戶審閱全部條款內容，並先對客戶之資力、投資經驗及其目的需求充分瞭解，製作客戶資料表連同相關證明文件留存備查。

全權委託投資說明書應作為全權委託投資契約之附件；其應記載事項，由主管機關定之。

第 61 條

證券投資信託事業或證券投資顧問事業經營全權委託投資業務，應與客戶簽訂全權委託投資契約，明定其與客戶間因委任或信託關係所生之各項權利義務內容；並應由客戶與保管機構另行簽訂委任或信託契約。但依本法得自行保管委託投資資產者，不在此限。

委託投資資產涉及閒置資金者，其運用及範圍，由主管機關定之。

第一項全權委託投資契約應記載事項，由主管機關定之。

第一項全權委託投資契約之範本，由同業公會擬訂，報經主管機關核定。

第 62 條

經營全權委託投資業務，應按客戶別設帳，按日登載客戶資產交易情形、委託投資資產庫存數量及金額。

客戶得要求查詢前項資料，受委託之證券投資信託事業或證券投資顧問事業不得拒絕。

運用委託投資資產買賣有價證券、證券相關商品或其他經主管機關規定得投資或交易項目者，所收取證券商、期貨經紀商或其他交易對手退還之手續費或給付之其他利益，應作為客戶買賣成本之減少。

經營全權委託投資業務，應每月定期編製客戶資產交易紀錄及現況報告書送達客戶。

客戶委託投資資產之淨資產價值減損達原委託投資資產一定比率時，證券投資信託事業或證券投資顧問事業應自事實發生之日起二個營業日內，編製前項書件送達客戶。日後每達較前次報告淨資產價值減損達一定比率時，亦同。

前項一定比率，由主管機關定之。

全權委託投資業務之客戶符合主管機關所定條件者，證券投資信託事業或證券投資顧問事業得與該客戶自行約定委託投資資產之保管、契約簽訂前應辦理事項及帳務處理等事項，不適用前四項與第五十三條第一項、第六十條及前條第一項有關由客戶與保管機構簽訂委任或信託契約之規定。

第四章　證券投資信託及顧問事業

第一節　通則

第 63 條

證券投資信託事業及證券投資顧問事業，應經主管機關許可，並核發營業執照後，始得營業。

證券投資信託事業及證券投資顧問事業設立分支機構，應經主管機關許可。

非證券投資信託事業或證券投資顧問事業，不得使用類似證券投資信託事業或證券投資顧問事業之名稱。

第 64 條

證券投資信託事業及證券投資顧問事業得以信託方式經營全權委託投資業務；其符合一定條件者，應依信託業法申請兼營信託業務。

前項一定條件，由信託業法主管機關會商主管機關定之。

以信託方式經營全權委託投資業務者，以證券投資信託事業及證券投資顧問事業或依信託業法規定得從事信託業務者為限。

第 65 條

信託業經營信託業法主管機關核定之業務，涉及信託業得全權決定運用標的，且將信託財產運用於證券交易法第六條規定之有價證券，並符合一定條件者，應向主管機關申請兼營全權委託投資業務。

前項一定條件，由主管機關會商信託業法主管機關定之。

第 66 條

證券投資信託事業及證券投資顧問事業符合主管機關所定之條件並取得許可者，得互相兼營。

證券投資信託事業或證券投資顧問事業經主管機關核准者，得兼營其他事業。

證券商、期貨信託事業、期貨顧問事業、期貨經理事業或其他相關事業取得主管機關許可者,得兼營證券投資信託事業或證券投資顧問事業。證券投資信託事業募集或私募證券投資信託基金從事期貨交易占證券投資信託基金募集發行額度之一定比率或金額者,應申請兼營期貨信託事業。

前項期貨交易之比率或金額,由主管機關定之。

第 67 條

證券投資信託事業及證券投資顧問事業之組織,以股份有限公司為限。發起人應於發起時一次認足證券投資信託事業或證券投資顧問事業之最低實收資本額;其金額,由主管機關定之。

第 68 條

有下列情事之一者,不得充任證券投資信託事業與證券投資顧問事業之發起人、負責人及業務人員;其已充任負責人或業務人員者,解任之,不得充任董事、監察人或經理人者,並由主管機關函請公司登記主管機關撤銷或廢止其登記:

一、曾犯組織犯罪防制條例規定之罪,經有罪判決確定,尚未執行完畢,或執行完畢、緩刑期滿或赦免後尚未逾五年。

二、曾犯詐欺、背信或侵占罪,經宣告有期徒刑一年以上之刑確定,尚未執行完畢,或執行完畢、緩刑期滿或赦免後尚未逾二年。

三、曾犯公務或業務侵占罪,經宣告有期徒刑以上之刑確定,尚未執行完畢,或執行完畢、緩刑期滿或赦免後尚未逾二年。

四、違反證券交易法或本法規定,經有罪判決確定,尚未執行完畢,或執行完畢、緩刑期滿或赦免後尚未逾三年。

五、違反銀行法第二十九條第一項規定經營收受存款、受託經理信託資金、公眾財產或辦理國內外匯兌業務,經宣告有期徒刑以上之刑確定,尚未執行完畢,或執行完畢、緩刑期滿或赦免後尚未逾三年。

六、違反信託業法第三十三條規定辦理信託業務,經宣告有期徒刑以上之刑確定,尚未執行完畢,或執行完畢、緩刑期滿或赦免後尚未逾三年。

七、受破產之宣告,尚未復權,或曾任法人宣告破產時之董事、監察人、經理人或與其地位相等之人,其破產終結尚未逾三年或調協未履行。

八、使用票據經拒絕往來尚未恢復往來。

九、無行為能力、限制行為能力或受輔助宣告尚未撤銷。

十、受證券交易法第五十六條或第六十六條第二款之處分，或受本法第一百零三條第二款或第一百零四條解除職務之處分，尚未逾三年。

十一、曾擔任證券商、證券投資信託事業或證券投資顧問事業之董事、監察人，而於任職期間，該事業受證券交易法第六十六條第三款或第四款之處分，或受本法第一百零三條第四款或第五款停業或廢止營業許可之處分，尚未逾一年。

十二、受期貨交易法第一百條第一項第二款或第一百零一條第一項撤換或解除職務之處分，尚未逾五年。

十三、經查明接受他人利用其名義充任證券投資信託事業及證券投資顧問事業發起人、董事、監察人、經理人或業務人員。

十四、有事實證明從事或涉及其他不誠信或不正當之活動，顯示其不適合從事證券投資信託及證券投資顧問業務。

發起人及董事、監察人為法人者，其代表人或指定代表行使職務時，準用前項規定。

第 69 條

證券投資信託事業及證券投資顧問事業，其應備置人員、負責人與業務人員之資格條件、行為規範、訓練、登記期限、程序及其他應遵行事項之規則，由主管機關定之。

第 70 條

證券投資信託事業及證券投資顧問事業從事廣告、公開說明會及其他營業活動，其限制、取締、禁止或其他應遵行事項之規則，由主管機關定之。

第 71 條

證券投資信託事業、證券投資顧問事業之負責人、業務人員及其他受僱人執行業務，對於第十九條第一項、第五十九條或本於法令或契約規定事業不得為之行為，亦不得為之。

證券投資信託事業、證券投資顧問事業之負責人、業務人員及其他受僱人，於從事第三條第三項及第四條第三項各款業務之行為涉及民事責任者，推定為該事業授權範圍內之行為。

第 72 條

證券投資信託事業及證券投資顧問事業，其公司及分支機構之設立條件、應設置部門、申請程序、應檢附書件之設置標準及其財務、業務、

遷移、裁撤與其他應遵行事項之管理規則，由主管機關定之。

其他事業兼營證券投資信託事業及證券投資顧問事業，前項有關設置及財務、業務管理之事項，主管機關應會商目的事業主管機關。

第二節　證券投資信託事業

第 73 條

證券投資信託事業之董事、監察人或持有已發行股份總數百分之五以上之股東，不得兼為其他證券投資信託事業之發起人或持有已發行股份總數百分之五以上之股東。

與證券投資信託事業之董事、監察人或持有已發行股份總數百分之五以上之股東，具有公司法第六章之一所定關係企業之關係者，不得擔任其他證券投資信託事業之發起人、董事、監察人或持有已發行股份總數百分之五以上之股東。

因合併致違反前二項規定者，應自合併之日起一年內，調整至符合規定。

第一項、第二項持有已發行股份總數百分之五以上之股東，其股份之計算，包括其配偶、未成年子女及利用他人名義持有者。

第 74 條

經營證券投資信託事業之發起人應具備一定資格條件；發起人中應有基金管理機構、銀行、保險公司、金融控股公司、證券商或其他經主管機關認可之機構，且其所認股份，合計不得少於第一次發行股份之百分之二十；其轉讓持股時，證券投資信託事業應於發起人轉讓持股前申報主管機關備查。

前項發起人之資格條件，由主管機關定之。

證券投資信託事業應有一名以上符合前二項所定資格條件之股東，除以發行新股分配員工紅利、發行新股保留由員工承購或符合一定條件者外，其合計持有股份不得少於已發行股份總數百分之二十；轉讓持股時，證券投資信託事業應於轉讓前申報主管機關備查。

前項一定條件，由主管機關定之。

第 75 條

證券投資信託事業之股東，除符合前條資格條件者外，每一股東與其關係人及股東利用他人名義持有股份合計，不得超過該公司已發行股份總數百分之二十五。

前項關係人之範圍，由主管機關定之。

第 76 條

證券投資信託事業之發起人自公司設立之日起一年內，不得兼為其他證券投資信託事業之發起人。

曾依第七十四條所定資格擔任證券投資信託事業之發起人者，自主管機關核發該證券投資信託事業營業執照之日起三年內，不得再擔任其他證券投資信託事業之發起人。

第 77 條

證券投資信託事業之負責人、部門主管、分支機構經理人與基金經理人，其本人、配偶、未成年子女及被本人利用名義交易者，於證券投資信託事業決定運用證券投資信託基金從事某種公司股票及具股權性質之衍生性商品交易時起，至證券投資信託基金不再持有該公司股票及具股權性質之衍生性商品時止，不得從事該公司股票及具股權性質之衍生性商品交易。但主管機關另有規定者，不在此限。

證券投資信託事業之負責人、部門主管、分支機構經理人、基金經理人及其關係人從事公司股票及具股權性質之衍生性商品交易，應依主管機關之規定，向所屬證券投資信託事業申報交易情形。

前項關係人之範圍，由主管機關定之。

第 78 條

證券投資信託事業之負責人、部門主管、分支機構經理人或基金經理人本人或其配偶，有擔任證券發行公司之董事、監察人、經理人或持有已發行股份總數百分之五以上股東者，於證券投資信託事業運用證券投資信託基金買賣該發行公司所發行之證券時，不得參與買賣之決定。

證券投資信託事業及其負責人、部門主管、分支機構經理人、基金經理人或證券投資信託事業於其購入股票發行公司之股東代表人，均不得擔任證券投資信託基金所購入股票發行公司之董事、監察人或經理人。但主管機關另有規定者，不在此限。

證券投資信託事業之負責人、部門主管或分支機構經理人不得投資於其他證券投資信託事業，或兼為其他證券投資信託事業、證券投資顧問事業或證券商之董事、監察人或經理人。但主管機關另有規定者，不在此限。

第一項持有已發行股份總數百分之五以上股東，其股份之計算，準用第七十三條第四項規定。

第 79 條

證券投資信託事業之董事或監察人為法人股東者，其代表人或指定代表行使職務時，準用本法關於董事、監察人之規定。

證券投資信託事業之董事或監察人以法人股東之代表人身分擔任者，本法關於董事、監察人之規定，於法人股東，準用之。

第 80 條

主管機關基於保護公益或受益人權益之必要，得命令證券投資信託事業或其經理之證券投資信託基金，應委託主管機關核准或認可之信用評等機構進行評等。

主管機關基於保護公益或受益人權益之必要，得命令符合一定條件之證券投資信託事業應提存營業保證金；其一定條件、營業保證金之提存方法、提存比率、停止提存之條件及其保管、運用之方法，由主管機關定之。

第 81 條

證券投資信託事業應將重大影響受益人權益之事項，於事實發生之日起二日內，公告並申報主管機關。

前項重大影響受益人權益之事項，由主管機關定之。

第 82 條

其他事業兼營證券投資信託事業，除主管機關為保障公共利益或維護市場秩序另有規定外，不適用第七十三條至第七十六條規定。

第三節　證券投資顧問事業

第 83 條

證券投資顧問事業接受客戶委任，對證券投資或交易有關事項提供分析意見或推介建議時，應訂定書面證券投資顧問契約，載明雙方權利義務。

於前項情形，客戶得自收受書面契約之日起七日內，以書面終止契約。

前項契約終止之意思表示，於到達證券投資顧問事業時生效。

證券投資顧問事業因第二項規定而為契約之終止時，得對客戶請求終止契約前所提供服務之相當報酬。但不得請求契約終止之損害賠償或違約金。

第一項證券投資顧問契約應行記載事項，由主管機關定之；其契約範本，由同業公會擬訂，報經主管機關核定，修正時，亦同。

第五章　自律機構

第 84 條

證券投資信託事業及證券投資顧問事業非加入同業公會，不得開業；同業公會非有正當理由，不得拒絕其加入，或就其加入附加不當之條件。

前項同業公會之設立、組織及監督，除本法另有規定外，適用商業團體法之規定。

第 85 條

同業公會至少置理事三人，監事一人，均依章程之規定，由會員大會就會員代表中選任。但理事、監事中，至少各應有四分之一由有關專家擔任，其中半數以上由主管機關指派，餘由理、監事會遴選，經主管機關核定後擔任；其遴選辦法，由主管機關定之。

理事、監事之任期均為三年。連選連任者，不得超過二分之一；如連任者超過二分之一，以得票數多寡取捨，缺額依其他非連任之會員代表得票數多寡為序，順次遞補。理事長之連任，以一次為限。

第 86 條

主管機關對同業公會業務之規範與監督事項、同業公會章程應記載事項、同業公會負責人與業務人員之資格條件、財務、業務及其他應遵行事項之規則，由主管機關定之。

第 87 條

同業公會為發揮自律功能及配合證券投資信託及顧問業務之發展，得向其會員收取商業團體法所規定經費以外之必要費用；其種類及費率，由同業公會擬訂，報經主管機關核定。

第 88 條

同業公會之任務，除依商業團體法第五條規定辦理外，包括下列事項：

一、訂定自律規範，並督促會員自律。

二、辦理主管機關授權處理之事項。

三、對違反法令或自律規範之會員予以停權、課予違約金、警告、命其限期改善等處置；或要求會員對其從業人員予以暫停執行業務一個月至六個月之處置。

四、檢查會員是否遵守法令及自律規範。

五、對於業務經營顯然不善，重大損害投資人權益之會員，協調其他會員協助處理該會員之業務，或報請主管機關為適當之處分。

六、對於破產會員之財產進行管理。

七、對於違反本法規定之會員為撤銷或暫停會員資格之處置。

同業公會為前項第三款要求會員對其從業人員暫停執行業務或第七款之處置，應報請主管機關備查。

同業公會為第一項任務之需要，得向會員查詢及調閱有關資料或通知提出說明，會員不得拒絕。

第 89 條

同業公會應訂立會員自律公約及違規處置申復辦法，提經會員大會通過後，報請主管機關核定後實施；修正時，亦同。

第 90 條

主管機關基於保護公益或受益人權益，認有必要時，得命令同業公會變更其章程、規則、決議，或提供參考、報告之資料，或為其他一定之行為。

第 91 條

同業公會之理事、監事有違反法令，怠於遵守該會章程、規則，濫用職權或違背誠實信用原則之行為者，主管機關得予糾正，或命令同業公會予以解任。

第 92 條

同業公會得依章程之規定，對會員及其會員代表違反章程、規章、自律公約或相關業務自律規範、會員大會或理事會決議等事項時，為必要之處置。

第六章　行政監督

第 93 條

證券投資信託事業及經營接受客戶全權委託投資業務之證券投資顧問事業，應建立內部控制制度；其準則，由主管機關定之。

第 94 條

依本法或其他法律規定，經主管機關核准，證券投資信託事業或證券投資顧問事業互相兼營、兼營他事業或由他事業兼營者，其負責人與業務人員之兼任及行為規範、資訊交互運用、營業設備或營業場所之共用，或為廣告、公開說明會及其他營業促銷活動，不得與受益人或客戶利益衝突或有損害其權益之行為；其辦法，由主管機關定之。

第 95 條

證券投資信託事業、證券投資顧問事業之合併或與其他金融機構或事業合併，除金融機構合併法、企業併購法或其他法律另有規定外，其資格條件、合併程序及其他應遵行事項之辦法，由主管機關定之。

第 96 條

證券投資信託事業因解散、停業、歇業、撤銷或廢止許可事由，致不能繼續從事證券投資信託基金有關業務者，應洽由其他證券投資信託事業承受其證券投資信託基金有關業務，並經主管機關核准。

證券投資信託事業不能依前項規定辦理者，由主管機關指定其他證券投資信託事業承受；受指定之證券投資信託事業，除有正當理由，報經主管機關核准者外，不得拒絕。

證券投資信託事業經理證券投資信託基金顯然不善者，主管機關得命其將該證券投資信託基金移轉於經主管機關指定之其他證券投資信託事業經理。

前三項之承受或移轉事項，應由承受之證券投資信託事業公告之。

基金保管機構因解散、停業、歇業、撤銷或廢止許可事由，致不能繼續從事基金保管業務者，準用第一項至第三項規定；其承受或移轉事項，應由證券投資信託事業公告之。

第 97 條

證券投資信託事業或證券投資顧問事業因解散、撤銷或廢止許可事由，致不能繼續經營全權委託投資業務者，其全權委託投資契約應予終止。

證券投資信託事業或證券投資顧問事業，因停業、歇業或顯然經營不善，主管機關得命其將全權委託投資契約移轉於經主管機關指定之其他證券投資信託事業或證券投資顧問事業經理。

於前項情形，證券投資信託事業或證券投資顧問事業應徵詢客戶之意見，客戶不同意或不為意思表示者，其全權委託投資契約視為終止。

第 98 條

證券投資信託事業或證券投資顧問事業因撤銷、廢止許可、命令停業或自行歇業者，該事業應了結其被撤銷、廢止、停業或歇業前所為之證券投資信託或證券投資顧問業務。

經撤銷或廢止證券投資信託或證券投資顧問業務許可之證券投資信託事業或證券投資顧問事業，就其了結前項之證券投資信託或證券投資顧問業務範圍內，仍視為證券投資信託事業或證券投資顧問事業；因命令停

業或自行歇業之證券投資信託事業或證券投資顧問事業，於其了結停業或歇業前所為之證券投資信託或證券投資顧問業務之範圍內，視為尚未停業或歇業。

第 99 條

證券投資信託事業及證券投資顧問事業，應於每會計年度終了後三個月內，公告並向主管機關申報經會計師查核簽證、董事會通過及監察人承認之年度財務報告。

前項年度財務報告之申報，應送由同業公會彙送主管機關。

第 100 條

證券投資信託事業運用每一證券投資信託基金，應依主管機關規定之格式及內容於每會計年度終了後二個月內，編具年度財務報告；於每月終了後十日內編具月報，向主管機關申報。

前項年度財務報告，應經主管機關核准之會計師查核簽證，並經基金保管機構簽署，證券投資信託事業並應予以公告之。

第一項年度財務報告及月報之申報，應送由同業公會彙送主管機關。

第 101 條

主管機關為保障公共利益或維護市場秩序，得隨時要求證券投資信託事業、證券投資顧問事業、基金保管機構及全權委託保管機構或其關係人，於期限內提出財務、業務報告或其他相關資料，並得直接或委託適當機構，檢查其財務、業務狀況及其他相關事項，該事業、機構或其關係人不得規避、妨礙或拒絕。

主管機關認為必要時，得隨時指定律師、會計師或其他專門職業或技術人員為前項之檢查，並向主管機關據實提出報告或表示意見，其費用由被檢查人負擔。

主管機關為保障公眾利益或維護市場秩序，對於有違反本法行為之虞者，得要求相關目的事業主管機關或金融機構提供必要資訊或紀錄。

前三項所得之資訊，除為健全監理及保護投資人之必要外，不得公布或提供他人。

第 102 條

主管機關於審查證券投資信託事業、證券投資顧問事業、基金保管機構及全權委託保管機構所申報之財務、業務報告及其他相關資料，或於檢查其財務、業務狀況時，發現有不符合法令規定之事項，除得予以糾正外，並得依法處罰之。

第 103 條

主管機關對證券投資信託事業或證券投資顧問事業違反本法或依本法所發布之命令者，除依本法處罰外，並得視情節之輕重，為下列處分：

一、警告。

二、命令該事業解除其董事、監察人或經理人職務。

三、對該事業二年以下停止其全部或一部之募集或私募證券投資信託基金或新增受託業務。

四、對公司或分支機構就其所營業務之全部或一部為六個月以下之停業。

五、對公司或分支機構營業許可之廢止。

六、其他必要之處置。

第 104 條

證券投資信託事業及證券投資顧問事業之董事、監察人、經理人或受僱人執行職務，有違反本法或其他有關法令之行為，足以影響業務之正常執行者，主管機關除得隨時命令該事業停止其一年以下執行業務或解除其職務外，並得視情節輕重，對該事業為前條所定之處分。

第七章　罰則

第 105 條

經營證券投資信託業務或基金保管業務，對公眾或受益人違反第八條第一項規定者，處三年以上十年以下有期徒刑，得併科新臺幣一千萬元以上二億元以下罰金。

經營證券投資顧問業務、全權委託投資業務、全權委託保管業務或其他本法所定業務，對公眾或客戶違反第八條第一項規定者，處一年以上七年以下有期徒刑，得併科新臺幣五千萬元以下罰金。

違反前二項規定，犯罪所得除應發還被害人或第三人外，不問屬於犯罪行為人與否，沒收之。

第 105-1 條

證券投資信託事業、證券投資顧問事業之董事、監察人、經理人或受僱人，意圖為自己或第三人不法之利益，或損害證券投資信託基金資產、委託投資資產之利益，而為違背其職務之行為，致生損害於證券投資信託基金資產、委託投資資產或其他利益者，處三年以上十年以下有期徒刑，得併科新臺幣一千萬元以上二億元以下罰金。其因犯罪獲取之財物

或財產上利益金額達新臺幣一億元以上者,處七年以上有期徒刑,得併科新臺幣二千五百萬元以上五億元以下罰金。

前項之未遂犯罰之。

犯前二項之罪,於犯罪後自首,如自動繳交全部犯罪所得者,減輕或免除其刑;並因而查獲其他正犯或共犯者,免除其刑。

犯第一項或第二項之罪,在偵查中自白,如自動繳交全部犯罪所得者,減輕其刑;並因而查獲其他正犯或共犯者,減輕或免除其刑。

第 106 條

證券投資信託事業、證券投資顧問事業、基金保管機構或全權委託保管機構有下列情事之一者,處一年以上七年以下有期徒刑,得併科新臺幣五千萬元以下罰金:

一、對主管機關提出之公開說明書或投資說明書之內容為虛偽或隱匿之記載。

二、對於主管機關命令提出之帳簿、表冊、文件或其他參考或報告資料之內容為虛偽或隱匿之記載。

三、於依法或主管機關基於法律所發布之命令規定之帳簿、表冊、傳票、財務報告或其他有關業務文件之內容為虛偽或隱匿之記載。

第 107 條

有下列情事之一者,處五年以下有期徒刑,併科新臺幣一百萬元以上五千萬元以下罰金:

一、未經主管機關許可,經營證券投資信託業務、證券投資顧問業務、全權委託投資業務或其他應經主管機關核准之業務。

二、違反第十六條第一項規定,在中華民國境內從事或代理募集、銷售境外基金。

第 108 條

證券投資信託事業、證券投資顧問事業之董事、監察人、經理人或受僱人,對於職務上之行為,要求、期約、收受財物或其他不正利益者,處五年以下有期徒刑、拘役或科或併科新臺幣二百四十萬元以下罰金。

前項人員對於違背職務之行為,要求、期約、收受財物或其他不正利益者,處七年以下有期徒刑,得併科新臺幣三百萬元以下罰金。

第 109 條

對於前條人員關於違背職務之行為,行求、期約、交付財物或其他不正利益者,處三年以下有期徒刑、拘役或科或併科新臺幣一百八十萬元以

下罰金。

犯前項之罪而自白或自首者，得減輕其刑；在偵查或審判中自白者，得減輕其刑。

第 110 條

違反第十六條第一項規定，在中華民國境內從事或代理投資顧問境外基金者，處二年以下有期徒刑、拘役或科或併科新臺幣一百八十萬元以下罰金。

第 111 條

證券投資信託事業或證券投資顧問事業有下列情事之一者，處新臺幣六十萬元以上三百萬元以下罰鍰，並責令限期改善；屆期不改善者，得按次處二倍至五倍罰鍰至改善為止：

一、違反第三條第四項或第四條第四項規定，經營未經主管機關核准之業務。

二、違反主管機關依第十四條第一項、第十八條第一項或第五十六條第一項所定辦法有關投資、交易範圍、方式或限制之規定。

三、違反主管機關依第十六條第四項所定辦法有關投資、交易範圍或限制之規定。

四、違反第十六條之一第一項、第十九條第一項、第五十一條第一項或第五十九條規定。

五、違反主管機關依第五十八條第二項所定有關投資標的分散比率之規定。

六、違反第六十三條第一項規定，未經主管機關核發營業執照而營業。

七、違反主管機關依第六十九條所定規則有關行為規範或限制、禁止之規定。

八、違反主管機關依第七十條所定規則有關限制、禁止之規定。

九、違反主管機關依第七十二條第一項所定標準或規則之規定，未經主管機關核准而設立分支機構、遷移或裁撤公司或分支機構。

第 112 條

有下列情事之一者，處新臺幣三十萬元以上一百五十萬元以下罰鍰，並責令限期改善；屆期不改善者，得按次連續處二倍至五倍罰鍰至改善為止：

一、未依第十五條第一項規定交付公開說明書。

二、違反第六十三條第三項規定，使用類似證券投資信託事業或證券投

資顧問事業之名稱。

第 113 條

證券投資信託事業、證券投資顧問事業、基金保管機構或全權委託保管機構有下列情事之一者，處新臺幣十二萬元以上六十萬元以下罰鍰，並責令限期改善；屆期不改善者，得按次連續處二倍至五倍罰鍰至改善為止：

一、違反第十一條第四項或第四十三條第二款有關向主管機關申報規定。

二、違反第十七條第一項或第二項規定。

三、未依第二十條規定提供查閱。

四、未依第二十六條、第四十九條、第七十四條第一項、第三項、第八十一條第一項、第九十九條第一項或第一百條第二項規定，製作、申報、公告、備置或保存帳簿、表冊、傳票、財務報告或其他有關業務之文件或事項。

五、違反第二十九條第一項、第四十三條第一款、第四十五條第四項、第九十六條第四項或第五項有關應公告規定。

六、未依第四十七條第二項規定，申報、公告、通知或報備。

七、未依第六十條第一項第二款規定，製作客戶資料表或留存相關證明文件。

八、未依第六十二條第一項、第四項或第五項規定設帳、登載、編製、送達紀錄或報告書。

九、違反主管機關依第六十九條所定規則有關應備置人員或依第七十二條第一項所定規則有關應設置部門規定。

十、違反第九十四條規定，與受益人或客戶發生利益衝突或有損害其權益之行為。

十一、違反第九十六條第二項規定，無正當理由拒絕主管機關之指定承受。

十二、違反第一百零一條第一項規定，未依限提出財務、業務報告或其他相關資料，或規避、妨礙、拒絕檢查。

第 114 條

同業公會違反主管機關依第八十六條所定規則有關對於同業公會之業務規範或監督規定者，處新臺幣十二萬元以上一百二十萬元以下罰鍰，並責令限期改善；屆期不改善者，得按次連續處二倍至五倍罰鍰至改善為

止。

第 115 條

基金保管機構或其董事、監察人、經理人、受僱人違反第七條第一項、第二項、第八條第一項、第二項、第二十一條、第二十三條第一項、第二十四條第一項或第四十條第一項規定者，主管機關得視情節輕重停止其執行基金保管業務一個月以上二年以下。

第 116 條

依本法所處之罰鍰，經限期繳納而屆期不繳納者，依法移送強制執行。

第 117 條

法人違反本法有關行政法上義務應受處罰者，其負責人、業務人員或其他受僱人之故意、過失，視為該法人之故意、過失。

第 118 條

法人違反第一百零五條至第一百十條規定者，處罰其負責人。

第 119 條

犯本法之罪，所科罰金達新臺幣五千萬元以上而無力完納者，易服勞役期間為二年以下，其折算標準以罰金總額與二年之日數比例折算；所科罰金達新臺幣一億元以上而無力完納者，易服勞役期間為三年以下，其折算標準以罰金總額與三年之日數比例折算。

第 120 條

法院為審理違反本法之犯罪案件，得設立專業法庭或指定專人辦理。

第八章　附則

第 121 條

自本法施行之日起，證券交易法第十八條及第十八條之一所定證券投資信託事業及證券投資顧問事業之規定，及第十八條之二與第十八條之三規定，不再適用。

第 122 條

本法施行前，已經營證券投資信託事業或證券投資顧問事業，與本法規定不符者，應自本法施行之日起一年內，依本法之規定辦理。

第 123 條

本法施行細則，由主管機關定之。

第 124 條

本法施行日期，由行政院以命令定之。

本法修正條文自公布日施行。

國家圖書館出版品預行編目資料

證券投資信託及顧問法理論與實務 / 郭土木著；
—初版.—臺北市：五南, 2020.08
　面；　公分.
ISBN: 978-986-522-018-1（平裝）

1.證券投資 2.投資分析 3.投資技術

563.53　　　　　　　　109006603

4U20

證券投資信託及顧問法理論與實務

作　　　者 — 郭土木（241.8）

發 行 人 — 楊榮川

總 經 理 — 楊士清

總 編 輯 — 楊秀麗

副總編輯 — 劉靜芬

責任編輯 — 林佳瑩、呂伊真

封面設計 — 王麗娟

出 版 者 — 五南圖書出版股份有限公司

地　　　址：106 台北市大安區和平東路二段 339 號 4 樓

電　　　話：(02)2705-5066　　傳　　　真：(02)2706-6

網　　　址：http://www.wunan.com.tw

電子郵件：wunan@wunan.com.tw

劃撥帳號：0 1 0 6 8 9 5 3

戶　　　名：五南圖書出版股份有限公司

法律顧問　林勝安律師事務所　林勝安律師

出版日期　2020 年 8 月初版一刷

定　　　價　新臺幣 700 元